2026
精神保健福祉士国家試験
過去問解説集

第25回−第27回全問完全解説

一般社団法人日本ソーシャルワーク教育学校連盟［監修］

中央法規

本書中の共通科目問題（3年分）については，『社会福祉士国家
試験過去問解説集 2026 第 35 回－第 37 回完全解説＋第 33 回
－第 34 回問題＆解答』（中央法規出版）と同じ内容です。

刊行にあたって

　精神保健福祉士・社会福祉士を目指される皆様，本書をお手にとっていただきありがとうございます。

　本書は，過去3回分の実際に行われた精神保健福祉士国家試験問題とその解説を一冊にまとめたもので，しかもソーシャルワーク教育や国家試験対策に携わる教員が中心となって執筆しており，国家試験問題を解説する類書の中でも大変好評をいただいています。

　2024年度（第27回）は新しいカリキュラムによる初めての国家試験が行われました。

　本書では，過去の国家試験問題には，その問題ごとに，新カリキュラムのどの科目に当たるのかを記載するとともに，巻頭に問題掲載頁一覧をつけることで，過去の問題の学習が新しい科目による試験に直接つながるように工夫しました。

　また，試験問題の正答とその根拠を示すだけではなく，近年の制度改正や最新の動向なども丁寧に解説しています。一問一問学習を進める中で要点を的確に把握でき，より深い知識を養えるように，各科目の冒頭にはポイントや効果的な学習の方法を紹介しています。より試験形式に慣れていただきたいことから，巻頭にマークシート用紙を加えています。

　社会のさまざまな場面で，分野横断的，総合的かつ包括的なソーシャルワークが必要とされる中，ソーシャルワーク専門職の国家資格である精神保健福祉士・社会福祉士へのニーズが高まっています。

　日本ソーシャルワーク教育学校連盟は，精神保健福祉士・社会福祉士養成校を会員とし，ソーシャルワーク教育及び社会福祉教育を広く充実させ，その質を向上させていくこととともに，一人でも多くの学生が両国家試験に合格するための各種事業を行っています。

　国家試験合格のためには，過去問題の学習はたいへん重要なものです。ぜひこの「過去問解説集」を活用いただき，皆様が試験に合格されること，そして国家試験合格の暁には，ソーシャルワーカーとして多方面でご活躍されることを期待しております。

　最後に，本書の出版にあたって多大な労をとっていただきました精神保健福祉士・社会福祉士養成に携わる教員の皆様，さらに発刊元の中央法規出版株式会社に感謝申し上げます。

　　2025年4月
　　　　　　　　一般社団法人日本ソーシャルワーク教育学校連盟　会長　**中村　和彦**

本書の使い方

■第27回試験（新試験）

　国家試験全問を掲載し，問題を解く上での「Point」と各選択肢を詳しく解説しています。科目の冒頭に「科目別のポイント」を掲載し，出題傾向や今後の対策について取り上げています。

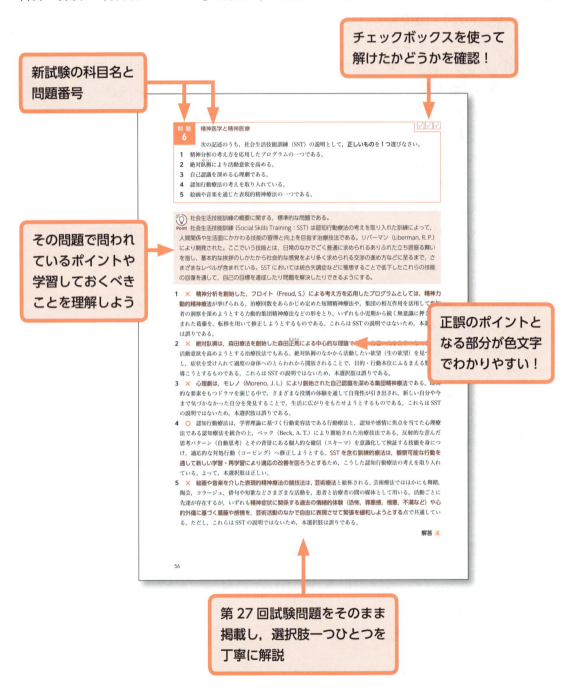

■第25回・第26回試験問題の新試験科目への振り分け

　第25回・第26回試験問題は，第27回試験から適用される新出題基準に基づく科目に適宜振り分けて収載をしています。新しい科目の過去問として活用いただくことができます。

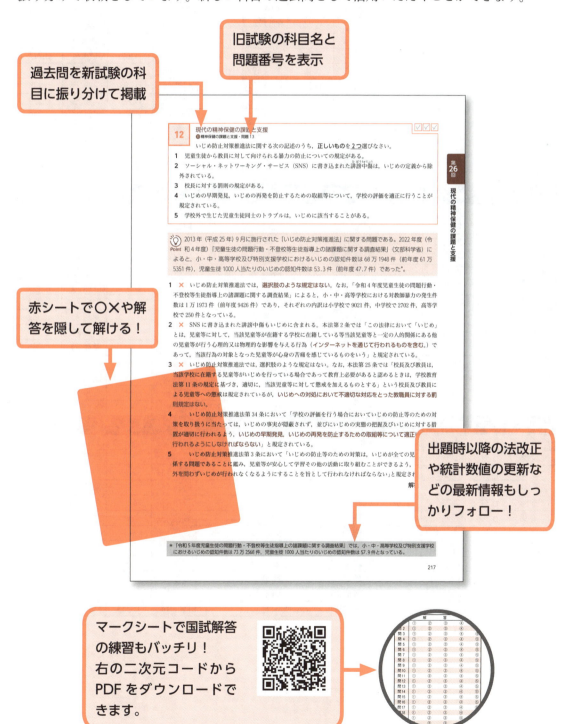

精神保健福祉士国家試験　問題掲載頁一覧

*過去の国家試験で出題された問題がどのページに掲載されているかは，以下の表でご確認いただけます。

第 26 回

精 神 専 門 科 目

問題 1	p.206	問題 15	p.219	問題 29	p.247	問題 43	p.267	問題 57	p.276	問題 71	p.287
問題 2	p.207	問題 16	p.220	問題 30	p.238	問題 44	p.252	問題 58	p.261	問題 72	p.288
問題 3	p.208	問題 17	p.221	問題 31	p.239	問題 45	p.253	問題 59	p.262	問題 73	p.289
問題 4	p.209	問題 18	p.222	問題 32	p.240	問題 46	p.268	問題 60	p.263	問題 74	p.290
問題 5	p.210	問題 19	p.223	問題 33	p.249	問題 47	p.254	問題 61	p.279	問題 75	p.291
問題 6	p.211	問題 20	p.224	問題 34	p.250	問題 48	p.255	問題 62	p.225	問題 76	p.277
問題 7	p.212	問題 21	p.232	問題 35	p.251	問題 49	p.270	問題 63	p.280	問題 77	p.292
問題 8	p.213	問題 22	p.233	問題 36	p.241	問題 50	p.271	問題 64	p.281	問題 78	p.228
問題 9	p.214	問題 23	p.234	問題 37	p.242	問題 51	p.272	問題 65	p.226	問題 79	p.229
問題 10	p.215	問題 24	p.235	問題 38	p.243	問題 52	p.257	問題 66	p.282	問題 80	p.230
問題 11	p.231	問題 25	p.245	問題 39	p.244	問題 53	p.258	問題 67	p.283		
問題 12	p.216	問題 26	p.278	問題 40	p.264	問題 54	p.259	問題 68	p.284		
問題 13	p.217	問題 27	p.236	問題 41	p.265	問題 55	p.274	問題 69	p.397		
問題 14	p.218	問題 28	p.246	問題 42	p.266	問題 56	p.275	問題 70	p.286		

共 通 科 目

問題 1	p.293	問題 15	p.311	問題 29	p.317	問題 43	p.341	問題 57	p.356	問題 71	—
問題 2	p.294	問題 16	p.309	問題 30	p.322	問題 44	p.340	問題 58	p.360	問題 72	—
問題 3	p.295	問題 17	p.307	問題 31	p.323	問題 45	p.344	問題 59	p.357	問題 73	—
問題 4	p.298	問題 18	p.312	問題 32	p.338	問題 46	p.342	問題 60	p.361	問題 74	—
問題 5	p.296	問題 19	p.313	問題 33	p.351	問題 47	p.346	問題 61	p.358	問題 75	—
問題 6	p.297	問題 20	p.310	問題 34	p.347	問題 48	p.349	問題 62	p.362	問題 76	—
問題 7	p.299	問題 21	p.308	問題 35	p.353	問題 49	p.324	問題 63	—	問題 77	p.331
問題 8	p.300	問題 22	p.316	問題 36	p.339	問題 50	p.327	問題 64	—	問題 78	p.332
問題 9	p.301	問題 23	p.315	問題 37	p.352	問題 51	p.325	問題 65	—	問題 79	p.333
問題 10	p.302	問題 24	p.319	問題 38	p.343	問題 52	p.326	問題 66	—	問題 80	p.335
問題 11	p.303	問題 25	p.318	問題 39	p.348	問題 53	p.330	問題 67	—	問題 81	p.336
問題 12	p.304	問題 26	p.314	問題 40	p.350	問題 54	p.328	問題 68	—	問題 82	p.337
問題 13	p.305	問題 27	p.320	問題 41	p.354	問題 55	p.329	問題 69	—	問題 83	p.334
問題 14	p.306	問題 28	p.321	問題 42	p.345	問題 56	p.355	問題 70	—		

社 会 専 門 科 目

問題 84	p.390	問題 96	p.373	問題 108	p.388	問題 120	—	問題 132	—	問題 144	p.359
問題 85	p.391	問題 97	p.375	問題 109	p.386	問題 121	—	問題 133	—	問題 145	—
問題 86	p.392	問題 98	p.374	問題 110	p.389	問題 122	—	問題 134	—	問題 146	—
問題 87	p.394	問題 99	p.376	問題 111	p.385	問題 123	—	問題 135	—	問題 147	p.365
問題 88	p.395	問題 100	p.377	問題 112	p.372	問題 124	—	問題 136	—	問題 148	p.366
問題 89	p.396	問題 101	p.378	問題 113	—	問題 125	—	問題 137	—	問題 149	p.367
問題 90	p.393	問題 102	p.380	問題 114	—	問題 126	—	問題 138	—	問題 150	p.364
問題 91	p.368	問題 103	p.382	問題 115	p.379	問題 127	—	問題 139	—		
問題 92	—	問題 104	p.383	問題 116	—	問題 128	—	問題 140	—		
問題 93	p.369	問題 105	p.384	問題 117	p.387	問題 129	—	問題 141	—		
問題 94	p.370	問題 106	—	問題 118	—	問題 130	—	問題 142	—		
問題 95	p.371	問題 107	p.381	問題 119	—	問題 131	—	問題 143	p.363		

第25回

精 神 専 門 科 目

問題		問題		問題		問題		問題		問題	
問題1	p.400	問題15	p.415	問題29	p.439	問題43	p.461	問題57	p.456	問題71	p.475
問題2	p.401	問題16	p.416	問題30	p.428	問題44	p.444	問題58	p.458	問題72	p.476
問題3	p.402	問題17	p.417	問題31	p.429	問題45	p.445	問題59	p.459	問題73	p.477
問題4	p.403	問題18	p.418	問題32	p.430	問題46	p.446	問題60	p.460	問題74	p.478
問題5	p.404	問題19	p.419	問題33	p.432	問題47	p.447	問題61	p.466	問題75	p.479
問題6	p.405	問題20	p.420	問題34	p.433	問題48	p.448	問題62	p.467	問題76	p.480
問題7	p.406	問題21	p.421	問題35	p.434	問題49	p.450	問題63	p.468	問題77	p.481
問題8	p.407	問題22	p.422	問題36	p.435	問題50	p.451	問題64	p.469	問題78	p.483
問題9	p.408	問題23	p.423	問題37	p.436	問題51	p.452	問題65	p.470	問題79	p.484
問題10	p.409	問題24	p.424	問題38	p.437	問題52	p.463	問題66	p.471	問題80	p.485
問題11	p.411	問題25	p.425	問題39	p.440	問題53	p.464	問題67	p.472		
問題12	p.412	問題26	p.438	問題40	p.441	問題54	p.465	問題68	p.585		
問題13	p.413	問題27	p.410	問題41	p.442	問題55	p.454	問題69	p.586		
問題14	p.414	問題28	p.426	問題42	p.443	問題56	p.455	問題70	p.474		

共 通 科 目

問題		問題		問題		問題		問題		問題	
問題1	p.486	問題15	p.500	問題29	p.513	問題43	p.537	問題57	p.551	問題71	—
問題2	p.487	問題16	p.502	問題30	p.518	問題44	p.539	問題58	p.552	問題72	—
問題3	p.489	問題17	p.504	問題31	p.517	問題45	p.538	問題59	p.556	問題73	—
問題4	p.490	問題18	p.507	問題32	p.533	問題46	p.543	問題60	p.557	問題74	—
問題5	p.491	問題19	p.508	問題33	p.547	問題47	p.540	問題61	p.553	問題75	—
問題6	p.492	問題20	p.501	問題34	p.549	問題48	p.541	問題62	p.554	問題76	—
問題7	p.488	問題21	p.503	問題35	p.544	問題49	p.519	問題63	—	問題77	p.526
問題8	p.493	問題22	p.515	問題36	p.534	問題50	p.520	問題64	—	問題78	p.529
問題9	p.494	問題23	p.511	問題37	p.542	問題51	p.521	問題65	—	問題79	p.530
問題10	p.495	問題24	p.514	問題38	p.535	問題52	p.523	問題66	—	問題80	p.531
問題11	p.496	問題25	p.509	問題39	p.546	問題53	p.525	問題67	—	問題81	p.532
問題12	p.497	問題26	p.510	問題40	p.545	問題54	p.522	問題68	—	問題82	p.528
問題13	p.498	問題27	p.512	問題41	p.548	問題55	p.524	問題69	—	問題83	p.527
問題14	p.499	問題28	p.516	問題42	p.536	問題56	p.550	問題70	—		

社 会 専 門 科 目

問題		問題		問題		問題		問題		問題	
問題84	p.578	問題96	—	問題108	—	問題120	—	問題132	—	問題144	p.506
問題85	p.579	問題97	—	問題109	—	問題121	—	問題133	—	問題145	p.555
問題86	p.580	問題98	p.567	問題110	—	問題122	—	問題134	—	問題146	—
問題87	p.581	問題99	p.568	問題111	p.575	問題123	—	問題135	—	問題147	p.560
問題88	p.582	問題100	p.569	問題112	p.576	問題124	—	問題136	—	問題148	p.559
問題89	p.583	問題101	p.570	問題113	p.577	問題125	—	問題137	—	問題149	p.558
問題90	p.584	問題102	p.571	問題114	p.573	問題126	—	問題138	—	問題150	p.561
問題91	p.562	問題103	p.572	問題115	p.574	問題127	—	問題139	—		
問題92	p.563	問題104	—	問題116	—	問題128	—	問題140	—		
問題93	p.565	問題105	—	問題117	—	問題129	—	問題141	—		
問題94	p.564	問題106	—	問題118	—	問題130	—	問題142	—		
問題95	p.566	問題107	—	問題119	—	問題131	—	問題143	p.505		

注）ページ欄が — になっている問題は，新出題基準においては社会専門科目にあたる問題につき，本書では掲載していない。

目　次

刊行にあたって

本書の使い方 ………………………………………………………… 4

問題掲載頁一覧 …………………………………………………… 6

第27回精神保健福祉士国家試験について ………………………… 10

注意事項 …………………………………………………………… 12

解答用マークシート ……………………………………………… 13

出題基準と出題実績一覧 ………………………………………… 15

第27回 ……………………………………………………… 49

専門科目 ……… 50　　**共通科目** ……… 108

第26回 ……………………………………………………… 205

専門科目 ……… 206　　**共通科目** ……… 293

第25回 ……………………………………………………… 399

専門科目 ……… 400　　**共通科目** ……… 486

執筆者一覧

第27回精神保健福祉士国家試験について

■出題形式

　18科目9科目群に分かれており，出題数は全132問です。出題形式は，五つの選択肢の中から正答を一つ選ぶ五肢択一を基本とする多肢選択形式がとられます。

■科目別出題数

	試験科目	出題数	科目群
専門科目	精神医学と精神医療	9	①
	現代の精神保健の課題と支援	9	②
	精神保健福祉の原理	9	③
	ソーシャルワークの理論と方法（専門）	9	④
	精神障害リハビリテーション論	6	⑤
	精神保健福祉制度論	6	
共通科目	医学概論	6	⑥
	心理学と心理的支援	6	
	社会学と社会システム	6	
	社会福祉の原理と政策	9	⑦
	社会保障	9	
	権利擁護を支える法制度	6	
	地域福祉と包括的支援体制	9	⑧
	障害者福祉	6	
	刑事司法と福祉	6	
	ソーシャルワークの基盤と専門職	6	⑨
	ソーシャルワークの理論と方法	9	
	社会福祉調査の基礎	6	
	合　計	132	

■合格基準

次の2つの条件を満たした者を合格者とする。
（1）ア　総得点132点に対し，得点70点以上の者（総得点の60％程度を基準とし，問題の難易度で補正した。配点は1問1点である。）。
　　　イ　試験科目の一部免除を受けた受験者
　　　　（精神保健福祉士法施行規則第6条）
　　　　総得点48点に対し，得点32点以上の者（総得点の60％程度を基準とし，問題の難易度で補正した。配点は1問1点である。）。
（2）（1）のア又はイを満たした者のうち，（1）のアに該当する者にあっては①から⑨の9科目群，イに該当する者にあっては①から⑤の5科目群すべてにおいて得点があった者。
①精神医学と精神医療　②現代の精神保健の課題と支援　③精神保健福祉の原理　④ソーシャルワークの理論と方法（専門）　⑤精神障害リハビリテーション論，精神保健福祉制度論　⑥医学概論，心理学と心理的支援，社会学と社会システム　⑦社会福祉の原理と政策，社会保障，権利擁護を支える法制度　⑧地域福祉と包括的支援体制，障害者福祉，刑事司法と福祉　⑨ソーシャルワークの基盤と専門職，ソーシャルワークの理論と方法，社会福祉調査の基礎

■これまでの試験の結果（過去5回分）

社会福祉振興・試験センターより公表された受験者及び合格者数は次のとおりです。

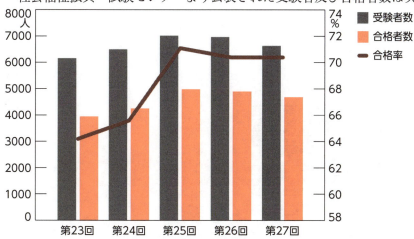

■国家試験情報専用電話案内

公益財団法人社会福祉振興・試験センター　TEL 03-3486-7559

■試験当日の心構え

▶時間に余裕をもつ　　　　　▶普段のリズムを大切に
▶受験会場の環境に備える　　▶マークシートの記入は確実に
▶解ける問題から取りかかる

注 意 事 項

1 試験時間等

試験時間は、受験票のとおりです。

午後の試験問題数は 48 問です。

2 解答用紙への氏名の記入

解答用紙には、すでに「受験番号（●塗りつぶし含む）」「カナ」氏名が印刷されています。

「受験番号」と「カナ」氏名が正しいかどうか確認して、「氏名」欄に、受験票に印刷されている氏名を記入してください。

（例）受験番号 P013-45678 の場合

| 会場 | 福祉大学 |
| 第1教室 |
| カナ | フクシ タロウ |
| 氏名 | |

受験番号

P 0 1 3 - 4 5 6 7 8

3 解答方法

(1) 出題形式は五肢択一を基本とする多肢選択形式となっています。各問題には1から5まで5つの答えがありますので、そのうち、問題に対応した答えを〔例1〕では1つ、〔例2〕では2つ選び、解答用紙に解答してください。

〔例1〕 問題 201 次のうち、県庁所在地として、正しいものを1つ選びなさい。

1 函館市
2 郡山市
3 横浜市
4 米子市
5 北九州市

正答は「3」ですので、解答用紙の

問題 201 ① ② ③ ④ ⑤ のうち、③ を塗りつぶして、

問題 201 ① ② ● ④ ⑤ としてください。

〔例2〕 問題 202 次のうち、首都として、正しいものを2つ選びなさい。

1 シドニー
2 ブエノスアイレス
3 上海
4 ニューヨーク
5 パリ

正答は「2と5」ですので、解答用紙の

問題 202 ① ② ③ ④ ⑤ のうち、② ⑤ を塗りつぶして、

問題 202 ① ● ③ ④ ● としてください。

(2) 採点は、光学式読取装置によって行います。解答は、鉛筆又はシャープペンシルを使用し、〇の外にはみださないように濃く塗りつぶしてください。ボールペンは使用できません。また、塗りつぶしが薄い場合、正答であっても正しく読み取れないため、注意してください。

良い解答の例…………

悪い解答の例…………

（解答したことにはなりません）

(3) 一度解答したところを訂正する場合は、消しゴムで消し残りのないように完全に消してください。鉛筆の跡が残ったり、✖ のような消し方などをした場合は、訂正したことにはなりませんので注意してください。

(4) 〔例1〕の問題に2つ以上解答した場合、誤りになります。〔例2〕の問題に1つ又は3つ以上解答した場合、誤りになります。

(5) 解答用紙は、折り曲げたり、チェックやメモなどで汚したりしないように特に注意してください。

4 その他の注意事項

(1) 印刷不良や落丁があった場合は、手を挙げて試験監督員に連絡してください。

(2) 問題の内容についての質問には、一切お答えできません。

精神保健福祉士国家試験
（午後）解答用紙

※本書では、参考として、第 27 回試験で示された「注意事項」を掲載しています。

精神保健福祉士国家試験過去問解説集2026

精神保健福祉士国家試験
（午後：専門）解答用紙

会　場	福祉大学
1	第1教室

カ　ナ	
氏　名	

受験番号

	Ⓟ	⓪	⓪	⓪	●	⓪	⓪	⓪	⓪	⓪
		①	①	①		①	①	①	①	①
	Ⓓ	②	②	②		②	②	②	②	②
		③	③	③		③	③	③	③	③
		④	④	④		④	④	④	④	④
		⑤	⑤	⑤		⑤	⑤	⑤	⑤	⑤
		⑥	⑥	⑥		⑥	⑥	⑥	⑥	⑥
		⑦	⑦	⑦		⑦	⑦	⑦	⑦	⑦
		⑧	⑧	⑧		⑧	⑧	⑧	⑧	⑧
		⑨	⑨	⑨		⑨	⑨	⑨	⑨	⑨

問題番号	解　　答　　欄				
問1	①	②	③	④	⑤
問2	①	②	③	④	⑤
問3	①	②	③	④	⑤
問4	①	②	③	④	⑤
問5	①	②	③	④	⑤
問6	①	②	③	④	⑤
問7	①	②	③	④	⑤
問8	①	②	③	④	⑤
問9	①	②	③	④	⑤
問10	①	②	③	④	⑤
問11	①	②	③	④	⑤
問12	①	②	③	④	⑤
問13	①	②	③	④	⑤
問14	①	②	③	④	⑤
問15	①	②	③	④	⑤
問16	①	②	③	④	⑤
問17	①	②	③	④	⑤
問18	①	②	③	④	⑤
問19	①	②	③	④	⑤
問20	①	②	③	④	⑤
問21	①	②	③	④	⑤
問22	①	②	③	④	⑤
問23	①	②	③	④	⑤
問24	①	②	③	④	⑤
問25	①	②	③	④	⑤
問26	①	②	③	④	⑤
問27	①	②	③	④	⑤
問28	①	②	③	④	⑤
問29	①	②	③	④	⑤
問30	①	②	③	④	⑤
問31	①	②	③	④	⑤
問32	①	②	③	④	⑤
問33	①	②	③	④	⑤
問34	①	②	③	④	⑤
問35	①	②	③	④	⑤
問36	①	②	③	④	⑤
問37	①	②	③	④	⑤
問38	①	②	③	④	⑤
問39	①	②	③	④	⑤
問40	①	②	③	④	⑤

問題番号	解　　答　　欄				
問41	①	②	③	④	⑤
問42	①	②	③	④	⑤
問43	①	②	③	④	⑤
問44	①	②	③	④	⑤
問45	①	②	③	④	⑤
問46	①	②	③	④	⑤
問47	①	②	③	④	⑤
問48	①	②	③	④	⑤

精神保健福祉士国家試験過去問解説集2026

社会福祉士・精神保健福祉士
国家試験(午前:共通)解答用紙

会 場	福祉大学
1	第1教室

カ ナ	
氏 名	

受験番号

					−				
(S)	⓪	⓪	⓪	●	⓪	⓪	⓪	⓪	⓪
	①	①	①		①	①	①	①	①
(P)	②	②	②		②	②	②	②	②
	③	③	③		③	③	③	③	③
(D)	④	④	④		④	④	④	④	④
	⑤	⑤	⑤		⑤	⑤	⑤	⑤	⑤
	⑥	⑥	⑥		⑥	⑥	⑥	⑥	⑥
	⑦	⑦	⑦		⑦	⑦	⑦	⑦	⑦
	⑧	⑧	⑧		⑧	⑧	⑧	⑧	⑧
	⑨	⑨	⑨		⑨	⑨	⑨	⑨	⑨

問題番号	解 答 欄				
問 1	①	②	③	④	⑤
問 2	①	②	③	④	⑤
問 3	①	②	③	④	⑤
問 4	①	②	③	④	⑤
問 5	①	②	③	④	⑤
問 6	①	②	③	④	⑤
問 7	①	②	③	④	⑤
問 8	①	②	③	④	⑤
問 9	①	②	③	④	⑤
問 10	①	②	③	④	⑤
問 11	①	②	③	④	⑤
問 12	①	②	③	④	⑤
問 13	①	②	③	④	⑤
問 14	①	②	③	④	⑤
問 15	①	②	③	④	⑤
問 16	①	②	③	④	⑤
問 17	①	②	③	④	⑤
問 18	①	②	③	④	⑤
問 19	①	②	③	④	⑤
問 20	①	②	③	④	⑤
問 21	①	②	③	④	⑤
問 22	①	②	③	④	⑤
問 23	①	②	③	④	⑤
問 24	①	②	③	④	⑤
問 25	①	②	③	④	⑤
問 26	①	②	③	④	⑤
問 27	①	②	③	④	⑤
問 28	①	②	③	④	⑤
問 29	①	②	③	④	⑤
問 30	①	②	③	④	⑤
問 31	①	②	③	④	⑤
問 32	①	②	③	④	⑤
問 33	①	②	③	④	⑤
問 34	①	②	③	④	⑤
問 35	①	②	③	④	⑤
問 36	①	②	③	④	⑤
問 37	①	②	③	④	⑤
問 38	①	②	③	④	⑤
問 39	①	②	③	④	⑤
問 40	①	②	③	④	⑤
問 41	①	②	③	④	⑤
問 42	①	②	③	④	⑤

問題番号	解 答 欄				
問 43	①	②	③	④	⑤
問 44	①	②	③	④	⑤
問 45	①	②	③	④	⑤
問 46	①	②	③	④	⑤
問 47	①	②	③	④	⑤
問 48	①	②	③	④	⑤
問 49	①	②	③	④	⑤
問 50	①	②	③	④	⑤
問 51	①	②	③	④	⑤
問 52	①	②	③	④	⑤
問 53	①	②	③	④	⑤
問 54	①	②	③	④	⑤
問 55	①	②	③	④	⑤
問 56	①	②	③	④	⑤
問 57	①	②	③	④	⑤
問 58	①	②	③	④	⑤
問 59	①	②	③	④	⑤
問 60	①	②	③	④	⑤
問 61	①	②	③	④	⑤
問 62	①	②	③	④	⑤
問 63	①	②	③	④	⑤
問 64	①	②	③	④	⑤
問 65	①	②	③	④	⑤
問 66	①	②	③	④	⑤
問 67	①	②	③	④	⑤
問 68	①	②	③	④	⑤
問 69	①	②	③	④	⑤
問 70	①	②	③	④	⑤
問 71	①	②	③	④	⑤
問 72	①	②	③	④	⑤
問 73	①	②	③	④	⑤
問 74	①	②	③	④	⑤
問 75	①	②	③	④	⑤
問 76	①	②	③	④	⑤
問 77	①	②	③	④	⑤
問 78	①	②	③	④	⑤
問 79	①	②	③	④	⑤
問 80	①	②	③	④	⑤
問 81	①	②	③	④	⑤
問 82	①	②	③	④	⑤
問 83	①	②	③	④	⑤
問 84	①	②	③	④	⑤

※実際の国家試験のマークシートとは異なる場合があります。

出題基準と出題実績一覧

※第 25・26 回については，【　】内は出題当時の精神専門科目の問題番号
※第 25・26 回については，共【　】内は出題当時の共通科目の問題番号
※ ■■ は新カリによる新試験

① 精神医学と精神医療

大項目	中項目	小項目（例示）	出題実績		
			第 27 回	第 26 回	第 25 回
1 精神疾患総論	1）精神医学・医療の歴史	●諸外国における精神医療の歴史 ●日本における精神医療の歴史			【1】
	2）精神現象の生物学的基礎	●脳の構造と機能 ●こころの生物学的理解			
	3）精神障害の概念	●健康 ●精神症状 ●精神疾患 ●精神疾患に由来する障害	【4】*		
	4）精神疾患の診断分類	●内因性，外因性，心因性 ●国際疾病分類（ICD） ●精神疾患の診断・統計マニュアル（DSM）			
	5）診断，検査	●診断手順と方法 ●心理検査 ●生理学的検査 ●生化学検査	【1】		【7】
	6）代表的な疾患とその症状，経過，予後	●認知症 ●高次脳機能障害 ●依存症 ●統合失調症 ●気分（感情）障害 ●不安障害 ●神経症性障害，ストレス関連障害 ●摂食障害 ●発達障害 ●てんかん	【2】 【3】 【4】* 【5】	【1】 【2】 【3】 【4】 【5】 【6】 【7】	【2】 【3】 【4】 【5】 【6】
2 精神疾患の治療	1）薬物治療	●薬理作用と副作用			
	2）精神療法	●精神療法の種類と内容 ●集団精神療法 ●認知行動療法 ●社会生活技能訓練（SST，社会生活スキルトレーニング）	【6】	【8】 【9】	【8】
	3）脳刺激法	●電気けいれん療法 ●経頭蓋磁気刺激療法			
	4）作業療法				
	5）地域精神医療	●訪問診療，往診 ●訪問看護 ●アウトリーチ ●精神科デイ・ケア			
3 精神医療の動向	1）精神疾患患者の動向	●630 調査，患者調査 ●入院患者数の推移（疾病別，年齢階級別） ●外来患者数の推移（疾病別，年齢階級別） ●在院期間，退院先 ●精神科病院数の推移 ●病棟の機能分化の推移			
	2）医療制度改革と精神医療	●医療法（医療施設の類型，医療計画） ●保健医療政策 ●診療報酬制度		共【73】	共【73】
	3）医療機関の医療機能の明確化	●病床機能分化 ●クリニカルパス ●地域医療連携（地域完結型医療）			
4 精神科医療機関における治療	1）入院治療	●専門病棟			

大項目	中項目	小項目（例示）	出題実績		
			第27回	第26回	第25回
	2）入院治療と人権擁護	●入院治療の歴史 ●精神保健福祉法における入院形態（任意入院，医療保護入院，措置入院，緊急措置入院，応急入院） ●医療保護入院における退院促進 ●インフォームド・コンセント ●精神科病院における処遇（隔離，身体的拘束），行動制限の最小化 ●退院および処遇改善請求 ●精神保健指定医制度 ●精神医療審査会 ●移送制度	【7】	【10】	【10】 【70】*
	3）外来治療，在宅医療	●外来 ●精神科診療所 ●訪問診療，往診 ●訪問看護		共【74】	
	4）医療観察法における入院・通院治療	●指定入院医療機関 ●医療観察病棟 ●指定通院医療機関 ●鑑定入院	【8】		
	5）精神科医療機関における精神保健福祉士の役割	●相談援助 ●人権擁護 ●入院・退院時の関わり ●退院支援，退院後生活環境相談員 ●地域連携 ●多職種カンファレンス ●家族への助言，援助 ●制度の説明・提案・相談			
	6）精神保健福祉士と協働する職種	●医師，薬剤師，保健師，看護師，作業療法士，管理栄養士，公認心理師			【27】
5 精神医療と保健，福祉の連携の重要性	1）治療導入に向けた支援	●早期介入 ●保健所，市町村保健センター，精神保健福祉センターの連携と役割 ●学校保健の役割 ●産業保健の役割 ●精神科救急医療システム ●認知症初期集中支援チーム	【9】		
	2）再発予防や地域生活に向けた支援	●服薬自己管理の支援 ●精神障害にも対応した地域包括ケアシステム ●地域生活を支える多機関の役割 ●障害福祉サービス			【9】

*は複数の項目に該当する問題

② 現代の精神保健の課題と支援

※第25・26回については，【　】内は出題当時の精神専門科目の問題番号
※第25・26回については，共【　】内は出題当時の共通科目の問題番号
※ ■ は新カリによる新試験

大項目	中項目	小項目（例示）	出題実績		
			第27回	第26回	第25回
1 現代の精神保健分野の動向と基本的考え方	1）精神保健の動向	●精神保健の歴史 ●精神障害にも対応した地域包括ケアシステム ●衛生行政報告例，地域保健・健康増進事業報告 ●受療率に見る課題（受療格差と受療バリア，受療までの期間（DUP）と受療促進）	【10】		
	2）精神保健活動の三つの対象	●支持的精神保健 ●積極的精神保健 ●総合的精神保健	【11】		
	3）精神の健康に関する心的態度	●否認，受容，回復 ●ストレス ●対処（コーピング）			
	4）生活と嗜癖	●嗜癖，乱用，依存			
2 家族に関連する精神保健の課題と支援	1）家族関係における暴力と精神保健	●DV ●家族関係			
	2）出産・育児をめぐる精神保健	●育児困難，子育て不安 ●児童虐待 ●発達障害と療育をめぐる精神保健 ●マタニティブルーズ ●産後うつ病	【12】*		共【75】*
	3）介護をめぐる精神保健	●ケアラー ●不適切ケア ●介護ストレス ●高齢者虐待 ●家族支援			共【75】*
	4）社会的ひきこもりをめぐる精神保健	●ひきこもりの支援 ●アウトリーチ ●8050問題			
	5）家族関係の課題	●家族形態 ●支配・被支配，依存・共依存 ●家族支援 ●家族問題を相談する機関			
	6）グリーフケア	●死別経験と喪失経験 ●複雑性悲嘆			【13】
	7）精神保健支援を担う機関	●地域の関連機関			
3 精神保健の視点から見た学校教育の課題とアプローチ	1）学校教育における精神保健的課題	●いじめ，学校における暴力，自殺，自傷 ●不登校，学級崩壊，非行			
	2）教員の精神保健	●相談体制 ●燃え尽き症候群			
	3）関与する専門職と関係法規	●学校保健安全法 ●いじめ防止対策推進法		【13】	
	4）スクールソーシャルワーカーの役割	●学校内におけるチーム体制	【14】		
	5）学校精神保健にかかわる社会資源	●精神科医療機関 ●児童相談所			【14】
4 精神保健の視点から見た勤労者の課題とアプローチ	1）現代日本の労働環境	●過重労働と過労自殺 ●働き方改革		【14】	
	2）産業精神保健とその対策	●ストレスチェックと職場環境改善 ●職場復帰支援	【16】	【80】*	
	3）職場のメンタルヘルスのための相談	●ハラスメント相談 ●従業員援助プログラム（EAP） ●企業内保健相談活動	【15】		
	4）職場内の問題を解決するための機関及び関係法規	●労働基準法 ●労働安全衛生法		【78】*	【15】

大項目	中項目	小項目（例示）	出題実績		
			第27回	第26回	第25回
5 **精神保健の視点から見た現代社会の課題とアプローチ**	1）災害被災者の精神保健	●被災者の心理状態 ●こころのケアチーム ●支援者のケア ●災害派遣精神医療チーム（DPAT）		【15】*	【16】
	2）犯罪被害者の支援	●トラウマ・インフォームド・ケア ●PTSD		【18】	
	3）自殺予防	●自傷行為，自殺未遂，自死遺族 ●自殺対策基本法	【17】	【65】	
	4）身体疾患に伴う精神保健	●精神科リエゾン ●緩和ケア			
	5）貧困問題と精神保健	●相対的貧困 ●貧困とストレス ●新たな貧困問題に伴う精神保健			
	6）社会的孤立	●ホームレスと精神保健 ●セルフネグレクト	共【69】		
	7）LGBTと精神保健	●性別違和			
	8）他文化に接することで生じる精神保健上の問題	●異文化ストレス ●文化差に配慮した支援 ●多文化共生社会			
	9）反復違法行為と精神保健	●違法薬物使用・盗癖・性加害・放火・ストーカー行為の反復 ●司法領域との連携 ●違法行為と精神障害			【66】*
6 **精神保健に関する発生予防と対策**	1）精神保健の予防の考え方	●公衆衛生 ●予防介入 ●健康日本21	【12】		【12】
	2）アルコール問題に対する対策	●アルコール健康障害対策基本法 ●社会問題としての依存症対策 ●個人及び家族への依存症対策（家族相談・減酒支援・受療支援） ●SBIRTS		【16】	【17】
	3）薬物依存対策	●薬物乱用防止教育 ●ハームリダクション		【17】	
	4）ギャンブル等依存対策	●多重債務，貧困，虐待，自殺，犯罪等の関連問題に関する施策との連携			
	5）うつ病と自殺防止対策	●うつ病患者の発見・治療・支援 ●ゲートキーパー			
	6）子育て支援と暴力，虐待予防	●親支援 ●思春期の親グループ			
	7）認知症高齢者に対する対策	●介護家族支援 ●新オレンジプラン			
	8）社会的ひきこもりに対する対策	●世代別関連問題 ●ひきこもり地域支援センター		【62】	
	9）災害時の精神保健に対する対策	●サイコロジカル・ファーストエイド		【15】*	
7 **地域精神保健に関する偏見・差別等の課題**	1）関係法規	●地域保健法 ●母子保健法	【13】		
	2）精神保健に関わる人材育成	●心のサポーター			
	3）精神保健における偏見	●偏見 ●差別 ●スティグマ			【18】*

大項目	中項目	小項目（例示）	出題実績		
			第 27 回	第 26 回	第 25 回
8 精神保健に関する専門職種（保健師等）と国，都道府県，市町村，団体等の役割及び連携	1）国の機関とその役割				
	2）精神保健に関係する法規	●精神保健福祉制度の経緯 ●保健所及び市町村における精神保健福祉業務運営要領 ●精神保健福祉センター業務運営要領			
	3）保健師等の役割と連携	●多職種・多機関連携	【18】		
	4）地域精神保健に係わる行政機関の役割及び連携	●精神保健福祉センター，保健所，市町村（保健センター）		【20】	【77】
	5）学会や啓発団体	●いのちの電話			【19】
	6）セルフヘルプグループと地域精神保健を課題とした市民団体	●家族会，当事者の会 ●市民団体，市民活動			
9 諸外国の精神保健活動の現状及び対策	1）世界の精神保健の実情	●障害調整生命年（DALY）			
	2）WHO などの国際機関の活動	●精神保健ケアに関する法：基本10原則 ●アルコールの有害な使用を低減するための世界戦略 ●WHO（世界保健機関） ●ILO（国際労働機関） ●WFMH（世界精神保健連盟） ●OECD（経済協力開発機構）		【19】	【20】
	3）諸外国の精神保健医療の実情	●西欧 ●北米 ●アジア			

＊は複数の項目に該当する問題

③ 精神保健福祉の原理

※第25・26回については，【　】内は出題当時の精神専門科目の問題番号
※ ■ は新カリによる新試験

大項目	中項目	小項目（例示）	出題実績		
			第27回	第26回	第25回
1 障害者福祉の理念	1）障害者福祉の思想と原理	●優生思想と社会防衛思想 ●基本的人権の保障 ●社会正義の実現 ●法の下の平等			
	2）障害者福祉の理念	●リハビリテーション ●ノーマライゼーション ●エンパワメント，自立生活 ●バリアフリー ●機会均等，インクルージョン	【19】	【22】 【23】 【32】*	【25】 【37】
	3）障害者福祉の歴史的展開	●魔女裁判 ●治安モデル ●隔離，収容 ●パターナリズム ●自立支援・社会参加支援 ●消費者としての権利保障		【36】	
2 「障害」と「障害者」の概念	1）国際生活機能分類（ICF）	●ICIDH ●ICF		【11】	
	2）制度における「精神障害者」の定義	●障害者基本法 ●障害者総合支援法 ●精神保健福祉法			【62】
	3）精神障害の障害特性	●蜂矢モデル ●ICFモデル ●上田敏モデル ●社会モデル ●疾病と障害の併存			
3 社会的排除と社会的障壁	1）諸外国の動向	●ピネル ●ビアーズ ●精神疾患を有する者の保護及びメンタルヘルスケアの改善のための諸原則（1991） ●障害者権利条約		【39】	【36】
	2）日本の精神保健福祉施策に影響を与えた出来事	●相馬事件（精神病者監護法，精神病院法，呉秀三） ●ライシャワー事件（精神衛生法の改正） ●宇都宮病院事件（精神保健法，指定医制度） ●大和川病院事件（精神保健福祉法における入院制度，地域移行） ●池田小学校事件（医療観察法） ●相模原障害者施設殺傷事件（精神保健福祉法における措置入院の見直し）	【20】		
	3）日本の社会的障壁	●欠格条項 ●強制不妊手術 ●コンフリクトの種類 ●人権侵害としての施設コンフリクト ●アルコール・薬物問題の取締法と刑罰の優先 ●自己責任論と受療への障壁			【18】*
4 精神障害者の生活実態	1）精神科医療の特異性	●非自発的入院・治療 ●精神科特例 ●病床数と在院日数 ●隔離，身体的拘束 ●多剤併用	【21】		
	2）家族	●保護義務者の歴史 ●家族とその生活実態 ●家族の多様性	【22】 【26】		
	3）社会生活	●居住形態，家族の同居率 ●生活保障（生活保護・年金・手帳） ●就労状況			
5 「精神保健福祉士」の資格化の経緯と精神保健福祉の原理と理念	1）「精神保健福祉士」の資格化に至る経緯	●精神医学ソーシャルワーカー	【23】		

大項目	中項目	小項目（例示）	出題実績		
			第27回	第26回	第25回
	2）原理・価値	●社会的復権と権利擁護 ●自己決定 ●当事者主体 ●社会正義 ●ごく当たり前の生活		【24】 【27】 【30】	【28】 【30】 【32】 【33】 【38】
	3）観点・視点	●人と環境の相互作用 ●生活者 ●エンパワメント ●ストレングス ●リカバリー ●レジリエンス ●アンチスティグマ	【25】	【32】* 【38】	【35】
	4）関係性	●加害者性 ●援助関係 ●循環的関係 ●協働関係	【27】*	【31】	
6 「精神保健福祉士」の機能と役割	1）精神保健福祉士法	●精神保健福祉士法制定と改訂の経緯 ●法の目的 ●定義 ●義務規定 ●誠実義務 ●信用失墜行為の禁止 ●秘密保持 ●連携等 ●資質向上の責務 ●社会福祉士法及び介護福祉士法と精神保健福祉士法との関係	【24】	【21】 【37】	【21】 【22】
	2）精神保健福祉士の職業倫理	●倫理綱領 ●倫理的ジレンマ ●専門職団体の意義と役割	【27】*		【24】
	3）精神保健福祉士の業務特性	●価値，理念，視点，知識，技術による業務構成 ●ミクロ・メゾ・マクロの連続性（包括的アプローチ） ●連携（多職種連携・多機関連携）における精神保健福祉士の役割			【23】
	4）精神保健福祉士の職場・職域	●配置状況（医療（病院・診療所），福祉（障害福祉サービス等事業所），行政（精神保健福祉センター・保健所・市町村・保護観察所），教育，司法，労働，産業等）		【26】*	
	5）精神保健福祉士の業務内容と業務指針	●精神保健福祉士業務指針 ●指針に基づく業務の展開例			

＊は複数の項目に該当する問題

④ ソーシャルワークの理論と方法（専門）

※第25・26回については，【　】内は出題当時の精神専門科目の問題番号
※第25・26回については，共【　】内は出題当時の共通科目の問題番号
※ ■ は新カリによる新試験

大項目	中項目	小項目（例示）	出題実績		
			第27回	第26回	第25回
1 精神保健福祉分野におけるソーシャルワークの概要	1）ソーシャルワークの構成要素	●原理，理念，視点，知識，技術			
	2）ソーシャルワークの展開過程	●ニーズ発見 ●インテーク ●アセスメント ●プランニング ●インターベンション ●モニタリング ●支援の終結と事後評価（エバリュエーション）●アフターケア ●ミクロ・メゾ・マクロレベルにおける展開	【34】*		【39】【42】【49】
	3）精神保健福祉分野のソーシャルワークの基本的視点	●医学モデル，生活モデル，統合的生活モデル，バイオサイコソーシャルモデル ●人と環境の相互作用 ●精神疾患・精神障害の特性を踏まえたソーシャルワークの留意点	【35】*【36】*	【25】【33】	
2 精神保健福祉分野におけるソーシャルワークの過程	1）アウトリーチ	●必要な支援にアクセスできない当事者及び家族へのアプローチ ●支援を求めない当事者層へのアプローチ ●多問題を含む家族へのアプローチ ●社会的孤立とセルフネグレクトへのアプローチ			
	2）インテーク	●主訴の把握 ●スクリーニング ●契約（エンゲージメント）		【55】	【26】
	3）アセスメント	●情報から情報分析・解釈へ ●本人に関する評価（発達・医療健康面・障害特性，心理・情緒面，ストレスコーピング，好みや価値観等）●環境に関する評価（社会関係，経済状況，住環境，関連する法制度や支援内容等）●アセスメントツール（エコマップ，ジェノグラム等）		【34】【53】*	【55】*
	4）援助関係の形成技法	●自己決定，意思決定 ●協働（パートナーシップ）●心理的防衛機制 ●転移と逆転移 ●バウンダリー ●自己覚知	【28】	【47】	
	5）面接技術とその応用	●面接の構造 ●面接技法（マイクロカウンセリング）●生活場面面接 ●動機づけ面接	【29】【34】*	【44】	【44】【45】【58】
	6）支援の展開（人，環境へのアプローチ）事例分析	●エコロジカルアプローチ（生活モデル）の展開 ●エンパワメントアプローチの展開 ●ナラティブアプローチの展開	【35】*【30】	【28】【48】【52】【54】【56】*【57】*	【40】【46】【50】【51】
	7）支援の展開（ケアマネジメント）	●ケアマネジメントのプロセス ●ケアマネジメントの実際（包括型地域生活支援（ACT），ストレングスモデルに基づくケアマネジメント，障害者総合支援法におけるケアマネジメント等）			【48】
3 精神保健福祉分野における家族支援の実際	1）精神障害者家族の課題	●精神保健福祉法と家族 ●介護家族という社会的役割 ●精神障害に関連したケアラー（ヤングケアラー含む）のニーズと支援			
	2）家族理解の変遷	●家族病因論 ●家族ストレス対処理論 ●家族システム論 ●家族の感情表出（EE）研究 ●ジャクソン7段階説（依存症の家族）		【45】	

大項目	中項目	小項目（例示）	出題実績		
			第27回	第26回	第25回
	3）家族支援の方法	●家族相談面接 ●家族療法的アプローチ ●家族関係における暴力への介入（DV被害者支援，DV加害者プログラム） ●家族のリカバリー ●家族のセルフヘルプグループ		【35】 【46】*	
4 多職種連携・多機関連携（チームアプローチ）	1）連携の意義と目的	●連携に関わる概念整理（連携，協働，チームアプローチ，ネットワーキング） ●ニーズの多様化，複合化 ●医療の機能分化，障害福祉サービスの事業化 ●包括型地域生活支援（ACT）			
	2）多職種連携・多機関連携の留意点	●当事者中心，当事者参加の原則 ●目標の共有 ●情報共有とプライバシー保護 ●他職種・他機関の専門性の理解と尊重 ●役割と責任の明確化		【42】*	
	3）チームビルディング	●リーダーシップ ●メンバーシップ ●ファシリテーション ●パワーゲーム			【31】
	4）チームの形態と特徴	●マルチディシプリナリーチーム ●インターディシプリナリーチーム ●トランスディシプリナリーチーム	【31】	【29】	共【76】
	5）連携における精神保健福祉士の役割				
	6）多職種連携・多機関連携（チームアプローチ）の実際（事例分析）			【51】 【53】*	【29】 【59】
5 ソーシャルアドミニストレーションの展開方法	1）ソーシャルアドミニストレーションの概念とその意義	●障害福祉計画			
	2）組織と精神保健福祉士の関係性	●組織経営（医療経営・事業経営）とソーシャルワーク ●専門職と被用者（二重のロイヤリティ）			
	3）組織介入・組織改善の実践モデル	●生活モデルにおける組織介入技法 ●準備段階（問題の特定） ●組織分析（アセスメント） ●導入の技法 ●関与の技法（説明法，協働法，説得法，対立活用法） ●実施と制度化			
	4）組織運営管理の実際	●事業計画の策定と実施マネジメント，サービス評価（PDCAサイクル） ●環境整備 ●資源調達 ●人材確保と人材育成			
6 コミュニティワーク	1）精神保健福祉分野におけるコミュニティワークの意義	●地域生活支援 ●ソーシャルインクルージョン ●精神障害にも対応した地域包括ケアシステム			
	2）地域における精神保健福祉の向上	●精神保健福祉に関する普及啓発 ●地域住民の精神保健福祉活動への参画 ●精神保健福祉ボランティアの育成 ●予防的アプローチ	【32】		【47】 【55】* 【56】 【57】
7 個別支援からソーシャルアクションへの展開	1）基本的視点	●当事者ニーズを軸とした展開・包括的アプローチ ●ミクロ・メゾ・マクロの連続性と展開方法			

大項目	中項目	小項目（例示）	出題実績		
			第27回	第26回	第25回
	2）個別支援から地域における体制整備	●個別支援会議 ●地域における協議会（自立支援協議会等） ●地域課題の発見・共有（個別支援の蓄積，ニーズ調査，地域アセスメント） ●地域におけるネットワークの構築 ●地域における社会資源の開発・改善（計画策定及びその実施，評価過程を含む） ●地域住民への啓発と住民参加	【33】	【58】 【59】 【60】	【41】
	3）政策提言・政策展開	●国及び広域圏において共通する課題の抽出・分析（メゾレベルにおける取り組みの限界） ●職能団体・関係団体間での課題の共有とエビデンスの集積 ●法制度上の課題の解決に向けたアクションプランと実施 ●改善・創設された法制度の活用と評価			
	4）精神障害者の地域移行・地域定着に関わる展開（事例分析）	●コミュニティソーシャルワーク	【34】＊ 【35】＊ 【36】＊		
8 関連分野における精神保健福祉士の実践展開	1）学校・教育分野	●スクールソーシャルワーク			
	2）産業分野	●従業員援助プログラム（EAP）			
	3）司法分野	●地域生活定着支援センター		【66】	
	4）その他				

＊は複数の項目に該当する問題

⑤ 精神障害リハビリテーション論

※第25・26回については，【 】内は出題当時の精神専門科目の問題番号
※ ▮ は新カリによる新試験

大項目	中項目	小項目（例示）	出題実績		
			第27回	第26回	第25回
1 精神障害リハビリテーションの理念，定義，基本原則	1）精神障害リハビリテーションの理念と定義	●リハビリテーションの理念 ●権利の回復 ●生活環境への適応 ●技能の育成 ●自尊心の回復 ●環境面への介入			
	2）医学的・職業的・社会的・教育的リハビリテーション	●医学的リハビリテーション ●職業リハビリテーション ●社会リハビリテーション ●教育リハビリテーション			
	3）精神障害リハビリテーションの基本原則	●基本原則	【37】		
	4）精神障害リハビリテーションとソーシャルワークとの関係	●障害とニーズ ●個人への介入 ●環境への介入			
	5）地域及びリカバリー概念を基盤としたリハビリテーションの意義	●リカバリー概念 ●ストレングスモデル ●地域を基盤とした精神障害リハビリテーションの意義	【38】		
2 精神障害リハビリテーションの構成及び展開	1）精神障害リハビリテーションの対象				
	2）チームアプローチ	●多職種連携		【42】*	
	3）精神障害リハビリテーションのプロセス	●ニーズ発見 ●インテーク ●アセスメント ●プランニング ●インターベンション ●モニタリング ●支援の終結と事後評価（エバリュエーション） ●アフターケア		【43】	
	4）精神障害リハビリテーションにおける精神保健福祉士の役割				
3 精神障害リハビリテーションプログラムの内容と実施機関	1）医学的リハビリテーションプログラム	●認知行動療法 ●行動療法 ●作業療法 ●健康自己管理のプログラム ●依存症回復プログラム ●デイ・ケアプログラム ●実施機関（精神科病院，精神保健福祉センター等）		【40】 【41】	【43】 【52】 【53】 【54】
	2）職業リハビリテーションプログラム	●就労準備プログラム ●援助付雇用プログラム ●IPSモデル ●復職支援プログラム ●就労定着プログラム ●実施機関（就労移行支援事業所，就労継続支援事業所，障害者就業・生活支援センター，地域障害者職業センター等）		【56】* 【57】* 【76】 【80】*	
	3）社会リハビリテーションプログラム	●社会生活技能訓練（SST，社会生活スキルトレーニング） ●心理教育プログラム ●WRAP ●生活訓練プログラム ●地域移行プログラム ●実施機関（生活訓練事業所，地域活動支援センター，共同生活援助，保護観察所等）	【39】	【50】 【76】	

大項目	中項目	小項目（例示）	出題実績		
			第27回	第26回	第25回
	4）教育リハビリテーションプログラム	●特別支援教育プログラム ●障害学生支援プログラム ●実施機関（特別支援学校，放課後等デイサービス，児童発達支援等）			
	5）家族支援プログラム	●家族心理教育 ●家族による家族支援プログラム ●実施機関（セルフヘルプグループ等）			
4 精神障害リハビリテーションの動向と実際	1）精神障害当事者や家族を主体としたリハビリテーション	●ピアサポートグループとピア活動 ●ピアスタッフ ●家族による家族支援 ●当事者プログラム	【41】	【46】＊ 【49】	【34】 【60】
	2）依存症のリハビリテーション	●断酒会 ●依存症の家族会 ●AA ●GA ●NA ●アラノン ●ギャマノン ●ナラノン	【40】 【42】		

＊は複数の項目に該当する問題

※第25・26回については，【　】内は出題当時の精神専門科目の問題番号
※第25・26回については，共【　】内は出題当時の共通科目の問題番号
※　■　は新カリによる新試験

⑥ 精神保健福祉制度論

大項目	中項目	小項目（例示）	出題実績		
			第27回	第26回	第25回
1 精神障害者に関する制度・施策の理解	1）精神障害者に関する法律の体系	●障害者基本法 ●障害者総合支援法 ●精神保健福祉法	【43】 【48】*		【62】 【72】 【73】
2 精神障害者の医療に関する制度	1）精神保健福祉法の概要と精神保健福祉士の役割	●入院形態 ●入院の方法（移送制度等） ●人権擁護（退院請求，精神医療審査会，入院者訪問支援事業，精神保健指定医制度） ●精神保健福祉法における精神保健福祉士の役割（退院促進に関する措置，退院後生活環境相談員）	【44】 【46】 【47】	【26】* 【61】 【70】 【77】	【61】 【70】*
	2）医療観察法の概要と精神保健福祉士の役割	●審判・処遇の流れ ●処遇の内容 ●精神保健参与員の役割 ●社会復帰調整官の役割 ●医療観察法における精神保健福祉士の役割		【67】 【68】	【66】* 【67】
	3）精神障害者の医療に関する課題	●非自発的入院 ●意思決定支援 ●家族等の同意 ●アウトリーチ ●精神科救急医療システム ●地域移行，地域定着 ●医療観察法の課題	共【76】	【66】* 【67】*	【71】
3 精神障害者の生活支援に関する制度	1）相談支援制度と精神保健福祉士の役割	●相談支援制度の概要 ●相談支援制度における精神保健福祉士の役割		【64】 【71】*	
	2）居住支援制度と精神保健福祉士の役割	●居住支援制度の概要 ●居住支援における精神保健福祉士の役割		【72】* 【73】	【74】 【75】*
	3）就労支援制度と精神保健福祉士の役割	●就労支援制度の概要 ●就労支援における精神保健福祉士の役割		【74】 【78】* 【80】*	【76】 【78】* 【79】* 【80】*
	4）精神障害者の生活支援制度に関する課題	●相談支援制度における課題 ●居住支援における課題 ●就労支援における課題		【75】 【79】*	
4 精神障害者の経済的支援に関する制度	1）生活保護制度と精神保健福祉士の役割	●生活保護の概要 ●生活保護制度における精神保健福祉士の役割	【45】	共【63】 共【64】 共【65】 共【66】	【64】* 共【63】 共【64】 共【65】 共【66】
	2）生活困窮者自立支援制度と精神保健福祉士の役割	●生活困窮者自立支援制度の概要 ●生活困窮者自立支援制度における精神保健福祉士の役割	共【68】		共【67】 共【69】
	3）低所得者への支援と精神保健福祉士の役割	●生活福祉資金貸付制度 ●無料低額診療所 ●無料低額宿泊所 ●法律扶助 ●災害救助等 ●低所得者支援における精神保健福祉士の役割	【63】 共【67】		共【68】
	4）精神障害者の経済的支援制度に関する課題	●精神障害者の生活実態から見える経済的支援の課題 ●無年金問題 ●生活保護被保護者の地域移行の課題	【48】*		

＊は複数の項目に該当する問題

① 医学概論

※第25・26回については,【 】内は出題当時の問題番号
※ ■ は新カリによる新試験

大項目	中項目	小項目（例示）	出題実績		
			第27回	第26回	第25回
1 ライフステージにおける心身の変化と健康課題	1）ライフステージにおける心身の変化と健康課題		【1】	【1】	【1】
	2）心身の加齢・老化		【2】		
	3）ライフステージ別の健康課題	●乳幼児期，学童期，思春期，青年期，壮年期，前期高齢期，後期高齢期			
2 健康及び疾病の捉え方	1）健康の概念	●WHO憲章			
	2）疾病の概念	●疾患，疾病，病気の違い			
	3）国際生活機能分類（ICF）	●国際生活機能分類（ICF）の概要（コーディング，活用事例を含む）		【2】	【2】
3 身体構造と心身機能	1）人体部位の名称				
	2）基幹系と臓器の役割		【3】		
4 疾病と障害の成り立ち及び回復過程	1）疾病の発生原因	●外的要因 ●内的要因			
	2）病変の成立機序	●炎症，変性，虚血，発がん，免疫反応 等			
	3）障害の概要	●視覚障害，聴覚障害，平衡機能障害，肢体不自由，内部障害，知的障害，精神障害（DSMを含む），発達障害，認知症，高次脳機能障害 等		【3】【5】【6】	【7】
	4）リハビリテーションの概要と範囲	●リハビリテーションの定義，目的，対象，方法			
	5）疾病と障害及びその予防・治療・予後・リハビリテーション	●がん ●生活習慣病 ●脳血管疾患 ●心疾患 ●感染症 ●神経疾患 ●先天性疾患 ●肺疾患 ●腎・泌尿器疾患 ●消化器疾患 ●骨・関節の疾患 ●血液疾患 ●目・耳の疾患 ●精神疾患 ●高齢者に多い疾患	【4】【5】	【4】【7】	【3】【4】【5】【6】
5 公衆衛生	1）公衆衛生の概要	●公衆衛生の考え方 ●健康の社会的決定要因（SDH）			
	2）健康増進と保健医療対策	●母子保健対策，成人保健対策（生活習慣病予防対策及びがん対策），高齢者保健対策，精神保健対策，感染症対策 等	【6】		

② 心理学と心理的支援

※第25・26回については,【 】内は出題当時の問題番号
※ ■ は新カリによる新試験

大項目	中項目	小項目（例示）	出題実績		
			第27回	第26回	第25回
1 心理学の視点	1）心理学の歴史と対象	●心理学の起源 ●心理学の発展と対象			
	2）心を探究する方法の発展	●生態学的心理学 ●進化心理学的アプローチ ●認知行動科学 ●行動遺伝学			
2 人の心の基本的な仕組みと機能	1）心の生物学的基盤	●脳の構造 ●神経機能 ●遺伝			
	2）感情・動機づけ・欲求	●感情の仕組み・機能 ●動機づけ理論			【8】
	3）感覚・知覚	●知覚の情報処理過程 ●感覚モダリティ ●アフォーダンス		【8】	
	4）学習・行動	●馴化・鋭敏化 ●古典的条件づけ ●道具的条件づけ		【9】	
	5）認知	●記憶・注意 ●思考 ●認知バイアス	【7】	【10】	
	6）個人差	●知能 ●パーソナリティ			【9】
	7）人と環境	●対人関係 ●集団・組織 ●自己	【8】	【11】	【10】
3 人の心の発達過程	1）生涯発達	●発達の定義 ●ライフステージと発達課題	【9】		【11】
	2）心の発達の基盤	●認知発達理論 ●言語発達 ●アタッチメント理論 ●道徳性の発達			
4 日常生活と心の健康	1）心の不適応	●不適応の理論 ●ストレス理論（コーピングを含む） ●燃え尽き症候群 ●トラウマ ●依存症		【12】	【12】
	2）健康生成論	●レジリエンス ●首尾一貫感覚（SOC）	【10】		
5 心理学の理論を基礎としたアセスメントと支援の基本	1）心理アセスメント	●心理アセスメントの方法 ●事例定式化		【13】	【13】
	2）心理的支援の基本的技法	●ソーシャルワークにおける心理的支援 ●支持的精神療法 ●マイクロカウンセリング ●動機づけ面接	【11】		
	3）心理療法におけるアセスメントと介入技法の概要	●精神分析 ●認知行動療法（SSTを含む） ●応用行動分析 ●家族療法 ●ブリーフ・セラピー ●対人関係療法	【12】	【14】	【14】
	4）心理の専門職	●公認心理師			

③ 社会学と社会システム

※第25・26回については，【　】内は出題当時の問題番号
※　■　は新カリによる新試験

大項目	中項目	小項目（例示）	出題実績 第27回	出題実績 第26回	出題実績 第25回
1 社会学の視点	1）社会学の歴史と対象	●社会学の発展と対象			
2 社会構造と変動	1）社会システム	●社会システムの概念 ●社会的行為，文化・規範，社会構造，社会意識，産業と職業，社会階級と社会階層，社会指標		【17】 【21】	【15】
	2）組織と集団	●社会集団の概念 ●第一次集団，第二次集団 ●準拠集団 ●組織の概念，官僚制 ●企業，学校，病院，施設（全制的施設），NPO	【13】		【20】
	3）人口	●人口の概念 ●人口構造，人口動態，人口減少，人口問題，少子高齢化，超高齢社会，人口転換	【15】	【18】	
	4）グローバリゼーション	●国境を超える移動（人・モノ・資本・情報 等） ●エスニシティ，移民，多文化，国籍 ●グローバル・エイジング			
	5）社会変動	●社会変動の概念 ●近代化，産業化，情報化 ●第2の近代			【16】
	6）地域	●地域の概念，コミュニティの概念 ●コミュニティの再生，社会関係資本（ソーシャルキャピタル） ●都市化と地域社会，過疎化と地域社会，中山間地域の課題 ●地域社会の集団・組織	【14】	【16】 【20】	
	7）環境	●気候変動 ●環境破壊 ●持続可能性		【15】	
3 市民社会と公共性	1）社会的格差	●所得，教育，健康，住宅	【16】		
	2）社会政策と社会問題	●雇用 ●福祉国家と福祉社会，福祉レジーム ●社会政策 ●福祉政策 ●社会運動 ●公共空間			
	3）差別と偏見	●ラベリング理論，構築主義理論，逸脱，社会統制 ●マイノリティ（性的少数者等を含む） ●社会的排除，排斥	【17】		【21】
	4）災害と復興	●避難計画，生活破壊，生活再建 ●災害時要援護者 ●ボランティア	【18】		
4 生活と人生	1）家族とジェンダー	●家族の概念，家族の変容，家族の個人化 ●世帯の概念 ●男女共同参画，ジェンダー平等 ●ひとり親，子育て，介護，8050問題 ●虐待，DV			【17】
	2）健康	●社会モデルと医学モデル ●心身の障害，慢性疾患 ●治療と仕事の両立 ●依存症 ●自殺			
	3）労働	●ワークライフバランス ●女性の活躍推進 ●ジェンダー平等 ●正規雇用，非正規雇用 ●失業 ●過労死			【143】 【144】
	4）世代	●ライフステージ，ライフコース ●世代間交流 ●個人化 ●いじめ，ハラスメント ●社会的孤立と孤独		【19】	【18】

大項目	中項目	小項目（例示）	出題実績		
			第 27 回	第 26 回	第 25 回
5 自己と他者	1）自己と他者	●相互作用，間主観性 ●社会的自我			
	2）社会化	●役割取得，アイデンティティ ●生涯発達			【19】
	3）相互行為	●シンボリック相互作用論 ●親密性 ●コミュニケーション（SNS を含む） ●ひきこもり			

④ 社会福祉の原理と政策

※第25・26回については，【　】内は出題当時の問題番号
※ ■ は新カリによる新試験

大項目	中項目	小項目（例示）	出題実績 第27回	出題実績 第26回	出題実績 第25回
1 社会福祉の原理	1）社会福祉の原理を学ぶ視点	●社会福祉の歴史，思想・哲学，理論，社会福祉の原理と実践 ●社会福祉学の構造と特徴	【19】		
2 社会福祉の歴史	1）社会福祉の歴史を学ぶ視点	●歴史観，政策史，実践史，発達史，時代区分 ●日本と欧米の社会福祉の比較史の視点			
	2）日本の社会福祉の歴史的展開	●慈善事業，博愛事業 ●社会事業 ●厚生事業 ●社会福祉事業 ●社会福祉基礎構造改革	【20】		【25】 【26】
	3）欧米の社会福祉の歴史的展開	●救貧法 ●慈善事業，博愛事業 ●社会事業，社会保険 ●福祉国家，福祉社会 ●国際的潮流			【23】
3 社会福祉の思想・哲学，理論	1）社会福祉の思想・哲学	●社会福祉の思想・哲学の考え方 ●人間の尊厳 ●社会正義 ●平和主義 ●人権，市民権（シティズンシップ）等			【23】
	2）社会福祉の理論	●社会福祉の理論の基本的な考え方 ●戦後社会福祉の展開と社会福祉理論 ●社会福祉の理論（政策論，技術論，固有論，統合論，運動論，経営論） ●欧米の社会福祉の理論			
	3）社会福祉の論点	●公私関係，効率性と公平性，普遍主義と選別主義，自立と依存，自己選択・自己決定とパターナリズム，参加とエンパワメント，再分配と承認，ジェンダー，社会的包摂（ソーシャルインクルージョン）		【22】	
	4）社会福祉の対象とニーズ	●ニーズと需要の概念 ●社会福祉の対象とニーズ ●ニーズの種類と次元 ●ニーズの理論とその課題		【25】	【27】
4 社会問題と社会構造	1）現代における社会問題	●貧困，孤立，失業，要援護性，偏見と差別，社会的排除，ヴァルネラビリティ，新しい社会的リスク，依存症，自殺	【27】	【24】	
	2）社会問題の構造的背景	●低成長経済，グローバル化，少子高齢化，人口減少社会，格差，貧困，社会意識・価値観の変化		【26】	【29】
5 福祉政策の基本的な視点	1）福祉政策の概念・理念	●現代の社会問題と福祉政策 ●福祉政策の概念・理念 ●福祉政策と社会保障，社会政策 ●福祉レジームと福祉政策 ●社会的包摂（ソーシャルインクルージョン） ●人権，社会権 ●諸外国における差別禁止立法	【21】	【27】 【28】 【29】	【24】
6 福祉政策におけるニーズと資源	1）ニーズ	●種類と内容 ●把握方法			
	2）資源	●種類と内容 ●把握方法 ●開発方法			
7 福祉政策の構成要素と過程	1）福祉政策の構成要素	●福祉政策の構成要素とその役割・機能 ●政府，市場（経済市場，準市場，社会市場），事業者，国民（利用者を含む） ●措置制度 ●多元化する福祉サービス提供方式	【25】		
	2）福祉政策の過程	●政策決定，実施，評価 ●福祉政策の方法・手段 ●福祉政策の政策評価・行政評価 ●福祉政策と福祉計画			

大項目	中項目	小項目（例示）	出題実績		
			第27回	第26回	第25回
8 福祉政策の動向と課題	1）福祉政策と包括的支援	●社会福祉法 ●地域包括ケアシステム ●地域共生社会 ●多文化共生 ●持続可能性（SDGs 等） ●環境問題 ●気候変動 ●グローバリゼーション（グローバル化）	【22】 【23】	【30】	【22】
9 福祉政策と関連施策	1）関連政策	●保健医療政策，教育政策，住宅政策，労働政策，経済政策	【24】	【31】	【28】 【31】
10 福祉サービスの供給と利用過程	1）福祉供給部門	●公的部門（政府・地方公共団体） ●民間部門（営利・非営利），ボランタリー部門，インフォーマル部門 ●部門間の調整・連携・協働	【26】		
	2）福祉供給過程	●公私（民）関係 ●再分配，割当（ラショニング） ●市場，準市場 ●福祉行財政，福祉計画 ●福祉開発			
	3）福祉利用過程	●スティグマ，情報の非対称性，受給資格とシティズンシップ			【30】
11 福祉政策の国際比較	1）福祉政策の国際比較	●国際比較の視点と方法 ●福祉政策の類型（欧米，東アジア 等）			

⑤ 社会保障

※第25・26回については，【 】内は出題当時の問題番号
※ ■ は新カリによる新試験

大項目	中項目	小項目（例示）	出題実績		
			第27回	第26回	第25回
1 社会保障制度	1）人口動態の変化	●少子高齢化，人口減少社会		【49】	
	2）経済環境の変化	●低成長社会と社会保障の持続可能性			
	3）労働環境の変化	●労働関係の法制度（男女雇用機会均等法 等） ●ワークライフバランス ●正規雇用と非正規雇用			
2 社会保障の概念や対象及びその理念	1）社会保障の概念と範囲				
	2）社会保障の目的				
	3）社会保障の機能	●セーフティネット，所得再分配			
	4）社会保障の対象				
	5）社会保障制度の歴史	●社会保障制度の歴史	【29】		【49】
3 社会保障と財政	1）社会保障給付費	●内訳 ●推移	【30】		
	2）社会保障の費用負担	●社会保険料 ●公費負担（国庫負担，地方自治体の負担） ●利用者負担 ●財政調整	【31】	【51】	
4 社会保険と社会扶助の関係	1）社会保険の概念と範囲			【52】	【50】【51】【54】
	2）社会扶助の概念と範囲				
5 公的保険制度と民間保険制度の関係	1）公的保険と民間保険の現状	●公的保険と民間保険の主な制度 ●公的保険と民間保険の違い			
6 社会保障制度の体系	1）医療保険制度の概要	●制度の目的，対象，給付，費用負担 ●公費負担医療	【28】*【32】*【34】*	【50】*【54】*	【52】
	2）介護保険制度の概要	●制度の目的，対象，給付，費用負担	【28】*【32】*【34】*		
	3）年金保険制度の概要	●制度の目的，対象，給付，費用負担	【28】*【32】*【33】【34】*	【50】*【54】*【55】	【55】
	4）労災保険制度と雇用保険制度の概要	●制度の目的，対象，給付，費用負担	【28】*【32】*【35】	【50】*【53】【54】*	【53】
	5）生活保護制度の概要	●制度の目的，対象，給付，費用負担			
	6）社会手当制度の概要	●制度の目的，対象，給付，費用負担	【32】*	【50】*【54】*	
	7）社会福祉制度の概要	●制度の目的，対象，給付，費用負担			
7 諸外国における社会保障制度	1）諸外国における社会保障制度の概要	●先進諸国の社会保障制度の歴史と概要	【36】		
	2）社会保障制度の国際比較	●高齢化と社会保障の規模 ●社会保障給付費の内訳など			

＊は複数の項目に該当する問題

⑥ 権利擁護を支える法制度

※第25・26回については,【　】内は出題当時の問題番号
※ ■ は新カリによる新試験

大項目	中項目	小項目（例示）	出題実績		
			第27回	第26回	第25回
1 法の基礎	1）法と規範	●法の規範との関係 ●法と道徳の関係			
	2）法の体系，種類，機能	●成文法と不文法 ●公法と私法 ●実体法と手続法 ●法規範の特質と機能			
	3）法律の基礎知識，法の解釈	●法律条文の構造 ●法解釈の基準と方法			
	4）裁判制度，判例を学ぶ意義	●裁判の種類，判決の種類 ●判例とは			
2 ソーシャルワークと法の関わり	1）憲法	●憲法の概要（最高法規性，日本国憲法の基本原理） ●基本的人権（基本的人権と公共の福祉，平等性，自由権，社会権） ●幸福追求権		【77】	【77】
	2）民法	●民法総則（権利の主体・客体，権利の変動，無効と取消し） ●契約（売買，賃貸借等） ●不法行為（不法行為の要件，不法行為の効果（損害賠償）） ●親族（婚姻，離婚，親権，扶養，成年後見制度） ●遺産管理	【37】	【78】 【79】	
	3）行政法	●行政組織（国，地方公共団体の組織，公務員） ●行政の行為形式（行政処分） ●行政上の義務履行確保（行政強制，行政罰） ●行政訴訟制度（行政不服申立て，行政訴訟） ●国家の責任（国家賠償） ●地方自治法（国と自治体の関係）			
3 権利擁護の意義と支える仕組み	1）権利擁護の意義				
	2）福祉サービスの適切な利用	●運営適正化委員会 ●国民健康保険団体連合会			
	3）苦情解決の仕組み	●事業者による苦情解決 ●自治体等による苦情解決			
	4）虐待防止法の概要	●高齢者虐待防止法 ●児童虐待防止法 ●障害者虐待防止法	【38】		
	5）差別禁止法の概要	●障害者差別解消法	【39】		
	6）意思決定支援ガイドライン	●障害福祉サービス等の提供に係る意思決定支援ガイドライン ●人生の最終段階における医療・ケアの決定プロセスに関するガイドライン ●認知症の人の日常生活・社会生活における意思決定支援ガイドライン		【83】	
4 権利擁護活動で直面しうる法的諸問題	1）インフォームド・コンセント	●法的概念としてのインフォームド・コンセント ●インフォームド・コンセントに関する判例			
	2）秘密・プライバシー・個人情報	●秘密 ●プライバシー ●個人情報 ●情報共有			
	3）権利擁護活動と社会の安全	●守秘義務 ●通報，警告義務			【83】
5 権利擁護に関わる組織，団体，専門職	1）権利擁護に関わる組織，団体の役割	●家庭裁判所，法務局 ●市町村 ●社会福祉協議会 ●権利擁護支援の地域連携ネットワークの中核機関 ●弁護士，司法書士			【82】
6 成年後見制度	1）成年後見の概要	●法定後見，任意後見 ●専門職後見	【40】	【80】	【78】 【79】
	2）後見の概要	●成年被後見人の行為能力 ●成年後見人の役割	【42】	【81】	

35

大項目	中項目	小項目（例示）	出題実績		
			第27回	第26回	第25回
	3）保佐の概要	●被保佐人の行為能力 ●保佐人の役割			
	4）補助の概要	●補助人の役割			【80】
	5）任意後見の概要				
	6）成年後見制度の 最近の動向	●利用動向 ●成年後見制度利用促進法 ●成年後見制度利用促進基本計画 ●意思決定支援	【41】	【82】	
	7）成年後見制度利 用支援事業				
	8）日常生活自立支 援事業	●日常生活自立支援事業の動向 ●専門員の役割 ●生活支援員の役割			【81】

⑦ 地域福祉と包括的支援体制

※第25・26回については，【 】内は出題当時の問題番号
※ ■ は新カリによる新試験

大項目	中項目	小項目（例示）	出題実績 第27回	第26回	第25回
1 地域福祉の基本的な考え方	1）地域福祉の概念と理論	●地域福祉の概念，地域福祉の構造と機能 ●福祉コミュニティ論，在宅福祉サービス論，ボランティア・市民活動論 ●共生社会			【32】 【36】
	2）地域福祉の歴史	●セツルメント，COS（慈善組織協会），社会事業，社会福祉協議会，民生委員・児童委員，共同募金，在宅福祉，施設の社会化，地方分権，社会福祉基礎構造改革，地域自立生活，地域包括ケア，地域共生社会		【32】	
	3）地域福祉の動向	●コミュニティソーシャルワーク，コミュニティサービス，地域再生，ケアリングコミュニティ			
	4）地域福祉の推進主体	●地方自治体 ●NPO，市民活動組織，中間支援組織 ●町内会，自治会等地縁組織 ●民生委員・児童委員，主任児童委員，保護司 ●当事者団体 ●社会福祉協議会 ●共同募金 ●企業	【43】	【36】	【38】
	5）地域福祉の主体と形成	●当事者，代弁者 ●ボランティア ●市民活動，住民自治，住民主体 ●参加と協働，エンパワメント，アドボカシー ●福祉教育			
2 福祉行財政システム	1）国の役割	●法定受託事務と自治事務		【44】	【42】
	2）都道府県の役割	●福祉行政の広域的調整，事業者の指導監督			【43】
	3）市町村の役割	●サービスの運営主体 ●条例 ●社会福祉審議会		【43】	
	4）国と地方の関係	●地方分権，地方自治，地域主権，地方創生			
	5）福祉行政の組織及び専門職の役割	●福祉事務所，児童相談所，身体障害者更生相談所，知的障害者更生相談所，精神保健福祉センター，女性相談支援センター，地域包括支援センター 等 ●福祉事務所の現業員・査察指導員 ●児童福祉司，身体障害者福祉司，知的障害者福祉司，精神保健福祉相談員 等		【46】	【45】
	6）福祉における財源	●国の財源，地方の財源，保険料財源 ●民間の財源	【44】	【38】 【45】	【44】
3 福祉計画の意義と種類，策定と運用	1）福祉計画の意義・目的と展開	●福祉行政と福祉計画の関係 ●福祉計画の歴史 ●福祉計画の種類（地域福祉計画，老人福祉計画，介護保険事業計画，障害福祉計画，子ども・子育て支援事業計画，民間の福祉計画 等）	【45】	【42】 【47】	【47】 【48】
	2）市町村地域福祉計画・都道府県地域福祉支援計画の内容	●地域福祉と計画行政の関係 ●市町村地域福祉計画及び都道府県地域福祉支援計画の定義，機能 ●地域福祉活動計画との関係		【34】	【37】 【46】
	3）福祉計画の策定過程と方法	●課題把握・分析 ●協議と合意形成		【39】 【48】	
	4）福祉計画の実施と評価	●モニタリング ●サービス評価 ●プログラム評価	【46】		
4 地域社会の変化と多様化・複雑化した地域生活課題	1）地域社会の概念と理論	●地域社会の概念 ●地域社会の理論			
	2）地域社会の変化	●世帯数，世帯構成 ●過疎化，都市化，地域間格差 ●外国人住民の増加	【47】		
	3）多様化・複雑化した地域生活課題の現状とニーズ	●ひきこもり，ニート，ヤングケアラー，8050問題，ダブルケア，依存症，多文化共生，自殺，災害 等		【33】	

大項目	中項目	小項目（例示）	出題実績		
			第27回	第26回	第25回
	4）地域福祉と社会的孤立	●社会的孤立，社会的排除 ●セルフネグレクト			
5 地域共生社会の実現に向けた包括的支援体制	1）包括的支援体制	●包括的支援体制の考え方 ●包括的支援体制の展開	【48】	【40】	
	2）地域包括ケアシステム	●地域包括ケアシステムの考え方 ●地域包括ケアシステムの展開 ●精神障害にも対応した地域包括ケアシステムの展開 ●子育て世代包括支援センター			
	3）生活困窮者自立支援の考え方	●生活困窮者自立支援制度と理念 ●自立相談支援機関による支援過程と方法，実際 ●伴走型の支援と対象者横断的な包括的相談支援 ●個人及び世帯の支援 ●居住支援，就労支援，家計支援，子どもの学習・生活支援		【37】	【35】
	4）地域共生社会の実現に向けた各種施策	●多機関協働による包括的支援体制 ●住民に身近な圏域における相談支援体制 ●重層的支援体制整備事業	【51】	【35】	
6 地域共生社会の実現に向けた多機関協働	1）多機関協働を促進する仕組み	●総合相談 ●各種相談機関の連携 ●協議体 ●地域ケア会議 ●地域包括支援センター運営協議会 ●要保護児童対策地域協議会 ●協議会（障害者自立支援協議会）	【49】	【41】	
	2）多職種連携	●保健・医療・福祉に関わる多職種連携 ●生活支援全般に関わるネットワーク ●多職種連携等における個人情報保護			【40】
	3）福祉以外の分野との機関協働の実際	●社会的企業 ●農福連携 ●観光，商工労働等との連携 ●地方創生			
7 災害時における総合的かつ包括的な支援体制	1）非常時や災害時における法制度	●災害対策基本法，災害救助法 ●各自治体等の避難計画			【39】
	2）非常時や災害時における総合的かつ包括的な支援	●災害時要援護者支援 ●BCP（事業継続計画） ●福祉避難所運営 ●災害ボランティア	【50】		
8 地域福祉と包括的支援体制の課題と展望	1）地域福祉ガバナンス	●ガバナンスの考え方 ●多様化・複雑化した課題と多機関協働の必要性 ●社会福祉法における包括的な支援体制づくり ●住民の参加と協働，住民自治 ●プラットフォームの形成と運営			【33】 【41】
	2）地域共生社会の構築	●地域共生社会 ●地域力の強化，包括的支援体制			【34】

⑧ 障害者福祉

※第 25・26 回については,【 】内は出題当時の問題番号
※ ■ は新カリによる新試験

大項目	中項目	小項目 (例示)	出題実績		
			第 27 回	第 26 回	第 25 回
1 障害概念と特性	1) 国際生活機能分類 (ICF)	●ICIDH から ICF へ ●ICF の構造			
	2) 障害者の定義と特性	●身体障害 (肢体不自由, 視覚障害, 聴覚障害, 内部障害, 難病 等) ●知的障害 ●精神障害 ●発達障害		【56】	
2 障害者の生活実態とこれを取り巻く社会環境	1) 障害者の生活実態	●地域移行 ●居住 ●就学, 就労 ●高齢化 ●介護需要 ●障害者の芸術, スポーツ	【52】		
	2) 障害者を取り巻く社会環境	●バリアフリー ●コンフリクト ●障害者虐待 ●親亡き後問題, きょうだいへの支援			
3 障害者福祉の歴史	1) 障害者福祉の理念	●リハビリテーション ●ノーマライゼーション ●完全参加と平等 ●社会的包摂 (ソーシャルインクルージョン)			
	2) 障害観の変遷	●偏見と差別 ●障害者の権利条約の批准の経緯 ●障害者基本法の変遷			
	3) 障害者処遇の変遷	●明治以前の障害者の処遇 ●明治以降の障害者の処遇 ●戦後の障害者の処遇			
	4) 障害者の権利に関する条約 (障害者権利条約) と障害者基本法	●障害者権利条約の概要 ●障害者基本法の概要			
	5) 障害者福祉制度の発展過程			【57】	【56】
4 障害者に対する法制度	1) 障害者の日常生活及び社会生活を総合的に支援するための法律 (障害者総合支援法)	●障害者総合支援法の概要 ●障害福祉サービス及び相談支援 ●障害支援区分及び支給決定 ●自立支援医療 ●補装具 ●地域生活支援事業 ●障害福祉計画	【53】	【59】 【61】	【57】 【58】
	2) 身体障害者福祉法	●身体障害者福祉法の概要 ●身体障害者手帳, 身体障害者福祉法に基づく措置			【61】
	3) 知的障害者福祉法	●知的障害者福祉法の概要 ●療育手帳, 知的障害者福祉法に基づく措置			
	4) 精神保健及び精神障害者福祉に関する法律 (精神保健福祉法)	●精神保健福祉法の概要 ●精神障害者保健福祉手帳 ●精神保健福祉法における入院形態 ●精神科病院における処遇	【54】		【62】
	5) 児童福祉法	●児童福祉法における障害児支援の概要 ●発達支援, 家族支援, 地域支援			
	6) 発達障害者支援法	●発達障害者支援法の概要 ●発達障害者支援センターの役割			
	7) 障害者虐待の防止, 障害者の養護者に対する支援等に関する法律 (障害者虐待防止法)	●障害者虐待防止法の概要 ●障害者虐待の未然防止 ●通報義務, 早期発見			

大項目	中項目	小項目（例示）	出題実績		
			第27回	第26回	第25回
	8）障害を理由とする差別の解消の推進に関する法律（障害者差別解消法）	●障害者差別解消法の概要 ●障害を理由とする差別を解消するための措置（合理的な配慮）	【55】		
	9）高齢者，障害者等の移動等の円滑化の促進に関する法律（バリアフリー法）	●バリアフリー法の概要 ●施設設置管理者等の責務			
	10）障害者の雇用の促進等に関する法律（障害者雇用促進法）	●障害者雇用促進法の概要 ●事業主の責務，法定雇用率	【56】	【144】	【145】
	11）国等による障害者就労施設等からの物品等の調達の推進等に関する法律（障害者優先調達推進法）	●障害者優先調達推進法の概要 ●障害者就労施設			
5 障害者と家族等の支援における関係機関と専門職の役割	1）障害者と家族等の支援における関係機関の役割	●国，都道府県，市町村 ●障害者に対する法制度に基づく施設，事業所 ●特別支援学校 ●ハローワーク，地域障害者職業センター，障害者就業・生活支援センター			
	2）関連する専門職等の役割	●医師，保健師，看護師，理学療法士，作業療法士 等 ●相談支援専門員，サービス管理責任者，居宅介護従事者 等 ●ピアサポーター ●養護教諭，スクールソーシャルワーカー ●障害者職業カウンセラー，職場適応援助者（ジョブコーチ）等 ●家族，住民，ボランティア 等	【57】	【58】 【60】 【62】	【59】
6 障害者と家族等に対する支援の実際	1）社会福祉士及び精神保健福祉士の役割				
	2）障害者と家族等に対する支援の実際（多職種連携を含む）	●地域生活支援 ●地域移行支援 ●就労支援 ●虐待防止，差別解消に向けた支援		【143】	【60】

⑨ 刑事司法と福祉

※第25・26回については，【 】内は出題当時の問題番号
※ ■ は新カリによる新試験

大項目	中項目	小項目（例示）	出題実績		
			第27回	第26回	第25回
1 刑事司法における近年の動向とこれを取り巻く社会環境	1）刑事司法における近年の動向	●犯罪の動向（認知件数と発生率，再犯率 等）			
	2）刑事司法を取り巻く社会環境	●高齢者，障害者等の社会復帰支援 ●再犯の防止等の推進に関する法律（再犯防止推進法） ●就労支援（刑務所出所者等総合的就労支援対策） ●薬物依存者の再犯防止，回復支援 ●修復的司法 ●農福連携 等			【149】
	3）社会福祉士及び精神保健福祉士の役割	●検察庁や矯正施設，保護観察所，地域生活定着支援センター，精神保健福祉センター等における役割			
2 刑事司法	1）刑法	●刑法の基本原理 ●犯罪の成立要件と責任能力 ●刑罰	【58】		
	2）刑事事件の手続き，処遇	●刑事手続き ●刑事施設内での処遇	【59】	【150】	
3 少年司法	1）少年法	●少年法の基本原理 ●児童福祉法との関係			
	2）少年事件の手続き，処遇	●非行少年に対する手続き ●少年鑑別所，少年院での処遇 ●児童福祉法による措置			
4 更生保護制度	1）制度の概要	●意義，歴史，更生保護法制 ●更生保護施設			
	2）生活環境の調整	●目的，機能，手続き，関係機関との連携 ●特別調整			【148】
	3）仮釈放等	●仮釈放と仮退院，意義，許可基準，手続き		【147】	
	4）保護観察	●目的，方法，対象，内容，運用状況	【60】		【147】
	5）更生緊急保護	●目的，対象，期間，内容，手続き			
	6）団体・専門職等の役割と連携	●福祉事務所，児童相談所 ●保護観察官 ●保護司 ●更生保護施設 ●民間協力者（更生保護女性会，BBS会，協力雇用主 等） ●法テラス（日本司法支援センター） ●ハローワーク	【61】	【148】	
5 医療観察制度	1）制度の概要	●目的 ●制度導入の背景 ●対象者			【150】
	2）審判・処遇の流れと内容	●審判の手続き ●処遇の流れ ●入院処遇の概要 ●通院処遇の概要 ●精神保健観察	【62】		
	3）関係機関・専門職等の役割と連携	●裁判所，裁判官 ●精神保健審判員，精神保健参与員 ●指定医療機関（指定入院医療機関，指定通院医療機関） ●社会復帰調整官 ●保護観察所 ●都道府県，市町村 ●障害福祉サービス事業所		【149】	
6 犯罪被害者支援	1）犯罪被害者の法的地位	●犯罪被害者の地位の変遷			
	2）犯罪被害者支援に関する法	●犯罪被害者等基本法 ●DV防止法 ●ストーカー規制法	【63】		
	3）犯罪被害者支援に関する制度	●被害者等通知制度，意見等聴取制度，心情等伝達制度，相談・支援			

大項目	中項目	小項目（例示）	出題実績		
			第 27 回	第 26 回	第 25 回
	4）団体・専門職等 の役割と連携	●被害者支援員制度 ●被害者ホットライン ●犯罪被害相談窓口 ●被害者支援センター			

⑩ ソーシャルワークの基盤と専門職

※第25・26回については，【　】内は出題当時の問題番号
※ ■ は新カリによる新試験

大項目	中項目	小項目（例示）	出題実績		
			第27回	第26回	第25回
1 社会福祉士及び精神保健福祉士の法的な位置づけ	1）社会福祉士及び介護福祉士法	●定義，義務 ●法制度成立の背景 ●法制度見直しの背景	【64】	【91】	【91】
	2）精神保健福祉士法	●定義，義務 ●法制度成立の背景 ●法制度見直しの背景			
	3）社会福祉士及び精神保健福祉士の専門性				
2 ソーシャルワークの概念	1）ソーシャルワークの定義	●ソーシャルワーク専門職のグローバル定義	【65】	【93】	【92】
3 ソーシャルワークの基盤となる考え方	1）ソーシャルワークの原理	●社会正義 ●人権尊重 ●集団的責任 ●多様性の尊重			
	2）ソーシャルワークの理念	●当事者主権 ●尊厳の保持 ●権利擁護 ●自立支援 ●社会的包摂（ソーシャルインクルージョン） ●ノーマライゼーション	【66】	【94】	【94】
	3）ソーシャルワークの援助関係の意義	●クライエント主体 ●パートナーシップ	【67】		
4 ソーシャルワークの形成過程	1）ソーシャルワークの形成過程	●セツルメント運動 ●COS（慈善組織協会） ●医学モデルから生活モデルへ ●ソーシャルワークの統合化	【68】	【95】	【93】 【95】
5 ソーシャルワークの倫理	1）専門職倫理の概念		【69】	【112】	
	2）専門職の倫理綱領	●ソーシャルワーカーの倫理綱領 ●社会福祉士の倫理綱領 ●精神保健福祉士の倫理綱領			
	3）倫理的ジレンマ			【96】	

⑪ ソーシャルワークの理論と方法

※第25・26回については，【　】内は出題当時の問題番号
※ ▬▬ は新カリによる新試験

大項目	中項目	小項目（例示）	出題実績		
			第27回	第26回	第25回
1 人と環境との交互作用に関する理論とミクロ・メゾ・マクロレベルにおけるソーシャルワーク	1）システム理論	●一般システム理論，サイバネティックス，自己組織性		【98】	【98】
	2）生態学理論				
	3）バイオ・サイコ・ソーシャルモデル				
	4）ミクロ・メゾ・マクロレベルにおけるソーシャルワーク				
2 ソーシャルワークの実践モデルとアプローチ	1）ソーシャルワークの様々な実践モデルとアプローチ	●医学モデル ●生活モデル ●ストレングスモデル ●心理社会的アプローチ ●機能的アプローチ ●問題解決アプローチ ●課題中心アプローチ ●危機介入アプローチ ●実存主義アプローチ ●フェミニストアプローチ ●行動変容アプローチ ●エンパワメントアプローチ ●ナラティヴアプローチ ●解決志向アプローチ	【71】 【72】	【97】 【99】 【100】 【101】 【115】	【99】 【100】
3 ソーシャルワークの過程	1）ケースの発見	●アウトリーチ ●スクリーニング			
	2）エンゲージメント（インテーク）	●エンゲージメント（インテーク）の意義，目的，方法，留意点 ●契約	【70】		
	3）アセスメント	●アセスメントの意義，目的，方法，留意点	【73】	【102】 【107】	
	4）プランニング	●プランニングの意義，目的，方法，留意点 ●効果と限界の予測 ●支援方針・内容の説明・同意	【74】	【103】	【101】
	5）支援の実施	●支援の意義，目的，方法，留意点			
	6）モニタリング	●モニタリングの意義，目的，方法，留意点 ●効果測定		【104】	【102】
	7）支援の終結と事後評価	●支援の終結と事後評価の目的，方法，留意点	【75】		【103】
	8）フォローアップ	●フォローアップの目的，方法，留意点		【105】	
4 ソーシャルワークの記録	1）記録の意義と目的	●ソーシャルワークの質の向上 ●支援の継続性，一貫性 ●機関の運営管理 ●教育，研究 ●アカウンタビリティ			
	2）記録の方法と実際	●記録の文体（叙述体，要約体，説明体 等） ●項目式（フェースシート 等） ●図表式（ジェノグラム，エコマップ 等）		【111】	【114】 【115】
5 ケアマネジメント	1）ケアマネジメントの原則	●ケアマネジメントの歴史 ●適用と対象			
	2）ケアマネジメントの意義と方法	●ケアマネジメントの意義 ●ケアマネジメントのプロセス ●ケアマネジメントのモデル			
6 集団を活用した支援	1）グループワークの意義と目的	●グループダイナミクス ●リーダーシップ			【111】

大項目	中項目	小項目（例示）	出題実績		
			第27回	第26回	第25回
	2）グループワークの原則	●個別化の原則 ●受容の原則 ●参加の原則 ●体験の原則 ●葛藤解決の原則 ●制限の原則 ●継続評価の原則	【76】		
	3）グループワークの展開過程	●準備期，開始期，作業期，終結期	【77】	【109】 【117】	
	4）セルフヘルプグループ	●共感性，分かち合い ●ヘルパーセラピー原則 ●体験的知識 ●役割モデルの習得 ●援助者の役割			【112】
7 コミュニティワーク	1）コミュニティワークの意義と目的	●社会的包摂（ソーシャルインクルージョン） ●住民参加			
	2）コミュニティワークの展開	●地域アセスメント ●地域課題の発見・認識 ●実施計画とモニタリング ●組織化 ●社会資源の開発 ●評価と実施計画の更新		【108】	
8 スーパービジョンとコンサルテーション	1）スーパービジョンの意義，目的，方法	●スーパービジョンの定義 ●スーパーバイザーとスーパーバイジーの関係性 ●スーパービジョンの機能 ●スーパービジョンの形態と方法	【78】	【110】	【113】
	2）コンサルテーションの意義，目的，方法	●コンサルテーションの定義 ●コンサルタントとコンサルティーの関係性 ●コンサルテーションの方法			

⑫ 社会福祉調査の基礎

※第25・26回については，【　】内は出題当時の問題番号
※ ■ は新カリによる新試験

大項目	中項目	小項目（例示）	出題実績		
			第27回	第26回	第25回
1 社会福祉調査の意義と目的	1）社会福祉調査の意義と目的	●ソーシャルワーク実践の可視化 ●ソーシャルワーク実践の理論化 ●アクション・リサーチ ●公的統計と政策決定 ●ソーシャルワークの価値や倫理と社会福祉調査の関連			【84】
	2）社会福祉調査と社会福祉の歴史的関係	●古典（ブース，ラウントリー，タウンゼント 等）	【79】		
	3）統計法	●統計法の概要		【84】	【85】
2 社会福祉調査における倫理と個人情報保護	1）社会福祉調査における倫理	●倫理的配慮	【80】	【85】	
	2）社会福祉調査における個人情報保護	●個人情報保護法の概要			
3 社会福祉調査のデザイン	1）調査における考え方・論理	●理論と調査の関係 ●演繹法と帰納法 ●共変関係 ●因果関係 ●内的妥当性と外的妥当性			
	2）社会福祉調査の目的と対象	●目的（探索，記述，説明） ●分析単位（個人，家族，グループ，コミュニティ，社会関係，現象 等） ●母集団，標本，標本の代表性 ●標本抽出（有意抽出，無作為抽出）		【86】	
	3）社会福祉調査でのデータ収集・分析	●量的調査と質的調査 ●フィールド調査 ●文献や既存のデータを用いた調査 ●実験 ●評価のための調査		【90】	
	4）社会福祉調査のプロセス	●問の設定，概念化・操作化，対象と方法の選択，データ収集，分析，考察			
4 量的調査の方法	1）量的調査の概要	●多数把握，実態把握，因果関係の推論 ●経験の詳細な理解			
	2）量的調査の種類と方法	●全数調査と標本調査，Web調査 ●横断調査，縦断調査 ●比較調査，繰り返し調査，パネル調査，コホート調査 ●母集団，標本，標本の代表性 ●標本抽出（有意抽出，無作為抽出） ●二次分析			【86】
	3）質問紙の作成方法と留意点	●ワーディングとその他の留意点 ●パーソナルな質問とインパーソナルな質問 ●測定（測定の水準，測定の信頼性と妥当性 等） ●プレコーディングとアフターコーディング ●自計式（自記式），他計式	【81】	【87】 【88】	【87】 【88】
	4）質問紙の配布と回収	●訪問面接，郵送，留置，集合，電話，インターネット	【82】		
	5）量的調査の集計と分析	●エディティング ●コーディング ●単純集計と記述統計，クロス集計，散布図，相関と回帰，多変量解析	【83】		
5 質的調査の方法	1）質的調査の概要	●個人の経験の詳細な理解及び他者との相互作用の詳細な理解			
	2）観察法	●参与観察法，非参与観察法，統制的観察法			【89】
	3）面接法	●構造化面接法，半構造化面接法，自由面接法 ●フォーカス・グループ・インタビュー ●インタビューガイド，逐語録	【84】	【89】	
	4）質的調査における記録の方法と留意点	●観察や面接の記録方法 ●音声，映像，テキストのデータの扱い方 ●実践の記録や会議資料等の活用 ●資料収集におけるICTの活用			

大項目	中項目	小項目（例示）	出題実績		
			第27回	第26回	第25回
	5）質的調査のデータの分析方法	●事例研究 ●グラウンデッドセオリーアプローチ ●ナラティヴアプローチ ●ライフストーリー，ライフヒストリー ●エスノグラフィー ●アクション・リサーチ ●テキストマイニング			【90】
6 ソーシャルワークにおける評価	1）ソーシャルワークにおける評価の意義	●ミクロ・メゾ・マクロレベルにおける実践の評価 ●根拠に基づく実践（EBP）とナラティヴに基づく実践（NBP） ●アカウンタビリティ			
	2）ソーシャルワークにおける評価対象	●実践，プログラム，政策 ●構造（ストラクチャー） ●過程（プロセス） ●結果（アウトカム） ●影響（インパクト）			
	3）ソーシャルワークにおける評価方法	●シングル・システム・デザイン ●実験計画法 ●質的な評価法			

第27回

専門科目

精神医学と精神医療……………………………… 50

現代の精神保健の課題と支援…………………… 60

精神保健福祉の原理……………………………… 70

ソーシャルワークの理論と方法（専門）……… 81

精神障害リハビリテーション論………………… 92

精神保健福祉制度論……………………………… 100

共通科目

医学概論…………………………………………… 108

心理学と心理的支援……………………………… 115

社会学と社会システム…………………………… 122

社会福祉の原理と政策…………………………… 129

社会保障…………………………………………… 139

権利擁護を支える法制度………………………… 149

地域福祉と包括的支援体制……………………… 156

障害者福祉………………………………………… 166

刑事司法と福祉…………………………………… 173

ソーシャルワークの基盤と専門職……………… 180

ソーシャルワークの理論と方法………………… 187

社会福祉調査の基礎……………………………… 197

精神医学と精神医療

●第27回試験問題の特徴

　例年，大項目「精神疾患総論」を中心に「精神疾患の治療」を加える形で出題されており，この傾向は今回も続いていた。個々にみると，精神科病院の業務従事者による障害者虐待の通報先（**問題7**）がカリキュラムの見直し以降の動きに着眼した点で目新しい。自閉スペクトラム症の症状（**問題5**）は判断に迷うかもしれないが，個々の選択肢をよくみて誤答を除いていく形で正答が可能であろう。「2つ」の選択は神経性無食欲症（**問題2**）の1問に限られ，これも正答と誤答の間に差があったため過大なハードルにはならなかったと思われる。知能検査（**問題1**），うつ病の妄想（**問題4**）並びに社会生活技能訓練（SST）（**問題6**）は過去に類題があり，精神医療と保健，福祉の連携（**問題9**）は隣接科目の知識が役に立った。事例形式の2問は「代表的な疾患とその症状，経過，予後」の内容で解答できるもの（**問題3**）と，医療観察法の運用のポイントを問うもの（**問題8**）であり，全体に「精神医学と精神医療」として標準的な難易度へおさまっていた。

　また，中項目「診断，検査」は第25回を除き第21回から第24回，第26回にわたり出題がなかったものの今回復活した。中項目「精神医学・医療の歴史」は第16回，第18回，第19回に顔をみせたのち途絶え，第24回，第25回に再び出題されたあと姿を消した。どちらも過去に繰り返し取り上げられており，準備を怠らないでほしい。なお，中項目「薬物治療」は第16回から第19回及び第21回から第23回にかけて続けて登場したが，近年は出題がない。暗記しにくい領域であるとは思うものの，薬物の効果や副作用の有無をよく観察することは精神保健福祉士としての業務に臨む上で欠かせないことから，引き続き対策を施してもらいたい。

●受験対策のポイント

　「精神医学と精神医療」は内容の変化が少ない科目のため，6割正答することがほかの専門科目と比べてひどく難しいわけではない。中項目である「精神現象の生物学的基礎」「精神保健福祉士と協働する職種」「治療導入に向けた支援」「再発予防や地域生活に向けた支援」の各項目は，それほど出題が集中しない。共通科目の「医学概論」「心理学と心理的支援」，専門科目の「現代の精神保健の課題と支援」「精神保健福祉の原理」「精神障害リハビリテーション論」などの知識で対応できる場合もあり，試験対策を旨とするなら「精神医学・医療の歴史」を踏まえた上で，出題頻度の高い領域（特に「代表的な疾患とその症状，経過，予後」）へ重点をおくのも一法であろう。

　とかく勉強へ気が向かない，つい（すぐに必要でない）別のことをやったり，考えたりしてしまうという苦労は誰にでもあること。何もしない日をつくらない，絶対に1ページでも進む！　という気概が停滞を打開する。本書を手にされた受験者の健闘を，心から祈るものである。

問題 1 精神医学と精神医療

次のうち，成人の認知能力を詳細に評価するための心理検査として，**適切なものを1つ**選びなさい。

1 文章完成法テスト
2 ロールシャッハテスト
3 WAIS-Ⅳ知能検査
4 WPPSI-Ⅲ知能検査
5 P-Fスタディ

Point 心理検査のうち，知能検査に関する標準的な問題である。

心理検査は知的な水準を測定する知能検査と，性格傾向や人格特性を把握する性格検査を筆頭に，精神的な作業能力を調べる検査や，高次脳機能障害・注意障害などを評価する検査といった種類がある。成人の認知能力の評価は，詳細な知能検査と，それを行うかどうかを判断する助けとなるスクリーニングテストに大別される。知能検査の代表がウェクスラー成人知能検査（Wechsler Adult Intelligence Scale：WAIS）であり，言語性，動作性，全検査の各IQ指数が算出され，これら三つのIQとプロフィールパターンをみることによって詳細な認知能力のレベルを評価できる。成人（16歳〜90歳）用のWAIS，小児（5歳〜16歳）用のWISC（Wechsler Intelligence Scale for Children），就学前の子ども（2歳〜7歳）用のWPPSI（Wechsler Preschool and Primary Scale of Intelligence）がある。日本では現時点でそれぞれ第Ⅳ版，第Ⅴ版，第Ⅲ版が最新版である。一方で，スクリーニングテストの代表にはミニメンタルステート検査（Mini-Mental State Examination：MMSE）と改訂長谷川式簡易知能評価スケール（Hasegawa's Dementia Scale-Revised：HDS-R）が挙げられる。

なお，性格検査は質問紙法と投影法に大別される。質問紙法は本人の行動特徴や思考様式，葛藤の有無などについて「はい」「いいえ」「どちらでもない」といった形で質問に答えてもらい結果を導く。投影法は図版や絵，不完全な文章などあいまいな刺激を提示して被検者の反応を促し，人格像の深層を探ろうとする。

1 ✗ **文章完成法テスト**（Sentence Completion Test：SCT）は，「もしも私が…」「子どもの頃，私は…」「友達は，私を…」といった出だしのみが記された不完全な文章を提示し，その後を続けてもらうことで，被検者の人格特徴や自己評価，潜在的な葛藤などをみる**性格検査（投影法）**である。よって，本選択肢は適切ではない。

2 ✗ **ロールシャッハテスト**（Rorschach Test）は，インクの染みがついたほぼ左右対称の10枚の図版（5枚は色彩を含む）を提示し，それが何に見えるか尋ねて応答を分析することで，無意識の欲求や問題解決傾向などをみる**性格検査（投影法）**である。よって，本選択肢は適切ではない。

3 ○ Pointの記述のように**WAIS-Ⅳ知能検査**を用いることで，**成人の認知能力を詳細に評価できる**。よって，本選択肢は適切である。

4 ✗ Pointの記述のように**WPPSI-Ⅲ知能検査は就学前の子ども用の検査**である。よって，本選択肢は適切ではない。

5 ✗ **P-Fスタディ**（Picture-Frustration Study：絵画欲求不満検査）は，欲求不満を覚えるような日常状況を示す絵に描かれた人物の発言を，吹き出しに思いつくままに記入してもらい，欲求不満の責任を向ける対象と，欲求不満へいかに反応するかに注目して攻撃性の方向，内容，一般常識的反応度などを評価する**性格検査（投影法）**である。よって，本選択肢は適切ではない。

解答 **3**

> **問題 2** 精神医学と精神医療
>
> 神経性無食欲症に関する次の記述のうち，**正しいものを2つ**選びなさい。
> 1 身体に対する認知のゆがみがある。
> 2 甲状腺機能が亢進する。
> 3 無月経となる。
> 4 性差では男性に多い。
> 5 身体的活動が低下する。

Point 摂食障害のうち，神経性無食欲症に関する標準的な問題である。

摂食障害は，食事や体重への強いとらわれや食行動の異常を主症状とする病態であり，神経性無食欲症と神経性大食症に大別される。好発年齢は中学〜高校生頃で，神経性大食症ではやや年齢が高い傾向がある。女性例が圧倒的に多いが男性例もみられる。患者には肥満への恐怖があり，どんなにやせていてもさらにやせることを望み，低体重を維持することに強く執着する。当人は拒食しながらも食物に対して強い関心を抱いており，食事や体重にまつわる下記の特有な行動を示す点で，神経性無食欲症と神経性大食症は共通している。いわば両者の違いは低体重を続けているかどうかであって，神経性無食欲症から神経性大食症に移行することはもちろん，逆の流れもある。

特有な行動として，過食，隠れ食い，盗み食いなどがみられる。さらに，大食による体重増加を回避する代償行為として指を口に入れて喉を刺激し，咽頭反射を起こして自己誘発性の嘔吐を試みたり，下剤，利尿剤や甲状腺製剤を乱用したりすることがある。極端な場合は，習慣的に喉の奥に指を入れるため手の甲に歯があたって"吐きダコ"を認めることもある。

検査上は貧血（赤血球数の低下），白血球数の減少，低血糖，血清蛋白の低下，腎機能の低下（むくみ（浮腫）の原因となる），電解質異常（とくに自己誘発性嘔吐や下剤の乱用による低カリウム血症は，心電図異常の原因となる）などがみられる。標準体重の40〜50％にまで体重が減少すると，不整脈による突然死など生命の危険が高まる。また，摂食障害には不眠やうつ状態，強迫症などがしばしば合併する。神経性無食欲症の原因はまだ明らかでないが，社会文化的要因，生物学的要因，人格の脆弱性や心理的要因など複数の機序が関与すると考えられている。

1 ○ 周囲からみると極端にやせているにもかかわらず，自分は太っていると思い込み，さらに高度なやせを美しいとするといった**身体に対する認知（ボディイメージ）の著しいゆがみが神経性無食欲症における特徴**の一つである。よって，本選択肢は正しい。

2 × **飢餓に近い低栄養状態へ対処するため，身体はエネルギーの消費を最小限にするべく甲状腺ホルモンの分泌を抑え（甲状腺機能の低下），代謝を低めるよう働きかける**ことが多い。よって，本選択肢は誤りである。なお，代謝の低下によって寒がり，徐脈，低血圧，低体温，呼吸数の減少や産毛の密生（顔面や背中などにみられる皮下脂肪の減少に対応した体温保持のための反応）などを認めることがある。

3 ○ **エストロゲンの分泌低下に由来する無月経**が，**神経性無食欲症においてしばしばみられる**。よって，本選択肢は正しい。なお男性の場合は，性欲や性的能力の減退（性機能障害）を認めることがある。

4 × Pointの記述のように**女性例が圧倒的に多く，男性例は女性例の10〜20分の1程度**とされる。よって，本選択肢は誤りである。

5 × 極端なやせにより身体は飢餓に近い低栄養状態に陥っているとはいえ，**神経性無食欲症においては気分がむしろ高まる様子がみられやすい**。すなわち，やせていると調子がいいと訴え，積極的に行動したり勉強しようとしたりすることがある。よって，本選択肢は誤りである。

解答 **1 3**

52

| 問題 3 | 精神医学と精神医療 | ☑ ☑ ☑ |

第27回 精神医学と精神医療

Ａさん（42歳）は，夫（40歳），娘（10歳），息子（6歳）の4人家族である。ある日，最大震度7の地震が起こり，Ａさんの家は半壊した。Ａさんとその家族は全員かすり傷程度のケガで済んだものの，自宅での生活が難しく，避難所である小学校の体育館での生活となった。

被災して3日が経過した。避難所を訪れたDPATのスタッフに対してＡさんは「倒れてきた家具の下敷きになるところでした。現実のことと思えず，夢を見ているような感覚でした。今でもその時の出来事が何度も思い起こされてとても不安です。夜もよく眠れていません」と話した。

次のうち，Ａさんの状態として，**適切なもの**を1つ選びなさい。

1 全般不安症
2 ナルコレプシー
3 強迫症
4 急性ストレス反応
5 心気症

Point ストレス関連障害のうち，急性ストレス反応に関する基礎的な問題である。
生活上の出来事や環境の変化などのストレスに対して不適応反応を起こした状態はストレス関連障害とまとめられ，急性ストレス反応（Acute Stress Reaction：ASR），心的外傷後ストレス障害（Post-traumatic Stress Disorder：PTSD），適応障害の三つに分けられる（ICD-10）。それぞれ，強いストレスを背景に不安を主体とする精神症状があらわれ，数時間〜数日の経過で回復する急性ストレス反応，当初は症状がないものの，数週間から数か月にわたる潜伏期間（ただし6か月を超えることはまれ）を経過してから発症する心的外傷後ストレス障害，さらに人によっては引き受けられる環境の変化やストレスに向き合えず，気分の低下や対処困難な感覚が持続する適応障害といった状態像を示す。

1 ✗ **全般不安症は，なんでもないことを過度に心配し，不安が続いて生活上支障をきたす病態**である。不安は漠然としており，いろいろなことが不安の対象となる。こうした"なんでもないこと""漠然としており"という姿は，被災を契機とした具体的な内容を訴える事例とは異なるため，本選択肢は適切ではない。

2 ✗ **ナルコレプシーは，睡眠発作，情動性脱力発作，入眠幻覚，睡眠麻痺をきたす病態**である。睡眠発作は日中，耐えがたい眠気に襲われて眠り込むこと，情動性脱力発作は笑う，驚く，怒るなどをきっかけに起こる全身の脱力，入眠幻覚は入眠する際に生じる幻覚であり，覚醒の際に口がきけず，身動きもとれない睡眠麻痺を伴うことが多い。いずれも事例とは異なるため，本選択肢は適切ではない。

3 ✗ **強迫症は，特定の思考や行為が本人にとって不合理で無意味と理解されてはいるが，それにとらわれまい，行うまいと努めるにもかかわらず，その思考や行為が本人を支配・束縛する病態**である。事例の思考は不合理とはいえず，強迫行為も伴わないため，本選択肢は適切ではない。

4 ○ **急性ストレス反応は，強い身体的・精神的ストレスを受けてから時間をおかずに不安や注意の散漫さを示し，数日以内に治まる一過性の病態**である。Ａさんにはそれに該当するストレスの負荷があり，3日が経過した時点の訴えという時系列からも，本選択肢は適切である。

5 ✗ **心気症（病気不安症）は，ささいな身体症状や正常な身体機能（心臓の鼓動など）を誤解して自らが病気にかかっている，あるいはかかるのではないかと深刻に心配して苦痛を覚える病態**である。事例にはこうした身体的な"病気にかかっている""かかるのではないかと心配している"とする訴えはないため，本選択肢は適切ではない。

解答 4

> **問題 4** 精神医学と精神医療
>
> 次の記述のうち，うつ病を有する人に特徴的な妄想による発言として，**適切なもの**を1つ選びなさい。
> 1 「誰かに盗聴されている」
> 2 「家族が預金通帳を盗んだ」
> 3 「過去に罪を犯してしまった。今その罰を受けている」
> 4 「自分は神だから死ぬことはない」
> 5 「自分は高貴な生まれである」

Point 精神障害でみられる妄想に関する，標準的な問題である。

妄想とは「内容が不合理であり得ない」「強い確信がある」「訂正不可能である」という三つの特徴をもった思考や判断を指す。妄想の内容によって被害妄想，誇大妄想，微小妄想あるいは憑依妄想（自分に動物などがとりついている），人物誤認（ある人が替え玉にすり替えられた）などに分けられる。被害妄想には追跡妄想（追跡されている），注察妄想（監視されている），被毒妄想（毒をもられている），関係妄想（報道を自分に関係づける）などといった内容がある。誇大妄想は，さらに宗教妄想（自分は神や救世主である）や血統妄想（自分は高貴な血統をもつ）などに区分される。

うつ病において自己評価が極端に下がった場合には，自分に関する事柄を悲観的にとらえた微小妄想がしばしば認められる。微小妄想のなかでも心気妄想，罪業妄想，貧困妄想はうつ病に特徴的であるため，うつ病の三大妄想と呼ばれる。それぞれ「自分は治らない身体の病気にかかっている」（心気妄想），「罪を犯しているので罰せられる，皆の不幸は私のせいだ」（罪業妄想），「家にお金がなくなって治療費が払えない」（貧困妄想）といったものである。うつ病にみられるほかの症状としては思考制止，精神運動制止，うつ病性昏迷などがある。また，朝方にこれらの症状が強く，夕方には軽減する日内変動がある。加えて身体症状を伴い，便秘，口渇，早朝覚醒などを認めることがある。

1 ✕ **選択肢の内容は被害妄想**である。被害妄想は他者から嫌がらせをされる，危害を加えられるといった，自身が被害を受けることをテーマにした妄想の総称である。**被害妄想は統合失調症，認知症，あるいはアルコールをはじめとする精神作用物質の使用など複数の病態においてみられる**。たとえば統合失調症においては，幻聴体験を説明するため隣家でラジオ発信器を備えて放送していると考えたり，天井に盗聴器がしかけてあると訴えたりする。ただし，うつ病を有する人に特徴的な妄想ではないため，本選択肢は適切ではない。

2 ✕ **選択肢の内容は物盗られ妄想**である。**物盗られ妄想はアルツハイマー型認知症の初期にしばしばみられ**，現実とは異なる訴えに固執する妄想である。たとえば大切にしているものが盗まれたなどと訴えるが，実際には置いた場所を失念しており，さらに自分が置き忘れたという自覚も欠いて，失われた記憶を取り繕うために"盗まれた"と解釈して生じることが多い。ただし，うつ病を有する人に特徴的な妄想ではないため，本選択肢は適切ではない。

3 〇 **選択肢の内容は罪業妄想**である。罪業妄想はPointの記述のように微小妄想の一つであり，**うつ病を有する人に特徴的な妄想**であるため，本選択肢は適切である。

4 ✕ **選択肢の内容は誇大妄想**である。誇大妄想は根拠のない自信に満ち，何でもできるという万能感に裏打ちされた妄想の総称である。実現不可能なことを可能と考え，他者がその矛盾を説いても受け入れられない。ただし，うつ病を有する人に特徴的な妄想ではないため，本選択肢は適切ではない。

5 ✕ **選択肢の内容は誇大妄想**である。Pointの記述のように，**誇大妄想は宗教妄想（選択肢4）や血統妄想（選択肢5）などの形をとり，躁病エピソードや精神作用物質の使用などでみられる**。ただし，うつ病を有する人に特徴的な妄想ではないため，本選択肢は適切ではない。

解答 3

| 問題 5 | 精神医学と精神医療 | ☑ ☑ ☑ |

次のうち，精神疾患の診断・統計マニュアル（DSM-5）において，自閉スペクトラム症と診断するための症状に含まれるものとして，**正しいもの**を1つ選びなさい。

1 精神運動焦燥または制止

2 感覚刺激に対する過敏さまたは鈍感さ

3 チック症状

4 気分の高揚

5 幻覚

Point 自閉スペクトラム症の症状に関する，やや発展的な問題である。

自閉スペクトラム症はもともと小児自閉症と呼ばれ，1943年に米国の精神科医カナー（Kanner, L.）により報告された。カナーはこの小児自閉症の特徴として以下の三つを挙げた。すなわち①相互的社会的関係の障害（視線を合わせない，笑わない，他者への関心が乏しい，共感性がない），②コミュニケーション能力の障害（言語機能の発達が乏しい，抑揚がない一本調子の話し方や反響言語（オウム返し）がみられる），③限局した反復的・執着的な行動（状況の変化を極端に嫌う，反復性の常同的な行動がみられる，行う順序や決まったやり方に固執する）である。特に③に関連した症状として，道具のにおいや特定の味覚にことさら関心や回避を示すことがある。衣服の感触に固執することや，痛みに無関心にみえることもある。ささいな音に過度に反応して耳をふさぐ場合もあれば，大きな音でも驚かない場合もある。まぶしい光や触られることへの苦手さを認めることもある。こうした感覚への過敏さあるいは鈍感さは自閉スペクトラム症に特異的な症状であり，DSM-5において診断基準の一つに採用された。

また運動面では，協調運動の拙劣さ（歩行や姿勢のぎこちなさ，手先の不器用さ）をみることが多い。なお，DSM-5では小児自閉症の語は用いられておらず，同種の病態も含めてこの自閉スペクトラム症という幅広い概念のなかに位置づけられている。

1 ✕ 精神運動の焦燥とは，興奮や昏迷といった形で急性期の統合失調症などにみられる病態であり，精神運動の制止とは，思考や活動性の低下といった形で気分障害（反復性うつ病性障害，うつ病エピソード）などにみられる病態である。これらは自閉スペクトラム症と診断するための症状には含まれないため，本選択肢は誤りである。

2 ◯ 感覚刺激に対する過敏さまたは鈍感さは，Pointの記述のように自閉スペクトラム症と診断するための症状に含まれるため，本選択肢は正しい。感覚過敏は年齢とともに改善することが多いとされるが，その経過は事例によりさまざまである。

3 ✕ チック症状は限局した筋群に突発的，反復的に起こる不随意の運動や発声であって，チック障害の主たる病態である。単純チックと，複数の運動や発声の要素からなる複雑チックが存在する。これらは自閉スペクトラム症と診断するための症状には含まれないため，本選択肢は誤りである。

4 ✕ 気分の高揚は，上機嫌で明るく健康感や自信に満ちあふれ開放的になる一方で，情緒が不安定かつ易刺激的で攻撃性が強く言動に一貫性を欠く病態であり，躁病エピソードや精神作用物質の使用などでみられる。これらは自閉スペクトラム症と診断するための症状には含まれないため，本選択肢は誤りである。

5 ✕ 幻覚は，実在していない物体，人，感覚などを，実在しているかのように信じる病態である。感覚様式によって幻視，幻聴，幻嗅，幻触，幻味，体感幻覚などに区分される。幻覚は知覚の対象となる感覚素材のなさから「対象なき感覚」とも呼ばれる。自閉スペクトラム症における感覚の過敏さ，または鈍感さには，あくまで感覚の対象が存在する。したがって幻覚は，自閉スペクトラム症と診断するための症状には含まれないため，本選択肢は誤りである。

解答 **2**

> **問題 6** 精神医学と精神医療
>
> 次の記述のうち，社会生活技能訓練（SST）の説明として，**正しいものを1つ**選びなさい。
> 1 精神分析の考え方を応用したプログラムの一つである。
> 2 絶対臥褥により活動意欲を高める。
> 3 自己認識を深める心理劇である。
> 4 認知行動療法の考えを取り入れている。
> 5 絵画や音楽を通じた表現的精神療法の一つである。

社会生活技能訓練の概要に関する，標準的な問題である。
Point 社会生活技能訓練（Social Skills Training：SST）は認知行動療法の考えを取り入れた訓練によって，人間関係や生活面にかかわる技能の習得と向上を目指す治療技法である。リバーマン（Liberman, R. P.）により開発された。ここでいう技能とは，日常のなかでごく普通に求められるありふれた立ち居振る舞いを指し，基本的な挨拶のしかたから社会的な感覚をより多く求められる交渉の進め方などに至るまで，さまざまなレベルが含まれている。SSTにおいては統合失調症などに罹患することで低下したこれらの技能の回復を通して，自己の目標を達成したり問題を解決したりできるようにする。

1 ✗ **精神分析を創始した，フロイト（Freud, S.）による考え方を応用したプログラムとしては，精神力動的精神療法**が挙げられる。治療回数をあらかじめ定めた短期精神療法や，集団の相互作用を活用して参加者の洞察を深めようとする力動的集団精神療法などの形をとり，いずれも小児期から続く無意識に押さえ込まれた葛藤を，転移を用いて修正しようとするものである。これらはSSTの説明ではないため，本選択肢は誤りである。

2 ✗ **絶対臥褥は，森田療法を創始した森田正馬による中心的な理論**であり，自己に向き合うことで心身の活動意欲を高めようとする治療技法でもある。絶対臥褥のなかから活動したい欲望（生の欲望）を見つけ出し，症状を受け入れて過度の身体へのとらわれから開放されることで，目的・行動本位にふるまえる態度を導こうとするものである。これらはSSTの説明ではないため，本選択肢は誤りである。

3 ✗ **心理劇は，モレノ（Moreno, J. L.）により創始された自己認識を深める集団精神療法**である。即興的な要素をもつドラマを演じる中で，さまざまな役割の体験を通して自発性が引き出され，新しい自分や今まで気づかなかった自分を発見することで，生活に広がりをもたせようとするものである。これらはSSTの説明ではないため，本選択肢は誤りである。

4 ○ 認知行動療法は，学習理論に基づく行動変容法である行動療法と，認知や感情に焦点を当てた心理療法である認知療法を統合の上，ベック（Beck, A. T.）により創始された治療技法である。反射的な歪んだ思考パターン（自動思考）とその背景にある個人的な確信（スキーマ）を意識化して検証する技能を身につけ，適応的な対処行動（コーピング）へ修正しようとする。**SSTを含む訓練的療法は，観察可能な行動を通して新しい学習・再学習により適応の改善を図ろうとするため，こうした認知行動療法の考えを取り入れている**。よって，本選択肢は正しい。

5 ✗ **絵画や音楽を介した表現的精神療法の諸技法は，芸術療法**と総称される。芸術療法ではほかにも舞踏，陶芸，コラージュ，俳句や短歌などさまざまな活動を，患者と治療者の間の媒体として用いる。活動ごとに先達が存在するが，いずれも**精神症状に関係する過去の情緒的体験（恐怖，罪悪感，憎悪，不満など）**や心的外傷に基づく葛藤や感情を，芸術活動のなかで自由に表現させて緊張を緩和しようとする点で共通している。ただし，これらはSSTの説明ではないため，本選択肢は誤りである。

解答 4

| 問題 7 | 精神医学と精神医療 |

第27回 精神医学と精神医療

次のうち，精神科病院において業務従事者による精神障害者への虐待を発見した者が「精神保健福祉法」に基づいて取るべき行動として，**正しいもの**を1つ選びなさい。

1　国民健康保険団体連合会への申立て
2　都道府県への通報
3　警察署への通報
4　地方裁判所への申立て
5　市町村への通報

（注）「精神保健福祉法」とは，「精神保健及び精神障害者福祉に関する法律」のことである。

Point　精神科病院の業務従事者による障害者虐待に関する，アップデートな問題である。「障害者虐待の防止，障害者の養護者に対する支援等に関する法律」（障害者虐待防止法）では「何人も，障害者に対し，虐待をしてはならない」（第3条）と規定されており，広く障害者に対する虐待行為を禁じている。さらに同法第31条では医療機関を利用する障害者に対する虐待防止等について定められ，すべての医療機関の管理者に業務従事者への研修の実施や普及啓発，相談体制の整備等の必要な措置を講じるよう求めている。

　なかでも精神科病院については入院患者がすべからく精神障害者とみなし得るため，特段の配慮が必要であるとして2024年（令和6年）4月施行の精神保健福祉法改正のなかで，精神科病院の業務従事者による障害者虐待についての規定が設けられた。その中で「精神科病院において業務従事者による障害者虐待を受けたと思われる精神障害者を発見した者は，速やかに，これを都道府県に通報しなければならない」（精神保健福祉法第40条の3）と，都道府県への通報が義務化されている。通報者が業務従事者の場合は，通報を理由に解雇など不利益な取り扱いを受けることはない。都道府県の職員は通報者を漏らしてはならず，通報を受けて報告を求める，診療録を提出させる，関係者に質問する，当該病院に立ち入るなどの「報告徴収等」を行うことができる。対象には，精神科単科の病院だけでなく精神病床をもつすべての病院が含まれる。

　精神障害者への虐待は以下の5類型からなる。すなわち①身体的虐待：障害者の身体に外傷が生じ，若しくは生じるおそれのある暴行を加え，又は正当な理由なく障害者の身体を拘束すること（障害者虐待防止法第2条第7項第1号），②性的虐待：障害者にわいせつな行為をすること又は障害者をしてわいせつな行為をさせること（障害者虐待防止法第2条第7項第2号），③心理的虐待：障害者に対する著しい暴言，著しく拒絶的な対応又は不当な差別的言動その他の障害者に著しい心理的外傷を与える言動を行うこと（障害者虐待防止法第2条第7項第3号），④ネグレクト：精神障害者を衰弱させるような著しい減食又は長時間の放置，当該精神科病院において医療を受ける他の精神障害者による①から③までに掲げる行為と同様の行為の放置その他の業務従事者としての業務を著しく怠ること（精神保健福祉法第40条の3第1項第2号），⑤経済的虐待：障害者の財産を不当に処分することその他障害者から不当に財産上の利益を得ること（障害者虐待防止法第2条第7項第5号）である。

1 ✕　Pointの記述のように，**虐待を発見した者が「精神保健福祉法」に基づいて取るべき行動ではない**。

2 〇　Pointの記述のように，**都道府県への通報が「精神保健福祉法」に基づいて義務化**されている。通報する者に制限はなく，業務従事者による虐待を受けた精神障害者もまた，その旨を通報することができる。

3 ✕　Pointの記述のように，**虐待を発見した者が「精神保健福祉法」に基づいて取るべき行動ではない**。

4 ✕　Pointの記述のように，**虐待を発見した者が「精神保健福祉法」に基づいて取るべき行動ではない**。

5 ✕　Pointの記述のように，**虐待を発見した者が「精神保健福祉法」に基づいて取るべき行動ではない**。

解答 **2**

問題 8　精神医学と精神医療

Aさん（30歳，女性）は，母親への殺人未遂の疑いで逮捕された。しかし，起訴前鑑定で，統合失調症に罹患しており「母親を殺せ」という幻聴の強い影響下で犯行に及んだと示された。このため，犯行当時にAさんは心神喪失状態だったと認められて不起訴処分とされ，検察官から「医療観察法」の審判が申し立てられた。

次の記述のうち，申立て後，最初に行われることとして，**正しいもの**を1つ選びなさい。

1. 地方裁判所が鑑定入院を命じる。
2. 地方裁判所において裁判官と精神保健審判員が合議を行い，処遇を決定する。
3. 精神保健参与員が意見を述べる。
4. 多職種チームによる治療を行う。
5. 指定入院医療機関においてCPA会議を実施する。

（注）「医療観察法」とは，「心神喪失等の状態で重大な他害行為を行った者の医療及び観察等に関する法律」のことである。

Point　医療観察法上の手続きに関する，標準的な問題である。医療観察法には，心神喪失等の状態で重大な他害行為（殺人，放火，強盗，不同意性交等，不同意わいせつ，傷害（軽微なものは除く）の6罪種）を犯した者に対し，継続的かつ適切な医療を提供することで病状の改善と同様の行為の再発防止を図り，社会復帰を促進させるべく処遇する手続きが定められている。心神喪失や心神耗弱を理由に不起訴や裁判での執行猶予等の決定がなされると，検察官は医療観察法による審判の申立てを行う。医療観察法による当初審判は地方裁判所で行われる。

---

1 ○　検察官からの申立てが地方裁判所に受理されると，**まず地方裁判所は厚生労働省が指定した鑑定医療機関に対象者を鑑定入院させ，在院を命じる決定を行う**。鑑定入院の命令により，対象者は審判決定がなされるまで（標準で2か月，延長した場合は3か月程度），鑑定医療機関へ入院することになる。よって，本選択肢は正しい。

2 ×　選択肢の内容は鑑定入院後の手続きであるため，本選択肢は誤りである。1に次いで，地方裁判所は厚生労働大臣により作成された精神保健判定医（特定の研修を受けた精神科医であり，精神保健指定医とは異なる）の名簿の中から精神保健審判員を任命する。**精神保健審判員が任命されると，裁判官と精神保健審判員による合議体が形成され**，当該処遇の審判を行う。

3 ×　選択肢の内容は鑑定入院後の手続きであるため，本選択肢は誤りである。なお，地方裁判所は処遇の要否及びその内容について福祉の立場から意見を述べる**精神保健参与員（研修を受け資格を有する精神保健福祉士等）を審判に関与**させることができる。審判により治療の可能性が見込まれ，かつ適切な処遇がなければ社会復帰が困難であると判定された場合に，入院処遇ないし通院処遇の決定が下される。

4 ×　選択肢の内容は鑑定入院後の手続きであるため，本選択肢は誤りである。なお，医療観察法における入院処遇ないし通院処遇の特徴として，**多職種チームによる治療**が挙げられる。特に入院処遇となった者は指定入院医療機関に移送され，医療観察法病棟に専任で配置された精神科医，看護師，精神保健福祉士，作業療法士，公認心理師らによる，医療のみならず社会的及び心理的問題などにもきめ細かく対応できる治療，リハビリテーション，社会復帰支援等を受けることになる。

5 ×　選択肢の内容は鑑定入院後の手続きであるため，本選択肢は誤りである。なお，**CPA（Care Programme Approach）会議とは，医療観察法病棟内におけるケア会議**を指す。社会復帰調整官や家族を含めた関係者らを交えて，入院当初より退院先や地域での支援体制などが協議される。

解答　1

> **問題 9** 精神医学と精神医療
>
> 精神医療と保健,福祉との連携に関する次の記述のうち,**正しいものを1つ選びなさい**。
> 1 精神保健福祉センターは,主に精神科医療機関への技術協力を行う機関として位置づけられる。
> 2 精神障害にも対応した地域包括ケアシステムは,認知症の高齢者が地域で自立した生活を可能にすることが目的である。
> 3 精神科病院の主な役割は,精神疾患への早期介入である。
> 4 精神科救急情報センターは,精神科救急に関する文献検索サービスを関係機関に提供する。
> 5 認知症初期集中支援チームは,在宅の認知症が疑われる人や認知症の人に対して,多職種で集中的に支援し,地域で暮らし続けられるようにすることを目指す。

Point 精神医療と保健,福祉の連携に関する,標準的な問題である。
精神医療は保健,福祉との連携を通して人々の生活に深くかかわっている。精神障害者や家族を取り巻き地域に広がる関係機関や制度についての理解は,精神保健福祉士にとってきわめて重要なテーマである。

1 ✕ **精神保健福祉センターは,精神保健福祉法第6条に規定された都道府県(政令指定都市)の精神保健福祉に関する技術的中核機関**である。診療報酬の枠から外れた活動を主に担っており,精神科医療機関への技術協力を行う機関ではないため,本選択肢は誤りである。精神保健福祉センターの業務は,地域住民の精神的健康の保持増進,精神障害の予防,適切な精神医療の推進,地域生活支援の促進,自立と社会経済活動への橋渡しのための援助など広範囲にわたっている。

2 ✕ **精神障害にも対応した地域包括ケアシステム**は,高齢期におけるケアを念頭に構築が進められている「地域包括ケアシステム」における**必要な支援を地域の中で包括的に提供し自立した生活を支援するという考えを,精神障害者のケアに導入したもの**である。対象には中重度の精神障害者だけではなく,広く住民のメンタルヘルス不調への手当てが視野に入れられている。認知症の高齢者の地域における自立生活だけが目的ではないため,本選択肢は誤りである。

3 ✕ 精神科病院は,入院医療,外来医療,在宅医療にまたがる精神医療の中核的な役割を果たす。そのなかで精神科救急医療,急性期症状への対応,社会復帰病棟でのリハビリテーションなど幅広い業務を担っている。精神疾患への早期介入だけが主な役割ではないため,本選択肢は誤りである。

4 ✕ **精神科救急情報センターは,身体疾患を合併している者も含めて緊急な医療を必要とする精神障害者等の搬送先となる医療機関との円滑な連絡調整を行うべく整備された機関**である。原則として24時間365日の対応が求められている。精神科救急に関する文献検索サービスを提供する機関ではないため,本選択肢は誤りである。

5 ◯ 認知症初期集中支援チームは,認知症サポート医や保健師,看護師,作業療法士,社会福祉士,介護福祉士等の医療及び介護の専門職により構成され,地域包括支援センター等に配置されている。認知症になっても本人の意思が尊重されて,できる限り**住み慣れた地域のよい環境下に暮らし続けることができるよう,認知症の人やその家族に初期よりかかわり,早期診断・早期対応に向けた,アセスメントや家族支援などを包括的かつ集中的に行って自立生活をサポート**する。また,地域住民を巻き込んだ認知症の人にやさしい街づくりへ活動を進展させることが期待されている。認知症初期集中支援チームの対象者は40歳以上で在宅生活を営んでおり,かつ認知症が疑われる人や認知症の人であって,医療サービスや介護サービスを受けていないか中断している,あるいは受けているものの認知症の行動・心理症状が顕著なため対応に苦慮する人である。以上のことより,本選択肢は正しい。

解答 5

現代の精神保健の課題と支援

●第 27 回試験問題の特徴

　本科目は，現代の精神保健の動向だけでなく，医療，福祉，保健分野，教育，司法，産業・労働分野などへと拡大している精神保健に関する課題について出題されるため，試験対策が難しい科目である。

　第 27 回は，短文問題が 7 問，短文事例問題が 2 問，計 9 問という構成であった。

　問題 10 は中項目「精神保健の動向」から「患者調査の統計」に関する問題であった。基本的な内容を理解していれば正解できる問題であった。

　問題 11 は中項目「精神保健活動の三つの対象」から「支持的精神保健」に関する問題であった。精神保健活動の三つの対象（三つの側面）について理解が求められる難しい問題であった。

　問題 12 は中項目「精神保健の予防の考え方」から「症候群」に関する短文事例問題であった。見慣れない選択肢があったかもしれないが，落ち着いて読めば正解できる問題であった。

　問題 13 は中項目「関係法規」から「少年法」に関する問題であった。基本的な内容を理解していれば容易に正解できる問題であった。

　問題 14 は中項目「スクールソーシャルワーカーの役割」から「活用事業実施要領」に関して 2 つ選択させる問題であった。落ち着いて読めば正解できる問題であった。

　問題 15 は中項目「職場のメンタルヘルスのための相談」から「職場でのハラスメント」に関する問題であった。ハラスメントに関する法律や内容の理解が求められる，やや難しい問題であった。

　問題 16 は中項目「産業精神保健とその対策」から「ストレスチェック」に関する問題であった。基本的な内容を理解していれば容易に正解できる問題であった。

　問題 17 は中項目「自殺予防」から「自殺対策活動」に関する短文事例問題であった。選択肢を落ち着いて読めば正解できる問題であった。

　問題 18 は中項目「保健師等の役割と連携」から「保健師」に関する問題であった。保健師について事前学習をしていない場合は難しい問題であった。

●受験対策のポイント

　本科目は，精神面における保健を体系的に捉え，対応策や予防策を見出すものとして位置づけられる。『最新 精神保健福祉士養成講座』（中央法規出版）の該当巻に目を通し，ライフサイクルや生活習慣をはじめとする精神保健の基本的な知識を理解しておくだけでなく，現代の私たちを取り巻く環境の変化，社会の変化にも関心を深め，それらの変化と健康問題との関係について知識をもつことが必要である。そのための一つの方法として旧カリキュラムを含む過去問を繰り返し解いておくことが対策となる。

| 問 題 10 | 現代の精神保健の課題と支援 |

次のうち、「令和2年患者調査」（厚生労働省）において，精神疾患を有する外来患者数の内訳で最も多い傷病分類として，**正しいもの**を1つ選びなさい。

1　てんかん
2　統合失調症，統合失調症型障害及び妄想性障害
3　神経症性障害，ストレス関連障害及び身体表現性障害
4　精神作用物質使用による精神及び行動の障害
5　気分［感情］障害（躁うつ病を含む）

Point 患者調査は，医療施設（病院及び診療所）を利用する患者について，その属性，入院・来院時の状況及び傷病名等の実態を明らかにし，併せて地域別患者数を推計することにより，医療行政の基礎資料を得ることを目的とした調査である。調査は3年ごとに実施される。「令和2年患者調査」は，入院・外来患者については10月の3日間のうち厚生労働省が医療施設ごとに指定した1日，退院患者については9月の1か月を調査期間として実施された。患者調査は厚生労働省のホームページで閲覧できる。

1　✕　令和2年患者調査（傷病分類編）（厚生労働省）において，「てんかん」の精神疾患を有する外来患者数は**12.9万人**であり，「気分［感情］障害（躁うつ病を含む)」のほうが多い。同調査における「てんかん」の入院患者数は**7.1万人**で，入院と外来をあわせた総数は**前回調査時よりも減少している**。

2　✕　令和2年患者調査（傷病分類編）（厚生労働省）において，「統合失調症」の精神疾患を有する外来患者数は**46.2万人**であり，「気分［感情］障害（躁うつ病を含む)」のほうが多い。同調査における「統合失調症」の入院患者数は**134.9万人**で，入院と外来をあわせた総数は前回調査時よりも減少しているものの，**精神疾患の傷病分類の中では最も多い**。

3　✕　令和2年患者調査（傷病分類編）（厚生労働省）において，「神経症性障害，ストレス関連障害及び身体表現性障害」の精神疾患を有する外来患者数は**62.5万人**であり，「気分［感情］障害（躁うつ病を含む)」のほうが多い。同調査における「神経症性障害，ストレス関連障害及び身体表現性障害」の入院患者数は**5.8万人**で，入院と外来をあわせた総数は**前回調査時よりも増加している**。

4　✕　令和2年患者調査（厚生労働省）において，「精神作用物質使用による精神及び行動の障害」の精神疾患を有する外来患者数は**7.8万人**であり，「気分［感情］障害（躁うつ病を含む)」のほうが多い。同調査における「精神作用物質使用による精神及び行動の障害」の入院患者数は**1.2万人**で，入院と外来をあわせた総数は**前回調査時よりも増加している**。

5　○　令和2年患者調査（傷病分類編）（厚生労働省）において，「気分［感情］障害（躁うつ病を含む)」の精神疾患を有する**外来患者数は91.4万人であり最も多い**。同調査における「気分［感情］障害（躁うつ病を含む)」の入院患者数は**28.0万人**で，入院と外来をあわせた総数は**前回調査時よりも微減している**。

解答　5

> **問題 11** 現代の精神保健の課題と支援
>
> 次のうち，吉川武彦が概念化した精神保健活動の三つの側面における支持的精神保健に該当するものとして，**正しいもの**を1つ選びなさい。
> 1 こころの健康づくりのための市民講座の開催
> 2 在宅の精神疾患患者への訪問指導
> 3 高齢住民を対象とした睡眠衛生教育
> 4 精神保健福祉ボランティアの育成
> 5 住民の精神保健の増進と精神障害者支援のための拠点づくり

Point 1993年（平成5年）に吉川武彦は，精神保健活動を「積極的精神保健」「支持的精神保健」「総合的精神保健」の三つの側面から概念化した。精神保健活動の対象者は，精神障害者福祉の対象，精神医療の対象，精神保健の対象に区別されるが，それぞれの対象に精神保健福祉に関するアプローチを行うことが必要である。

1 ✗ 「こころの健康づくりのための市民講座の開催」は**積極的精神保健**に含まれる。吉川によると，積極的精神保健とは，地域住民に対する啓発活動や教育活動を中心に行うことで，地域住民が日常生活を送る上で，こころの健康の保持増進を高めることを目指すものである。

2 ◯ 「在宅の精神疾患患者への訪問指導」は**支持的精神保健**に含まれる。吉川によると，支持的精神保健は，精神的健康を損ないつつある人や，こころの病（精神疾患）に罹患している人，医療中断しがちな人などを対象としている。これらの対象者に対して，精神保健相談やリハビリテーションを訪問活動として行い，対象者が個々の生活環境や経済状況に応じた支援を適切に享受することで，早期に精神的安定が図られることを目的としている。

3 ✗ 「高齢住民を対象とした睡眠衛生教育」は**積極的精神保健**に含まれる。積極的精神保健は，地域住民がもつ顕在するニーズだけでなく，潜在するニーズにも基づいて行われる。その方法は，地域住民に対する啓発活動や教育活動を中心に行われるが，住民のニーズによって，相談活動や，地域の資源をつなぐような調整活動が必要になることもある。日本においては，特に高齢化に関する社会問題がクローズアップされていることにも関心をもち，活動していくことが必要である。

4 ✗ 「精神保健福祉ボランティアの育成」は**総合的精神保健**に含まれる。吉川によると，総合的精神保健とは，積極的精神保健と支持的精神保健の統合を目指すという理念であり，関係者の教育，ボランティアの育成，精神保健福祉活動の拠点の設置などの地域づくりに関する極めて実践的な活動でもある。また，総合的精神保健では地域社会全体を捉え，障害のある人もない人も地域社会の中で差別なく，ともに支え合う共生社会の実現も目指している。

5 ✗ 「住民の精神保健の増進と精神障害者支援のための拠点づくり」は**総合的精神保健**に含まれる。具体的には，啓発活動と教育活動を通して，地域住民がもつニーズに応えるだけでなく，地域住民の障害者に対する誤った見方や考え方の変容も促していくことが大切である。その方法として，選択肢にある「地域住民とともに行う拠点づくり」は，住民の障害者観を変化させるプロセスでもある。

解答 **2**

| 問題 12 | 現代の精神保健の課題と支援 |

A精神科病院に長期入院していたBさん（64歳）は，地域移行支援を受けた後，1年前からC生活介護事業所を利用しながら地域のアパートで一人暮らしをしている。Bさんの食生活は整っており，血圧・血糖値・コレステロールや中性脂肪には問題がなかった。しかし近頃は，長年の運動不足から筋力が低下したことによって，短時間の歩行でも息切れをし，足が上がりにくくC事業所内の階段もすぐには上れない状態が目立ち始めた。そこでC事業所では，Bさんやほかの利用者の状況も鑑み，運動プログラムを取り入れ，Bさんにも参加してもらうよう促すことにした。

次のうち，Bさんの状態を表す症候群として，**適切なもの**を1つ選びなさい。

1 コルサコフ症候群
2 メタボリック症候群
3 ロコモティブ症候群
4 悪性症候群
5 ガンザー症候群

Point 現代の精神保健の課題について理解するには，ライフステージごとの精神保健課題のほか，クライエントのおかれた環境や生活習慣と関連する健康上の課題についても理解する必要がある。生活習慣病の原因や症状，食事・睡眠・排泄・保清などとの関連や，厚生労働省の「健康づくりのための身体活動基準2013」で示された運動習慣の精神保健上の効果についても理解しておくことが望ましい。

---

1 ✕ コルサコフ症候群は，ウェルニッケ・コルサコフ症候群とも呼ばれる**ビタミンB₁の不足によって起こるウェルニッケ脳症とその後遺症の総称**であり，食生活が整っているBさんの状態を表す症候群として適切とはいえない。ウェルニッケ脳症の主な原因としてはアルコール依存症が挙げられる。また，ウェルニッケ脳症では，ふらつき（失調性歩行）がみられることがある。

2 ✕ メタボリック症候群は，内臓に脂肪がたまり腹囲が大きくなる内臓脂肪型肥満に加えて，**高血圧・高血糖・脂質代謝異常が組み合わさることにより心臓病や脳卒中などになりやすくなる病態の呼称**であり，血圧・血糖値・コレステロールや中性脂肪に問題のないBさんの状態を表す症候群として適切とはいえない。なお，メタボリック症候群の結果として動脈硬化が進み階段が上りづらい状態となることは考えられる。

3 〇 ロコモティブ症候群は，**加齢や運動不足などに伴い筋力の低下や関節や脊椎の病気，骨粗しょう症などが生じることで，運動機能が衰え移動機能が低下した状態の呼称**であり，運動不足から筋力が低下しているBさんの状態を表す症候群として適切である。ロコモティブ症候群は要介護や寝たきりにつながるリスクが高いため注意が必要である。

4 ✕ 悪性症候群は，**抗精神病薬で起こる発熱・自律神経症状である発汗や頻脈・錐体外路症状である振戦や筋強剛・意識障害などの一連の副作用の呼称**であり，こうした症状がみられないBさんの状態を表す症候群として適切とはいえない。悪性症候群は，致死性を有する重篤な副作用であり，ハロペリドール等の定型抗精神病薬だけでなく非定型抗精神病薬でも発現することがあるため注意が必要である。

5 ✕ ガンザー症候群は，刑務所の囚人のように拘禁された環境で生じる，**1＋1＝3と答えるような的外れ応答・見当識等が失われる健忘症状・周囲に反応しなくなる意識混濁などの精神症状の総称**であり，こうした症状がみられないBさんの状態を表す症候群として適切とはいえない。ガンザー症候群は，自由を奪われたストレスによって生じる解離性障害の一つとして考えられる。

解答 3

| 問 題 13 | 現代の精神保健の課題と支援 |

次のうち，少年法における「その性格又は環境に照して，将来，罪を犯し，又は刑事法令に触れる行為をする虞のある少年」の呼称として，**正しいものを1つ選びなさい。**

1　犯罪少年

2　触法少年

3　不良行為少年

4　ぐ犯少年

5　特定少年

Point　少年は可塑性に富み，発達途上にあることから，その非行や犯罪に対しても単に法的に対応するだけでなく精神保健の課題として捉える対応が求められる。なお，民法では2022年度（令和4年度）から18歳を成年年齢としているが，少年法では20歳未満を少年とし，14歳未満の少年には刑事責任を問わないとしている。少年法では，非行少年である犯罪少年・触法少年・ぐ犯少年が規定されている。そのほか，少年警察活動規則で，不良行為少年，要保護少年，被害少年が規定されている。

1　✕　犯罪少年とは，**犯罪行為をした14歳以上の少年を指すため，問題文の少年の呼称として正しいとは**いえない。犯罪少年は，罰金刑以下の犯罪では直接家庭裁判所に送致され，それ以外は検察官に送致される。家庭裁判所では，犯罪事実の存否のほか，少年や保護者の環境等についても心理学等の専門的知識を活用した調査が行われ，審判開始・審判不開始・検察官送致等の決定がなされる。

2　✕　触法少年とは，**刑罰法令に触れる行為をした14歳に満たない少年を指すため，問題文の少年の呼称として正しいとはいえない。**触法少年の行為は犯罪とはならず，児童福祉法による措置が少年法による措置に優先され，警察により福祉事務所や児童相談所への通告や送致等が行われる。

3　✕　不良行為少年とは，少年法に規定される**非行少年には該当しないが，飲酒，喫煙，深夜徘徊等のほか，自己又は他人の徳性を害する行為をしている少年を指すため，問題文の少年の呼称として正しいとはいえない。**警察は，関係機関・団体，ボランティア等と連携し，街頭補導等による不良行為少年への指導，助言に努めている。

4　◯　ぐ犯少年とは，**将来，犯罪や刑罰法令に触れる行為をするおそれのある少年を指し，問題文の少年の呼称として正しい。**その具体的な行為としては，正当な理由がなく家庭に寄りつかないことや，犯罪性のある人もしくは不道徳な人との交際，いかがわしい場所への出入りなどが挙げられる。

5　✕　特定少年とは，**犯罪行為をした18・19歳の少年を指す呼称であるため，問題文の少年の呼称として**正しいとはいえない。特定少年にも少年法が適用され，全件家庭裁判所送致となるが，家庭裁判所が検察官送致（逆送）を決定する原則逆送対象事件の対象に死刑，無期又は短期1年以上の懲役・禁錮にあたる罪が加えられる点や逆送後は成年同様に取り扱われる点が18歳未満の少年とは異なっている。

解答 4

| 問 題 14 | 現代の精神保健の課題と支援 |

次のうち，文部科学省の「スクールソーシャルワーカー活用事業実施要領」に記載されたスクールソーシャルワーカーの職務内容として，**正しいものを2つ**選びなさい。

1　児童の心理状態の評価
2　児童福祉法に基づく児童の一時保護
3　学校内におけるチーム体制の構築，支援
4　学級活動での保健指導
5　教職員等への研修活動

Point　「スクールソーシャルワーカー活用事業実施要領」（以下，要領）には，スクールソーシャルワーカー活用事業の趣旨や実施主体，選考に関する記述のほか，その職務内容として①問題を抱える児童生徒が置かれた環境への働きかけ，②関係機関等とのネットワークの構築，連携・調整，③学校内におけるチーム体制の構築，支援，④保護者，教職員等に対する支援・相談・情報提供，⑤教職員等への研修活動が挙げられている。不登校や児童虐待等の問題に対応する精神保健福祉士もその内容を理解しておく必要がある。

1　✕　児童の心理状態の評価は，**心理職や医師の職務内容であり，福祉職であるスクールソーシャルワーカーの職務内容として**正しいとはいえない。心理状態の評価では，面接・行動観察・心理検査（新型K式等）により，当該児童のパーソナリティ・情緒反応の程度（不安，抑うつ状態など）・知的能力・適性等を把握していく。

2　✕　児童福祉法に基づく児童の一時保護は，**虐待からの保護等の目的で児童相談所長等が行う行政処分であり，スクールソーシャルワーカーの職務内容として**正しいとはいえない。一時保護は原則，子どもや保護者の同意を得て行うが，子どもの福祉を害すると認められる場合にはこの限りでないとされる。

3　◯　学校内におけるチーム体制の構築，支援は，**要領に記載されており，スクールソーシャルワーカーの職務内容として**正しい。スクールソーシャルワーカーには，各職員が子どもの背景を共有し関係者とも協働して支援するためにケース会議等を開き，プランニングを行う役割が求められる。

4　✕　学級活動での保健指導は，**養護教諭と教職員が協力して実施する児童生徒への指導や保護者への助言であり，スクールソーシャルワーカーの職務内容として**正しいとはいえない。保健指導は健康相談とともに児童生徒が学校生活に適応するために行われる支援として学校保健安全法に規定されている。

5　◯　教職員等への研修活動は，**要領に記載されており，スクールソーシャルワーカーの職務内容として**正しい。スクールソーシャルワーカーには，教職員やPTAの研修会でソーシャルワーク視点での児童・生徒支援スキルの向上を図る講師としての役割が求められる。

解答 3 5

問題 15　現代の精神保健の課題と支援

職場でのハラスメントに関する次の記述のうち，**正しいもの**を1つ選びなさい。

1　業務上明らかに不要なことや遂行不可能なことの強制・仕事の妨害は，パワーハラスメントに該当する。
2　労働者数 300 名未満の事業場では，ハラスメント対応の措置が事業主の努力義務となっている。
3　セクシュアルハラスメントの内容として，同性に対するものは対象外である。
4　マタニティハラスメントの禁止は，母子保健法で規定されている。
5　ハラスメントに起因する精神障害は，労働災害認定基準から除外されている。

Point　職場でのハラスメントについては，労働施策の総合的な推進並びに労働者の雇用の安定及び職業生活の充実等に関する法律（労働施策総合推進法）で職場におけるパワーハラスメント防止対策が事業主に義務づけられているほか，雇用の分野における男女の均等な機会及び待遇の確保等に関する法律（男女雇用機会均等法）及び育児休業，介護休業等育児又は家族介護を行う労働者の福祉に関する法律（育児・介護休業法）においてセクシュアルハラスメントやマタニティハラスメントについて規定されている。ハラスメントは働く人の環境や人権にかかわる精神保健上の課題でもあり，精神保健福祉士には各規定や基準等を理解しておくことが求められる。

1　〇　パワーハラスメントは，職場において行われる①**優越的な関係を背景とした言動であって**②**業務上必要かつ相当な範囲を超えたものにより**③**労働者の就業環境が害されるもの**である。業務上明らかに不要なことや遂行不可能なことの強制・仕事の妨害はこれにあたるため，選択肢の記述は正しい。

2　✕　パワーハラスメントの雇用管理上の措置義務は，**中小事業主においても 2022 年（令和 4 年）4 月 1 日から義務化されており，労働者数 300 名未満の事業場でハラスメント対応を努力義務とする選択肢の記述は**正しいとはいえない。中小事業主とは，小売業で 50 人以下，サービス・卸売業で 100 人以下，その他の業種で 300 人以下の常用従業員数の事業主を指す。ほかに資本金について中小企業基本法に定義されている。

3　✕　職場におけるセクシュアルハラスメントは，職場において労働者の意に反する性的な言動への対応により当人が不利益を受けたり，性的な言動により就業環境が害されることを指し，**同性に対するものも対象となるため，選択肢の記述は**正しいとはいえない。また，取引先や顧客も職場の人間同様その性的指向や性自認にかかわらず対象になり得る。

4　✕　マタニティハラスメントの禁止については，**母子保健法でなく男女雇用機会均等法に規定されているため，選択肢の記述は**正しいとはいえない。なお，同法では妊娠・出産した女性労働者がその対象だが，育児・介護休業法では育児休業等を申出・取得した男女労働者がその対象となる。また，男性へのそれはパタニティハラスメントという。

5　✕　厚生労働省の**心理的負荷による精神障害の認定基準には，精神障害の発病に至る業務による心理的負荷が認められる具体的出来事の類型として，セクシュアルハラスメントやパワーハラスメントが示されているため，選択肢の記述は**正しいとはいえない。なお，同類型では，優越的な関係にない同僚等からのいやがらせは「対人関係」に分類されている。

解答　**1**

| 問題 16 | 現代の精神保健の課題と支援 | ☑ ☑ ☑ |

第27回 現代の精神保健の課題と支援

労働安全衛生法に基づくストレスチェック制度に関する次の記述のうち，**正しいものを1つ選び**なさい。

1 2年に1度の実施が義務づけられている。
2 休職者の職場復帰支援のための仕組みとして創設された。
3 高ストレスと判定された労働者のうち，希望があった者への医師による面接指導の実施が事業者に義務づけられている。
4 精神保健福祉士は，厚生労働大臣の定める研修を修了することなく実施者になれる。
5 検査結果の分析は，地域障害者職業センターが行う。

> **Point** 2015年（平成27年）12月から始まった「ストレスチェック制度」に関する基本的な問題である。ストレスチェック制度は労働安全衛生法第66条の10に基づき実施されている。ストレスチェックの実施者には精神保健福祉士も指定されていることから，ストレスチェックの目的や流れ，実施者の要件，結果の取り扱い，労働者本人や組織への支援などについて理解しておくことが必要である。

1 ✕ 2015年（平成27年）12月から労働者50人以上の事業所において，**1年に1度**すべての労働者にストレスチェックを実施することが義務づけられた。本制度は，労働者のストレスの程度を把握し，「労働者自身のストレスへの気づきの促進」とともに，「職場環境の改善」につなげることも目的に含まれている。

2 ✕ ストレスチェック制度の目的は，労働者自身がストレス状況について気づくことを促すとともに，ストレスの原因となる職場環境の改善につなげることで，**「労働者がメンタルヘルス不調になることを未然に防ぐこと」**とされている。つまり一次予防を主な目的としている。ストレスチェックを行うことによって，二次予防（早期発見・早期治療）につながる場合もある。

3 〇 事業者は，高ストレス者と判定された労働者からの申し出があったときは，遅滞なく面接指導を行わなければならない。制度上，事業者は個々の労働者のストレスチェックの結果を知り得ない仕組みとなっているが，事業者には「面接指導を実施した医師から，就業上の措置に関する意見を聴取すること」「医師の意見を勘案し，必要に応じて，適切な措置を講じること」が規定されている。

4 ✕ ストレスチェックの実施者については，①医師，②保健師のほか，③**検査を行うために必要な知識についての研修であって厚生労働大臣が定めるものを修了した**歯科医師，看護師，精神保健福祉士又は公認心理師，という要件が定められていることに注意が必要である。

5 ✕ 検査結果の分析は，**ストレスチェックの実施者**（選択肢4の解説参照）が行う。メンタルヘルス指針（心理的な負担の程度を把握するための検査及び面接指導の実施並びに面接指導結果に基づき事業者が講ずべき措置に関する指針（平成27年4月15日心理的な負担の程度を把握するための検査等指針公示第1号））の「4 ストレスチェック制度の手順」には，「事業者は，実施者に，ストレスチェック結果を一定規模の集団ごとに集計・分析させる」とある。選択肢にある地域障害者職業センターは，障害者の雇用の促進等に関する法律の規定に基づき，厚生労働大臣が，障害者の職業生活における自立を促進するために設置している機関の一つである。

解答 3

> **問題 17** 現代の精神保健の課題と支援
>
> A県精神保健福祉センターのB精神保健福祉士のところに，Cさんが相談に訪れた。兄を自死で亡くしたというCさんは，自分と同じように自死で家族を亡くした経験がある人々が集まる「分かち合いの会」を主催しており，行政機関として何らかの協力をしてほしいというものだった。B精神保健福祉士は上司と相談した結果，センターの会議室の提供と広報への協力をするとともに，「分かち合いの会」に業務として定期的にオブザーバーで参加することとなった。
>
> 次のうち，この自殺対策活動を表す言葉として，**適切なもの**を１つ選びなさい。
> 1 イノベーション
> 2 インターベンション
> 3 ハームリダクション
> 4 プリベンション
> 5 ポストベンション

Point 当事者や家族が行う自助グループへの支援に関する問題である。事例文に"自死で家族を亡くした経験がある人々が集まる「分かち合いの会」"とあるため，ポストベンション（事後対応）としての活動であると考えられる。精神保健福祉士の実践は，ソーシャルワークの価値や精神障害者支援の理念を具現化するものである。本事例では，精神保健福祉士が行う自殺対策活動が，どのような理念・考え方を具現化しているかを読み解く力が求められる。

1 ✕ イノベーションは，**技術革新**とも訳され，狭義には新商品の開発や新しい販路の開拓などの経済活動における種々の革新を指す。また広義には，経済面・技術面での革新だけでなく，**社会制度の改革**も含まれるという考え方もある。

2 ✕ 自殺対策におけるインターベンションとは，自殺予防の**第二次段階（危機介入）**のことで，今まさに起きつつある自殺の危険に介入し，自殺を防ぐことである。**自殺未遂，自殺企図を行った人に適切なケアを提供し，再度の危険な行為や自殺を予防すること**を指す。インターベンションでは，早期発見，早期対応が大切であるため，さまざまな機関による相談体制の充実や連携体制の強化が必要である。自殺未遂者へのケアでは，再度自殺に至る可能性に十分注意してかかわることが求められる。

3 ✕ ハームリダクションとは，薬物使用など，健康被害をもたらす行動に対して**厳罰主義ではなく「被害を低減させること」を目的としたプログラム・政策・実践のこと**である。被害とは個人レベルだけではなく，健康・社会・経済という社会全体における影響を指す。日本では政策として取り入れられているわけではないが，依存症支援などにおいて，本人の葛藤に寄り添うかかわりに活かされている。

4 ✕ 自殺対策におけるプリベンションとは，自殺予防の**第一次段階（事前対応）**のことで，日常的なかかわりや教育を通じて，自殺防止の視点をもつことや，不安を感じたときに相談につなげられるように問題対処能力を高めることなどを指す。具体的には，普及・啓発や教育としてポスターやパンフレットの作成と配布，講演活動などの取り組みが挙げられる。

5 ◯ 自殺対策におけるポストベンションとは，自殺予防の**第三次段階（事後対応）**のことで，自殺既遂者の遺族や関係者のケアを指し，悲嘆による自殺の連鎖を防ぐことが主な目的である。家族への支援としてグリーフケアについても学んでおくことが大切である。

解答 5

| 問題 18 | 現代の精神保健の課題と支援 |

保健師に関する次の記述のうち，**正しいもの**を1つ選びなさい。

1 児童相談所には，保健師の配置が必須である。

2 保健所の所長は，保健師でなければならない。

3 保健師の資格は，地域保健法で定められている。

4 労働者数50人以上の事業場では，保健師を選任しなければならない。

5 看護師国家試験に合格しなくても，保健師になることができる。

> **Point**
> 保健師は，保健師助産師看護師法により，「厚生労働大臣の免許を受けて，保健師の名称を用いて，保健指導に従事することを業とする者」と定められている。また，保健師になろうとする者は，大学や保健師養成校にて所定の教育を受けた後，看護師国家試験と保健師国家試験の両方に合格し，厚生労働大臣の免許を受けなければならない。精神保健福祉士は，保健師をはじめ，さまざまな職種と連携して支援や活動を行う機会が多いため，各資格規定等の基本的な部分は学習しておくことが必要である。

1 ○ 児童相談所の所員について児童福祉法第12条の3第8項に「児童の健康及び心身の発達に関する専門的な知識及び技術を必要とする指導をつかさどる所員の中には，**医師及び保健師が，それぞれ一人以上含まれなければならない**」とある。児童相談所は，同法第12条に基づき，各都道府県・指定都市及び政令で定める児童相談所設置市に設けられた児童福祉の専門機関である。都道府県によっては，その規模や地理的状況に応じて複数の児童相談所及びその支所を設置している。

2 × **保健所の所長は「保健師でなければならない」という要件はない**。地域保健法第10条に「保健所に，政令の定めるところにより，所長その他所要の職員を置く」とあり，さらに同法施行令第4条第1項で，所長は「医師」であることが定められている。保健所は同法第3章に規定され，地域精神保健福祉業務の中心的な行政機関として，関係機関と連携し，精神障害者の社会復帰及び自立と社会経済活動への参加の促進を図るとともに，地域住民の精神的健康の保持増進を図るための諸活動を行うとされている。

3 × 保健師は，**保健師助産師看護師法**で定められた国家資格である。保健師の主な業務は，地域住民の健康の保持増進である。保健所や市町村保健センターなど行政機関における精神保健施策だけでなく，乳幼児から高齢者まであらゆるライフステージを対象として保健指導を行う。具体的には栄養指導や運動指導，服薬指導などを行い，対象者の行動変容や日常生活の改善を図ることが大きな役割である。

4 × 労働安全衛生法第3章の「安全衛生管理体制」では，事業者が，政令で定める規模の事業場ごとに選任する，管理者や産業医などについて規定されている。その中に**「保健師を選任しなければならない」という規定はない**。

5 × 保健師助産師看護師法第7条では，「保健師になろうとする者は，**保健師国家試験及び看護師国家試験に合格**し，厚生労働大臣の免許を受けなければならない」と定められている。

解答 1

精神保健福祉の原理

●第 27 回試験問題の特徴

　本科目は，2019 年度（令和元年度）の養成教育カリキュラム改正で新設された，精神保健福祉士の専門性を確立するための根幹となる科目である。全 9 問中事例問題が 4 問で，うち短文事例 1 問，長文事例 1 題（3 問で構成）であった。約半数が事例問題であり，事例を攻略できれば，得点しやすくなる科目といえる。事例を短時間で読解する力と同時に，精神保健福祉士の価値・倫理を基盤としたかかわりについて，実践的な理解が求められる。

　問題 19 は障害者福祉の理念として，ソーシャルロールバロリゼーション，リハビリテーション，バリアフリー，エンパワメント，レジリエンスなど重要なキーワードの基本的な理解が問われた。ノーマライゼーションやリカバリー，ストレングスなども確実に押さえておきたい。問題 20 は任意入院制度を創設した法律について問われた。最新の精神保健及び精神障害者福祉に関する法律（精神保健福祉法）改正に至るまでの背景と改正経緯を理解しておく必要がある。問題 21 は短文事例を通じて，精神科医療の課題に関する理解が問われた。長期入院や社会的入院による生活実態を理解することが求められた。問題 22 では，精神保健福祉法における家族の義務について問われた。精神障害者本人も家族も人生の主人公であり，それぞれの支援にあたって，家族に負担を強いてきた社会構造の理解が必要となる。問題 23・問題 24 では精神保健福祉士法の成立背景，義務規定について問われた。精神保健福祉士とは何者なのか，どのような専門性と責務を有するのかを法的に理解する必要がある。問題 25 から問題 27 では，ひきこもり地域支援センターの精神保健福祉士としてのかかわりが問われた。インテーク時のスクリーニングや家族会の紹介，クライエントとの信頼関係の構築など，かかわりの姿勢や意図について基本的な専門性の理解が求められる。

●受験対策のポイント

　今回の出題傾向からは，旧科目の「精神保健福祉相談援助の基盤」の過去問題が試験対策として有効と考えられる。今回はクローズアップされていないが，Y 問題をはじめとした精神保健福祉士の原点といえる歴史的な背景，精神保健福祉士の倫理的ジレンマや業務指針，職場・職域などの幅広い理解も必要であろう。テキストや過去問解説集，受験ワークブックなどを十分活用しながら，精神障害者や家族がたどってきた歴史，そして，その歴史に寄り添い続けてきた精神保健福祉士の歩みをストーリーとして理解を深めてほしい。

問題 19　精神保健福祉の原理

次の記述のうち，障害者福祉を支える理念や概念の説明として，**正しいものを1つ**選びなさい。

1. ソーシャルロールバロリゼーション（SRV）とは，人間らしく生きる権利の回復を目指すことである。
2. リハビリテーションとは，人権擁護と公衆衛生の観点から健康・社会・経済上の悪影響を減少させることを主目的とするものである。
3. バリアフリーとは，重大な逆境に遭遇したにもかかわらず，前向きに生きていこうとする復元力のことである。
4. エンパワメントとは，無力化された人々が本来持っている力を取り戻し，抑圧的な状況を客観的に批判し主体的な変革を目指すことである。
5. レジリエンス（resilience）とは，障害や疾患をもつ人というラベルによって生じる社会的不利を軽減することである。

> **Point** 障害者福祉を支える基本的な理念や概念の理解を問う問題である。出題されたものだけでなく，ノーマライゼーションや社会的包摂（ソーシャルインクルージョン），自立生活，ストレングス，機会均等化，多様性などの重要な語句は，歴史的な展開や関係する人物も踏まえて理解をしておく必要がある。

1. ×　**人間らしく生きる権利の回復は「全人的回復」のことを指し，リハビリテーションが本来的に意味する**ものである。ソーシャルロールバロリゼーション（SRV）はヴォルフェンスベルガー（Wolfensberger, W.）によって「可能な限り文化的に価値のある手段による，人々，ことに価値の危険に瀕している者たちのために，価値ある社会的な役割の可能化，確立，増進，維持，ないし防衛を実現すること」と定義されている。
2. ×　**人権擁護と公衆衛生の観点から健康・社会・経済上の悪影響を減少させることを主目的とするのは，「ハームリダクション」である**。リハビリテーションは「復権」「復位」「復職」を語源とし，人間らしく生きる権利の回復（全人的回復）を意味する。
3. ×　**重大な逆境に遭遇したにもかかわらず，前向きに生きていこうとする復元力は，「レジリエンス」についての説明である**。バリアフリーとは社会的障壁の除去であり，生活の中でさまざまな活動をしようとしているときに感じる不便さや障壁になっているバリアをなくす（フリーにする）ことを指す。精神疾患等についてはスティグマ（差別や偏見）の低減の必要性から，厚生労働省により「こころのバリアフリー宣言」が表明された。
4. ○　**エンパワメントは，社会的に抑圧され無力化された人々が本来持っている力や権利，権限を取り戻すことを指す**。1976年にソロモン（Solomon, B. B.）によって刊行された『ブラックエンパワメント』では，「エンパワメントは，スティグマ化された集団あるいはその集団の構成員が受けた否定的評価によってもたらされるパワーレスな状態の低減を目指して，クライエント若しくはクライエント・システムに対応する一連の諸活動にソーシャルワーカーが取り組む過程である」と定義されている。
5. ×　障害や疾患をもつ人というラベルは，「スティグマ（差別や偏見）」につながることがある。**さまざまなスティグマをなくすことを目指す取り組みとしてはアンチスティグマ活動がある**。特に精神障害者に対するスティグマ低減を目指した活動の必要性から，厚生労働省により2004年（平成16年）に「こころのバリアフリー宣言」が表明されている。レジリエンスは，個々人がもともと持つ病気やストレスからの回復力，復元力などを意味し，リカバリーの土台といわれている。

解答　4

問題 20　精神保健福祉の原理

次のうち，精神科病院での職員による入院患者への暴行等の重大な不祥事件を契機に，任意入院制度を創設した法律として，**正しいもの**を１つ選びなさい。

1　精神衛生法
2　精神病者監護法
3　精神病院法
4　精神保健法
5　「精神保健福祉法」

（注）「精神保健福祉法」とは，「精神保健及び精神障害者福祉に関する法律」のことである。

Point　精神科の入院制度は頻出問題であり，十分な理解が必要である。最近では滝山病院事件等，入院患者への暴行等の重大な不祥事が明らかになった。また精神保健福祉法改正において保護者制度の廃止や退院後生活環境相談員の創設（2013年（平成25年）改正）に続き，2022年（令和4年）改正では医療保護入院の入院期間が設定されるなど，医療保護入院をめぐる改正が続いたことは記憶に新しく，精神障害者の権利擁護や精神科の入院制度にまつわる経過と内容については十分に理解をしておく必要がある。なお任意入院は，1984年（昭和59年）発覚の宇都宮病院事件を契機に行われた，精神衛生法から精神保健法への改正（1987年（昭和62年））に伴い創設された内容の一つである。この改正は，入院制度のみならず精神障害者社会復帰施設の法定化など，精神障害者の社会復帰の促進を掲げていく歴史の大きな転換点となっている。法制度はどのような経過の中で何が変わったのかをしっかりと理解することが重要である。

1　✗　精神衛生法は戦後の1950年（昭和25年）に制定された。歴史的な理解としては戦前から続く精神病者監護法と精神病院法がここでようやく廃止されたことも留意したい。精神衛生法は，精神障害者の医療と保護，その発生の予防を目的とし，**私宅監置制度を廃止し，指定法定施設以外への精神障害者の収容を禁止**した。入院時に本人の意思は反映されず，保護義務者の入院同意による「**同意入院**」と，2名以上の精神衛生鑑定医の診察一致により都道府県知事の命令で入院となる「**措置入院**」が主たる入院形態であった。

2　✗　精神病者監護法は1900年（明治33年）に制定された。なお戦前における精神障害者に関する主な法律は精神病者監護法と精神病院法の二つのみである。精神病者監護法においては，不法監禁をなくすことが主眼ではあったが，精神障害者の**私宅監置**を認めた，世界でも類をみない法律であったことは理解しておきたい。

3　✗　1918年（大正7年）に呉秀三は「精神病者私宅監置ノ実況及ビ其統計的観察」の中で，精神病者監護法の廃止と**国の責任**による**医療施設の整備**をしなければならないと主張した。その翌年の1919年（大正8年）に制定されたのが精神病院法である。精神病院法は成立したものの，精神病者監護法は廃止されず私宅監置は継続された。また公立の精神科病院の建設も遅々として進まず，戦後に課題を残すことになった。

4　○　精神保健法は，宇都宮病院事件を機に精神衛生法の見直しが図られたことにより，1987年（昭和62年）に成立した。精神保健法では第1条に，精神障害者の医療及び保護に加え，社会復帰の促進が法の目的として謳われ，初めて精神障害者自身の同意に基づく**任意入院制度**や**精神障害者社会復帰施設が法定化された**。

5　✗　精神保健福祉法は，1993年（平成5年）に心身障害者対策基本法が障害者基本法に改められ，精神障害者が初めて法的に「障害者」として位置づけられたことを機に，1995年（平成7年）に精神保健法の改正により成立した。精神保健福祉法では，法の目的に，精神障害者の医療及び保護，社会復帰の促進に加え，**自立と社会経済活動への参加の促進**が明記された。

解答　4

| 問題 21 | 精神保健福祉の原理 |

A高等学校では，保健体育の授業において，心の健康への意識を高め，共生社会への理解を深めることを目的として「こころの健康教育」を実施している。今回は近隣にあるB精神科病院のC精神保健福祉士と，精神障害当事者のDさん（63歳，男性）がゲストスピーカーとして招かれた。授業はC精神保健福祉士とDさんの対話形式で進められた。その中で，Dさんは精神科病院における35年の入院生活やグループホームへの退院，今の生活の様子を語った。Dさんからは，長年病院内で変化のない集団生活を続けたことで気力が失われ，退院を諦めるようになったこと。入院当初は強い思いであった退院を決断するのに長い時間を要したこと。退院した今は，地域に出て良かったと実感するといった気持ちが語られた。

次のうち，Dさんの語りから考えられる入院中の状態として，**適切なもの**を1つ選びなさい。

1　施設症
2　施設コンフリクト
3　トラウマ
4　スティグマ
5　回転ドア現象

Point 2000年（平成12年）に開始された「健康日本21」（第一次）において，「こころの健康」についての内容が記された。以降，学習指導要領においても「心の健康」に関する内容が盛り込まれ，学校現場でも「こころの健康教育」への取り組みが行われるようになっている。問題は高等学校における「こころの健康教育」の場面で，精神障害当事者のDさんによる長期入院の及ぼす影響についての語りから，その状態を表す語句を選ぶものである。選択肢はどれも基本的な用語のため，しっかりと意味を捉えておきたい。

1　○　施設症は**長期にわたる入院生活により，入院患者が無気力になったり自発性が欠如して意見を表明できなかったり，興味や関心を喪失するなど，意欲が減退する状態**となる二次障害である。Dさんの語りでは変化のない長期にわたる集団生活という環境因子から気力が失われ，退院を諦めるようになり，さらには退院の決断にまで長い時間を要したことが表現されている。家庭生活や市民生活から隔絶される参加制約の状態から，コミュニケーションなどの活動制限が強化され，意欲の減退などにつながることが考えられる。

2　✕　施設コンフリクトとは，**社会福祉施設を新しく建設しようとする際に地域住民や地域社会が強く反対すること**をいう。施設コンフリクトの中で最も多いのは精神障害者施設へのコンフリクトであるとの指摘もある。

3　✕　トラウマは**心的外傷体験**と同義に扱われることが多く，「心が耐えられないほどの衝撃を受けたあとに，同様の恐怖や不快感が継続し，現在まで影響を及ぼし続ける状態」である。Dさんの体験はそのような衝撃を受け影響が続く種類のものではないため，トラウマ体験であるとはいえない。

4　✕　スティグマの語源は奴隷や犯罪者の身体に刻印された徴（しるし）であり，精神障害者に対する**差別や偏見**はその代表例といえる。Dさんの入院中の状態を指す言葉ではない。

5　✕　**頻回に入退院を繰り返す**回転ドア現象は，治療が不十分なまま退院せざるを得なかったという文脈で説明される例が多く見受けられるが，一方で社会の受け皿等が整っていないために起き得る課題でもあることを留意したい。Dさんの入院中の状態を表す言葉ではない。

解答 ①

問題 22 精神保健福祉の原理

次の記述のうち,「精神保健福祉法」に定められている精神障害者の家族の権利・義務として,正しいものを1つ選びなさい。

1 精神障害者に医療を受けさせるに当たって,医師の指示に従う。
2 精神障害者が自身を傷つけ又は他人に害を及ぼさないように監督する。
3 精神障害者の財産上の利益を保護する。
4 都道府県知事に退院請求の申立てができる。
5 回復した措置入院者等を引き取る。

Point 精神保健福祉法における家族等の立場について問う問題である。1999年（平成11年）改正で保護者の自傷他害防止監督義務が削除され，2013年（平成25年）の改正では，保護者制度自体が廃止された。保護者の義務規定・権利規定のうち，義務規定はなくなり，権利規定として退院請求権のみが存置された。また「家族等」を「精神障害者の配偶者，親権を行う者，扶養義務者及び後見人又は保佐人をいう」と規定し，かかわりにおける優先順位を問わなくなった。この改正の背景に，保護者制度において一人の保護者にさまざまな法律上の義務が課せられていたことの負担の大きさや，本人と保護者の間にもさまざまな関係があり，必ずしも保護者が本人の利益保護を行えるかわからないこと，保護者制度創設時と比較して，社会環境（精神科医療体制の充実等）や家族関係（高齢化の進行等）が変化していることに対応しているのかという疑問などの課題意識があったことを踏まえる必要がある。

1 ✗ 保護者制度廃止前の精神保健福祉法においては，保護者に対して，任意入院者及び通院患者を除く精神障害者に医療を受けさせるに当たって医師の指示に従うことが義務として課せられていた。**保護者制度の廃止に伴い，この規定は削除されているため誤りである。**

2 ✗ **保護者への自傷他害防止監督義務は1999年（平成11年）の改正で削除されている**。背景に「そもそも精神障害者の自傷他害について予測することは，専門の精神科医師でも困難であるといわれており，また，保護者といえども精神障害者を保護拘束することは禁じられていることから，保護者が同義務を果たすためには，精神障害者に医療を受けさせることしか考えられない」「精神保健福祉法の性格を考えると，精神障害者に治療を受けさせるという保健医療に関する機能で十分」等の議論があったことが，厚生労働省の資料で示されている。この時点ではまだ精神障害者に治療を受けさせることが保護者に義務づけられていた。

3 ✗ 本人と保護者の間にもさまざまな関係があり，必ずしも保護者が本人の利益保護を行えるかわからないことから，**2013年（平成25年）の法改正による保護者制度の廃止に伴い，精神障害者の財産上の利益の保護に関する規定は削除されている。**

4 ◯ 退院請求権は保護者制度廃止の際に唯一残った権利規定である。現行の法第38条の4には「精神科病院に入院中の者又はその家族等〔中略〕は，厚生労働省令で定めるところにより，都道府県知事に対し，その者を退院させ，又は精神科病院の管理者に対し，その者を退院させることを命じ，若しくはその者の処遇の改善のために必要な措置を採ることを命じることを求めることができる」と規定されている。

5 ✗ かつての法第41条に規定されていた**回復した措置入院者等を引き取る義務は2013年（平成25年）の改正によって削除**され，医療保護入院者に対して精神科病院の管理者に，退院後生活環境相談員の設置や地域援助事業者との連携，退院促進のための体制整備が義務づけられた。さらに2022年（令和4年）改正では措置入院者に対しても退院後生活環境相談員の選任が義務化され，努力義務規定であった地域援助事業者の紹介についても措置入院・医療保護入院のどちらの場合においても義務規定となった。

解答 **4**

問題 23 精神保健福祉の原理

次の記述のうち，精神保健福祉士法成立の社会的背景として，**適切なもの**を1つ選びなさい。

1 年間自殺者が3万人を超え続け，国民のメンタルヘルスが社会問題化した。
2 頻発する自然災害に対し，災害派遣精神医療チーム（DPAT）の必要性が高まった。
3 諸外国と比べて精神科の入院医療を受けている者の割合が高く，入院期間も長期にわたっていた。
4 「障害者権利条約」を批准するため，国内法の整備が急がれた。
5 「精神保健医療福祉の改革ビジョン」において，「入院医療中心から地域生活中心へ」が示された。
（注）「障害者権利条約」とは，「障害者の権利に関する条約」のことである。

Point 1997年（平成9年）に精神保健福祉士法が成立に至った社会的背景の理解が問われている。精神保健福祉士の社会的使命である，精神科病院の長期入院や社会的入院の解消へ向けた現状把握や課題について，基本的な理解が求められる。

1 ✕ 日本で年間の自殺者が3万人を超えていた状況に対応するため，**2006年（平成18年）に自殺対策基本法が制定・施行された**。本法は2016年（平成28年）に改正され，誰も自殺に追い込まれることのない社会の実現を目指した自殺防止施策の総合的な推進を目的とし，都道府県並びに市町村における自殺対策計画の策定が義務づけられた。また，政府が推進すべき自殺対策の指針として，自殺総合対策大綱の見直しがおおむね5年に一度行われており，2022年（令和4年）に「自殺総合対策大綱～誰も自殺に追い込まれることのない社会の実現を目指して～」が閣議決定された。

2 ✕ 2011年（平成23年）の東日本大震災の際の課題をきっかけに，厚生労働省は**2013年（平成25年）4月に災害派遣精神医療チーム（Disaster Psychiatric Assistance Team：DPAT）を設立した**。DPATは，自然・集団災害が発生した場合に，被災地域の精神保健医療ニーズの把握や関係機関等とのマネジメントなど，専門性の高い精神科医療の提供を行う支援チームである。都道府県及び指定都市によって組織され，専門的な研修や訓練を受けた精神保健福祉士や精神科医，看護師等で構成される。

3 ○ **日本では，精神科病院における長期入院や社会的入院の状況が長年続き，先進諸国の中で制度的に著しく立ち遅れた状況がある。このような状況に対応するため，精神保健福祉士は国家資格化された**。1997年（平成9年）に制定された精神保健福祉士法によって，精神科ソーシャルワーカー（Psychiatric Social Worker：PSW）の国家資格である精神保健福祉士が誕生した。

4 ✕ 日本は**2014年1月に「障害者権利条約」を批准した**。本条約は2006年12月に国連総会で採択され，障害者の人権及び基本的自由の享有を確保し，障害者の固有の尊厳の尊重を促進することを目的として，障害者の権利の実現のため，障害に関するあらゆる差別を禁止するとともに必要な配慮の提供を求めている。日本は2007年9月に署名したが，批准に必要な国内法の整備に5年以上の月日を有した。

5 ✕ 厚生労働省は**2004年（平成16年）9月に「精神保健医療福祉の改革ビジョン」を示し，「入院医療中心から地域生活中心へ」という基本方策を推進**するために，今後の10年間で，国民の意識変革や立ち遅れた精神保健医療福祉体系の再編と基盤強化を進めるとした。併せて約7万人と推計された社会的入院者（受入条件が整えば退院可能な者）の解消を図るとした。

解答 ③

問題 24 精神保健福祉の原理

次の記述のうち，精神保健福祉士法に規定される精神保健福祉士の義務として，**正しいものを2つ**選びなさい。

1 保健医療サービス，障害福祉サービス等の提供者と連携を保つ。
2 担当する利用者の立場に立って誠実に業務を行う。
3 資質向上のため，厚生労働省令で定める研修を受講する。
4 職を辞した後の秘密保持義務は，10年で解除される。
5 業務を行うに当たっては，主治医の指示を受ける。

> **Point** 精神保健福祉士法における精神保健福祉士の義務規定に関する問題である。法成立当初から規定される義務のほか，2010年（平成22年）の改正によって，新たに「誠実義務（同法第38条の2）」と「資質向上の責務（同法第41条2項）」が追加されている。

1 ○ 精神保健福祉士法第41条では「連携等」として，利用者に対する保健医療サービスや障害者総合支援法に基づく障害福祉サービス，地域相談支援等が総合的かつ適切に提供されるよう，**サービス提供者や関係者等との連携を保たなければならない**と規定されている。

2 ○ 精神保健福祉士法第38条の2では「誠実義務」として，「**その担当する者が個人の尊厳を保持し，自立した生活を営むことができるよう，常にその者の立場に立って，誠実にその業務を行わなければならない**」と規定されている。精神保健福祉士にはクライエントのエンパワメントや権利擁護が求められる。

3 × 精神保健福祉士法第41条の2では「資質向上の責務」として，「精神保健福祉士は，精神保健及び精神障害者の福祉を取り巻く環境の変化による業務の内容の変化に適応するため，相談援助に関する知識及び技能の向上に努めなければならない」と規定されている。資質向上の取り組みとして，公益社団法人日本精神保健福祉士協会でも生涯研修制度等を確立しているが，**厚生労働省令で定める研修の受講義務はない**。

4 × 精神保健福祉士法第40条では「秘密保持義務」として，「精神保健福祉士は，正当な理由がなく，その業務に関して知り得た人の秘密を漏らしてはならない。精神保健福祉士でなくなった後においても，同様とする」と規定されている。つまり，**職を辞した後も秘密保持義務は期限なく継続する**。

5 × 精神保健福祉士法第41条では「連携等」として，「精神保健福祉士は，その業務を行うに当たって精神障害者に主治の医師があるときは，その指導を受けなければならない」と規定されている。**主治医の指示ではなく，「指導」**であることに留意する必要がある。指導は指示ほどの拘束力はなく，精神保健福祉士の裁量権がある。

解答 **1 2**

事例問題 精神保健福祉の原理

次の事例を読んで，問題25から問題27までについて答えなさい。

〔事　例〕

　会社を定年退職したＡさん（60代後半）は，昨年妻を事故で亡くし，一人息子（30代）と二人で暮らしている。息子は仕事でのトラブル等が重なり，自宅にひきこもって3年になる。Ａさんは息子を一度強く叱責し拒絶されてからは話し掛けることもできなくなり，息子を心配しながら一人で家事を担い，日々を過ごしていた。最近Ａさんは生活の中で年齢を感じることが増え，自分に何かあったら息子はどうなるだろうとの思いから，県のホームページで見付けたひきこもり地域支援センター（以下「センター」という。）に電話をかけた。息子とうまく関係を築けず拒絶されているように感じること，3年もひきこもっている息子の将来についての心配などをＡさんはしっかりした口調で話した。電話を受けたＢ精神保健福祉士はその話を傾聴し，Ａさんをねぎらい，センターとして関わりたいことを伝え，情報を整理した。

（ 問題25 ）

　センターの対応に安堵したＡさんは，Ｂ精神保健福祉士とであれば息子のことについて進展を得られるように感じ，時折センターに出向くようになった。そのうちＡさんは，いつまでこの状態が続くのか，自分の息子だけなぜこうなのかなど，悩みを具体的に語るようになった。そこでＢ精神保健福祉士は，センターで行われている「ひきこもり家族の会」（以下「家族会」という。）への参加をＡさんに勧めた。

（ 問題26 ）

　家族会に参加したＡさんは，そこでの学びからセンターに行った感想を添えたメッセージや「名刺の人が話をしてみたいそうだ」とＢ精神保健福祉士の名刺を添えたセンターのチラシを台所のテーブルに置くようになった。息子はそれらを夜中に台所で読んでいるようだった。

　ある日，Ｂ精神保健福祉士のところに電話がかかってきた。Ｂ精神保健福祉士は，その名前からＡさんの息子からであることに気付いた。Ａさんの息子は，仕事も続かず，職場でも家でも誰ともうまくやれないこと，学生時代もそうだったことなどを語った。（ 問題27 ）

> **問題 25** 精神保健福祉の原理
>
> 次のうち、この電話相談においてB精神保健福祉士が優先的に評価すべきこととして、**適切なもの**を1つ選びなさい。
> 1　息子の精神的健康
> 2　息子の就労能力
> 3　現在の経済状況
> 4　Aさんの家事負担
> 5　Aさんの現在の発達課題

> **Point**　ひきこもり地域支援センターのB精神保健福祉士が、最初の電話相談において優先して評価すべき内容に関する問題である。相談者であるAさんは、ひきこもりの状況が続いている息子の将来を憂い、当センターに電話をかけている。この段階でアセスメントすべき事項の理解が問われている。

1　○　最初の電話相談では、**スクリーニングとして、相談者である父親と同時に、今後、支援対象になると考えられる息子の生活状況を確認した上で、支援の緊急性や複雑性などを評価し、センターでの支援の必要性や妥当性を判断する必要がある**。電話口で父親の悩ましい状況が告げられており、その思いに寄り添う姿勢は大切だが、3年間ひきこもっている息子の状態が実際はどうなのかという事実を冷静に、かつ優先的に評価することが精神保健福祉士のかかわりとして適切である。

2　×　Aさんによる最初の電話相談では、まずAさんの主訴や息子の生活状況の把握が求められる。現段階では、**息子の就労ニーズは読み取れず、就労能力について評価することは時期尚早**と考えられる。

3　×　Aさんによる最初の電話相談では、**現在の経済状況を把握する必要性があるかどうかも含めて、Aさんの主訴や息子の生活状況を聴く姿勢**が重要である。また、初回の電話で個人の経済状況を聴くことは、秘密保持や礼節・マナーの観点からも望ましいとはいえず、信頼関係の構築に影響を及ぼすことが懸念される。

4　×　父親であるAさんはひきこもりの息子を心配しながら、親子関係に悩み、一人で家事を担う生活の中で年齢を感じることも増えている。**Aさんの家事負担を評価することも必要だが、Aさんは息子を心配して電話相談をしているため、今後、支援対象になると考えられる息子の生活状況を最優先に把握することが重要**である。

5　×　**父親であるAさんではなく、3年ほどひきこもっている息子の発達課題は今後評価する必要がある**。しかし、現段階では電話の相談者であるAさんの主訴や生活状況を把握し、今後の支援を検討する必要がある。

解答　**1**

問題 26	精神保健福祉の原理

次の記述のうち，この時点でＢ精神保健福祉士がＡさんに参加を勧めた理由として，**最も適切な**ものを１つ選びなさい。

1　体験を共有する場を提供するため。
2　グリーフケアのため。
3　若者支援の社会活動に参加してもらうため。
4　コミュニケーション能力を高めるため。
5　家族会のファシリテーターになってもらうため。

Point　センターのＢ精神保健福祉士が，息子についての悩みを具体的に語るようになったＡさんに，家族会への参加を勧めた理由について問われている。家族会は同様の境遇にある家族のピアサポートグループであり，家族相互のエンパワメントが期待される。

1　○　Ａさんは「いつまでこの状態が続くのか，自分の息子だけなぜこうなのか」と具体的な悩みを語っている。そのような悩みを抱くＡさんが家族会に参加することで，家族同士の体験的知識を共有し，悩みや孤立感の軽減とともに，今後の希望につながっていくと期待される。

2　×　グリーフケアとは，大切な人の他界などによる喪失感や悲嘆を抱える人に対して，その想いに寄り添って回復や成長を支援する活動である。家族会は，家族が孤立と不安を解消し，安心感や希望を取り戻すことを目的とする。Ａさんは妻の死を悲しんでいると想像されるが，事例では息子の状況に対する悩みを語っており，適切とはいえない。

3　×　家族会は，家族が孤立と不安を解消し，安心感や希望を取り戻すことを目的とする。そのために，ひきこもりについてや子どもとのかかわり方を学び，体験的知識を共有し，自尊心の回復や成長を目指していく。

4　×　Ａさんは「いつまでこの状態が続くのか，自分の息子だけなぜこうなのか」と具体的な悩みを語っている。Ｂ精神保健福祉士はその思いに対して，家族会への参加を勧めている。したがって，Ａさんの孤立感を軽減し，一人で課題を抱え込まなくても済むように，家族同士のつながりを構築できることを意図したと考えられるため，適切とはいえない。

5　×　Ａさんに対しては，いずれ他の家族を支える担い手としての役割も期待されるが，今はＡさん自身が息子のことで悩みを抱えている状況である。Ａさんが家族会に参加することで，孤立感の軽減や今後の希望を取り戻せるよう，家族相互のサポートが期待される。

解答 **1**

| 問題 27 | 精神保健福祉の原理 | ☑ ☑ ☑ |

次の記述のうち，この段階でB精神保健福祉士が考えた関わりの内容として，**適切なものを1つ**選びなさい。

1　ひきこもり対応として，外出する場面を設定する。
2　社会的な役割を得るために，当事者の会の立ち上げを促す。
3　就労支援を始めるために，職業評価を受けるよう提案する。
4　父親に自分の気持ちを伝えるために，社会生活技能訓練（SST）を行う。
5　支援者として関係を築くために，無知の姿勢をとる。

> 🔦 **Point**　センターのB精神保健福祉士が，Aさんの息子から電話相談を受けた際の関わりとして，適切な内容が問われている。

1　✕　Aさんの息子は，B精神保健福祉士に対して，「仕事も続かず，職場でも家でも誰ともうまくやれない」などの悩みを語っている。したがって，現段階ではAさんの息子にどのような生活の希望があるのかを理解する必要がある。外出の提案は時期尚早であり，**勇気を振り絞って電話をかけたAさんの息子の気持ちを汲み取る関わり**が求められる。

2　✕　Aさんの息子は，夜中にB精神保健福祉士の名刺を添えたチラシを読んで，センターに電話をかけてきている。この状況から，本人なりにこの状況をどうにかしたいという思いが読み取れる。現段階でAさんの息子が社会的な役割を必要としているかも含めて，まずは**電話をかけてきた思いを傾聴し受容する姿勢**が求められる。

3　✕　Aさんの息子は，「仕事も続かず，職場でも家でも誰ともうまくやれないこと，学生時代もそうだったこと」を語っている。現段階では**息子の就労ニーズは読み取れないため，「うまくやれない」と語る思いの背景を受け止め，主訴を傾聴する姿勢**が求められる。

4　✕　Aさんの息子は「仕事も続かず，職場でも家でも誰ともうまくやれないこと，学生時代もそうだったこと」を語っているが，**現段階で父親との関係性に対するニーズは読み取れない**。まずはAさんの息子の言葉の裏側にある背景を理解し，受容・共感する姿勢が求められる。

5　⭕　B精神保健福祉士の名刺を添えたセンターのチラシを読んで，Aさんの息子は電話をかけてきている。こうした本人なりに何とかしたいという**思いを受け止めながら，本人に教えてもらうという無知の姿勢をとり**，信頼関係（ラポール）を築くための関わりを意識することが重要である。

解答　**5**

ソーシャルワークの理論と方法（専門）

●第 27 回試験問題の特徴

　新カリキュラムにおいて再構成された科目であり，旧カリキュラムでは「精神保健福祉の理論と相談援助の展開」に相当する内容である。出題数は 9 問である。通常問題が 5 問，短文事例問題が 1 問，長文事例問題が 1 題（3 問で構成）であった。

　全体の出題傾向として，大項目「1　精神保健福祉分野におけるソーシャルワークの概要」「2　精神保健福祉分野におけるソーシャルワークの過程」「7　個別支援からソーシャルアクションへの展開」からの出題が多く，特に大項目 1・2 に属する中項目の内容（ソーシャルワークの展開過程，精神保健福祉分野のソーシャルワークの基本的視点，援助関係の形成技法や面接技術とその応用など）については網羅的に知識を習得しておくことが必要であった。さらに，知識として重要な用語を暗記しているだけでは解けない問題も多く，その用語の意味を精神保健福祉士の実践（行動，取り組み）として表現した場合にどの選択肢が適切なのかを問う問題の出題傾向が強まったといえる。また，長文事例問題においても，ソーシャルワークの展開過程を意識しつつ，ソーシャルワークの基本的視点や各種の技法，精神障害リハビリテーション論や精神保健福祉制度論の知識も加味して統合的な理解を問う内容であったといえる。一方で，新出題基準の大項目「5　ソーシャルアドミニストレーションの展開方法」については今回は出題されなかった。

●受験対策のポイント

　先述したように，この科目ではほかの科目の知識も統合しながらクライエントのニーズに合わせた技法やアプローチに関する理解を深めることが必要である。まずは，本書や『精神保健福祉士国家試験受験ワークブック 2025 専門科目』（中央法規出版）などで基本的な知識を押さえた上で，『精神保健福祉士国家試験模擬問題集 2025』（中央法規出版）などを活用しながらとにかく多くの問題に触れ，知識を統合して解答を導くトレーニングを重ねるとよい。精神障害者施策は「精神障害にも対応した地域包括ケアシステム」がまさに進められていることから地域移行支援や地域定着支援，多職種連携・多機関連携，コミュニティワーク，ソーシャルアクションに関する知識はより重点的に学習することが望まれる。

　また，長文事例問題や精神保健福祉士の実践として適切なものを選択する問題への対応として，教科書や「精神保健福祉士業務指針 第 3 版」に掲載されている事例集などを読み，ソーシャルワークの価値・理念・視点と実践とのつながりについて事例を通して理解することが重要であろう。

| 問題 28 | ソーシャルワークの理論と方法（専門） | ✓ ✓ ✓ |

　　地域活動支援センターで精神保健福祉士の実習を行っている学生Ａさんは，利用者Ｂさんとの関係形成を進めている。Ｂさんから「友人ができなくて寂しい」と聞き，自分もそのような経験があって悩んだことを自己開示した。その日の実習を終え，帰り支度をしていると，Ｂさんから声を掛けられ「私と似たような経験をしているＡさんなら，私のことを分かってくれる。友達になってほしい」と言われた。Ａさんはβさんから信頼されているのだと思い「実習中ならいいですよ」と答えた。次の日，Ｂさんから「今日から友達ね」と声を掛けられた。Ａさんは昨日の対応で良かったのか心配になり，実習指導者のＣ精神保健福祉士に相談すると「専門的援助関係について，改めて考えていきましょう」と指導を受けた。

　　次のうち，Ｃ精神保健福祉士がＡさんに指導した内容として，**適切なもの**を１つ選びなさい。

1　パターナリズム
2　非審判的態度
3　バウンダリー
4　ナチュラルサポート
5　役割拘束

> 💡 **Point** 実習生と実習先の利用者との適切な距離，関係を問う問題である。バイステックの７原則のとおり，援助関係はクライエントとソーシャルワーカーの間の相互作用によって構築されていく。実習中は少しでも利用者を理解したい気持ちが強く，立場や役割の認識があいまいになることがある。この問題ではソーシャルワーカーや非専門職とクライエントの関係についての理論や原則，かかわりの知識が求められる。

1　✕　パターナリズムは，**父権主義のこと**である。精神障害者支援の現場においては，精神障害があることによって本人が不利益を被ることになるのではないかという支援者側の理由から，十分な情報や説明が提供されないまま，支援者が選んだ方法や選択肢を本人に押しつけるパターナリスティックな対応が起こりがちである。本事例では，**ＡさんがＢさんの代わりに何かをしようとしたり，強く勧めるといった記述はみられず**，Ｃ精神保健福祉士から指導を受ける内容として適切ではない。

2　✕　非審判的態度は，バイステックの７原則のうちの一つであり，**ソーシャルワーカーはクライエントの言動やクライエントが抱く感情等に対して一方的に非難しない**というものである。ソーシャルワーカーは，クライエントの言動等をありのまま受け入れ，その背景を理解することを心がける。本事例では，**Ｂさんの言動や感情に対してＡさんが一方的に非難することはしていない**。よって，Ｃ精神保健福祉士から指導を受ける内容として適切ではない。

3　○　バウンダリーは，**自分と他者との境界線**のことを指し，特に対人援助の現場においてはバウンダリーを保つことの難しさがある。バウンダリーがあいまいになることによりソーシャルワーカーとクライエントが共依存関係に陥ったり，クライエントの力を削いでしまう可能性があり，実習でも同様である。よって，Ｃ精神保健福祉士から指導を受ける内容として適切である。

4　✕　障害のある人が仕事をする職場において，**障害のある人が仕事を続けるために必要な援助を，職場の一般従業員が自然に，若しくは計画的に提供することをナチュラルサポート**という。精神障害者の就労については，ナチュラルサポートが適切に提供されるかどうかが職場定着のカギとなる。本事例は地域活動支援センターにおける実習事例であり，Ｃ精神保健福祉士から指導を受ける内容として適切ではない。

5　✕　役割拘束は，「**個人が，社会的役割の不本意な担い手となっている状況であり，役割に囚われた身となっていることを示す概念**」である。本事例では，Ａさんは実習生としてＢさんと関係形成を進めている。実習生としての倫理を守らなければならないのは当然であるが，実習はＡさんの意思で取り組んでいることを考えると，ＡさんがＢさんの不本意なケアの担い手とはいえない。したがって，選択肢は適切ではない。

解答 **3**

問題 29	ソーシャルワークの理論と方法（専門）

次の記述のうち，精神保健福祉士が面接で用いる「感情の反映」の説明として，**正しいものを1つ選びなさい。**

1　クライエントの表現をそのまま繰り返す。
2　クライエントの話に込められている気持ちを言語化する。
3　クライエントが話したことをまとめてフィードバックする。
4　クライエントの感情を尊重し認める。
5　クライエントの思いと行動のずれを明らかにする。

Point 精神保健福祉士はクライエントとの面談の中でさまざまな面接技法を用いる。あいづちやうなずき，アイコンタクトなどのかかわり技法や質問技法，要約技法などを活用しながら面談を深めていく。これらの技法は，アイビイ（Ivey, A. E.）らによってマイクロカウンセリングとして定着している。問題は精神保健福祉士が用いるこれらの面接技法のうち，「感情の反映」について正しい説明を求めるものであり，ほかの面接技法との違いを理解しておく必要がある。

1　✕　選択肢は**「繰り返し」の説明**である。面接において，クライエントが語った言葉をそっくりそのまま繰り返してクライエントに返すことがある。たとえば，「元気でよかった」と言ったクライエントの言葉を「元気でよかったです」とそのまま返すものである。このように，**クライエントの言葉をオウム返しにすること**により聞き手側の解釈が入らないため，クライエントの意図を正しく捉えることができ，クライエントに聞き手が共感しているというメッセージも伝えることができる。

2　◯　選択肢は**「感情の反映」の説明**である。面接の中でクライエントからさまざまな感情の吐露があったり，クライエントの抱く感情を精神保健福祉士が受けとめることがある。この場合，精神保健福祉士はクライエントの感情を受けとめたということを伝えると同時に，理解したクライエントの感情が正しいかどうかも確認しつつ面談を進める必要があり，**クライエントの感情に焦点を当て，クライエントが納得する言葉で精神保健福祉士が感情を表現する。**たとえば「元気でよかった」というクライエントの言葉を「安心しましたね」等と返す。これを感情の反映という。よって，選択肢は正しい。

3　✕　選択肢は**「要約技法」や「言い換え」の説明**である。クライエントが自分の置かれている状況や感情，又は困難を感じていること等についてスムーズに話すことができなかったり，話の途中で別の話になってしまうことがある。クライエントが言語化できるほど感情の整理ができていない，課題が多数からみあっていることなどの表れである。精神保健福祉士はクライエントの話を整理し，**解釈や要約を加えてクライエントに返し，事実を確認**しながら面談を進めていく。

4　✕　選択肢は**「受容」の説明**である。面接でクライエントの話を聴く中でクライエントから伝えられる感情の中には，ソーシャルワーカーにとって理解しがたい感情や自らの価値観に照らして逸脱した感情が含まれることもある。しかし，ソーシャルワーカーは**クライエントの感情を否定したり評価したりせずに，ありのまま受けとめること**が必要である。

5　✕　選択肢は**「対決」の説明**である。**クライエントがクライエントの内面の矛盾に気がつくことや矛盾と直面できるように促すことを対決**という。ソーシャルワーカーがクライエントにかかわる中で，クライエントの抱える矛盾に気がつくことがある。たとえば，クライエントが表現する言葉の中での矛盾，言葉と行動の矛盾，言語的表現と非言語的表現の矛盾，言葉と状況の矛盾などである。ソーシャルワーカーはこのような矛盾に気がついたとき，クライエントに対してそれを適切に，かつ慎重に伝えることが求められる。

解答 2

問題30 ソーシャルワークの理論と方法（専門）

次の記述のうち，離転職を繰り返す精神障害者に対して精神保健福祉士が行うナラティブアプローチとして，**適切なもの**を1つ選びなさい。
1 クライエント自身の職場適応の課題を細分化し整理して，短期集中で解決を図る。
2 クライエントの語りから，問題となった出来事と本人を切り離す。
3 クライエントの離転職にまつわる思い込みのストーリーにある誤りを指摘する。
4 クライエントとの対話を通して離転職要因を1つに特定する。
5 離転職した経緯の語りから，成長を促すために機関で可能な支援の展開を図式化する。

> **Point** 精神保健福祉士が用いるソーシャルワークの理論と実践のためのアプローチは数多くある。心理社会的アプローチや危機介入アプローチ，課題中心アプローチなどがあり，出題のナラティブアプローチもその一つである。この問題では，ナラティブアプローチについてその特色を理解するとともに，ほかのアプローチの特色と違いも理解していることが求められる。

1 ✕ 選択肢は**課題中心アプローチ**である。課題中心アプローチは，クライエントの課題を解決するため，**具体的な課題に焦点を当て，課題を明確にして分類し**，課題に優先順位をつけて解決すべき課題を絞り込み，クライエントとソーシャルワーカーの共同作業によって課題が遂行される。**支援は短期間で行われるように計画**される。

2 ○ ナラティブアプローチは，社会によって構成された産物であるのが現実であるという社会構成主義の考え方を基盤としたアプローチである。ホワイト（White, M.）とエプストン（Epston, D.）によって提唱された。クライエントの主観的で，否定的に捉えた「ドミナントストーリー」を，**ソーシャルワーカーとの対話を通して，問題を外在化させ，肯定的な「オルタナティブストーリー」**をつくることによって人生を再構築することを目指す。よって，選択肢は適切である。

3 ✕ 選択肢の説明はナラティブアプローチの一部であるように読み取ることができる。ナラティブアプローチは，クライエントが自分の人生を否定的に捉えて，それを変えられないものと思い込んでいる**ドミナントストーリーの誤りをクライエントに気づかせ，解決していくプロセス（方法）**である。しかし，ナラティブアプローチはクライエントのストーリーの誤りを指摘するだけでは終わらず，ソーシャルワーカーはクライエントとともに新しいストーリー（オルタナティブストーリー）をつくっていく。よって，選択肢は適切ではない。

4 ✕ クライエントの離転職要因を1つに特定することから，**問題解決アプローチ**についての記述であると考えられる。問題解決アプローチは，パールマン（Perlman, H. H.）による実践的研究から生み出されたものである。クライエントの抱える課題を明確化してクライエントとソーシャルワーカーの間で共有し，クライエントが主体的に問題解決できるよう支援する。その過程では，**課題の特定部分を焦点化し，問題を切り分ける**ことによって解決のために取り組むプロセスが必要であるという考え方をもつ。

5 ✕ 機関における可能な支援の展開を示すという観点から，**機能的アプローチ**についての説明であると考えられる。機能的アプローチは，意志心理学の理論をもとにタフト（Taft, J.）やロビンソン（Robinson, V.）らが開発，スモーリー（Smalley, R.）が発展させたものである。ソーシャルワークにかかわる機関の機能とクライエントの課題に焦点を当てる。ソーシャルワーカーはクライエントに対し，**機関や専門職の役割機能を活用できるか否かを伝え，機関や専門職はクライエントの抱える課題を解決するために役立つ機能を提供するアプローチ**である。

解答 **2**

問題 31 ソーシャルワークの理論と方法（専門）

次の記述のうち，インターディシプリナリー・モデルによる支援として，**正しいものを2つ**選びなさい。

1 入院時カンファレンスで，医師の指導により精神保健福祉士が患者の家族関係を確認する。
2 精神科デイ・ケアで，看護師が運動プログラムを担当する。
3 包括型地域生活支援（ACT）チームで，作業療法士がクライエントの服薬状況を確認する。
4 多職種が対等な立場で参加する地域移行支援会議で，精神保健福祉士からクライエントが活用できる制度について述べる。
5 ケア会議で，就労支援及び医療機関スタッフがそれぞれ専門職の立場から意見を述べ合い支援方針を決める。

Point チームアプローチのモデルについて問う問題である。チームアプローチには，緊急時対応などの際の階層性のある「マルチディシプリナリー・モデル」，複数の複雑なニーズをもつクライエントに対して階層性をもたず相互連携する「インターディシプリナリー・モデル」，チーム内での役割が専門分野を超えて横断的に共有される「トランスディシプリナリー・モデル」がある。この問題では，場面や目的に応じた適切なモデルを理解しているかが問われている。

1 ✗ 急性期の入院時カンファレンスであれば，各専門職種が専門分野におけるアセスメントやケアを行うアプローチであるマルチディシプリナリー・モデルとも読み取れるが，**医師の指示ではなく指導と書かれている**ことから，精神保健福祉士法第41条第2項の「精神保健福祉士は，その業務を行うに当たって精神障害者に主治の医師があるときは，その指導を受けなければならない」の範疇であると考えられる。**インターディシプリナリー・モデルの説明ではないため**，選択肢は誤りである。

2 ✗ 精神科デイ・ケアでは多様なプログラムが実施されており，多職種がその運営に携わっている。多職種がプログラムに参画することにより，多面的に利用者をアセスメントすることができるメリットがある。看護師の視点からは身体，精神状態の把握や薬剤の影響を検討したり，服薬をサポートしたりすることが可能である。このように**専門職がその専門性を超えて役割が解放され，共有されるモデルはトランスディシプリナリー・モデル**であり，選択肢は誤りである。

3 ✗ ACTチームでは，重い精神障害がある人に対して，包括的な訪問型支援を提供する。多職種によるチームアプローチであること，アウトリーチ（訪問）を中心に支援を提供すること，24時間365日のサービスであることなどが特徴である。したがって，医師や看護師，薬剤師以外の職種がクライエントの服薬状況の確認を行うこともある。**意図的に専門分野を超えて役割が解放**されているものであり，選択肢は**トランスディシプリナリー・モデルについての説明**である。よって，選択肢は誤りである。

4 ○ インターディシプリナリー・モデルは，クライエントのもつ複数の複雑なニーズに対応するためにチームが一つの目標に対して相互連携して支援を進めるものである。**階層性がなく各職種の役割はおおむね固定されている**。多職種が参加する会議では，各専門職から情報共有や情報提供が行われる。選択肢では，多職種が対等な立場であること，精神保健福祉士が制度について説明をしていることから，**インターディシプリナリー・モデルについての説明**と理解できる。よって，選択肢は正しい。

5 ○ インターディシプリナリー・モデルは，複数の複雑なニーズがあるものの緊急性がない場合，また，直接人命にかかわることが少ない課題を達成するために，**各専門職が協働して果たすべき役割を分担**するモデルである。選択肢では，ケア会議において**それぞれの所属機関や専門職の立場から意見を述べ合っている**こと，それをもとに**チームで支援方針を決めている**ことが読み取れることから，**インターディシプリナリー・モデルについての説明**と理解できる。よって，選択肢は正しい。

解答 **4 5**

問題 32 ソーシャルワークの理論と方法（専門）

次の記述のうち，精神保健福祉士が行うコミュニティワークとして，**適切なもの**を **2つ**選びなさい。

1 住民が運営し，精神障害の有無にかかわらず集えるサロンの立ち上げを支援する。
2 精神科デイ・ケアでの話合いで，地域にある居場所の見学を企画する。
3 自治会と共に精神障害の理解に関する住民ヒアリングを行い，結果をまとめる。
4 障害福祉サービスの利用を希望する精神障害者のセルフプラン立案を支援する。
5 精神保健福祉ボランティアグループの定例会で，ファシリテーターを担う。

Point コミュニティワークの定義や原則に関する知識を踏まえた上で，コミュニティワークとして適切なものを選ぶ問題である。コミュニティワークは，地域で生じる社会福祉問題に対して，フォーマルなサービスやインフォーマルな資源等の有機的な連携を創出し，個々の利用者に提供する仕組みをつくる援助方法である。コミュニティワークの原則には，①当事者を含めた地域住民の主体的参加，②地域の個別化，③全体性の重視，④協働する過程の重視，⑤住民の人権の保護の五つがある。

1 ○ コミュニティワークでは，誰もが住みやすい環境をつくることが目指される。近年では地域住民同士の交流の場であるサロンの活動が注目されている。このような場づくりを**精神保健福祉士が側面的に支援しながら地域住民が主体的に立ち上げ，運営していくことはコミュニティワークの原則とも一致する**取り組みといえる。

2 × 精神科デイ・ケアは診療報酬制度に位置づけられ，**精神科へ通院している人を対象に再発防止と地域生活力の向上を目指すリハビリテーションの場**である。多職種チームがグループワークを用いてプログラムの運営を行う特徴がある。よって，選択肢はコミュニティワークとはいえない。

3 ○ 精神障害があっても，自分が希望する場所で自分らしい生活を送る権利を保障することは精神保健福祉士として重要である。しかし，精神障害に対する無理解から生じる地域トラブルも起こり得る。**自治会と協働しながら住民ヒアリングを行い，結果をまとめることにより，誰もが住みやすい環境を整えるための解決の糸口が見つかる。このような取り組みはコミュニティワークの原則とも一致する**。

4 × 障害者の日常生活及び社会生活を総合的に支援するための法律（障害者総合支援法）に位置づけられる障害福祉サービスを利用するためには，計画相談支援（指定特定相談支援事業所の相談支援専門員によるサービス等利用計画の作成）が必要となるが，精神障害者本人が希望して計画相談支援を利用せずに，セルフプランを作成することも可能である。**このセルフプランの作成を精神保健福祉士が支援し，サービスの利用調整を行うことはあるが，このような支援はケアマネジメントであり，コミュニティワークとはいえない**。

5 × ファシリテーターとは，ファシリテーションのスキルを用いて進行役を担う者のことである。**ファシリテーションとは，グループやチームによる活動が円滑に行われるように支援することであり，ファシリテーターは，中立的な立場でグループやチームのプロセスを管理し，活性化を図る**。よって，選択肢の取り組みはコミュニティワークとはいえない。

解答 **1 3**

問題 33 ソーシャルワークの理論と方法（専門）

次の記述のうち，精神保健福祉士が行うソーシャルアクションとして，**適切なものを1つ**選びなさい。

1 積極的に地域へ出向き，支援が必要なクライエントを発見する。
2 社会資源の開発のために，国や地方自治体に働きかける。
3 社会関係資本を形成するために，地域における人々の精神的な絆を強める。
4 クライエントの支援に関する助言を他の専門職に求める。
5 クライエントのニーズを充足するために，社会資源につなげる。

Point ソーシャルアクションの基本的視点や展開過程を理解した上で，ソーシャルアクションとして適切なものを選ぶ問題である。ソーシャルアクションとは，権利が侵害されている当事者の組織化を通じて，社会の権力構造を変革することを目的とするマクロソーシャルワークの一技術である。ソーシャルアクションの展開過程は，①多種多様な個別ニーズの把握，②法制度等の課題と地域ニーズの見える化，③関係機関等との連携・協働，④制度化やサービス改善・開発の交渉，⑤アクションの成果や課題の共有化である。

1 ✕ 選択肢は**アウトリーチの説明である**。アウトリーチとは，支援者が積極的に地域へ出向いて行き，支援が必要な対象者を発見し，対象者の生活状況やニーズ等の把握を行いながら，適切な社会資源に結びつけていく取り組みである。アウトリーチは，自ら援助を求めようとしないインボランタリーなクライエントに接近するために有効な方法である。

2 ◯ 精神保健福祉士は日々の実践（ミクロレベル）を通して多種多様な個別ニーズに触れる。**個別ニーズへの対応から明らかになる社会資源の不足などの地域・国レベルの課題に対して，協議会を活用したり，職能団体等を通じて課題解決のための働きかけを行うことは，ソーシャルアクションといえる。**

3 ✕ 選択肢は**ソーシャルキャピタルの説明である**。ソーシャルキャピタルとは，パットナム（Putnam, R. D.）が提唱した概念であり，社会関係資本と訳される。ネットワークという構造に，人々の信頼・共通する規範意識が蓄積されることによって，ネットワークに参加するメンバーが共通する利益を得ることができるという考え方である。

4 ✕ 選択肢は**コンサルテーションの説明である**。コンサルテーションとは，一般的に「他領域の専門家などから，援助に必要な専門的助言を受ける活動」といえる。そして，コンサルテーションを提供する側をコンサルタントといい，受ける側をコンサルティという。

5 ✕ 選択肢は**リンケージの説明である**。リンケージとは，クライエントのニーズを充足するために，本人の希望や必要に応じて適切な社会資源の情報提供を行い，社会資源と連絡をとったり，調整するなどして本人と社会資源をつなげる機能を指す。

解答 **2**

事例問題 ソーシャルワークの理論と方法 (専門)

次の事例を読んで, 問題34 から 問題36 までについて答えなさい。

〔事 例〕

Ａさん（53歳，男性）は，35歳の時「誰かが自分の悪口を言っている」と訴えたことから，両親に付き添われてＢ精神科病院を受診した。そこで統合失調症と診断され，１年間入院した。退院後は両親と暮らしながら治療を続けた。その間に父親が亡くなり，49歳の時に母親が認知症を発症し，Ａさんが母親の世話をすることになった。50歳の時にＡさんは介護のストレスから病状が悪化し「自分の悪口がテレビで流れている」と夜中に大声を出してテレビを自宅前に放り出し，近所を巻き込む騒ぎとなり，今回の入院となった。Ａさんの入院後，母親は民生委員から見守り支援を受けていたが，高齢者施設へ入所した。

入院から１年経過した後，病棟担当になったＣ精神保健福祉士は，前任者から「Ａさんは退院可能だが，退院に消極的」と引継ぎを受け，Ａさんと面談をした。Ａさんは「不都合なこともないし，このままでいい。自宅は誰も居ないし，一人暮らしは経験がないし，人と話すのは苦手だから無理」と話した。

（ 問題34 ）

Ｃ精神保健福祉士は，地域移行支援を利用して退院したＤさんをＡさんに紹介し，体験談を話してもらった。Ｄさんとの交流が半年ほど続き，Ａさんは「自分も退院できるかな」とＣ精神保健福祉士に話した。そこで，Ｃ精神保健福祉士はＡさんを地域移行支援の利用につなげ，指定一般相談支援事業所のＥ精神保健福祉士が支援を開始した。Ｅ精神保健福祉士は，初回面談でＡさんから退院への期待や不安などの揺れ動く気持ちを聞いた。それを踏まえ，Ａさんに対して支援を行った。（ 問題35 ）

ＡさんはＥ精神保健福祉士とグループホームを見学したが，ほかの入居者との交流に負担を感じたため，自宅への退院も考え始めた。Ｅ精神保健福祉士と共に数度自宅へ外出をした後，１人で外泊した。外泊後，Ｅ精神保健福祉士と面談したＡさんは「家の中は何とかなるかもしれない。でも，近所に迷惑を掛けたので，近所の目が怖い。本当は買物にも行きたいのだけど」と話した。（ 問題36 ）

その後，Ａさんは退院し，障害福祉サービスを利用して一人暮らしを続けている。

| 問題 34 | ソーシャルワークの理論と方法（専門） |

次の記述のうち，この時にＣ精神保健福祉士がＡさんに返した言葉として，**適切なもの**を1つ選びなさい。

1 「不都合がないなら，今のままでも悪くはないですね」
2 「では，退院先をグループホームにしましょう」
3 「退院後の生活を考えると，不安を感じるのですね」
4 「まだ50代だから，退院を諦めてはいけませんよ」
5 「退院して，あなたはどこで誰と暮らしていますか」

Point Ａさんの地域移行支援に関する事例問題である。この問題を解くためには，ソーシャルワークの展開過程やソーシャルワークの基本的視点，援助関係の形成技法等についての理解が必要である。ソーシャルワークの展開過程は，①ケース発見②インテーク③アセスメント④プランニング⑤支援の実施（インターベンション）⑥モニタリング⑦事後評価（エバリュエーション）⑧支援の終結⑨アフターケアである。この場面は，Ｃ精神保健福祉士が初めてＡさんと出会う場面であり，ソーシャルワークの展開過程では，ケース発見からインテークに相当する。この段階は，ソーシャルワークの導入時期にあたり，クライエントと精神保健福祉士の関係形成が重要となるほか，クライエントの主訴，ニーズを把握していくためのかかわりが求められる。

1 ✕ 精神保健福祉士がクライエントの主訴，ニーズを理解するためには，人と環境の相互作用の視点からクライエントの言動，状況を捉えることが求められる。**なぜＡさんが「このままでいい」と発言したのか，その発言の意味をＡさんのこれまでの人生や取り巻く環境との相互作用の影響を踏まえて理解しようとする姿勢が必要である。**よってこの選択肢は適切ではない。

2 ✕ Ａさんは一人暮らしの経験がない等の発言をしているが，この時点ではＡさんの発言の意味，主訴が明らかになっているとはいえない。Ｃ精神保健福祉士と出会ったばかりであり，**まずは安心して話をしてもらうための関係形成や発言の意味を理解することが重要であり，グループホームのような社会資源について提案するのは尚早である。**よってこの選択肢は適切ではない。

3 ○ ソーシャルワークの導入時期では，**傾聴や共感，受容といった援助関係の形成に必要な知識や技術に基づくかかわりが求められる。**Ａさんの「このままでいい」といった発言をそのままの意味で理解するのではなく，その発言に至った背景を理解した上でＡさんの不安に共感することは精神保健福祉士の対応として適切である。

4 ✕ この場面におけるＡさんの発言の意味を退院へのあきらめと捉えるのではなく，**なぜこのような発言に至ったのか，その背景を人と環境の相互作用の視点から理解しようとする姿勢が精神保健福祉士には求められる。**よってこの選択肢は適切ではない。

5 ✕ 選択肢2のとおり，この場面はＣ精神保健福祉士とＡさんとの出会いの場面であり，いま目の前にいるＡさんとかかわりながら関係を深めていく段階である。そして**Ａさんの発言からも現時点ではこれからの生活について具体的なイメージをもつことが難しい状況といえる。**よってこの選択肢は適切ではない。

解答 3

| 問題 35 | ソーシャルワークの理論と方法（専門） | |

次の記述のうち，E精神保健福祉士がAさんに行った支援として，**適切なもの**を１つ選びなさい。
1 退院した患者の定期的な集いに同行した。
2 精神障害者保健福祉手帳の取得を提案した。
3 宿泊型自立訓練の体験を調整した。
4 今回の入院の初期支援が適切に行われていたか評価した。
5 生活福祉資金貸付制度について説明した。

> **Point** この場面は，ソーシャルワークの展開過程では支援の実施（インターベンション）にあたる。クライエントの主訴，ニーズに応じてクライエント本人や取り巻く環境に働きかける段階である。近年，長期入院者の地域移行支援においては，病院と地域の関係機関が連携したり，ピアサポーターを活用した取り組みなどが行われている。こうした取り組みの特徴を理解しつつ，本設問ではAさんの状況を踏まえた適切な支援方法を選択する力が求められている。

1 ○ Aさんのように退院への不安を抱えているクライエントには，精神疾患がありながらも地域で暮らしている当事者の体験談が有効とされている。本事例では，AさんがDさんとの交流を通じて少しずつ気持ちに変化が生じていることが読み取れる。退院への期待と不安の揺れ動く気持ちを抱えるAさんが，**退院して地域で暮らす当事者の集いに参加することは，身近なロールモデルを知ることにつながり，退院へのモチベーションの向上や不安の解消に役立つといえる。**

2 ✕ この場面では，Aさんの退院への期待と不安の揺れ動く気持ちに対して効果的な支援を行う必要がある。精神障害者保健福祉手帳を取得することで，生活保護の障害者加算や公共交通機関の運賃割引など，生活に役立つ支援を受けることができるため，今後取得について提案することも考えられるが，**この場面ではAさんの退院への不安を解消するために当事者との交流を促すことが優先される。**

3 ✕ 宿泊型自立訓練とは，障害者の日常生活及び社会生活を総合的に支援するための法律（障害者総合支援法）に位置づけられる障害福祉サービス（訓練等給付）である。地域移行に向けて居住の場を提供し，生活能力等の維持・向上のための訓練その他の支援を行うサービスである。**この場面では，Aさんがまだ退院について気持ちが揺れ動いている状況であり，このサービスを導入するには時期尚早といえる。**

4 ✕ 一連の支援が終結した際に，実施したソーシャルワークの展開過程全体を評価する事後評価（エバリュエーション）を行うことは支援の質の向上のために有効であるが，**この場面は指定一般相談支援事業所と連携しながら支援を展開している最中であり，この時点で入院の初期支援について評価することは，Aさんに対する支援としては適切とはいえない。**

5 ✕ 生活福祉資金貸付制度とは，低所得者世帯，障害者世帯，高齢者世帯に対して，生活の安定と経済的自立を図ることを目的に，無利子または低利子で資金の貸付けを行う制度である。実施主体は都道府県社会福祉協議会であり，窓口業務等は市町村社会福祉協議会で実施されている。今後，Aさんの地域移行支援を進めるにあたって経済的状況の把握や支援は必要となるが，**この場面では，Aさんの揺れ動く気持ちに対する支援が必要であり，この選択肢は適切とはいえない。**

解答 **1**

| 問題 36 | ソーシャルワークの理論と方法（専門） |

次の記述のうち，この後に E 精神保健福祉士が行う支援として，**適切なもの**を 1 つ選びなさい。

1 近所の目が怖くなくなってから退院することを提案する。
2 A さんが外泊する際，D さんに付き添ってもらうよう調整する。
3 近所との関係修復を図るために，1 軒ずつお詫びに回る。
4 次回の外泊時には外出しないで済むよう，必要な物を A さんと事前に準備する。
5 A さんと一緒に，民生委員に近所付き合いのサポートを依頼しに行く。

Point ソーシャルワークでは，人と環境の相互作用の視点に基づくアセスメントと支援の展開を重視する。そのため，精神障害者の地域移行支援においては，単に退院することだけではなく，退院する地域（環境）の中で安心して暮らせるように環境調整をすることも視野に入れる必要がある。自宅への外泊を通して A さんから「近所の目が怖い」という新たな不安が表出されたため，地域で継続して生活できるための適切な支援を選択する力が求められる。

1 ✗ 外出や外泊を体験し，A さんの地域移行支援は着実に進んでいる状況である。「近所の目が怖い」という不安も実際に外泊したからこそ表出された不安といえる。近所の目が怖くなくなるまで入院を継続することは，さらに**入院が長期化することにつながり，A さんの高齢化や社会生活力の低下にもつながりかねない**。また，A さんからは「本当は買い物にも行きたい」と地域生活に前向きな発言があることからも，この選択肢は適切とはいえない。

2 ✗ 地域生活を豊かなものにするために，D さんとのつながりといったインフォーマルな社会資源の活用は重要である。しかし，D さんには自身の生活があり，外泊のたびに D さんに付き添いをお願いするのは難しいといえる。**また，近所付き合いをサポートするためには，その地域の状況に精通した人材に依頼することが効果的といえるため**，この選択肢は適切とはいえない。

3 ✗ A さんは入院前に精神症状の悪化から近所を巻き込む騒ぎを起こしている。そのため A さんも近所に迷惑をかけたことを自覚しているが，1 軒ずつお詫びに回ることは **A さんにとって相当なストレスになることが予想され，場合によっては住民から退院に対する反発が表出されることも懸念される**。退院が着実に進んでいる状況のため，地域で生活しながら近所の理解を少しずつ深めていくことが重要であることから，この選択肢は適切とはいえない。

4 ✗ 地域で自分らしく生活していくためには，A さんが必要なときに外出できたり，安心できる近所付き合いができることが重要となる。**外泊時に外出しないで済むような支援をしても A さんの不安の根本的な解決にはつながらず**，よってこの選択肢は適切とはいえない。

5 ○ 民生委員は，厚生労働大臣から委嘱され，常に住民の立場に立って相談に応じ，必要な援助を行い，社会福祉の増進に努める役割がある。A さんの入院後，母親は民生委員から見守り支援を受けており，民生委員と地域住民の協力がうかがえる。よって，**地域の実情に精通している民生委員のサポートを得ることは A さんがこの地域で安心して暮らせる一助となることが期待できる**ことから，この選択肢は適切である。

解答 **5**

精神障害リハビリテーション論

●第 27 回試験問題の特徴

　この科目の出題内容には，精神障害リハビリテーションの理念や基本原則，概念とその定義，実施における展開やプログラム，近年の動向が含まれる。問題の構成は，全6問中長文事例が3問，短文事例が1問出題されており，事例問題にウェイトがおかれている。また，長文事例から3問出題されていることから，時代の要請に沿った項目から纏まって出題されることが考えられる。問題の難易度としては，特に重箱の隅をつつく問題や捻った問題が出されているわけではないため，各項目について基本的な概念や用語の内容理解をきちんと押さえていれば解ける問題であると考えられる。実際に各問題をみると，2問出題された通常問題では，リハビリテーションの基本原則やリカバリー概念の説明の様な基本的知識を問う問題が出題される一方，事例問題では，精神障害リハビリテーションの各プログラムや機関・団体の特徴に関する知識はもとより，その目的や内容のほか，実施上の留意点や精神保健福祉士としての対応が問われる問題が出されている。

●受験対策のポイント

　今回の試験問題からわかるように，精神障害リハビリテーション論においても旧カリキュラムから引き続き，精神障害リハビリテーションプログラムについて問われる問題が出題される可能性は高いと考えられる。リカバリーの各概念やストレングスモデルについても，ほかの科目で出題される可能性もあるため押さえておきたいところである。今回は正解の選択肢とならなかった SMARPP や TEACCH，IMR についても復習しておきたい。また，新カリキュラムの新規項目である「精神障害リハビリテーションの動向と実際」からは，精神障害当事者や家族を主体としたリハビリテーションについて，用いられるプログラムやピア・家族のグループ等からの出題が今後も見込まれる。今回はアルコール依存症からの出題であったが，今後はケアラーや家族による家族支援，ピアサポーターの雇用の問題について問われる可能性も考えられる。勉強法としては，各プログラムやグループの特徴や相違点について，自分なりに表を作成するなど可視化して整理しておくことをおすすめする。また，事例問題対策として，時間がある時に，前述のプログラムやグループが用いられている事例について，ソーシャルワーク演習（精神）の資料等にも目を通し，その中で自分で問題を作問してみることが有効ではないかと考えられる。

問題 37	精神障害リハビリテーション論	✓ ✓ ✓

次の記述のうち，アンソニー（Anthony, W.）らによる「精神科リハビリテーションの基本原則」に関するものとして，**正しいもの**を１つ選びなさい。

1 就労支援は除外される。
2 最大の焦点は，早期の回復を目指し退院させることである。
3 当事者は専門職への依存を避け，自身の力で自立を目指す。
4 様々な技法を折衷的に駆使する。
5 専門職が主導的にリハビリテーション計画を作成する。

Point アンソニーは，精神科リハビリテーションについて，「長期精神障害をもつ人々の機能回復を助け，専門家による最小限の介入で彼ら自身が選択する環境において落ち着き，満足できる生活を送れるようにする」ことであると定義し，九つの基本原則をあげている。選択肢以外に，「当事者にとってのメリットは，必要な環境の中における自らの行動が改善されること」「当事者の技能開発と環境的開発が精神科リハビリテーションの二大介入」がある。

---

1 ✕ アンソニーらの精神科リハビリテーションの基本原則の一つに**「精神科リハビリテーションの焦点は，精神障害をもつ人の住居，教育，職業上のアウトカムを改善することである」**とある。つまり，精神障害をもつ人が生活能力を回復し，自立した生活を送れるように支援することの一つである就労支援も含まれる。

2 ✕ アンソニーらの精神科リハビリテーションの基本原則の一つに**「最大の焦点は，精神障害を抱えた人の能力を向上させることである」**と示されている。つまり，能力向上により生活のしづらさを減らす事であり，早期の回復を目指し退院することではない。

3 ✕ アンソニーらの精神科リハビリテーションの基本原則の一つに，**「支援の中で依存を増やすことは，結果的には当事者の自立につながる」**と示している。依存しないようになることがリカバリーではなく，必要な時に専門職に依存することができるようになることが，当事者自身の人生の選択肢を増やすことにつながり，自立を促すことにつながる。

4 ○ アンソニーらの精神科リハビリテーションの基本原則の一つに，**「精神科リハビリテーションは，さまざまな技術を駆使するという意味では臨機応変である」**と示されている。つまり，特定の技法を用いるのではなく，柔軟に様々な技法を取り入れ実施される。

5 ✕ アンソニーらの精神科リハビリテーションの基本原則の一つに，**「リハビリテーション当事者の積極的な参加と関与は，精神科リハビリテーションの土台である」**と示している。リハビリテーション計画の策定においても，当事者が積極的に関与することが求められる。

表 アンソニーの精神科リハビリテーションの基本原則

① 精神科リハビリテーションの最大の焦点は，精神障害をもつ人の能力を向上させることである。
② 精神科リハビリテーションの当事者にとってのメリットは，必要な環境のなかにおける自らの行動が改善されることである。
③ 支援のなかで依存を増やすことは，結果的には当事者の自立につながる。
④ 当事者の技能開発と環境的開発が，精神科リハビリテーションの二大介入である。
⑤ 精神科リハビリテーションの焦点は，精神障害をもつ人の住居，教育，職業上のアウトカムを改善することである。
⑥ リハビリテーションの当事者の積極的な参加と関与は，精神科リハビリテーションの土台である。
⑦ 長期の薬物療法はリハビリテーション介入の要素として必要ではあるが，十分に補完するものではない。
⑧ 精神科リハビリテーションは，様々な技術を駆使するという意味では臨機応変である。
⑨ 希望は，精神科リハビリテーションの構成要素として不可欠である。

解答 4

> **問題 38** 精神障害リハビリテーション論
>
> 次の記述のうち，パーソナルリカバリーの説明として，**正しいもの**を1つ選びなさい。
> 1 激しい症状が治まり，薬を必要としない状態になること。
> 2 支援者がクライエントの利益のために，本人の意思に関わりなく判断すること。
> 3 支援者が定めた方針に，クライエントが従うこと。
> 4 専門職が自らの支援やその役割について責任をもって説明を行うこと。
> 5 障害があっても希望をもって新たな人生を再発見し，主体的に生きること。

Point リカバリーとは，人々が生活や仕事，学ぶこと，そして地域社会に参加できるようになるプロセスのことで，障害を有していても充実し生産的な生活を送ることができる能力のことである。
　パーソナルリカバリーの主要な構成要素である，他者とのつながり，将来への希望と楽観，アイデンティティ・自分らしさ，生活の意義・人生の意味，エンパワメント等を理解しておく必要がある。

1 × 激しい症状が治まり，薬を必要としない状態になることは，臨床的リカバリーである。完全寛解ともいわれる。**パーソナルリカバリー**では，症状の有無や，服薬の要否の状態像とは関係なく，**当事者自身が意思決定し，希望する人生**の実現を目指すプロセスである。

2 × 支援者がクライエントの利益のために本人の意思に関わりなく判断することは，**パターナリズム**である。パーソナルリカバリーでは，当事者自身の意思決定が重要であるので，いくらクライエントの利益になることであったとしても，本人の意思が伴わなければならない。

3 × パーソナルリカバリーのプロセスでは，支援者が定めたことに従うことではなく，自分の人生や希望を当事者自身で決めることが重要である。支援者は，**当事者本人が主体性をもって，自らの人生について意思決定できるように支援する**ことが必要である。

4 × 専門職が自らの支援やその役割について責任をもって説明することは，**アカウンタビリティ**である。精神保健福祉士の倫理綱領に，「クライエントの知る権利を尊重し，クライエントが必要とする支援，信頼のおける情報を適切な方法で説明し，クライエントが決定できるよう援助する」「業務遂行に関して，サービスを利用する権利及び利益，不利益について説明し，疑問に十分応えた後，援助を行う」とクライエントに対するアカウンタビリティについて明記されている。パーソナルリカバリーの説明としては誤りである。

5 ○ パーソナルリカバリーは，障害や疾患があっても**当事者自身が決めた希望する人生を自分らしく送る**ことである。パーソナルリカバリーを支援する側は，具体的には①当事者自身が定めた目標に向かうプロセスを一緒に歩む支援，②当事者個人の価値を重視する支援，③当事者のニーズを充足するにあたり，当事者中心の援助を展開する支援，④当事者の希望する目標に対して，科学的により効果が期待できそうな実践の実装と統合が求められる。

解答 **5**

| 問題 39 | 精神障害リハビリテーション論 | ☑ ☑ ☑ |

　Ａ精神保健福祉士が勤務する地域活動支援センターでは，これまで新型コロナウイルス感染症の流行のため利用人数や利用時間を制限していたが，全面的に再開した。再開後これまでのメンバーに加えて，新たなメンバーも増えてきた。メンバー同士の交流が増えるにつれて，Ａ精神保健福祉士に対して「他の人からの誘いを断りたいけど，うまく断れなくて困っている」「自分の意見や考えをうまく伝えられるようになりたい」といった相談が多くなった。そこでＡ精神保健福祉士は，相手の気持ちを大切にしながら自分の意見を主張できることを目指す集団プログラムの実施をメンバーに提案した。

　次のうち，このプログラムとして，**適切なもの**を１つ選びなさい。

1　リワークプログラム

2　アサーショントレーニング

3　TEACCH

4　SMARPP

5　IMR

> **Point**　リハビリテーションは，医学リハビリテーション，職業的リハビリテーション，社会的リハビリテーション，教育的リハビリテーションに分類される。それぞれの領域で行われるプログラムの対象者や内容等の理解を問う問題である。

1　✕　**リワークプログラム**は，うつ病等のメンタル不調によって**休職中の人を対象に復職して働き続けられるようにすることを目的として実施されるプログラム**であり，地域障害者職業センターや医療機関，企業等で実施されている。プログラムは，仕事に近い内容のオフィスワークや軽作業，復職後にうつ病を再発しないための疾病教育や認知行動療法などの心理療法が行われる。

2　〇　**アサーション**とは，相手と自分の双方を尊重しながら，**自分の意見や感情を適切に伝えるコミュニケーションスキル**のことであり，単なる自己主張ではなく，相手との相互理解や信頼関係を築くことを目的としている。事例では，メンバーからの対人コミュニケーションに関する相談に対し，「相手の気持ちを大切にしながら自分の意見を主張できることを目指すプログラムを提案した」とあり，Ａ精神保健福祉士が実施したプログラムとして適切である。

3　✕　**TEACCH**（Treatment and Education of Autistic and related Communication handicapped Children）とは，**自閉スペクトラム症等**の療育方法の一つとしてアメリカで研究開発されたプログラムである。TEACCH プログラムの基本理念は，①自閉症の特性を理解する，②親と専門家の協同を重視，③治癒ではなくよりよい生活がゴール，④個別に正確な評価，⑤構造化された指導法，⑥認知理論と行動理論を重視，⑦スキルを伸ばし弱点を受容，⑧ジェネラリストモデル，⑨生涯に渡り地域に根差した生活を送るの九つである。

4　✕　**SMARPP**（Serigaya Methamphetamine Relapse Prevention Program）とは，依存症のために日本で開発された**薬物再乱用防止プログラム**である。2016 年度（平成 28 年度）の診療報酬改定で，薬物に関する依存症集団療法として算定対象となった。ワークブックとマニュアルに依拠したプログラムであり，医療機関や精神保健福祉センター等で実施されている。当該メンバーたちに用いるプログラムではない。

5　✕　**IMR**（Illness Management and Recovery：**疾病管理とリカバリー**）は，精神疾患をもつ人が自らリカバリー目標を設定し，**その人に適した方法で症状を自己管理し，リカバリーしていくために有用な情報や技術を獲得することを目的とした心理社会的介入プログラム**である。精神障害者のリカバリーのために効果があるとされる複数の支援方法を組み合わせ，総合的に提供できるように開発されたプログラムである。

解答 **2**

事例問題 精神障害リハビリテーション論

次の事例を読んで，問題40から問題42までについて答えなさい。

〔事 例〕

　ある日，市役所の精神保健に関する相談窓口にAさん（43歳）が来庁し，担当のB精神保健福祉士に話をした。Aさんによると，会社員である夫（45歳）は，日頃の仕事のストレスに起因する過度の飲酒が原因で体調を崩し，身体疾患の治療のため入院をした。その後，退院を迎えるに当たり，Aさんと夫は，主治医から「体調は落ち着きましたが，アルコール依存症の可能性があるので，精神科の受診を勧めます」と提案を受けた。ところが，退院後，夫に精神科を受診するよう話したが全く聞こうとせず，激しく怒り出すようになった。また，夫が飲酒を再開してしまい，そのことについて，Aさんも夫に対し「なぜお酒を飲むの」と怒りの感情をぶつけたことから夫婦関係は悪化した。自分の力だけではどうにもならないと感じるようになり相談窓口を訪れたとのことであった。（問題40）

　Aさんの話からB精神保健福祉士は，精神保健福祉センターで実施されているプログラムを紹介した。それは，アルコール依存症が疑われる人が精神科を受診しようとしない時に，本人のキーパーソンとなる人に介入することで，本人を受診につなげるための包括的なプログラムである。その説明を受け，Aさんからはプログラムへの参加の意思が示された。（問題41）

　このプログラムに参加するようになり，しばらくして夫は精神科病院を受診することができた。夫は2か月休職し，入院治療を受けたことで自身の病状についての理解が進んだ。退院後間もなく，Aさんは夫と共に退院の報告を兼ねてB精神保健福祉士のもとを訪れた。夫は「いろいろありがとうございました。無事に退院したのですが，実は，ストレスがたまるとまた飲酒しそうで怖いです。どうしたら良いでしょうか」と語り，Aさんも「夫が飲酒を再開しないために，私も夫と一緒にやれることを探したいです」と述べた。B精神保健福祉士は，精神科の主治医に相談することも重要であることを説明しつつ，家族も参加できるアルコール依存症の患者本人を対象とした自助グループを紹介した。（問題42）

問題 40	精神障害リハビリテーション論	☑ ☑ ☑

次の記述のうち，この時点のＢ精神保健福祉士の対応として，**適切なもの**を１つ選びなさい。

1 夫のケアを担うＡさんの能力について評価を行う。
2 Ａさんの怒りの感情や無力感に対して肯定的に関わる。
3 夫の入院治療を強く勧める。
4 夫の客観的情報の収集を優先して行う。
5 Ａさんがイネイブラーとして夫を支える重要性を説明する。

> **Point** 飲酒をはじめとする各依存症は本人の問題にとどまらず，家族等にも共依存やイネイブリング，機能不全家族やアダルトチルドレンといった影響を及ぼす。精神保健福祉士には，依存症のメカニズムや当事者支援だけでなく，依存症者とその家族のメカニズムや家族支援についても理解しておくことが求められる。

1 ✕ 依存症者の家族は，目前の問題を解決しようと懸命に相手の世話をやくケア的行為で疲労困憊して相談に来ていることが考えられる。**Ａさんのケア能力を評価することは，Ａさんに夫をケアする役割を意識させ，さらなる巻き込まれや共依存につながるおそれがあるため，この時点のＢ精神保健福祉士の対応として適切とはいえない。**

2 ◯ 依存症者の家族の支援では，まず家族のこれまでの感情や頑張った結果について審判することなくともに振り返り，回復について一緒に考えて支えていくことが求められる。**よって，Ａさんの怒りの感情や無力感に対して肯定的に関わることは，この時点のＢ精神保健福祉士の対応として適切である。**

3 ✕ アルコール依存症では，家族が飲酒をやめさせようとして巻き込まれ，当事者とのコントロール合戦に陥っていることが考えられる。**夫の入院治療を強く勧めることは，こうした家族の巻き込まれを助長することにつながるため，Ｂ精神保健福祉士の対応として適切とはいえない。**

4 ✕ アルコール依存症では，精神的問題以外にも経済・対人関係・雇用・法的問題を抱えている場合があり，夫の客観的情報の収集も必要ではあるが，**まずは窓口に来たＡさんが自分の感情や依存症における夫との関係のメカニズムに気づいて落ち着きを取り戻すことが優先されるため，選択肢の対応はこの時点のＢ精神保健福祉士の対応として適切とはいえない。**

5 ✕ **Ａさんがイネイブラーとして夫を支える重要性を説明することは，夫が起こした問題の責任をＡさんが肩代わりすることで夫が問題に気づくことを妨げることや，Ａさんが夫と共依存関係になることを助長することにつながるため，この時点のＢ精神保健福祉士の対応として適切とはいえない。**

解答 ②

問題 41　精神障害リハビリテーション論

次の記述のうち，このプログラムの特徴として，**正しいもの**を 1 つ選びなさい。
1　対立的手法を積極的に活用する。
2　日本で開発されたものである。
3　家族が「私」という一人称を主語にして，患者本人に思いを伝える方法を学ぶ。
4　専門職から患者本人への直接的な働きかけに重きを置く。
5　アルコール依存症に特化したプログラムである。

> **Point**　アルコール等の依存症は否認の病ともいわれ，当事者が自分の依存症を認めず医療につながらない場合も多いと考えられる。そこで，当事者自身が問題を認識して受診することを実現するためにまずアルコール問題解決のキーパーソンである家族を支援する取り組みとして CRAFT（Community Reinforcement And Family Training）が各所で実践されている。

1　✕　CRAFT は，家族の安全を重視し，**当事者の問題や間違いを正すことよりも相手の暴言・暴力が起きるリスクを避けつつ治療につなげることを目指すため**，対立的手法を積極的に活用することはこのプログラムの特徴として正しいとはいえない。なお，このことは相手が暴力を起こした責任を家族が引き受けることを意味しない。

2　✕　CRAFT はアメリカのニューメキシコ大学教授のメイヤーズ（Meyers, R. J.）とウォルフ（Wolfe, B. L.）が開発したアルコール・薬物依存症者と家族のためのプログラムであるため，日本で開発されたとする選択肢はこのプログラムの特徴として正しいとはいえない。

3　○　CRAFT では家族のコミュニケーションが重視され，その方法の一つとして「私」を主語にした言い方をすることが挙げられているため，選択肢はこのプログラムの特徴として正しい。CRAFT では非難・対立的になりがちな相手を主語にした言い方を避け，自分を主語にして自分の感じ方や思いを伝えていくことを心がけていく。

4　✕　CRAFT は，その名の通りコミュニティ（環境）強化と家族訓練のプログラムであり，家族を支援し，**家族が当事者への新しい働きかけをすることで当事者が治療につながることを目指すプログラムであるため**，選択肢はこのプログラムの特徴として正しいとはいえない。CRAFT では，本人がその気になったときにその気になる方法で家族により受診が勧められる。

5　✕　CRAFT は，**アルコールのほかにも薬物依存症者と家族のためのプログラムでもあるため**，選択肢はこのプログラムの特徴として正しいとはいえない。なお，日本で CRAFT は，アルコール・薬物のほか，ひきこもりやインターネット・ゲーム依存の家族支援等にも応用されてきている。

解答　3

> **問題 42** 精神障害リハビリテーション論
>
> 次のうち，B精神保健福祉士が紹介した自助グループとして，**正しいもの**を1つ選びなさい。
> 1 断酒会
> 2 ギャマノン（GAM-ANON）
> 3 アラノン（Al-Anon）
> 4 ナラノン（Nar-Anon）
> 5 ナルコティクス・アノニマス（NA）

Point 依存症当事者の自助グループとして，アルコール依存症のアルコホーリクス・アノニマス（AA），薬物依存症のナルコティクス・アノニマス（NA），ギャンブル依存症のギャンブラーズ・アノニマス（GA）が知られ，参加メンバーの匿名性，先輩メンバーが後輩メンバーの助言相談にのるスポンサーシップ，運営資金の献金制，12ステップなどの特徴を有し，オープンミーティングでは家族や友人の参加も可能である。また，家族のための自助グループとして，アルコール依存症のアラノン，薬物依存症のナラノン，ギャンブル依存症のギャマノンなどがある。

1 ○ 断酒会は日本の自助グループであり，家族等当事者以外の参加も可能であるため，**家族も参加できるアルコール依存症患者本人対象の自助グループとして**正しい。断酒会は同じくアルコール依存症者本人の自助グループであるAAと類似しているが，非匿名性・会費制・全日本断酒連盟の断酒の誓いを用いる等の違いがある。

2 × ギャマノンは，**ギャンブル問題の影響を受けてきた家族・友人のための自助グループであるため**，正しいとはいえない。ギャマノンでは専門職は同席せず，ギャンブル依存症者の家族や友人が集まって匿名でミーティングが行われる。

3 × アラノンは，**アルコール依存症者本人ではなく，その配偶者や親，友人，子どもの頃にアルコール依存症の影響を受けたアダルトチルドレン（AC）の自助グループであるため**，正しいとはいえない。

4 × ナラノンは，薬物依存問題の影響を受けてきた患者の家族や友人たちのための**自助グループであるため**，正しいとはいえない。

5 × ナルコティクス・アノニマス（NA）は，**薬物依存からの回復を目指す薬物依存者の自助グループであるため**，正しいとはいえない。

解答 **1**

精神保健福祉制度論

●第27回試験問題の特徴

　精神保健福祉制度論は，精神保健福祉士が精神障害者の相談援助を実践していく上で必要不可欠となる法律，制度，サービスについて理解することを目的としている。

　本科目は全6問であった。**問題43**と**問題44**は精神保健及び精神障害者福祉に関する法律（精神保健福祉法）の内容に関する問題であり，精神保健福祉法に規定されている主な内容を理解していれば解ける問題であった。**問題45**は生活保護制度に関する問題であり，生活保護の4原理4原則と，八つの扶助の主な内容を理解していれば解ける問題であった。**問題46**から**問題48**は長文事例問題であった。**問題46**は精神保健福祉法の入院形態に関する問題であり，入院形態の要件を理解していれば解ける問題であった。**問題47**は精神保健福祉法に規定されている精神保健福祉士の役割を理解していれば解ける問題であった。**問題48**は障害者の日常生活及び社会生活を総合的に支援するための法律（障害者総合支援法）に規定されている通院医療費に関する制度を理解していれば解ける問題であった。

　今回，出題された6問はいずれも精神保健福祉法や障害者総合支援法，生活保護制度に関する基本的な知識を理解していれば解答できる問題であった。

●受験対策のポイント

　まずは『最新 精神保健福祉士養成講座』（中央法規出版）に目を通し，基本的な知識を押さえておきたい。その上で，精神保健福祉法では入院形態，精神医療審査会，精神保健福祉センター，退院後生活環境相談員，精神障害者保健福祉手帳，精神保健福祉相談員については，基本的な内容であり，確実に理解しておきたい。

　また，本科目では今回は出題されなかった心神喪失等の状態で重大な他害行為を行った者の医療及び観察等に関する法律（医療観察法）の概要については，「刑事司法と福祉」とも重複するが，処遇の流れ，社会復帰調整官と精神保健参与員の役割は理解しておきたい。障害者総合支援法に規定されている障害福祉サービスは，「障害者福祉」とも重複するが，自立支援給付と地域生活支援事業の主なサービスは理解しておきたい。

　生活保護制度は，4原理4原則の内容と，八つの扶助の主な内容については確実に理解をしておきたい。生活困窮者自立支援制度は，制度の概要について押さえた上で，過去問を解くことで理解を深めておきたい。

　さらに精神障害者の生活を支援する上での経済的支援として，障害年金や自立支援医療（精神通院医療），精神障害者保健福祉手帳における経済的な優遇などについても押さえておきたい。障害年金は「社会保障」でも学ぶため，「社会保障」の過去問を参考にするとよい。

> **問題 43** 精神保健福祉制度論
>
> 次のうち,「精神保健福祉法」に規定されている機関として,**正しいもの**を1つ選びなさい。
> 1 発達障害者支援センター
> 2 市町村保健センター
> 3 認知症疾患医療センター
> 4 基幹相談支援センター
> 5 精神保健福祉センター
>
> (注)「精神保健福祉法」とは,「精神保健及び精神障害者福祉に関する法律」のことである。

Point 精神保健福祉法には,精神障害者の定義,入院形態,処遇,精神障害者保健福祉手帳など精神保健福祉に関する重要な内容が規定されている。精神保健福祉に関する地域の中核機関は精神保健福祉センターであり,精神保健福祉法に規定されていることを条文を通じて確認しておきたい。

1 ✕ **発達障害者支援センターは,発達障害者支援法に設置が規定されている。**発達障害者支援センターは,発達障害者(児)への支援を総合的に行うことを目的とした専門的機関である。都道府県・指定都市自ら,又は都道府県知事・指定都市市長が指定した社会福祉法人,特定非営利活動法人等が運営できる。

2 ✕ **市町村保健センターは,地域保健法に設置が規定されている。**住民が健康な生活を送ることができるように健康相談,保健指導,健康診査など,地域保健に関する事業を地域住民に行うための施設である。市町村に設置されている。

3 ✕ **認知症疾患医療センターは,認知症疾患医療センター運営事業実施要綱において設置が規定されている。**認知症患者とその家族が住み慣れた地域で安心して生活ができるよう,都道府県知事や指定都市市長が指定する病院に設置する専門医療機関である。認知症疾患における鑑別診断,地域における医療機関等の紹介,問題行動への対応についての相談の受付などを行っている。

4 ✕ **基幹相談支援センターは,障害者の日常生活及び社会生活を総合的に支援するための法律(障害者総合支援法)に設置が規定されている。**地域における相談支援の中核的な役割を担う機関として障害者相談支援事業や成年後見制度利用支援事業等を実施する。市町村が設置することとなっているが,一般相談支援事業を行う者に委託することもできる。2024年(令和6年)4月から設置が市町村の努力義務となった。

5 ◯ **精神保健福祉センターは,精神保健福祉法に設置が規定されている。**都道府県及び指定都市に設置される。精神保健及び精神障害者の福祉に関する総合的技術センターであり,地域住民の精神的健康の保持増進や精神障害の予防など,精神保健福祉において中核的な役割を果たしている。また,精神障害者保健福祉手帳の判定,自立支援医療費(精神通院医療)の支給認定なども行っている。

解答 **5**

> **問題 44** 精神保健福祉制度論
>
> 精神医療審査会に関する次の記述のうち，**正しいもの**を1つ選びなさい。
> 1 市町村が事務を行う。
> 2 精神障害当事者を委員とすることが必須である。
> 3 定期病状報告の審査対象から措置入院者は除外される。
> 4 入院者からの電話による退院請求は審査の対象となる。
> 5 精神科病院の管理者に入院者の処遇改善を命令できる。

> **Point** 精神医療審査会は，精神保健福祉法第12条に規定されている。入院患者の人権に配慮した処遇を行うため，1987年（昭和62年）に精神衛生法が精神保健法へと改正され規定された。都道府県及び指定都市に設置が義務づけられている審査機関である。精神医療審査会が担っている役割については理解を深めておきたい。

1 ✗ **精神医療審査会の事務を行うのは，精神保健福祉センターである**と，精神保健福祉法第6条第2項第3号に規定されている。精神保健福祉センターは，都道府県及び指定都市に設置され，地域の精神保健福祉において中核的な役割を担っている。

2 ✗ 精神医療審査会の委員は，精神障害当事者を委員とすることが必須という規定はない。**精神医療審査会の委員は，精神障害者の医療に関し学識経験を有する者が2名以上，精神障害者の保健又は福祉に関し学識経験を有する者が1名以上，法律に関し学識経験を有する者が1名以上で，合計5名の合議体によって審査を行う**。都道府県知事（指定都市市長）が任命した委員の任期は2年だが，条例によって3年まで延長が可能な場合もある。

3 ✗ **措置入院者の定期病状報告は，審査対象となっている**。精神医療審査会は，措置入院者の定期病状報告の入院における必要性を審査する。それ以外に，入院者又はその家族等からの退院請求や処遇改善請求があった場合の入院の必要性や処遇の妥当性の審査等を行い，その結果を都道府県知事（指定都市市長）に通知する。

4 ◯ 退院請求や処遇改善請求は精神科病院に入院中の患者自身のほか，家族等や代理人である弁護士も可能であり，請求方法は書面によることが原則とされているが，**精神科病院に入院中の患者が請求する場合は，患者自身が電話を含む口頭での請求も認められている**。

5 ✗ 精神医療審査会は，入院者又はその家族等からの処遇改善請求について審査を行い，その結果を都道府県知事（指定都市市長）に通知する。その結果に基づいて，**精神科病院の管理者に入院者の処遇改善を命令するのは，精神医療審査会ではなく都道府県知事（指定都市市長）である**。

解答 **4**

問題 45 精神保健福祉制度論

生活保護制度に関する次の記述のうち，**正しいもの**を**2つ**選びなさい。
1 保護の基準額は，全国一律である。
2 精神障害者が申請する場合，資力調査は免除される。
3 原則として，住宅扶助は現物給付である。
4 原則として，世帯単位で保護の要否及び程度が定められる。
5 精神障害者保健福祉手帳の1級及び2級所持者には，生活扶助の障害者加算がある。

> **Point** 生活保護制度に関する基本的な内容を問う問題である。生活保護を受給しながら生活を営んでいる精神障害者は少なくない。精神障害者の生活を支援することを業務とする上では生活保護制度は重要な内容であり，4原理4原則と八つの扶助についての基本的な内容は確実に理解しておきたい。

1 × **保護の基準額は，全国一律ではない**。地域における物価等による生活水準の違いを考慮して，全国の市町村を3級地6区分（1級地－1，1級地－2，2級地－1，2級地－2，3級地－1，3級地－2）に分けて，**保護の基準額に差をつけている**。これを級地制度という。

2 × **精神障害者が申請する場合，資力調査が免除されるという規定はない**。資力調査は保護の補足性の原理を用いても世帯の状況が生活保護基準以下の状態であるかどうか，下回っているのであればどの程度下回っているのかを確認し保護の要否を判断するために実施される。

3 × **住宅扶助は原則として金銭給付**によって行うものとされている。通常は，生活扶助費と併せて，世帯主又はこれに準ずる者に対して支給される。保護施設である宿所提供施設を利用する場合は，金銭給付ではなく現物給付として住宅扶助の給付が行われる。

4 ○ 生活保護の原則の一つに**世帯単位の原則**がある。生活保護法第10条には，「保護は，**世帯を単位としてその要否及び程度を定める**ものとする。但し，これによりがたいときは，個人を単位として定めることができる」と規定されている。ここでいう世帯とは，同一の住居に居住し，生計を一にしている者の集まりのことである。たとえば，家族以外の他人を含む集まりであったとしても，同一の住居に居住し，生計を一にしている者であれば，それらの者すべてを一つの世帯として捉えるということである。

5 ○ 精神障害者で障害者加算に該当するのは，国民年金法施行令別表の1級若しくは2級に該当する場合である。これは障害年金1級若しくは2級を受給している場合である。障害年金の受給権を有しておらず，**精神障害者保健福祉手帳を有している場合，障害の程度は，手帳の1級に該当する障害は国民年金法施行令別表に定める1級の障害と，同手帳の2級に該当する障害は同別表に定める2級の障害と，それぞれ認定され障害者加算の対象となる**。精神障害者保健福祉手帳の3級は障害者加算には該当しない。

解答 **4 5**

事例問題 精神保健福祉制度論

次の事例を読んで， 問題46 から 問題48 までについて答えなさい。

〔事 例〕

Ａさん（40歳，男性）はＢ県Ｃ市に在住し，５年前に父親の会社を継ぎ，Ａさんを含む社員５名で製造業を営んでいた。Ａさんは独身できょうだいはおらず，両親は既に亡くなっていて交流のある親戚もいない。

Ａさんは真面目な性格で朝から晩まで仕事をするも，不況のあおりを受けて近年は赤字続きで，自分のせいで会社が潰れてしまうと悩んでいた。最近では食事量が減って，見るからにやつれたＡさんの状況を見て社員はとても心配していた。さらに「死んでしまいたい」という発言も多くみられるようになり，社員は精神科受診を勧めた。Ａさんは当初受診を拒否していたが，社員らに連れられて渋々Ｄ精神科病院を受診した。精神保健指定医である医師は入院治療の必要性を認めたが，Ａさんは頑なに入院を拒否した。身寄りもないことからＣ市長同意による入院の手続が行われた。(問題46)

「精神保健福祉法」に基づきＤ精神科病院の管理者から選任されたＥ精神保健福祉士はＡさんに自己紹介をして，今後のことなどについて丁寧な説明を行った。(問題47)

その後もＥ精神保健福祉士はＡさんとの面談を定期的に行うなど支援を継続した。

Ａさんの経過は良好で３か月後には症状は安定していた。主治医からも退院可能であると判断がなされたため，Ｅ精神保健福祉士はＡさんの退院支援委員会開催の準備を行った。落ち着いてきたＡさんは「会社の経営が厳しいので，医療費の負担を少しでも軽くしたい」と面談の中で話した。そこでＥ精神保健福祉士は，Ａさんの退院後の精神科の通院医療費の負担軽減のために，「障害者総合支援法」に規定されているサービス利用を提案したところ，Ａさんも是非利用したいと述べた。(問題48)

(注) 「障害者総合支援法」とは，「障害者の日常生活及び社会生活を総合的に支援するための法律」のことである。

| 問題 46 | 精神保健福祉制度論 | ☑ ☑ ☑ |

次のうち，この入院形態として，**正しいもの**を１つ選びなさい。

1 任意入院
2 医療保護入院
3 緊急措置入院
4 措置入院
5 応急入院

> **Point** 問題では，入院形態の種別が問われている。精神保健福祉法には五つの入院形態が規定されている。五つの入院形態の要件をきちんと理解しておくことが必要である。

1 ✕ 任意入院は，**精神障害者本人の同意に基づく入院形態**である。事例から，「Ａさんは頑なに入院を拒否した」とあることから任意入院には該当しない。精神保健福祉法第20条では，「精神科病院の管理者は，精神障害者を入院させる場合においては，本人の同意に基づいて入院が行われるように努めなければならない」と規定されている。

2 〇 医療保護入院は，**精神保健指定医による診察の結果，精神障害者であり，医療及び保護のため入院の必要があり，本人の同意が得られないため，家族等のうちいずれかの者の同意に基づいて行う入院形態**である。家族等がいない場合，又はその家族等の全員がその意思を表示することができず，同意又は不同意の意思表示を行わない場合に，当該精神障害者の居住地を管轄する市町村長（特別区の長を含む）の同意によって本人の同意がなくとも入院させることができる。家族等とは，精神障害者の配偶者，親権者，扶養義務者及び後見人又は保佐人である。事例では，Ａさんは精神保健指定医である医師が入院治療の必要性を認めたが，Ａさんは頑なに入院を拒否し，身寄りもないことからＣ市長同意による入院の手続が行われた，とあるため，医療保護入院の要件に該当する。

3 ✕ 緊急措置入院は，**急速を要し，通常の措置入院の手続を踏むことができない場合に，１名の精神保健指定医の診察の結果に基づいて，72時間に限って入院させることができる入院形態**である。この事例のＡさんの入院形態には該当しない。

4 ✕ 措置入院は，**２名以上の精神保健指定医の診察の結果，精神障害者であり，自傷他害のおそれがあると認めることについて，各精神保健指定医の診察の結果が一致した場合に都道府県知事（指定都市市長）の権限により行われる入院形態であり，行政処分としての入院**である。この事例のＡさんの入院形態には該当しない。

5 ✕ 応急入院は，**当該精神障害者本人及びその家族等の同意を得ることができない場合であって，精神保健指定医の診察の結果，精神障害者であり，直ちに入院させなければ患者の医療及び保護を図る上で著しく支障があると判断された際に，72時間に限り応急入院指定病院に入院させることができる入院形態**である。この事例のＡさんの入院形態には該当しない。

解答 **2**

> **問題 47** 精神保健福祉制度論
>
> 次のうち，E精神保健福祉士が担っている役割として，**正しいもの**を1つ選びなさい。
> 1　精神保健福祉相談員
> 2　退院支援相談員
> 3　相談支援員
> 4　退院後生活環境相談員
> 5　生活支援員

Point この問題は，精神科病院の管理者から選任された精神保健福祉士の役割について問われている。該当する役割については精神保健福祉士がかかわるものであり，理解しておきたい。

1　✕　精神保健福祉相談員は，精神保健福祉センター及び保健所等に配置され，精神保健及び精神障害者の福祉に関する相談に応じたり，精神障害者等及びその家族等を訪問する。精神保健福祉士その他政令で定める資格を有する者のうちから，都道府県知事又は市町村長が任命するとされている。事例では，「精神科病院の管理者から選任された」とあるため，誤りである。

2　✕　退院支援相談員は，診療報酬において，精神療養病棟の施設基準に配置が規定されている。精神療養病棟の入院患者に対して退院に向けた相談支援業務等を行う者である。退院に向けた相談支援業務，退院支援委員会に関する業務，退院調整に関する業務を行う。精神保健福祉法に基づき精神科病院の管理者から選任される役割ではないため，誤りである。

3　✕　相談支援員は，生活困窮者自立支援法に基づき福祉事務所を設置している自治体が開設している自立相談支援機関に配置されている。さまざまな事情から生活が行き詰まっている人や周囲のサポートが受けられずに困っている人からの相談を受け，課題を整理・把握して支援プランを作成し，自立に向けた支援を提供している。

4　〇　退院後生活環境相談員は，精神保健福祉法に基づき，精神科病院又は指定病院の管理者が措置入院，医療保護入院から7日以内に選任する。退院後の生活環境について，措置入院者や医療保護入院者及びその家族等からの相談に応じ，また情報提供や助言などを行う。退院後生活環境相談員1人につき，おおむね50人以下の措置入院者，医療保護入院者を担当する。退院後生活環境相談員は，2013年（平成25年）の精神保健福祉法改正時に規定され，2022年（令和4年）の精神保健福祉法改正時に，措置入院者にも選任することが追加された。

5　✕　生活支援員は，入所又は通所の障害者支援施設等において，障害者の日常生活上の支援や身体機能，生活能力の向上に向けた支援を行うほか，創作活動，生産活動などにもかかわる。

解答　**4**

| 問題 48 | 精神保健福祉制度論 |

次の記述のうち，E精神保健福祉士が提案したサービスに関する説明として，**正しいものを1つ**選びなさい。

1 障害支援区分の認定を必要とする。
2 申請窓口は市町村である。
3 入院医療費も適用の対象となる。
4 利用は6か月が限度である。
5 所得にかかわらず，自己負担額は同じである。

Point この問題は，精神科病院を退院したあとの精神科の通院医療費の負担軽減について，障害者総合支援法に規定されている提案するサービスの内容が問われている。提案するサービスは，障害者総合支援法に規定されている自立支援医療（精神通院医療）であり，精神障害者を支援する上で欠かせないものであるため，その内容については理解を深めておきたい。

1 ✕ **自立支援医療（精神通院医療）は，障害支援区分の認定は不要である。**自立支援医療（精神通院医療）の対象となるのは，精神保健福祉法第5条第1項に規定する統合失調症などの精神疾患を有する者で，通院による精神医療を継続的に要する病状にある者である。

2 〇 **自立支援医療（精神通院医療）の申請窓口は市町村である。**自立支援医療（精神通院医療）の申請に必要となるのは，支給認定申請書，医師の意見書又は診断書（申請日から3か月以内に作成されたもの），医療保険加入者証の写し，世帯の所得状況等が確認できる書類，マイナンバーの確認書類である。

3 ✕ 入院医療費は，自立支援医療（精神通院医療）の適用の対象とならない。**適用の対象となるのは，外来診察，外来投薬，精神科デイ・ケア，精神科ナイトケア，訪問看護等**である。この制度による医療費の軽減が受けられるのは，各都道府県又は指定都市が指定した指定自立支援医療機関（病院・診療所，薬局，訪問看護ステーション）で，受給者証に記載されたものに限られる。

4 ✕ **自立支援医療（精神通院医療）の受給者証の有効期間は1年以内である。**有効期間終了後も引き続き自立支援医療を受ける場合は，更新が必要になる。有効期限の3か月前から更新の申請ができる。更新時には選択肢2の解説にある書類の提出が必要となるが，病態や治療方針に変更がなければ，2回に1回は医師の意見書又は診断書の提出を省略することができる。

5 ✕ **自立支援医療（精神通院医療）は，所得水準に応じて1か月の自己負担上限額が設定されている。**統合失調症などで長期の治療が必要な場合（重度かつ継続の場合）は，1か月当たりの自己負担上限額がさらに軽減される。

解答 **2**

医学概論

●第 27 回試験問題の特徴

　出題基準の見直しにより，第 27 回社会福祉士国家試験から，従来の「人体の構造と機能及び疾病」は，「医学概論」となり問題数が 6 に減少した。出題内容は従来から大きな変化はなかった。問題は難化傾向がみられた。出題項目は，大項目「1　ライフステージにおける心身の変化と健康課題」の中項目「1－1）ライフステージにおける心身の変化と健康課題」より 1 問，大項目「3　身体構造と心身機能」の中項目「3－2）基幹系と臓器の役割」より 1 問，大項目「4　疾病と障害の成り立ち及び回復過程」の中項目「4－3）障害の概要」より 1 問，同大項目の中項目「4－5）疾病と障害及びその予防・治療・予後・リハビリテーション」より 2 問，大項目「5　公衆衛生」の中項目「5－2）健康増進と保健医療対策」より 1 問の出題であった。このうち，事例問題は 1 問であり，中項目「4－3）障害の概要」より，精神障害を有する者の入院に関するものであった。また，新出題基準より設定された大項目「5　公衆衛生」から，難病及び小児特定疾病対策に関する問題が出題された。

●受験対策のポイント

　今後もおおむね従来の出題傾向と変わりはないと考えられる。これは，社会福祉士及び精神保健福祉士は，地域共生社会の実現を推進する役割を期待されていることより，一定の医学的知識を求められている一方で，医師に求められるような詳細な知識は必要ではないという「医学概論」の科目の範囲から，出題の限界があるためである。これまでの過去問を活かした学習を行うことは非常に有益であり，過去問の周辺範囲をしっかりと学習しておくことが必要である。たとえば，高齢者がよくかかる疾病に関する問題なら，その疾病の臓器の構造や役割，加齢に伴う機能低下を理解した上で，主要な検査と病態及び標準的な治療の概要について学び，知識があいまいな用語は，調べて知識を盤石なものとしておくことが有益であると考える。教科書及び信頼できるインターネットのサイト（学術団体のホームページなど）を活用して，迷わないようにしておくことが大切である。また，本科目は，出題数の割には学習する範囲が多いため，満点をとることも大切だが，確実に得点がとれる問題を落とさない姿勢で勉強に臨むことが肝要であると考える。学習の順番としては，①人体の主要な器官の基本的な構造と機能の低下，②高齢者に多い疾病とその疾病により影響を受ける心身の症状と障害，その疾病に対する主要な予防，治療方法とリハビリテーション，③精神障害を含めた各障害の概要，④国際生活機能分類（ICF）の概要と活用事例，⑤「公衆衛生」の順で学んでいくとよいだろう。公衆衛生については，教科書の基本的知識を押さえた上で，厚生労働省のホームページにある健康増進対策と保健医療対策をみて，国の健康政策がどこに重点を置いているのか押さえておくのがよいであろう。

| 問題 1 | 医学概論 |

思春期・青年期における心身の特徴に関する次の記述のうち，**正しいものを1つ選びなさい。**

1 思春期には，男女ともに緩やかな身体の変化がみられる。
2 思春期における心理的特徴としては，自意識過剰がある。
3 思春期には，アイデンティティは形成されている。
4 第二次性徴に性差はみられない。
5 青年期の死亡原因としては心疾患が最も多い。

Point 人間の心身の発達に関する問題である。人間の生涯の発達について，エリクソン（Erikson, E. H.）の発達段階やハヴィガースト（Havighurst, R. J.）の発達課題などを学習し，各段階の心身の成熟や特徴的な疾患，障害，獲得が期待される発達課題の具体的な内容を理解しておくとよい。なお，思春期は，発達段階ではおよそ学童後期（小学校の中高学年）から青年前期（中学生から高校生）の時期にあたる。

1 ✕ 思春期とは，性ホルモンの分泌の増加に伴う第二次性徴の始まりから，身長発育が最終的に停止するまでの時期である。第二次性徴が発現する時期と期間には性差や個人差はあるが，**成長ホルモンの分泌が増え，成長速度が急激に加速**する。なお，人間の身体が著しく成長する時期は，乳幼児期と思春期の2回である。

2 ◯ 思春期では，親や友達と異なる自分独自の内面の世界の存在に気づき始め，創造性の高い活動や一貫性のある抽象的な思考ができるようになる。しかし，概念的で理想主義的な思考を好み，自意識と実社会の現実との違いに悩み，さまざまな葛藤をもつことから自意識過剰や自己嫌悪，劣等感を抱きやすい時期でもある。

3 ✕ 思春期は，エリクソンの発達段階理論の青年期の発達課題である**「自己同一性（アイデンティティ）の確立」に向けた準備の時期**にあたる。青年前期頃から，さまざまな葛藤や他者との比較から，自分を客観視し，自身が存在する意味や自分らしい生き方の模索を始める。思春期の特徴でもある親や教師への反抗期を経て，青年中期は思春期の混乱から脱しつつ，大人の社会でどのように生きるのかを真剣に考え始める時期となる。

4 ✕ 思春期は，性ホルモンの分泌の増加に伴う第二次性徴の発現から始まる。個人差はあるものの，男子に比べて，女子の性ホルモンの分泌の上昇は約2年早く生じるため，**一般的に女子のほうが早く思春期を迎える**。

5 ✕ 2023年（令和5年）の人口動態統計の年齢（5歳階級）別の主な死因の構成割合（総数）によると，死亡原因として，0〜4歳では先天奇形，変形及び染色体異常，5〜9歳では悪性新生物，**10代では自殺が最も多い**。心疾患は，15〜19歳の4位である。

表 年齢（5歳階級）別死因順位

	1位	2位	3位	4位	5位
0歳	先天奇形等	呼吸障害等	不慮の事故	出血性障害等	乳幼児突然死症候群
1〜4歳	先天奇形等	悪性新生物（腫瘍）	不慮の事故	心疾患	新型コロナウイルス感染症
5〜9歳	悪性新生物（腫瘍）	不慮の事故	先天奇形等	インフルエンザ	その他の新生物（腫瘍）／心疾患
10〜14歳	自殺	悪性新生物（腫瘍）	不慮の事故	先天奇形等	心疾患
15〜19歳	自殺	不慮の事故	悪性新生物（腫瘍）	心疾患	先天奇形等

出典：2023年（令和5年）人口動態統計月報年計（概数）の概況

解答 **2**

> **問題 2**　医学概論
>
> 高齢者における薬害有害事象の発生予防や発生時の対処方法に関する次の記述のうち，**最も適切なもの**を１つ選びなさい。
> 1　服用法を複雑にする。
> 2　定期的に処方内容を見直す。
> 3　若年者と同じ投与量にする。
> 4　投与薬剤の数はなるべく8剤以下にする。
> 5　新規症状が出現した場合に薬剤を追加する。

Point　高齢者が服薬する際に生じる課題に関する問題である。服用した薬が胃などで吸収された後，体外に排出される代謝の基本的な過程を理解した上で，人が服薬する動作や嚥下において生じやすい課題，複数の疾患に罹患することが多い高齢者の多剤併用に関する留意点など，心身の老化や認知症による影響を含めて考えるとよい。

1　✗　服用する種類や時間が複雑になると，高齢者にとっては毎日の服用そのものが煩わしく負担となり，飲み忘れや飲み残しの可能性が高くなる。服用法とは，薬を摂取する際の種類・量・時間（食前，食後，食間や就寝前などのタイミング）・方法（コップ1杯の水で飲む等）・期間（いつまで飲むか）を意味する。適切な治療の効果を得るため，服用の回数やタイミングをそろえる，**姿勢保持・嚥下・視力・手指動作などの能力に合わせた薬剤の形態や包装の変更，配合薬への切り替え，一包化等の服用法の簡素化は有効**である。

2　○　高齢者では，複数の疾患や症状への治療が個別に行われ，多剤併用（ポリファーマシー）になることが多い。多剤併用がリスクに直結するわけではないが，薬剤性有害事象のリスクの増加，誤薬，服薬アドヒアランス（患者が治療方法を十分理解し，治療に積極的に参加すること）の低下等につながる。**定期的に処方内容を見直し，薬剤の必要性や優先順位を検討し**，可能な場合には減薬を行う。

3　✗　高齢者では，加齢に伴う薬剤の分解機能の低下に加え，多剤併用による負担がかかるため，薬剤性有害事象が起きやすい。服用した薬剤が血液中に溶けている濃度のことを血中濃度といい，薬が効果を発揮するためには適切な血中濃度（至適濃度）を維持する必要がある。しかし，高齢者や肝臓・腎臓に疾患がある人は，尿や便として体外に排出する機能が低下している（80代では，30代に比べて約40％の低下）。至適濃度を超え，副反応が起こるリスクが高まるため，若年者より投与量を減らすなどの調整が必要である。

4　✗　投与薬剤が8剤であることは，一般的には多剤併用である。高齢入院患者を対象とした薬剤数と薬剤性有害事象の関係を解析した報告によると，6種類以上で薬剤性有害事象のリスクが増加した。外来患者においては，5種類以上で転倒の発生率が高かったことから，投与薬剤の数を5〜6種類以下にするとよい。

5　✗　服薬中に出現した新規症状が薬剤性有害事象と疑わしい場合には，処方をチェックし，**薬剤の服用中止や減量を検討するのが原則**である。ただし，処方された薬剤を原因とする副反応や，薬や食品との相互作用などによる有害事象である場合以外にも，実際に疾患などが悪化した，新たな疾患に罹患した，古い薬を自己判断で飲んだ，飲み忘れと勘違いして重ねて薬を飲んだ，市販薬やサプリメント・健康食品を使った，有害事象を新たな症状と認識しさらに医療機関を受診した（処方カスケード）などの可能性もあり，お薬手帳など情報の一元管理と原因の検討が必須である。

解答 2

問題 3 医学概論

筋骨格系に関する次の記述のうち，**正しいもの**を1つ選びなさい。

1 筋肉は骨格筋と心筋の2種類からなる。
2 筋組織にはカルシウムを貯蔵する働きがある。
3 人体は約400個の骨からなる。
4 骨量は小児期に最大となり，青年期以降は減少する。
5 骨には血球をつくる働きがある。

> **Point** 大項目「3 身体構造と心身機能」より，骨格系及び筋系について基本的な知識を問う問題である。教科書の内容を理解し覚えておくことが肝要である。

1 ✕ 筋肉は，**骨格筋，心筋，平滑筋の3種類**がある。このうち，骨格筋は意識的に筋を収縮して身体を動かすことが可能な随意筋である。刺激伝導系及び自律神経系により調節される心筋と自律神経系に調節される平滑筋は不随意筋である。

2 ✕ カルシウムを貯蔵する機能は，**骨**にある。筋組織の働きとして収縮による運動がある。筋収縮には，アデノシン三リン酸（ATP）とカルシウムイオン（Ca^{2+}）が必要であり，ミオシンフィラメントとアクチンフィラメントの相互作用により筋は収縮する。

3 ✕ 人体は，**約200個の骨**からなる。骨の表面部は極めて硬い緻密質からなる。内部は，スポンジ状の海綿質あるいは髄腔があり，骨髄が入る。骨髄には，造血組織を含む赤色骨髄と脂肪が主な黄色骨髄がある。

4 ✕ 骨量は，成長期の間だけ増加し，**男性は18歳〜20歳頃に，女性は15歳〜18歳頃に最大**となる。その後は，40歳頃までほぼ最大骨量を維持するがその後は，加齢とともに減少する。特に女性は閉経前から閉経後までの10年で約15％減少する。骨量の減少には生活習慣の関与も大きいため，日常生活で改善できることに取り組むことは重要となる。

5 ○ 骨には，①人体の支持，②関節での運動，③重要な内臓の保護，**赤色骨髄で血球をつくる働き**がある。その他の機能として，④カルシウムやリンの貯蔵がある。骨の表面を覆う骨膜は，血管や神経に富み，骨の発生，成長，再生，知覚に関与する。

図1 全身の主な骨の名称 図2 全身の主な骨格筋の名称

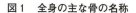
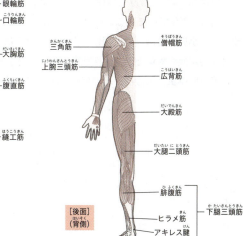

解答 5

問題 4 医学概論

難病に関する次の記述のうち，**正しいものを2つ**選びなさい。

1 発病の機構が明らかでない疾患であることは，「指定難病」の要件の一つである。
2 「指定難病」では，客観的な診断基準が定まっている。
3 「指定難病」の患者数は我が国において人口の1％程度に達する。
4 「障害者総合支援法」の対象疾患は，「指定難病」より対象範囲が狭い。
5 小児の難病については，法律に基づく難病対策はない。

（注） 1 「指定難病」とは，「難病の患者に対する医療等に関する法律」に基づき，厚生労働大臣が指定する疾病をいう。
　　　 2 「障害者総合支援法」とは，「障害者の日常生活及び社会生活を総合的に支援するための法律」のことである。

> **Point** 大項目「5　公衆衛生」より，日本の難病対策及び小児慢性特定疾病対策について基本的な知識を問う問題である。難病対策は，難病の患者に対する医療等に関する法律（難病法）に基づき，実施されている。

1　○　難病法で指定される難病とは，「**発病の機構が明らかでなく，かつ，治療方法が確立していない希少な疾病**であって，当該疾病にかかることにより長期にわたり療養を必要とすることとなるものをいう」と定められている。

2　○　指定難病の要件は，①発病の機構が明らかでない，②治療方法が確立していない，③長期の療養を必要とする，④患者数が人口の0.1％程度に達しない，⑤客観的な診断基準等が確立している，の五つである。指定難病は，厚生労働省令で定めるところにより，都道府県知事の指定する医師（指定医）が客観的な診断基準に基づき診断する。

3　×　2023年度（令和5年度）末で，特定医療費（指定難病）受給者証所持者数は，108万6579人であり，これに対して，2023年（令和5年）10月1日現在の人口推計における総人口は，1億2435万2000人である。その割合は0.87％で，人口の1％程度に達しているとはいえない。

4　×　障害者総合支援法における障害者等は，難病患者だけでなく，身体障害者，知的障害者，精神障害者（発達障害者を含む）を対象とするため，**対象疾患の範囲は幅広い**。なお，障害者総合支援法の対象となる難病は，369疾病であるのに対し，指定難病は，341疾病である。

5　×　小児の難病（小児慢性特定疾病）対策は，**児童福祉法**を根拠としている。児童福祉法には，主な小児慢性特定疾病対策として，医療費の助成，小児慢性特定疾病児童等自立支援事業の実施，小児慢性特定疾病対策地域協議会の設置，小児慢性特定疾病の治療方法等に関する研究の推進等が定められている。

解答　**1　2**

問題 5	医学概論

肺炎に関する次の記述のうち，**最も適切なもの**を1つ選びなさい。

1 市中肺炎の起因菌は肺炎球菌が最も多い。
2 誤嚥性肺炎は若年者に多い。
3 口腔ケアによって増悪する。
4 経皮的酸素飽和度（SpO$_2$）が上昇する。
5 肺炎の診断には発熱が必須である。

Point 肺炎は一般的に「肺胞領域の，急性の，感染性の，炎症」で，細菌，ウイルスなどが病原体である。発症の場により「市中肺炎」「院内肺炎」「医療・介護関連肺炎」に分類される。「市中肺炎」は，基礎疾患のない（あっても軽微な）人に起こり，「院内肺炎」は入院後48時間以上経過してから新しく発症したものである。「医療・介護関連肺炎」は，何かしらの基礎疾患があり，医療・介護の対象者に起こる。これらの違いを把握しつつ，肺炎に関する臨床症状・治療法・予防法の概要を押さえておく必要がある。

---

1 ○ 市中肺炎に**最も多い起因菌は肺炎球菌**である。肺炎球菌に対する予防接種（肺炎球菌ワクチン）を65歳以上の高齢者に推奨している。また，インフルエンザは罹患後に細菌性肺炎を合併することがあるため，インフルエンザワクチン接種を毎年行うことを推奨している。

2 ✕ 誤嚥性肺炎は，**高齢者に多い**。誤嚥性肺炎は長期臥床，脳血管疾患や慢性神経疾患などを有する場合に起こりやすい嚥下機能障害を理由に，高齢者の食事摂取に関連して発症する。誤嚥性肺炎は，反復しやすく，罹患するごとにADLの低下をもたらし，QOLを低下させる。

3 ✕ 口腔ケアは，口腔内の常在細菌量を減少させるため**肺炎の発症抑制効果**が期待されている。また，口腔への刺激により嚥下機能が回復して，食事が進むようになり，栄養状態の改善，免疫力の向上につながり，肺炎の予防になる。

4 ✕ 一般的に，肺炎では呼吸数が増加し，経皮的酸素飽和度（SpO$_2$）は**低下する**。経皮的酸素飽和度（SpO$_2$）は，パルスオキシメーターを用い，経皮的に測定された酸素飽和度のことである。酸素飽和度とはヘモグロビンに酸素が結合している割合である。

5 ✕ 肺炎の診断は，必ずしも**発熱が必須ではない**。肺炎の症状は，発熱，咳，痰，息切れなどであるが，高齢者では，典型的な症状を示さず，食欲低下，日常の活動性の低下等で気づかれることも多い。肺炎と気づかず重症化するケースもあるため，発熱がなくても十分に注意し，呼吸数の増加や経皮的酸素飽和度（SpO$_2$）の低下に注意する必要がある。

解答 **1**

| 問題 6 | 医学概論 | ✓ ✓ ✓ |

事例を読んで，Ａさんに**最も適切な入院形態**を１つ選びなさい。

〔事 例〕

　B市に住むＡさん（21歳）は，大学４年生で就職活動中であったが，なかなかうまくいかず，次第に抑うつ気分，意欲の低下，思考制止，不安，不眠を呈するようになった。同居する両親（両親ともに50歳代で共働き）とともに，精神科のクリニックを受診し，うつ病の診断となり治療開始となった。しかし，自宅では生活が乱れ，家に閉じこもりがちになり，定期的な受診や薬物治療が困難な状況となった。自傷行為や家族に対する他害行為はみられないが，なかなか抑うつ症状は改善を認めなかったため，主治医が入院加療の必要性があると判断した。主治医が本人及び両親に入院加療の必要性を説明したところ，本人は入院加療を希望した。その後，紹介状を持参のうえで，入院病床を有する精神科病院に受診した。

1　医療保護入院
2　措置入院
3　緊急措置入院
4　任意入院
5　応急入院

> 💡 **Point**　精神疾患では，精神保健及び精神障害者福祉に関する法律（精神保健福祉法）による入院があり，任意入院，医療保護入院，措置入院，緊急措置入院，応急入院の五つの入院形態がある。これら入院形態の違いを問う問題であるが，事例からは五つの入院形態の知識があいまいでもＡさんの同意があり紹介状まで書いてもらっていることから容易に解答できたと推測される。問題文を正確に読むことで，正解にたどりつける。

1　✕　医療保護入院は，**本人の入院同意は得られないが**，精神保健指定医の診察により医療及び保護のため入院が必要とされ，**家族等の同意**により行われる入院形態である。事例より，本人の入院加療に対する同意もあることから医療保護入院ではない。

2　✕　措置入院は，都道府県知事が指名する**2人以上の精神保健指定医**が診察し，精神障害者であり，かつ，医療及び保護のために入院させなければその精神障害のために自傷行為や他害行為を起こす可能性があると一致した診断に至った場合，**都道府県知事の命令**により入院させるものである。患者及び家族等の同意を必要としない。

3　✕　緊急措置入院は，特に**自傷行為や他害行為のおそれが著しい**ため，急速を要し，措置入院に必要な正規の手続きを直ちにとることが難しい場合，**入院期間を72時間に限って行われる**ものである。患者及び家族等の同意を必要としない。

4　◯　任意入院は，**患者本人の同意に基づく入院形態**である。患者自ら入院する旨を任意入院同意書にサインする必要がある。精神保健福祉法第20条で，なるべく任意入院が行われるように努めることが規定されている。事例では，自傷行為や家族に対する他害行為はなく，また，患者本人が入院加療を希望していることから，同意はとれており任意入院の形態である。

5　✕　応急入院は，精神保健指定医の診察の結果，直ちに入院が必要な状態であるものの，**患者本人の同意が得られず**，なおかつ家族等の連絡先が把握できない，連絡する手段がないといった場合に応急入院指定病院で行われる。患者及び家族等の同意がなくとも入院させる形態の一つである。入院期間は72時間に限られる。

解答 ④

心理学と心理的支援

●第 27 回試験問題の特徴

　新カリキュラムではソーシャルワークにおける相談業務に必要な心理学の基本的知識はもちろんのこと，心理的支援の方法と実践のあり方がより重要視されるようになったといえよう。出題数は 6 問である。大項目「2　人の心の基本的な仕組みと機能」及び大項目「5　心理学の理論を基礎としたアセスメントと支援の基本」からの出題が，それぞれ 2 問ずつであった。旧カリキュラム同様，基礎心理学の重要性と，新カリキュラムでの心理的支援の基本的技法の基本的な知識とそれを踏まえた支援の理解が求められている。**問題 11** は事例問題での出題であり，心理療法の一般的な知識のみでなく実際のかかわり方を具体的に問われている。これは支援の対象者の見立てを行い，具体的な支援方法及び問題解決に必要な思考力や判断力を問う意図がみてとれる。

●受験対策のポイント

　受験対策にあたり，支援の対象者を理解するための基本的な心理学の知識及び対象者のアセスメントに基づいた具体的な支援に関する理解を深めることが重要である。**問題 11** は単に用語の意味を問うのでなく，実際の支援場面（面接での基本的傾聴技法）を想定した問いとなっていた。このような傾向は今後も続くと考えられる。引き続き『最新 社会福祉士養成講座 精神保健福祉士養成講座 2 心理学と心理的支援』（中央法規出版）を中心に学習を進めて基本的な知識を押さえ，支援場面でのかかわり方をイメージできるとよい。これまで，ストレス（新出題基準大項目「4　日常生活と心の健康」）及び心理療法（新出題基準大項目「5　心理学の理論を基礎としたアセスメントと支援の基本」）に関連する問題が頻出であった。今回，ストレスに関する出題はみられなかったが，社会状況からしてもストレス全般に関する知識は重要であり今後も出題される可能性が高いといえよう。支援の対象者はもちろん，支援者のストレスの対処方法も重要である。『過去問解説集』で要点を押さえながら，ストレスに関する基本的知識等を整理しておくことが望ましい。心理療法に関しても，各心理療法の特徴や技法，各心理検査の対象と内容等を一覧表にしておけば正解を導くことができる。大項目 2 も同様であるため，知識の整理のため本書を利用したい。事例に関して，引き続き出題が予想されるため『養成講座』の事例を取り上げた章に触れ，支援の対象者の理解や支援や問題解決の方針や具体的な支援方法を思考，判断する練習をしておくとよい。

> **問題 7** 心理学と心理的支援
>
> 次の記述のうち、エピソード記憶の事例として、**最も適切なもの**を1つ選びなさい。
> 1 暗算をする際に、途中の計算結果を覚えておきながら計算を進めた。
> 2 相手の電話番号を聞いて、携帯電話に登録するまで覚えていた。
> 3 カナダは北アメリカ大陸にある国だと覚えていた。
> 4 昔、練習して乗れるようになった自転車に、今でもうまく乗ることができた。
> 5 昨日の晩御飯にとんかつを食べたことを思い出した。

> **Point** 記憶の種類に関する問題である。記憶の出題は頻出である。今回の出題のように、事例の提示と内容の理解を問うパターンがみられる。日常生活でも身近な記憶であるため、事例とともに覚えておきたい。情報は外部から感覚登録器に入力される。入力された情報は感覚記憶と呼ばれ、きわめて短い時間しか保持することができない。この情報に選択的注意が向けられると短期貯蔵庫へ送られて短期記憶と呼ばれる。この記憶はリハーサル（反復）を繰り返している間は忘れない。短期貯蔵庫から長期貯蔵庫へ転送された情報は長期記憶と呼ばれ、比較的永続的に保持することが可能となる。

1 ✕ 選択肢は、**作動記憶（ワーキングメモリー）**に関する事例である。作動記憶は、短い時間、あることを記憶にとどめておきつつ、認知的な作業を頭の中で行う記憶のことである。例えば、パンを買うために1000円を持って店に行き、別のものを同時に購入する際、パンを買うお金を残すように計算しつつ買い物をした、などの例である。

2 ✕ 選択肢は、**短期記憶**に関する事例である。短期記憶は、注意を向けていないと数秒から数分しか保持できない。一時的に保持された情報（選択肢の事例の場合は相手の電話番号）は何もしないまま時間が経つと忘却されるが、何度か繰り返す（リハーサル）を行うことによって短期記憶に保持される。または短期記憶から長期記憶へ送られる場合もある。例えば、毎朝、通学でバスに乗る場合、乗車時刻を覚えてしまうことがある。これは時刻が短期記憶から長期記憶へ転送されたと考えられる。いったん長期記憶に送られた情報は、比較的永続的に保存することができる。

3 ✕ 選択肢は、**意味記憶**に関する事例である。意味記憶は長期記憶の一つであり、長期記憶の中でも宣言的記憶と呼ばれる。長期記憶には、宣言的記憶と非宣言的記憶がある。宣言的記憶は、言葉で説明できる記憶のことであり、例えば「日本の首都は東京である」のように言葉や概念などの一般的な知識を指す。非宣言的記憶は、言葉では説明しにくい記憶のことを指す。

4 ✕ 選択肢は、**手続き記憶**に関する事例である。手続き記憶は言葉では説明しにくい記憶である非宣言的記憶である。いわゆる体で覚えている記憶のことである。例えば、楽器の演奏や泳ぎ方など、運動技能や習慣等に関する記憶を指す。手続き記憶は、一度しっかり記憶すれば忘れにくいといわれる。

5 ○ **エピソード記憶**は意味記憶と同様に宣言的記憶の一つである。朝、何を食べたか、昨日どこへ行ったか、など個人の経験のような5W1Hで表せる記憶を指す。

解答 **5**

| 問題 8 | 心理学と心理的支援 | ☑ ☑ ☑ |

職場における人間関係や意思決定に関する課題が生じたときに，その原因を理解したうえで，対応策を考えることが重要である。次の記述のような課題が職場で生じたときに，社会的抑制による事例として，**最も適切なもの**を1つ選びなさい。

1　上司があまり成長を期待していなかった職員よりも，期待をしていた職員の方が次第に業績が向上するようになった。

2　会議中，本当は反対したかったが，他の多くの参加者が賛成したので賛成してしまった。

3　一人で考えていた内容よりも，全員が参加した会議で決めた内容の方が極端な結論になった。

4　上司が仕事上の指導をするときに非常に近い距離まで接近してくるため，強い不快感が生じた。

5　個室で一人で作業に取り組んだときよりも，大勢が一緒にいる部屋で取り組んだときの方が，他人の目が気になって効率が悪くなってしまった。

Point 集団や対人関係に関する問題は頻出である。社会的な集団の中では，個人は他のメンバーの言動や行動を見聞きしながら，お互いに影響を与えたり，与えられたりしている。集団における人の行動の傾向を把握しておくことは，対人支援にも役に立つといえる。問題は，集団に関する理論を事例から選択するという形式で出題されることが多い。集団や対人関係に関連する理論はいくつかあるが，事例とともに整理しておくとよい。

1　✕　他者が期待をかけると成績や仕事の業績が上がる効果のことを**ピグマリオン効果**という。教師期待効果とも呼ばれる。ローゼンタール（Rosenthal, R.）が提唱した。上司と職員との関係でも同様のことが起こると予想できる。ピグマリオン効果が生じるのは，教師が学習者に対して何らかの期待をもつとその期待が学習者に意識的あるいは無意識的な影響を与え，結果として期待どおりの成績になるということである。反対に，他者から期待されないことで成績や仕事のパフォーマンスが低下することを**ゴーレム効果**と呼ぶ。

2　✕　集団の中で起こる心理的な圧力のことを**同調圧力**という。同調とは，集団の中で自分の考えや行動が他者と異なる際，自分の意見を変えて他者と同じ意見に合わせることを指す。この時，意識的な場合もあれば無意識的に行うこともあるが，他者の考えや行動と同じように振る舞うことを同調圧力という。

3　✕　集団で意思決定をするとき，個々のメンバーの意見よりも極端な意見になりやすいことを**集団極性化**という。このことは，個人で意思決定をする場合と集団で話し合って意思決定をする場合とでは，決定した内容に違いがでてくることを意味している。選択の方向性により，個人での意思決定よりも集団での意思決定のほうがリスクの大きいものを選択する傾向を**リスキーシフト**，逆に集団での意思決定が慎重なものを選択する傾向を**コーシャス（慎重な）シフト**と呼ぶ。

4　✕　私たちは他者が自分に近づきすぎると不安になるため一定の距離をおこうとする。一人ひとりがもっている空間のようなもので，他者の威嚇から自分を守るものを**パーソナルスペース（個人空間）**と呼ぶ。大きさには個人差がある。選択肢の事例は，上司が仕事上の距離（社会距離）を保つ必要があるにもかかわらず，非常に近い距離（密接距離あるいは個体距離）まで近づいたため不快感が生じたと説明できる。

5　〇　**社会的抑制**とは，何か作業をする際に一人で行うよりも集団の中で作業を行った時のほうが成果が下がることをいう。反対に，単純作業や機械作業など，一人で行うほうが集団の中で作業を行うよりも効果が上がることを**社会的促進**と呼ぶ。例えば，短距離走では単独で走るよりライバルと一緒に走るほうがよい記録が出る，などである。

解答 **5**

> **問題 9** 心理学と心理的支援
>
> エリクソン（Erikson, E.）の発達段階説における青年期の心理社会的危機として，**正しいもの**を1つ選びなさい。
> 1 基本的信頼　対　基本的不信
> 2 同一性　対　同一性混乱
> 3 勤勉性　対　劣等感
> 4 自発性　対　羞恥心
> 5 ジェネラティビティ　対　停滞

Point エリクソンの発達段階説は，発達は人生の終わりまで続くという生涯発達の考えに基づき，発達の各段階に乗り越えるべき心理社会的危機（課題）とそれにより獲得されるものがあると仮定する。

1 ✗ 「基本的信頼　対　基本的不信」は，**乳児期における危機**である。この段階では，養育者との安定した愛着の形成が課題となり，周囲の存在に頼っていくことで，他者を**信頼**できるようになる。しかし，それに失敗すると**不信**感が強まり，不安定な愛着が形成される。

2 ◯ 青年期には，自分の価値観や生き方を考え，**自我の同一性（アイデンティティ）** を確立する。同一性が確立されることで，自己に関して忠誠をもつことができるが，失敗すると「自分が何者かわからない」という**同一性の混乱・拡散**に陥る。

3 ✗ 「勤勉性　対　劣等感」は，**学童期（児童期）における危機**である。ここでは，学校や友人とのかかわりを通じて，「努力すればできる」という有能感を得て，学習や仕事に**勤勉**になる。しかし，それに失敗すると，**劣等感**が強まり，「自分は何をやってもダメだ」と思うようになる。

4 ✗ 「自発性　対　羞恥心」は，**幼児期における危機**である。歩行や会話など，好奇心をもち，積極的に挑戦することで**自律性**や**自発性**を確立するが，挑戦の機会が少ない場合や失敗を非難されると**恥の感情や罪悪感**を抱きやすい。

5 ✗ 「ジェネラティビティ（世代性）　対　停滞」は，**成人期における危機**である。仕事や子育て，社会貢献を通じて「自分は役に立っている」と感じることで，**世話の精神**をもち，社会に貢献できるようになるが，失敗すると「自分の人生は**停滞**している」と感じ，無気力になりやすい。

解答 **2**

| 問題 10 | 心理学と心理的支援 |

レジリエンスに関する次の記述のうち，**最も適切なもの**を１つ選びなさい。

1　ストレスをもたらす原因となる出来事のことである。
2　強いストレスや心理的傷つきを伴う経験から，個人が持つ回復していく力のことである。
3　ストレスに伴って生じた不快な情動を，意識的に低減する方略のことである。
4　心的外傷となった過去の出来事を，あたかも今生じているかのように経験することである。
5　社会的な関係の中で行われる支え合いや支援のことである。

Point　レジリエンスは，困難や逆境に直面したときに，それを乗り越え，適応し，回復する過程，結果，能力のことを指す。ストレスや外傷（トラウマ）を受けた後でもその状況に適応し，成長する力と関係し，単にストレス耐性が高いだけではなく，適応的な変化を遂げ，以前よりも成長することに注目している概念である。

1　**✕**　ストレスをもたらす原因となる出来事は**ストレッサー**という。ストレッサーには多様なものがあり，音や暑さ寒さなどの物理的ストレッサー，たばこの煙などの化学的ストレッサー，花粉やウイルスなどの生物的ストレッサー，そして社会生活や人間関係によって生じる心理・社会的ストレッサーがある。

2　**〇**　選択肢では「回復していく力」と表現されているが，より正確には，**困難や逆境を乗り越え，適応し，回復する過程，結果，能力**を包含する広い概念である。能力と捉える場合にも，特定の個人にのみ備わっているものではなく，環境や経験によって鍛えられるもので，ソーシャル・サポートや自己効力感に影響を受けて力を伸ばすことができると考えられている。

3　**✕**　ストレスに伴って生じた不快な情動を，意識的に低減する方略は**情動焦点型コーピング**という。ストレスに対処する方略には，情動焦点型コーピングのほかに，ストレスや困難な状況に対処するために，計画を立てたり，専門家に相談して情報収集をしたりすることで，問題そのものを解決しようとする**問題焦点型コーピング**がある。

4　**✕**　心的外傷となった過去の出来事を，あたかも今生じているかのように経験することを**フラッシュバック**という。特定の状況（事故の音，特定の臭いなど）が引き金になり，意図せずに，望んでいない体験が再び思い出されてしまう侵入症状として，心的外傷後ストレス障害（PTSD）の患者などにみられる。

5　**✕**　社会的な関係の中で行われる支え合いや支援のことを**ソーシャル・サポート**という。ソーシャル・サポートには，ストレスをもっている人に共感・励ましなどにより感情的な支えを行う**情緒的サポート**，金銭やサービスの提供など物理的・実際的な支援を行う**道具的サポート**，問題の解決に必要なアドバイスや情報の提供を行う**情報的サポート**，「前より上手くなったね」といったように自己評価を高めたり，意思決定を助けるためのフィードバックを行う**評価的サポート**がある。

解答 **2**

| 問題 11 | 心理学と心理的支援 | ✓ ✓ ✓ |

事例を読んで，マイクロカウンセリングのかかわり行動や基本的傾聴技法に基づいた面接の最初の段階の応答として，**最も適切なもの**を１つ選びなさい。

〔事 例〕

認知症のある親の介護について負担を感じている相談者が，地域包括支援センターを訪れ，社会福祉士が面接を行った。相談者は「何度も同じことを聞いてくるのでイライラして，つい強い口調で怒ってしまう」と訴えた。

1 「同じことを聞かれても，いつも初めてのように答えるといいですよ」

2 「それは適切な行動ではないですよね」

3 「私もあなたと同じような経験をしたので，あなたの気持ちがよくわかります」

4 「その状況について，もう少し詳しく話してもらえませんか」

5 「正確に記録したいので，ゆっくり話してもらえませんか」

Point マイクロカウンセリングとは，心理療法やカウンセリングに共通するコミュニケーションの技法（マイクロ技法）を体系的にまとめたものである。基礎的技法から高度な技法まで階層化されている。

図 マイクロ技法の階層表

1 ✕ この技法は，**指示**又は**指導**である。クライエントに行動の仕方や言葉のかけ方等を具体的に教えることで，問題解決に導くというものである。

2 ✕ この技法は**解釈**である。カウンセラーから見た枠組みで，クライエントの言動に対して意見を述べるというものである。クライエントはクライエントなりの枠組み（フレーム）で物事を見ているが，カウンセラーから新しい枠組みでの見方を提供するというものである。なお，カウンセラーの解釈により，クライエントの物事の見方が変化することをリフレーミングと呼ぶ。

3 ✕ この技法は**自己開示**である。カウンセラー自身の体験を述べることで，クライエントの信頼を得るというものである。

4 〇 これは基本的傾聴技法の連鎖の一つであるかかわり行動である。クライエントの話題を逸らさず，話に追随する。クライエントの話を傾聴するという技法で，面接における最初の段階の応答として，適切である。

5 ✕ これはマイクロ技法ではなく，面接を進めるうえでのカウンセラーからクライエントに対する**依頼**である。面接の進め方や面接の環境を整えるといったこともコミュニケーションにおいては重要である。

解答 ④

問題 12　心理学と心理的支援

認知行動療法に関する次の記述のうち，**最も適切なもの**を1つ選びなさい。

1. 不安を「生の欲望」と捉え，不安にとらわれずに行動するよう指導する。
2. クライエントが記憶や夢などを語る自由連想法が用いられる。
3. 抑圧されていることによって，対象者が気づいていない無意識への気づきを促す。
4. 不適応を生み出している行動や思考を，適応的なスタイルに変化させるように働きかける。
5. クライエントの行動に焦点を当てて，強化因子を用いて介入するため，感情面の変化は目標としない。

> **Point** 認知行動療法は，行動科学と認知科学に基づいた心理療法である。科学的な根拠（エビデンス）を重視し，マニュアル化された手続きがあることが特徴である。認知行動療法の一般的なプロセスは，①導入，②見立て・ケースフォーミュレーション，③目標設定，④介入，⑤再発予防・終結の五つの段階である。認知行動療法にはさまざまな介入技法があるが，代表的なものを知っておくとよい。

表　認知行動療法の代表的な介入技法

心理教育	当事者や家族に，疾患や障害，問題行動等に関する正しい知識を伝え，その対処方法を身につけてもらう。
エクスポージャー法	恐怖や不安を引き起こす対象にあえて段階的に近づくことで，恐怖や不安への抵抗力を増やす。
系統的脱感作法	恐怖や不安の対象となっている刺激を，きわめて弱い状態から段階を追って強めていき，同時に脱感作と呼ばれるリラクゼーションを行うことで，恐怖や不安を克服する。
認知再構成法	否定的認知を同定し，適応的な認知を発見することを通して感情調整を図る。
マインドフルネス	瞑想等を用いながら，今この瞬間の体験に意識を向けることで，物事に囚われることのないようにする。
ソーシャルスキル・トレーニング	ロールプレイを用いて，社会生活に必要な適応的な行動を学習する。

1　✗　これは**森田療法**に関する記述である。森田療法では，不安や恐怖を人間の誰もがもっている自然な感情とし，これを「生の欲望」と呼ぶ。これに囚われたり，これを排除したりせず，あるがままを受け入れる。

2　✗　これは**精神分析**に関する記述である。精神分析では，カウンセラーはクライエントに対する質問や助言や指示を最小限にし，クライエントに自由に話してもらう。

3　✗　これは**精神分析**に関する記述である。精神分析では「人間には無意識がある」と仮定し，記憶や夢を重視する。

4　○　これは**認知行動療法**に関する記述である。認知行動療法では，不適応的な思考（認知）や行動を適応的なものに変容させる。

5　✗　これは**応用行動分析**に関する記述である。応用行動分析では，個人の内面（感情など）には注目せず，行動とその前後の状況（環境）に注目をして介入する。

解答 **4**

社会学と社会システム

●第27回試験問題の特徴

　第27回試験から新カリキュラムでの試験に移行したが，**問題13**，**問題14**，**問題17**は過去にも複数回出題のあったテーマであり，とりわけ**問題13**の「社会集団」で出題されているキーワード（アソシエーション，ゲゼルシャフト等）は，ほぼ毎回いずれかの問題で取り上げられてきている。**問題15**の過疎地域の動向や，**問題16**の「国民生活基礎調査の概況」の内容についても，毎回とはいわないまでも，繰り返し出題のあった頻出テーマであるといってよい。ただし，これまで毎回1，2問の出題があった旧カリキュラムの出題基準でいう大項目の「3　人と社会の関係」に関連するテーマ・キーワード（社会関係資本，社会的行為，役割，社会的ジレンマ等）からは今回出題がなかった。その一方で，旧カリキュラムの出題基準には含められていなかったテーマから出題があった。災害時における「レジリエンス」の意味内容を問う**問題18**である。過去に本科目から出題されたことがなく，また，本科目のテキストでもあまり説明がないキーワードではあるが，学術的にも流行のキーワードなので，それほど難しい問題ではないだろう。

●受験対策のポイント

　上述した旧カリキュラムから変わらず出題されているテーマ・キーワードについては，これまでどおり，頻出テーマ・キーワードに的をしぼった学習ができるか否かがこの科目を攻略するポイントとなる。すなわち，社会学の基本的な学説や理論，概念からの出題で，具体的には，「社会システムの概念」「社会階級と社会階層」「社会集団の概念」「社会変動の概念」「地域の概念，コミュニティの概念」「社会関係資本」「逸脱」「家族の概念」「世帯の概念」「失業」「ライフステージ，ライフコース」「相互作用」「役割取得，アイデンティティ」などの頻出テーマが出題の中心となるのだろう。そのためには，本書を繰り返し解いてみるのが最も効率的な学習方法であるといえる。

　また，旧カリキュラムにはなかった「中項目」及びその小項目（例示）について，今回「災害と復興」からレジリエンスに関する出題があったので，今後も「グローバリゼーション」や「環境」「災害と復興」などの範囲からの出題があると考えられる。『最新 社会福祉士養成講座 精神保健福祉士養成講座3 社会学と社会システム』（中央法規出版）の関連箇所をよく理解し，そのテーマに関連する社会福祉士の役割における意義を理解した上で，重要キーワードの正確な意味を押さえておく必要がある。

　それに加えて，公的な統計資料や白書の内容を問う出題への対応も引き続き必要である。国勢調査や国民生活基礎調査，労働力調査等の統計調査，あるいは高齢社会白書等の白書を中心に，試験直前にはその最新のデータ，最新版をできるだけ網羅的に押さえておくとよいだろう。

| 問題 13 | 社会学と社会システム |

社会集団などに関する次の記述のうち，**最も適切なもの**を１つ選びなさい。

1 大衆とは，利害関心に基づき意図的に選択された集団のことである。

2 外集団とは，そこに属していながら，帰属感や愛着心をもてない集団のことである。

3 アソシエーションとは，特定の目的を達成するための集団のことである。

4 ゲゼルシャフトとは，伝統的な地縁，血縁，友愛などによって形成された集団のことである。

5 準拠集団とは，敵意を持ち嫌悪や軽蔑の対象となる集団のことである。

Point 社会集団もしくは集団とは，①集団を構成するメンバーの間に関心や目標が共有されていること，②地位及び役割の分化がみられること，③メンバーの行動を規制する規範が存在すること，④メンバーの間に「われわれ意識」があること，⑤メンバー間の相互行為に規則性と持続性がみられること等の諸条件を満たす人々の集まりを意味する。社会集団の分類については，旧カリキュラムにおいても出題の頻出テーマとなっており，とりわけ，ゲマインシャフト，ゲゼルシャフト，コミュニティ，アソシエーション，第一次集団，第二次集団の出題頻度が高い。

---

1 ✕ 大衆（mass）とは，「利害関心に基づき意図的に選択された集団」ではない。**大衆は社会的地位や階級，職業，学歴，財産などの社会的障壁を越えて互いに見知らぬ人々から構成される非組織集団である。**近代化において社会の分化と拡大，大規模組織化が進行した結果，人間がそれまで自分たちを帰属させ庇護してもらっていた家族やコミュニティのような中間集団や，その中での絆を喪失し，バラバラな個人として存在しなければならなくなる大衆化によってもたらされた社会を大衆社会といい，原子化した個人，匿名性，非人間的接触，マスコミによる画一化や大衆操作を特徴とする。

2 ✕ 外集団（out-group）とは，「そこに属していながら，帰属感や愛着心をもてない集団」ではない。**サムナー（Sumner, W. G.）**によれば，内集団とは，メンバーが親密な社会関係を継続することにより互いを「われわれ（we）」として同一視することができ，献身や愛情の対象となるような集団である。これに対して外集団とは，「彼ら（they）」として個人の前に立ち現れてくる集団で，競争関係や対立関係にある人々の集団を指す。

3 ◯ **マッキーバー（MacIver, R. M.）**は，人間生活における関心が包括的なものなのか，それとも特定のものなのか，また，その発生が自然的なものなのか，それとも人為的なものなのかという２点を基準として，社会集団をコミュニティとアソシエーションに分類した。

4 ✕ 「伝統的な地縁，血縁，友愛などによって形成された集団」はゲゼルシャフトではなく**ゲマインシャフト**である。**テンニース（Tonnies, F.）**は，社会集団を，本質意志に基づいて形成された家族や村落などの「**ゲマインシャフト**」と，選択意志に基づいて形成された会社や政党などの「**ゲゼルシャフト**」に分類した。

5 ✕ 準拠集団（reference-group）とは「敵意を持ち嫌悪や軽蔑の対象となる集団」を指すのではない。個人が何らかの集団にアイデンティティをもち，その行動様式や規範を習得しようとするとき，これをその個人にとっての準拠集団といい，**マートン（Merton, R. K.）**によって体系的に理論化された。**準拠集団は当人が所属している所属集団に限定されず，将来所属したい集団の規範を先取りして社会化が行われることもある。**選択肢の「敵意を持ち嫌悪や軽蔑の対象となる集団」を外集団という。

解答 **3**

| 問題 14 | 社会学と社会システム | ☑ ☑ ☑ |

都市に関する次の記述のうち，**最も適切なもの**を１つ選びなさい。

1 サムナー（Sumner, W. G.）は，都市に特徴的な生活様式をアーバニズムとした。

2 ジンメル（Simmel, G.）は，都市では多様な下位文化が形成されるとした。

3 フィッシャー（Fischer, C.）は，都市を人間生態学的に分析した。

4 倉沢進は，都市は同心円状的に形成されるとした。

5 鈴木榮太郎（すずきえいたろう）は，都市は結節機関を持つ聚楽社会（じゅらくしゃかい）であるとした。

Point 都市社会学における都市に関する新旧の諸理論を問う出題である。パーク（Park, R. E.），バージェス（Burgess, E. W.），ワース（Wirth, L.）といったシカゴ学派第２世代の都市社会学者の理論は，旧カリキュラム時代からの頻出テーマである。これに加えて，ウェルマン（Wellman, B.）の「コミュニティ解放論」も最近では頻出テーマとなっているので，特に確認しておきたいところである。

1 ✗ 「都市に特徴的な生活様式をアーバニズム」としたのは，サムナーではなく，**ワースのアーバニズム理論**である。ワースは都市に特徴的な生活様式をアーバニズムと呼び，都市は人口集合体の大きさ，高い人口密度，人口の異質性によって特徴づけられるが，この都市の生態学的特徴が，第一次的関係に対する第二次的関係の優位，親族や近隣の弱体化，匿名性や無関心といったように都市生活者の結びつきを弱めることになるとした。

2 ✗ 「都市では多様な下位文化が形成される」というアーバニズムの下位文化論を提唱したのは，ジンメルではなく**フィッシャー**である。フィッシャーによれば，人口が集中する都市では，人々のネットワークの選択的形成が可能になるから，その多様なネットワークを基盤とする多様な下位文化が形成されるという。

3 ✗ 「都市を人間生態学的に分析した」のは，フィッシャーではなく，**パーク**である。科学的な社会調査に基づく社会問題の解決を目指したパークは，動物や植物の個体群を対象としていた生物学の新しい分野であったエコロジーを援用した自らの方法を「人間生態学（human ecology）」と呼んだ。

4 ✗ 「都市は同心円状的に形成される」としたのは，**バージェスの同心円地帯理論**である。都市の拡大過程を，土地利用と居住階層を手がかりにして，会社や官公庁などの中枢機関が集中している都心の「中央ビジネス地区」から，小さな工場が入りこみ移民労働者などの居住地となっている「遷移地帯」「労働者住宅地帯」，中流階級の高級アパートや独立家屋の専用区域である「住宅地帯」，郊外の「通勤者地帯」といったように同心円状に広がる都市構造モデルとして提示した。

5 ◯ 鈴木榮太郎は，「共同防衛の機能と生活協力の機能を有するために，あらゆる社会文化の母体となってきたところの地域社会的統一」を「聚楽社会」とし，聚楽社会には都市と村落があるとした。また，鈴木は，聚楽社会や地域社会を相互に関連づけ交流させる機能をもった官公庁や企業体のような機関を「結節機関」と呼び，都市や都市化の本質を結節機関の特定地域への増大・集中の中にみた。

解答 5

| 問題 15 | 社会学と社会システム |

「過疎関連法」及び「令和4年度版 過疎対策の現況」（総務省）に関する次の記述のうち，**最も適切なもの**を1つ選びなさい。

1　2020年（令和2年）国勢調査時点の過疎地域の産業別就業人口割合は，第一次産業就業者数が5割を超えている。

2　2020年（令和2年）国勢調査時点の過疎地域の人口は，全人口の2割に満たない。

3　2023年（令和5年）4月1日時点の過疎地域の市町村数は，全市町村数の4割に満たない。

4　2020年（令和2年）国勢調査時点の過疎地域の高齢化率は，全国平均よりも低い。

5　過疎地域とは，人口減少率によって定義されてきた。

（注）「過疎関連法」とは，現行の「過疎地域の持続的発展の支援に関する特別措置法」に至る一連の過疎関連の法律である。

Point 現行の「過疎地域の持続的発展の支援に関する特別措置法」に至るまでの過疎地域を規定する一連の法律及び「令和4年度版 過疎対策の現況」（総務省）から，過疎地域の歴史や定義，現状が広く問われている。過疎地域や限界集落については旧カリキュラムにおいても度々出題があったが，過疎地域についてここまで体系的に出題されたのは第27回が初めてといってよい。正答を導き出すためには，「令和4年度版 過疎対策の現況」（総務省）を丁寧に確認しておく必要がある。

1　✕　2020年（令和2年）国勢調査時点の過疎地域の産業別就業人口割合は，第一次産業就業者が全体の**13.7％に過ぎず，5割を超えてはいない**。過疎地域では，かつて第一次産業が中核的な産業であったが，産業別就業人口割合をみると，第一次産業では，1970年（昭和45年）から2020年（令和2年）までの50年間で，44.1％から13.7％と大きく減少しており，第二次及び第三次産業の人口割合が8割以上を占めている。

2　○　2020年（令和2年）国勢調査時点の過疎地域の人口は，1167万人であり，総人口（1億2615万人）に占める割合は**9.3％**で全体の2割に満たない。対して非過疎地域の人口は1億1419万人で，総人口の90.5％を占めている。

3　✕　過疎地域の市町村数は，2023年（令和5年）4月1日時点で885（311市449町125村）であり，全国の市町村総数に占める割合は**51.5％**であって4割を超えている。対して非過疎地域の市町村数は793（453市288町52村）であり，全国の市町村総数に占める割合は46.1％である。

4　✕　2020年（令和2年）国勢調査時点における過疎地域の高齢化率は，**39.7％**であり，**全国平均28.0％よりも11.7ポイント高くなっている**。過疎地域の2020年（令和2年）の年齢階層別人口構成比を全国と比較すると，65歳以上の高齢者階層の構成比は全国の構成比を上回っているのに対し，64歳以下のすべての年齢階層において，過疎地域の構成比は全国よりも低い。また，1970年（昭和45年）から2020年（令和2年）までの65歳以上の高齢者比率の推移をみると，過疎地域では30.0ポイントも増加している。

5　✕　過疎地域は人口減少率によってのみ定義されたのではなく，**財政力要件によっても定義されてきた**。1970年（昭和45年）に成立した過疎地域対策緊急措置法では，過疎地域の要件としては，人口要件及び財政力要件の両方を満たす市町村の区域とされた。以降，1980年（昭和55年）に施行された過疎地域振興特別措置法，1990年（平成2年）に施行された過疎地域活性化特別措置法，2000年（平成12年）の過疎地域自立促進特別措置法，2021年（令和3年）の過疎地域の持続的発展の支援に関する特別措置法，いずれの過疎関連法においても，過疎地域は人口要件と財政力要件の2要件から定義されてきたし，人口要件についても，過疎地域活性化特別措置法以降は，人口減少率に加えて高齢者比率及び若年者比率を用いている。

解答　2

> **問題 16** 社会学と社会システム
>
> 次の記述のうち，2022（令和4）年の国民生活基礎調査の結果（「2022（令和4）年国民生活基礎調査の概況」（厚生労働省））についての説明として，**最も適切なもの**を1つ選びなさい。
>
> 1 1世帯当たり平均所得金額は300万円を下回っている。
> 2 現在の暮らしの状況が「大変苦しい」「やや苦しい」とした世帯は，50％を超えている。
> 3 相対的貧困率は20％を超えた。
> 4 子ども（17歳以下）の相対的貧困率は25％を超えた。
> 5 公的年金・恩給を受給している高齢者世帯の中で「公的年金・恩給の総所得に占める割合が100％の世帯」は，90％を超えている。

Point　「2022（令和4）年国民生活基礎調査の概況」（厚生労働省）の「各種世帯の所得等の状況」からの出題である。「国民生活基礎調査の概況」からの出題は過去にもあるが，「世帯数と世帯人員の状況」からの出題がほとんどであった。貧困率は，3年に1度の大規模調査の年にのみ掲載されるが，常に最新の数字を把握しておきたいところである。

1 ✕　「2022（令和4）年国民生活基礎調査の概況」によれば，2021年（令和3年）の1世帯当たり平均所得金額は，**300万円を下回ってはいない**。平均所得金額は，「全世帯」で**545万7000円**となっている。また，「高齢者世帯」が318万3000円，「高齢者世帯以外の世帯」が665万円，「児童のいる世帯」が785万円となっている。

2 ◯　「2022（令和4）年国民生活基礎調査の概況」によれば，現在の暮らしの状況が「大変苦しい」「やや苦しい」とした世帯は，全世帯で**51.3％**となっており，**50％を超えている**。各種世帯別に暮らしの状況をみると，「苦しい」の割合は，「母子世帯」が75.2％，「児童のいる世帯」が54.7％となっている。一方で「高齢者世帯」では「苦しい」の割合が48.3％となっている。

3 ✕　「2022（令和4）年国民生活基礎調査の概況」によれば，2021年（令和3年）の貧困線（等価可処分所得の中央値の半分）は127万円となっており，「相対的貧困率」（貧困線に満たない世帯員の割合）は**15.4％**（対2018年（平成30年）△0.3ポイント）で，**20％を超えてはいない**。

4 ✕　「2022（令和4）年国民生活基礎調査の概況」によれば，「子どもの貧困率」（17歳以下）は**11.5％**（対2018年（平成30年）△2.5ポイント）となっており，**25％を超えてはいない**。「子どもがいる現役世帯」（世帯主が18歳以上65歳未満で子どもがいる世帯）の世帯員についてみると，10.6％（対2018年（平成30年）△2.5ポイント）となっており，そのうち「大人が一人」の世帯員では44.5％（対2018年（平成30年）△3.8ポイント），「大人が二人以上」の世帯員では8.6％（対2018年（平成30年）△2.6ポイント）となっている。

5 ✕　「2022（令和4）年国民生活基礎調査の概況」によれば，公的年金・恩給を受給している高齢者世帯の中で「公的年金・恩給の総所得に占める割合が100％の世帯」は**44.0％**であり，**90％を超えてはいない**。また，高齢者世帯の所得の種類別1世帯当たり平均所得金額の構成割合をみると，「公的年金・恩給」が62.8％，「稼働所得」が25.2％となっている。

解答 **2**

問題 17	社会学と社会システム

差別や偏見に関する次の記述のうち，**適切なもの**を**2つ**選びなさい。

1 ゴッフマン（Goffman, E.）は，主に身体に付随し，それが他者にとっての偏見を呼び起こす「印」として機能するものをスティグマと呼んだ。

2 オルポート（Allport, G.）は，民族的偏見を「誤った，柔軟性のない一般化に基づいた反感」と定義づけた。

3 リップマン（Lippmann, W.）は，人々の知覚や認識を単純化して理解することをダブル・コンティンジェンシーと呼んだ。

4 コールマン（Coleman, J.）は，政治・経済・軍事などの分野のトップが社会の権力を握るとするパワーエリート論を展開した。

5 ミルズ（Mills, C.）は，一次的逸脱と二次的逸脱という概念を用いて，逸脱的アイデンティティが形成されるメカニズムを説明した。

Point 差別や偏見，逸脱を生み出すメカニズムに関する社会学的な理論からの出題である。差別や偏見については過去に頻繁に出題があったわけではないが，逸脱を説明する理論である，レマート（Lemert, E. M.）やベッカー（Becker, H. S.）らによるラベリング理論は，旧カリキュラム時代からの頻出テーマである。

---

1 ○ スティグマとは，元来は古代ギリシャにおいて奴隷や犯罪者を識別するための肉体的な烙印を意味していたが，現代では汚名や恥辱を表す言葉として一般的にも用いられている。ゴッフマンは，このスティグマという言語を，身体上の障害や性格上の欠点，人種・民族，宗教など，ある人々が他の人々と異なることを示し，その存在によって**他人の蔑視や不信を買うような望ましくない「印」，社会的な烙印という意味で用いている**。

2 ○ オルポートは，偏見解消の方法として**「接触仮説」**を提唱している。接触仮説とは，相手に対する知識の欠如が偏見を生み出す要因となるため，異なる集団間のメンバーが接触することによって偏見が低減され，両者の関係が改善されるというものである。

3 ✕ リップマンは，人々の知覚や認識を単純化して理解することを**「ステレオタイプ」**と呼んだ。ステレオタイプとは，特定の社会集団の構成員の中に広範に受容されている固定的かつ画一的な観念やイメージであり，紋切り型とも呼ばれる。観念やイメージの内容が極端に単純化されている一方で，強力な情緒的感情が充填されているため，その内容と対立する実証的な証拠を冷静に受け入れることに抵抗を示しがちである。パーソンズ（Parsons, T.）による「ダブル・コンティンジェンシー」とは，相互行為において，一方の人の行為の結果が他方の人の行為に依存しており，その逆もまたそうであることを意味する。

4 ✕ 政治・経済・軍事などの分野のトップが社会の権力を握るとするパワーエリート論は，コールマンではなく，**ミルズ**によって提唱された。ミルズの同名書で一般的になった概念で，パワーエリートとは，政治・経済・軍事の三つの制度的秩序の頂点に立って連合して支配的地位を占めている人々を意味しており，実際の現代アメリカの支配グループの存在を指しているとされる。

5 ✕ 一次的逸脱と二次的逸脱という概念を用いて，逸脱的アイデンティティが形成されるメカニズムを説明したのはミルズではなく**レマート**である。逸脱とは社会規範と一致しない行動，たとえば犯罪や非行などを指すが，レマートは逸脱を，最初の規則違反行動である一次的逸脱と，他者から「逸脱者」というレッテルを付与されたことで自らを逸脱者であるとアイデンティファイすることにより継続・激化される二次的逸脱という概念を用いて，逸脱的アイデンティティが形成されるメカニズムについて説明した。

解答 **1** **2**

問題 18 社会学と社会システム

災害時におけるレジリエンスの意味として，**最も適切なもの**を１つ選びなさい。

1. 災害の発生から復旧・復興に加え，次の災害に備えていくための諸活動を一つのサイクルとして捉えることである。
2. 支援ニーズに対して支援者側から積極的に働きかけて情報や支援を提供することである。
3. 被災者並びに被災地が被害から立ち直っていく際に持つ力のことである。
4. 予期しない出来事に遭遇した際に，事態が悪化しているにもかかわらず楽観的な見方を維持する態度のことである。
5. 大規模災害の後に一時的な現象として発生する理想郷的コミュニティのことである。

> **Point** レジリエンスは，現在ミクロからマクロまで，すなわち，個人，コミュニティ，組織，国家までのあらゆるレベルでアクターが獲得するべきであるとされる能力である。レジリエンスは元来「回復力」や「しなやかさ」をあらわす一般的な概念であるが，1980年代に欧米の児童精神医学，発達心理学分野において「子どもが逆境に遭遇しながらも，それを克服し，社会でポジティブな適応をする現象」をそう呼ぶようになり，個人の特性に焦点を当てたレジリエンス研究が蓄積されていった。しかし，個人は地域など自身の置かれた環境から大きな影響を受けるため，地域（コミュニティ）におけるレジリエンスの重要性が指摘され始めた。

1 ✕ 「災害の発生から復旧・復興に加え，次の災害に備えていくための諸活動を一つのサイクルとして捉えること」はレジリエンスではなく**「災害サイクル」**である。災害サイクルでは，災害発生から復興までの過程を超急性期，急性期，亜急性期，慢性期，平穏期などのフェーズに分け，各フェーズにおいて適切な対応策が必要とされる。平穏期においては，次の災害に備えるための対策が講じられる。

2 ✕ 「支援ニーズに対して支援者側から積極的に働きかけて情報や支援を提供すること」はレジリエンスではなく，**アウトリーチ**（支援）である。

3 ○ 日本においては，東日本大震災をきっかけとする「防災から減災へ」の流れの中でコミュニティ・レジリエンス研究が盛んになっていった。「減災」の考え方では，危機を避けられないものとして捉え，危機に際していかに柔軟に回復し，システム全体の存続を図っていくかが問われるが，その中で被災者及び被災地の「レジリエンス」がクローズアップされるようになった。

4 ✕ 「予期しない出来事に遭遇した際に，事態が悪化しているにもかかわらず楽観的な見方を維持する態度」は，レジリエンスではなく**「正常性バイアス」**もしくは**「楽観主義バイアス」**である。

5 ✕ 大規模災害の後に一時的な現象として発生する理想郷的コミュニティは**「災害ユートピア」**でありレジリエンスではない。ソルニット（Solnit, R.）は，大規模な災害が発生した後に，被災者や関係者の間に連帯感が生まれ，気分の高揚感，社会貢献に対する意識が高まるなど，一時的に高いモラールを有するコミュニティが生まれることがあるとし，それを「災害ユートピア」と呼んだ。

解答 ③

社会福祉の原理と政策

●第27回試験問題の特徴

　本科目の出題数は9問で，社会福祉の原理や歴史，思想・哲学，理論，福祉政策，福祉サービスの供給，社会問題を問う内容が含まれている。内容が幅広く，他の科目と重複する内容も含まれることから，学習範囲の広さに戸惑う人もいるかもしれない。また第27回試験問題をみて，これまでの出題の仕方から変わったと感じた人もいたかもしれない。しかしながら出題された9問は，いずれも出題基準の大項目・中項目に当てはまり，小項目（例示）の用語がそのままキーワードとして使われている問題もみられた（**問題19**「福祉国家」，**問題20**「社会事業」，**問題22**「貧困」，**問題23**「多文化共生」，**問題25**「措置制度」）。

　出題された問題をみると，単に用語を暗記していれば解けるものではなく，時代背景や現代とのつながり，その意味を正しく理解しているか問われた問題が複数あった（**問題19**，**問題20**，**問題21**，**問題25**，**問題26**）。また，貧困や多文化共生という小項目（例示）に挙げられた用語がそのまま問題文に出ているが，それが現在のどのような取り組みの中で用いられているかを問う問題（**問題22**，**問題23**）もあり，社会との接点に対する理解が必要とされていることがわかる。

　全体的に，旧出題基準の「現代社会と福祉」よりも，小項目（例示）の内容が増えていることから，小項目（例示）の用語がどのような文脈の中で登場するのか，その周辺の情報と併せて理解することが求められる。また，二つの選択肢を答える問題（**問題24**）も出題されていることから，問題文を読み飛ばさない点にも留意する必要がある。

●受験対策のポイント

　本科目では，社会福祉の理論や福祉制度の歴史的展開，現代社会における福祉政策の動向が出題基準となっているため，これに係る基本的な知識は，過去問を解きながら学習をしておくことが望まれる。併せて現代の社会福祉に係る諸問題，またそれにかかわる政策に広く目を向けることも大切であることから，最新の「厚生労働白書」や社会の動向にも目を向けておくことが欠かせない。また，科目を横断した出題もあるため，複数の科目で出題される場合があることを念頭に置いた学習が大切になってくる。

　第37回試験では，これまでにはみられなかったような内容も出題されているが，現在の社会情勢や社会問題に対する対応方法を知っていれば，初めてみる問題でも正解にたどり着くことができる。日々新聞に目を通したり，ニュースに接したりすることで社会の動向を理解することができる。こうした日々の取り組みは，過去問題に取り組むことと併せて，本科目の受験対策として有効な学習方法になり得る。

問題 19 社会福祉の原理と政策

次の人物のうち，英国において「福祉国家」から「小さな政府」への転換を図った首相として，**最も適切なもの**を1つ選びなさい。

1 ウィンストン・チャーチル（Churchill, W.）
2 クレメント・アトリー（Attlee, C.）
3 マーガレット・サッチャー（Thatcher, M.）
4 トニー・ブレア（Blair, T.）
5 ゴードン・ブラウン（Brown, G.）

Point　「福祉国家」とは，国が医療や所得，雇用などの社会保障政策を用意し，貧困などの社会的問題に対処しながら人々の安定した生活を目指す国家を指す。「小さな政府」とは，政府による市場介入をできる限り減らし，民間に委ねることで経済成長を促進しようとする政策を指す。本問題は，これまでのイギリスの各政権がどのように福祉施策を展開してきたのかを問うものである。

1 ✗　ウィンストン・チャーチルは，保守党政権の首相である。第二次世界大戦中の1941年に，ベヴァリッジ（Beveridge, W. H.）を委員長とする戦後の社会保障のあり方を提案してもらう委員会を発足させた。この委員会の検討により，戦後のイギリス社会保障政策を決定づけた**ベヴァリッジ報告**が完成し，1942年に公表された。

2 ✗　クレメント・アトリーは，1945年にイギリス最初の労働党単独内閣を率いた人物である。アトリー内閣では，ベヴァリッジ報告に基づく体系的な社会保障制度が進められ，医療費の無料化，雇用保険，救貧制度，公営住宅の建設が行われ，**「福祉国家」が実現した**。

3 ○　マーガレット・サッチャーは，1979年に首相となった保守党の人物である。サッチャーは財政赤字を解決するために，**「小さな政府」**を志向し，福祉サービスの供給主体の決定に際して競争入札制度を導入するなど福祉サービスの民営化を進めた。これにより営利企業や非営利組織，社会的企業など多様な団体の参入が進み，**「福祉多元主義」**と呼ばれる多元的なサービス供給体制が確立した。

4 ✗　トニー・ブレアは，1997年に首相に就任した労働党の人物である。ブレア政権は，最も経済的で効率的かつ効果的な手段を用いてサービス供給に努めることを地方自治体に義務づける**ベスト・バリュー制度**を導入した。また地方自治体の改革に対し，ギデンズ（Giddens, A.）が提唱する経済効率と公平性の両立を目指す**第三の道**をとり，規制緩和と雇用政策をうまく組み合わせ，社会保障制度の立て直しを図った。

5 ✗　ゴードン・ブラウンは，2007年に首相に就任した労働党の人物である。前のブレア政権が進めた**NHS**（National Health Service（国民保健サービス））**改革**を引き継ぎ，サービスの質の向上に努めた。

解答 **3**

| 問題 20 | 社会福祉の原理と政策 |

大正期の社会事業に関する次の記述のうち，**最も適切なもの**を1つ選びなさい。

1 感化法が制定された。
2 中央慈善協会が設立された。
3 恤救規則が制定された。
4 大阪府で方面委員制度が創設された。
5 石井十次によって岡山孤児院が設立された。

Point 現在の社会福祉の制度・実践につながる明治期や大正期の社会事業について問う問題である。当時の社会情勢を受けてどのような法律や制度が制定されたのか，またそれが現在の法律や制度・取り組みとどのようにつながっているのか，内容とともに理解しておくことが求められる。

1 ✕ **感化法**は，1900年（明治33年）に制定された，非行少年の教育保護を目的とする法律である。この法律に基づき，不良少年，犯罪少年などの処遇機関として**感化院**が設置された。なお，感化法で制定された感化院は日本で法律上位置づけられた最初の社会事業施設である。

2 ✕ **中央慈善協会**は，現在の**全国社会福祉協議会**の前身となる組織で，1908年（明治41年）に発足した。初代会長は渋沢栄一である。中央慈善協会は，慈善事業の全国的連絡組織として国内外の救済事業の調査，慈善団体・慈善家の連絡調整・指導奨励などの活動を行った。

3 ✕ **恤救規則**は，1874年（明治7年）に制定された日本で最初の貧困者を救済するための法律である。当時貧困状態にある者の救済は，**人民相互の情宜**によってなされるべきものであるとされ，恤救規則では**無告の窮民**（誰の助けも期待できない困窮者）に限って，出身地までの旅費を支給するという名目で公費を与えるにとどまった。

4 〇 大阪府の**方面委員制度**は，1918年（大正7年）に大阪府知事の**林市蔵**が政治顧問の**小河滋次郎**とともに創設した制度である。小学校の通学区域を一方面とし，方面単位で方面委員を任命した。方面委員は担当方面居住者の生活状態を調査し，生活困窮者の救済を行った。なお前年の1917年（大正6年）には岡山県知事の**笠井信一**が済世顧問制度を創設している。いずれもドイツのエルバーフェルト市の取り組みを参考につくられた。方面委員制度は評価され，1928年（昭和3年）にはすべての都道府県で方面委員が設置され，1936年（昭和11年）には**方面委員令**が制定された。

5 ✕ **石井十次**が**岡山孤児院**を設立したのは，1887年（明治20年）である。岡山孤児院で暮らした孤児は一時期，1200名に上った。岡山孤児院では，おなかいっぱい食事を与える，子ども一人ひとりと向きあう，保育士を中心に子ども十数人が小さな家で生活をともにするといった先駆的な取り組みが行われた。

解答 4

| 問題 21 | 社会福祉の原理と政策 |

次の記述のうち，ニィリエ（Nirje, B.）が示したノーマライゼーションの考え方に基づく支援として，**最も適切なもの**を１つ選びなさい。

1 知的障害者と知的障害児を同じ施設で生活できるように支援する。

2 要保護児童に対しては，大規模な入所型施設で専門的なケアを提供する。

3 障害のある成人は，同性だけで生活するように支援する。

4 知的障害者の生活を，ノーマルな生活状態に近づけることを目指す。

5 知的障害者の自己選択よりも，支援者の決定を優先する。

Point ニィリエが示した①１日のノーマルなリズム，②１週間のノーマルなリズム，③１年のノーマルなリズム，④ライフサイクルにおけるノーマルな経験，⑤ノーマルな個人の尊厳と自己決定権，⑥その文化におけるノーマルな両性の形態，⑦その社会におけるノーマルな経済的水準とそれを得る権利，⑧その地域におけるノーマルな環境水準，というノーマライゼーションの原理を理解しておくことが求められる。また，ノーマライゼーションの代表的な思想家として，ニィリエのほかにバンク－ミケルセン（Bank-Mikkelsen, N. E.）とヴォルフェンスベルガー（Wolfensberger, W.）のノーマライゼーションの考え方も確実に理解しておく必要がある。

---

1 ✕ ニィリエが示したノーマライゼーションの原理には，**ライフサイクルを通じてノーマルな発達上の経験をする機会をもつこと**が示されている。よって，知的障害者と知的障害児を同じ施設で生活できるように支援することは，ノーマルな発達上の経験とはいえないため，適切ではない。

2 ✕ ニィリエが示したノーマライゼーションの原理には，**病院・学校・グループホーム・施設などの物理的設備基準が一般の市民の同種の施設に適用されているものと同じであること**と示されている。よって，要保護児童への専門的なケアを大規模な入所型施設で提供することは，ノーマルな環境水準とはいえないため，適切ではない。

3 ✕ ニィリエが示したノーマライゼーションの原理には，**男女両性がともに住む世界に暮らすこと**が示されている。よって，障害のある成人を同性だけで生活するように支援することは，男女両性がともに住む世界に暮らすとはいえないため，適切ではない。

4 ○ ニィリエのノーマライゼーションの考え方は，知的障害者をノーマルにするのではなく，**知的障害者の生活条件をノーマルにしていく環境を提供すること**である。なお，この考え方はニィリエだけでなく，ノーマライゼーションを提唱した，バンク－ミケルセンにも共通するものである。

5 ✕ ニィリエが示したノーマライゼーションの原理には，**ノーマルな個人の尊厳と自己決定権が尊重されなければならないこと**が示されている。よって，優先されるべきは，知的障害者の自己選択であり，支援者の決定ではない。

解答 4

| 問題 22 | 社会福祉の原理と政策 |

「持続可能な開発目標」（SDGs）がターゲットとしている「極度の貧困」の参照基準として，**最も適切なもの**を1つ選びなさい。

1　ラウントリー（Rowntree, B. S.）が貧困調査で使用した「第1次貧困」
2　経済協力開発機構（OECD）で使用される「相対的貧困率」
3　国連開発計画（UNDP）で使用される「人間開発指数」
4　世界銀行で使用される「国際貧困線」
5　タウンゼント（Townsend, P.）が貧困調査で使用した「相対的剥奪指標」

Point　「持続可能な開発目標」（SDGs）における目標1「貧困をなくそう」を題材に，貧困の概念を問うものである。「絶対的貧困」と「相対的貧困」という，貧困を捉える二つの軸に関係する学説の理解に加え，①マーケット・バスケット方式，②エンゲル方式，③格差縮小方式，④水準均衡方式という四つの最低生活費の算定基準についても理解しておくとよい。

1　✕　**「第1次貧困」は，最低生活費の算定基準であり**，「持続可能な開発目標」（SDGs）の「極度の貧困」の参照基準ではない。ラウントリーは，1899年に地元のヨーク市で貧困調査を行い，肉体的能率を維持するための最低限水準以下である「第1次貧困」と，収入が飲酒や賭博などのような平常とは異なったものに消費されない限り，第1次貧困以上の生活を送ることができる「第2次貧困」に区分した。

2　✕　**「相対的貧困率」は，貧困の広がりを示す指標であり**，「持続可能な開発目標」（SDGs）の「極度の貧困」の参照基準ではない。「相対的貧困」とは，ある特定の社会における標準的な生活様式と比較して，許容できない状態のことであり，「相対的貧困率」とは，等価可処分所得の中央値の半分の額である貧困線未満の所得しか得られていない人の割合のことをいう。

3　✕　**「人間開発指数」は，①健康長寿，②知識，③人間らしい生活水準，という人間開発の三つの基本的次元における平均的成果を測る総合的な指標であり**，「持続可能な開発目標」（SDGs）の「極度の貧困」の参照基準ではない。「人間開発指数」は，出生時平均余命，成人識字率と総就学率，1人当たり国内総生産（GDP）から算出される。

4　○　**「持続可能な開発目標」（SDGs）がターゲットとしている「極度の貧困」の基準は，「国際貧困線」であり，1日2.15米ドル未満で暮らす状態をいう。** 2023年に公表されたユニセフと世界銀行による報告書「国際貧困ラインでみる子どもの貧困の世界的動向」によれば，世界で6人に1人の子どもが「極度の貧困」の中で暮らしている。

5　✕　**「相対的剥奪指標」は，貧困の多様性や複合性を測る指標であり**，「持続可能な開発目標」（SDGs）の「極度の貧困」の参照基準ではない。タウンゼントは12種類の剥奪指標を示し，生活資源が平均的な人々と比較してきわめて劣っているため，標準的な生活から締め出されている状態を「相対的剥奪」と定義した。

解答 4

問 題 23	社会福祉の原理と政策

多文化共生社会の実現に向けた取組に関する次の記述のうち，**最も適切なもの**を１つ選びなさい。

1 「在留支援のためのやさしい日本語ガイドライン」では，外国人に情報を伝えるときは，外来語（カタカナ語）を多く使用するよう示している。

2 「地域における多文化共生推進プラン（改訂）」では，外国人材の都市部への居住を促すことを目指している。

3 多文化共生に取り組もうとする地方自治体への情報提供等のために，総務省は多文化共生アドバイザーの名簿を作成することとなっている。

4 災害時外国人支援情報コーディネーターは，外国語を母語とする者を充てることとされている。

5 「ヘイトスピーチ解消法」では，本邦外出身者も，日本文化の理解に努めなければならないと規定している。

(注)1 「在留支援のためのやさしい日本語ガイドライン」とは，出入国在留管理庁と文化庁が2020年（令和２年）８月に作成したガイドラインのことである。

2 「地域における多文化共生推進プラン（改訂）」とは，総務省が2006年（平成18年）３月に策定し，2020年（令和２年）９月に改訂したプランのことである。

3 「ヘイトスピーチ解消法」とは，「本邦外出身者に対する不当な差別的言動の解消に向けた取組の推進に関する法律」のことである。

Point 現在，政府は新たな外国人材の受け入れという視点から，多文化共生の推進を積極的に行っている。「外国人材の受入れ・共生のための総合的対応策」（令和６年度改訂）などの関係する近年の政策文書を確認しておくことが求められる。

---

1 ✕ 「在留支援のためのやさしい日本語ガイドライン」では，日本に住む外国人に情報を伝えたいときには，多言語での翻訳，通訳をするほかに，**やさしい日本語を使用する**ことが期待されている。やさしい日本語とは，難しい言葉の言い換えなど相手に配慮した，わかりやすい日本語のことである。

2 ✕ 「地域における多文化共生推進プラン（改訂）」（以下，改訂プラン）の要点は，①多様性と包摂性のある社会の実現による「新たな日常」の構築，②外国人住民による地域の活性化やグローバル化への貢献，③地域社会への外国人住民の積極的な参画と多様な担い手の確保，④受入れ環境の整備による都市部に集中しないかたちでの外国人材受入れの実現の４点である。改訂プランで謳われているのは，外国人材の都市部への居住を促進することではなく，**都市部に集中しないかたちで外国人材を受け入れる**ことである。

3 ◯ 総務省は，多文化共生に取り組む地方自治体が，助言やノウハウの提供等を受けられるよう，**多文化共生に関する活発な取組や，独自性・先進性のある取組を行っている地方自治体の担当部署，又は職員を多文化共生アドバイザーとして登録**する。また，総務省は，**多文化共生アドバイザーの名簿を作成し，アドバイザーに関する情報提供等を実施する**こととなっている。

4 ✕ 災害時外国人支援情報コーディネーターに求められるのは，外国人被災者に対する**多言語での情報提供**や，災害時に行政等から提供される情報を整理し，**外国人被災者のニーズとのマッチングを行う**ことである。災害時外国人支援情報コーディネーターは，地方自治体等の職員で一定の要件を満たす者である。外国語を母語とする者を充てなければならないということではない。

5 ✕ ヘイトスピーチ解消法第６条には，国及び地方公共団体の必要な取組として，**本邦外出身者に対する不当な差別的言動を解消するための教育活動と，そのために必要な取組を実施する**ことが規定されているが，日本文化の理解を本邦外出身者に求める規定はない。

解答 3

134

問題 24	社会福祉の原理と政策

次の記述のうち,「国民の健康の増進の総合的な推進を図るための基本的な方針」で示された内容として, **適切なもの**を **2つ**選びなさい。

1 平均寿命の延伸に関する具体的な数値目標を設定する。

2 女性については, ライフステージごとに女性ホルモンが劇的に変化するという特性等を踏まえ, 人生の各段階における健康課題の解決を図ることが重要である。

3 健康管理は個人の自己責任である。

4 生活習慣病の発症予防や重症化予防よりも, 再発や後遺症の予防を重視する。

5 地域の人々のつながりや様々な社会参加を促すことを目標として設定する。

(注)「国民の健康の増進の総合的な推進を図るための基本的な方針」とは,「国民の健康の増進の総合的な推進を図るための基本的な方針の全部を改正する件（令和 5 年厚生労働省告示第 207 号）」として公表されたものである。これを踏まえ健康日本 21（第三次）が示された。

Point この問題では,「健康日本 21」の土台となった「国民の健康の増進の総合的な推進を図るための基本的な方針」の内容に関する知識について問われている。「健康日本 21」とは, 21 世紀における国民健康づくり運動のことであり, 2002 年（平成 14 年）に公布（翌年に施行）された健康増進法を根拠法としている。同法は, 医療制度改革の一環としてつくられた法律であり, 健康づくりに取り組むことは国民の責務（第 2 条）であると明記した。2018 年（平成 30 年）に健康増進法は改正され, 望まない受動喫煙の防止を図るための措置等が明文化された。以上の経緯を踏まえ,「健康日本 21（第三次）」が示されたこと, また, こうした動向の背景には国の医療費抑制政策が関連していることを理解しておくとよいだろう。

1 ✕ **平均寿命ではなく健康寿命の延伸を実現されるべき最終的な目標として設定している。**「健康寿命については, 学術的に概念や算定方法が一定程度確立していること, 2040 年（令和 22 年）までの健康寿命の延伸目標が定められていること, 国民の認知度が高いこと等を踏まえ, 健康日本 21（第二次）から引き続き健康寿命の延伸を実現されるべき最終的な目標とする」と述べている。

2 〇 選択肢のとおり。ライフコースアプローチを踏まえた健康づくりとして, 特に, **子ども, 高齢者及び女性に関する目標を設定している。**

3 ✕ すべての国民が健やかで心豊かに生活できる持続可能な社会の実現に向け,「誰一人取り残さない健康づくりの展開（Inclusion）とより実効性をもつ取組の推進（Implementation）を通じて, 国民の健康の増進の総合的な推進を図るための基本的な事項」を方針として示している。また,「個人の行動と健康状態の改善のみが健康寿命の延伸・健康格差の縮小につながるわけではなく, **社会環境の質の向上自体も健康寿命の延伸・健康格差の縮小のための重要な要素である**ことに留意が必要である」とも述べている。

4 ✕ 再発や後遺症の予防を重視するとは示されていない。**生活習慣病の発症予防及び合併症の発症や症状の進展等の重症化予防に関し, 引き続き取組を進める**としつつ, 生活習慣病の発症予防及び重症化予防だけではない健康づくりが重要であると述べている。

5 〇 社会環境の質の向上として, ソーシャルキャピタルの醸成が健康に影響するという観点から, **地域の人々とのつながりや様々な社会参加を促すことを目標として設定している。**

解答 2 5

問題 25 社会福祉の原理と政策

福祉の措置に関する次の記述のうち，**最も適切なもの**を1つ選びなさい。

1 福祉サービスにかかる費用は全額国の負担となる。
2 被措置者とサービス提供事業者との間で，サービス提供に関する契約を結ばなければならない。
3 行政処分として福祉サービスの提供が決定される。
4 介護保険法の施行により，老人福祉法による措置入所は廃止された。
5 「障害者総合支援法」の施行に伴い，身体障害者福祉法及び知的障害者福祉法にかかる施設入所の措置を都道府県が採ることとなった。
(注)「障害者総合支援法」とは，「障害者の日常生活及び社会生活を総合的に支援するための法律」のことである。

Point 措置とは，保護や援護が必要である人に対して，その必要性や条件を満たしているかなどを行政（自治体）が判断し，サービスの供与を決定する仕組みのことである。施設や事業者は行政から措置委託費を受けてサービスを運営する。利用者にサービスの選択権はほとんどなく，サービスの種類や量は行政の権限や裁量で決定されるという点がその特性である。2000年（平成12年）以降は契約制度が多くの福祉サービスにおいて採用されている。「措置」と「契約」の双方のメリットとデメリットまでを理解をしておくとよいだろう。

---

1 ✗ 国だけでなく**都道府県と市町村も負担する**。
2 ✗ 被措置者とサービス提供事業者との間で直接行われる契約制度ではない。**行政がサービス提供事業者に措置委託を行い，措置委託費を受けたサービス提供事業者が被措置者に対して福祉サービスを提供する仕組み**である。
3 ○ 選択肢のとおり。措置制度とは，**行政処分として，福祉サービスの提供が決定される**制度である。
4 ✗ 介護保険法の施行（2000年（平成12年）4月1日）により，老人福祉法による措置入所が廃止されたわけではない。1990年（平成2年）に公布された，老人福祉法等の一部を改正する法律（「福祉八法改正法」ともいう）により，特別養護老人ホーム，養護老人ホームへの入所決定権は都道府県から町村に移譲され，入所措置を行うのは「都道府県，市及び福祉事務所を設置する町村」から「市町村」となった（1993年（平成5年）施行）。2002年（平成14年）からのいわゆる「三位一体の改革」（①国庫補助負担金改革，②税源移譲，③地方交付税の見直し）では，一般財源化が図られ，**養護老人ホームや特別養護老人ホームの措置入所に要する費用等の措置費の全額が市町村の負担**となった。
5 ✗ 都道府県ではなく**市町村**である。身体障害者福祉法及び知的障害者福祉法にかかる施設入所の措置は，**やむを得ない事由に該当する場合**に限り，市町村が採る。

解答 **3**

| 問題 26 | 社会福祉の原理と政策 |

社会福祉法に定められた福祉に関する事務所（福祉事務所）についての次の記述のうち，**最も適切なもの**を1つ選びなさい。

1　市町村は，福祉事務所を設置しなければならない。

2　現業を行う所員については，社会福祉主事を充てるよう努めなければならない。

3　現業を行う所員の数については，事務所ごとに標準数が定められている。

4　指導監督を行う所員は，社会福祉士でなければならない。

5　都道府県が設置する福祉事務所は，老人福祉法に定める福祉の措置に関する事務を行わなければならない。

Point　福祉事務所は，社会福祉法（以下，法）第14条に基づき設置されている。都道府県福祉事務所は当初，福祉六法を所管していたが，老人福祉分野と身体障害者福祉分野は，福祉八法改正により1993年（平成5年）4月に，知的障害者福祉分野は，2003年（平成15年）4月に，町村へ移譲された。

1　✕　法第14条第1項において，「**都道府県及び市（特別区を含む。以下同じ。）は，条例で，福祉に関する事務所を設置しなければならない**」とあり，同条第3項には「**町村は，条例で，その区域を所管区域とする福祉に関する事務所を設置することができる**」とある。つまり町村は任意設置のため，誤りである。市町村の設置する福祉に関する事務所は，同条第6項において，「生活保護法，児童福祉法，母子及び父子並びに寡婦福祉法，老人福祉法，身体障害者福祉法及び知的障害者福祉法に定める援護，育成又は更生の措置に関する事務のうち市町村が処理することとされているもの（政令で定めるものを除く。）をつかさどるところとする」とされている。

2　✕　福祉事務所は，①指導監督を行う所員，②現業を行う所員，③事務を行う所員を置くこととされており（法第15条第1項），**指導監督を行う所員と現業を行う所員は，社会福祉主事でなければならない**（同条第6項）とされている。

3　◯　現業を行う所員については，都道府県，市・特別区，町村ごとに被保護世帯数に応じて標準定数が示されている（法第16条）。

表　現業を行う所員の標準定数

設置主体の区分	現業員標準定数	標準定数に追加すべき定数
都道府県	被保護世帯が390以下の場合　6	65を増すごとに　1
市（特別区）	被保護世帯が240以下の場合　3	80を増すごとに　1
町村	被保護世帯が160以下の場合　2	80を増すごとに　1

4　✕　選択肢2の解説にあるように，法第15条第6項において，**指導監督を行う所員は，社会福祉主事でなければならない**とされている。

5　✕　法第14条第5項において「**都道府県の設置する福祉に関する事務所は，生活保護法，児童福祉法及び母子及び父子並びに寡婦福祉法に定める援護又は育成の措置に関する事務のうち都道府県が処理することとされているものをつかさどるところとする**」とされ，老人福祉法に定める福祉の措置に関する事務は行わない。

解答　**3**

問題 27 社会福祉の原理と政策

次のうち，日本において，法令に照らして「間接差別」となる事例として，**最も適切なものを 1 つ**選びなさい。

1 男女同数の職場にもかかわらず，法人内の管理職がほとんど男性のため，次の昇任人事では女性職員を優先して管理職に登用することにした。
2 職場内で複数の職員が集まって，同僚の職員Ａの私生活を噂し，それを聞いた職員Ｂが不快に思った。
3 広域にわたり展開する施設・事業所がなく，新規展開の計画がないにもかかわらず，転居を伴う転勤を要件として職員を募集し，男性だけを採用した。
4 車いすを利用する障害者が，正当な理由がないにもかかわらず公共交通機関の利用を拒否された。
5 特定の民族や国籍の人々に対し，その民族や国籍のみを理由として，地域社会からの排除を煽動（せんどう）する言動がなされた。

Point 間接差別は，1985年（昭和60年）に制定された「雇用の分野における男女の均等な機会及び待遇の確保等に関する法律」（男女雇用機会均等法）において，「性別以外の事由を要件とする措置であって，他の性の構成員と比較して，一方の性の構成員に相当程度の不利益を与えるものを，合理的な理由がないときに講ずること」と定義されている。この定義に対応して，①労働者の募集又は採用にあたって，労働者の身長，体重又は体力を要件とすること，②労働者の募集若しくは採用，昇進又は職種の変更にあたって，転居を伴う転勤に応じることができることを要件とすること，③労働者の昇進にあたり，転勤の経験があることを要件とすることに合理的な理由がない場合は，間接差別として禁止されている。

---

1 ✗ 男女共同参画社会基本法第2条において，男女共同参画社会の形成に向けた男女間の格差を改善するため，男女のいずれか一方に対し，**「自らの意思によって社会のあらゆる分野における活動に参画する機会」を積極的に提供する**という**「積極的改善措置」**が規定されている。

2 ✗ いわゆる「職場いじめ」に該当する選択肢である。「職場いじめ」には明確な定義はないが，労働契約法第5条では，「安全配慮義務」として，使用者に労働者の生命や身体等の安全を確保するよう義務づけており，いじめやパワーハラスメントに対応しなければならない。また，使用者には，**「職場環境配慮義務」**（労働安全衛生法第71条の2）があり，**快適な職場環境を形成するため必要な措置を継続的かつ計画的に講ずることに努めなければならない**，とされている。

3 ◯ Pointの②に該当する。「男女雇用機会均等法のあらまし」（厚生労働省）において示されている「合理的な理由がない場合として考えられる例」には，**「広域にわたり展開する支店，支社等がなく，かつ，支店，支社等を広域にわたり展開する計画等もない場合」**が挙げられている。

4 ✗ 「障害を理由とする差別の解消の推進に関する法律」（障害者差別解消法）第8条第1項の「事業者は，その事業を行うに当たり，**障害を理由として障害者でない者と不当な差別的取扱いをすることにより，障害者の権利利益を侵害してはならない**」に該当する差別といえる。

5 ✗ この選択肢は，ヘイトスピーチ解消法第2条において定義されている**「本邦外出身者に対する不当な差別的言動」**に該当する。選択肢では，同法の対象としている「本邦外出身者」に該当するかは明確ではないが，同条の「差別的意識を助長し又は誘発する目的で公然とその生命，身体，自由，名誉若しくは財産に危害を加える旨を告知し又は本邦外出身者を著しく侮蔑するなど，**本邦の域外にある国又は地域の出身であることを理由として，本邦外出身者を地域社会から排除することを煽動する不当な差別的言動」**という定義に該当する。

解答 3

社会保障

●第 27 回試験問題の特徴

　社会保障は，私たちが生涯に遭遇する可能性のある生活上の危機や困難を回避，軽減するために設けられた，国家的な制度や施策の集合体である。社会福祉士・精神保健福祉士の重要な役割の一つは，このような社会資源としての社会保障制度を，クライエントがそれぞれの生活状況に応じて適切に活用できるようわかりやすく助言したり，制度につないだりすることである。そのためにも，社会保障の各制度について的確に理解し，どのような場合にどのような制度が活用できるのか，実践的に学ぶことが重要となる。

　こうした本科目の重要性を反映して，新出題基準に基づく第27回試験から，本科目の出題数が従来の7問から9問に増加した。ただし，新旧出題基準を比較しても，内容や枠組みに大きな変更はみられず，従来と同様，社会保障の概念や各制度の仕組みの的確な理解，それを実践に応用できる能力（事例問題への対応能力）などを意識した学習が求められているといえる。

　本科目は出題範囲が広く，今回から出題数が増加したこともあり，出題基準の各項目から幅広い出題がみられた。ただし，設問自体は，一部にやや細かい選択肢がみられたものの，全体として社会保障の基礎的な内容の理解とその実践を問うものであり，基本的な重要事項を確実に身につけておけば解答できる出題であった。

●受験対策のポイント

　本科目の問題は，社会保障に関する知識（人口動態や少子高齢化に関するデータ，社会保障の費用と財源，社会保障制度の歴史，諸外国における社会保障制度の概要など，主として暗記事項）を問うもの（今回でいえば**問題29，問題30，問題36**）と，社会保障の総論的な内容や各制度の理解を問うもの（それ以外の各問）とに大別できる。

　このうち知識を問う問題に関しては，数年分の過去問で出題内容を確認するとともに，統計などの数値については，厚生労働省のホームページなどで近年の動向を把握する必要がある。

　他方，社会保障の諸制度については，単に「暗記する」「覚える」といった発想だけで学習していては設問に太刀打ちできない。出題の中心となる社会保険の各制度については，保険の仕組み（保険者は？　被保険者は？　給付の内容と要件は？　保険料は？）に即してテキストや参考書を読み込み，制度を「理解」するための学習が必要となる。その上で，学習内容を問題に当てはめて解答を導き出す実践的能力を養うことが重要となる。その際には，過去問等を繰り返し解くなどの演習が有効である。

| 問題 28 | 社会保障 | |

事例を読んで，社会保険制度の加入に関する次の記述のうち，**正しいものを1つ選びなさい**。

〔事 例〕
Aさん（23歳）は常勤の国家公務員である。Aさんの配偶者であるBさん（18歳）は無職であり，Aさんに扶養されている。

1 Aさんは厚生年金保険の被保険者である。
2 Aさんは介護保険の第二号被保険者である。
3 Aさんは雇用保険の被保険者である。
4 Bさんは健康保険の被保険者である。
5 Bさんは国民年金の第三号被保険者である。

> Point 社会保険制度の加入に関する基礎的な理解を問う事例問題である。社会保険の各制度（年金，医療，介護，雇用，労災）について，誰がどの制度に加入しなければならないのか（各制度の加入要件）を整理しておく必要がある。その上で，これらの加入要件を事例の登場人物の属性（年齢，職業等）に当てはめて正誤を判断することになる。

1 ○ 厚生年金保険の被保険者（＝国民年金第二号被保険者）となるのは，**厚生年金の適用事業所に常用的に雇用される70歳未満の者**である（国籍や性別，年金の受給の有無は問わない）。官公庁も厚生年金保険の適用事業所に該当するため，常勤の国家公務員であるAさんも厚生年金保険の被保険者となる（厚生年金の適用事業所については，テキスト等で確認・把握しておくこと）。なお，厚生年金保険の適用事業所と医療保険における健康保険の適用事業所は同一のため，厚生年金保険の被保険者は同時に必ず健康保険の被保険者となる点にも注意が必要である。

2 × 介護保険の被保険者は，第一号被保険者（市町村の区域内に住所を有する65歳以上の者）と第二号被保険者（**市町村の区域内に住所を有する40歳以上65歳未満の医療保険加入者**）に分けられる（介護保険法第9条）。Aさんは23歳であるため，介護保険の被保険者とはならない。

3 × **国家公務員，地方公務員は雇用保険の適用対象から除外**されている（雇用保険法第6条）。一方，日本郵政株式会社や国立大学法人，公立大学法人等は雇用保険の適用事業所とされており，これらに勤務している者は雇用保険の被保険者となる。

4 × Aさんは国家公務員のため，医療保険の被用者保険のうち，健康保険ではなく，国家公務員共済組合の組合員となる（共済組合の場合，被保険者ではなく組合員という）。Aさんに扶養されているBさんは，**被扶養者**として国家公務員共済組合に加入する。

5 × 国民年金の第三号被保険者は，次の①～③の要件をすべて満たす者である。①**20歳以上60歳未満の者**であって，厚生年金保険の被保険者（第二号被保険者）の配偶者であること，②日本国内に住所を有する者（国内居住要件），③第二号被保険者の収入により生計を維持するもの（原則として年間収入が130万円未満であること。ただし，130万円未満であっても，厚生年金保険の加入要件にあてはまる場合は厚生年金保険に加入することになるため，第三号被保険者には該当しない）。**Bさんは18歳であるため，国民年金の第三号被保険者に該当しない**。

解答 **1**

問題 29	社会保障

☑ ☑ ☑

第27回 社会保障

日本の社会保障の歴史に関する次の記述のうち，**最も適切なもの**を1つ選びなさい。

1　第二次世界大戦後間もなく，児童福祉法，身体障害者福祉法，老人福祉法が制定され，福祉三法の体制が確立した。

2　厚生年金保険法の改正により，1961年（昭和36年）に国民皆保険が実現した。

3　ひとり親世帯を対象とする手当の支給のために，1971年（昭和46年）に児童手当法が制定された。

4　老人医療費の無料化が1982年（昭和57年）の老人保健法の制定により行われた。

5　2000年度（平成12年度）から，新しい社会保険制度として，介護保険法が施行された。

Point 日本の社会保障の歴史に関する基礎的な知識を問う問題である。社会保障の歴史に関しては，本問で問われているような基本事項・重要事項を年表などを用いて時系列や領域ごとに整理しておく必要がある。その際，年号や制度の名称を機械的に暗記するだけではなく，それぞれの制度が制定・改正された社会的背景などと関連づけて整理すると把握しやすい。

1　✕　「福祉三法」は，**生活保護法**（1946年（昭和21年）），**児童福祉法**（1947年（昭和22年）），**身体障害者福祉法**（1949年（昭和24年））の三つである。これらはいずれも，第二次世界大戦後の荒廃した国民生活に対応するため，緊急的に整備されたものである。このうち生活保護法（旧・生活保護法）は，1950年（昭和25年）に廃止されており，同年にこれに代わる形で新たな「生活保護法」（現行のもの）が制定された。それ以後については，この生活保護法に児童福祉法，身体障害者福祉法を加えた三つを「福祉三法」と呼んでいる。その後，精神薄弱者福祉法（1960年（昭和35年），現・知的障害者福祉法）・老人福祉法（1963年（昭和38年））・母子福祉法（1964年（昭和39年），現・母子及び父子並びに寡婦福祉法）が制定され，上記の福祉三法と合わせて「福祉六法」の体制が確立した。なお，1951年（昭和26年）に社会福祉事業法（現・社会福祉法）が制定されているが，同法は福祉三法や福祉六法には含めない。

2　✕　国民皆保険体制が実現したのは，1958年（昭和33年）に改正された**国民健康保険法が1961年（昭和36年）に施行されたこと**によるものである。国民皆保険体制とは，全国民が原則として何らかの医療保険制度に加入する体制を指す。

3　✕　ひとり親世帯を対象とする手当を支給するために制定されたのは，1961年（昭和36年）に制定された**児童扶養手当法**である。1971年（昭和46年）に制定された児童手当法は，児童を養育している者に児童手当を支給するものである。

4　✕　老人医療費の無料化は，**1972年（昭和47年）に老人福祉法が改正**され，1973年（昭和48年）の施行により行われた。その後，1982年（昭和57年）の老人保健法（現・高齢者の医療の確保に関する法律）の制定（1983年（昭和58年）施行）により，老人医療費の無料化は廃止された。

5　〇　介護保険法は1997年（平成9年）に制定され，2000年度（平成12年度）に施行されている。急速な高齢化の進展に伴う要介護高齢者の増加，医療の進歩による介護期間の長期化やそれによる家族介護者の身体的・精神的負担の増大，寝たきりや認知症の高齢者，高齢者の単独世帯の増加といった社会的背景の下，要介護高齢者に対して必要な保健医療サービスや福祉サービスを提供することを目的とした，新たな社会保険制度として創設されたものである（そのため，年金，医療，雇用，労災に次ぐ「第五の社会保険」といわれることがある）。制度上の大きな特徴として，社会保険の仕組みが用いられていることのほか，サービス提供の仕組みとして，利用者とサービス提供事業者との契約に基づきサービスが提供される契約方式が採用されていることなどが挙げられる。

解答　5

問題 30　社会保障

「令和3年度社会保障費用統計」（国立社会保障・人口問題研究所）による社会保障の費用等に関する次の記述のうち，**正しいもの**を1つ選びなさい。

1　2021年度（令和3年度）の社会保障給付費の総額は，160兆円を超過している。
2　2021年度（令和3年度）の部門別（「医療」，「年金」，「福祉その他」）の社会保障給付費のうち，「福祉その他」の割合は，2割を超過している。
3　2021年度（令和3年度）の政策分野別社会支出の割合が最も大きいのは「家族」である。
4　2021年度（令和3年度）の社会保障財源における公費負担の割合は，社会保険料の割合よりも大きい。
5　2020年度（令和2年度）の日本の社会支出は，対国内総生産比でみると，OECD加盟国の中で最も大きい。

Point

社会保障費用統計に関する基本的な知識を問う問題である。社会保障費用統計は頻出のデータであり，概要の把握は必須である。社会保障費用統計には，「社会支出」と「社会保障給付費」という支出（社会保障費用の使途）に関する2種類の統計や，財源に関する統計である「社会保障財源」などが含まれる。学習にあたっては，これらの基本データのほか，社会保障費用の対国内総生産比（GDP比）などについても把握しておく必要がある。なお，支出に関する統計のうち，社会支出はOECD（経済協力開発機構）基準，社会保障給付費はILO（国際労働機関）基準に基づくもので，それぞれ算定の基準や費目，範囲などが異なる（そのため合計金額等の数値も異なる）。社会支出は主として社会保障費用の国際比較に用いられ，国内における社会保障費用の動向についてはもっぱら社会保障給付費が参照される。

1　✕　2021年度（令和3年度）の社会保障給付費総額は**138兆7433億円**で，160兆円は超過していない[*1]。
2　◯　2021年度（令和3年度）の部門別社会保障給付費のうち，「福祉その他」は35兆5076億円で，**総額に占める割合は25.6％**と2割を超過している。社会保障給付費には「部門別」と「機能別」の二つのデータがあり，部門別では社会保障給付費を「医療」「年金」「福祉その他」に分類している。2021年度（令和3年度）では，「医療」が47兆4205億円で34.2％，「年金」が55兆8151億円で40.2％となっている[*2]。
3　✕　2021年度（令和3年度）の政策分野別社会支出の割合が最も大きいのは「**保健**」で，社会支出の総額142兆9802億円のうち60兆5208億円（42.3％）を占めている[*3]。次いで，「高齢」が48兆7809億円（34.1％），「家族」が13兆5363億円（9.5％），「障害，業務災害，傷病」が6兆6818億円（4.7％），「遺族」が6兆3344億円（4.4％）となっている。
4　✕　社会保障財源（ILO基準）の費目（内訳）は「社会保険料」「公費負担」「資産収入」「その他」の四つであるが（「資産収入」と「その他」はまとめて「資産収入その他」として示されることもある），このうち，社会保険料と公費負担が大部分を占める。2021年度（令和3年度）において最も割合が高いのは，**社会保険料**の46.2％である（社会保障財源総額163兆4389億円のうち75兆5227億円を占める）。なお，公費負担の割合は40.4％（66兆1080億円）となっており，常に社会保険料の割合のほうが高い[*4]。
5　✕　2020年度（令和2年度）の日本の社会支出の対国内総生産比は25.36％で，**アメリカ（29.67％）やフランス（35.62％）**よりも小さくなっており，OECD加盟国の中で最も大きいとはいえない。

解答　2

---

*1　2022年度（令和4年度）の社会保障給付費の総額は，137兆8337億円であった。
*2　2022年度（令和4年度）の部門別の社会保障給付費は，「医療」が48兆7511億円（総額に占める割合は35.4％），「年金」が55兆7908億円（同40.5％），「福祉その他」が33兆2918億円（同24.2％）である。
*3　2022年度（令和4年度）の政策分野別社会支出の割合が最も大きいのは，「保健」であり61兆9775億円（総額に占める割合は43.5％）である。
*4　2022年度（令和4年度）の社会保障財源を項目別にみると，「社会保険料」が77兆2894億円（収入総額の50.5％），「公費負担」が64兆2172億円（42.0％）である。

問題 31	社会保障	✓ ✓ ✓

社会保障の給付に係る国の負担に関する次の記述のうち，**最も適切なもの**を1つ選びなさい。

1 基礎年金の給付費の3分の2を負担する。

2 年金生活者支援給付金の費用の2分の1を負担する。

3 介護保険の給付費の2分の1を負担する。

4 児童扶養手当の費用の3分の1を負担する。

5 生活保護費の2分の1を負担する。

Point 社会保障を構成する社会保険，社会手当，公的扶助等に関する給付の財源についての理解を問う問題である。財源の内訳は制度によって異なり，公費のみでも国庫負担と地方負担の割合は一様ではなく，また保険料や利用料，事業主負担等が含まれることもある。制度の種類や制度がつくられた理念（考え方）に関係づけて覚えておきたい。

1 ✗ 基礎年金の給付費に係る国の負担割合は，**2分の1**である。以前の国の負担割合は3分の1であったが，2004年（平成16年）から2分の1に引き上げられた。2012年（平成24年）の社会保障と税の一体改革により基礎年金の国庫負担割合が2分の1に恒久化された（2014年度（平成26年度）以降）。

2 ✗ 年金生活者支援給付金の支給に要する費用は，**全額を国庫が負担**する（年金生活者支援給付金の支給に関する法律第26条）。年金生活者支援給付金は，年金を含めても所得が低い者に対し，保険料納付済期間と保険料免除期間に基づく額を年金に上乗せして支給するものである。

3 ✗ 介護保険の給付費の財源は，公費5割，保険料5割となっている。公費のうち，国は25％，都道府県は12.5％，市町村は12.5％を負担する。なお施設等給付は，国が20％，都道府県が17.5％を負担する。

4 ○ 児童扶養手当の費用に係る国の負担割合は，**3分の1**である。残りの3分の2に相当する額は都道府県等が負担する（児童扶養手当法第21条）。児童扶養手当は，ひとり親家庭の生活の安定と自立の促進のために支給される所得給付であり，所得制限が設定されている。

5 ✗ 生活保護費に係る国の負担割合は，**4分の3**である（生活保護法第75条）。この生活保護費には，市町村及び都道府県が支弁した保護費，保護施設事務費，委託事務費，就労自立給付金費，進学・就労準備給付金費などが含まれる。

解答 **4**

問題 32　社会保障

事例を読んで，社会保険の適用に関する次の記述のうち，**最も適切なもの**を1つ選びなさい。

〔事　例〕
Aさん（47歳）は，大学卒業と就職氷河期が重なったことにより，正社員として就職することができず，現在に至るまでアルバイトとして働いている。Aさんは7歳の子と二人で暮らしている。被用者保険の適用拡大によって，それまで国民健康保険の被保険者だったAさんは初めて健康保険の被保険者となった。これにより，Aさんの状況はどのように変化するか。

1　新たに，国民年金の第二号被保険者となる。
2　児童手当の支給額が増額される。
3　新たに，労働者災害補償保険が適用される。
4　新たに，介護保険の第二号被保険者となる。
5　健康保険の保険料を，Aさんが3分の2，事業主が3分の1を負担することになる。

Point　社会保険の適用についての理解を問う問題である。加入要件や支給要件，支給の種類・方法・水準，財源などについて整理をして覚えておきたい。社会保険の適用範囲については，見直しが続いており，最新の動向について注意を払う必要がある。

1　〇　週の所定労働時間や所定内賃金，雇用期間などの要件を満たす短時間労働者は，厚生年金保険が適用されるため，国民年金（基礎年金）では**第二号被保険者**になる。なお，2024年（令和6年）10月から，従業員数51人以上の企業等で働く短時間労働者が健康保険・厚生年金保険の加入対象になった。

2　✕　児童手当の支給額は，児童の年齢とその数による。加入する医療保険の種類はかかわりがない。児童手当は0歳から18歳年度末までの児童を養育している者に対して，月額1万円から3万円までの現金が支給される。なお，2024年（令和6年）10月より所得制限が撤廃された。

表　児童手当の支給額

	3歳未満	3歳以上高校生年代まで
第1子・第2子	月額1万5000円	月額1万円
第3子以降	月額3万円	

3　✕　**労働者災害補償保険**は，アルバイトやパートタイマーなどの雇用形態には関係なく，**事業に使用される者で**，**賃金を支払われるすべての労働者**に適用されている。このため，健康保険の適用によって，労働者災害補償保険が新たに適用されることはない。

4　✕　介護保険の第二号被保険者は，40歳から64歳までの医療保険加入者が対象となり，健康保険だけでなく国民健康保険の加入者も同じように適用される。このため，47歳のAさんは**以前より介護保険の第二号被保険者**であり，健康保険の被保険者になっても変わらない。

5　✕　健康保険の保険料に係る事業主負担は制度によって異なる。組合管掌健康保険（組合健保）における事業主負担は法定の2分の1以上に設定することもでき，全国健康保険協会管掌健康保険（協会けんぽ）における事業主負担は2分の1と固定されている。いずれにしても**事業主負担が2分の1を下回ることはない**。

解答　**1**

| 問題 33 | 社会保障 |

公的年金の給付に関する次の記述のうち，**最も適切なもの**を1つ選びなさい。

1 老齢厚生年金は，受給権者が請求の手続きをとらなくても，支給開始年齢に達すれば自動的に支給が開始される。

2 老齢厚生年金を受給しながら就労する場合，収入によっては老齢厚生年金の一部又は全部の支給が停止される場合がある。

3 老齢基礎年金は，繰上げ受給又は繰下げ受給を選択できるが，いずれを選択しても受給額は変わらない。

4 障害基礎年金の受給者が遺族基礎年金の受給要件を満たした場合，両方の年金を受給することができる。

5 国民年金には，第三号被保険者を対象とする独自の給付として，付加年金がある。

Point ライフコースや本人の選択によって異なる公的年金のあり方についての理解を問う問題である。高齢者の労働参加や就労形態の多様化が進む中で，公的年金の加入や支給に係る個人の選択に注目した設問になっている。公的年金の詳細や手続きについては，日本年金機構のホームページに詳しいので参考にしてほしい。

1 ✕ 老齢厚生年金は，老齢基礎年金の受給資格を満たしており，厚生年金保険の被保険者期間があれば，原則65歳から受給できるが，自動的に支給が開始されるものではなく，**年金の請求手続きが必要**である。

2 〇 老齢厚生年金を受給しながら就労する場合，収入に応じて老齢厚生年金の一部又は全部の支給が停止される。これを**在職老齢年金**という。賃金と年金の合計額が支給停止調整額を上回る場合，老齢厚生年金（老齢基礎年金は含まれない）の支給が停止される仕組みである。

3 ✕ 老齢基礎年金（老齢厚生年金も同じ）は65歳からの受給を原則とするが，60歳から65歳までの間に繰り上げて受給する場合の**年金額は減り**，66歳から75歳までの間に繰り下げて受給する場合の**年金額は増える**。

4 ✕ 公的年金では，老齢年金や障害年金，遺族年金といった支給事由が異なる年金を二つ以上受けることができる場合，**原則として，どれか一つの年金を選ばなければならない**。ただし，たとえば障害基礎年金と障害厚生年金のように，支給事由が同じものの組み合わせは一つの年金とみなされるため，両方の年金を受給できる。

5 ✕ 付加年金は，**第一号被保険者**と任意加入被保険者を対象とする独自の給付である。付加年金は，**第一号被保険者**等が定額保険料に付加保険料を上乗せして支払うことで，老齢基礎年金に加えて受給できる終身年金である。ただし，国民年金基金の加入中は付加保険料を納付することはできない。付加年金は定額であって，物価スライドによる調整はない。

解答 2

| 問題 34 | 社会保障 | |

事例を読んで，Ａさんに適用される社会保険制度に関する次の記述のうち，**最も適切なもの**を１つ選びなさい。

〔事　例〕
　Ａさん（55歳）は配偶者のＢさんと離婚した。Ａさんは離婚以前，国民年金の第三号被保険者及び健康保険の被扶養者であった。二人の間に子はおらず，Ａさんは，現在，単身で暮らしている。離婚時に年金分割の手続きは済ませている。

1　離婚前は，Ｂさんが，Ｂさん自身の厚生年金保険料に加えて，Ａさんの国民年金保険料を納付していた。
2　Ａさんは，離婚前に被扶養者の認定を受けていた健康保険の任意継続被保険者となることができる。
3　Ａさんは，離婚の前後を通じて，介護保険料を市町村から直接徴収されている。
4　Ａさんは，分割した年金記録に基づく老齢厚生年金を，自身の支給開始年齢に達するまでは受給できない。
5　Ａさんは，国民年金保険料の納付猶予制度を利用することができる。

> Point　年金保険，医療保険，介護保険の三つの社会保険制度について，加入対象，保険料，給付要件を問う広範囲の問題である。各社会保険制度について，加入対象の範囲（扶養の範囲を含む），保険料の設定と支払い方法，給付の種類と要件などの基礎知識を把握しておきたい。なお，事例問題については，事例に直接記述されている設定を十分に把握しておくだけでなく，記述内容から導き出せる情報を考慮できるよう準備しておきたい。

1　✕　事例に直接記述されていないものの，読み取れる情報が二つある。Ａさんが国民年金の第三号被保険者及び健康保険の被扶養者であったという情報から，Ａさんの職業は専業主婦（夫）あるいは短時間労働者であったことがわかる。また，Ｂさんは会社員等の被用者であり，健康保険と厚生年金の被保険者であることもわかる。離婚前は，Ｂさんは自身の厚生年金保険料を支払っていた一方で，第三号被保険者の保険料は，配偶者が加入する厚生年金制度が負担する仕組みになっているため，Ａさんの**国民年金保険料の納付は不要**であった。

2　✕　健康保険の任意継続被保険者になるには，「資格喪失日の前日までに健康保険の被保険者期間が継続して２か月以上あること」が要件となっている。Ａさんは健康保険の被保険者ではなく**被扶養者であったため要件を満たさない**。なお，任意継続被保険者制度は，健康保険の被保険者であった者が退職などにより被保険者資格を喪失したときに，本人の選択によって，引き続き退職前に加入していた健康保険の被保険者になることができる制度である（最大２年間）。

3　✕　Ａさんは40歳以上であるため介護保険の第二号被保険者である。離婚前のＡさんは健康保険の被扶養者であったため，Ａさんの介護保険料はＢさんが加入する健康保険の保険者が医療保険料と併せて徴収していた。離婚後は，Ａさんが加入する公的医療保険の保険者が医療保険料と併せて介護保険料を徴収することになる。よって，離婚の前後にかかわらず**介護保険料を市町村が直接徴収することはない**。

4　○　年金分割によって分割を受けたＡさんは，自身の生年月日に応じた**受給開始年齢に達しなければ分割された年金を受け取ることができない**。

5　✕　国民年金保険料の納付猶予制度の対象となるのは，**20歳以上50歳未満**であり，本人・配偶者の前年所得が一定額以下の者である。55歳のＡさんは対象にならない。

解答　4

問題 35	社会保障

雇用保険制度に関する次の記述のうち，**最も適切なもの**を1つ選びなさい。

1 基本手当の支給に係る失業の認定は，労働基準監督署において行われる。

2 基本手当の所定給付日数は，被保険者期間には関係なく決定される。

3 高年齢求職者給付金は，失業し，一定の要件を満たした高年齢被保険者に支給される。

4 介護休業給付金では，介護休業開始時の賃金の50％相当額が支給される。

5 出生時育児休業給付金は，産後休業中の労働者に対して支給される。

Point 基本手当，育児休業等給付，介護休業給付は雇用保険の柱といえる保険給付である。それぞれの給付要件や給付額などについてしっかりと把握しておきたい。特に育児休業等給付は，2025年（令和7年）4月1日より育児休業給付金，出生時育児休業給付金，出生後休業支援給付金，育児時短就業給付金に分かれることに注意したい。

---

1 ✕ 失業の認定は，**公共職業安定所（ハローワーク）**が行う（雇用保険法第15条第3項）。

2 ✕ 雇用保険の被保険者期間が長いほど，所定給付日数は長くなる。基本手当の給付日数は，年齢，障害等の事情による就職の難易度，雇用保険の**被保険者期間**，離職の理由などによって決定される。特に，倒産や解雇等により，再就職の準備をする時間的余裕がなく離職を余儀なくされた特定受給資格者は，一般の離職者に比べ給付日数が長くなる場合がある。

3 ◯ 65歳以上で雇用されている者を高年齢被保険者という。一定の要件（離職の日以前1年間に被保険者期間が通算して6か月以上あること）を満たした高年齢被保険者が失業した場合には，基本手当に代えて**高年齢求職者給付金**が支給される。

4 ✕ 介護休業給付金は，介護休業開始時の賃金の**67％相当額**が支給される。

5 ✕ **産後休業（出生日の翌日から8週間）中の労働者は出生時育児休業給付金の対象外**である。出生時育児休業給付金は，原則男性を対象にした制度であり，産後パパ育休（出生時育児休業）を取得して一定の要件を満たした場合に支給される。

解答 **3**

| 問 題 36 | 社会保障 | ☑ ☑ ☑ |

諸外国における公的医療と公的年金の制度に関する次の記述のうち，**最も適切なものを１つ選び**なさい。

1 フランスの公的医療保険は，制度創設以来，外来診療については現物給付を原則としている。

2 ドイツの公的年金制度は，全国民共通の一元的な所得比例年金の構造となっている。

3 スウェーデンの公的年金制度は，完全積立の財政方式をとっている。

4 イギリスでは，租税を主財源とする医療サービスにより公的医療を保障している。

5 アメリカでは，連邦政府運営の公的医療保険によって国民皆保険を実現している。

💡 **Point** 諸外国の社会保障制度に関する基本的な問題である。多くの受験者にとって，諸外国の社会保障制度を知る機会は乏しいため，参考書等でしっかりと勉強しておきたい。なお，出題される可能性が高い国々の社会保障制度については，「海外情勢報告」（厚生労働省ホームページ）が情報を網羅している。

---

1 ✕ フランスの公的医療保険は，外来診療については**償還払い（現金給付）**を原則としている。ただし，保健システム現代化法（2015年成立）によって，償還払いを原則としていた外来診療等についても，医療機関への直接払いへの移行が進んでいる。

2 ✕ ドイツの公的年金制度は，**職種等に応じて複数の種類に分かれており**，原則報酬比例の給付となっている。

3 ✕ スウェーデンの公的年金制度は，**賦課方式**で運営される所得比例年金を中心に，**積立方式**で運営される確定拠出型のプレミアム年金，年金額が一定水準に満たない者には国の税財源による保証年金などが組み合わされた構成となっている。

4 〇 イギリスの公的医療は，**租税を主財源とした国民保健サービス（NHS）**によって提供されている。

5 ✕ アメリカの公的な医療保険制度は，65歳以上の者や障害者等に対するメディケア，低所得者に対するメディケイド，低所得世帯の児童向けの医療保険プログラム（CHIP）などに限定されており，**国民皆保険**ではない。

解答 4

権利擁護を支える法制度

●第 27 回試験問題の特徴

　本科目は，国家資格創設時にあった「法学」の内容を基礎に，「権利擁護と成年後見制度」と改称され，2000 年度（平成 12 年度）から開始された成年後見制度と福祉サービス利用者の権利擁護を中心として出題されるようになった。さらに，カリキュラムの見直しに伴い，「権利擁護を支える法制度」として，文字どおり福祉サービス利用者の権利擁護を支えるさまざまな法制度に関する科目となっている。出題数は，前回より 1 問少ない 6 問であり，五肢択一の設問が 5 問，五肢択二の設問が 1 問である。事例問題は前回と同じく 3 問であるが，事例本文の内容は比較的短いものであった。具体的な出題内容は，以下のとおりである。

　　問題 37　三親等の親族
　　問題 38　事例問題：障害者福祉施設従事者等による障害者虐待への対応（五肢択二）
　　問題 39　障害者差別解消法
　　問題 40　事例問題：高齢者の状態に応じた権利擁護の方針
　　問題 41　成年後見制度の利用促進
　　問題 42　事例問題：成年後見の開始が利用者に及ぼす影響

●受験対策のポイント

　現行の出題基準では，大項目は「1　法の基礎」「2　ソーシャルワークと法の関わり」「3　権利擁護の意義と支える仕組み」「4　権利擁護活動で直面しうる法的諸問題」「5　権利擁護に関わる組織，団体，専門職」「6　成年後見制度」となっている。

　第 27 回試験では，2 の民法に関連して相続等にも影響の大きい「三親等の親族」を問う設問があった。続いて，事例問題として 3 の虐待防止法や差別禁止法に関連し，障害者福祉施設従事者等による障害者虐待への対応を問うもの，また，障害者差別解消法（障害を理由とする差別の解消の推進に関する法律）に関する知識を問うものがあった。これらの設問は，問題文をよく読み基礎的な知識を習得していれば，容易に正答の選択肢を見つけられると思われる。

　さらに，事例問題では 6 に関連し，利用者の状況に応じた権利擁護の方針として，社会福祉協議会が運営する成年後見センターのケース会議を想定したものや，成年後見制度の利用促進に関する設問があった。これらは，基礎的な知識の上に応用力が試される実践的な設問である。成年後見の開始が利用者に及ぼす影響についての事例問題も，利用者が当然もつべき権利の変化についての知識を問うものである。

　学習としては，テキストで日本国憲法と民法，行政法等の法学に関する基礎知識を学習した上で，成年後見制度に関する制度の知識を積み重ね，過去問により出題傾向をつかむことが重要である。

| 問題 37 | 権利擁護を支える法制度 | |

次のうち，三親等の親族として，**正しいもの**を1つ選びなさい。

1 祖母
2 配偶者の姉
3 いとこ
4 弟
5 甥(おい)の配偶者

Point 三親等の親族を問う設問である。民法における親族の規定をしっかり理解しておくことが基本になっており，この知識がしっかりと身についていれば，さほど難しい問題ではないと思われる。「親族」とは，民法第725条に規定する親族を意味し，具体的には六親等以内の血族，配偶者，三親等以内の姻族を指す。ソーシャルワーカーとして，相続の問題等に対処するに当たって必要となる知識である。国家試験では，どうしても緊張したなかで短時間で設問に当たらなければならないが，ぜひ落ち着いて親族の系譜を思い出して正答を導き出してもらいたい。

1 ✕ 「祖母」は，**二親等の親族**（血族）である。
2 ✕ 「配偶者の姉」は，**二親等の姻族**にあたる。
3 ✕ 「いとこ」は，**四親等の親族**（血族）である。
4 ✕ 「弟」は，兄弟姉妹であるため，**二親等の親族**（血族）である。
5 ◯ 「甥の配偶者」は，**三親等の姻族**にあたるため，正しい。

解答 5

図　親族図（法律上親族とされる範囲）

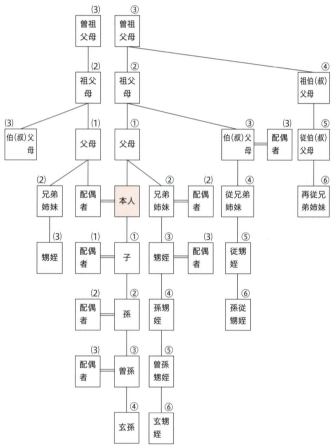

注 1）垂直線でつながった親族が直系であり，斜線で外側に出た親族は傍系である。血縁でつながった親族が血族であり，配偶関係を通した親族は姻族である。
2）自己の配偶者の兄弟姉妹の配偶者とは親族関係はない。また，自己の直系卑属（子・孫など）の配偶者の父母とは親族関係はない。
3）①〜⑥は血族間の親等を示し，(1)〜(3)は姻族間の親等を示す。

問題 38	権利擁護を支える法制度

事例を読んで，障害者福祉施設従事者等による障害者虐待への対応に関する次の記述のうち，**適切なものを2つ**選びなさい。

〔事　例〕

A県B市に所在するC障害者支援施設に勤務するD生活支援員は，同僚のE生活支援員が知的障害のある利用者のFさんに対して，著しい暴言を投げかけている場面を目撃した。

1　Dは，Fさんの同意の有無にかかわらずB市に通報する。

2　Dは，施設長の許可を得てからB市に通報する。

3　B市は，知的障害者福祉法に基づき立入調査を実施する。

4　B市は，Dからの通報であることを施設に伝える。

5　B市はA県に，C施設での障害者虐待に関する事項を報告する。

> **Point**　事例を通して，障害者福祉施設従事者等による障害者虐待に関する知識を問う設問である。事例の内容は，障害者支援施設における，知的障害者である利用者に対する同僚の暴言を目撃した場合の対応について，選択肢の対応が適切であったかを判断するものである。まず，テキストで虐待防止等の法制度の内容を正しく理解しておく必要がある。この事例では，障害者支援施設利用者である障害者への対応のため，障害者虐待の防止，障害者の養護者に対する支援等に関する法律（障害者虐待防止法）の内容を理解することが求められる。特に定義や，国及び地方公共団体の責務，居室の確保や立入調査，公表等の内容を学習しておきたい。さらに，本問は二つの適切な選択肢を導き出さなければならないため，一つと勘違いせず，落ち着いて確実に二つを選び出す必要がある。

1　◯　「D生活支援員が，知的障害のある利用者Fさんの同意の有無にかかわらずB市に通報する」という対応は正しい。障害者虐待防止法第2条第7項の障害者福祉施設従事者等による障害者虐待の定義に，①身体的虐待，②性的虐待，③心理的虐待，④放置等（ネグレクト），⑤財産の不当な処分等（経済的虐待）が規定されている。**著しい暴言は心理的虐待**にあたり，同法第16条に規定されている**市町村への通報が必要**と考えられ，虐待を受けたと思われる障害者本人の同意が必要であるという規定はない。

2　✕　障害者虐待防止法第16条第1項には，「障害者福祉施設従事者等による障害者虐待を受けたと思われる**障害者を発見した者は，速やかに，これを市町村に通報しなければならない**」と規定されており，施設長の許可が前提にあるものではない。

3　✕　知的障害者福祉法に，障害者虐待にかかる立入調査についての規定は設けられていない。**障害者虐待防止法**において，障害者福祉施設従事者等による障害者虐待にかかる通報，届出のあった市町村は，社会福祉法，障害者の日常生活及び社会生活を総合的に支援するための法律（障害者総合支援法）その他関係法律の規定による権限を適切に行使するとされている（障害者虐待防止法第19条）。

4　✕　障害者虐待防止法第18条では，通報や届出を受けた市町村の職員は，その職務上知り得た事項であって，**通報又は届出をした者を特定させるものを漏らしてはならない**と規定されている。そのため，「B市は，Dからの通報であることを施設に伝える」という記述は誤りである。

5　◯　障害者虐待防止法第17条に，市町村は，通報又は届出を受けた障害者福祉施設従事者等による障害者虐待に関する事項を，**「事業所の所在地の都道府県に報告しなければならない」**と規定されている。そのため，「B市はA県に，C施設での障害者虐待に関する事項を報告する」ことは正しい。

解答　1　5

問題 39 権利擁護を支える法制度

「障害者差別解消法」に関する次の記述のうち，**正しいもの**を1つ選びなさい。

1. 都道府県知事は，障害を理由とする差別の解消に関する施策の総合的かつ一体的な実施のため，基本方針を定めなければならない。
2. 市町村長は，障害を理由とする差別の禁止に関して，事業者が適切に対応するために必要な指針を定めなければならない。
3. 事業者は，障害を理由とする差別の禁止に関する職員対応要領を定める義務がある。
4. 事業者は，障害者から社会的障壁の除去につき意思の表明があり，過重な負担でない場合，社会的障壁の除去について必要かつ合理的な配慮をしなければならない。
5. 事業主が労働者に対して行う障害を理由とする差別の解消のための措置についても「障害者差別解消法」の定めるところにより実施される。

（注）「障害者差別解消法」とは，「障害を理由とする差別の解消の推進に関する法律」のことである。

> **Point** 障害者差別解消法は，すべての国民が，障害の有無によって分け隔てられることなく，相互に人格と個性を尊重し合いながら共生する社会の実現に向け，障害を理由とする差別の解消を推進することを目的として，2013年（平成25年）6月に成立・公布，2016年（平成28年）4月に施行された。2021年（令和3年）に改正があり，2024年（令和6年）4月から，事業者による障害のある人への合理的配慮の提供が義務化された。

---

1 ✕ **政府が「基本方針」を定めなければならない**。障害者差別解消法（以下，法）第6条に「政府は，障害を理由とする差別の解消の推進に関する施策を総合的かつ一体的に実施するため，障害を理由とする差別の解消の推進に関する基本方針（以下，「基本方針」という。）を定めなければならない」とされている。

2 ✕ **主務大臣が「対応指針」を定める**こととされている。法第11条（事業者のための対応指針）に「主務大臣は，基本方針に即して，第8条（事業者における障害を理由とする差別の禁止）に規定する事項に関し，事業者が適切に対応するために必要な指針（以下「対応指針」という。）を定めるものとする」とされている。

3 ✕ 事業者には，障害を理由とする差別の禁止に関する職員対応要領を定めることは義務づけられていない。法第9条（国等職員対応要領）に「**国の行政機関の長及び独立行政法人等**は，基本方針に即して，第7条（行政機関等における障害を理由とする差別の禁止）に規定する事項に関し，当該国の行政機関及び独立行政法人等の職員が適切に対応するために必要な要領（以下「国等職員対応要領」という。）を定めるものとする」と規定されており，また，法第10条（地方公共団体等職員対応要領）には「**地方公共団体の機関及び地方独立行政法人**は，基本方針に即して，第7条に規定する事項に関し，当該地方公共団体の機関及び地方独立行政法人の職員が適切に対応するために必要な要領（以下「地方公共団体等職員対応要領」という。）を定めるよう努めるものとする」とされている。

4 ◯ 選択肢のとおり。法第8条（事業者における障害を理由とする差別の禁止）第2項に「事業者は，その事業を行うに当たり，障害者から現に社会的障壁の除去を必要としている旨の意思の表明があった場合において，その実施に伴う負担が過重でないときは，障害者の権利利益を侵害することとならないよう，当該障害者の性別，年齢及び障害の状態に応じて，**社会的障壁の除去の実施について必要かつ合理的な配慮をしなければならない**」とされている。

5 ✕ 法第13条（事業主による措置に関する特例）に「行政機関等及び事業者が事業主としての立場で労働者に対して行う障害を理由とする差別を解消するための措置については，**障害者の雇用の促進等に関する法律**（昭和35年法律第123号）の定めるところによる」とされている。

解答 **4**

| 問題 40 | 権利擁護を支える法制度 |

事例を読んで，Ａさんの状態に応じた権利擁護の方針に関する次の記述のうち，**最も適切なもの**を１つ選びなさい。

〔事 例〕

　B県C町では，C町の社会福祉協議会が運営する成年後見センターにおいて，随時，成年後見制度の利用に関する判断を兼ねたケース会議を開催している。ある日，身寄りのない高齢者Ａさん（85歳）のケースがこの会議に諮られ，権利擁護の方針を検討した。

1　Ａさんの判断能力に多少問題があるが，他の支援によってＡさんの利益が十分に図られていると認められる場合には，法定後見制度の利用を急がず，引き続き見守る方針を立てた。

2　Ａさんの判断能力に問題はないが，身体的な障害があるので，補助開始の審判を申し立てる方針を立てた。

3　Ａさんの判断能力に問題があるが，成年後見制度の利用をＡさんが拒んでいるので，補助開始の審判を市町村長により申し立てる方針を立てた。

4　Ａさんの判断能力に問題があり，預金の管理に支援が必要と考えられるものの，申立費用の捻出が困難であるために，後見等開始審判の申立てを断念する方針を立てた。

5　Ａさんの判断能力は補助相当と考えられるが，支援者に広い権限を付与した方が職務がしやすいという視点から，成年後見開始の審判を申し立てる方針を立てた。

> **Point** 権利擁護を支える法制度の一つとして成年後見制度がある。成年後見制度は「意思決定支援」の考え方を基本とし，本人の「最善の利益」を求めるものである。

1　**○**　現状，Ａさんの**最善の利益**が図られていれば，法定後見制度の利用は急がなくてもよい。Ａさんの判断能力に多少問題があるとされているので，他の支援の一つとして，**日常生活自立支援事業**等の利用による，日常的な金銭管理，福祉サービスの利用援助がされていると考えられる。

2　**✕**　選択肢は，Ａさんの判断能力に問題がなく，身体的な障害があるのみとされているので，法定後見制度の利用対象者とはならない。法定後見制度は，判断能力によって，「後見」「保佐」「補助」の三つの類型に分かれており，それぞれの対象者は「後見」は「精神上の障害により事理を弁識する能力を欠く常況にある者」，「保佐」は「精神上の障害により事理を弁識する能力が著しく不十分である者」，「補助」は「**精神上の障害により事理を弁識する能力が不十分である者**」とされている。

3　**✕**　民法第15条（補助開始の審判）第２項に「本人以外の者の請求により補助開始の審判をするには，**本人の同意がなければならない**」とされている。Ａさんが利用を拒んでおり，同意がないので，市町村長による申立ての方針は適切ではない。

4　**✕**　Ａさんが成年後見制度の利用が必要にもかかわらず，申立費用等が捻出できないという理由で申立てを断念するということは適切ではない。2001年（平成13年）に**低所得者等に対する成年後見制度利用の申立費用，後見人等の報酬等の助成を行う「成年後見制度利用支援事業」**が国庫補助事業として創設されており，利用を検討すべきである。

5　**✕**　成年後見制度は本人の「最善の利益」のためのものであり，支援者（成年後見人等）の職務のしやすさを求めるものではない。Ａさんが補助相当と考えられるのであれば，支援者（補助人）に与えられる権限（同意権，取消権，代理権）は申立ての範囲内で家庭裁判所が定める「特定の法律行為」とされ，**必要最小限の権限**が与えられる。Ａさんは補助相当で，判断能力は不十分ではあるが，判断する力が残っているにもかかわらず，後見相当で申立てをし，支援者（成年後見人）に多くの権限を与えることは権利擁護の方針として適切ではない。

解答 **1**

| 問題 41 | 権利擁護を支える法制度 | |

成年後見制度の利用促進に関する次の記述のうち，**最も適切なもの**を1つ選びなさい。

1　市町村は，成年後見制度利用促進に係る地域連携ネットワークのコーディネートを担う中核機関を整備していくことが求められている。
2　成年後見制度利用促進のため，都道府県知事による申立てを行うことができることとなった。
3　都道府県は，成年後見制度の利用促進における意思決定支援の浸透を図るため「意思決定支援ガイドライン」の策定をしなければならない。
4　都道府県は，成年後見制度の利用の促進に関し，専門的知識を有する者により構成される成年後見制度利用促進専門家会議の設置をしなければならない。
5　市町村は，毎年一回，成年後見制度の利用の促進に関する施策の実施状況を公表することとされている。

> **Point**　成年後見制度の利用の促進に関する法律（成年後見制度利用促進法）が2016年（平成28年）に施行され，この法律に基づき翌年の2017年（平成29年）に第一期成年後見制度利用促進基本計画が策定された（2022年（令和4年）には第二期成年後見制度利用促進基本計画を策定）。第一期計画は，成年後見制度の利用を促進する基本的な考え方と目標等が示されていて，考え方として，ノーマライゼーション，自己決定権の尊重等（意思決定支援），目標として地域連携ネットワークの構築，中核機関の設置などが掲げられた。対象者がより利用しやすくメリットを感じることができる制度運用を目指したものだった。成年後見制度利用促進法に関しては，出題頻度が高く重要な点を含んでいるので，近年の動向を十分にチェックしておくとよい。

1　〇　第一期成年後見制度利用促進基本計画では，市町村は**地域連携ネットワークのコーディネートを担う成年後見制度利用促進の司令塔となる中核機関の整備**において積極的な役割を果たすことが求められている。

2　✕　2000年（平成12年）に，身寄りがないなど当事者による申立てが期待できない場合等について，**市町村長に申立権限**が付与された。都道府県知事による申立てはできない。

3　✕　第一期成年後見制度利用促進基本計画では，意思決定支援の浸透を図ることを求めている。具体的には，厚生労働省より障害者総合福祉推進事業にて「障害福祉サービス等の提供に係る意思決定支援ガイドライン」などが示されているが，**ガイドラインの策定の役割を都道府県に対して義務づけているわけではない**。

4　✕　成年後見制度利用促進専門家会議は，成年後見制度利用促進法第13条第2項において**関係行政機関が設置することを定めている**ものであり，都道府県に設置することを求めているのではない。

5　✕　成年後見制度利用促進法第10条で「**政府**は，毎年一回，成年後見制度の利用の促進に関する施策の実施の状況をインターネットの利用その他適切な方法により公表しなければならない」と定められている。なお，同法第14条では，市町村は成年後見制度利用促進基本計画を勘案して，当該市町村の区域における成年後見制度の利用の促進に関する施策について，基本的な計画を定めるよう努めることとされている。

解答　❶

| 問題 42 | 権利擁護を支える法制度 |

事例を読んで，成年後見の開始がAさんに及ぼす影響に関する次の記述のうち，**最も適切なもの**を1つ選びなさい。

〔事例〕

Aさん（30歳）は，交通事故の被害に起因する高次脳機能障害で判断力が著しく低下し生活が困難となったので，親族のBさんが成年後見開始の審判の申立てをすることとなった。Aさんは，この審判によって自分にどのような影響が及ぶのかを心配している。

1　Aさんは当然に国政の選挙権を失うこととなる。

2　Aさんは当然に公務員になることができなくなる。

3　Aさんは当然に社会福祉法人の理事になることができなくなる。

4　Aさんは当然に株式会社の役員になることができなくなる。

5　上記1から4までの記述はいずれも不適切である。

Point 本問は，事例の形態を用いて成年被後見人の欠格事由について問う問題である。成年被後見人に関する欠格事由は，2010年（平成22年）に第1回成年後見法世界会議で採択された「横浜宣言」における「日本の課題」のなかでも撤廃が指摘されていた。2019年（令和元年）に「成年被後見人等の権利の制限に係る措置の適正化等を図るための関係法律の整備に関する法律」が公布され，187法律における成年被後見人等に係る欠格条項の見直しが行われた。成年後見制度利用促進法の「第2章　基本方針」においては，成年被後見人等であることを理由に不当に差別されないよう，成年被後見人等の権利に係る制限が設けられている制度について検討と見直しを行うことと規定されている（同法第11条第2号）。

1　✗　公職選挙法により成年被後見人には選挙権が与えられていなかったが，2013年（平成25年）に東京地方裁判所が一律の選挙権剥奪を定めた本法の規定を違憲とした。同年に公職選挙法が改正され，**成年被後見人の選挙権が回復**している。

2　✗　国家公務員法等は，公務員の業務から成年被後見人を一律に排除することなく，採用時の試験等により**適格性を判断して職務を行う**ことができるよう整備している。

3　✗　社会福祉法人の理事など法人役員は，社会福祉法において成年被後見人を**一律に排除する欠格事由の規定が削除**され，個別審査規定が設けられている。

4　✗　社会福祉法人の理事と同様に，株式会社の役員についても，会社法等において成年被後見人を**一律に排除する欠格事由の規定が見直され**，個別審査により判断するようになっている。

5　○　選択肢1〜4までの記述には，すべて「当然に」という記載があるように，一律に成年被後見人の権利を剥奪するものであり，不適切である。これらはいずれも**個別的に判断される**。

解答　**5**

地域福祉と包括的支援体制

●第 27 回試験問題の特徴

　この科目は，2020 年（令和 2 年）の社会福祉法の改正により，「地域共生社会の実現」に向けて市町村における包括的支援体制の構築が法制化されたことを受け，社会福祉士・精神保健福祉士として地域福祉実践活動に必要な知識や判断力が問われている。旧カリキュラムの「地域福祉の理論と方法」と「福祉行財政と福祉計画」を基礎として新たに創設された科目である。従来，求められていた「地域福祉の基本的な考え方」に関する地域福祉の概念や歴史，地域福祉の推進主体，地域福祉の主体と形成などの知識に加え，「福祉行財政システム」では国や地方自治体の役割や組織，財源の実情，「福祉計画」では計画内容や策定方法，評価などの福祉計画に関する分野横断的な知識が求められる。また，重層的支援体制整備事業など「地域の支え合いの仕組み」を展開する上で必要な知識として，「地域社会の変化と多様化・複雑化した地域生活課題」「包括的支援体制」「多機関協働」「災害時の支援体制」について，地域福祉推進の社会的背景，制度が規定する内容，個別支援や地域支援などの地域福祉実践の在り方が問われることになる。

●受験対策のポイント

　今回の出題では，地域福祉に関連する用語や制度の知識を問うだけでなく，事例問題の形式で実践活動の中で必要とされる具体的な知識を問われるものが多かった。特に，包括的支援体制に関して住民や他職種とのかかわりなどの地域支援の方法，地域福祉計画を策定する際に必要なプログラム評価，地域社会の動向などが出題された。テキストで基礎知識を学び地域福祉の理念や原則，地域支援の方法を実践活動の場面を想定して理解するとともに，厚生労働省や財務省，総務省などのホームページで近年の地域福祉をめぐる政策動向を確認し，福祉行財政に関する最新の年次統計を押さえておく必要がある。今後の学習方法として，出題基準の大項目「地域共生社会の実現に向けた包括的支援体制」「地域共生社会の実現に向けた多機関協働」で取り上げられるテーマは，生活困窮，災害，地域包括ケアシステム，住宅確保など，近年注目が集まる具体的な課題が出題されていることから，「高齢者福祉」「障害者福祉」「貧困に対する支援」など他科目とのつながりを意識した学習が求められる。さらに，最近の地域福祉政策に影響を与えた基本理念や概念，地域福祉に関する組織の歴史，サービス供給体制や住民参加の変遷についても押さえておく必要がある。「ソーシャルワークの基盤と専門職」「ソーシャルワークの理論と方法」と関連づけて，歴史的動きとその内容を理解してほしい。

| 問題 43 | 地域福祉と包括的支援体制 | ☑ ☑ ☑ |

市民による福祉の担い手に関する次の記述のうち，**最も適切なもの**を1つ選びなさい。

1 認知症サポーターは，専門職のサポートを行うため，地域包括支援センターに配属される。

2 主任児童委員は，子どもや子育て家庭に関する相談に応じるため，児童家庭支援センターに配属される。

3 労働者協同組合は，地域における多様な需要に応じた仕事を創出するために，組合員自らが出資し事業に従事する。

4 民生委員は，市町村長の推薦によって，都道府県知事から委嘱される。

5 社会的企業は，株主の利益を最優先しながら，ビジネスの手法によって社会課題を解決する。

Point 福祉の担い手は福祉専門職のみならず，民生委員・児童委員，保護司，ボランティアなど幅広い。また，組合や企業も福祉の担い手に含まれる。専門職のみ，あるいは市民のみが地域福祉を担うという考え方ではなく，双方が協働して地域福祉を推進することが求められている。さらに近年では，社会福祉の領域に限定することなく，農業との連携や一般企業と協働した実践が見られる。こうした背景を理解した上で，福祉の担い手について整理するとよい。

---

1 ✕ 認知症サポーターは，**認知症に対する正しい知識と理解をもち，地域でネットワークを構築したり，まちづくりを担う地域のリーダーとして活躍する**ことが期待されている。専門職のサポートを行うためではなく，地域において認知症の人やその家族に対してできる範囲で手助けする役割をもつ。認知症サポーター養成講座は，地域住民，金融機関などの職員，小・中・高等学校の児童・生徒など，さまざまな人が受講している。

2 ✕ 主任児童委員は，児童委員の中から厚生労働大臣により指名される（児童福祉法第16条第3項）。児童委員は民生委員が兼ねるとされており（同条第2項），民生委員は，民生委員法により「社会奉仕の精神をもって，常に住民の立場に立って相談に応じ，及び必要な援助を行い，もって社会福祉の増進に努めるものとする」と規定されている（法第1条）。なお，民生委員は，都道府県知事の推薦により厚生労働大臣から委嘱され（同法第5条第1項），給与の支給はなく，任期は3年である（同法第10条）。主任児童委員は，児童の福祉に関する機関と児童委員（主任児童委員である者を除く）との連絡調整を行うとともに，児童委員の活動に対する援助及び協力を行う（児童福祉法第17条第2項）。

3 ○ 労働者協同組合の設立や運営，管理等については，2020年（令和2年）に成立し，2022年（令和4年）に施行された労働者協同組合法により定められており，組合員が出資すること，事業を行うにあたり組合員の意見が適切に反映されること，組合員が組合の行う事業に従事することを基本原理としている。労働者協同組合は，地域の多様な需要に応じた事業を実施することが可能であるほか，組合員の立場は平等である点や，組合員が等しい立場で話し合い，合意形成を図る点などの特徴がある。2025年（令和7年）2月1日時点で127法人が設立されており，たとえば，高齢者介護等の介護・福祉関連，親子ひろば等の子育て関連，地元産品販売等の地域づくり関連等の事業を行っている。

4 ✕ 民生委員は，「社会奉仕の精神をもって，常に住民の立場に立って相談に応じ，及び必要な援助を行い，もって社会福祉の増進に努めるものとする」と規定されている（民生委員法第1条）。任期は3年で，給与は支給されない（同法第10条）。**都道府県知事の推薦により，厚生労働大臣から委嘱される**（同法第5条第1項）。

5 ✕ 地域の課題解決のための法人は，NPO法人，一般社団法人，合同会社など複数ある。一方，**営利を追求し株主の利益を最優先するのは株式会社である**。社会的企業は，地域社会における課題解決を主な目的としており，利益の追求を第一目的としない。

解答 **3**

| 問題 44 | 地域福祉と包括的支援体制 | ☑ ☑ ☑ |

「令和6年版地方財政の状況」（総務省）に示された2022年度（令和4年度）の民生費などに関する次の記述のうち，**正しいもの**を1つ選びなさい。

1 市町村の目的別歳出決算額の構成比は，大きい方から，民生費，総務費，教育費の順となっている。

2 目的別歳出決算額において，都道府県では，2012年（平成24年）以降，災害救助費が一貫して増加している。

3 市町村と都道府県の目的別歳出決算額に占める民生費の割合を比較すると，都道府県の方が大きい。

4 目的別歳出決算額において，都道府県の民生費では，社会福祉費の割合が最も大きい。

5 目的別歳出決算額において，市町村の民生費では，生活保護費の割合が最も大きい。

💡 **Point** 民生費は社会福祉の充実を図るための諸施策に要する費用で，目的別内訳は社会福祉費，老人福祉費，児童福祉費，生活保護費，災害救助費に区分される。民生費の合計金額の推移とともに，各区分ごとの全体に占める割合や増減の傾向について把握しておくとよい。

---

1 ○ 「令和6年版地方財政の状況」（総務省）によると，2022年度（令和4年度）の市町村の目的別歳出決算額の構成比は，大きい順に**民生費37.2％，総務費12.7％，教育費11.8％**となっている。

2 ✕ 「令和6年版地方財政の状況」（総務省）によると，都道府県の目的別歳出決算額に占める災害救助費の割合は，2012年（平成24年）は4.7％，2013年（平成25年）は10.3％と増加しているが，2014年（平成26）年は6.8％に減少している。その後2年間は7.6％，9.7％と連続増加するが，2017年（平成29年）は3.8％，2018年（平成30年）は2.2％，2019年（令和元年）は2.1％と**減少し続け，2022年（令和4年）は0.2％**となっている。

3 ✕ 「令和6年版地方財政の状況」（総務省）によると，市町村と都道府県の目的別歳出決算額に占める民生費の割合は，**都道府県15.0％，市町村37.2％となっており，市町村の方が大きい**。

4 ✕ 「令和6年版地方財政の状況」（総務省）によると，目的別歳出決算額において，都道府県の民生費では，**老人福祉費の割合が41.4％で最も大きく**，次いで社会福祉費が31.9％，児童福祉費が23.9％，生活保護費が2.5％となっている。

5 ✕ 「令和6年版地方財政の状況」（総務省）によると，目的別歳出決算額において，市町村の民生費では，**児童福祉費の割合が38.3％で最も大きく**，次いで社会福祉費が29.4％，老人福祉費が17.3％，生活保護費が14.9％となっている。

解答 **1**

問題 45	地域福祉と包括的支援体制	☑☑☑

厚生労働省が発表した「地域福祉（支援）計画策定状況等の調査結果概要」（令和5年4月1日時点）に示された地域福祉（支援）計画の策定状況に関する次の記述のうち，**最も適切なもの**を1つ選びなさい。

1 地域福祉支援計画を策定済みでない都道府県も存在している。

2 地域福祉計画の策定済み市町村の割合は，市部よりも町村部の方が高い。

3 「包括的な支援体制の整備に関する事項」について，いずれかの項目を計画に位置付けている市町村は，8割を超えている。

4 計画期間を3年とする市町村が最も多い。

5 計画の評価実施体制を構築している市町村は全体の2割程度である。

（注） 令和6年能登半島地震の影響により調査への対応が困難となった市町については，調査結果に当該市町は含まれていない。

💡 **Point** 本設問は，厚生労働省「地域福祉（支援）計画策定状況等の調査結果概要」（令和5年4月1日時点。以下，「調査結果」という）からの出題である。学習の際には，まずは計画において定められる事項等を法律の条文で理解した上で，「調査結果」を確認してほしい。

---

1 ✕ 「調査結果」によると，**47都道府県のすべてが地域福祉支援計画を策定済み**である。なお，社会福祉法第108条第1項において「都道府県は，市町村地域福祉計画の達成に資するために，各市町村を通ずる広域的な見地から，市町村の地域福祉の支援に関する事項として次に掲げる事項を一体的に定める計画（以下「都道府県地域福祉支援計画」という。）を策定するよう努めるものとする」とあるように，地域福祉支援計画の策定は都道府県の努力義務とされている。

2 ✕ 地域福祉計画を「策定済み」の市町村の割合は，**市部（市区部）の95.9％（全813市（区）のうちの780市（区））の方が，町村部の77.1％（全923町村のうちの712町村）よりも高い**。なお，都道府県地域福祉支援計画と同様，地域福祉計画の策定は市町村の努力義務とされている（社会福祉法第107条第1項）。

3 〇 市町村は，社会福祉法第107条第1項第1号〜第5号で定める五つの事項を一体的に定める計画を地域福祉計画として策定するよう努めるものとされている。そして「調査結果」によると，五つの事項のうち，**「包括的な支援体制の整備に関する事項」を含むいずれの項目についても8割以上の市町村が計画に位置づけている。**

表 事項別策定自治体数　　　　　　　　　　策定済み1,492市町村の回答

①地域における高齢者の福祉，障害者の福祉，児童の福祉その他の福祉に関し，共通して取り組むべき事項	②地域における福祉サービスの適切な利用の推進に関する事項	③地域における社会福祉を目的とする事業の健全な発達に関する事項	④地域福祉に関する活動への住民参加の促進に関する事項	⑤包括的な支援体制の整備に関する事項
1,465	1,468	1,323	1,456	1,301
98.2％	98.4％	88.7％	97.6％	87.2％

4 ✕ 「調査結果」によると，**計画期間を5年としている市町村が最も多い**（1092市町村，73.2％）。他方，計画期間を3年としている市町村は29市町村（1.9％）である。なお，社会福祉法においては，市町村地域福祉計画，都道府県地域福祉支援計画とも，その計画期間についての定めはない。そのため，計画期間は自治体によって異なる。

5 ✕ 市町村地域福祉計画の**評価実施体制を構築しているのは627市町村で，これは全市町村（1736）の3割強（36.1％）**であり，また計画策定済み市町村（1492）の約4割（42.0％）にあたる。なお，定期的に地域福祉計画の内容を点検しているのは1000市町村（67.0％）で，このうちの627市町村が評価実施体制を構築していることになる。

解答 3

| 問題 46 | 地域福祉と包括的支援体制 | ✓ ✓ ✓ |

事例を読んで，A市社会福祉協議会が開催したボランティア養成講座の評価に関する次の記述のうち，**最も適切なもの**を１つ選びなさい。

〔事 例〕

A市社会福祉協議会では，数年間にわたり民間企業との連携によるボランティア活動の活性化を目的として，地域住民向けのボランティア養成講座を開催してきた。ボランティア養成講座は，地元企業や地域住民からの寄付金で運営されており，開催目的に即した効果が得られているかを検証するため，B社会福祉士は，プログラム評価を実施することにした。

1　講座の内容が，計画どおりに実施されたかを検証するために，効率性評価を実施する。

2　講座を開催したことにより民間企業との連携によるボランティア活動が活性化しているかどうかを調べるため，アウトカム評価を行う。

3　講座の運営のために用いた寄付金が結果的に効果的・効率的に執行されたかを明らかにするため，プロセス評価を実施する。

4　講座のカリキュラム内容が，開催目的と見合った内容であったかを検証するため，インパクト評価を実施する。

5　ボランティア活動に対する地域住民の意向を明らかにするために，セオリー評価を行う。

Point プログラム評価は，社会福祉の領域だけでなく幅広く社会的プログラム全般で用いられる。地域福祉の領域では，包括的支援体制の構築において福祉計画の策定や対人サービスの提供を進める中で，アカウンタビリティ（説明責任）の確保や効果的なプログラムに向けた改善に向けて，プログラム評価が重要視されている。プログラム評価は，成果（アウトカム）に対する総括的評価と，課程（プロセス）に対する形成的評価の２種類に分けることができ，さらにプログラムの何を対象として何を評価するのかで５種類の評価がある。

1　✕　講座の内容が計画どおりに実施されたかを検証するには，**プロセス評価を用いる**。プロセス評価は，企画した内容が意図したとおりに実施されているか，プログラムそのものに着目し，その実績を評価するものである。

2　○　講座を開催したことにより民間企業との連携によるボランティア活動が活性化しているかどうかを検証するには，**アウトカム評価を用いる**。アウトカム評価は，プログラムがもたらした効果や成果に着目し，プログラムの貢献度合いを評価するものである。インパクト評価ともいう。

3　✕　講座の運営のために用いた寄付金が効果的・効率的に執行されたかを評価するには，**効率性評価を用いる**。効率性評価は，プログラムにかかった費用と獲得した成果の両者に着目し，プログラムが効率的に実施されているかを評価するものである。

4　✕　講座のカリキュラム内容が開催目的と合致しているかどうかを検証するには，**セオリー評価を用いる**。セオリー評価は，プログラムの設計に着目し，プログラムの目標設定や内容が根拠に基づき適切にデザインされているかという点や，プログラムの論理的構造を評価するものである。

5　✕　ボランティア活動に対する地域住民の意向を明らかにするには，**ニーズ評価を用いる**。ニーズ評価は，プログラムの必要性や妥当性を検証するために対象者のニーズを評価するものである。

解答 2

問題 47 地域福祉と包括的支援体制

日本における世帯や地域社会などの動向に関する次の記述のうち，**最も適切なもの**を1つ選びなさい。

1 総務省の「令和2年国勢調査」によると，単独世帯が一般世帯に占める割合は約10％となっている。
2 法務省の「在留外国人統計」によると，2022年（令和4年）12月現在，在留外国人が総人口に占める割合は20％を超えている。
3 総務省の「人口推計」によると，2022年（令和4年）10月現在，15歳から64歳までの生産年齢人口が総人口に占める割合は約30％となっている。
4 内閣官房の「孤独・孤立の実態把握に関する全国調査（令和5年）」によると「孤独であると感じることがある」と回答した者の割合は約40％となっている。
5 厚生労働省の「国民生活基礎調査」によると，2022年（令和4年）現在，生活状況を苦しいと感じている母子世帯が母子世帯全体に占める割合は約50％となっている。

（注）「孤独・孤立の実態把握に関する全国調査（令和5年）」とは，「孤独・孤立の実態把握に関する全国調査（令和5年人々のつながりに関する基礎調査）」のことである。また，「孤独であると感じることがある」と回答した者の割合とは，「しばしばある・常にある」「時々ある」「たまにある」と回答した者の割合の合計である。

> **Point** 官庁統計による日本の世帯や地域社会の状況に関する出題である。地域生活の課題を理解し，福祉計画を作成するためには，地域社会の状況や変化を的確に捉える必要がある。各省庁が実施している調査の結果はホームページで公開されている。人口動態，世帯構成，在日外国人の推移，生活意識の状況など，各省庁のホームページを活用し，確認しておく必要がある。

1 × 総務省の「令和2年国勢調査」によると，世帯の種類・家族類型別の世帯数は，「単独世帯」（世帯人員が1人の世帯）が2115万1000世帯で，**一般世帯の38.1％を占めている**。2015年（平成27年）と比較して「単独世帯」は14.8％増となっており，一般世帯に占める割合は34.6％から38.1％に上昇している。

2 × 法務省の「在留外国人統計」によると，2022年（令和4年）末の在留外国人の数は307万5213人で，日本の総人口1億2494万7000人(2022年10月1日時点人口推計(総務省統計局))の**2.46％を占めている**。在留外国人数は，前年と比較して31万4578人，11.4％の増加で過去最高を更新し，初めて300万人を超えた。

3 × 総務省の「人口推計」によると，2022年（令和4年）10月現在，15〜64歳人口は7420万8000人，**総人口に占める割合は59.4％であった**。前年と比較して29万6000人の減少となり，総人口に占める割合は過去最低であった前年と同率となっている。

4 ○ 内閣官房の「孤独・孤立の実態把握に関する全国調査（令和5年人々のつながりに関する基礎調査）」によると，孤独であると感じることが「しばしばある・常にある」と回答した人の割合は4.8％，「時々ある」が14.8％，「たまにある」が19.7％であり，**「孤独であると感じることがある」と回答した者の割合は合計で39.3％であった**。

5 × 厚生労働省の「国民生活基礎調査」によると，2022年（令和4年）現在，生活状況を「大変苦しい」と感じている母子世帯は全体の39.4％，「やや苦しい」が35.9％で，**母子世帯全体に占める割合は合計で75.2％であった**。

解答 **4**

| 問題 48 | 地域福祉と包括的支援体制 | ✓ ✓ ✓ |

包括的支援体制に関する次の記述のうち，**最も適切なもの**を１つ選びなさい。

1 重層的支援体制整備事業によって包括的支援体制の整備に取り組んでいる自治体数は，令和５年度の時点で全体の半数を超えている。

2 包括的相談支援事業とは「複数の支援関係機関が有機的な連携の下，世帯が抱える地域生活課題の解決に資する支援を一体的に行う体制を整備する事業」である。

3 アウトリーチ等を通じた継続的支援事業とは「虐待の防止及びその早期発見のための援助を行う事業」である。

4 重層的支援会議とは「自ら支援を求めることが困難な人への支援について，支援を始める前に関係機関が情報を共有し，協議をする場」である。

5 「地域共生社会推進検討会」では，地域づくりに向けた支援において，多様な人や機関がその都度集い，相談，協議し，学び合う場としてのプラットフォームづくりが重要であると指摘した。

(注) 「地域共生社会推進検討会」とは，「地域共生社会に向けた包括的支援と多様な参加・協働の推進に関する検討会」のことである。

Point この問題では，地域共生社会の実現に向けた，包括的・重層的な支援のあり方に関する制度や実態の理解が求められている。要求されている知識の大部分はテキストの範囲内であるが，一部の選択肢には応用的な知識が必要なものも含まれていた。最新の調査結果をもとにした選択肢**1**や，政策議論の過程を示した「最終とりまとめ」の表現を根拠とする選択肢**5**については，判断に悩む受験者も多かったと考えられる。そのため各法律・制度の基本的な内容を押さえ，政策の成立・改正の背景や関連する動向についても理解を深めることで，選択肢の妥当性を確実に判断できるようにしたい。

1 ✕ 厚生労働省の調査結果によると，2023年（令和5年）12月時点で重層的支援体制整備事業を実施している自治体は**189自治体にとどまる**。これは全市区町村の1割強にあたる。

2 ✕ 選択肢の記述は**「多機関協働事業」に関するものである**。包括的相談支援事業とは，本人やその世帯の属性・世代・相談内容にかかわらず包括的に相談を受け止め，地域生活課題を整理し，利用可能な福祉サービスに関する情報提供及び助言，支援関係機関との連絡調整などの支援を行うために，介護保険法や障害者の日常生活及び社会生活を総合的に支援するための法律（障害者総合支援法）に基づく相談支援を一体的に行う事業である。

3 ✕ 選択肢の記述は，**介護保険法に基づく「地域支援事業」のうちの「権利擁護事業」に関するものである**。アウトリーチ等を通じた継続的支援事業とは，複数分野にまたがる複雑化・複合化した課題を抱えているために，必要な支援につながりにくい者などに対し，訪問等により状況を把握した上で相談に応じ，利用可能な福祉サービスに関する情報提供及び助言などを行い，包括的かつ継続的に支援するために必要な支援である。

4 ✕ 重層的支援会議は，多機関協働事業が作成したプラン（参加支援事業，アウトリーチ等継続支援事業が作成したプランも含む）の適切性や，プラン終結時等の評価，社会資源の充足状況の把握と開発に向けた検討などを行う。会議の実施は，プラン策定時，再プラン策定時，支援終結の判断時，支援中断の決定時の四つのタイミングで必須とされている。

5 ◯ 選択肢のとおりである。「地域共生社会に向けた包括的支援と多様な参加・協働の推進に関する検討会（地域共生社会推進検討会）」の「最終とりまとめ」では，地域づくりに向けた支援について，①場や居場所の確保支援と，②地域づくりのコーディネート機能の二つのスキームが示され，このうち，「地域づくりのコーディネート機能」には，「個別の活動や人のコーディネート」と「地域のプラットフォーム」の二つの機能を確保することが求められるとしている。

解答 5

| 問題 49 | 地域福祉と包括的支援体制 |

事例を読んで，A市社会福祉協議会の地区担当のB職員（社会福祉士）の今後の対応として，**適切なものを2つ**選びなさい。

〔事例〕

　Cさん（20歳，知的障害）は，特別支援学校を卒業後，市内にある知的障害者通所施設に通っているが，地域の活動にも参加したいと思っている。そこでCさんの両親は，社会福祉協議会が主催する地区の住民懇談会に参加した際に，息子が参加できるような地域活動はないかとBに相談をした。Bは，この地区では高齢化が進み，地域活動の担い手の減少によって継続が困難となっており，商店も人手不足による閉店が増えていると感じている。

1　Cさんから得意なことや，やってみたいことを聞き，この地区の中で活用できる社会資源を探す。
2　地域住民に対して，知的障害者に対するサービスを立ち上げるように促す。
3　Cさんに対して，施設通所を一時休ませて，地域活動に参加するよう助言する。
4　Cさんに対して，商店の後継者となれるように経営の技術を学んでもらう。
5　地域活動や商店の状況を把握し，Cさんのような人々の力を生かせる活動を地域住民と考える。

Point　この問題では，障害のある人が本人の人格と個性を尊重され，安心して暮らせる社会を実現するために，社会福祉士が果たすべき役割が問われている。実際の支援では，障害者総合支援法に基づく「地域生活支援事業」や「地域生活支援促進事業」，社会福祉法を根拠とする「包括的支援体制整備事業」や「重層的支援体制整備事業」などの制度に基づきながら，多様な社会資源を用いて支援を展開することが求められる。ただし本問では，社会福祉士としての基本的な姿勢が問われている。本人のストレングスとニードを踏まえた支援とはなにかを軸に考えることで，各選択肢の適否が判断できる。

1　○　Cさんのストレングスやニードを踏まえ，本人らしく価値を発揮できる環境を整備する取り組みであるため，B職員の対応は適切である。

2　×　Cさんは地域活動への参加を希望しているのであり，**利用できるサービスの新設を求めているわけではない**。そのため，本人のニーズに合致しない対応であり，不適切である。

3　×　Cさんは**施設への通所と地域の活動の両方に参加することを希望している**。そのため，施設通所を一時休ませるという選択肢は本人のニードに適しておらず，不適切である。

4　×　**商店の後継者不足は地域の課題であり，Cさんの個別のニードとは異なる**。将来的に事業を継ぐ可能性はあるかもしれないが，少なくとも現時点でのCさんの希望に沿った対応ではないため，不適切である。

5　○　地域アセスメントを実施し，地域の状況を適切に把握した上で，Cさんのニードやストレングスに合致する活動を地域住民とともに考えることは，社会福祉士として適切な対応である。

解答　**1　5**

問題 50 地域福祉と包括的支援体制

災害時の支援に関する次の記述のうち、**適切なもの**を **2 つ**選びなさい。

1 被災者生活再建支援制度の対象とする自然災害は，市町村において 1000 世帯以上の住宅全壊被害が発生した場合である。
2 介護保険制度では，全ての介護サービス事業者に対して，業務継続計画（BCP）の策定とその計画に従って必要な措置を講ずることが定められている。
3 災害救助法では，災害ボランティアセンターの設置を市町村社会福祉協議会に義務づけている。
4 厚生労働省の「災害時の福祉支援体制の整備に向けたガイドライン」では，災害派遣福祉チーム（DWAT）の一般避難所への派遣について明記している。
5 内閣府の「福祉避難所の確保・運営ガイドライン」では，指定福祉避難所は受入対象となる者をあらかじめ特定してはならないと定めている。
（注）1 BCP とは，Business Continuity Plan のことである。
　　 2 DWAT とは，Disaster Welfare Assistance Team のことである。

Point 近年の日本の災害対策の重要な変化として，これまで被災者保護のための医療を基軸とする応急的な災害救助のあり方が第一に考えられてきたが，復旧・復興期の中長期化する被災者の生活再建のあり方にも焦点があてられてきており，ここに災害発生時における社会福祉支援のあり方及び平時からの支援体制の構築が強く求められていると理解することが望ましい。災害時支援は分野横断的に通底する概念と捉え，知識習得につなげていきたい。

---

1 ✕ 被災者生活再建支援制度の対象とする自然災害は，**市町村においては 10 世帯以上の住宅全壊被害が発生した場合**である（被災者生活再建支援法施行令第 1 条第 2 号）。被災者生活再建支援制度は，自然災害によりその生活基盤に著しい被害を受けた者に対し，都道府県が相互扶助の観点から拠出した基金を活用して被災者生活再建支援金を支給することにより，その生活の再建を支援し，もって住民の安定と被災地の速やかな復興に資することを目的とする（被災者生活再建支援法第 1 条）。

2 ◯ 2021 年（令和 3 年）の介護報酬改定において，全ての介護サービス事業者に対して，業務継続計画（BCP）の策定とその計画に従って必要な措置を講ずることが義務づけられた。BCP とは，災害などの緊急事態が発生した際に，損害を最小限に抑え，事業の継続や復旧を図るための計画である。

3 ✕ **災害ボランティアセンターの設置にあたっては，災害救助法その他の法令に位置づけがないため，**これまで公費による財政支援が担保されておらず，社会福祉協議会の自主財源や共同募金の「災害等準備金」に多くを頼ってきた現状がある。社会福祉協議会に設置が義務づけられているわけではない。

4 ◯ 選択肢のとおりである。「災害時の福祉支援体制の整備に向けたガイドライン」では，災害派遣福祉チーム（DWAT）の役割について，一般避難所への派遣のほか，福祉避難所等への誘導，災害時要配慮者へのアセスメント，日常生活上の支援，相談支援などが含まれている。

5 ✕ 内閣府の「福祉避難所の確保・運営ガイドライン」では，**指定福祉避難所は受入対象となる者をあらかじめ特定すると定めている**。事前に受入対象者を調整して，人的物的体制の整備を図ることで，災害時の直接の避難等を促進し，要配慮者の支援を強化する。指定福祉避難所の受入対象者を特定し，特定された要配慮者やその家族のみが避難する施設であることを指定の際に公示できる。

解答 2 4

| 問題 51 | 地域福祉と包括的支援体制 |

事例を読んで，A市で重層的支援体制整備事業を所管するB職員（社会福祉士）の対応として，**適切なもの**を**2つ**選びなさい。

〔事 例〕

就労経験のない若者やその家族から「働きたいと思っても，長年ひきこもっていることもあり，心身の状態に合わせて働ける場所がない」との意見が集まっていた。Bは，本人達の状態に合わせた多様な就労の機会を確保することを目指して，今後の参加支援事業の実施方法について関係者と検討することとした。

1 一般就労が事業の支援目標であるため，ハローワークの求職票の探し方を学ぶプログラムを導入する。

2 参加支援事業の独自性を明確化するため，地域づくり事業や相談支援事業と切り離して取組を進める。

3 本人や家族の支援ニーズを踏まえ，社会参加に向けた取組を検討するための会議を開催する。

4 中小企業や商店街などに働きかけ，短時間就労や就労体験などの支援メニューを創出する。

5 ひきこもりに関する参加支援は，ひきこもり地域支援センターに対応を委ねる。

Point 重層的支援体制整備事業における参加支援事業の実施方法を問う設問である。重層的支援体制整備事業は，地域住民が抱える複雑化・複合化した「狭間のニーズ」に対応するための包括的な支援体制整備を目的に，市町村の任意事業として創設された制度であり，「包括的相談支援事業」「参加支援事業」「地域づくりに向けた事業」の三つの事業を一体的に実施することを必須にしている。制度の理念を理解しつつ，本人が地域とつながりをもち，社会へ参加できるよう，どのような形で対象者に寄り添い支援を行っていけるかを考えることが重要である。

1 ✕ 「参加支援事業」の趣旨は，**本人や家族が地域とつながりをもち，社会へ参加できるようサポートすること**であり，一足飛びに一般就労を目指そうとする考え方は適切とはいえない。生活再建のペースは本人にあわせ，中間的な就労の場の活用も検討しながらスモールステップで進めていくことが望ましい。選択肢にあるハローワークの求職票の探し方を学ぶプログラムの導入は，ひきこもり状態にある本人やその家族の状況に寄り添っているとはいえない。

2 ✕ 重層的支援体制整備事業の趣旨として，**「包括的相談支援事業」「参加支援事業」「地域づくりに向けた事業」の三つの事業を一体的に実施することを必須にしている**。地域づくり事業や相談支援事業と切り離して取組を進めることは，制度の趣旨に照らし合わせると適切ではない。

3 ○ 参加支援事業の目的の一つは，本人や家族が抱えるニーズや課題などを丁寧に把握し，地域の社会資源との間をコーディネートし，本人と支援メニューのマッチングを行うことである。選択肢にあるとおり，支援関係者で支援会議を開催し，本人や家族のニーズを踏まえた社会参加に向けた取組を検討することは適切といえる。

4 ○ 生活課題を抱える本人のニーズを把握し，市町村や参加支援事業を行う支援関係機関がその課題を解決しうる地域資源につないだり，サービスを開発するアプローチは適切である。選択肢のように，中小企業や商店街などに働きかけ，短時間就労や就労体験などの支援メニューを創出する取組などは，中間的就労の場という社会資源の開発ともいえ，望ましい働きかけといえる。

5 ✕ ひきこもりに関する参加支援は専門機関に委ねるという対応は，**重層的支援体制整備事業の趣旨に照らし合わせると適切ではない**。「ひきこもり」への対応に加えて，「働ける場所」の確保についても考えていく必要があり，対象者の生活を分野横断的な連携により支えていく姿勢が重要である。

解答 3 4

障害者福祉

●第 27 回試験問題の特徴

従来の出題傾向を踏襲しつつ，最新の社会情勢や法改正を反映した問題が出題された。特に，障害者の就労支援や権利擁護，地域生活支援に関する内容が重視されている。

旧出題基準と比較して大きな変更はないが，「障害者総合支援法」や「障害者雇用促進法」などの基本的な法制度は引き続き重要であり，合理的配慮や「障害者権利条約」に関する理解も求められる。また，第 26 回以前の試験と比べても傾向は概ね変わらず，特別支援教育や障害者の就労に関する統計データを反映した出題がみられた。

そのほか，社会状況の変化として，障害者の地域生活や就労支援の推進が進んでおり，第27 回試験でもこれらに関連する問題が出題された。特に，障害者の自立支援に関する知識は，社会福祉士としての役割を果たす上で欠かせないものである。

全体として，第 27 回試験の出題傾向に大きな変化はないが，それ自体が「障害者福祉」が社会福祉士にとって基礎的かつ重要な科目であることを示している。

●受験対策のポイント

障害福祉サービスに関する知識の強化が不可欠である。障害者総合支援法に関する問題は頻繁に出題されるため，法令や過去問を通じて制度の概要を体系的に理解することが求められる。特に，サービスの対象者，支給決定の流れ，自治体の役割などの基本事項を押さえることが重要である。加えて，合理的配慮や就労支援，地域生活支援といった実践的な課題についても，法制度の枠組みとともに学習を進める必要がある。

障害者福祉に関する主な計画としては，「障害者基本計画」と「障害福祉計画」がある。障害者基本計画は第 5 次（2023 年度〜2027 年度），障害福祉計画は第 7 期（障害児福祉計画は第3 期）（2024 年度〜2026 年度）として策定されており，いずれも障害者施策の根幹をなす重要な計画である。そのため，計画の目的や基本方針，具体的な施策の方向性を正確に理解することが求められる。特に，過去の計画と比較し，変更点や新たに追加された施策を把握することで，障害者施策の流れを体系的に学ぶことができる。第 27 回試験では出題がなかったものの，これらの計画の概要や重点施策，施策の方向性が問われる可能性が高いため，最新の内容を踏まえた学習が必要である。

最後に，過去問を繰り返し解くことは試験対策の要である。ただ解くだけではなく，選択肢ごとの正誤を論理的に分析し，出題の意図を的確に捉えることが重要である。また，解説を活用しながら知識を整理し，出題傾向やパターンを把握することで，試験本番における対応力を高めることができる。繰り返しの問題を解いてみることを通じて知識を定着させ，正確な判断力を養うことが，合格への近道となる。

問題 52	障害者福祉

「令和4年生活のしづらさなどに関する調査」（厚生労働省），「令和5年度障害者雇用実態調査」（厚生労働省）及び「令和5年版障害者白書」（厚生労働省）にみられる障害児・者の実態に関する次の記述のうち，**最も適切なもの**を1つ選びなさい。

1　2012年（平成24年）から2022年（令和4年）の間に，特別支援教育を受ける児童生徒の数は減少した。

2　身体障害者と知的障害者を比較すると，知的障害者の方が身体障害者よりも施設入所者の割合が高い。

3　19歳以上65歳未満の在宅の身体障害者と知的障害者を比較すると，知的障害者の方が身体障害者よりも親との同居率が低い。

4　在宅の身体障害者と知的障害者を比較すると，知的障害者の方が身体障害者よりも65歳以上の者の割合が高い。

5　雇用されている身体障害者と知的障害者を比較すると，知的障害者の方が身体障害者よりも週の所定労働時間が30時間以上である者の割合が高い。

Point　障害児・者の統計データに関する出題は頻出であり，「生活のしづらさなどに関する調査」や「障害者雇用実態調査」などのデータを正しく理解し，適切に判断することが求められる。日頃から調査結果を確認し，障害者の生活や就労の実態を把握することが重要である。特に，一般的なイメージと統計上の実態の違いを意識し，客観的なデータに基づいて考える姿勢が必要である。

1　✕　2012年（平成24年）から2022年（令和4年）の間に，**特別支援教育を受ける児童生徒の数は増加傾向にある**。義務教育段階の児童生徒数が約1割減少する一方で，特別支援教育を受ける児童生徒数は倍増している。特に，特別支援学級の在籍者数は2.1倍，通級による指導の利用者数は2.5倍に増加している。

2　○　身体障害者と知的障害者を比較すると，知的障害者の方が身体障害者よりも施設入所者の割合が高い。身体障害者の施設入所者数は約7.0万人で，全体の1.7％を占めている。一方，知的障害者の施設入所者数は約12.2万人で，全体の14.3％である。

3　✕　19歳以上65歳未満の在宅の身体障害者と知的障害者を比較すると，**知的障害者の方が身体障害者よりも親との同居率は高い**。19歳以上65歳未満の在宅の身体障害者手帳所持者における親との同居率は35.9％であるのに対して，療育手帳所持者における親との同居率は68.5％である。

4　✕　在宅の身体障害者と知的障害者を比較すると，**知的障害者の方が身体障害者よりも65歳以上の者の割合が低い**。在宅の身体障害者手帳所持者のうち65歳以上の者の割合は71.2％であるのに対して，療育手帳所持者のうち65歳以上の者の割合は14.6％である。

5　✕　雇用されている身体障害者と知的障害者を比較すると，知的障害者の方が身体障害者よりも週の所定労働時間が30時間以上である者の割合が低い。週の所定労働時間が30時間以上の者の割合は，身体障害者が75.1％，知的障害者が64.2％である。

解答 **2**

| 問題 53 | 障害者福祉 | |

「障害者総合支援法」における基幹相談支援センターに関する次の記述のうち、**最も適切なもの**を1つ選びなさい。

1. 地域における中核的な役割を担う機関として、総合的・専門的な相談支援や成年後見制度利用支援事業の実施等の業務を行う。
2. 障害者を通わせ、創作的活動又は生産活動の機会の提供、社会との交流の促進等の便宜を供与する役割を担う。
3. 障害者の職業生活における自立を図るため、就業面及び生活面の一体的な相談を行う。
4. 矯正施設を退所した障害者に対し、適切な福祉サービスに結び付けるための特別調整を行う。
5. 障害児の発達において中核的な役割を担う機関として、障害児の家族等に対し、相談、助言その他の必要な援助を行う。

(注)「障害者総合支援法」とは、「障害者の日常生活及び社会生活を総合的に支援するための法律」のことである。

Point 障害者支援に関する各機関の役割を正しく理解し、それぞれの支援内容を区別できるかが重要となる。障害者総合支援法や障害者雇用促進法に基づき、相談支援、就労支援、生活支援、地域移行支援などを提供する、多様な支援機関が設置されている。特に、基幹相談支援センター、地域活動支援センター、児童発達支援センター、障害者職業センター、障害者就業・生活支援センターなど、各機関の目的や支援対象を整理し、適切に対応できる知識が求められる。

1 ○ 基幹相談支援センターは、地域における相談支援の中核的な役割を担う機関であり、障害のある人やその家族に対する総合的・専門的な相談支援を提供する。さらに、成年後見制度の利用支援事業の実施、関係機関との連携強化、地域の支援体制の構築などの業務を行う(障害者総合支援法第77条の2)。

2 × 障害者に創作的活動や生産活動の機会を提供し、社会との交流を促進する機関は、**地域活動支援センターである**(障害者総合支援法第5条第27項)。

3 × 障害者の職業生活における自立を支援し、就業面と生活面を一体的に相談支援する機関は、**障害者就業・生活支援センターである**(障害者の雇用の促進等に関する法律第27条)。

4 × 矯正施設(刑務所・少年院・拘置所など)を退所した障害者に対し、福祉サービスへと円滑に結びつける特別調整を行う機関は、**地域生活定着支援センターである**。特に、高齢・重度障害のある人が地域で円滑に生活できるよう、支援計画の作成や関係機関との調整を行う。再犯防止の観点からも重要な役割を果たしている(厚生労働省社会・援護局長通知「「地域生活定着支援センターの事業及び運営に関する指針」について」(平成21年5月27日社援総発第0527001号))。

5 × 障害児の発達において中核的な役割を担う機関として、障害児の家族等に対し、相談、助言その他の必要な援助を行う機関は、**児童発達支援センターである**(児童福祉法第43条)。ここでは、通所支援計画に基づき児童発達支援や放課後等デイサービスなどが提供される。障害児が将来的に自立した生活を送るための基盤を築くことを目的とする。

解答 **1**

| 問題 54 | 障害者福祉 |

事例を読んで，Ａさんの状況にあてはまる，「精神保健福祉法」に基づく入院形態として，**最も適切なもの**を１つ選びなさい。

〔事 例〕

統合失調症のＡさん（40歳）は，この１週間で絶え間ない幻聴と，常に誰かに監視されているという妄想がひどくなってきた。さらに盗聴器を探して家具を壊すなどの行為が始まったため，同居する母親に付き添われ，かかりつけのＢ精神科病院を受診した。精神保健指定医であるＣ医師は診察の結果，入院治療を要すると判断し，Ａさんにその旨を説明したが，Ａさんはおびえた様子で意味不明な独語を繰り返すのみで，応答は得られなかった。Ｃ医師はＡさんが入院治療の必要性について納得できるよう丁寧に説明を重ねたが，やはり入院についての同意を得ることはできず，また，症状の緩和も見られなかったため，やむを得ず母親の同意によって即日入院してもらうことになった。

1　措置入院
2　緊急措置入院
3　医療保護入院
4　任意入院
5　応急入院

（注）「精神保健福祉法」とは，「精神保健及び精神障害者福祉に関する法律」のことである。

💡 **Point** 精神保健福祉法（以下，法）における入院形態を問う問題であるため，まずは，法に規定されている入院形態を理解することが求められる。

1　✕　措置入院は，２人以上の精神保健指定医（以下，指定医）による診察の結果，その診察を受けた者が精神障害者であり，かつ，医療及び保護のために入院させなければその精神障害のために自身を傷つけ又は他人に害を及ぼすおそれがあると認めたときに，都道府県知事が国等の設置した精神科病院又は指定病院に入院させることができるというものである（法第29条第１項・第２項）。措置入院は，**２人以上の指定医の診察結果が一致した場合に採られる入院形態のため，適切ではない**。

2　✕　緊急措置入院は，急速を要し，通常の措置入院の手続きを採ることができない場合において，都道府県知事が，１人の指定医の判断で，72時間を限度として入院措置を採ることができるというものである。Ａさんは，自傷他害がひどく目立っている状況とはいえず，**緊急性が高いと判断することは難しいため，緊急措置入院とならない**。

3　〇　医療保護入院は，１人の指定医による診察の結果，医療及び保護のために入院の必要があり，任意入院が行われる状態にないと判定された者について，その家族等のうちいずれかの者の同意があるときは，本人の同意がなくても６か月以内で厚生労働省令で定める期間の範囲内の期間を定め，入院させることができるというものである。

4　✕　任意入院は患者本人の意思による入院形態で，法第20条には「精神科病院の管理者は，精神障害者を入院させる場合においては，本人の同意に基づいて入院が行われるように努めなければならない」と規定されている。Ａさんは，医師から入院治療の必要性の説明を受けたが，**入院についての同意を示していないため，適切ではない**。

5　✕　応急入院は，医療及び保護の依頼があった者について，急速を要し，その家族等の同意を得ることができない場合において，１人の指定医の診察の結果，直ちに入院させなければその者の医療及び保護を図る上で著しく支障があり，任意入院が行われる状態にないと判定された者に対して，本人の同意なしで，72時間に限り入院させることができるというものである（法第33条の６第１項）。Ａさんは入院の同意を示していないが，**母親は入院の同意を示しているため，適切ではない**。

解答 ❸

問題 55 障害者福祉

「障害者差別解消法」に関する次の記述のうち、**最も適切なもの**を1つ選びなさい。

1. この法律が施行される前から、障害者基本法に「差別の禁止」の規定があった。
2. 民間事業者の合理的配慮の提供は、努力義務である。
3. この法律に基づき、市町村障害者虐待防止センターが設けられている。
4. 障害者差別をした事業者には、この法律に基づき科料が科される。
5. この法律に基づく障害者の定義は、障害者基本法に規定されている障害者の定義より狭い。

(注)「障害者差別解消法」とは、「障害を理由とする差別の解消の推進に関する法律」のことである。

Point 障害者差別解消法について、まず法の目的を理解するとともに、なぜその法律が成立したのか、背景を理解することが求められる。併せて、法律で規定されている内容を整理するとともに、差別を解消するための措置について、特に、2021年（令和3年）の法改正の内容（民間事業所における合理的配慮の提供の義務化等）を理解することが重要である。

---

1 ○ 障害者差別解消法は、2013年（平成25年）に成立し、2016年（平成28年）4月1日から施行されている。障害者差別解消法は、1970年（昭和45年）に制定された障害者基本法の基本理念にのっとり、障害者基本法第4条の「差別の禁止」を具体化するものとして位置づけられている。障害者基本法の第4条として「差別の禁止」の規定が盛り込まれたのは2011年（平成23年）8月5日に公布された改正法によるものであり（公布の日に施行）、障害者差別解消法の施行より前である。

2 × 2016年（平成28年）4月から施行されている障害者差別解消法は、施行後3年を経過した場合において、民間事業者による合理的配慮の在り方その他の施行の状況について検討を加え、必要があると認めるときは所要の見直しを行う旨が附則に規定されており、2021年（令和3年）に改正法が成立、2024年（令和6年）4月1日から施行となった。この改正により、従来は、行政機関等に合理的配慮の提供が義務づけられていたものが、**民間事業者に対しても合理的配慮の提供が義務づけられることとなった**。

3 × **市町村障害者虐待防止センターの設置について規定している法律は、障害者虐待の防止、障害者の養護者に対する支援等に関する法律（障害者虐待防止法）である**。2012年（平成24年）10月1日から施行された障害者虐待防止法の第32条に「市町村障害者虐待防止センター」について規定がある。したがって、障害者虐待防止法と障害者差別解消法のそれぞれの法律で規定されている内容を整理することが必要である。

4 × 障害者差別解消法では、第25条及び第26条に罰則規定が設けられている。第25条では「第19条の規定に違反した者は、1年以下の懲役又は50万円以下の罰金に処する」とされ、第26条では「第12条の規定による報告をせず、又は虚偽の報告をした者は、20万円以下の過料に処する」とされている。第19条は、障害者差別解消支援地域協議会の従事者（従事者であった者を含む）に対する秘密保持義務を定めており、第12条は、合理的配慮の提供等に関して事業者が適切に対応するために必要な指針（対応指針）に定める事項について、主務大臣が事業者に対して求める報告などに関する規定である。したがって、**障害者差別をした事業者に科料が科されるわけではない**。

5 × 障害者差別解消法では、第2条第1号において、障害者を「身体障害、知的障害、精神障害（発達障害を含む。）その他の心身の機能の障害（以下「障害」と総称する。）がある者であって、障害及び社会的障壁により継続的に日常生活又は社会生活に相当な制限を受ける状態にあるものをいう」と、第2号において、社会的障壁を「障害がある者にとって日常生活又は社会生活を営む上で障壁となるような社会における事物、制度、慣行、観念その他一切のものをいう」と規定している。これらは、**障害者基本法に規定されている障害者及び社会的障壁の定義と同じである**。

解答 **1**

| 問題 56 | 障害者福祉 |

「障害者雇用促進法」に関する次の記述のうち，**最も適切なもの**を１つ選びなさい。

1 就労継続支援A型事業は，この法律に基づき就労支援サービスを提供するものである。

2 公共職業安定所（ハローワーク）は，就労を希望した障害者の就職後の助言，指導は行わない。

3 事業主は，障害者である労働者を雇用する事業所において障害者職業生活相談員を外部委託することができる。

4 雇用義務の対象となる障害者であるかどうかの確認は，精神障害者については，精神障害者保健福祉手帳により行う。

5 事業主は，障害者と障害者でない者との機会均等を図るために，過重な負担となるときであっても，合理的配慮を講じなければならない。

（注）「障害者雇用促進法」とは，「障害者の雇用の促進等に関する法律」のことである。

Point 障害者の就労に関する施策は，障害者雇用促進法，障害者総合支援法等複数の法律において多岐に展開されている。本問では，それぞれの制度・政策の根拠となる法律及びその具体的な内容について正確な知識が問われている。特に合理的配慮の提供義務については，障害者差別解消法と比較し整理をする必要がある。

---

1 ✕ **就労継続支援A型事業は，障害者総合支援法の訓練等給付費の支給対象サービスに位置づけられる就労支援サービスである**。訓練等給付費の支給対象サービスの中には，就労選択支援（2025年（令和7年）10月1日施行），就労移行支援，就労継続支援（A型・B型），就労定着支援といった就労支援サービスがある。就労継続支援は，通常の事業所に雇用されることが困難である者などを対象に，就労の機会の提供及び生産活動の機会などを提供する事業所であり，A型とB型の違いは，雇用契約を結ぶか（A型）否か（B型）である。

2 ✕ 障害者雇用促進法第17条において，「公共職業安定所は，障害者の職業の安定を図るために必要があると認めるときは，その紹介により就職した障害者その他事業主に雇用されている障害者に対して，その作業の環境に適応させるために必要な助言又は指導を行うことができる」との規定があり，**必要に応じて就職後の助言及び指導は行われる**。

3 ✕ 障害者雇用促進法では，障害者である労働者を5人以上雇用する事業所は，厚生労働省令で定める資格を有する労働者の中から障害者職業生活相談員を選任し，職業生活全般における相談・指導を行わせるよう義務づけている（法第79条第2項）。本法において，外部委託をすることができるとの規定はない。

4 ◯ 雇用義務の対象となる障害者は，「身体障害者，知的障害者又は精神障害者（（中略）精神障害者保健福祉手帳の交付を受けている者に限る。）」と規定している（法第37条第1項）。精神障害者については，精神障害者保健福祉手帳所持者が対象となり，その確認も手帳の所持によって行われる。なお，身体障害者であるかどうかの確認は身体障害者手帳（障害者雇用促進法施行規則第3条），知的障害者の場合は療育手帳又は児童相談所，知的障害者更生相談所等の判定書，地域障害者職業センターの判定書により確認を行う（障害者雇用促進法施行規則第1条の2）。

5 ✕ 障害者雇用促進法では，募集及び採用時には，障害者と障害者でない者との均等な機会を確保するための措置，採用後については障害者と障害者でない者との均等な待遇の確保又は能力の有効な発揮の支障となっている事情を改善するための合理的配慮の提供を義務づけている。しかし，この合理的配慮の提供義務は，事業主に対して「過重な負担」を及ぼすこととなる場合を除くとしている（法第36条の2，第36条の3）。過重な負担とは，実現困難度，費用・負担の程度，企業の財務状況などを総合的に勘案しながら個別に判断されることとなる。

解答 4

| 問題 57 | 障害者福祉 | ✓ ✓ ✓ |

事例を読んで，大学の学生支援センターのA相談員（社会福祉士）のBさんへの対応に関する次の記述のうち，**適切なもの**を**2つ**選びなさい。

〔事 例〕

統合失調症の診断を受けた大学3年生のBさんは，周囲から聞こえてくる悪口と薬の副作用に悩み，授業も休みがちである。Bさんは，主治医から「悪口は幻聴である。薬物療法で緩和できる」との説明を受けているものの，不安は消えない。悩んだBさんは，学生支援センターを訪れ「薬の副作用がつらい。今後の就職活動も不安でたまらない。自分と同じ経験をしている学生は他にもいるのか。いるなら話をしてみたい」とAに訴えた。Bさんの不安や焦燥感を受け止めたAは，Bさんにどのように対応すべきかを考えている。

1 主治医に相談するよう伝える。
2 学生支援センターに登録しているピアサポートスタッフの紹介を検討する。
3 地域の指定特定相談支援事業所の相談支援専門員の紹介を検討する。
4 就労移行支援事業所のサービス管理責任者の紹介を検討する。
5 精神障害者保健福祉手帳の取得を勧める。

Point 大学の学生支援センターの相談員の対応を問う事例問題である。このような事例問題は，①対応するのは誰なのか，②どの時点での対応なのかを確認する必要がある。また，本問では「自分と同じ経験をしている学生」という文言から「ピアサポート」を想起すれば，正答に結びつけることができる。

1 ◯ 「幻聴」に悩まされているBさんは，主治医から「薬物療法で緩和できる」と説明を受けているものの，「薬の副作用」という医療に関する別の悩みが生じている。このような医療にかかわる悩みについては，まずは主治医に相談することが求められ，相談員はそのための支援を行う。社会福祉士及び介護福祉士法には，「連携」に関する規定があり，「社会福祉士は，その業務を行うに当たっては，（中略）福祉サービス関係者等との連携を保たなければならない」（第47条）とされている。この福祉サービス関係者等には，「医師その他の保健医療サービスを提供する者」（第2条第1項）も含まれている。

2 ◯ ピアとは，「同じ立場」や「仲間」を指す言葉で，ピアサポートは，同じ立場にある，同じ経験をした人同士の相互支援を意味する。Bさんは「自分と同じ経験をしている学生は他にもいるのか。いるなら話をしてみたい」と話しており，学生センターに登録をしているピアサポートスタッフを紹介することは，まさにBさんのニーズにかなっているといえる。

3 ✕ 指定特定相談支援事業所では，サービス等利用計画の作成を行う「サービス利用支援」及び「継続サービス利用支援」を行う。本事例では，Bさんの不安や焦燥感に対応することが求められており，Bさんの訴えからは，障害福祉サービスの利用の希望は読み取ることはできない。現時点で指定特定相談支援事業所の相談支援専門員を紹介することは，適切とはいえない。

4 ✕ 就労移行支援事業所は，障害者総合支援法における就労支援サービスの一つであり，一般企業等への就労を希望する者に，就労に必要な知識及び能力の向上のために必要な訓練，求職活動に関する支援，職場開拓，アフターフォロー等を行う。Bさんは，就職活動への不安を苦にしているものの，障害者総合支援法上の就労支援サービスの利用を希望しているとまでは読み取ることができない。

5 ✕ 精神障害者保健福祉手帳は，精神保健福祉法に規定があり，取得することで税金の控除・減免，公共料金等の割引などを受けることができる。しかし，本事例では，Bさんの不安や焦燥感に対応することが求められており，この段階で障害者手帳の取得を勧めることは尚早である。

解答 **1 2**

刑事司法と福祉

●第 27 回試験問題の特徴

　出題数は 6 問で，そのうち 3 問が事例問題であった。出題された大項目は，「2　刑事司法」「4　更生保護制度」「5　医療観察制度」「6　犯罪被害者支援」と広範囲にわたった。これまでの試験では出題のなかった刑事手続きを問う事例問題は，内容的に難しく感じられた。**問題 58** と **問題 59** は刑事司法に関する問題であり，**問題 58** は犯罪が成立する要件とその要件の一つとなる責任能力について学んでいれば，解ける問題であった。**問題 59** は道路交通法違反の事例をもとにした刑事手続きを問う問題であったが，刑事手続きの内容を詳しく理解していなければ正解を導くことは難しかったと推測する。**問題 60** と **問題 61** は保護観察制度の基本的知識を問う問題であり，**問題 60** は保護観察における指導監督と補導援護，遵守事項（一般遵守事項と特別遵守事項）の内容を理解していれば，解答を導き出すことができた。**問題 61** は更生保護を担う専門職や団体に関する問題であり，保護観察官や保護司，地方更生保護委員会，保護観察所，更生保護関係団体について理解しておくことが必要である。**問題 62** は医療観察制度に関する問題であり，基本的知識を問う内容であったといえる。**問題 63** は犯罪被害者等基本法について問う問題であったが，法律の概要を理解していれば解答できたと思われる。このほか，第 27 回試験では，「ソーシャルワークの理論と方法」の科目において，特別調整に係る事例問題（**問題 70**）が出題されており，本科目に関連する知識が求められた。

●受験対策のポイント

　本科目では，刑事司法及び少年司法と，定番化している更生保護制度，医療観察制度，更生保護の担い手に関する知識や理解が問われる。これらの法律や制度等に関する理解をしっかりしておかなければ太刀打ちできない。ほかの科目の知識からの応用が利きづらい科目であることから，まったく学習することなく試験に臨むと不正解となる可能性が高くなる。全体として，基本的知識を問うものがほとんどであるため，出題範囲に沿って丁寧に学習を進め，過去問を解いてポイントを押さえながら学習することで，点数が取れる科目であるともいえる。3 〜 5 年間分の過去問に取り組むことで，頻出度が高い項目がみえてくるため，まずは『過去問解説集』を中心に取り組み，選択肢を間違えた問題や福祉領域にはなじみが薄い刑事司法手続き，犯罪被害者支援については『受験ワークブック』などを活用して基本知識を着実に身につけることが必要である。余裕があれば，法務省が公表する『犯罪白書』にも目を通し，近年の動向について把握しておくとよいだろう。

| 問題 58 | 刑事司法と福祉 |

犯罪の成立要件と責任能力に関する次の記述のうち，**最も適切なもの**を１つ選びなさい。

1 正当行為，正当防衛，あるいは緊急避難が認められた場合には，有責性がないものとして，無罪になる。

2 正当防衛とは，正当な侵害に対して，自己または他人の権利を防衛するため，やむを得ずにした行為のことをいう。

3 弁識能力及び制御能力の両方またはいずれかが欠けていれば，心神喪失となり，またどちらかでも能力が著しく減退していれば心神耗弱となる。

4 心神喪失の場合には，刑法上の犯罪が成立せずに無罪となり，心神耗弱の場合には，刑の言渡しが猶予される。

5 16歳未満の者の行為については，一律に責任能力に欠けるものとされており，犯罪は成立しない。

Point 犯罪の成立要件と責任能力に関する知識を問う問題である。犯罪の成立要件は，①構成要件に該当する行為であること（刑罰法規に該当すること），②違法性を有する行為であること（違法性阻却事由がないこと），③責任能力のある者による行為であること（責任阻却事由がないこと）の三つが必要である。この三つを全て満たすことで犯罪が成立する。構成要件に該当する行為であっても，違法性を有する行為でなければ犯罪にはならないことや，責任無能力である者による行為は処罰されないことを理解しておくことが求められる。

---

1 ✕ 刑法（以下，法）における正当行為（法第35条），正当防衛（法第36条第1項），緊急避難（法第37条第1項）は，**違法性阻却事由（刑罰規定の構成要件に該当して，違法性が推定される行為について，その違法性がないとされる事由）**である。違法性阻却事由が認められると，違法性がないものとして，無罪になる。一方で，**責任能力は認められる**ため，有責性がなくなるわけではない。

2 ✕ 正当防衛とは，「**急迫不正の侵害**に対して，自己又は他人の権利を防衛するため，やむを得ずにした行為」をいう（法第36条第1項）。

3 ◯ 心神喪失とは，精神の障害により，**事物の是非善悪を弁識する能力（弁識能力）がないか，あるいはこの弁識に従って行動する能力（制御能力）がない状態**をいう。また，心神耗弱とは，精神の障害により，**弁識能力または制御能力が著しく減退した状態**をいう。

4 ✕ 心神喪失が認められた場合は，責任能力がないとして**無罪**となる（法第39条第1項）。心神耗弱が認められた場合には，**刑が減軽**される（法第39条第2項）。

5 ✕ 法では，**14歳未満**の者に刑罰を科していない。これは「刑事未成年」と呼ばれている。日本における刑事責任年齢は14歳以上とされており，14歳未満の者は**責任無能力**となり，刑罰を科すことができない（法第41条）。

解答 3

問題 59	刑事司法と福祉	☑ ☑ ☑

事例を読んで，次のうち，この手続きを表す名称として，最も適切なものを1つ選びなさい。

〔事 例〕

Aさん（30歳）は，自動車の大幅な速度超過により，道路交通法違反の罪で検挙された。Aさんの事件は，簡易裁判所が，検察官の請求に基づき，命令により100万円以下の罰金または科料を科することができる手続きで処理されることになった。この手続きがとられるに当たって，Aさんは，被疑者として異議がないことを示していた。

1 　起訴猶予
2 　微罪処分
3 　簡易送致手続
4 　交通反則通告制度
5 　略式手続

💡 **Point** 刑事手続きに関する知識を問う問題である。殺人や窃盗など何らかの犯罪が発生した場合，その犯人や犯罪の事実を明らかにし，犯罪をした人には罪の重さに応じた適正な刑罰を科さなければならない。犯罪をした人に科すべき刑罰を定める一連の手続きを「刑事手続き」という。刑罰を科すための具体的な手続きについては，主に刑事訴訟法に規定されていることから，確認しておきたい。

---

1 ✕ 起訴猶予とは，犯罪を行ったことが確実な場合でも，検察官が，犯人の性格，年齢及び境遇，犯罪の軽重及び情状並びに犯罪後の情況により訴追を必要としないと判断した場合に，**公訴を提起しない手続き**であり，本事例は該当しない（刑事訴訟法第248条）。

2 ✕ 微罪処分とは，検察官があらかじめ指定した犯情の特に軽微な窃盗，詐欺，横領等の成人による事件について，司法警察員が，**検察官に送致しない手続き**であり，本事例は該当しない（刑事訴訟法第246条，犯罪捜査規範第198条）。

3 ✕ 簡易送致手続とは，少年事件について行われるもので，検察官または家庭裁判所があらかじめ指定した事件であり，事実がきわめて軽微で，再犯のおそれがなく，刑事処分または保護処分を必要としないものについて，**家庭裁判所が書類審査だけで審判不開始で終了する手続き**であり，本事例には該当しない（犯罪捜査規範第214条第1項）。

4 ✕ 交通反則通告制度とは，運転者の反則行為（比較的軽微な道路交通法違反行為）について，一定期間内に法律で定める反則金を納付することにより，**刑事裁判や家庭裁判所の審判に付されないものとする事件が処理される制度**で，本事例は該当しない（道路交通法第125条〜第132条）。

5 ◯ 略式手続とは，検察官の請求により，簡易裁判所の管轄に属する**100万円以下の罰金または科料に相当する事件**について，被疑者に異議のない場合，正式裁判ではなく，**検察官の提出した書面によって審査する裁判手続き**である。簡易裁判所において略式命令が発せられたあと，略式命令を受けた者は，罰金または科料を納付して手続きを終わらせるか，不服がある場合には，正式裁判を申し立てることができる（刑事訴訟法第461条〜第465条）。

解答 **5**

| 問題 60 | 刑事司法と福祉 | |

事例を読んで，刑の全部執行猶予中の保護観察に関する次の記述のうち，**最も適切なもの**を1つ選びなさい。

〔事 例〕
Aさん（30歳）は，覚醒剤の自己使用により検挙され，懲役*1年執行猶予3年保護観察付の判決が確定し，保護観察中である。Aさんには「薬物再乱用防止プログラムを受けること」という特別遵守事項が設定されている。また，Aさんには担当保護司が指名されている。

1　Aさんは，一般遵守事項に違反しても，執行猶予が取り消されることはない。
2　Aさんは，簡易薬物検出検査を受けなければならない。
3　Aさんに対する不良措置として，保護観察の期間の延長がある。
4　Aさんの担当保護司は，Aさんの補導援護はできるが指導監督はできない。
5　Aさんが特別遵守事項に違反した場合には，保護観察所長が執行猶予を取り消す。

Point　保護観察付全部執行猶予者であるAさんの事例問題である。保護観察とは，犯罪をした人や非行をした少年を社会の中で更生させるための制度である。「指導監督」と「補導援護」の2本の柱からなり，保護観察官と保護司が保護観察を担っている。保護観察の対象者には，守るべき遵守事項があり，すべての対象者に適用される一般遵守事項と，特定の対象者にだけ適用される特別遵守事項がある。これら二つの違いや遵守事項に違反した場合はどうなるのかについて理解しておくことが必要である。

1　✕　**保護観察付全部執行猶予者が一般遵守事項に違反した場合**，その情状が重い場合は，保護観察所長が検察官に刑の執行猶予の取消しを申し出て，申出を受けた検察官が裁判所に取消しの請求を行い，**裁判所が認めた場合は執行猶予が取り消される**（刑法第26条の2第2号，更生保護法第79条）。

2　〇　保護観察所が実施している薬物再乱用防止プログラムは，対象者が依存性薬物の悪影響と依存性を認識し，依存性薬物を乱用するに至った自己の問題性について理解するとともに，再び依存性薬物を乱用しないようにするための方法を習得・実践することを目的としている。全5課程の教育課程であるコアプログラムとステップアッププログラムからなり，教育課程と併せて**簡易薬物検出検査を実施**している。

3　✕　不良措置とは，保護観察の対象者に遵守事項違反又は再犯等があった場合にとられる措置をいう。**保護観察付全部執行猶予者の不良措置は，刑の執行猶予の取消しであり，保護観察の期間の延長はできない**（刑法第26条，第26条の2）。

4　✕　担当保護司は，保護観察における**指導監督及び補導援護を実施する**ことになっている（更生保護法第61条）。

5　✕　保護観察付全部執行猶予者が特別遵守事項に違反した場合は，一般遵守事項の違反と同様に，保護観察所長が検察官に対し刑の執行猶予の取消しの申出をし，申出を受けた検察官が裁判所に執行猶予の取消しを請求すると，**裁判所は対象者または代理人の意見を聴取した上で執行猶予を取り消すか否かを決定する**（刑法第26条の2第2号，更生保護法第79条）。

解答　**2**

＊　2025年（令和7年）6月1日施行の改正刑法により，懲役と禁錮が一元化され，「拘禁刑」となる。

| 問題 61 | 刑事司法と福祉 |

更生保護に関わる人または組織に関する次の記述のうち，**正しいもの**を**2つ**選びなさい。

1　地方更生保護委員会の事務局及び保護観察所に保護観察官を置くこととされている。

2　保護司が備える条件の一つとして「人格及び行動について，社会的信望を有すること」がある。

3　保護司活動の拠点として，各都道府県に1か所ずつ更生保護サポートセンターが設置された。

4　更生保護法人は，厚生労働大臣の許可を受けて設立される。

5　更生保護女性会は，更生保護法の制定に伴い設立された。

Point　大項目「4　更生保護制度」の中項目「4−6）団体・専門職等の役割と連携」からの出題である。旧カリキュラムから更生保護に関わる人または組織（保護観察官，保護司，更生保護施設，更生保護女性会，BBS会，協力雇用主など）に関する問題は頻出であり，次回以降も同様の傾向は続くだろう。参考書などでその概要をつかみ，その上で関連法（更生保護法，保護司法，更生保護事業法など）を把握し，知識を確実なものにしたい。

1　〇　更生保護法第31条において，「**地方委員会の事務局及び保護観察所に，保護観察官を置く**」と定められている。なお，同条第2項では「保護観察官は，医学，心理学，教育学，社会学その他の更生保護に関する専門的知識に基づき，保護観察，調査，生活環境の調整その他犯罪をした者及び非行のある少年の更生保護並びに犯罪の予防に関する事務に従事する」と定められており，保護観察官に関しても重要項目であるので，その内容を把握しておきたい。

2　〇　保護司法第3条第1項第1号において，保護司が備える条件の一つとして，「**人格及び行動について，社会的信望を有すること**」と定められている。ほかの条件として「職務の遂行に必要な熱意及び時間的余裕を有すること」（同項第2号），「生活が安定していること」（同項第3号），「健康で活動力を有すること」（同項第4号）が定められている。

3　✕　更生保護サポートセンターは，地区保護司会がその地域の関連機関と連携して活動を行うために設置されたものである。法務省によって2008年度（平成20年度）から整備され，2019年度（令和元年度）には**全国886か所ある保護司会のすべてに設置されている**。

4　✕　更生保護事業法第10条において，「更生保護法人を設立しようとする者は，法務省令で定めるところにより，**申請書及び定款を法務大臣に提出して，設立の認可を受けなければならない**」と定められている。

5　✕　更生保護女性会は，大正末期の少年保護婦人協会が前身となり，**1949年（昭和24年）に更生保護制度が発足したことに伴い**，組織化された。したがって，2007年（平成19年）の更生保護法の制定に伴い設立されたものではない。更生保護女性会は，犯罪をした人や非行のある少年に対する更生支援や地域の犯罪予防活動などを行うボランティア組織であるが，その会員数は近年減少傾向にある。

解答　1　2

問題 62 　刑事司法と福祉

事例を読んで,「医療観察法」に基づく地域処遇に関する次の記述のうち,**最も適切なもの**を1つ選びなさい。

〔事 例〕

Aさん（30歳）は「医療観察法」に基づく入院決定を受け，指定入院医療機関に入院していたが，その後，退院許可の決定を受け，現在は，地域処遇を受けて指定通院医療機関に通院している。

1 　Aさんの精神保健観察は，保護観察所の保護観察官が担当する。
2 　Aさんが「精神保健福祉法」に基づく医療保護入院となることはない。
3 　Aさんの地域処遇が3年を超えて実施されることはない。
4 　Aさんの地域処遇の期間は，保護観察所長の決定により短縮することがある。
5 　Aさんの処遇の実施計画は，保護観察所長が関係機関と協議して定める。

（注） 1 　「医療観察法」とは，「心神喪失等の状態で重大な他害行為を行った者の医療及び観察等に関する法律」のことである。
2 　「精神保健福祉法」とは，「精神保健及び精神障害者福祉に関する法律」のことである。

Point 　大項目「5　医療観察制度」の中項目「5-2）審判・処遇の流れと内容」からの出題である。医療観察法（以下，法）に関する問題は旧カリキュラムから頻出である。本問で焦点が置かれている地域処遇だけでなく，入院又は通院の決定手続きである審判，指定入院医療機関による医療なども含めた法による手続きの流れを把握しておきたい。また，医療観察制度の根拠となる，法の内容も確認しておきたい。

1 　✗ 　Aさんの精神保健観察を担当するのは，保護観察所に置かれた**社会復帰調整官**である（法第20条第1項，第2項）。なお，同条第2項において，「社会復帰調整官は精神障害者の保健及び福祉その他のこの法律に基づく対象者の処遇に関する専門的知識に基づき」業務を行うと規定されている。

2 　✗ 　法第115条において,「この法律の規定は，第42条第1項第2号又は第51条第1項第2号の決定により入院によらない医療を受けている者について，**精神保健及び精神障害者福祉に関する法律の規定により入院が行われることを妨げない**」と規定されており，精神保健福祉法に基づく医療保護入院も可能である。

3 　✗ 　法第44条において,「第42条第1項第2号の決定による入院によらない医療を行う期間は，当該決定があった日から起算して3年間とする。ただし，**裁判所は，通じて2年を超えない範囲で，当該期間を延長することができる**」と規定されており，3年を超えて実施することも可能である。なお，法第44条の規定は，法第51条第4項で準用されている。

4 　✗ 　法第54条において,「**保護観察所の長は**，第42条第1項第2号又は第51条第1項第2号の決定を受けた者について，対象行為を行った際の精神障害を改善し，これに伴って同様の行為を行うことなく，社会に復帰することを促進するためにこの法律による医療を受けさせる必要があると認めることができなくなった場合は，当該決定を受けた者に対して入院によらない医療を行う指定通院医療機関の管理者と協議の上，直ちに，**地方裁判所に対し，この法律による医療の終了の申立てをしなければならない**」と規定されており，**処遇短縮を決定するのは地方裁判所**となる。

5 　◯ 　法第104条において,「**保護観察所の長は**，第42条第1項第2号又は第51条第1項第2号の決定があったときは，当該決定を受けた者に対して入院によらない医療を行う指定通院医療機関の管理者並びに当該決定を受けた者の居住地を管轄する都道府県知事及び市町村長と協議の上，その処遇に関する実施計画を定めなければならない」と規定されている。

解答 **5**

| 問題 63 | 刑事司法と福祉 | ✓✓✓ |

2004年（平成16年）に制定された犯罪被害者等基本法に関する次の記述のうち，**正しいもの**を**2つ**選びなさい。

1 同法における犯罪被害者等とは，犯罪等により害を被った者及び遺族を除いた家族をいう。

2 同法の目的の一つに，再犯の防止と犯罪による被害を受けることの防止がある。

3 同法に基づき，ストーカー行為を規制するための処罰が整備された。

4 同法の基本的施策の一つに，損害賠償の請求についての援助がある。

5 同法に基づき，政府は犯罪被害者等基本計画を定めなければならない。

Point 大項目「6 犯罪被害者支援」の中項目「6-2）犯罪被害者支援に関する法」からの出題である。新カリキュラムの内容を鑑みると，社会福祉士を目指す人には，犯罪被害者支援の学習を深めることが期待されているといえる。その上で，犯罪被害者等基本法，配偶者からの暴力の防止及び被害者の保護等に関する法律（DV防止法），ストーカー行為等の規制等に関する法律（ストーカー規制法）などの関連法を学ぶことはその基礎となる。今後の試験においても，犯罪被害者支援に関する問題は継続的に出題されると考えられるので，確実に学習しておきたい。

---

1 ✕ 犯罪被害者等基本法第2条第2項において，「この法律において『犯罪被害者等』とは，**犯罪等により害を被った者及びその家族又は遺族をいう**」と規定されており，**遺族も含まれる**。そして，犯罪等により害を被った者及びその家族又は遺族に対する施策が同法において定められている（同条第3項）。

2 ✕ 犯罪被害者等基本法第1条において，「この法律は，犯罪被害者等のための施策に関し，基本理念を定め，並びに国，地方公共団体及び国民の責務を明らかにするとともに，犯罪被害者等のための施策の基本となる事項を定めること等により，犯罪被害者等のための施策を総合的かつ計画的に推進し，もって**犯罪被害者等の権利利益の保護を図ることを目的とする**」と規定されており，再犯の防止はその目的として明確に規定されていない。再犯の防止が目的の一つと規定されている法律は更生保護法（同法第1条）及び再犯の防止等の推進に関する法律（再犯防止推進法）である（同法第1条）。

3 ✕ ストーカー行為を規制するための処罰が規定されているのは，**ストーカー規制法**であり，同法第18条〜第20条において罰則が規定されている。

4 ○ 犯罪被害者等基本法第12条において，「国及び地方公共団体は，犯罪等による被害に係る損害賠償の請求の適切かつ円滑な実現を図るため，**犯罪被害者等の行う損害賠償の請求についての援助**，当該損害賠償の請求についてその被害に係る刑事に関する手続との有機的な連携を図るための制度の拡充等必要な施策を講ずるものとする」と規定されている。

5 ○ 犯罪被害者等基本法第8条第1項において，「政府は，犯罪被害者等のための施策の総合的かつ計画的な推進を図るため，**犯罪被害者等のための施策に関する基本的な計画（以下「犯罪被害者等基本計画」という。）を定めなければならない**」と規定されている。

解答 4 5

ソーシャルワークの基盤と専門職

●第 27 回試験問題の特徴

　本科目は，社会福祉士がソーシャルワーク専門職として，その基盤となる法規定や倫理，定義等を学習する科目である。

　出題数は 6 問（五肢択一形式が 4 問，五肢択二形式が 2 問）であり，うち 2 問が事例問題であった。出題基準に沿ってみてみると，五つの大項目すべてから出題されており，その出題の傾向は例年と大きな変化はない。社会福祉士の法規定，「ソーシャルワーク専門職のグローバル定義」，ソーシャルワークの形成過程，ソーシャルワークの倫理などはほぼ毎年出題されているが，本年も例外なく出題された。事例問題は，ソーシャルワークの基盤となる考え方への理解が求められるものであったが，そこからさらに一歩深い理解が求められる問題もあった。

　問題 64 は，法に定められた社会福祉士の努力規定を問う出題であった。法律上守らなければならないとされる義務と，努力義務との違いに対する理解が求められた。**問題 65** は，グローバル定義の注釈にある「知」への理解が問われた。地域・民族固有の知が必要とされる背景まで含めた理解が求められた。**問題 66** は，社会福祉士の発言の根拠となる考え方を提示した人物が問われており，少し難解であった。表面的な概念の理解だけでなく，その概念を提示した人物とも併せて理解することが求められた。**問題 67** は，スーパービジョンに関する事例問題であった。社会福祉士として，当事者の主体性や尊厳を守ることへの姿勢，職域への理解が必要である。**問題 68** は，アメリカにおけるセツルメントに関する出題であった。セツルメントが社会的な視点を拓いてきたという，歴史の意義をあらためて確認しなければならない。**問題 69** は，倫理原則を問う出題であるが，ドルゴフ（Dolgoff, R.）らによって示された考えを問うものであり，難解であったといえよう。

●受験対策のポイント

　本科目は，第一に，社会福祉士に関する法規定を押さえることが必要不可欠である。秘密保持義務など，内容への理解と整理は欠かせない。

　第二に，「ソーシャルワーク専門職のグローバル定義」やソーシャルワークの倫理についてもほぼ毎年出題されている。グローバル定義に関しては，その注釈まで含めて学ぶ必要がある。

　第三に，ソーシャルワークの形成過程における重要な人物や出来事，特にアメリカのソーシャルワークの展開過程は頻出であり，ぜひ押さえておきたい。『過去問解説集』などを用いてのキーワード整理などは有効であろう。

　第四に，ソーシャルワークの基礎的な概念に関する学びは欠かせない。本科目は基礎内容の確認が多いが，基礎となる言葉のもつ意味や関連事項等を理解しておかないと痛い目に遭うため，油断せず取り組むことが必要であろう。

問題 64 ソーシャルワークの基盤と専門職

次の記述のうち，社会福祉士及び介護福祉士法において社会福祉士が努めなければならないと規定されていることとして，**最も適切なもの**を1つ選びなさい。

1. 社会福祉士の信用を傷つけるような行為をしないこと。
2. 福祉サービス関係者等との連携を保つこと。
3. 相談援助に関する知識及び技能の向上を行うこと。
4. 正当な理由がなく，その業務に関して知り得た人の秘密を漏らさないこと。
5. 常にその者の立場に立って誠実にその業務を行うこと。

Point 社会福祉士は，社会福祉士及び介護福祉士法（以下，法）において定められている国家資格である。その資格の性質は，業務独占ではなく名称独占という位置づけにあるが，近年は社会福祉士の資格を有することを条件に雇用する施設・機関も少なくない。本問は，法における努力規定と義務規定の違いを問う問題である。

1 ✕ 法第45条において，**「信用失墜行為の禁止」**が規定されている。社会福祉士への信用は，社会福祉士が行う支援活動に大きく影響するものである。たとえば，社会福祉士への信頼が揺らいでしまうと，適切な支援の妨げとなり，最終的には支援を受ける人たちの不利益となって，権利を守ることが難しくなってしまう。そのため，本規定は社会福祉士が努めることではなく，**義務とされている**。

2 ✕ 法第47条において，福祉サービス関係者等との**「連携」**が規定されている。多様な課題を抱えている人への支援において，社会福祉士はさまざまな関係機関や専門職等と協働していかなければならない。その連携をうまくつくり，課題解決を図ることが社会福祉士の大切な専門性の一つである。そのため，本規定は社会福祉士が努めることではなく，**義務とされている**。

3 ◯ 法第47条の2において，**「資質向上の責務」が努力規定として定められている**。社会を取り巻く状況や環境は目まぐるしく変わっており，社会福祉士に求められる知識や技術等も変わっていく。社会福祉士は，そのことを自覚し，常に新たな状況等に対応していくためにも，**その知識や方法等の向上に努めることが求められている**。

4 ✕ 法第46条において，**「秘密保持義務」**が規定されており，努力規定ではない。業務上知り得たことに関する秘密保持義務は，一人ひとりの生活や人生にもかかわる社会福祉士にとって欠かすことのできない義務である。ただし，たとえば，生命の危険があるなど支援の展開上正当な理由がある場合はその限りではない。秘密保持義務は，**社会福祉士ではなくなったあとも適用される義務**として定められ，罰則規定も設けられている（法第50条）。

5 ✕ 法第44条の2において，**「誠実義務」**が規定されている。社会福祉士は一人ひとりの尊厳を守り，サービス利用者や当事者の自立ある日常生活を支えていくために，自らの業務に誠実であることが規定されている。この規定は，福祉サービスを提供する事業者単位ではなく，**社会福祉士一人ひとりが守らなければならない義務として規定されている**。

解答 3

問題 65　ソーシャルワークの基盤と専門職

「ソーシャルワーク専門職のグローバル定義」(2014年) におけるソーシャルワークの知 (Knowledge) に関する次の記述のうち，**適切なもの**を **2つ**選びなさい。

1　ソーシャルワークの理論的基盤及び研究は，専ら医学の知見に基づいて構成されている。
2　ソーシャルワークの研究と理論の独自性は，閉鎖性と応用性にある。
3　人々と作り上げてきたソーシャルワークの知は，それぞれの国や各地域においても，また国を越えて普遍的に，それぞれの形で，より適切に実践されることになる。
4　ソーシャルワークの知は，西洋の理論や知識を根拠としたものであることが期待されている。
5　多くのソーシャルワーク研究と理論は，サービス利用者との双方向性のある対話的過程を通して共同で作られている。
(注)　「ソーシャルワーク専門職のグローバル定義」とは，2014年7月の国際ソーシャルワーカー連盟（IFSW）と国際ソーシャルワーク学校連盟（IASSW）の総会・合同会議で採択されたものを指す。

Point　「ソーシャルワーク専門職のグローバル定義」（以下，グローバル定義）は，国や地域を問わず，あらゆる場でのソーシャルワークの基盤となるものである。グローバル定義には，さらなる理解を促す「注釈」があり，「中核となる任務」「原則」「知」「実践」「（IFSW総会において可決された）追加動議」からなっている。本問は，その中でもソーシャルワークの「知」への理解を問うものである。

1　✕　ソーシャルワークは，複数の学問分野にまたがり，また，その境界を超えた科学的な理論や研究に基づくものであって，専ら医学の知見に基づくものではない。ソーシャルワークは，特定の一つの学問，理論を基盤とするものではなく，たとえば，社会学や心理学，教育学，経済学，行政学，人類学などの非常に幅広い諸科学の理論を利用し，問題理解や実践に結びつけていく点に大きな特徴がある。

2　✕　ソーシャルワークは，上述した選択肢1の解説にもあるように，さまざまな科学の領域，理論等を効果的に活用していく特徴があるため，その研究と理論の独自性の一つは応用性にあることは間違いない。一方で，研究と理論の閉鎖的なスタンスは，多様かつ複雑な課題に立ち向かうソーシャルワークにはなじまない。**課題解決へ寄与するという解放志向性を有する点に，研究と理論の独自性がある**と考えなければならない。

3　〇　グローバル定義における「知」の大きな特徴は，**地域・民族固有の知を尊重する**という点にある。それぞれの地域・民族は，価値観や知などを独自に作り出しており，ソーシャルワークの知もまた，たとえば先住民たちと共同で作り出されなければならないものである。そうやって作り出されたものであるからこそ，その地域等にあった適切かつ普遍的な実践が可能となるのである。

4　✕　ソーシャルワークの知の目指すべきところは，**西洋の理論や知識の枠組みを無条件に肯定し，その地域・民族固有の知を一方的に否定することを見直す**点にある。むしろ，これまであまり評価されてこなかった地域・民族固有の独自の知を再評価し，**西洋による支配的な状況を克服すること，植民地主義的な考え方や状況を反転させる**ことを目指すのがソーシャルワークの大事な役割として考えられている。

5　〇　ソーシャルワークにとって，その研究と理論は，**先住民をはじめとした人たち，それぞれの地域・民族の声を拾い，学ぶ中で，その人たちとともに作り上げていくことが前提**にある。そのため，さまざまなサービスを利用する当事者とともに，対話を重ねながら研究を進め，理論を作り出していくことは，ソーシャルワーク研究と理論の大きな柱として位置づけられなければならない。

解答　**3　5**

| 問題 66 | ソーシャルワークの基盤と専門職 |

事例を読んで，**A**社会福祉士の発言の基盤となっている考え方を提示した人物として，**最も適切なものを1つ**選びなさい。

〔事　例〕

　地域活動支援センターで指導員として勤務する**A**が，地域自立支援協議会の実務者会議に出席したところ，管轄地域内における今後の生活支援の方向性を問われた。そのため，日頃の相談支援活動を踏まえて「私は，障害のある方々の様々な活動が価値ある役割として，社会に認められていくための取組を，私たちはこれからも続けていくことが大切だと思います」と発言し，出席者から賛同を得た。

1　バンク–ミケルセン（Bank-Mikkelsen, N.）

2　ニィリエ（Nirje, B.）

3　ソロモン（Solomon, B.）

4　ヴォルフェンスベルガー（Wolfensberger, W.）

5　バンクス（Banks, S.）

Point　本問はノーマライゼーション理念とその周辺理解に関する問題である。ノーマライゼーションとは，すべての人が社会において平等に参加できることを目標に，障害の有無や年齢といった違いを超えて，誰もが権利をもち，必要な支援を受けることを理念とする考え方である。ノーマライゼーションの理解は，近年の社会福祉の現場においても重要視されており，利用者の意向を尊重し，適切な支援を行うための基本的な考え方になる。さらに，日本の地域共生社会の実現を目指す上での基盤ともなっている。

1　✕　バンク–ミケルセンが提唱するノーマライゼーションは，**障害のある人々に障害のない人々と同じ生活条件を提供することを目指す理念**である。この考え方は，障害者が社会の一員として，普通の人々とともに生活する権利をもつことを強調した。後にこのノーマライゼーションの考え方は教育や雇用の分野で重要視されるようになった。

2　✕　ニィリエが提唱するノーマライゼーションは，**障害者がよりノーマルな生活を送るための指針として機能すべきである**とされた。この考え方は，特に障害者が自立して生活し，社会に積極的に参加することを促進した。また，ニィリエが提唱した8原理では，障害者が可能な限り普通の人々と同じように生活することを可能にし，彼らの生活の質を向上させるための概念が示された。

3　✕　ソロモンは，**ソーシャルワークにおいてエンパワメントの考え方を導入し，利用者が自分の能力を発揮できるよう支援する方法を整理**した。ソロモンはノーマライゼーションのあり方自体を提唱した人物ではないが，ノーマライゼーションは社会的統合を促す大きな枠組みを提供し，エンパワメントはその実現のための具体的なプロセスや方法論を提供する関係性にある。

4　○　ヴォルフェンスベルガーが提唱するノーマライゼーションでは，**障害者は哀れみや保護の対象としてみられるのではなく，障害者や社会的マイノリティが一般市民と平等な立場で参加できる社会を目指すべきである**とされた。本事例に照らし合わせると，**A**社会福祉士の発言は，「平等な立場で参加できる社会づくりを目指すこと」を強調した内容となっており，ヴォルフェンスベルガーの理念に基づいていると解釈できる。

5　✕　バンクスが提唱するノーマライゼーションでは，**すべての人々が社会で平等に扱われるべきである**という立場が強調された。これは，すべての人々が社会の一部として認識され，平等な機会を享受できるようにするための枠組みである。バンクスは，社会的な公正を促進し，コミュニティの一体感を形成する重要性を強調した。この考え方によって，支援が必要な個人が，お互いに尊重しあい，共存できる環境づくりを目指した。

解答 **4**

| 問題 67 | ソーシャルワークの基盤と専門職 | ☑ ☑ ☑ |

事例を読んで，被保護者との関係に苦慮するＡ現業員に対する査察指導員Ｂ（社会福祉士）のスーパービジョンの助言として，**適切なものを2つ**選びなさい。

〔事 例〕

Ｃ福祉事務所の査察指導員Ｂは，生活保護を担当して１年目のＡから，単身世帯のＤさん（70歳）への対応について相談を受けた。Ａによると，Ｄさんは，Ｄさんの誤解によるトラブルから近隣とのつきあいはほとんどなく，買い物以外は家に閉じこもっている。私（Ａ）が訪問すると毎回のように「あなたも近所の人たちと同じだ。あなたの話もわからない。福祉は困っている人を助けるためにあるはずだ。なのに，なぜ，もっと自分を助けてくれないのか」と言われる。内容を尋ねるも具体的なことはわからず，どのように応答してよいのか困っているとのことであった。

1　「家庭訪問でのＤさんとのやりとりを振り返ってみましょう」

2　「話し相手がいる近隣のサロンを紹介すると伝えてみましょう」

3　「日頃の生活をご近所の方々に尋ねることについてＤさんから了解を得てください」

4　「他の事例を適用してＤさんへの対応を検討してみましょう」

5　「生活保護担当者としての業務と役割について，一緒に確認してみましょう」

Point 本問は，関係に苦慮する現業員の被保護者へのかかわりに対する，査察指導員によるスーパービジョンのあり方に関する問題である。査察指導員は，現業員への専門的な指導や助言を通じて，業務の進行管理や職員管理を行う必要があり，スーパービジョンにより，生活保護業務の効率化と支援の質向上を図ることができる。生活保護業務では査察指導員と現業員が協力し，効果的な福祉サービスを提供することで，被保護者のニーズに応じた対応が可能となる。

1 ○　スーパービジョンの助言内容として，適切である。**査察指導員の管理的機能として，現業員の業務の進捗や成果を確認し，必要に応じて改善策を査察指導員から提案する**必要がある。そのため，Ｂ査察指導員が現場の実態を把握し，Ａ現業員がどのようにケースにアプローチしているかを観察して，フィードバックを行う過程が大切である。

2 ✕　スーパービジョンの助言内容として，適切ではない。Ｄさんの主訴から，話し相手が必要な状況を設けることや，外出の機会を提案することは，Ｄさんへの介入方法を考えても，適切ではない。スーパービジョンでは，**現場の実情に基づいた「具体的な指導や助言」を行う**ことで，現業員が抱える特有の問題やニーズに対応しやすくなり，より効果的な支援を提供できるようになる。

3 ✕　スーパービジョンの助言内容として，適切ではない。Ｄさんは，近所の人たちとの関係性に課題を感じているため，了解を得られる可能性は少なく，Ａ現業員との関係性の悪化も考えられる。Ｂ査察指導員はＡ現業員に対し，**家庭訪問や面接を通じてＤさんの生活状況を把握し，Ｄさん本人と信頼関係を構築する方法を先に助言する**必要がある。

4 ✕　スーパービジョンの助言内容として，適切ではない。事例検討は，個別のケースに対する理解を深め，現業員の相談援助能力を向上させるために不可欠な方法ではある。しかし，事例検討における対応方法が，本事例のケースに即応し，結果として効果的なスーパービジョンに結びつくとは考えにくい。査察指導員は，**現業員が直面する困難な事例や課題に対し「具体的な解決策」を提供し，現業員が自信をもって業務を行えるように支援する**ことが求められる。

5 ○　スーパービジョンの助言内容として，適切である。査察指導員には，単に知識を伝えるだけでなく，**実務における具体的なスキルやマインドを育成する**役割を果たす必要がある。教育的機能を通じて，現業員が自立して業務を行えるようになり，利用者へのサービス向上にもつながる。

解答 1 5

問題 68 ソーシャルワークの基盤と専門職

アメリカにおける初期のセツルメントに関する次の記述のうち，**最も適切なもの**を1つ選びなさい。

1 「施与ではなく友人を」を掲げて友愛訪問活動を行った。
2 貧困を社会的・経済的な問題として捉えた。
3 ケーススタディを通して貧困状態にある人の救済を行った。
4 援助の効率化を図るために「援助に値する貧民」を選別した。
5 シカゴにはトインビーホールが設立された。

> **Point** 問題文の冒頭に「アメリカにおける」とあるが，本問は地理的な要素よりも，セツルメントに対する基本的な知識を問うている。特に慈善組織協会（Charity Organization Society：以下，COS）との違いについてはよく比較されるところであり，両者の違いを時代背景や国ごとに，人物を含めて整理しておくことが求められる。

1 ✗ これは，スコットランドの**チャルマーズ（Chalmers, T.）の隣友運動**についての記述であり，この流れがのちのCOSの活動に受け継がれていった。
2 ○ 選択肢のとおり。**セツルメントは，貧困の原因を社会的・経済的な問題として捉えた**一方，COSでは貧困の原因を「個人」にあると考えた。
3 ✗ これは，COSについての記述である。**COSは貧困の原因を「個人」にあるとし**，個別の救済を進めていった。この支援がケースワークの起源とされている。
4 ✗ これは，COSについての記述である。**COSは貧困の原因を「個人」にあるとし，貧困者に生活態度の改善を促し，「救済に値する貧困者」と「救済に値しない貧困者」を区別し，前者を対象として救済をした。**COSの活動は基本的に民間の立ち位置なので，後者は「新救貧法」に委ねる形となった。
5 ✗ **シカゴに設立されたのはハルハウス**であり，1889年にジェーン・アダムス（Addams, J.）によって設立された。**トインビーホールは，バーネット（Barnett）夫妻によって，1884年にイギリスのロンドン東地区に設立された**ものである。

解答 **2**

| 問題 69 | ソーシャルワークの基盤と専門職 |

ドルゴフ（Dolgoff, R.）らによって提示された倫理原則に関する次の記述のうち，**正しいもの**を1つ選びなさい。

1 平等と不平等に関する倫理原則では，同じ環境に置かれている人には誰に対しても同じように対応しなければならない。

2 プライバシーと守秘義務に関する倫理原則では，全ての人が自らのプライバシーと守秘義務を強化しなければならない。

3 自律と自由に関する倫理原則では，全ての人々の生活の質を高めるような選択肢を選ばなければならない。

4 最小限の害に関する倫理原則では，あらゆる人の生活や生命を守らなければならない。

5 誠実と情報の開示に関する倫理原則では，クライエントへの関連の有無に関係なく，全ての情報を伝えなければならない。

（注）「ドルゴフ（Dolgoff, R.）ら」とは，2009年に Ethical Decisions for Social Work Practice（8th ed.）を著したドルゴフ，ローウェンバーグ（Loewenberg, F. M.）とハリントン（Harrington, D.）のことである。

Point ドルゴフらによって，倫理的ジレンマにおける倫理原則の優先順位（七つ）が提示された。それらは優先順に，①生命の保護，②平等と不平等（文献によっては「社会正義」と記されている），③自律と自由，④最小限の害，⑤生活の質，⑥プライバシーと守秘義務，⑦誠実と情報の開示となっている。社会福祉士がその実践において，ジレンマに陥った際の指針となる原則である。

1 ○ 平等と不平等に関する倫理原則としては，全てのクライエントに対して差別や権利侵害をすることなく（あるいはそのような状況下にある人へのかかわりも含め），**社会正義に則った行動**が求められる。

2 ✕ プライバシーの侵害は，権利侵害にならないよう，社会福祉士が気をつけなければならない項目であり，守秘義務についても同様である。しかし，危機回避等による例外もあるため，**「全ての人」に対して該当しない場合**もある。

3 ✕ この記述は，**「生活の質」**に関するものである。「自律と自由」については，自己決定も含めて優先されるべき項目である。しかしながら，糖尿病患者の「死んでもいいから好きなだけ食べたい」というような自己決定は，「生命の保護」に抵触してしまうことがある。

4 ✕ この記述は，**「生命の保護」**に関するものである。ドルゴフらの倫理原則で最も優先順位が高い項目である。「最小限の害」については，クライエントの危害を最小限にとどめられるようなかかわりが求められる。

5 ✕ 「誠実と情報の開示」については，「全ての情報を伝えなければならない」のではなく，**クライエントの状況を確認し，その必要に応じた情報開示**が求められる。

解答 **1**

ソーシャルワークの理論と方法

●第 27 回試験問題の特徴

　本科目の出題数は，9問であり，そのうち6問が事例問題であった。事例問題は，専門知識を問うものと事例内容を読み解く力を問うものがある。いずれの出題も総合的な理解が問われる傾向があるため，試験対策では多くの問題を解くことが重要となる。以下に，問題ごとの特徴を述べる。

　問題 70 は，保護観察所による特別調整に関する知識が問われた。本出題では制度的な知識が問われたが，事例を発展的に考えた場合，どのような社会資源が活用できるか，今後の支援展開などについて問う出題の可能性も考えられる。**問題 71** は，問題解決アプローチの特徴を問う出題であった。問題解決アプローチを正しく理解していることと同時に他のアプローチの特徴との違いについての理解が必要であった。**問題 72** は，実践モデルやアプローチに関する理解が問われた。実践モデルやアプローチは，他のモデル・アプローチと重なる面もあるため，厳密な線引きは難しいが中心的な特徴をよく理解していることが必要である。**問題 73** は，若年性認知症と診断された人の職場の上司への対応を問う出題であった。認知症に対する医学知識に加え，会社で働くことの心理社会的な課題の理解が必要であった。**問題 74** は，家族と同居生活している高齢者に対する事例において，アセスメントとプラン作成の過程を問う出題であった。**問題 75** は，ソーシャルワークの事後評価を問う出題であった。**問題 76** と **問題 77** は，グループワークの原則と展開過程を問う出題であった。グループワークの原則では，出題のとおりコノプカの原則が問われることが多い。**問題 78** は，スーパービジョンに関する出題であった。スーパービジョンでは，管理，教育，支持の三つの機能の理解が問われることが多い。本出題では，スーパーバイジーによる場面の記述と振り返りを進める展開が問われた。

●受験対策のポイント

　本科目は，方法論に関する科目であるものの実践場面ではクライエントの具体的状況の中で支援が展開されるため，領域ごとに関係する制度的知識や社会の仕組みについて，またクライエント理解にかかわる医学知識，心理社会的な状況理解が必要となる。そのため，関連知識を含めて基本的な事項を理解しておくことが重要である。

　各出題について，比較的平易な内容も多い。しかし，事例問題など複数の解釈が成り立つ場合は，正答を見つけることに悩むことも考えられる。また，本科目は事例問題としての出題も多いことから，多くの問題を解き，慣れておくことが大切である。

　過去の出題傾向では，システム理論，ソーシャルワークの記録，ケアマネジメントについても問われていた。また，新カリキュラムになって，コミュニティワークが出題範囲となったため，これらについてもバランスよく学習を進めてほしい。

| 問題 70 | ソーシャルワークの理論と方法 | ✓ ✓ ✓ |

事例を読んで，保護観察所がAさんの特別調整の協力を求めた機関について，**最も適切なもの**を1つ選びなさい。

〔事　例〕

Aさん（84歳）は，来月で6回目の刑期を終える。Aさんは帰る先もなく，頼れる人もいない。Aさんは「帰るところも探せないし，お金もない」と話しており，特別調整を希望している。矯正施設では，福祉専門官がAさんと面談し本人の意向を確かめた結果，特別調整対象者として判断したため，保護観察所に通知した。保護観察所長は，Aさんの状況を確認するために特別調整協力の依頼を求めることにした。

1　地域生活定着支援センター
2　養護老人ホーム
3　更生保護施設
4　障害者支援施設
5　福祉事務所

Point 矯正施設及び保護観察所による特別調整に関する基礎的知識を問う問題である。特別調整とは，高齢又は障害を有することで適当な帰住先がない受刑者及び少年院在院者について，退所後速やかに，適切な福祉サービスを受けられるようにするための特別手続きである。保護観察所では，特別調整を進めるために地域生活定着支援センターに協力を依頼し，連携を図ることとしている。

1　〇　地域生活定着支援センターは，地域生活定着促進事業に基づき都道府県に設置されている。特別調整では，保護観察所と連携・協働し，矯正施設退所後の**社会復帰及び地域生活の定着に向けた支援が行われる**。地域生活定着支援センターの主な業務は，①コーディネート業務，②フォローアップ業務，③被疑者等支援業務，④相談支援業務，⑤これらの業務を円滑かつ効果的に実施するための業務となっている。

2　✕　養護老人ホームは，老人福祉法に規定された福祉施設である。**65歳以上であって環境上の理由及び経済的理由から居宅での養護を受けることが困難な状況にある人を対象**とし，入所者の自立生活と社会参加に必要な指導及び訓練その他の援助を行うことが目的である。事例のAさんが施設での生活を希望した場合，生活場所として候補になる。

3　✕　更生保護施設は，更生保護事業法に規定された施設である。矯正施設退所者，仮釈放者，保護観察にある者などに対する，**更生保護事業の宿泊型保護事業及び通所・訪問型保護事業の被保護者を対象**とし，被保護者を宿泊・通所させ改善更生に必要な保護を行うことが目的である。事例のAさんにおいても，地域の生活場所が見つかるまで一時的に利用することは可能である。

4　✕　障害者支援施設は，障害者の日常生活及び社会生活を総合的に支援するための法律（障害者総合支援法）に規定された福祉施設であり，**居宅での生活が難しい障害者を対象**に施設入所支援及び障害福祉サービスが提供される。

5　✕　福祉事務所は，社会福祉法に規定された行政機関である。都道府県に設置された福祉事務所では，生活保護法，児童福祉法，母子及び父子並びに寡婦福祉法に定められた援護又は育成の措置に関する事務が行われる。市町村設置の場合は，それら三つの法に加えて老人福祉法，身体障害者福祉法，知的障害者福祉法に定められた事務を行う。事例のAさんにおいては，福祉施設及び福祉サービスの利用に際し，連携が必要な機関となる。

解答　**1**

| 問題 71 | ソーシャルワークの理論と方法 |

問題解決アプローチに関する次の記述のうち，**最も適切なもの**を1つ選びなさい。

1 クライエントのもつ主体的な意志の力に注目し，支援機関の活用を図る。
2 クライエントの動機づけ，能力，機会を把握して支援を進める。
3 クライエントが直面している危機状況に対して，短期集中的に働きかける。
4 クライエントへの直接的な支援とともに，個人を取り巻く環境に働きかけを行う。
5 クライエントが解決を望む問題について，目標と期限を設定し課題に取り組む。

Point 問題解決アプローチは，1950年代にパールマン（Perlman, H.）の研究から生み出されたアプローチである。パールマンは，自我心理学，教育学者デューイ（Dewey, J.）の哲学，役割概念，機能主義学派のロビンソン（Robinson, V.），タフト（Taft, J.）などの影響を受け，理論から実践につながる体系的なアプローチを提示した。問題解決アプローチでは，問題解決をクライエントの成長プロセスと捉え，自我機能の回復と問題解決への取り組みに対する支援が行われる。クライエントの成長に視点をおくアプローチは，生活モデルとも重なり，その後の多様なソーシャルワークアプローチの基礎として影響することになった。

---

1 ✕ **機能主義アプローチ**の特徴である。問題解決アプローチは機能主義アプローチからも影響を受けているため，当然問題解決アプローチにも当てはまる特徴ということができる。しかし，問題解決アプローチでは，支援機関の活用に重点を置いていないことから最も適切とはいえない。

2 ○ 問題解決アプローチでは，**クライエントが経験する問題をクライエントが解決できるように支援が行われる**。クライエントに対するアセスメントでは，クライエントの問題解決能力であるワーカビリティを，問題解決への動機づけ，能力，機会の3側面から把握（評価）する。このように問題解決アプローチの特徴が説明されており適切である。

3 ✕ **危機介入アプローチ**の特徴である。クライエントにとって重要な事柄において，失敗や喪失などの問題が起き，クライエントの力で対処することができず圧倒されてしまうことで危機的な状況に陥る場合がある。このような場面ではクライエントがいち早く危機状況から抜け出せるように危機介入が行われる。

4 ✕ クライエントと環境の両面に対する支援や働きかけを行うということは，**生活モデルや生態学的アプローチで強調される**。また，ジェネラリスト・ソーシャルワークでは，ミクロ・メゾ・マクロと直接的な支援から広く環境へのアプローチが展開される。問題解決アプローチも環境への働きかけは行われるものの，それよりもクライエント自身による問題解決の取り組みに重点が置かれることから最も適切とはいえない。

5 ✕ **課題中心アプローチ**の特徴である。課題中心アプローチでは，クライエントが解決したいと考える問題に対して目標と課題を具体的に設定して取り組むこと，短期間で支援が終結できるように計画的に進めることなどが特徴となる。これらの特徴は，問題解決アプローチにも重なる面があるが，対象問題は「クライエントが解決を望む問題」に限定されない。

解答 2

| 問題 72 | ソーシャルワークの理論と方法 | ✓ ✓ ✓ |

事例を読んで，この段階のA病院のB医療ソーシャルワーカー（社会福祉士）が行った実践モデルやアプローチに関して，**最も適切なもの**を１つ選びなさい。

〔事例〕

Cさん（46歳，男性）は夫婦で生まれ故郷に戻り，5年前から喫茶店を営んでいる。1か月前に，脳出血を患い，A病院でリハビリテーションを受け，数週間後に自宅退院を控えている。BはCさんと退院に向けた面談を行った。Cさんは「左片麻痺があるのは仕方がないとしても，妻もまた一緒にお店をやっていこうと言ってくれているので仕事がしたい。地元の友達も戻ってきたら店に行くよと声をかけてくれているから」と語った。Bは「奥様もお友達もCさんがお店に戻ってこられるのを待っておられるんですね。お店に戻られるまで，どのように暮らしを整えていったら良いか，ご一緒に考えていきましょう」と提案した。

1 行動変容アプローチ
2 治療モデル
3 実存主義アプローチ
4 生活モデル
5 課題中心アプローチ

Point 本事例は，数週間後に自宅退院を控えている段階での退院に向けた面談における医療ソーシャルワーカー（社会福祉士）が行った実践モデルやアプローチに関する問題である。「医療ソーシャルワーカー業務指針」において「退院援助」は，「生活と傷病や障害の状況から退院・退所に伴い生ずる心理的・社会的問題の予防や早期の対応を行うため，社会福祉の専門的知識及び技術に基づき，これらの諸問題を予測し，退院・退所後の選択肢を説明し，相談に応じ，（中略）解決，調整に必要な援助を行う」と示されている。

---

1 ✕ 行動変容アプローチは，ソーシャルワーカーがクライエントに，意図的に刺激や報酬をもたらすことで，**問題となる行動を減らしたり，望ましい行動を増やしたりする方法**であり，適切でない。

2 ✕ 治療モデルは，人間の病理，欠陥に焦点を当て，**クライエントの問題を診断によって特定し，原因を導き出し，治療する方法**であり，適切でない。

3 ✕ 実存主義アプローチは，クライエントが実存的な苦悩を抱えている状態から抜け出す（疎外からの解放）ために，**他者とのつながりに目を向け，自らの存在意味を把握して自己を安定させる方法**であり，適切でない。

4 〇 生活モデルは，環境を改善しつつ，人が環境に適応するための**コンピテンス**（人に内在する総合的な対処能力をいい，これによって，生活上の問題や困難を積極的に乗り越えることができる）を向上させることを目指す。B医療ソーシャルワーカー（社会福祉士）の「お店に戻られるまで，どのように暮らしを整えていったら良いか，ご一緒に考えていきましょう」という提案は，生活に焦点を当てた生活モデルに基づく提案といえる。

5 ✕ 課題中心アプローチは，ターゲット問題（クライエントが解決を望む具体的な問題）を取り上げ，**短期的な時間の中で，具体的な課題を設定して取り組むことで問題を解決する，計画的な方法**であり，適切でない。

解答 4

| 問題 73 | ソーシャルワークの理論と方法 | ☑ ☑ ☑ |

事例を読んで，この時点でＡさんを担当する若年性認知症支援コーディネーターが行った支援に関する次の記述のうち，**適切なもの**を**2つ**選びなさい。

〔事　例〕

総合商社に勤務するＡさん（44歳）は，半年前から商品の発注ミスや大事な商談の約束を忘れてしまうことが度々あり，Ｂ上司と産業医の勧めにより認知症疾患医療センターを受診し，若年性アルツハイマー型認知症と診断された。先日，Ｂ上司から，若年性認知症支援コーディネーターに電話相談があった。「Ａさんから，認知症だと診断されたと報告を受けた。実は，責任のある仕事を一人で任せることも難しくなった。Ａさんが自信なさそうに仕事をしており，時折，休むようになった。落ち込んでいる様子もあり，周りの社員も戸惑っている。私も社員も認知症のことがよくわからないので，今後どのように対応してあげたらよいのか正直わからずに困っている」とのことだった。

1　Ａさんの仕事のミスがなくなるように，諦めずに教えてあげてください。
2　Ａさんの意向を聴いて，仕事のサポート体制の構築を検討してください。
3　Ａさんの家族にはＡさんの自尊心を尊重して今の社内での様子を伝えないようにしてください。
4　Ａさんの短期記憶を活用できる業務への配置転換を検討してください。
5　認知症の理解を進めるために認知症の学習会を実施する場合は，ご相談ください。

Point 都道府県ごとに配置されている若年性認知症支援コーディネーターは，本人や家族，就労先などの調整役を担い，職場や産業医，地域の当事者団体などと連携しながら，本人の就労継続支援や本人・家族の居場所づくりに尽力している。本事例は，若年性認知症と診断されたＡさんが仕事を続けていく際の，本人の悩みや困りごとだけでなく，職場スタッフの苦悩に，若年性認知症支援コーディネーターがどのように対応していくのかを問う問題である。若年性認知症支援コーディネーターは，最初に相談してきたＢ上司の困りごとやそれにまつわる感情を傾聴するだけでなく，Ａさんの最善の利益のために，Ａさん自身がこの状況をどのように感じているのか，また，どのようにしていきたいのかを確認することが求められる。

1　✕　若年性認知症支援コーディネーターは，Ａさんの**「仕事のミス」が起こる理由やその背景を明らかにすることが求められる**。したがって，Ｂ上司に「Ａさんの仕事のミスがなくなるように，諦めずに教えてあげてください」と助言することは適切ではない。まずはＡさん自身の就業能力や残存能力などを評価することが大切である。

2　○　若年性認知症支援コーディネーターには，Ａさん本人の希望を尊重した上で，Ａさんの担当業務の見直しや配置転換といった社内のサポート体制が構築され，Ａさんが就業を続けられるように助言などを行うことが求められる。

3　✕　若年性認知症者が就労を継続するには，家族の理解やサポートが不可欠である。そのため，職場内のＡさんの様子については，Ａさんの**同意を得て，家族と職場が情報共有することが求められる**。したがって，「家族には社内の様子を伝えないようにしてください」という助言は適切ではない。

4　✕　「配置転換の検討」を提案するにしても，Ａさんの意向や残存能力を評価した上で進める必要がある。したがって，「配置転換」を提案することは，現時点では適切ではない。加えて，「短期記憶障害」が認知症の症状の一つであることから，「短期記憶を活用できる業務への配置転換」を提案することは適切ではない。

5　○　Ａさんが就労を継続するには，**職場の上司や同僚が，若年性認知症について理解を深めることが必須**となる。したがって，「認知症の理解を進めるための認知症の学習会」について相談に乗ることは適切である。

解答 **2 5**

問題 74 ソーシャルワークの理論と方法

事例を読んで，地域包括支援センターのA社会福祉士がこの段階で行う援助に関する次の記述のうち，**最も適切なもの**を１つ選びなさい。

〔事 例〕
　Bさん（75歳，女性）は，一人暮らしが不安になり，長男家族と同居することになったが，転居後すぐに自宅に閉じこもるようになった。心配した長男が地域包括支援センターを訪ね「以前は，社交的で友人と外出することもあったが，それがなくなり心配」と相談した。Aは，Bさんと数回の面接を行った。Bさんは「長男家族が食事内容を私に合わせて作ってくれるのが，申し訳ない」「人と話すのが好きで，前に住んでいた地域では毎日楽しかった。きっかけがあれば外に出たい」と語った。Bさんは要支援１の認定を受けている。Aは，得られた情報を踏まえてBさんの支援計画を立てようと考えている。

1　Bさんに元の地域に戻ってみても良いのではないかと助言する。
2　Bさんと長男家族との関係修復を行い，閉じこもりを解消する。
3　Bさんの食事は給食サービスを利用し，食事は家族と別にしても良いのではないかと助言する。
4　Bさんの社交性は強みなので，地域の茶話会への参加を促す。
5　代弁者として，Bさんの意向を長男に伝える。

Point　ソーシャルワーク過程における計画策定（プランニング）段階に関する事例問題である。計画の策定とは，事前評価（アセスメント）に基づき，支援目標を設定し，目標達成のための具体的な支援の内容及び方法を考え，利用者とともに計画を立てる段階である。策定にあたり，利用者や利用者を取り巻く環境の状況を的確に把握し，その個別性やストレングス等にも着目する必要がある。また利用者の問題解決のために，地域社会に存在する社会資源を選定し，フォーマル，インフォーマル問わずさまざまなものを活用していくことが重要である。その際，支援者主導で進めていくのではなく，利用者や家族等の意向を確認しながら進めていくことも留意しておく。

1　✕　Bさんは，長男家族との同居生活の不適応状態から自宅に閉じこもるようになったとは考えにくく，この段階で元の地域に戻ることは，再び一人暮らしとなり，Bさん自身も**長男家族も再び不安を抱える**ことになってしまう。
2　✕　長男家族がBさんに合わせて食事を作ってくれていること，それに対してBさんが申し訳なく思っていることから，Bさんと長男家族との**関係性が悪化しているとは想像できず**，そのことが閉じこもりの原因とは考えにくい。
3　✕　Bさんは食事に対して不満を抱いているわけではなく，食事に関することがこの事例の問題点ではない。また，給食サービスを利用し家族と食事を別にすることは，**家族との関係性を弱める**ことにもつながり，この問題を解決することにはならない。
4　〇　Bさんが社交的であり友人と外出した経験をもっていることを**ストレングス**と捉え，地域にある茶話会という社会資源を活用することで，閉じこもりの状態を解消することにつながると考えられる。また，Bさん本人もきっかけがあれば外出したいという要望があり，利用者や長男家族の意向に沿った支援でもある。
5　✕　Bさんは要支援１の認定を受けているとはいえ，**自分自身の気持ちや意向を相手に言語化し伝えることが可能な状態**である。また事例の内容からは，長男に伝えることができない状況にあるとは考えにくく，Bさんの代弁者になる必要はない。

解答　**4**

| 問題 75 | ソーシャルワークの理論と方法 | ☑☑☑ |

ソーシャルワークの事後評価に関する次の記述のうち，**最も適切なもの**を１つ選びなさい。

1 クライエントが望んだ場合においてモニタリングの前に行う。

2 クライエントの状況の変化に応じて行う。

3 ワーカーがクライエントのプランニングに至る前に行う。

4 結果評価の他，クライエントの主観的な満足度や支援者の関わり方について行う。

5 クライエントの希望や望みを聞き，エンゲージメントのプロセスに基づいて行う。

Point ソーシャルワーク過程における事後評価（エバリュエーション）段階の時期及び内容に関する問題である。事後評価とは，実際の支援が問題や課題の解決に対して有効であり適切であったのかを，支援過程の最終過程において，クライエントとともに評価する段階である。事後評価においては，クライエントの主観にも着目しながら，さまざまな手法を用いて客観的に判断する必要がある。また支援過程において，クライエントの問題解決への努力や成果を肯定的に評価し，クライエントと支援者がそれらを共有することも重要である。

1 **✕** クライエントが望んだとしても，**支援過程の途中で事後評価を行うことはない**。また，クライエントが支援過程の中で，それまでの支援の効果や適性を確認したいのであれば，モニタリングの中で行うことが望ましい。

2 **✕** クライエントの状態や環境等の変化に応じて行うのは，**事後評価ではなくモニタリングである**。モニタリングの結果，支援の効果や適性に問題があった場合には再アセスメントや計画の見直しが行われる。

3 **✕** プランニングの前に行われるのは，**事後評価ではなくアセスメントである**。アセスメントは事前評価とも呼ばれ，クライエントやそれを取り巻く環境等について情報収集を行い，問題や課題を分析し，解決への方向性を探り，プランニングにつなげる過程である。

4 **◯** 事後評価では，支援の効果や適性を判断するだけでなく，**支援過程を振り返りクライエントの努力や気持ちの変化等などの主観にも着目する必要がある**。その振り返りによって，クライエントの自信や，再び問題や課題を抱えた際のクライエント自身による解決にもつながる。また，支援者自身がクライエントとの関わり方について評価することで，次の支援を行う際の方法や手法等の活用にもつながる。

5 **✕** エンゲージメントとは，クライエントの主訴や希望を聞き，**クライエントと契約を結ぶことである**。エンゲージメントは，インテーク段階で行われ事前評価につなげていくのであり，事後評価とは関係ない。

解答 4

> **問題 76** ソーシャルワークの理論と方法
>
> コノプカ（Konopka, G.）の提唱したグループワークの原則に関する次の記述のうち，**適切なもの**を**2つ**選びなさい。
> 1 メンバー個々に新しい体験を付与することよりも，過去の体験を重視する。
> 2 援助者が積極的にプログラムに参加し，メンバーの問題を解決する。
> 3 グループ活動のルールを決め，メンバーの成長を阻害する場合には制限を設ける。
> 4 メンバー個人の相違点，及び当該グループが他のグループとは違う特徴をもつグループであることを認識するために個別化を行う。
> 5 メンバー間の相互作用の中で生じる葛藤は，表面化しないように働きかける。

> **Point** コノプカは，グループワークとは，ソーシャルワークの一方法であり，意図的なグループ体験を通じて，個人の社会的に機能する力を高め，また，個人，集団，地域社会の諸問題に，より効果的に対処し得るよう人々を援助するものであるとし，グループワークにおいてソーシャルワーカーが効果的な援助を展開するための14の原則を提唱した。コノプカの原則は，グループワークの実践において重要な指針となる。

1 ✕ コノプカは，原則10を「**人間関係をもつこと，ものごとを成就することにおいて，多くの新しい体験を与えること**」とした。コノプカは，「個々のメンバーとグループ全体にものごとを成就する体験」という大切な機会を与えることが，ソーシャルワーカーの責任であるとしている。したがって，「過去の体験を重視する」という選択肢の記述は適切でない。

2 ✕ コノプカは，原則8を「**メンバーが問題解決の過程に参加することができるように援助すること**」とした。コノプカは，ソーシャルワーカーは，全能の人となってはならず，グループのために問題を解決することはないと明言し，メンバーが自分たちで解決の道を見出すように力を貸すとしている。したがって，「援助者が積極的にプログラムに参加し，メンバーの問題を解決する」という選択肢の記述は適切でない。

3 ○ コノプカは，原則11を「**制限を，各個人及びグループ全体の状況に対する診断的評価に基づいて，巧みに用いていくこと**」とした。コノプカは，無条件の受容は，メンバーが自分自身を傷つけたり，メンバー同士が互いを傷つけ合ったりすることにつながる恐れがあるため望ましくなく，ソーシャルワーカーが，個人やグループに対する優れた仕事を意図的に進めていくためには，制限は極めて大切であるとしている。したがって，この選択肢の記述は適切である。

4 ○ コノプカは，原則1を「**各個人の相違点を認識し，それにしたがって行動すること**」，原則2を「**多種多様のグループをそれぞれ独自のグループとして認識し，それにしたがって行動すること**」とした。原則1はグループ内における個別化を，原則2はグループの個別化の重要性を説くものであり，グループワークにおける「個別化」の原則を強調している。したがって，この選択肢の記述は適切である。

5 ✕ コノプカは，原則9を「**メンバーが葛藤解決のためのよりよい方法を経験するように援助すること**」とした。個人として体験する葛藤やグループにおける相互作用の中で生じる葛藤に対して，ソーシャルワーカーの援助によって対処できるようになること，例えば，メンバーが葛藤について話し合うことや実際に葛藤を体験することが大切であるとしている。したがって，この選択肢の記述は適切でない。

解答 **3 4**

| 問題 77 | ソーシャルワークの理論と方法 | ☑ ☑ ☑ |

第27回 ソーシャルワークの理論と方法

事例を読んで，地域活動支援センターの**A**社会福祉士が**B**さんの家族と面談を行った時点で用いた方法として，**最も適切なもの**を１つ選びなさい。

〔事　例〕

Aは，複数の利用者家族から子どもの自立と今後についての心配があるという声を聞くことが多くなった。このことから，家族同士が不安を話し合い，将来の子どもの生活について考えるグループワークを行うことにした。**A**は，その一環として開催前に参加を決定した利用者家族と個別面談を行った。面談の際，利用者**B**さんの母親は「皆さんになじめるか不安です」と話した。**A**は**B**さんの母親がグループに期待していることや不安に感じていることを聴いた。

1　スクリーニング
2　波長合わせ
3　アイスブレイク
4　集団規範の形成
5　リーダーシップ

Point 相談援助場面で使用する方法に関する問題である。個別面談やグループワークに関連する技術や方法の名称とどの段階で用いるのか，さらにはその意味を理解しておくことが必要である。

1　✗　**スクリーニング**とは，クライエントの主訴を把握し，社会福祉士として支援の対象であるかどうかを判断することである。**B**さんの母親はすでにグループワークへの参加が決定しているため，スクリーニング後に行われた面談であることがわかる。

2　○　**波長合わせ**とは，専門職が，クライエントが何を求めてくるのかに対する理解と，その感情を想像することである。**A**社会福祉士が**B**さんの母親の期待と不安を聴いていることから波長合わせを行っていることがわかる。

3　✗　**アイスブレイク**とは，初対面の人同士の緊張をほぐし，和やかな雰囲気をつくるための活動である。この事例はグループワーク開催前に参加を決定した利用者家族との個別面談である。このことから**A**社会福祉士と**B**さんの家族が初対面であるとは考えにくく，初対面同士の緊張をほぐす場面ではない。

4　✗　**集団規範の形成**とは，集団内の大多数のメンバーが共有する判断の枠組みや思考様式をつくり上げることである。**A**社会福祉士と**B**さんの家族との個別面談であることから，集団規範を形成する場面ではない。

5　✗　**リーダーシップ**とは，グループの目的や目標の達成に影響を及ぼす言動のことである。この事例は個別面談のためリーダーシップを発揮する場面ではない。

解答 **2**

| 問 題 78 | ソーシャルワークの理論と方法 | ☑ ☑ ☑ |

事例を読んで，A相談支援事業所のB相談支援専門員が新任のC相談支援専門員に行ったスーパービジョンについて，**適切なもの**を**2つ**選びなさい。

〔事 例〕

Bは，一人暮らしのDさん（60歳）からCが不在中に電話を受けた。「担当のCに体調が良くないことを話したら，病院に付き添うから明日一緒に行こうと言ってくれたんですが，先週から保険証（マイナンバーカード）が見あたらなくて病院に行けないんです。明日も無理だと思うので断りたい」というものであった。Dさんを担当しているCに伝えると「Dさんは，昨日会った時にどうして言ってくれなかったんだろう」と落ち込み，どうしたらよいかわからない様子だった。Bは，Cにスーパービジョンを行った。

1 「DさんがCに話せなかったことをCはどう思っていますか」

2 「Dさんの安心のために保険証（マイナンバーカード）を一緒に探してあげてください」

3 「Cのような悩みはよくあることなので，あまり気にしすぎないようにしましょう」

4 「Dさんと約束した時の状況について詳しく聞かせてもらえますか」

5 「私が対応した類似事例を話すので，同じように対応してみましょう」

💡 **Point** スーパービジョンは，ソーシャルワーカーが支援を振り返り，スーパーバイザー（上司や先輩等）から，スーパーバイジー（新人ソーシャルワーカー）が指導や支援を受け，新しい知識，技術（スキル）・価値を生み出し，専門職としての成長を意図的に働きかける人材育成のプロセスである。さらに，「支援する人」を「支援する」ともいわれ，ソーシャルワーカーなどの専門職が仕事の中で直面する複雑な問題や感情的な負担を軽減するためにも重要であるとされている。スーパービジョンの機能には，管理的機能・教育的機能・支持的機能の三つがあり，それぞれの機能を理解した展開が必要である。

1 ○ スーパーバイザーであるB相談支援専門員は，スーパーバイジーであるC相談支援専門員が自身の支援を振り返る（内省する）過程を通して，自分を客観視（気づく）できるように促す必要がある。そのため，**スーパーバイザーは，スーパーバイジーの考えをまずは聞く必要がある。**

2 ✗ **スーパーバイザーからの一方的な指示**であり，スーパーバイジーはなぜそうしなければならないのかという気づきや成長にはつながっていない。

3 ✗ スーパーバイザーの一方的な解釈ではなく，**スーパーバイジーの意思や考えを聞く必要がある。**

4 ○ スーパーバイザーは，スーパーバイジーとともに不明な情報を明らかにすることができるように，できる限り開かれた質問を通して状況を把握する必要がある。次に肯定的な質問「どうしたら上手くいくと思いますか」，未来型質問「そうするためには，何をしたらよいと思いますか？」を通して，気づきを促す声かけを行う。

5 ✗ バイステックの7原則に示されている**「個別化の原則」**に反しており，支援における誤った価値を伝えることになってしまう。

解答 **1** **4**

社会福祉調査の基礎

●第 27 回試験問題の特徴

　「社会福祉調査の基礎」は，これまで専門科目におかれていた「社会調査の基礎」が共通科目として再編されたものである。出題基準の大項目のうち，「3　社会福祉調査のデザイン」と「6　ソーシャルワークにおける評価」は新カリキュラムにおいて追加された項目である。第 27 回試験の問題を出題基準に照らし合わせてみると，**問題 79** は「1　社会福祉調査の意義と目的」，**問題 80** は「2　社会福祉調査における倫理と個人情報保護」，**問題 81，問題 82** は「4　量的調査の方法」，**問題 83** は「3　社会福祉調査のデザイン」，**問題 84** は「5　質的調査の方法」からの出題である。出題数は 6 問で，うち 2 問が「4　量的調査の方法」から出題されており，旧科目の出題傾向を踏襲した構成となっている。特徴的な点としては，**問題 81，問題 82，問題 83** にみられるように，これまでの単なる知識を問う問題が減り，知識を使って答えを導き出す問題が増加したことがあげられる。

　地域共生社会の実現が目指されるなかで社会福祉専門職には，的確なニーズ把握と根拠に基づいた実践，実践に対する客観的な評価を行える能力が求められている。ソーシャルワーク実践において社会福祉調査の知識と技術がどのように適用されているか，実践場面や状況に関連づけながら理解を深めておく必要がある。

●受験対策のポイント

　「社会福祉調査の基礎」の出題基準には，中項目「4 – 5）量的調査の集計と分析」が含まれるため，文系の学生には苦手意識をもつ者も多い。しかし，過去の出題をみてみると各問題（各選択肢）の内容は基本的な知識を問うものが多く，「基礎」という科目名に相応しい問題となっている。新出題基準となっても，大項目「1　社会福祉調査の意義と目的」「2　社会福祉調査における倫理と個人情報保護」「4　量的調査の方法」「5　質的調査の方法」の内容に大幅な変更はみられないため，『過去問解説集』の解説を精読しながら基本的な知識を押さえておくとよい。新出題基準では事例問題による出題を充実させることが望ましいとされており，**問題 81，問題 82，問題 83** にみられるように知識を使って答えを導き出す出題が今後も続くと予想される。そのため，過去問で把握した基本用語に具体例を結びつけながら理解を深めておくことが重要となる。また，社会福祉調査と社会福祉の歴史的関係については「社会福祉の原理と政策」や「社会保障」「貧困に対する支援」，ソーシャルワークにおける評価は「地域福祉と包括的支援体制」「ソーシャルワークの理論と方法」と重なる点も多いことから関連づけて押さえておくことが求められる。

| 問題 79 | 社会福祉調査の基礎 | ✓ ✓ ✓ |

ブース(Booth, C.)のロンドン調査に関する次の記述のうち，**最も適切なもの**を1つ選びなさい。

1 ロンドン市民の人口統計の作成が目的だった。

2 調査対象となった市民の自宅へ調査票を配布する郵送調査だった。

3 当時のロンドン市民の一部を調査対象とする標本調査だった。

4 貧困の主たる原因が，個人的習慣であることを明らかにした。

5 ロンドンの街を経済階層で色分けした貧困地図を作成した。

Point 科学的貧困調査の創始者と称されるブースが実施したロンドン調査に関する問題である。ロンドン調査は，「貧困調査」(1886-1891)，「産業調査」(1891-1897)，「宗教的影響力調査」(1897-1902)によって構成され，その成果は『ロンドン民衆の生活と労働』(全17巻)にまとめられている。ブースはロンドン調査を通して，ロンドン市民の約3分の1が貧困線以下の生活水準にあること，貧困の原因が社会経済的な要因にあること，貧困と密住は相関があることなどを明らかにし，その後のイギリスにおける社会保障制度の発展に影響を与えた。正答を導き出すためには，ブースの功績だけでなく調査の目的や対象，方法などについても確認しておく必要がある。また，ブースに影響を受け，ヨーク市で貧困調査を実施したラウントリー（Rowntree, B. S.）についても併せて整理しておくとよい。

1 ✕ ロンドン調査の目的は，1885年に社会民主連盟が発表した**ロンドン市民の4分の1以上の人が貧困状態にあるとした調査結果を否定すること**であり，ロンドン市民の人口統計の作成を目的としたものではない。実業家であったブースは，社会の生産力の発展が労働者の生活水準の向上につながっていると考えており，自身の考えの正当性を貧困調査により実証しようとしたのである。

2 ✕ ブースは市民の自宅へ調査票を配布する郵送調査ではなく，ロンドン市の人口センサスを使用した職業分類と家族や街区を対象とした**間接的面接法など複数の方法を用いて**市民の生活状況を分類し，「貧困線」という概念を用いてロンドン市民の約3分の1が貧困線以下の生活水準にあることを明らかにした。

3 ✕ ロンドン調査は全ロンドン市民を対象とした**全数調査**である。調査は，東ロンドンからはじまり，その後，中央部，北ロンドン，西ロンドン，南ロンドンと進められ，約100万世帯，総人口約400万人にも及ぶ大規模な調査となった。

4 ✕ ブースは，東ロンドン地区で得られた約4000のケースの分析を行い，貧困の原因は不規則な労働や低賃金などの**雇用の問題**が最も大きな原因であり，次いで疾病や多子などの**環境の問題**であることを明らかにした。当時のイギリスでは，貧困は怠惰や飲酒癖など個人的習慣に原因があると考えられていたため，ロンドン調査の結果は社会における貧困観の変容に大きな影響を与えた。

5 ◯ ブースは，調査結果を地図上に示すことでロンドンの**貧困地図**を作成した。貧困地図では経済状況に応じて最下層から富裕層を八つの経済階級に分類し，色分けすることでロンドンにおける貧困の実態を絵画的に表現した。

解答 5

問題 80	社会福祉調査の基礎

調査における倫理に関する次の記述のうち，**最も適切なもの**を１つ選びなさい。

1 調査者と対象者との利害関係についての検討は不要である。

2 調査の目的や対象等に関する倫理審査は，調査終了後に行う必要がある。

3 対象者本人について調べる場合，対象者の認知機能を考慮することは不要である。

4 調査が対象者に及ぼす心理的な影響については，検討する必要がある。

5 想定していた結果と異なるデータは，削除する必要がある。

Point 社会調査における倫理を問う問題である。学習においては，「人を対象とする生命科学・医学系研究に関する倫理指針ガイダンス」など研究倫理に関するサイトが文部科学省や厚生労働省から示されているので確認する必要がある。また，一般社団法人社会調査協会「倫理規程」なども参考となるので目を通しておくとよい。

1 ✕ 調査者と対象者の関係で，例えば，雇用主と従業員など利害関係の可能性がある場合は対象者が自由に語れないあるいは回答を思うように選択できないなど，予期せざる困難に遭遇する可能性がある。このようなことが起こらないようにするために，また，結果の信頼性を確保するためにも**調査者と対象者の利害関係は検討しなければならない**。

2 ✕ 倫理審査においては，研究責任者は，研究の実施の適否について，倫理審査委員会の意見を聴かなければならないとされている。調査の目的や対象等に関する倫理審査は必ず，**調査開始前**に行う必要がある。

3 ✕ 調査対象者が選択したあるいは表出した回答や語りの信頼性を十分に確保するため，調査者や研究者はあらかじめ対象者の認知機能を考慮して行う必要がある。

4 〇 社会調査協会「倫理規程」では，「社会調査に協力したことによって調査対象者が苦痛や不利益を被ることがないよう，適切な予防策を講じなければならない」（第５条）と記載されており，**調査が対象者に及ぼす心理的な影響については，検討する必要がある**。また，前文においても「調査対象者の協力があってはじめて社会調査が成立することを自覚し，調査対象者の立場を尊重しなければならない」とされており，調査途中であっても調査の中断ができることをあらかじめ説明し，書面で同意を得ることが望ましいといえる。

5 ✕ 調査結果は対象者に知らせなければいけないし，公表する義務がある。たとえ，**想定していた結果と異なるデータが抽出されても削除してはいけない**。もし，想定外の結果であったデータを削除してしまうとデータの改ざんや捏造にあたり，倫理違反の可能性が起こり得る。

解答 **4**

問題 81 社会福祉調査の基礎

A市こども家庭センターでは，担当圏域の地域住民を対象に，児童虐待の発生予防に向けた活動への協力意向について多肢選択法による質問紙調査を実施することにした。その際，用いる質問文として，**最も適切なもの**を1つ選びなさい。

1 「あなたは，児童虐待を防止するための活動や，児童虐待があった家庭を支援するための活動に協力したいと思いますか。あてはまるもの1つを選択してください」
2 「児童虐待を予防するためには地域で協力することが必要不可欠ですが，あなたは，地域での見守り活動に協力したいと思いますか。あてはまるもの1つを選択してください」
3 「あなたは，ネグレクトされている児童の早期発見に向けて，地域でのアセスメント活動に協力したいと思いますか。あてはまるもの1つを選択してください」
4 「あなたは，児童虐待の予防に向けた小学校での取組に協力したいと思いますか。あてはまるもの1つを選択してください」
5 「あなたは，虐待を受けた児童の心理面を支える活動に，地域のニートが協力することについて，どのようにお考えですか。あてはまるもの1つを選択してください」

> **Point** 質問項目の作成における言い回し（ワーディング）に関する問題である。調査においては，調査対象者が質問文の意図を正しく理解できることが重要である。そのため，質問文や用語をわかりやすくする，一つの質問文に複数の質問を含めない（ダブルバーレルの回避），誘導的な表現を含めない，ステレオタイプな言葉を用いない，などの点に留意する必要がある。

1 ✗ **一つの質問文で二つの内容を尋ねるダブルバーレルな質問であり，避けるべきである**。例えば，前者の「児童虐待を防止するための活動」には協力したい一方で，後者の「児童虐待があった家庭を支援するための活動」には協力したくないと考える調査対象者は，適切な選択肢がなく回答の仕方に困ることになる。また，「協力したい」という回答が得られた場合でも，それがどちらの活動についての回答なのか，あるいは両方に対する回答なのかが不明瞭であり，調査の正確性が損なわれる。

2 ✗ 質問文の前半に「児童虐待を予防するためには地域で協力することが必要不可欠」という説明がなされており，地域への協力の意向を増やす方向に回答を誘導してしまうおそれがある。このように，**社会的・規範的な望ましさについての説明が含まれる質問は，回答を誘導する可能性があるため適切ではない**。また，客観性の観点からも「必要不可欠」という断定的な表現は望ましくない。

3 ✗ 「ネグレクト」「アセスメント活動」といった用語は専門的であり，調査対象者である地域住民にとっては**理解しにくい可能性が高い**。質問紙調査では，調査対象者が質問の意図や内容を正しく理解できることが重要であるため，より平易な表現を用いることが望ましい。

4 ○ この選択肢には，ほかの選択肢にみられるような，ダブルバーレルの要素，誘導的な表現，専門的で調査対象者には理解しにくい用語，ステレオタイプな表現が含まれておらず，**調査の意図が正しく理解されやすい質問文**となっている。また，質問の内容も「児童虐待の発生予防に向けた活動への協力意向」という調査目的に沿った内容である。

5 ✗ 「ニート」という用語は，多くの人にネガティブなイメージをもたれやすい，ステレオタイプな表現である。そのため，この質問文は，**対象者の回答を否定的な方向に誘導してしまうおそれがある**。また，この調査の目的は「児童虐待の発生予防に向けた活動への協力意向」であるが，この質問文では虐待発生後の児童の心理面への支援について尋ねており，調査目的からそれてしまっている。

解答 **4**

| 問題 82 | 社会福祉調査の基礎 |

事例を読んで，A市地域包括支援センターが実施する調査票の配布・回収の方法として，**最も適切なものを1つ**選びなさい。

〔事　例〕

A市地域包括支援センターでは，担当圏域における要支援状態の高齢者50名を対象に，高齢者が感じている困りごとの把握を目的とした標本調査を実施することとした。センター長からの「ご家族の困りごとではなく，高齢者ご自身が感じている困りごとの把握が目的である点に注意すること」という指示を踏まえて，調査票の配布・回収方法を検討することとなった。

1 郵送調査

2 留置調査

3 個別面接調査

4 集合調査

5 インターネット調査

Point ニーズ調査における量的調査の方法に関する問題である。調査対象者である要支援状態の高齢者は，独力で質問紙に回答できない可能性があり，家族のサポートを受けながら回答する状況も想定される。しかし，その場合には家族に遠慮してしまい，自身の困りごとについて本音で回答しにくくなる可能性が懸念される。よって，家族などの第三者の影響を受けにくい調査環境で実施可能な方法を選ぶ必要がある。

1 ✕ 郵送調査は，調査対象者のもとへ調査票を郵送し，回答後に返送を求める方法である。しかし，視力の低下などにより調査対象者が独力で質問文を読むことが困難な場合，家族に調査票を読み上げてもらう状況も想定される。このような場合，**家族に気を遣い，困りごとについて本音で回答しにくくなる**可能性がある。また，郵送調査法では調査票に回答した人物を特定することが困難であり，**本来の調査対象者ではない家族などが代わりに回答**した場合にそのデータを除外できないという問題もある。

2 ✕ 留置調査は，調査員が調査対象者の自宅を訪問して調査票を渡した後，後日回収する方法である。この方法も郵送調査と同じく，調査対象者が独力で質問文を読むことが困難な場合には家族が調査票を読み上げる可能性があり，**家族に気を遣い本音で回答しにくくなる**可能性が懸念される。また，**本来の調査対象者でない家族などが回答**した場合にデータを除外できないという点も，郵送調査と同様である。

3 ◯ 個別面接調査は，調査員が調査対象者を訪問し，面接形式で調査票の質問を伝え，得られた回答を調査員が記入する方法である。この方法では，要支援状態であっても会話が可能であれば，家族が同席しない状況で**直接本人から回答を得ることができる**。そのため，家族に知られたくない困りごとについても本音の回答を得られやすい上に，調査対象者以外の回答が含まれてしまう懸念もないという点で，今回の調査において最も適切な方法といえる。

4 ✕ 集合調査は，調査対象者を特定の場所に集めて行う方法である。ただし，要支援状態の高齢者には，**移動に困難さをもつ人物もいる**と想定される。また，ほかの調査対象者と同じ空間で調査票への回答を求めるため，周囲に回答を知られてしまうのではないかという思いから，**困りごとについて本音で回答しにくくなる**ことが懸念される。

5 ✕ インターネット調査は，Web上で質問票を提示し，回答を求める方法である。要支援状態の高齢者の多くは，インターネットを利用した調査に慣れていない可能性があり，**回答の不備が発生**しやすくなる。また，**本来の調査対象者でない家族などが回答**した場合にデータを除外できないという問題も残る。

解答 3

問題 83 社会福祉調査の基礎

　A介護老人福祉施設では，夜間の睡眠時間を十分に確保できていない利用者Bさんへの対応が課題となっていた。検討の結果，日中の水分摂取量が要因のひとつとして取り上げられ，1か月間データを取って調べることとなった。
　Bさんの日中の水分摂取量（ml）と夜間の睡眠時間（分）の関係を見るときに用いる方法として，**最も適切なもの**を1つ選びなさい。

1　t検定
2　カイ2乗検定
3　散布図
4　箱ひげ図
5　度数分布表

Point　調査目的と収集したデータに合致した分析手法を選定する問題である。この問題では，利用者Bさんの日中の水分摂取量（ml）と夜間の睡眠時間（分）との関連を検討する上で適した方法を選択しなければならない。正答を導き出すためには選択肢についての基本的な知識だけでなく，問題文で示された日中の水分摂取量（ml）と夜間の睡眠時間（分）が量的変数か質的変数かを判断する必要がある。日中の水分摂取量（ml）と夜間の睡眠時間（分）はともに量的変数であることから，量的変数間の関係性を把握することに適した方法を選び出せるか，実践場面を想定した理解力が問われた問題である。

1　✗　t検定は，二つのグループ間の平均値の差を検定するための方法である。この場合，二つのグループとは性別（男性・女性）や参加経験（あり・なし）などの質的変数であり，平均値は量的変数となる。**日中の水分摂取量（ml）と夜間の睡眠時間（分）はともに量的変数**であることから，t検定は適切ではない。

2　✗　カイ2乗検定とは独立性の検定とも呼ばれ，二つの質的変数の間に連関があるかを検討するための方法である。**日中の水分摂取量（ml）と夜間の睡眠時間（分）はともに量的変数**であることから，カイ2乗検定は適切ではない。

3　〇　散布図とは，二つの量的変数の大きさや量を把握するため，縦軸（Y軸）と横軸（X軸）からなるグラフにデータをプロット（打点）した図であり，相関図とも呼ばれる。**散布図を作成することによって，二つの変数間の関係性を視覚的に把握することができる。**

4　✗　箱ひげ図は，量的変数のデータを第1四分位，中央値（第2四分位），第3四分位，外れ値を除いた最小値・最大値の範囲を視覚的に把握するのに適したグラフである。**日中の水分摂取量（ml）と夜間の睡眠時間（分）のそれぞれの分布を把握することはできるが，この二つの変数の関係性を把握することには適していない。**

5　✗　度数分布表は，データの各変数に対する選択肢又はカテゴリー等の回答の分布を集計した表である。**データ全体の傾向や特徴の把握を目的に作成するものであり，量的変数間の関係性の把握には適していない。** 度数分布表には，度数のほかに相対度数，累積度数，累積相対度数などが示される。

解答　**3**

| 問題 84 | 社会福祉調査の基礎 |

面接調査において調査者が行ったことに関する次の記述のうち，**最も適切なもの**を１つ選びなさい。

1　構造化面接において，調査の質問項目に設定していない内容についても自由に回答するよう対象者に求めた。

2　半構造化面接において，インタビューガイドに設定した質問の順番に従って回答するよう対象者に求めた。

3　非構造化面接において，調査開始前に対象者がテーマを設定するよう依頼した。

4　フォーカスグループインタビューにおいて，司会者として最初に基本的なルールを説明した。

5　面接後の逐語録作成において，録音データを聞き取れない部分は会話の流れから想像して記述した。

Point　質的調査のインタビューの面接法や逐語録に関する出題である。質的調査の面接法は，調査者の事前準備の仕方によって非構造化面接，半構造化面接，構造化面接の3種類に分かれる。出題率が高い問題であるので，これらの面接法の特徴を確認する必要がある。また，グループインタビューの際の要点や音声データを文字に起こした逐語録については，面接法に付随する基本的事項であるので，理解しておきたい。

1　✕　**構造化面接では，質問項目に設定している内容について回答する**。構造化面接では，調査者は決められた質問項目を準備しておき，面接ではそれに従って質問し，どの対象者に対しても同じように尋ねる。個別インタビューの中でも最も質問内容の自由度が低く，調査者が想定した質問項目に対する回答しか得られないため，対象者の深層部分を導き出すことはできないというデメリットがある。

2　✕　**半構造化面接では，質問の順番を決めることはない**。質問項目はあらかじめ準備しておくが，順番に従って詳細に質問するのではなく，状況を見ながらある程度対象者に自由に語ってもらう。質問内容の自由度は構造化面接と非構造化面接の中間にある。調査者は，決められた質問に加えて臨機応変に新たな質問を加えることもできるので，対象者の深層心理や多様な情報を知ることができる。

3　✕　非構造化面接においては，調査開始前に対象者はテーマを設定しない。**テーマを設定するのは調査者**である。個別インタビューにおける面接の方法では，最も自由度の高い面接法である。一つ二つの質問をした後，対象者に自由に語ってもらうが，調査者は問いを具体的に絞り込んでおく必要がある。求められたテーマに沿ってどれだけ語ってもらえるかについては，調査者の主観に委ねられるところもあり，面接の力量や対象者との信頼関係などの影響を受ける。

4　◯　**フォーカスグループインタビューでは，調査者は司会者として最初に基本的なルールを説明する**。あらかじめテーマを決めて調査対象者を複数人で構成されるグループとし，司会者が基本的なルールを説明してから座談会形式でインタビューを行う手法である。1グループ当たり10名未満で構成し，インタビュー時間は1時間から2時間ぐらいが適切である。メンバー間の相互作用により，多様な意見が促進されるといったことが期待できる。

5　✕　**逐語録作成においては，聞き取れない部分はそのままにし，想像して記述しない**。逐語録はできるだけ正確に音声データを反映したものでないといけないので，聞き取れない箇所は，沈黙も含めてその部分だけ何も記載しないのが望ましい。

解答　4

第26回

専門科目

精神医学と精神医療 ……………………… 206

現代の精神保健の課題と支援 ……………… 216

精神保健福祉の原理 ………………………… 231

ソーシャルワークの理論と方法（専門）……… 245

精神障害リハビリテーション論 ………………… 264

精神保健福祉制度論 ………………………… 278

共通科目

医学概論 …………………………………… 293

心理学と心理的支援 ………………………… 300

社会学と社会システム ……………………… 307

社会福祉の原理と政策 ……………………… 314

社会保障 …………………………………… 324

権利擁護を支える法制度 …………………… 331

地域福祉と包括的支援体制 ………………… 338

障害者福祉 ………………………………… 355

刑事司法と福祉 …………………………… 364

ソーシャルワークの基盤と専門職 …………… 368

ソーシャルワークの理論と方法 ……………… 374

社会福祉調査の基礎 ………………………… 390

1 精神医学と精神医療

[旧]精神疾患とその治療・問題 1

双極性障害*1の躁病(そうびょう)エピソード*2に関する次の記述のうち，**正しいものを2つ**選びなさい。

1 考えが次々と浮かんでくる。

2 性欲が低下する。

3 治療薬は，SSRI（選択的セロトニン再取り込み阻害薬）を使用する。

4 「自分は何でもできる」と気が大きくなる。

5 活動性が亢進(こうしん)するので，疲労を感じやすい。

Point 双極症の躁エピソードに関する，標準的な問題である。双極症は，気分障害の中でも同一患者が抑うつエピソードと躁エピソードの両方を，時期を違えて有する病態を指す。そのうち躁エピソードの時期は高揚した気分と活動性の増大が中心となり，心身とも好調と感じて饒舌かつ社交的になることが多い。気分が高揚するだけでなく情動が不安定で易刺激的かつ攻撃的となり，ささいな事柄に激しく怒ってしまい孤立しがちになる。病気の自覚には乏しく自己中心的で，しばしば周囲の助言や忠告を受け入れない。浪費や性的逸脱など抑制の欠如した行動がみられることもある。

1 ○ 考えが次々と浮かぶ（思考の量と速度が著しく増加する）とともに，観念同士の結び付きが不安定で頻繁に方向性が変わるため，結果として内容が飛躍したり，話がそれたりして思考自体の目的がはっきりしなくなる状態を**観念奔逸**と呼び，**躁エピソードで特徴的に認められる**。よって，本選択肢は正しい。会話はもっぱら一方的で，中断するのが難しい。なお，統合失調症にしばしばみられる，自分のものではない考えが次々に浮かぶ思考促迫とは区別しておく必要がある。

2 × 躁エピソードの渦中では，活動性が増すため**性欲は亢進する**。よって，本選択肢は誤りである。食欲も旺盛となるが，食事に対する関心の続かなさと活動増加のため食事量，ひいては体重が減る。一見，意欲があり生産的にもみえるが散漫で一つひとつの取組みが長続きせず，また他人への配慮にも欠くため，周囲に迷惑をかけることになりやすい。さらに，その事実を指摘すると憤るという易怒性を示す。

3 × 治療薬は気分安定作用のある**炭酸リチウム**の投与がまず考えられる。**SSRI は抑うつエピソードの時期に投与される**抗うつ薬の一つである。よって，本選択肢は誤りである。炭酸リチウムは有効量と中毒量の間の幅が狭いため，服薬量の確認と血中濃度の測定が必要である。抗てんかん薬であるカルバマゼピンやバルプロ酸ナトリウムにも抗躁作用がある。これらの気分安定薬は効果の発現に 1 週間程度かかるので，急性の興奮や多動の抑制には不十分である。その場合は抗精神病薬を併用しながら，気分安定薬による薬効を待つことが多い。

4 ○ 躁エピソードの渦中では，**「自分は何でもできる」といった万能感，根拠のない自信に満ち**，実行不可能なことを実現できると考え，しばしば訂正が効かない。よって，本選択肢は正しい。大金持ちになる，発明家になるといったことを信じているが，具体的な努力をしようとしない。エネルギッシュな思考や万能感に満ちている点が，統合失調症における誇大妄想との相違点である。

5 × 躁エピソードの渦中では，**活動性は亢進するものの本人が疲労を感じることは少ない**。よって，本選択肢は誤りである。顕著な場合は片時もじっとしていられない，行為心迫と呼ばれる状態になる。睡眠時間は著明に短縮するが，本人の苦痛にはならない。むしろ心身の好調感のため，持病による疼痛などそれまでの不快な自覚症状が軽減したと述べることもある。

解答 1 4

＊1 2022 年発表（日本語訳 2023 年（令和 5 年）刊行）の DSM-5-TR により，「双極性障害」の日本語訳は「双極症」に変更された。

＊2 同じく「躁病エピソード」は「躁エピソード」に変更された。

2 精神医学と精神医療

[旧]精神疾患とその治療・問題 2

アルコール依存症の治療に関する次の記述のうち，**正しいものを1つ**選びなさい。

1 向精神薬の使用は禁忌である。
2 本人の抱える問題は家族が代わって対処することが望ましい。
3 断酒会は，匿名で参加する自助グループである。
4 抗酒剤は，服用後に飲酒すると頭痛や嘔吐（おうと）などを起こすことで飲酒を抑止する。
5 合併症のウェルニッケ脳症は断酒をすれば改善する。

Point アルコール依存症の治療に関する，標準的な問題である。アルコール依存症の治療においては，本人の強い意志によって飲酒を止めること（断酒）が目標である。ただし軽度の依存で合併症がなく，断酒の同意が得られない場合に限り飲酒量低減を現実的な目標とする。なお，問題文中の向精神薬とは中枢神経系に作用し，精神活動に何らかの影響を与える薬物の総称である。抗精神病薬，抗うつ薬，気分安定薬，抗不安薬，睡眠薬，精神刺激薬，抗てんかん薬，抗認知症薬などの区分がある。

1 × アルコールを急激に中断した（アルコールの血中濃度が急に下がった）ときに生じる離脱症状を緩和するため，**アルコールと交差耐性をもつベンゾジアゼピン系の抗不安薬を静脈内投与し，アルコールの肩代わりをさせる治療処置**がある。よって，本選択肢は誤りである。なお，離脱症状の治療において抗精神病薬は，ベンゾジアゼピン系の抗不安薬の投与で精神運動興奮がコントロールされないときに併用される場合がある程度で，単独の治療薬剤としては推奨されていない。

2 × アルコール依存症者の家族の中には，**本人のためと考えて行っている肩代わりや後始末といった過剰な世話やき（イネイブリング）が，結果的に本人の飲酒を助長している**ことがある。よって，本選択肢は誤りである。時にはそれが家族にとっての生きがいや手ごたえ，存在価値になっている場合すらある（共依存）。本人の抱える問題には家族ではなく，あくまで本人が正面から向き合い，本人の意志と責任によって断酒を決意するプロセスが必要なのである。

3 × **匿名で参加する自助グループはアルコホーリクス・アノニマス（Alcoholics Anonymous：AA）**である。よって，本選択肢は誤りである。**断酒会では実名を名乗る**場合が多い。どちらにおいても話し合いは「言いっ放し・聞きっ放し」が原則とされ，自分の語りがほかの参加者から尊重されると同時に，ほかの参加者の語りに最後まで耳を傾けることが求められる。そうして参加者は，他人が語った問題内に自身の問題をみることができ，また仲間の成功の中に希望を探し出すことができる。さらに他人の前で発表することで，自身の現実的かつ適応的な生活への取組みが強化される。

4 ○ 血中にアセトアルデヒドが蓄積するとフラッシング反応（末梢血管の拡張，発汗や頭痛，吐き気や嘔吐，顔面紅潮など）が生じる。抗酒剤はアルデヒド脱水酵素2型の働きを阻害してアセトアルデヒドを体内に蓄積させるため，**服用後に飲酒すると不快なフラッシング反応が現れ**，断酒の意志を継続する助けになる。よって，本選択肢は正しい。また抗酒剤を服用することが，周囲への断酒の宣言ともなる。

5 × ウェルニッケ脳症は長年の多量飲酒によってビタミンB_1（チアミン）が欠乏し，意識障害，眼球運動障害，失調歩行の三徴が出現する病態である。アルコールを分解する過程でビタミンB_1は大量に消費され，この欠乏により**中脳から間脳にかけての神経細胞が壊死**する。未治療では1～2割が死亡し，生存しても半数以上がコルサコフ症候群に移行するという。このように長い経過の病態であり，**断酒をすれば改善するとはいえない**。よって，本選択肢は誤りである。

解答 4

3 精神医学と精神医療

[旧]精神疾患とその治療・問題３

✓ ✓ ✓

次の記述のうち，パニック症におけるパニック発作の典型的な症状として，**正しいものを１つ選びなさい。**

1 動悸（どうき）を感じる。

2 空虚感を認める。

3 興奮して走り出す。

4 大勢から注目を浴びることを避ける。

5 周囲からの視線が気になる。

Point パニック発作の症状に関する，標準的な問題である。さしたる理由がないのに突然，急激に不安が高まることをパニック発作と呼び，このパニック発作が繰り返し生じる病態をパニック症という。満員電車や高速道路の車内など，しばらく逃げ場がない状況で動悸，頻脈，息苦しさ，めまい，胸部苦悶，しびれ，冷や汗，意識が遠のくといった症状が急激に出現し，「死んでしまうのではないか」と強い不安に襲われる。ところが数分～数十分でこれらはおさまることが多い。救急車で搬送されたりするものの，病院に到着する頃には落ち着き，検査上も異常は認められない。しかし，いつまた同様の症状に見舞われるのかという不安（予期不安）がつきまとい，電車に乗ることや車を運転することをためらうようになる。乗り物だけでなく美容院や診療所といった場所，もしくは飛行機やエレベーターなど身動きが取りにくい状況・空間も避けるようになる。それらがつのると，まったく外出できない状況に陥ることもある。

1 ○ 上記のように，パニック発作では「死んでしまうのではないか」という感覚につながるような，循環器系や呼吸器系の症状を呈することが多い。特に**動悸は典型的な症状**の一つであるため，本選択肢は正しい。

2 × むなしさや満たされなさといった空虚感が，特徴的にみられるのは**境界性パーソナリティ障害**＊1である。情緒の不安定さや行動上の激しさが目立ち，他人との適度な距離が取れず理想化とこき下ろしの間を揺れ動き，見捨てられ不安と怒りを抱える。また，手首切創や大量服薬などの自傷行為を繰り返すこともある。パニック発作とは病態に違いがあるため，本選択肢は誤りである。

3 × パニック発作の根底には不安があるものの，**興奮が一次的に認められるとは考えにくく，二次的に興奮しても身動きが取りにくい状況では身を固くする場合が多い**と考えられる。走り出すような興奮は緊張型統合失調症における精神運動興奮，精神作用物質の使用，せん妄時の被影響性が亢進した状態，前頭側頭型認知症における常同行為を制止された際などにみられることがあるが，いずれもパニック発作とは病態に違いがあるため，本選択肢は誤りである。

4 × 大勢から注目を浴びることを避ける症状が，特徴的にみられるのは**社会恐怖（社交不安症）**である。人前で話す，数人で食事をする，あるいは公衆便所を使用するなど，他人がいる場面で周囲を過剰に意識し，緊張し，あがって声が震え，その場にじっとしていられなくなる。選択肢**5**の「周囲からの視線が気になる」もこれに近いが，視線ではなくあくまで大勢という対人関係に着目している。パニック発作とは出現の背景となる環境に違いがあるため，本選択肢は誤りである。

5 × 周囲からの視線が気になる症状が，特徴的にみられるのは**回避性パーソナリティ障害**＊2である。自分は劣っているという自己評価の低さのため，批判されたり注意を受けたり，あるいは恥をかくことを恐れるためにこうした訴えとなる。なお，統合失調症による被害妄想の一つに区分される注察妄想が軽度の場合，同様の訴えになる可能性がある。いずれもパニック発作とは病態に違いがあるため，本選択肢は誤りである。

解答 1

＊1 2022年発表（日本語訳2023年（令和5年）刊行）のDSM-5-TRにより，「境界性パーソナリティ障害」の日本語訳は「ボーダーラインパーソナリティ症」に変更された。
＊2 同じく「回避性パーソナリティ障害」は「回避性パーソナリティ症」に変更された。

4 精神医学と精神医療
Ⓑ精神疾患とその治療・問題4

　Aさん（74歳，女性）は，2年前に母親が亡くなった頃からふさぎ込むようになり，物忘れが徐々に目立ってきた。物忘れは，ついさっきのことを忘れることが多く，本人の物忘れへの自覚は乏しかった。数ヵ月前から，「お母さんが来ているでしょう」と夜中に何度も夫を起こすようになった。昼間は比較的しっかりしているが，時折，「誰かが財布を盗んだ」と訴えて，険しい表情になることがある。

　次のうち，Aさんに疑われる診断名として，**適切なもの**を1つ選びなさい。

1 全般性不安症

2 認知症

3 うつ病

4 統合失調症

5 妄想症

Point 認知症の症状に関する，標準的な問題である。物忘れと被害的な訴えが年単位で続く高齢者の事例である。「昼間は比較的しっかりしている」と日内変動の存在も示唆されている。症状だけでなく経過（急性発症，緩徐進行，寛解増悪）や年齢（若年，中壮年，高齢）など問題文中の情報を幅広く読み取っていくことが，正答を導く上で大切である。

---

1 ✕ 全般性不安症は，なんでもないことを過度に心配し，慢性的に不安が続き生活上支障をきたす疾患である。不安は漠然としており，いろいろなことが不安の対象となり，かつ浮動し持続する。こうした"いろいろな漠然としたこと"という病態は事例とは異なるため，本選択肢は誤りである。

2 ◯ 認知症の原因疾患として最多のアルツハイマー型認知症は，記銘力障害を初発症状とし，大脳皮質の巣症状（特に見当識障害や視空間認知の障害）を伴って知的機能が緩徐進行性の経過で低下する。母親の死の記憶が薄れ，また財布を置いた場所を忘れ，さらに忘れたという自覚を欠き，それらを取り繕うため被害的な言動を示すようになる。特に**物盗られ妄想はアルツハイマー型認知症にしばしばみられる**特徴的な症状である。いずれも事例に合致しており，本選択肢は正しい。

3 ✕ うつ病が老年期にみられることはあるものの，事例は物忘れを中心とした緩徐進行性の経過であること，一方で，うつ病の場合は他責的な言動というよりは**うつ病の三大妄想（心気妄想，罪業妄想，貧困妄想）にみられるような，自責的な訴えをもっぱら示す**ことが事例とは異なるため，本選択肢は誤りである。なお，抑うつ気分や精神運動抑制は朝に症状が一番重く，昼を過ぎて夕方になると少しよいという，うつ病の日内変動は押さえておきたい。ほかに日内変動が特徴的な病態として，せん妄がある。

4 ✕ 統合失調症は，10代後半〜20代前半の思春期，青年期を中心に発症し，人格，知覚，思考，感情，対人関係などに障害をきたす疾患である。幻覚，妄想，自我障害などの陽性症状と，感情鈍麻，意欲の低下などの陰性症状が出現し，多くの場合，寛解と増悪を繰り返す。**事例の場合は70歳台という発症年齢と，物忘れを中心とした緩徐進行性の経過（寛解増悪がない）が統合失調症とは異なる**ため，本選択肢は誤りである。

5 ✕ 妄想症（妄想性障害）は，長期間継続する妄想を唯一ないし中心とする病態であり，ほかの精神症状をほとんど認めない疾患である。中年期に好発し，妄想は体系化され一貫している。妄想に直接関係する言動を除けば会話・感情・行動はしばしば正常であるため，周囲の人に異常を気づかれないこともある。**事例の場合は物忘れという症状があるとともに，緩徐進行性の経過（固定していない）が妄想症とは異なる**ため，本選択肢は誤りである。

解答 **2**

5 精神医学と精神医療

[旧]精神疾患とその治療・問題5

Bさん（28歳，女性）は，数年前から，紙幣に誰かの血液が付着しているかもしれないという考えにとらわれて，紙幣に直接触れることができない。やむを得ず触れた後には，長時間手を洗うため，生活に支障が生じており，困って自ら精神科を受診した。

次のうち，Bさんの症状として，**正しいものを1つ**選びなさい。

1　血統妄想
2　被毒妄想
3　強迫観念
4　妄想知覚
5　観念奔逸

Point 精神障害でみられる症状に関する，標準的な問題である。精神症状のうち思考の障害は，精神科領域では思考を進める「過程の障害」，思考の「内容の障害」，思考の「制御の障害」などに区別される。観念奔逸は思考を進める「過程の障害」に区分され，血統妄想と被毒妄想は思考の「内容の障害」に，また強迫観念は思考の「制御の障害」に属する。なお，思考の「内容の障害」は妄想と呼ばれる。

1 ×　妄想は，他者が論理的にその矛盾を説明しても訂正されることのない，誤った確信である。妄想の内容によって被害妄想，誇大妄想，微小妄想あるいは憑依妄想（自分に動物などが取り付いている），人物誤認（ある人が替え玉にすり替えられた）などがある。被害妄想は，さらに追跡妄想（追跡されている），注察妄想（監視されている），被毒妄想（毒をもられている），関係妄想（報道を自分に関係づける）などに区分される。誇大妄想は，さらに血統妄想（自分は高貴な血統をもつ），宗教妄想（自分は救世主である）などに区分される。微小妄想は，うつ病の三大妄想（心気妄想，罪業妄想，貧困妄想）が典型的なものである。事例においては，**血統妄想に相当する訴えがみられない**ため，本選択肢は誤りである。

2 ×　選択肢1の解説のとおり，事例においては，**被毒妄想に相当する訴えがみられない**ため，本選択肢は誤りである。

3 ○　思考の「制御の障害」には恐怖や強迫があり，強迫は強迫観念と強迫行為に分けられる。強迫観念とは，**ある考えが自分の意志に反してわき起こり，それが不合理でばかばかしいとわかっていても払いのけられず，その思考が本人を支配・束縛して不安や不快な状況に至る病態**である。否定したり，考えないようにしたり努力すればするほど，さらに強く出現する傾向がある。いずれも事例に合致しており，本選択肢は正しい。なお，強迫行為は無意味，無駄とわかっていても止められず，反復するという行為の異常を指す。強迫行為の多くは強迫観念の結果として生じる。強迫観念と強迫行為は強迫症（強迫性障害）においてしばしばみられる。

4 ×　妄想は，そのきっかけにより妄想気分（世界が没落していくといった，現実にそぐわない誤った気分となる），妄想着想（唐突に脈絡もなく妄想的な内容を思いつく），妄想知覚（知覚した対象に意味関連のない妄想を抱く）に分類される。特に妄想知覚は，実際の知覚に論理的にも感情的にも了解できない特別な意味づけがなされる病態であり，「ここに時計が置かれているのは地球滅亡のサインだ」などと表現される。統合失調症に特徴的にみられるとされる。事例においては**不合理とはいえ，了解できない特別な意味づけとまではいえない**ため，本選択肢は誤りである。

5 ×　観念奔逸は思考の量と速度が著しく増加するとともに，観念同士の結び付きが不安定で頻繁に方向性が変わるため，結果として内容が飛躍したり，話がそれたりして思考自体の目的がはっきりしなくなる状態を指し，躁病エピソードで特徴的に認められる。事例においては**訴えが一貫しており，量や速度の増加もうかがえない**ため，本選択肢は誤りである。

解答 3

6 精神医学と精神医療
⑬精神疾患とその治療・問題6

Cさん（26歳、男性）は、仕事上のささいなミスを上司に注意されてから、職場の雰囲気が変わったように感じ、漠然とした不安を抱くようになった。通勤の時の風景もいつもと違って見え、何か不吉なことが起きるのではないかと怖くなって外に出ることができなくなった。自室にひきこもってさかんに、「怖い」と訴えるため、心配した両親に連れられて精神科を受診した。

次のうち、Cさんの精神症状として、**正しいもの**を1つ選びなさい。

1　関係妄想
2　妄想気分
3　罪業妄想
4　抑うつ気分
5　広場恐怖

Point 精神障害でみられる症状に関する、標準的な問題である。精神症状のうち思考の「内容の障害」は妄想と呼ばれる。この妄想の中の被害妄想の一つである関係妄想（報道を自分に関係づける）、微小妄想の一つである罪業妄想を**問題5**で扱った。さらに妄想をもつに至った経緯が周囲の者からみて理解できるか否か（いわば妄想の唐突さの程度）で次のように二分される。すなわち周囲の状況などを鑑みても、どうしても唐突で、他者からは不自然な妄想を一次妄想といい、逆に状況をみればある程度、誤った確信へ至る流れが納得できるものを二次妄想という。一次妄想には、妄想気分（不気味な気分や危機感）、妄想着想（唐突に起こる直感的確信）、妄想知覚（ある知覚に対する意味関連のない思いつき）が含まれる。この妄想気分に関しても前問で取り上げられているので参照されたい。

1　✕　関係妄想は、まわりの出来事や他者の行動が自分に深く関係する、よしんば直接の関係はなくても重大な意味があると強く思い込んで訂正できない確信であり、上記のように被害妄想の一つに区分される。**内容は具体的な場合が多く、Cさんのような雰囲気が変わった、漠然とした、何か不吉なといった表現しにくい感覚とは異なる**ため、本選択肢は誤りである。

2　○　妄想気分は、**何かしらただならぬ危機感や不気味さを抱き、「自分の周辺で重大な事件が起こっている気配がする」などと述べ、しかも自分がそれに巻き込まれていると感じて不安や恐怖を覚える**という一次妄想の一つである。いずれも事例の訴えに合致しており、本選択肢は正しい。

3　✕　罪業妄想は、ささいな自分の言動を評して「罪を犯しているので罰せられる、逮捕される、自首しなくてはならない」などと思い込み、訂正できない Point の微小妄想の一つである。やはり**内容は具体的な場合が多く、Cさんのような漠然とした感覚とは病態が異なる**ため、本選択肢は誤りである。

4　✕　抑うつ気分は「すべての物事に対する興味や関心がなくなる」といった病態を指し、うつ病に特徴的な症状である。もともと自分の趣味であったり、好きだったりしたことへの喜びも喪失する。こうした場合、**外出しない理由はあくまで興味や関心の喪失であり、「怖い」からではない。**また、盛んに自ら訴えるありさまも抑うつ気分にはみられにくいため、本選択肢は誤りである。

5　✕　広場恐怖は、屋外の広場のような開放的空間や、旅行で自宅から離れた場所などに一人でいるときに起こる恐怖と、そのような状況の回避（外出を避ける）を特徴とする病態である。動悸や過緊張といった交感神経の亢進状態を伴うことが多い。事例とは恐怖の訴えと外出できない状況が共通するものの、**広場に代表される具体的な誘因を欠き、Cさんのような漠然とした感覚とは病態が異なる**ため、本選択肢は誤りである。

解答 2

7　精神医学と精神医療
⑮精神疾患とその治療・問題7

次の記述のうち、注意欠如・多動症*（ADHD）の症状として、**適切なもの**を1つ選びなさい。

1. 爽快気分が生じ楽観的に物事を考える。
2. 身体に対する著しい認知の歪みを認める。
3. 非言語的コミュニケーションが苦手である。
4. 自分の考えが抜き取られるように感じる。
5. 課題や活動を順序立てて行うことが困難である。

Point　注意欠如多動症（ADHD）の症状に関する、標準的な問題である。注意欠如多動症（ADHD）とは、①不注意（注意の持続が著しく困難で、一つのことを続けて行えない、外から刺激があると関心が移ってしまう、注意が散漫で指示に従えない）、②多動（落ち着きなく動き回り、絶えず体のどこかを動かし、じっとしておれない）、③衝動性（がまんできない、順番を待てない、規則を衝動的に破る）を主症状とする障害である。病態に対する周囲の理解が乏しいと学業成績や素行が悪く受け取られ、本人の自己評価も低くなり、二次的な問題（抑うつ、情緒の不安定さ、反抗、逸脱行為、薬物・アルコール依存症など）を引き起こす場合がある。多動は成長とともに目立たなくなり、思春期の頃までに落ち着いていくことが多い。衝動性は育つ環境や人格特性の影響を受けやすい。不注意はしばしば成人後も持続する。

---

1 ✕　爽快気分が生じ楽観的に考える症状が、特徴的にみられるのは**躁病や双極症における躁エピソード**である。気分が高揚し晴ればれとした自信に満ちており、多弁、多動で万能感を伴ったりする。注意欠如多動症（ADHD）とは多動以外の病態に違いがあり、特に上記の二次的な問題を呈する場合は真逆ともいえるため、本選択肢は誤りである。

2 ✕　身体に対する著しい認知の歪みが、特徴的にみられるのは**摂食障害、特に神経性無食欲症**である。摂食障害は食事や体重への強いとらわれや、食行動異常を主症状とする疾患で、神経性無食欲症と神経性大食症に大別される。神経性無食欲症では極度にやせていてもそれを美しいとみなし、極端な低体重の危険性を理解しようとせず、自分ではまだ太っていると信じる（ボディイメージの歪み）。注意欠如多動症（ADHD）とは病態に違いがあるため、本選択肢は誤りである。

3 ✕　非言語的コミュニケーションの苦手さが、特徴的にみられるのは**小児自閉症を中核とする、広汎性発達障害**である。知能が正常に近い場合（高機能自閉症）でも非言語的コミュニケーションの難しさが残り、場の空気が読めず、他人には自分と違う考えがあるとの認識（心の理論）が獲得されにくい。注意欠如多動症（ADHD）でも非言語的コミュニケーションは必ずしも円滑でないが、それは苦手であるというより、不注意や多動によって相手のメッセージを見落とす二次的な病態であることが多い。完全に否定できる選択肢ではないものの、さらに正答にふさわしい選択肢5との比較において、本選択肢は誤りである。

4 ✕　自分の考えが抜き取られるように感じる思考奪取が、特徴的にみられるのは**統合失調症**である。自我意識障害（自我障害）による症状であり、外部から影響され、操られている、支配されているといった感覚、すなわち作為（させられ）体験の一環として生じることがある。注意欠如多動症（ADHD）とは病態に違いがあるため、本選択肢は誤りである。

5 ◯　課題や活動を順序立てて行うことの困難さは、不注意、多動、衝動性のいずれもが原因となり得て本人や周囲に困難をもたらす**注意欠如多動症（ADHD）**に特徴的な病態である。よって、本選択肢は正しい。なお、もっぱら成人期以降に、頭部外傷の後遺症などで生じる高次脳機能障害にみられる**遂行機能障害**も同様の症状を示すことは押さえておきたい。

解答 5

＊　2022年発表（日本語訳2023年（令和5年）刊行）のDSM-5-TRにより、「注意欠如・多動症」の日本語訳は「注意欠如多動症」に変更された。

8 精神医学と精神医療
⑯精神疾患とその治療・問題8

Dさん（38歳，男性）は，不眠を主訴に精神科クリニックを受診した。医師が不眠の理由を尋ねると，「常に誰かに後を付けられている。道を行く全ての人が，自分のことを話している。自分を狙っている組織がある」と訴えた。診察の結果，Dさんは，統合失調症と診断され，薬物療法を含む治療が開始された。その後来院した時，Dさんは精神科クリニックのE精神保健福祉士に，「組織の人がそこに来ている気がする。どう思いますか」と心配そうに確認を求めてきた。

次の記述のうち，E精神保健福祉士から，Dさんに対する声かけとして，**適切なもの**を**2つ**選びなさい。

1 「あなたの考えは間違っています」と明確に指摘する。
2 「大変ですね。おつらいですね」と共感を示す。
3 「あなたの心配を担当の医師に伝えてみませんか」と促す。
4 「どういう組織か詳しく教えてください」と説明を求める。
5 「組織が攻撃してくることはあり得ません」と述べた上でその理由を論理的に説明する。

> **Point** 精神科医療機関における相談援助に関する，標準的な問題である。面接を意味のあるものにし，クライエントとの協力関係を保つには，精神保健福祉士の側に一定の心構えが必要である。自由に悩みや苦しみを話してもらって傾聴する，こちらの価値観はいったん脇におく，話の内容だけでなくそうした状況にある相手の苦労に思いを寄せるなどが基本である。

1 ✕ Dさんの考えを否定する，言葉を遮る，あるいはこちらの考えを押しつけるといった態度は，たとえその内容が間違っていなかったとしても，Dさんに「自分は尊重されていない」というメッセージとして受け取られかねない。それによりDさんが心を閉ざしてしまい，大切な情報を聞き逃すことにもつながり得る。よって，本選択肢は誤りである。こうした場合に求められる傾聴とは，①話し手の目をみて関心を示し，②内容に応じて相づちを打ったり，③語尾を繰り返したりしてさらに話を促し，④節目では話を整理するための質問をし，⑤最後に話を要約して相手に自分の理解を伝える，という一連の過程からなる技法である。そうしたありさまは受容的，非審判的，共感的などと呼ばれ，精神保健福祉士がすべからく身につけておくべき支持的な姿勢である。

2 〇 傾聴の後に，必要に応じて相手の訴えに対し，不安を取り除くメッセージを含んだ言葉を足すことも推奨される。その場合，あくまでDさんは統合失調症にかかった人であり，その人すべてが統合失調症に支配されているわけではないこと，精神症状だけにとらわれず病気でない部分に語りかけ，広げていくことが大切となる。薬物療法を受けながらクリニックに通院するDさんの大変さ，つらさに焦点をあてるのは，そうした意味で望ましい姿勢であり，本選択肢は正しい。

3 〇 直面している困難や問題を医師や看護師などの医療者に伝える受療支援，あるいは家族や職場関係者などとの話し合いの場を設けるといった対人環境調整，さらに休養，入院，あるいは配置転換などといった物理的環境調整の提案が病状に対し有効な場合がある。よって，本選択肢は正しい。もちろん，支持的な援助関係の成立が前提であって，Dさんのペースで進められることが原則である。

4 ✕ 病気でない部分に語りかけ，広げていくことが大切なのであって，逆に精神症状につき本人に説明を求めるのは精神保健福祉士の立場として適切とはいえない。誤った認識を繰り返させることで，そちらを広げてしまうのは望ましくないのである。よって，本選択肢は誤りである。

5 ✕ たとえ論理的に間違っていなくとも，Dさんの考えを否定する姿勢は精神保健福祉士が常とするものではない。Dさんの認識に対し否定も肯定もせず，不安な気持ちに共感を示して安心感をかもし出すことが，まず試みられるべき姿勢である。よって，本選択肢は誤りである。

解答 **2** **3**

9 精神医学と精神医療

[旧]精神疾患とその治療・問題9

☑☑☑

次の記述のうち，精神分析療法として，**正しいものを1つ**選びなさい。

1 物事の捉え方に焦点を当てて，修正する。
2 「あるがまま」の心的態度を身につける。
3 家族関係に生じている心理的問題に対して，家族を対象とした集団面接を行う。
4 心に浮かんだことを自由に連想して，語ってもらう。
5 芸術活動を通して心身の安定を図る。

Point 精神療法の技法に関する，標準的な問題である。精神療法とはクライエントが抱える心理的課題の緩和や解決を，専門家との対人関係の中で図る治療技法の総称である。支持的精神療法，洞察的精神療法，表現的精神療法，訓練的療法などに大別される。

1 × 歪曲された物事の捉え方，すなわち認知のあり方にはたらきかけることで心理的苦痛や不安，非適応的な行動パターンを修正する治療法は**認知療法**である。よって，本選択肢は誤りである。認知療法はベック（Beck, A. T.）によりうつ病の治療を目的として創始された，認知や感情に焦点を当てる心理療法である。その基盤には，個人の感情や行動は認知のあり方によって定められるという発想がある。考えの水準で進める場合は認知療法，具体的な行動を担わせる場合は認知行動療法と呼ばれる。

2 × 「あるがまま」の心的態度は，森田正馬（まさたけ）が日本古来の伝統的･土着的な思想に治療的な価値をみつけ，森田神経質と彼が名付けた病態に対する治療法として創始された**森田療法**における概念である。よって，本選択肢は誤りである。森田は，強迫観念などに悩む人の多くが内省的，心配性，完璧主義など葛藤を起こしやすい性格傾向をもち，それらを基盤とする「とらわれの機制」を通して症状を発現・悪化させていると考えた。彼は，そうした感情は人が避けて通れない死に対する恐怖と，その対極である生の欲望の間の葛藤に由来すると考え，そのどちらも否定しない「あるがまま」の心的態度を重視した。

3 × 家族関係に生じている心理的問題に対して，家族を対象とした集団面接を行う治療法は**家族療法**である。よって，本選択肢は誤りである。家族療法は，複数の治療法の複合体であり特定の創始者はあげられないが，家族内のいずれかの構成員に生じている心理的問題を，ほかの構成員も参加する集団面接の中で改善させようとする点で一貫している。その背景には，家族を構成員によって形成されるシステムととらえるシステム論の発想がある。家族療法では問題を原因と結果という因果の形で単純化することなく，円環的に把握して治療上の介入点を見出そうとする。

4 ○ 心に浮かんだことを自由に連想して，語ってもらう自由連想は，**精神分析療法**の中で用いられる技法である。よって，本選択肢は正しい。精神分析療法は洞察的精神療法の一つに区分され，フロイト（Freud, S.）により創始された。そこでは症状や問題行動の基盤となる人格の歪みの背後に，小児期から続く本能活動（リビドーや攻撃欲動）をめぐる未解決な葛藤があるとし，これらを自由に浮かぶ考え（自由連想）を介して再認識（洞察）させ，人格構造に変化をもたらそうとする。

5 × 芸術活動を通して心身の安定を図る治療法は**芸術療法**である。よって，本選択肢は誤りである。芸術療法は表現的精神療法の一つに区分され，音楽，絵画，舞踏，詩歌などさまざまな活動を，患者と治療者を仲立ちする媒体として用いる。活動ごとに先達が存在するが，ナウムブルグ（Naumburg, M.）の名がよくあげられる。精神症状に関係ある過去の情緒的体験（恐怖，罪悪感，憎悪，不満など）や心的外傷に基づく葛藤や感情を，芸術活動の中で表現することによって緊張を取り除こうとする。

解答 4

10 精神医学と精神医療

[旧]精神疾患とその治療・問題 10

次の記述のうち，入院中の行動制限に関し，「精神保健福祉法」に基づく厚生労働大臣が定める基準として，**正しいものを2つ**選びなさい。

1 病状に応じて，できる限り早期に患者に面会の機会を与える。
2 通信は基本的に自由であることを，患者や家族等に文書や口頭で伝える。
3 任意入院では，閉鎖病棟で処遇することは禁止されている。
4 12 時間を超えない隔離は，看護師の判断で実施できる。
5 身体的拘束を実施中，医師の診察は毎日 1 回とされている。

（注）「精神保健福祉法」とは，「精神保健及び精神障害者福祉に関する法律」のことである。

Point 精神科入院治療における人権擁護に関する，一部発展的な問題である。精神科を標榜する医療機関に入院する患者に対しては，治療並びに保護のため行動制限を設けざるを得ないことがある。行動の制限は身体拘束，隔離，さらに外出，面会，通信などの制限により行われる。こうした治療並びに保護上の制限と，入院患者の人権擁護を両立させるため，「精神保健福祉法」を中心とする法・制度への的確な理解が精神保健福祉士には求められる。

1 ○ 精神科病棟の入院患者と，院外にいる者との通信及び来院者との面会（通信･面会）は，患者と家族，地域社会等との接触を保ち，医療上も重要な意義を有するとともに，患者の人権の観点からも重要な意義を有するもので，原則として自由に行われる。さらに，**通信・面会は基本的に自由であることを，文書又は口頭により，患者及びその家族等に伝える**ことが必要である（精神保健福祉法第 37 条第 1 項）。一方で，行動の制限が面会に及ぶ場合もあるが，これは患者の医療又は保護に欠くことのできない範囲，すなわち病状の悪化を招き，あるいは治療効果を妨げるなど，医療又は保護の上で合理的な理由がある場合に限られる。よって，病状に応じて早期に面会の機会が与えられるべきことは論をまたない。以上より，本選択肢は正しい。なお，人権を擁護する行政機関の職員や代理人である弁護士との面会は，制限されることがない。

2 ○ 選択肢 **1** の解説のとおりである。

3 × 任意入院患者本人の意思によって，**閉鎖病棟のような，開放処遇が制限される環境へ入院させる場合は「開放処遇の制限」である隔離にはあたらない**。よって，本選択肢は誤りである。ただし，このような形を取る際は，入室が自発的な意思に基づいた処置である旨の同意を，本人より得ておかなくてはならない。

4 × 隔離は，「内側から患者本人の意思によっては出ることができない部屋の中へ一人だけ入室させることにより当該患者を他の患者から遮断する行動の制限をいい，12 時間を超えるものに限る」と規定されている。すなわち，患者への隔離の開始は，12 時間を超えない範囲に限り，精神保健指定医ではない医師の判断によっても可能である。しかし，**看護師の判断では実施できない**。よって，本選択肢は誤りである。なお，精神保健指定医ではない医師の判断による場合も，その後 72 時間以内に，精神保健指定医による当該患者の診察が必要である。

5 × 身体的拘束は，「衣類又は綿入り帯等を使用して，一時的に当該患者の身体を拘束し，その運動を抑制する行動の制限」と規定されている。拘束の部位は，患者の状態に応じて体幹や四肢の一部であったり，全部であったりする。身体的拘束は制限の程度が強く，肺塞栓やストレス潰瘍などの二次的な身体障害を招く可能性があるため，代替方法が見出されるまでのやむを得ない処置としなければならず，できるだけ早期にほかの方法に切り替えられるべきである。こうした身体的拘束が漫然と行われることがないよう，**医師は毎日 1 回にとどまらず「頻回に」診察を行い**，診察結果を診療録に記載するものとされている。よって，本選択肢は誤りである。

解答 1 2

11	現代の精神保健の課題と支援

⑯精神保健の課題と支援・問題12

次のうち，不適切な養育を意味する用語として，**正しいものを1つ選びなさい。**

1 アタッチメント

2 トラウマインフォームドケア

3 マルトリートメント

4 インプリンティング

5 アロマザリング

Point 「不適切な養育」という人間の成長や発達，旧科目では社会福祉士の専門科目である「児童や家庭に対する支援と児童・家庭福祉制度」や，共通科目である「心理学理論と心理的支援」でも扱うような用語に関する出題であった。見慣れない用語もあったかもしれないが，少子化や児童虐待などの社会問題と，それらに関する幅広い現代の精神保健の課題について，精神保健福祉士が担うべき役割や支援の方法を学習しておきたい。

1 ✕ アタッチメントとは，「愛着」と訳され，**乳児が最初に出会う養育者との間に築く特別の情緒的関係**であり，イギリスの精神科医であるボウルビィ（Bowlby, J.）が提唱した。通常，アタッチメントは親子関係において形成され，重要な対人関係の基礎となる。

2 ✕ トラウマインフォームドケアとは，**現在の状況について過去の過酷な体験というトラウマ（心的外傷体験）からの影響も視野に入れて理解しようとする支援**のことである。実施する際には，トラウマの影響を支援者と本人の双方が理解し，身体的・心理的・感情的な安全を確保し，本人がコントロールする感覚を身につけ，また，生活場所における環境を調整することで，再トラウマ体験を回避するための対応をいう。

3 〇 マルトリートメントとは，「**大人の子どもへの不適切な養育**」を示す言葉である。近年，「体罰」や「虐待」という言葉よりも広い概念として使われるようになった。大人の子どもに対する虐待とネグレクトも含むとされ，子どもの心身の健全な成長・発達を阻む養育をすべて含んだ用語である。

4 ✕ インプリンティングとは，「刷り込み現象」や「刻印づけ」ともいう。**出生・誕生直後の初期経験で成立する特殊な学習**のことを「刷り込み」という。その特徴として，学習の成立が発達初期のある期間（臨界期）に限られ，一度成立するときわめて安定的で非可逆的であるといわれている。

5 ✕ アロマザリングとは，「**母親以外（allo-）による養育行動（mothering）**」のことである。具体的には，母親以外の身内から，近所の人や，保育園，幼稚園の子育ての専門家，ベビーシッターなどが子育てを分担することで，母親が子育てを一人で担うことの負荷を緩和し，育児を楽しめることに貢献すると考えられている。また，伝統的な愛着理論では，母親と子どもの間に結ばれる情緒的絆をアタッチメント（愛着）と呼んでいるが，アロマザリングでは子どもが複数の人との愛着を形成できるプラスの側面があると考えられている。

解答 3

12 現代の精神保健の課題と支援

[旧]精神保健の課題と支援・問題 13

いじめ防止対策推進法に関する次の記述のうち，**正しいものを2つ**選びなさい。

1 児童生徒から教員に対して向けられる暴力の防止についての規定がある。

2 ソーシャル・ネットワーキング・サービス（SNS）に書き込まれた誹謗中傷（ひぼうちゅうしょう）は，いじめの定義から除外されている。

3 校長に対する罰則の規定がある。

4 いじめの早期発見，いじめの再発を防止するための取組等について，学校の評価を適正に行うことが規定されている。

5 学校外で生じた児童生徒同士のトラブルは，いじめに該当することがある。

Point 2013年（平成25年）9月に施行された「いじめ防止対策推進法」に関する問題である。2022年度（令和4年度）「児童生徒の問題行動・不登校等生徒指導上の諸課題に関する調査結果」（文部科学省）によると，小・中・高等学校及び特別支援学校におけるいじめの認知件数は68万1948件（前年度61万5351件），児童生徒1000人当たりのいじめの認知件数は53.3件（前年度47.7件）であった*。

1 × いじめ防止対策推進法では，**選択肢のような規定はない**。なお，「令和4年度児童生徒の問題行動・不登校等生徒指導上の諸課題に関する調査結果」によると，小・中・高等学校における対教師暴力の発生件数は1万1973件（前年度9426件）であり，それぞれの内訳は小学校で9021件，中学校で2702件，高等学校で250件となっている。

2 × SNSに書き込まれた誹謗中傷もいじめに含まれる。本法第2条では「この法律において「いじめ」とは，児童等に対して，当該児童等が在籍する学校に在籍している等当該児童等と一定の人的関係にある他の児童等が行う心理的又は物理的な影響を与える行為（**インターネットを通じて行われるものを含む**。）であって，当該行為の対象となった児童等が心身の苦痛を感じているものをいう」と規定されている。

3 × いじめ防止対策推進法では，選択肢のような規定はない。なお，本法第25条では「校長及び教員は，当該学校に在籍する児童等がいじめを行っている場合であって教育上必要があると認めるときは，学校教育法第11条の規定に基づき，適切に，当該児童等に対して懲戒を加えるものとする」という校長及び教員による児童等への懲戒は規定されているが，**いじめへの対処において不適切な対応をとった教職員に対する罰則規定はない**。

4 ○ いじめ防止対策推進法第34条において「学校の評価を行う場合においていじめの防止等のための対策を取り扱うに当たっては，いじめの事実が隠蔽されず，並びにいじめの実態の把握及びいじめに対する措置が適切に行われるよう，**いじめの早期発見，いじめの再発を防止するための取組等について適正に評価が行われるようにしなければならない**」と規定されている。

5 ○ いじめ防止対策推進法第3条において「いじめの防止等のための対策は，いじめが全ての児童等に関係する問題であることに鑑み，児童等が安心して学習その他の活動に取り組むことができるよう，**学校の内外を問わず**いじめが行われなくなるようにすることを旨として行われなければならない」と規定されている。

解答 4 5

＊「令和5年度児童生徒の問題行動・不登校等生徒指導上の諸課題に関する調査結果」では，小・中・高等学校及び特別支援学校におけるいじめの認知件数は73万2568件，児童生徒1000人当たりのいじめの認知件数は57.9件となっている。

13 現代の精神保健の課題と支援

⑮精神保健の課題と支援・問題14

勤労者の過労自殺に関する次の記述のうち，**正しいもの**を１つ選びなさい。

1 過労死等防止対策推進法では，政府に対し，過労死等の防止のための対策に関する大綱を定めることとしている。

2 2018年（平成30年）の労働基準法の改正において，時間外労働の上限が月90時間・年720時間に規制された。

3 従業員支援プログラム（EAP）は，職場の管理監督者が行う過労自殺防止を含めた健康相談プログラムである。

4 自殺未遂者に対する産業保健スタッフの支援は，自殺対策のポストベンションに該当する。

5 労働安全衛生法では，業務による心理的負荷による精神障害を原因とする自殺を過労死等の一つとして規定している。

Point ここ数年，旧出題基準の大項目「4　精神保健の視点から見た勤労者の課題とアプローチ」は必ず出題されている。労働者のうつ病や過労自殺が大きな社会問題としてメディアでも取り上げられており，2014年（平成26年）には過労死の防止のための対策推進を目的とした過労死等防止対策推進法が施行され，2015年（平成27年）には「過労死等の防止のための対策に関する大綱」が閣議決定されたことも学習しておきたい。

---

1 ○ 過労死等防止対策推進法第7条に「政府は，過労死等の防止のための対策を効果的に推進するため，**過労死等の防止のための対策に関する大綱を定めなければならない**」と規定されている。なお，大綱の案は厚生労働大臣が関係行政機関の長と協議するとともに，過労死等防止対策推進協議会の意見を聴いた上で作成し，閣議の決定を求めなければならない。

2 ✕ 労働基準法第36条には「限度時間は，**1箇月について45時間及び1年について360時間**（中略）とする」と規定されている。原則である時間外労働の月45時間を超えることができるのは年6か月までである。さらに，臨時的な特別の事情があり労使が合意する場合でも，時間外労働は年720時間以内，時間外労働＋休日労働は月100時間未満，2〜6か月平均80時間以内とする必要がある。

3 ✕ EAP（Employee Assistance Program）には，**①企業内にEAPスタッフが常駐して従業員の相談を受ける内部EAP，②独立したEAP会社が企業等から業務委託を受ける外部EAP**，という二つの形態がある。その役割は，メンタルヘルスに関する相談活動，専門機関への紹介，職場復帰支援，企業内教育や環境の整備に関するコンサルテーションなどがある。日本ではうつ病等の休職者の増加を受けてニーズが高まっている。

4 ✕ 選択肢の内容は，自殺対策の第二次予防である**インターベンション（危機介入）**に該当する。自殺対策は，第一次予防としてプリベンション（未然防止），第二次予防としてインターベンション（危機介入），第三次予防としてポストベンション（事後対応）の3段階に分けられる。選択肢にあるポストベンションでは，自殺が生じてしまった場合に，周囲に与える影響を最小限にとどめ，新たな自殺を防ぐかかわりが重要となる。

5 ✕ 過労死等の規定は「労働安全衛生法」ではなく「**過労死等防止対策推進法**」に規定されている。過労死等防止対策推進法第2条には「この法律において「過労死等」とは，業務における過重な負荷による脳血管疾患若しくは心臓疾患を原因とする死亡若しくは業務における強い心理的負荷による精神障害を原因とする自殺による死亡又はこれらの脳血管疾患若しくは心臓疾患若しくは精神障害をいう」とある。

解答 ①

14 現代の精神保健の課題と支援

[旧]精神保健の課題と支援・問題 15

災害時の精神保健に関する次の記述のうち，**正しいものを 1 つ**選びなさい。

1 デブリーフィングは，災害時に備えた福祉施設での避難訓練である。

2 急性ストレス障害*（ASD）は，災害発生後 1 か月以上が経過してから初めて被災者に現れる精神症状である。

3 DPAT は，厚生労働省に設置する災害時の情報センターである。

4 サイコロジカル・ファーストエイド（PFA）は，重大な危機的出来事にあったばかりで苦しんでいる人びとへの人道的，支持的，かつ実際的な支援である。

5 トリアージは，災害時の精神科医による精神療法である。

Point 出題内容は関連する疾患や支援に関する用語の正誤を問う内容となっている。基本的な問題であることから得点しておきたい。災害支援に関する問題は定期的に出題されているため，精神保健福祉士が災害時に活動する被災地支援チームの名称などの関連する用語も含めて学習しておく必要がある。

1 × デブリーフィング（debriefing）とは，心理的デブリーフィングともいい，**災害等により精神的ショックを経験した人びとに対して行われる急性期（災害直後の数日から数週間）の支援方法**のことで，同じ体験をした人との話し合い，数名のグループでの話し合い，などによりストレスを軽減させることを目的としている。

2 × ASD は，災害など心的外傷となる出来事を直接体験したり，目撃したり，曝露されるなどの体験をした者に現れる精神症状で，**1 か月以内におさまる**場合をいう。心的外傷後ストレス症（PTSD）の症状は，「侵入症状」「回避症状」「認知と気分の変化」「覚醒と反応の変化」が 1 か月以上みられる。心的外傷となる出来事には，自然災害だけでなく事故や事件，虐待などの人為的災害，犯罪被害なども含まれる。

3 × DPAT（Disaster Psychiatric Assistance Team）は，**都道府県によって組織される専門的な研修・訓練を受けた災害派遣精神医療チーム**である。自然災害や犯罪事件，航空機・列車事故等の集団災害が発生した場合に，被災地域の精神保健医療ニーズの把握，ほかの保健医療体制との連携，各種関係機関等との調整，専門性の高い精神科医療の提供と精神保健活動の支援を行う。厚生労働省は DPAT の活動要領を策定する。

4 ○ PFA は，**災害時など深刻な危機的出来事を体験した早期（直後～1 か月）に心理的，社会的な支援方法**として行われる。その具体的な手引書として世界保健機関（WHO）が作成した「心理的応急処置フィールド・ガイド」がある。特に自然災害の多い日本では，心的外傷後ストレス症（PTSD）の発症などの二次被害を防ぐために行われることがある。

5 × トリアージとは，災害時など多くの負傷者が発生したときに，**負傷者の症状や状態に応じて治療や搬送の優先順位を決める手法**のことである。傷病の重症度や緊急度によって，軽症，中等症，重症，死亡等の 4 段階に分けられる。

解答 4

* 2022 年発表（日本語訳 2023 年（令和 5 年）刊行）の DSM-5-TR により，「急性ストレス障害」の日本語訳は「急性ストレス症」に変更された。

15 現代の精神保健の課題と支援

⑬精神保健の課題と支援・問題 16

N市では，保健指導としてアルコール関連問題のスクリーニング調査と簡易的な面接指導を行う計画を立てている。

次のうち，上記計画で使用するスクリーニングテストとして，**適切なもの**を１つ選びなさい。

1　AUDIT
2　GHQ
3　SDS
4　CES-D
5　BDI

Point　旧出題基準の大項目「6　精神保健に関する対策と精神保健福祉士の役割」の中項目「1）アルコール問題に対する対策」に関する短文事例の問題で，短文事例に対して適切な用語，本問題では精神保健に関するテストの略称（英文の頭文字）を解答させる問題であった。AUDIT はアルコール問題に対する対策としては必須の学習内容であり，また選択肢 **1** 以外はアルコール問題以外のスクリーニングテストで明らかな誤りであるため，確実に正答してほしい問題である。

1　〇　AUDIT とは，Alcohol Use Disorders Identification Test（アルコール使用障害同定テスト*）のことである。世界保健機関（WHO）によって開発された問題飲酒者のスクリーニングテストで飲酒問題の早期発見・早期介入のツールとして使われており，日本でも医療や保健指導の現場で活用されている。AUDIT は 10 項目の設問に回答し，各項目の合計点で飲酒問題の程度を評価する。

2　✕　GHQ とは，The General Health Questionnaire（精神健康調査票）のことである。1978 年にゴールドバーグ（Goldberg, D.）によって開発された。自己記入式で，60 項目で構成される質問紙である。原版は 60 項目で構成されているが，30 項目（GHQ30），28 項目（GHQ28），12 項目（GHQ12）の短縮版も開発されている。回答方法は「非常に当てはまる」「当てはまる」「あまり当てはまらない」「まったく当てはまらない」の四つの選択肢から選ぶ方法となっている。

3　✕　SDS とは，Self-rating Depression Scale（うつ性自己評価尺度）のことである。ツング（Zung, W. W. K.）によって 1965 年に作成された抑うつ状態の程度をみるためのスケールである。質問数は 20 項目と比較的少なく，また回答方法も「ない」「ときどき」「かなりのあいだ」「ほとんど」の四つの選択肢から選ぶ方法になっており，被験者にも負担が少なく簡単に実施することができる。

4　✕　CES-D とは，Center for Epidemiologic Studies Depression Scale の頭文字を取ったもので，**うつ病や抑うつ状態の自己評価尺度**のことである。米国国立精神保健研究所により開発され，有用性が高いこと，また 20 項目の質問で構成されているという手軽さから，比較的短時間で簡単に実施できることもあり普及が進んでいる。

5　✕　BDI とは，Beck Depression Inventory（ベック抑うつ質問票）のことである。ベック（Beck, A. T.）が 1961 年に開発したもので，抑うつ症状の重症度を判定するための各質問項目に対し 4 件法で回答する自己記入式質問紙票のことである。当初 17 項目であったが，現在は 1994 年に米国精神医学会が精神疾患の診断・統計マニュアル第 4 版（DSM-Ⅳ）を発行した際に 4 項目を加え，21 項目からなる質問で構成された BDI-Ⅱ となっている。

解答　1

＊　本訳は厚生労働省によるものであり，ほかにもアルコール使用障害スクリーニング，アルコールスクリーニングテスト，飲酒習慣スクリーニングテストなどと訳されている。

16 現代の精神保健の課題と支援

[旧]精神保健の課題と支援・問題 17

次のうち，薬物を社会規範から逸脱した目的や方法で自己摂取することを指す概念として，**正しいものを1つ**選びなさい。

1　依存
2　離脱
3　中毒
4　乱用
5　耐性

Point 旧出題基準の大項目「6　精神保健に関する対策と精神保健福祉士の役割」からの出題で，中項目「2）薬物依存対策」に該当する問題である。近年の薬物に関する社会問題，深刻化もあり，精神保健の課題として用語や対応についてしっかり学んでおきたい。

1 × 依存（症）とは，**やめたくてもやめられない状態に陥ること**で，「物質への依存」と「プロセスへの依存」に大別される。「物質への依存」とは，アルコールや薬物等への依存のことで，依存性のある物質の摂取を繰り返すことにより，使い続けなければならない状態，つまり自分でもコントロールできなくなることを指す。また「プロセスへの依存」とは，ギャンブルや買い物，インターネットなど特定の行為や過程に熱中し，のめり込んでしまう症状を指す。依存は社会規範から逸脱した目的，方法で自己摂取することとは限らないため誤りである。

2 × 離脱とは，薬物等を長期にわたって大量に摂取することで身体依存が形成され，**血中あるいは組織内の物質の濃度が減少したときに生じる状態**を指す。離脱症状が出現した後，離脱症状を緩和させるために再びその物質を使用しようとする傾向がある。

3 × 中毒とは，薬物に対して使用される概念で，薬物中毒といわれる。急性中毒と慢性中毒の2種類に分けられる。急性中毒は**一気に服用（アルコールの場合は飲酒）することにより，意識不明などとなること**を指し，慢性中毒は**薬物依存に陥っている人がさらに服用等を繰り返した結果として発生する慢性的状態のこと**を指す。原因薬物の使用を中止しても，出現していた症状は自然には消失しない。

4 ○ 乱用は，主に薬物に対して使用される概念で，ルール・規則に反した「行い」に対する言葉で，**社会規範から逸脱した目的や方法で，薬物を自ら使用すること**である。覚せい剤や麻薬などは，製造すること，所持すること，売買すること，また自己使用自体が法律によって禁止されており，それらを1回使っただけであっても乱用となる。また，市販薬である風邪薬や咳止め，鎮痛剤をその適用症状に対して服薬するのではなく，感覚や気持ちの変化を起こすために大量に服薬することをオーバードーズと言い，違法ではないが乱用に位置づけられ，過剰に摂取したりすると，さまざまな健康被害を引き起こす。

5 × 耐性とは，**薬物を連用することで次第に効かなくなり，同じ効果を得るのに量を増やさないといけなくなること**である。依存性のある薬物の特徴として，耐性が作られることがあり，最初はその薬物の効果を得るために少量で済んでいたのに，その薬物を連用することにより，同じ量では効果が少なくなり，徐々に量が増えていくことがある。

解答 4

17 現代の精神保健の課題と支援

[旧]精神保健の課題と支援・問題 18

犯罪被害者等基本法に関する次の記述のうち，**正しいものを1つ**選びなさい。

1 国及び地方公共団体は，保健医療サービス及び福祉サービスが提供されるよう必要な施策を講ずるものとされている。

2 都道府県警察本部には，犯罪被害者等施策推進会議を設置することが定められている。

3 犯罪被害者の心理的外傷等に関する調査研究は，裁判所の責務とされている。

4 地方公共団体には，犯罪被害者等基本計画の策定が義務づけられている。

5 法務省内に犯罪被害者支援ネットワークを設置することが定められている。

Point 犯罪被害者等基本法に関する問題であるが，旧出題基準の大項目「5 精神保健の視点から見た現代社会の課題とアプローチ」の中項目「1）災害被災者，犯罪被害者の精神保健」に該当する。犯罪被害者等基本法は，社会福祉士専門旧科目である「更生保護制度」で学ぶ法律でもあるが，近年，被害者支援，被災者支援といった視点から社会的に注目を浴びていることから，しっかり押さえておきたい内容である。犯罪被害者等基本法は 2016 年（平成 28 年）4月1日に施行され，その目的や基本理念，国及び地方公共団体の責務などに加え，犯罪被害者等基本計画の策定義務について示されている。

1 ○ 犯罪被害者等基本法（以下，法）第 14 条に保健医療サービス及び福祉サービスの提供として，「**国及び地方公共団体は，**犯罪被害者等が心理的外傷その他犯罪等により心身に受けた影響から回復できるようにするため，その心身の状況等に応じた適切な**保健医療サービス及び福祉サービスが提供されるよう必要な施策を講ずるものとする**」とある。

2 × 犯罪被害者等施策推進会議については，法第 24 条第 1 項に「**内閣府**に，特別の機関として，犯罪被害者等施策推進会議を置く」と定められている。犯罪被害者等施策推進会議の所掌事務について，犯罪被害者等基本計画の案を作成すること，そのほか，犯罪被害者等のための施策に関する重要事項について審議するとともに，犯罪被害者等のための施策の実施を推進し，並びにその実施の状況を検証し，評価し，及び監視し，並びに当該施策の在り方に関し関係行政機関に意見を述べることと明記されている。

3 × 犯罪被害者等の心理的外傷等に関する調査研究については，法第 21 条に「**国及び地方公共団体**は，犯罪被害者等に対し専門的知識に基づく適切な支援を行うことができるようにするため，心理的外傷その他犯罪被害者等が犯罪等により心身に受ける影響及び犯罪被害者等の心身の健康を回復させるための方法等に関する調査研究の推進並びに国の内外の情報の収集，整理及び活用，犯罪被害者等の支援に係る人材の養成及び資質の向上等必要な施策を講ずるものとする」とあり，裁判所ではなく，国及び地方公共団体の責務としている。

4 × 犯罪被害者等基本計画については，法第 8 条第 1 項において「**政府**は，犯罪被害者等のための施策の総合的かつ計画的な推進を図るため，犯罪被害者等のための施策に関する基本的な計画を定めなければならない」とあり，政府に策定義務を課している。

5 × 法には，**犯罪被害者支援ネットワークに関する条文はない**。犯罪被害者支援に関する団体，ネットワークとして「全国被害者支援ネットワーク」が 1998 年（平成 10 年）に八つの民間被害者支援団体により設立，2016 年（平成 28 年）に公益社団法人化されている。現在，全都道府県に民間被害者支援団体が設立されている。

解答 1

18 現代の精神保健の課題と支援

[旧]精神保健の課題と支援・問題 19

次のうち，世界精神保健連盟（WFMH）が提唱し，国際連合が制定した国際デーとして，**正しいものを1つ**選びなさい。

1　世界メンタルヘルスデー
2　世界自閉症啓発デー
3　国際障害者デー
4　世界患者安全デー
5　世界自殺予防デー

Point 世界の精神保健に関する実情として，WFMHが取り組んでいるものについての問題である。これまでは世界保健機関（WHO）に関する問題が4年連続出題されていた。WHOや国際連合の取組みについては，しっかり理解しておく必要がある。馴染みのない活動，取組みも少なくないが，精神保健の知識としては重要視されているゆえに，頻出の分野といえる。学習範囲も広いため，早めに学習し，知識の定着を図りたい分野である。

1　○　**世界精神保健連盟（WFMH）**が，1992年にメンタルヘルス問題に関する世間の意識を高め，偏見をなくし，正しい知識を普及することを目的として10月10日を「世界メンタルヘルスデー」とすることを提唱した。その後，WHOも協賛し，国際連合の国際デーとなった。

2　×　2007年12月18日の**国連総会**において，毎年4月2日を「世界自閉症啓発デー」とすることが決議された。日本においても，世界自閉症啓発デー・日本実行委員会が組織されており，自閉症をはじめとする発達障害について広く啓発する活動を行っている。毎年，世界自閉症啓発デーの4月2日から8日を発達障害啓発週間として，シンポジウムなどを開催している。

3　×　1982年12月3日の**国連総会**において「障害者に関する世界行動計画」が採択され，このことを記念し，1992年の国連総会で12月3日を「国際障害者デー」とすることが宣言された。障害者問題についての関心と理解を深め，障害者が社会，経済，文化その他あらゆる分野の活動に積極的に参加することを促進するためのさまざまな啓発活動が行われている。

4　×　ほかの選択肢より聞きなれない国際デーと思われるが，「世界患者安全デー（World Patient Safety Day：WPSD）」とは，WHO加盟国が，患者の安全を促進すべく世界的な連携と行動に向けた活動をすることを目的として，医療制度を利用するすべての人々のリスクを軽減するために2019年に**WHO総会**で制定された。患者安全を促進することへの人々の意識，関心を高め，国際的な理解を深め，その普及活動を推進している。

5　×　2003年に**WHOと国際自殺予防学会（IASP）**が共同で開催した世界自殺防止会議の初日である9月10日を最初の世界自殺予防デーとして制定した。日本においても，自殺対策基本法に基づき，毎年9月10日から16日を「自殺予防週間」としている。また毎年3月を「自殺対策強化月間」としており，国際デーとは異なっているので注意されたい。

解答 1

19 現代の精神保健の課題と支援
⑲精神保健の課題と支援・問題20

P県に採用されたF精神保健福祉士は、児童・思春期の精神保健相談、各種依存症に関する相談や支援、市町村の障害者保健福祉施策に対する技術的援助、精神障害者保健福祉手帳の申請に対する判定業務等を行う機関に配属された。

次のうち、F精神保健福祉士が配属された機関として、**正しいもの**を1つ選びなさい。

1 児童相談所
2 障害者更生相談所
3 精神保健福祉センター
4 保健所
5 県立精神科病院

Point 精神保健福祉士の所属機関の業務内容から機関名を問う、短文事例問題である。福祉・保健に関する機関の根拠法及び業務についての問題は頻出であり、他科目で出題されることも多い。各機関の根拠法及び業務について整理して理解しておく必要がある。

---

1 ✗ 児童相談所は、児童福祉法第12条に基づき、各都道府県・指定都市に必ず一つ以上設置されており、満18歳に満たない児童及びその家庭に関する問題についての相談、児童及びその保護者の指導などを行っている。児童相談所運営指針第1章第3節にて、児童相談所の業務は「相談の受付」「相談援助活動の展開」などが示されている。また、同章第4節には「相談の種類とその対応」として、「養護相談」「障害相談」「非行相談」「育成相談」「保健相談」「その他の相談」とあり、「その他の相談」の一環として「いじめ相談」などがある。事例の「児童・思春期の精神保健相談」も対象と考えられるが、ほかの業務は行っていない。

2 ✗ 障害者更生相談所には、身体障害者福祉法第11条に規定されている身体障害者更生相談所と、知的障害者福祉法第12条に規定されている知的障害者更生相談所があり、それぞれ都道府県に設置が義務づけられている。**身体障害者・知的障害者に関する専門的相談・判定、補装具・自立支援医療に関する相談及び要否・適合判定や身体障害者手帳、療育手帳に関することを業務内容としている**。事例の業務は行っていない。

3 ○ 精神保健福祉センターは、精神保健及び精神障害者福祉に関する法律（精神保健福祉法）第6条に規定されており各都道府県、指定都市に設置が義務づけられている。精神保健福祉センター運営要領にセンターの業務が示されており、企画立案、**技術支援**、人材育成、普及啓発、調査研究、**精神保健福祉に関する相談支援**、当事者団体等の育成及び支援、精神医療審査会の審査に関する事務、**精神障害者保健福祉手帳の判定及び自立支援医療費**（精神通院医療）の支給認定、心神喪失等の状態で重大な他害行為を行った者の医療及び観察等に関する法律に係る業務、災害等における精神保健上の課題に関する相談支援、診療や障害福祉サービス等に関する機能、その他地域の実情に応じ、必要な業務を行うこととされている。

4 ✗ 保健所は、地域保健法に規定されている機関で、都道府県、指定都市、中核市その他の政令で定める市又は特別区に設置が義務づけられている。その業務は同法第6条及び「保健所及び市町村における精神保健福祉業務運営要領」に示されており、**市町村に対する支援、相談支援等**があるが「精神保健福祉施策に対する技術的援助」「精神障害者保健福祉手帳の申請に対する判定業務」は取り扱っていない。

5 ✗ 精神保健福祉法第19条の7では都道府県に精神科病院の設置義務を規定している。また、精神科病院については、精神保健福祉法の第5章に医療及び保護として第20条から第44条に規定している。精神科病院、県立精神科病院では事例にある「**児童・思春期の精神保健相談**」や「**各種依存症に関する相談や支援**」は行うことはあるが、「市町村の障害者保健福祉施策に対する技術的援助」や「精神障害者保健福祉手帳の申請に対する判定業務」は取り扱っていない。

解答 **3**

20 現代の精神保健の課題と支援

[旧]精神保健福祉に関する制度とサービス・問題 62

ひきこもり地域支援センターに関する次の記述のうち，**正しいものを 1 つ**選びなさい。

1 ひきこもりに関する家族からの相談は対象外である。

2 ひきこもり支援コーディネーターを置く。

3 「精神保健福祉法」に基づき設置されている。

4 ひきこもりの支援対象の年齢は 15 歳から 49 歳までである。

5 連絡協議会の設置が義務づけられている。

Point ひきこもり地域支援センターに関する概要を問う問題である。ひきこもり地域支援センターは，ひきこもりに特化した相談窓口として，2009 年度（平成 21 年度）から都道府県及び指定都市に整備され，本人や家族を支援し，社会復帰の促進を目的に機能している。2022 年度（令和 4 年度）からは，①センターの設置主体を市町村に拡充するとともに，②基礎自治体の新メニューとして，ひきこもり支援の核となる相談支援・居場所づくり・ネットワークづくりを一体的に実施する「ひきこもり支援ステーション事業」が創設されたことも併せて理解しておきたい。

1 × ひきこもり地域支援センターでは，**ひきこもりの状態にある本人だけでなく，家族等からの相談にも対応している**。電話，来所等による相談に応じ，適切な助言を行うとともに，家庭訪問を中心とするアウトリーチ型の支援を行う。また，相談内容等に応じて，医療・保健・福祉・教育・労働等の適切な関係機関へつなぎ，当該機関と情報交換を行うなど，当事者の支援の状況把握に努めるとともに，適切な支援方法について検討を行う。

2 ○ ひきこもり地域支援センター 1 か所当たり，原則，**ひきこもり支援コーディネーターを 2 名以上**配置することとされている。このうち専門職を 1 名以上配置するものとし，専門職は，社会福祉士，精神保健福祉士，保健師，公認心理師，臨床心理士等の資格を有する者，又は，これらの有資格者と同等の相談業務等を行うことができる者で，ひきこもり状態にある者や家族等への支援を行う。

3 × ひきこもり地域支援センターは，**生活困窮者自立支援法に基づく事業**として，「ひきこもり支援推進事業実施要領」（「生活困窮者自立相談支援事業等の実施について」（平成 27 年 7 月 27 日社援発 0727 第 2 号）別添 16）に基づき設置されている。実施主体は，都道府県・指定都市・市区町村であり，社会福祉法人，特定非営利活動法人その他の都道府県等が適当と認める民間団体に委託することができる。事業内容は，①相談支援，②居場所づくり，③連絡協議会・ネットワークづくり，④当事者会・家族会の開催，⑤住民向け講習会・研修会の開催，⑥基礎自治体への後方支援などである。

4 × ひきこもりの支援対象の**年齢に上限は設けられていない**。ひきこもりの定義は，さまざまな要因の結果として社会的参加（義務教育を含む就学，非常勤職を含む就労，家庭外での交遊など）を回避し，原則的には 6 か月以上にわたっておおむね家庭にとどまり続けている状態（他者と交わらない形での外出をしていてもよい）をいい，2022 年度（令和 4 年度）の内閣府の調査では，生産年齢人口である 15 歳から 64 歳で 146 万人に上るとされている。なお，支援対象を 15 歳から 49 歳としているのは，地域若者サポートステーション（サポステ）である。

5 × **連絡協議会の設置は義務ではない**。ひきこもり地域支援センターの実施主体（都道府県・指定都市・市区町村）は，ひきこもり状態にある本人や家族からの相談内容等に応じた適切な支援を行うことができるよう，地域の多様な社会資源（医療・保健・福祉・教育・就労等の関係機関）からなる連絡協議会を設置する等，ネットワークづくりに努めるとされ，努力義務である。

解答 2

21 現代の精神保健の課題と支援

⑯精神保健福祉に関する制度とサービス・問題65

次のうち，自殺総合対策大綱に示された取組により養成される，見守り等の役割を担う人材として，**正しいもの**を1つ選びなさい。

1　ゲートキーパー
2　コミュニティソーシャルワーカー
3　ペアレントメンター
4　ピアスタッフ
5　カウンセラー

Point 2006年（平成18年）に制定された自殺対策基本法に基づき，2007年（平成19年）に自殺総合対策大綱が閣議決定された。おおむね5年を目途に見直すこととされており，2022年（令和4年）に現行の自殺総合対策大綱が閣議決定された。精神保健福祉士は，自殺リスクの高い精神疾患を抱える人を支援する上で，自殺総合対策大綱の内容についても理解を深めておきたい。

1　**○**　自殺総合対策大綱の中で，自殺総合対策における当面の重点施策として，自殺対策にかかわる人材の確保，養成及び資質の向上を図るということが定められている。この中でゲートキーパーの養成が示されている。ゲートキーパーとは，**自殺の危険を示すサインに気づき，適切な対応（悩んでいる人に気づき，声をかけ，話を聞いて，必要な支援につなげ，見守る）を図ることができる者**のことである。

2　**✕**　コミュニティソーシャルワーカーとは，**地域で困っている人を支援するために，地域の人材や，制度，サービス等を組み合わせ，新しい仕組みづくりの調整やコーディネートを行う役割**を担っている。また，住民同士の支え合いの支援や，地域福祉の計画的な推進を図るために，関係機関などにはたらきかけを行う。支援の対象は，高齢者や障害者，貧困家庭，ホームレス，単身者，外国人など広範囲にわたる。

3　**✕**　ペアレントメンターとは，**発達障害のある子どもの養育経験を活かして，同じような子どもをもつ親の話を聴くことや，情報提供などを行う者**のことである。相談支援に関する一定の養成研修を受け，専門家とは違う視点で，同じ親として葛藤や不安に共感しながら支援を行い，地域資源についての情報提供をしたり，さまざまな子育ての経験などを話したりすることができる者である。

4　**✕**　ピアスタッフとは，**利用者と同じく精神疾患や障害を抱える，又は同じ経験をもつ者**のことである。利用者と自身の体験や情報を共有し合うことで，専門家や職員からの支援では届かない部分を補い，利用者が生活していく上での活力をもたらしてくれる存在である。

5　**✕**　カウンセラーとは，**臨床心理の専門的な知識を活かし，カウンセリングや心理テスト等を行い，心の悩みや対人関係などの悩みを抱えた人に支援や助言をする役割を担う者**のことである。

解答 1

[事例問題] 現代の精神保健の課題と支援

次の事例を読んで，[22]から[24]までについて答えなさい。　[旧]精神障害者の生活支援システム・事例問題

〔事　例〕

Aさん（40歳，男性）は，20代後半にうつ病で通院したことがある。その後，回復してIT企業に就職し，仕事に懸命に取り組んでいた。ところが，最近，Aさんが開発したソフトウェアの不具合が複数発生したため対応に追われ，疲労困憊（ひろうこんぱい）し，食欲不振や不眠も現れ，ふさぎ込むようになった。心配した妻に連れられて，かつて通院していたY精神科病院を受診した。Aさんは，診察の際に医師に，「死にたい」と言っており，うつ病の再発と診断されたため，休職して入院した。

Y精神科病院のB精神保健福祉士が，Aさんに詳しく話を聞くと，「ここ数か月は毎日残業で，休日にも出勤していた」と話した。そこで，妻に，最近1か月の時間外労働の時間数を職場に確認してもらったところ，160時間を超えていることが分かった。B精神保健福祉士は，この状況は，ある社会保険制度の「心理的負荷による精神障害の認定基準」（以下，認定基準）に該当するのではないかと考え，Aさんにこの制度の説明をしたところ，申請の意思が示されたため，必要書類を一緒に準備し，Z機関に提出した。（[22]）

入院中のAさんは，責任感や経済的な理由から復職を急いでおり，病状が安定しない日が続いたが，2か月後，Z機関から「認定基準」に該当すると認定された。（[23]）

その後，Aさんは1か月ほどで退院することができた。退院してから半年がたち，通院中のAさんからB精神保健福祉士は復職の相談を受けた。その中で，「復職を主治医に相談したところ，賛同してくれた。ただし，職場には時間外労働の在り方について考えてもらわなければいけないと言っていた」「今後は体調を崩さないように，今の自分に合った働き方を考えたい」などの言葉が聞かれたため，B精神保健福祉士は，U機関による精神障害者総合雇用支援の職場復帰支援の利用をAさんと一緒に検討することとなった。（[24]）

22 現代の精神保健の課題と支援

⑯精神障害者の生活支援システム・問題78

次のうち，Z機関の業務として，**正しいもの**を１つ選びなさい。

1 労働基準法の運用に関する事務
2 障害者雇用率の未達成企業への指導
3 障害者に対する就業や生活面の一体的な相談・支援
4 失業の認定
5 公共職業訓練の紹介

Point 精神障害に対する就業支援については，新規雇用や就職に関するニーズ，職場復帰に関するニーズ，雇用継続に関するニーズとそれぞれの雇用の段階に応じた多様な支援ニーズ等が考えられる。本問題に出題された精神障害者の就業支援にかかわる関係機関（都道府県労働局，公共職業安定所（ハローワーク），障害者就業・生活支援センター等）や関連法規（労働法規，労働災害補償）についても理解しておくことが必要である。

---

1 ◯ 事例の社会保険制度は労災保険制度（労働者災害補償保険法）である。労災保険制度では労働基準監督署が，労働者からの申告受付及び相談対応を行うことから，事例内のZ機関は**労働基準監督署**であると推測される。労働基準監督署の役割は，日本国憲法第27条第2項に基づき労働条件の最低基準を定める**労働基準法や労働安全衛生法等の労働基準関係法令（違反に罰則）の実効を確保する**ことである。この機能を担う国直轄の機関として，労働基準監督機関が労働基準法に規定されている。労働基準行政の組織は，厚生労働大臣の下に労働基準局が，各都道府県には都道府県労働局が，さらに第一線機関として321の労働基準監督署が置かれている。よって，選択肢は正しい。

2 ✕ 障害者の雇用義務を履行しない事業主には，**公共職業安定所（ハローワーク）**を通じて，①雇入れ計画作成命令，②雇入れ計画の適正実施勧告，③特別指導，④企業名の公表等の行政指導が行われる。

3 ✕ 障害者の職業生活における自立を図るため，雇用，保健，福祉，教育等の関係機関との連携の下，障害者の身近な地域において就業及び生活面における一体的な支援を行い，障害者の雇用の促進及び安定を図ることを目的として全国に設置されるのは，**障害者就業・生活支援センター**である。

4 ✕ 失業の認定は，**ハローワーク**の業務である。ハローワークは，職業紹介，雇用保険・求職者支援，雇用対策（企業指導・支援）の3業務を一体的に実施することで，増加する就職困難者などへの就職支援を実施する。このうち雇用保険・求職者支援業務では，失業認定や失業給付の支給，職業訓練受講給付金の支給等を行う。

5 ✕ 公共職業訓練の紹介は，**ハローワーク**の業務である。ハローワークは，職業紹介，雇用保険・求職者支援，雇用対策（企業指導・支援）の3業務を一体的に実施することで，増加する就職困難者などへの就職支援を実施する。このうち，職業紹介では，職業紹介・職業相談，求人開拓，職業訓練の受講あっせんを行う。

解答 1

23 現代の精神保健の課題と支援

[旧]精神障害者の生活支援システム・問題 79

次のうち，この認定によりAさんが受けたものとして，**正しいものを2つ**選びなさい。

1 療養補償給付
2 傷病手当金
3 障害補償年金
4 休業補償給付
5 障害補償一時金

Point 厚生労働省では 2023 年（令和 5 年）9月に「心理的負荷による精神障害の認定基準」の改正を行い，厚生労働省労働基準局長から都道府県労働局長宛てに通知した。近年の社会情勢の変化等に鑑み，最新の医学的知見を踏まえて「精神障害の労災認定の基準に関する専門検討会」において検討されたものである。本設問は，業務災害又は通勤災害による傷病に対する労働災害補償の制度について理解しておくことが重要である。

1 ○ 療養補償給付（療養給付）は，業務災害（又は通勤災害）による傷病の療養について，労災病院又は労災指定医療機関等で療養するときには療養の給付（現物給付），労災病院又は労災指定医療機関以外の医療機関等で療養するときには療養費（現金給付）が支給されるものである。本事例は**「認定基準」に該当すると認定された**ため，選択肢は正しい。

2 × 傷病手当金は，病気休業中に被保険者とその家族の生活を保障するために設けられた，健康保険法に基づく制度で，被保険者が病気やけがのために会社を休み，事業主から十分な報酬が受けられない場合に支給される。支給要件は，業務外の事由による病気やけがの療養のための休業であること，仕事に就くことができない状態であること，連続する 3 日間を含み 4 日以上仕事に就けなかったこと，休業した期間について給与の支払いがないこと等である。傷病手当金が支給される期間は，支給開始日から通算して 1 年 6 か月である。本事例は**業務災害による傷病である**と考えられるため，選択肢は誤りである。

3 × 障害補償年金（障害年金）は，業務災害（又は通勤災害）による傷病が治った後（固定した後）に障害等級 1 〜 7 級までに該当する障害が残ったときに支給される。給付基礎日額の 313 日分（1 級）から 131 日分（7 級）に相当する額の年金が支給される。本事例は業務災害による傷病であるものの，**「病状が安定していない」状況であることから要件を満たしていない**ため，選択肢は誤りである。

4 ○ 休業補償給付（休業給付）は，業務災害（又は通勤災害）による傷病による療養のため労働することができず，賃金を受けられないときに，休業 4 日目から休業 1 日につき給付基礎日額の 60 %が支給される。本事例は**「認定基準」に該当すると認定された**ため，選択肢は正しい。

5 × 障害補償一時金（障害一時金）は，業務災害（又は通勤災害）による傷病が治った後（固定した後）に障害等級 8 〜14 級までに該当する障害が残ったときに支給される。給付基礎日額の 503 日分（8 級）から 56 日分（14 級）に相当する額の一時金が支給される。本事例は業務災害による傷病であるものの，**「病状が安定していない」状況であることから要件を満たしていない**ため，選択肢は誤りである。

解答 1 4

注）本来「精神保健福祉制度論」に分類される問題であるが，問題 22・24 に合わせて「現代の精神保健の課題と支援」に収載した。

24 現代の精神保健の課題と支援

[旧]精神障害者の生活支援システム・問題 80

次の記述のうち，U機関の職場復帰支援として，**正しいもの**を**1つ**選びなさい。

1 休職者と離職者が支援の対象である。

2 標準的な支援実施期間は，1年間である。

3 雇用事業主への支援が行われる。

4 公務員も支援の対象となる。

5 自立支援給付の対象となる。

Point 精神障害に対する就業支援については，年々ニーズの高まりがみられる。新規雇用や就職に関するニーズ，職場復帰に関するニーズ，雇用継続に関するニーズとそれぞれの雇用の段階に応じた多様な支援ニーズを踏まえ，全国の地域障害者職業センターでは「精神障害者総合雇用支援」として，精神障害者及び精神障害者を雇用しようとする又は雇用している事業主に対して，主治医との連携のもとで，雇用促進支援・職場復帰支援・雇用継続のための専門的な支援を体系的に実施している。障害者の日常生活及び社会生活を総合的に支援するための法律（障害者総合支援法）に基づく就労支援サービスとの関連及び相違点について理解しておくことが必要である。

1 × 精神障害者総合雇用支援の職場復帰支援（リワーク支援）の対象は，休職している精神障害者及び精神障害者を雇用しようとする又は雇用する事業主である。**離職者は支援の対象とならない**ため，選択肢は誤りである。

2 × 地域障害者職業センターの支援担当職員（障害者職業カウンセラー（又はリワークカウンセラー）と支援アシスタント）が雇用事業主・主治医と連携しながら支援を行う。支援実施期間は対象者個々に設定されるが，標準的には**12～16週程度**とされていることから，選択肢は誤りである。

3 ○ 精神障害者総合雇用支援の職場復帰支援（リワーク支援）は，精神障害者及び**精神障害者を雇用しようとする又は雇用する事業主**に対して，主治医との連携のもとで，職場復帰に向けた事業所状況の分析や復帰受け入れ・復帰後の調整などのコーディネート，精神障害者へのサポートを行う。よって，選択肢は正しい。

4 × 精神障害者総合雇用支援の職場復帰支援（リワーク支援）の対象は，休職している精神障害者及び精神障害者を雇用しようとする又は雇用する**事業主**である。また，**雇用保険適用事業所が対象であるため公務員は支援の対象外である**。よって，選択肢は誤りである。

5 × 精神障害者総合雇用支援は，**障害者の雇用の促進等に関する法律（障害者雇用促進法）に基づき実施される**ことから，障害者総合支援法に基づく自立支援給付の対象ではない。

解答 3

25 精神保健福祉の原理
⑯精神保健の課題と支援・問題 11

次のうち，国際生活機能分類（ICF）でいう心身機能の改善に焦点を当てたものとして，**正しいものを1つ**選びなさい。

1　統合失調症患者の家族への心理教育
2　うつ病患者への薬物療法
3　高次脳機能障害の人にも使い方が分かりやすい道具の開発研究
4　認知症の人が生活しやすいグループホームの在り方の研究
5　偏見をもたずに精神障害者を雇用する職場を増やす啓発活動

> **Point**　ICFは，2001年5月に世界保健機関（WHO）総会において採択された人間の生活機能と障害の分類法であり，その分類の目的は健康状況と健康関連状況を記述するための，統一的で標準的な言語と概念的枠組みを提供することとされている。

図　ICFの構成要素間の相互作用

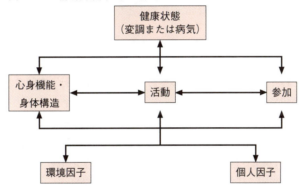

出典：障害者福祉研究会『ICF 国際生活機能分類 ── 国際障害分類改訂版』中央法規出版，p.17，2002

1　✗　「統合失調症患者の家族への心理教育」は，ICFの**「活動」**にあたる。「活動」とは，課題や行為の個人による遂行のことであるため，本選択肢は誤りである。
2　○　「うつ病患者への薬物療法」は，ICFの**「心身機能・身体構造」の改善**に焦点をあてたものである。ICFでは，人間の健康状態は「心身機能・身体構造」「活動」「参加」「環境因子」「個人因子」という5要素が相互に作用し合っていると考える。例えば，心身機能が同程度の状態であっても，その人の背景（個人因子）や，どこで誰と生活するか（環境因子）によって，日常生活における活動や参加の状態は変化し得る。
3　✗　「高次脳機能障害の人にも使い方が分かりやすい道具の開発研究」は，ICFの**「環境因子」**にあたる。環境因子とは人々が生活し，人生を送っている物的な環境や社会環境，人々の社会的な態度による環境を構成する因子のことである。さらに環境因子は二つの異なるレベルで整理され，「道具の開発」は個人的レベルに分類される。
4　✗　「認知症の人が生活しやすいグループホームの在り方の研究」は，ICFの**「環境因子」**にあたり，環境因子の社会的レベルに分類される。社会的レベルとは，コミュニティや社会における公式又は非公式な社会構造，サービス，全般的なアプローチ，又は制度であり，個人に影響を与えるものとされている。
5　✗　「偏見をもたずに精神障害者を雇用する職場を増やす啓発活動」は，ICFの**「参加」**にあたる。「活動」と「参加」の領域はすべての生活・人生領域をカバーしている。さらに，これらの領域は「実行」「能力」の二つの評価点によって評価される。

解答　**2**

26 精神保健福祉の原理

[旧]精神保健福祉相談援助の基盤・問題 21

次の記述のうち，社会福祉士及び介護福祉士法における社会福祉士の業について，**正しいものを1つ**選びなさい。

1　身体上又は精神上の障害があることにより日常生活を営むのに支障がある者につき心身の状況に応じた介護を行う。

2　福祉に関する事務所において，援護又は育成の措置に関する事務を行う。

3　心理に関する支援を要する者に対し，その心理に関する相談に応じ，助言，指導その他の援助を行う。

4　専門的知識及び技術をもって，福祉に関する相談に応じ，助言，指導，福祉サービス関係者等との連絡及び調整その他の援助を行う。

5　社会復帰に関する相談に応じ，助言，指導，日常生活への適応のために必要な訓練その他の援助を行う。

Point　精神保健福祉士は他職種と連携しながら業務を行う。「精神保健福祉士法」はもちろんのこと，他の専門職について規定した法律や関連する法律にも目を通し，他職種あるいは他機関の業務や内容についても十分に理解をした上で，協力して業務にあたることができるように準備をしておくことが求められている。

1　×　選択肢は，社会福祉士及び介護福祉士法第2条第2項に規定されている**介護福祉士**の定義である。「心身の状況に応じた介護を行う」という言葉が入っており，相談援助を行う専門職の説明にはなっていないことからもこの選択肢は適切ではない。

2　×　福祉に関する事務所とは福祉事務所を指し，福祉事務所職員は所の長，指導監督を行う所員，現業を行う所員，事務を行う所員で構成されており，社会福祉法第15条に基づいて配置されている。選択肢は，社会福祉法第15条第4項に規定されている**福祉事務所で現業を行う所員（社会福祉主事）**の定義である。社会福祉士の業務について説明されたものではないので適切ではない。

3　×　選択肢は，公認心理師法第2条第2号に規定されている**公認心理師**に関する内容である。この選択肢の中に「心理に関する」という言葉が繰り返し出てきており，社会福祉士の業務について説明されたものではないということは明らかである。公認心理師については上記内容のほかに，心理に関する支援を要する者の心理状態を観察し，その結果を分析すること，そして，心理に関する支援を要する者の関係者に対しても援助を行うこと，心の健康に関する知識の普及を図るための教育及び情報の提供を行うことが法律の条文に掲げられている。

4　○　選択肢は，社会福祉士及び介護福祉士法第2条第1項に規定されている**社会福祉士**の定義であり，その業務について述べられているものである。この選択肢の内容に加えて，適切なサービス，制度等の情報提供をすることも業務として含まれている。

5　×　選択肢は，精神保健福祉士法第2条に規定された**精神保健福祉士**の定義である。社会福祉士の業務について説明されたものではないため適切ではない。しかし，精神保健福祉士の対象者や業務については，社会福祉士と比べて限定されているわけではなく，近年対象となる人や機関，あるいは取組みについては広がりをみせ，業務の中身も幅が広くなっている。

解答 4

27 精神保健福祉の原理
⑯精神保健福祉相談援助の基盤・問題22

次の記述のうち，ソロモン（Solomon, B.）が提唱したソーシャルワーク理論の説明として，**正しいものを1つ選びなさい。**

1 システム理論に生態学的な視点を導入し，有機体と環境との相互作用に焦点を合わせた生活モデルを確立した。

2 クライエントが社会から疎外され，抑圧され，力を奪われていく構造に目を向け，無力な状態からの脱却を目指した。

3 心理的な側面と社会的な側面の双方を視野に入れて，クライエントを状況の中にある人間として捉えた。

4 実践の構成要素を示しつつ，問題解決過程が人間のもつコンピテンスの拡大に関わると主張した。

5 直接的な因果論や客観的事実を否定し，過去を重視せず，現在・未来志向の短期的アプローチを主張した。

Point ソーシャルワーク理論について問う問題である。現場で対人援助の実践を行う専門職としては，常に実践の根拠がどこにあるのかを説明できるようになっておかなければならない。ソーシャルワーク理論について理解し，現場実践においてその理論を反映できるようになっておきたい。

---

1 ✕ この選択肢は，**ジャーメイン**（Germain, C. B.）の生活モデルの説明である。選択肢にある視点を取り入れた生活モデルでは，有機体である人間と環境との相互作用に焦点をあて，利用者の環境への「対処能力」（coping）を高めることと同時に，環境の利用者に向けた「応答性」（responsiveness）を増すことにも重要性を置いた。

2 ◯ 選択肢は，**ソロモン**が提唱した内容になぞらえて，クライエントのエンパワメントについて説明したものであり，これがソーシャルワーク理論のエンパワメントアプローチである。ソロモンは『ブラックエンパワメント』において，黒人が社会の差別を受けたことにより生きる力を失っている状態を解消させるために，**エンパワメント**の実践の必要性を指摘した。

3 ✕ 選択肢は，アメリカのソーシャルワーク研究者**ホリス**（Hollis, F.）が提唱した心理社会的アプローチの説明である。個人と社会のつながりを示す「状況の中の人」というシステム理論的アプローチの概念を用いて，クライエントとのコミュニケーションを重視し，クライエントの課題解決を図るものである。クライエントの問題や課題は，個人の病理，あるいは環境からの作用のいずれかから発生しているのではなく，両者の相互関係から発生するものであるという捉え方をしている。

4 ✕ 選択肢は，問題解決アプローチを説明したものである。1950年代に**パールマン**（Perlman, H. H.）が診断主義の立場に立ちつつ，機能主義の理論を取り入れて統合化を図り提唱したものである。選択肢にある実践の構成要素とは，援助を必要としている人（Person），抱えている問題（Problem），援助が展開される機関としての場所（Place），援助の過程（Process）の四つのPである。クライエントを問題解決の主体と位置づけその問題解決能力を重視し，クライエントが抱える問題を解決しようとする動機づけをし，問題解決能力を発揮できるよう支援していくアプローチである。

5 ✕ 選択肢は，1980年代半ばに，**シェイザー**（Shazer, S. D.）と**バーグ**（Berg, I. K.）らによって開発された，ブリーフセラピー（短期療法）の流れを汲む，アメリカで生まれた解決志向アプローチの説明である。支援者は問題やその原因，改善すべき点を追求するのではなく，クライエントが本来もっている強さや柔軟性といった資質に焦点をあて，それを活かし，クライエントが求めている，よりよい状態や快適な状態，望ましい自分自身を明確にし，それを通して，クライエントは自然とよりよい状態や快適な状態，望ましい自分自身に近づいていくというものである。

解答 2

28 精神保健福祉の原理

⑬精神保健福祉相談援助の基盤・問題23

次のうち、ソーシャルロール・バロリゼーションを提唱した人物として、**正しいものを1つ選び**なさい。

1 ニィリエ（Nirje, B.）
2 ビアーズ（Beers, C.）
3 ヴォルフェンスベルガー（Wolfensberger, W.）
4 ラップ（Rapp, C.）
5 バンク−ミケルセン（Bank-Mikkelsen, N.）

> **Point** ソーシャルロール・バロリゼーションに関する出題であるが、これに関連してノーマライゼーションの理念、提唱者を整理し、理解しておく必要がある。ノーマライゼーションとはデンマークで発祥した概念で、高齢者や障害者などの社会的弱者を特別視せず、誰もが等しく生活ができる社会を目指す考え方である。

1 ✕ ニィリエは、ノーマライゼーションを「障害者であっても、住居や教育、労働環境、余暇の過ごし方など、社会の主流となっているものにできるだけ近い日常生活の条件下で暮らせるようにすること」と定義し、ノーマライゼーションを実現するために必要な原理を**八つの原理**としてまとめ国際的に広めた人物である。スウェーデンでノーマライゼーションの運動に携わり、「ノーマライゼーションの育ての父」といわれている。

2 ✕ ビアーズは、自身の精神科病院での過酷な入院体験（入院患者への暴力や虐待）を踏まえて、1908年に『わが魂にあうまで』を出版した。著書の中で精神病への理解と精神科病院の改革を訴え、その後、コネチカット州精神衛生協会を設立した。**精神衛生問題、精神衛生運動**に精力的に取り組んだ。

3 ○ ソーシャルロール・バロリゼーションとは、**ヴォルフェンスベルガーがノーマライゼーションの理念をアメリカに導入し発展させて提唱した**ものである。社会的に弱い立場に置かれやすい障害者に対して、価値のある社会的な役割を獲得し、それを維持することができるように促し、文化的・社会的な側面からもノーマライゼーションを達成しようとするものである。

4 ✕ ラップは、ケアマネジメントの実践モデルの一つである**ストレングスモデル**を提唱した。ストレングスモデルとは、支援が必要な者がもつ心理的な積極性や意欲、あるいは残存機能、そしてその人を取り巻く環境要因の強みといったストレングスに着目し、その強みに重点を置きながら支援をしていく取組みをいう。

5 ✕ バンク−ミケルセンは、「どのような障害があろうと一般の市民と同等の生活と権利が保障されなければならない」という**ノーマライゼーションの考え方を世界で最初に提唱した**。「ノーマライゼーションの生みの親」といわれる。知的障害者の親の会とともに、知的障害者の状況を改善させるべく法改正に乗り出し、後にデンマークで成立した1959年法（知的障害者福祉法）にノーマライゼーションという言葉が盛り込まれた。

解答 3

29 精神保健福祉の原理
⑯精神保健福祉相談援助の基盤・問題24

　６月のある日，大学のキャンパスソーシャルワーカーであるＧ精神保健福祉士のところに，留学生のＨさん（１年生）が留学生支援センターの職員に付き添われやって来て，面接することとなった。生気のない様子のＨさんはぼろぼろ涙をこぼしながら，「日本の大学に憧れて留学したが，同級生との会話は早すぎてついて行くことができない。授業の内容があまり理解できずに困っている。アパートの隣人からはゴミの分別について強い口調で注意され悲しい気持ちになった。母国にいる家族の期待を考えると苦しくて，もうどうしたらよいか分からない」と訴えた。
　次の記述のうち，この面接場面においてＧ精神保健福祉士が優先すべき対応として，**適切なものを１つ**選びなさい。

1　同級生への話しかけ方の練習を提案する。
2　授業について行けるかが心配なので一緒に考えましょうと伝える。
3　留学生に慣れた家主や近隣の人々がいる物件を探して転居することを勧める。
4　うつ気味であることを心配し，精神科クリニックへの受診を促す。
5　ゆっくり話を聞きつつ，Ｈさんとともに状況の整理を行う。

Point　大学における留学生の学習機会と生活を支援するキャンパスソーシャルワーカーの対応に関する問題である。この場面ではＨさんの周りに頼れる仲間がおらず不安を感じていることから，Ｈさんの状況をアセスメントし，まずは傾聴，受容し，状況把握，整理することが必要な場面である。

1　✕　この場面ではＨさんが「もうどうしたらよいか分からない」と悩みを話していることから，同級生への話しかけ方の練習を提案するよりも，**まずはＨさんの不安を受け止め，状況を把握，整理することを優先すべきである**。ただ，Ｈさんが「同級生との会話は早すぎてついて行くことができない」と話しているため，今後，必要に応じて話しかけ方の練習を提案する可能性はある。

2　✕　今のＨさんの状況を改善するために「授業について行けること」は必要かもしれないが，この場面ではＨさんの不安を受け止め，状況を把握，整理することを優先すべきである。Ｈさんは**「授業の内容があまり理解できずに困っている」ということだけでなく，それ以外の悩みも話している**ことから，選択肢のような提案は優先すべき対応とはいえない。

3　✕　Ｈさんは「アパートの隣人からはゴミの分別について強い口調で注意され悲しい気持ちになった」と話しているが，**引っ越したいという希望は確認できていない**。Ｇ精神保健福祉士の考えだけでなく，当事者であるＨさんの意見を聞くことが必要であることから，選択肢のような提案は適切とはいえない。今後，ゴミの分別について伝える機会は必要かもしれない。

4　✕　この段階でのＨさんは，大学生活や日常生活に対して不安や苦しさを感じている。さらに，母国にいる家族の期待も考え，「もうどうしたらよいか分からない」と話していることから，早急な介入が求められる。しかし精神科クリニックの受診を促す前に，**まずはＧ精神保健福祉士がＨさんと信頼関係を築いて安心してもらうとともに，Ｈさんの生活状況を把握，整理することを優先すべきである**。

5　○　Ｈさんは母国を離れて生活しており，大学生活や日常生活について十分なサポートが受けられていない可能性が考えられる。そのため，**まずはＨさんの不安を受け止め，状況を把握，整理することを優先すべきである**。大学生活のことだけでなく，私生活に関する経済的なこと，食事面など，具体的な情報を得る必要がある。そのためにもＧ精神保健福祉士はＨさんと信頼関係を築き，安心して不安や苦しさを話してもらうことが大切である。

解答 5

30 精神保健福祉の原理

[旧]精神保健福祉相談援助の基盤・問題 27

次の記述のうち，精神保健福祉士が行う権利擁護の調整機能に当たるものとして，**適切なもの**を**1つ**選びなさい。

1 生活に困窮して相談支援事業所を訪れた人に，生活困窮者自立支援事業の情報を提供する。

2 投票に行けない人々が見過ごされていることに対して問題を提起し，選挙権を行使できるよう活動する。

3 市が主催するイベントや地域のお祭りの機会を通じて，広く市民に対して障害への理解促進を働きかける。

4 勤務日の変更を提示され通院できなくなるため退職を考えているクライエントに，合理的配慮があることを説明する。

5 購入したばかりの高額商品のトラブルで困っている通院患者から依頼を受けて，消費生活センターにつなぐ。

Point 精神保健福祉士が行う権利擁護（アドボカシー）の五つの機能として，①介入機能，②発見機能，③調整（介入）機能，④対決機能，代弁機能，⑤変革機能があげられる。この問題の選択肢の内容について説明するにはこれらだけではなく，精神保健福祉士の権利擁護の実践モデルとして，岩崎香（※）があげている七つの機能，①発見・アセスメント機能，②情報提供機能，③代弁・代行機能，④調整機能，⑤教育・啓発機能，⑥ネットワーキング機能，⑦ソーシャルアクション機能を用いて説明することができる。精神保健福祉士として業務にあたる上で，権利擁護に関する機能について整理し，理解をしておきたい。

1 × 選択肢は**「情報提供機能」に該当する**。個別の状況に寄り添いながら，そのニーズに応じて正確に情報提供することであり，また社会と支援が必要な者のもつ情報のギャップを埋める役割をもつ。相談支援事業所は生活に困窮して訪れた人に対して適切なサービスが提供できないため，生活困窮者自立支援事業という制度の情報提供を行う，「情報提供機能」を用いて対応している。さらにここから先で利用できる可能性のある機関，施設につなぐということまで行うことが「調整機能」となるが，そこまで至っていないことからこの選択肢は適切でない。

2 × 「投票に行けない人々が見過ごされていることに対して問題を提起する」ことは，**当事者のおかれている環境や状況に対する問題発見，問題提起をする「発見機能」に該当する**。

3 × 「イベントや地域のお祭りの機会を通じて，広く市民に対して障害への理解促進を働きかける」ことは，**多様な対象に対して障害の理解を求める「教育・啓発機能」に該当する**。

4 × 「クライエントに，合理的配慮があることを説明する」ことは，**個別の状況に寄り添いながら，そのニーズに応じて正確に情報提供する「情報提供機能」に該当する**。なお，2021 年（令和 3 年）に障害者差別解消法が改正され，障害がある人への合理的配慮の提供について，これまで民間事業者に対して努力義務だったものが義務化された。

5 ○ 権利擁護の調整機能とは，制度・組織との仲介者・媒介者の役割を果たすことである。選択肢は，購入した商品のトラブルで困っている現状についてうまく伝えられない通院患者から依頼を受けて，**消費生活センターにつないでおり，これは「調整機能」に該当する**。

解答 5

※岩崎香『人権を擁護するソーシャルワーカーの役割と機能 ―― 精神保健福祉領域における実践課程を通して』中央法規出版，pp.165-184，2010.

[事例問題] 精神保健福祉の原理

次の事例を読んで，[31]から[33]までについて答えなさい。 [旧]精神保健福祉相談援助の基盤・事例問題 1

〔事　例〕

L精神保健福祉士は，精神障害者を主な利用者とする就労継続支援B型事業所で働いている。作業が終わると利用者数人が集まり，人付き合いや生活上の困りごと，夢や願いなど様々なことを互いに話し合っていた。その話し合いの場は徐々に広がりを見せ，他の事業所の利用者も加わるようになっていった。L精神保健福祉士は，その活動の代表となったMさんから話し合いの場所について相談を受け，公民館を紹介した。しばらくの間，L精神保健福祉士が会場予約を代わりにしていたが，Mさんたちは集まる時間や回数，ルールなどを決め，会場予約を含めて自分たちで運営するようになっていった。そして自分たちの活動に「α」と名前を付けた。（[31]）

ある日，L精神保健福祉士は，市の社会福祉協議会のA社会福祉士から「精神障害への理解と関わり」をテーマに市民を対象とした研修会の講師を依頼された。研修会でL精神保健福祉士は，精神疾患の発症頻度や症状，リカバリーの考え方などについて講義した。受講者からは，「精神疾患について初めて学ぶ機会を得た」「町内に障害者の事業所があるが，ほとんど交流がない」などの感想が述べられた。そこでL精神保健福祉士とA社会福祉士は，精神障害についての理解が地域ではなかなか得られにくく，見えない壁があると考え，次は当事者にも講師を担当してもらい研修会を企画しようと話し合った。

L精神保健福祉士が「α」のメンバーに相談したところ，自分たちの経験を発信する機会にしたいと賛同が得られた。「α」のメンバーとL精神保健福祉士は，地域への発信の内容や方法をそれぞれの立場から学び合い，皆で考え準備を進めた。（[32]）

半年後に「α」のメンバーが講師に加わった新たな研修会を開いた。研修会後，受講者から，「同じ地域社会の中で共に生活している人だと感じた」「一緒に町内のイベントなど何かをやれそうに思う，やってみたい」などの感想が寄せられた。（[33]）

31 精神保健福祉の原理
⑬精神保健福祉相談援助の基盤・問題30

次のうち，この活動を表すものとして，**適切なもの**を1つ選びなさい。

1 当事者研究
2 リカバリーカレッジ
3 セルフヘルプグループ
4 元気回復行動プラン
5 ソーシャルファーム

> **Point** 利用者主体の理念に基づいた活動として，当事者自身が支援の仕組みづくりやその過程に参加し，自らの可能性を引き出しながらエンパワメントの視点に立った援助を展開していくものがある。趣旨と目的に合わせた様々なスタイルがあり，それを理解しておくことが本問では問われている。それぞれの特徴や専門職の立ち位置について押さえておきたい。

1 ✗ 当事者研究は，北海道の「浦河べてるの家」で始まった自助活動である。**当事者一人ひとりが日常生活で感じている「大切な苦労」の中から，それぞれの生きやすさに向けた「研究テーマ」を仲間と共に見出し，「自助─自分の助け方」や理解を創造していく活動である**。困りごと等についての話し合いの場をつくるMさんたちの活動を表すものとして適切とはいえない。

2 ✗ リカバリーカレッジは，英国ロンドンのリカバリーカレッジを発祥とし，精神疾患の当事者とメンタルヘルスの専門職がリカバリーをテーマとしてお互いの専門性を活かしながら運営する教育モデルのプログラムである。**当事者と専門職がリカバリーに関する講座などを共同で創造し，進行役や講師として提供する活動である**。Mさんたち当事者が自分たちで内容を決めて運営している活動を表すものとして適切とはいえない。リカバリーカレッジは，専門職が参加するが，治療や支援の場ではなく，相互に学び合える場である。

3 ○ セルフヘルプグループは，**同じような経験をもつ仲間が主体的に集まり，対等な関係性の中で支え合う活動**であり，Mさんたちの活動を表すものとして適切である。セルフヘルプグループは，当事者が主体的・自発的に活動・運営する自助組織であることを第一義とし，専門職が参加する場合も，その範囲は仲介等の側面的な支援にとどまる。

4 ✗ 元気回復行動プラン（Wellness Recovery Action Plan：WRAP）は，自身が精神障害の当事者であるコープランド（Copeland, M. E.）を中心に開発されたセルフケアプログラムであり，**当事者本人が望む生活を維持し，調子が悪いときに対処するためのプランを自分や仲間と共に作成する活動である**。Mさんたちが話し合いの場を自分たちで運営する活動を表すものとして適切とはいえない。

5 ✗ ソーシャルファーム（社会的企業）は，**障害などにより就労困難な人を雇用し，他の従業員と共に働く場をつくり，事業収入により経営している企業**のことをいう。ソーシャルファームは，一般就労でも福祉的就労でもなく，就労継続支援B型事業所の利用者を中心としたMさんたちの活動を表すものとして適切とはいえない。ソーシャルファームは，企業的経営手法を用いて，障害者を含む就業困難者を多数（3割以上）雇用し，健常者と対等の立場で共に働くことがその特徴といえる。

解答 **3**

32 精神保健福祉の原理
⑩精神保健福祉相談援助の基盤・問題31

次のうち，ここでのL精神保健福祉士の関わりを表すものとして，**適切なもの**を1つ選びなさい。

1 ナチュラルサポート
2 パートナーシップ
3 ボランティア
4 コンシューマー・イニシアティブ
5 チャリティ

Point 科学的な根拠と方法により展開される専門職によるソーシャルワークは，当事者や一般市民がもつ生活情報や生活技能を抜きには実施し得ない。精神保健福祉士には，専門的知識・技能だけでなく，当事者やボランティアと関わり，協働するための理念を身につけることが求められる。

1 ✕ ナチュラルサポートとは，**援助者によるサポートではなく，当事者が所属する家庭，職場，学校等の仲間や上司等，周囲の人による自然な形でのサポート**を指すため，援助者であるL精神保健福祉士の関わりを表すものとして適切とはいえない。援助者は，援助付き雇用や地域移行の支援において段階的にナチュラルサポートの確立を目指していく。

2 ◯ パートナーシップとは，**援助者が当事者を重要なパートナーとしてとらえ，援助目標の達成のために協働する関係性**を指すため，「α」のメンバーと相互に学び合って研修会の準備を進めるL精神保健福祉士の関わりを表すものとして適切である。パートナーシップでは，対等性や相互性，当事者の経験知などが重視される。

3 ✕ ボランティアとは，**自発的意志に基づき他人や社会に貢献する行為**を指しており，その性格として，**「自主性（主体性）」「社会性（連帯性）」「無償性（無給性）」**等があげられる。よって，就労継続支援B型事業所のL精神保健福祉士が利用者等と協働する関わりを表すものとして適切とはいえない。精神保健福祉分野では，ボランティア活動に関心のある人を対象にした，精神保健福祉ボランティア講座による養成が各地域で行われており，当事者が講師等でその運営に携わる場合も多い。

4 ✕ コンシューマー・イニシアティブ（利用者主導）とは，**精神医療福祉サービスの主導者を専門職からコンシューマー（消費者／利用者）へと移すことにより，従来の保護的，依存的な関係から脱却し，パートナーシップを超えた，利用者主導の新たな関係性**を指す。そのため，「α」のメンバーに相談しつつも，L精神保健福祉士ら専門職が主導している関わりを表すものとして適切とはいえない。

5 ✕ チャリティとは，慈善・博愛に基づく公益的な活動を意味し，**コンサートなどイベントの参加費や募金，バザーなどの売り上げをNPO団体などに寄付したり社会貢献活動に使用したりすること**を指す。精神障害への理解を得ることを目的とした研修会の実現のために当事者と協働するL精神保健福祉士の関わりを表すものとして適切とはいえない。

解答 2

33 精神保健福祉の原理

⑲精神保健福祉相談援助の基盤・問題 32

次のうち，L精神保健福祉士の一連の関わりの背景にある理念として，**適切なもの**を**2つ**選びなさい。

1　ソーシャルインクルージョンの実現
2　メインストリーミングの保障
3　インテグレーションの確立
4　バリアフリーの推進
5　アクセシビリティの向上

> **Point** 理念とは「あるべき状態についての基本的な考え」を意味し，ソーシャルワークの理念は，ソーシャルワークがソーシャルワークであるために不可欠な考え方として，その実践を方向づけるものである。精神保健福祉士には，ノーマライゼーションやウェルビーイング，社会正義などの各理念を理解し，実践することが求められる。

1 ○ ソーシャルインクルージョン（社会的包摂）の実現とは，**すべての人々を孤独や孤立，排除や摩擦から援護し，健康で文化的な生活の実現につなげるよう，社会の構成員として包み合う社会の実現**を意味するため，精神障害当事者を同じ地域社会の中で共に生活している人として感じてもらうことにつながったL精神保健福祉士の関わりの理念として適切である。一方，思春期・青年期に多発する精神疾患により地域社会への参入が阻まれている当事者は，ソーシャルエクスクルージョン（社会的排除）の状態にあるととらえられる。

2 × メインストリーミングの保障とは，**障害のある人の教育を，障害のない人と分離せず，できる限り主流である健常者の教育に合流させようとする考え方**を意味する。よって，健常者を主軸として関わっているわけではないL精神保健福祉士の関わりの理念として適切とはいえない。メインストリーミングはアメリカで提唱された概念であり，現在においてこれらの理念は障害を一つの個性としてとらえ，各々の多様性を包含するインクルーシブ教育へと移行して進められている。

3 × インテグレーションの確立とは，教育分野から始まった理念であり，**障害のある人と健常者とを分離せず，同じ場所で一緒に活動する**ようにすることを意味する。よって，障害のある人たちによる「α」のメンバーの声を地域に発信するために協働するL精神保健福祉士の理念として適切とはいえない。インテグレーションは両者にとって意義深い理念ではあるが，職場や学校の環境によっては個別の配慮が不足する場面も起こり得る。

4 ○ バリアフリーの推進とは，もともとは**高齢者や障害者に配慮された設計**を指し，**物理的側面だけでなく社会的側面や心理的側面を含めた社会参加の障害となるものすべての除去**を指すものである。地域において精神障害についての理解を促進し，当事者への偏見や誤解をなくすことにつながったL精神保健福祉士の関わりの理念として適切である。なお，日本では 2006 年（平成 18 年）に高齢者，障害者等の移動等の円滑化の促進に関する法律（バリアフリー法）が施行され，精神障害者や発達障害者もその対象とされている。

5 × アクセシビリティの向上とは，例えば視覚障害者のために文字を拡大し読み上げ機能を付加するなど，**どんな利用者でもサービスを利用できるようにすること**を意味する。よって，地域における精神障害者への理解や受け入れの促進に向けたL精神保健福祉士の関わりの理念として適切とはいえない。なお，サービスだけでなく，情報や機会の得やすさもアクセシビリティに含まれる。

解答　1　4

34 精神保健福祉の原理

[旧]精神保健福祉の理論と相談援助の展開・問題 36

次の記述のうち，諸外国における精神保健医療福祉の歴史に関する内容として，**正しいものを1つ選びなさい。**

1 ニュージーランドでは，自発的入院を認めた「法律第 431 号」が成立した。

2 アメリカでは，精神保健サービスの基準を示す「ルッキング・フォワード」が公表された。

3 イタリアでは，公立精神科病院を解体する「精神疾患および知的障害者に関する大統領教書」が公表された。

4 フランスでは，精神保健政策を示した「ついに闇からの脱出」が公表された。

5 イギリスでは，ケアマネジメントを導入する「国民保健サービス及びコミュニティケア法」が成立した。

Point 各国の精神保健医療福祉の歴史の転換点を問う問題である。転換点を大きな節目として押さえておき，そこに至るまでと，そこから現在までの流れを整理すると理解しやすくなる。また，諸外国の歴史の流れを把握した上で日本の歴史について振り返ることで，現在の日本の状況や課題が理解しやすくなるので，しっかりと学んでおきたい。

1 × 「法律第 431 号」は**イタリア**において 1968 年に成立した。自発的入院を認め，予防や退院後のアフターケアを行う精神衛生センターの設置を規定した精神保健の転換点となった法律である。隔離収容的な法律第 36 号が廃止になっていなかったため，大きな改革にはならなかったが，ここからバザーリア法（法律第 180 号）を経て現在に至る流れは，日本にも大きな影響を与えている。

2 × 1994 年に**ニュージーランド**で発表された「ルッキング・フォワード」はこれまでの地域資源の不足を踏まえ，①地域ベースの包括的な精神保健サービスの提供，②精神保健サービスの開発や提供へのマオリ人の参加，③全体的なケアの質の向上，④個人のゴールと社会的な保護の両立，⑤アルコールと薬物依存に関する国レベルの方針を開発，などの精神保健サービスの基準を示した。

3 × 「精神疾患および知的障害者に関する大統領教書」は「ケネディ教書」ともいわれ，1963 年に**アメリカ**のケネディ大統領が議会に提出した。これによりアメリカの精神保健政策は脱施設化へと大きく転換した。公立精神科病院の閉鎖への実践が国の政策となったのは，選択肢**1**の解説にあるイタリアにおけるバザーリア法（法律第 180 号）である。

4 × **カナダ**では 2006 年に「ついに闇からの脱出」が公表され，ほぼすべての州において脱施設化政策が完了し，地域ベースのサービスが拡充している。全市民の健康促進（身体と精神の保健）を掲げ，包括的地域ケアの仕組みの構築と当事者組織の求める地域支援が保健政策に取り入れられている。

5 ○ **イギリス**では 1990 年の「国民保健サービス及びコミュニティケア法」により地方自治体がコミュニティケアの責任を担うことになり，ケアマネジメントが導入された。ケアマネジメントは日本においては 2000 年（平成 12 年）の介護保険制度により導入され，現在に至っている。

解答 5

35 精神保健福祉の原理

⑬精神保健福祉の理論と相談援助の展開・問題37

次のうち，2022年（令和4年）の精神保健福祉士法改正により，新たに規定された精神保健福祉士の業として，**正しいもの**を1つ選びなさい。

1. 社会復帰に関する相談
2. 地域相談支援の利用に関する相談
3. 精神保健に関する課題を抱える者の精神保健に関する相談
4. 医師その他の保健医療サービスを提供する者との連絡及び調整
5. 応用的動作能力又は社会的適応能力の回復を図るための作業活動

Point 2021年（令和3年）10月に発足された「地域で安心して暮らせる精神保健医療福祉体制の実現に向けた検討会」の報告を踏まえ，2022年（令和4年）10月26日に「障害者の日常生活及び社会生活を総合的に支援するための法律等の一部を改正する法律案」が国会に提出され，可決された。2022年（令和4年）の精神保健福祉士法改正はその改正の一つであり，2024年（令和6年）4月より施行された。2022年（令和4年）6月に示された「地域で安心して暮らせる精神保健医療福祉体制の実現に向けた検討会」報告書の内容を踏まえ，関連する障害者の日常生活及び社会生活を総合的に支援するための法律（障害者総合支援法），精神保健及び精神障害者福祉に関する法律（精神保健福祉法）等の改正内容を含め理解しておきたい。精神保健福祉士法では第2条が改正され，「精神障害者及び精神保健に関する課題を抱える者の精神保健に関する相談」が位置づけられた。

---

1 ✗ 社会復帰に関する相談は，**精神保健福祉士法施行時より規定されている**内容である。

2 ✗ 地域相談支援の利用に関する相談は，**2010年（平成22年）の精神保健福祉士法改正**（2012年（平成24年）施行）で加えられた内容である。

3 ○ 精神保健に関する課題を抱える者の精神保健に関する相談は，精神保健福祉士の業務として**2022年（令和4年）の精神保健福祉士法改正により追加された**。精神保健に関する課題が，子育て，介護，生活困窮者支援等，分野を超えて顕在化しているだけではなく，複雑多様化し，自殺，ひきこもり，虐待などの対応に困難を抱えている事例も多くある状況を踏まえ，市町村等が実施する精神保健に関する相談支援について，精神障害者のほか精神保健に関する課題を抱える者も対象となった。

4 ✗ 医師その他の保健医療サービスを提供する者との連絡及び調整は，**社会福祉士及び介護福祉士法第2条第1項に規定される社会福祉士の定義**の一部である。2007年（平成19年）の改正で規定された。

5 ✗ 選択肢は，**作業療法**に関する説明である。理学療法士及び作業療法士法第2条第2項に「この法律で「作業療法」とは，身体又は精神に障害のある者に対し，主としてその応用的動作能力又は社会的適応能力の回復を図るため，手芸，工作その他の作業を行なわせることをいう」と規定されている。

解答 3

36 精神保健福祉の原理
⑮精神保健福祉の理論と相談援助の展開・問題38

次の記述のうち，レジリエンス（resilience）の説明として，**正しいもの**を１つ選びなさい。

1 自己決定能力を高め，自己を主張し，生きていく力を発揮すること。

2 社会に完全かつ効果的に参加し，受け入れられていること。

3 病気自体は治っていなくても，人生における新しい意味と目的を発展させること。

4 困難な状況に耐え，やがて立ち直る力を本来的に有していること。

5 全ての人を社会の構成員として包み込むこと。

Point 精神保健福祉士の実践における価値や理念を示す言葉の理解を問う問題である。設問のレジリエンスは近年急速に広がった新しい理念である。「跳ね返す力」「復元力」「ストレス抵抗性」など訳語としては統一した形で用いられていないが，精神医学や精神科リハビリテーション分野においても「脆弱性モデルからレジリエンスモデルへ」「ストレスモデルからレジリエンスモデルへ」等のモデルの変化が強調されるようになった。この設問においては，レジリエンスだけではなく，各選択肢において示されている一つひとつの内容を押さえておく必要がある。

---

1 ✕ 選択肢は，**エンパワメント**についての説明である。エンパワメントは，1976 年にソロモン（Solomon, B. B.）が『ブラックエンパワメント』を著して以降，現代のソーシャルワークにおける実践モデルとして重要な位置を占めている。ソーシャルワーク専門職のグローバル定義においても「ソーシャルワークは，社会変革と社会開発，社会的結束，および人々のエンパワメントと解放を促進する，実践に基づいた専門職であり学問である」と記されている。

2 ✕ **障害者の権利に関する条約**の第３条に示されている内容の一部であり，レジリエンスの説明ではない。障害者の権利に関する条約は 2006 年に国連総会で採択されたが，日本においては国内法の整備を必要としたため，障害者基本法や障害者の雇用の促進等に関する法律（障害者雇用促進法）の改正，障害者の日常生活及び社会生活を総合的に支援するための法律（障害者総合支援法）と障害を理由とする差別の解消の推進に関する法律（障害者差別解消法）の制定などを経て，2014 年（平成 26 年）にようやく批准された。

3 ✕ 選択肢は，**リカバリー**についての説明である。リカバリーの概念は 1990 年代にセルフヘルプ運動や精神保健福祉サービスのユーザー運動における当たり前の権利や自己決定などの思想，精神科リハビリテーションにおける新たな目標概念として登場し，2000 年代に入ると精神科リハビリテーションの中心的な目標概念となった。

4 〇 **困難な状況に耐え，立ち直る力を本来的に有していることをレジリエンスという。**レジリエンスはストレングスやリカバリーといった理論を支えるものとして重要である。ただし，レジリエンスの保有状況は個体差，年齢差などによる強弱もあることから，かかわりにおいては十分なアセスメントが必要である。

5 ✕ 選択肢は，**ソーシャルインクルージョン**についての説明である。ソーシャルインクルージョンは「社会的包摂」と訳され，ノーマライゼーションの普遍的な理念をより具体化する方向性を示す重要な概念の一つであり，社会的に疎外されたり排除されたりして孤立を深めている人々を，社会の構成員として包み込み，誰もがともに生きる社会を目指す理念である。対して疎外・排除・孤立化されていく過程を示すのがソーシャルエクスクルージョンである。

解答 4

37 精神保健福祉の原理
⑮精神保健福祉の理論と相談援助の展開・問題 39

次のうち，国連総会で採択された「精神疾患を有する者の保護及びメンタルヘルスケアの改善のための諸原則」（1991 年）の内容として，**正しいもの**を **2 つ**選びなさい。

1 入院原則として，精神保健施設へのアクセスは他の疾患とは異なる方法で行われる。

2 患者の精神状態により，インフォームド・コンセントの権利を放棄するように求めたり，また放棄を勧めたりすることができる。

3 精神疾患を有するとの判定は，各国が独自に認めた医学的基準に即して行われるものとする。

4 不妊手術は，精神疾患の治療として，決してこれを行わないものとする。

5 すべての人は，可能な最善のメンタルヘルスケアを受ける権利を有する。

(注) 「精神疾患を有する者の保護及びメンタルヘルスケアの改善のための諸原則」の日本語訳は，厚生科学研究班の仮訳によるものである。

Point 1991 年に国連総会で採択された「精神疾患を有する者の保護及びメンタルヘルスケアの改善のための諸原則」の基本的な内容が問われている。この諸原則は，精神疾患を有する者の保護とメンタルヘルスケアの改善に関するものであり，特に非自発的入院者に焦点化されている。

---

1 ✕ 「原則 15 入院の原則」として，**精神保健施設へのアクセスは，他の疾患に関する施設へのアクセスと同様に行われる**とされている。また，精神保健施設で治療を受ける必要がある場合，非自発的入院を避けるよう，あらゆる努力が払われる。そして，非自発的入院ではないすべての患者は，退院を制限する基準が満たされない限り，いつでも精神保健施設から退去する権利を有し，患者にはこの権利が告知される。

2 ✕ 「原則 11 治療への同意」として，患者は**インフォームド・コンセントの権利を放棄するよう勧められたり誘導されたりしてはならない**とされている。患者がそれを放棄しようとする場合には，インフォームド・コンセントなしには治療は行うことができないことが説明される。例外はあるが原則として，患者のインフォームド・コンセントなしには，いかなる治療も行われない。

3 ✕ 「原則 4 精神疾患を有することの判定」において，**国際的に認められた医学的基準による**とされている。したがって，政治的，経済的若しくは社会的地位，文化的，人種的若しくは宗教的集団に所属すること又は直接精神状態に関係しない他の何らかの事由に基づいて，判定がなされてはならない。

4 〇 「原則 11 治療への同意」として，**不妊手術は精神疾患の治療としては行われてはならない**とされている。なお，精神疾患を有する者に対する重大な内科的治療又は外科的治療は，国内法がそれを認め，それが患者の健康上の必要性に最も適しており，かつ，患者がインフォームド・コンセントを与えた場合に限り行うことができる。

5 〇 「原則 1 基本的自由と権利」として，**すべての人は，可能な最善のメンタルヘルスケアを受ける権利を有する**とされている。こうしたメンタルヘルスケアは保健及び社会ケアシステムの一部を成す。また，精神疾患を有する者，又は精神疾患を有する者として処遇を受ける者はすべて，人道的に，かつ，生まれながらにしてもつ人間としての尊厳を尊重されつつ処遇される。

解答 4 5

38 ソーシャルワークの理論と方法（専門）

[旧]精神保健福祉相談援助の基盤・問題 25

次のうち，ソーシャルグループワークについて，コノプカ（Konopka, G.）が提唱したものとして，**正しいものを 1 つ**選びなさい。

1　社会的諸目標モデル
2　社会的学習理論
3　相互作用モデル
4　課題グループ
5　実践における 14 の原則

Point　コノプカのソーシャルグループワークに関する問題である。コノプカは，「グループワークの 14 の原則」（実践における 14 の原則）として以下をあげている。①メンバーの個別化，②グループの個別化，③受容，④ワーカーとメンバーの意図的な援助関係，⑤メンバー同士の協力関係の促進，⑥必要に応じたグループ過程の修正，⑦メンバーの能力に応じた参加の奨励，能力向上の援助，⑧問題解決過程へのメンバー自身の関与，⑨葛藤解決の経験，⑩新しい諸経験の機会，⑪制限の活用，⑫プログラムの意図的活用，⑬継続的評価，⑭グループワーカー自身の活用，である。

1　✕　社会的諸目標モデルを提唱したのは，**コイル（Coyle, G.）**と**トレッカー（Trecker, H. B.）**，**ギルバート（Gilbert, N.）**である。社会変革アプローチともいわれる。その基本的概念は，社会的意識と社会的参加があげられ，民主主義社会の価値観に立脚し，グループワークを通して社会的な問題を解決することを目標とするモデルである。

2　✕　社会的学習理論を提唱したのは，**バンデューラ（Bandura, A.）**である。社会的学習理論によれば，人間の行動形成は必ずしも本人に対して直接的に条件づけを行わなくても，モデルの行動を観察するだけで学習が可能である。バンデューラはこのような学習をモデリングあるいは観察学習と名づけ，さらにモデルが受ける強化のことを代理強化と呼んだ。

3　✕　相互作用モデルを提唱したのは，**シュワルツ（Schwartz, W.）**である。相互作用モデルでは，メンバー間，グループワーカーとメンバーの間，メンバーと社会システムなど複数の関係が存在するとし，その関係性に着目し，相互に影響し合いはたらきかける個人と社会の関係を「共生的な相互依存関係」として規定した。

4　✕　課題グループを提唱したのは，**トーズランド（Toseland, R. W.）**と**リーバス（Rivas, R. F.）**である。トーズランドとリーバスは，グループが介入対象とするグループのタイプを「課題グループ」と「治療グループ」に大別した。「課題グループ」は，組織的な問題への解決策や，新たな考え方を生み出したり，何らかの意思決定を組織として行ったりする際に用いられるとしている。処遇会議や委員会がそれにあたる。

5　○　**コノプカ**は，「グループワークの 14 の原則」（実践における 14 の原則）を提唱し，グループワークを「意図的なグループ経験を通じて個人が社会の中で機能する力を高め，個人・集団・地域社会の諸問題に，より効果的に対処できるように人々を援助する方法である」と定義した。

解答 5

39 ソーシャルワークの理論と方法（専門）

[旧]精神保健福祉相談援助の基盤・問題 28

Jさん（16 歳，女性）は，母親（42 歳）と祖母（75 歳）の三人暮らしであった。ある日，祖母が認知症のためU精神科病院に入院することになった。U精神科病院のK精神保健福祉士は入院に当たって，母親とJさんと面談をした。母親は離婚後，パート勤務しているが，経済状況は厳しく，二つの仕事を掛け持ちしていた。そのため，母親の帰りは遅く，Jさんが祖母の介護を担っていた。祖母から目を離せない時には，Jさんは高校を休んでおり，周りには相談できる人もいない様子であった。K精神保健福祉士は，Jさんにも専門的な支援が必要であると考え，Jさんの同意を得て関連する機関に連絡をした。

次のうち，K精神保健福祉士が行った活動として，**適切なものを1つ**選びなさい。

1 コーディネート
2 コーピング
3 モデリング
4 ブローカリング
5 シェイピング

Point 精神保健福祉士が行う支援の技法に関する問題である。精神保健福祉士が用いる技法には，クライエントを対象としたもの，関係機関や他専門職を対象としたもの，制度や政策にアプローチするものまでさまざまなものがある。また，言葉だけではイメージしづらいものもあるため，使用される場面も併せて理解しておくことが重要である。

1 × コーディネートとは，**クライエントが必要な制度やサービスを活用できるように調整していくこと**である。コーディネーションとも呼ばれ，精神保健福祉士の重要な役割の一つである。事例では，K精神保健福祉士は，他機関に連絡をとり，専門的な支援につなげており，コーディネートには該当しない。

2 × コーピングとは，日常生活において，**直面したストレスに適切に対処し，本来の能力が発揮できるようにすること**である。ストレスを低減するための行動としては，相談する人を増やしたり，リラックスできる時間を設けたりすることなどがあげられる。事例では，K精神保健福祉士は，他機関に連絡をとり，専門的な支援につなげており，コーピングには該当しない。

3 × モデリングとは，観察による学習ともいわれ，**行動や考え方の見本を示したり，観察したりして，それらを模倣することで，新しいスキルを獲得していく方法**である。事例では，K精神保健福祉士は，他機関に連絡をとり，専門的な支援につなげており，モデリングには該当しない。

4 ○ ブローカリングとは，仲介ともいわれ，自機関でのサービスの提供が困難な場合，クライエントのニーズに合った支援を提供するために，どのようなサービスが適切か見定めるとともに，**他機関へクライエントを仲介すること**である。事例では，精神科病院に所属するK精神保健福祉士は，現在のJさんに必要な支援が受けられるよう他機関に連絡をしているため適切である。

5 × シェイピングとは，**目標を小さな段階に分けて設定し，一つずつ達成することで目標に近づいていく方法**であり，逐次接近法ともいう。大きな目標を掲げ，達成できずに挫折感を味わうのではなく，スモールステップを重ねることで，自信や達成感を得ながらステップアップしていくことができる。事例では，K精神保健福祉士は，他機関に連絡をとり，専門的な支援につなげており，シェイピングには該当しない。

解答 4

40 ソーシャルワークの理論と方法（専門）
[旧]精神保健福祉相談援助の基盤・問題 29

次の記述のうち，チームアプローチにおけるトランスディシプリナリ・モデルの説明として，**正しいもの**を**1つ**選びなさい。

1 職種の専門分野を超えて役割を解放し，横断的に共有を図り課題を達成する。
2 チームにおいて専門職として各々の役割を果たすため，独立して業務を行う。
3 職種間の役割を一部流動させ，チームとして複合的な課題に取り組む。
4 協働・連携の下で各々の役割を果たすため，専門職間の相互作用が高まる。
5 チーム内の専門職間に階層性が存在し，医療現場では医師が中心となる。

Point 多職種連携におけるチームアプローチのモデルに関する問題である。精神障害のある人は，疾病と障害を併せもつことから，医療従事者と福祉従事者の連携による支援は欠かせない。その連携は，チームメンバー間に階層のあるものやそうでないもの，役割の流動性の有無などによって形態は異なる。そのため，言葉としての理解のみならず，実際に展開される場面も含めて理解しておく必要がある。

1 ○ 選択肢は**トランスディシプリナリ・モデル**の説明である。**トランスディシプリナリ・モデルは，役割固定性が低く，各専門職の役割代替が容認されている**。また，メンバー間に階層性はなく，相互作用が大きいことも特徴である。包括型地域生活支援プログラム（ACT）がこのモデルである。

2 × 選択肢は**マルチディシプリナリ・モデル**の説明である。マルチディシプリナリ・モデルは，チームを構成する専門職の間に階層関係があること，各メンバーの役割は固定的であること，相互作用も小さいことが特徴である。医療チームに多いモデルである。

3 × 選択肢は**インターディシプリナリ・モデル**の説明である。インターディシプリナリ・モデルは，メンバー間に階層性はなく，各メンバーの役割はおおむね固定的である。役割は一部流動することもあるが，相互作用も大きい。

4 × 選択肢は**インターディシプリナリ・モデル**の説明である。インターディシプリナリ・モデルは，一つの目標に対して，相互連携をし，ケアを提供していくチームアプローチである。メンバー間に階層性はなく，相互作用が大きい。精神科領域では，地域定着支援や退院支援などが該当する。

5 × 選択肢は**マルチディシプリナリ・モデル**の説明である。マルチディシプリナリ・モデルは，各専門職がそれぞれの分野における目標を達成するために，診断をし，治療を提供するアプローチ方法である。チームを構成する専門職の間に階層関係があり，各専門職のチーム内での役割は固定的であるため，相互作用も小さい。医療チームの場合，リーダーとなる医師の指示の下，ほかのメンバーはあらかじめ決められた役割を果たすことが求められる。精神科領域では，精神科救急や急性期医療等が該当する。

解答 1

事例問題 1 ソーシャルワークの理論と方法（専門）

次の事例を読んで，41 から 43 までについて答えなさい。　　　　⑬精神保健福祉相談援助の基盤・事例問題 2

〔事　例〕

精神科クリニックで働く B 精神保健福祉士（以下「B ワーカー」という。）は，中学の養護教諭からの紹介で，嫌なことがあるとリストカットするという C さん（15 歳，女性）のインテーク面接を行った。当日母親が付き添っていたが，はじめに C さんから話を聞いた。B ワーカーがバイオサイコソーシャルモデルにのっとって話を聞く中で，C さんはクラスの誰とも付き合いがなく，休み時間も机に伏していることや，摂食障害の傾向もあることが分かってきた。親については，「父親はいつも酔っている。母親は怒ってばかりなので何も話していない。今日も理由が何か分からずに来ている」と言う。B ワーカーは C さんが話してくれたことをねぎらい，医師の診察につなげた。（ 41 ）

診察後，医師と B ワーカーは，C さんにことわって，母親に状況を話した。母親は驚き，「夫のことで頭が一杯で気が付かなかった。夫は毎晩深酒しては，C の成績や反抗的態度について私を責めるんです。だからつい C には厳しくしてしまって。C が身体を傷つけたり，無理に食べて吐いたりするのをすぐにやめさせます」と言う。B ワーカーは，「急いで C さんの行動をやめさせようとせず，まず C さんの思いを聞きましょう」と伝えた。

C さんの通院が始まり，B ワーカーは，母親に対して C さんへの対応を話し合うだけでよいのか気になったため，職能団体が実施するスーパービジョンを受けた。スーパーバイザーからは家族をシステムとして理解すること，母親もクライエントであるという視点をもつこと等の助言を得た。B ワーカーは母親のニーズと共に，親子 3 人の関係性から C さんの問題を考え始めた。（ 42 ）

B ワーカーは C さんの話を聞くように努め始めた母親を称賛しつつ，母親のニーズを明確にしていった。そして母親に更なる気づきを促すために，「他の家族からも学びましょう」と保健所主催のアルコール問題を理解するための家族教室への参加を勧めた。（ 43 ）

41 ソーシャルワークの理論と方法（専門）

[旧]精神保健福祉相談援助の基盤・問題 33

次のうち，バイオサイコソーシャルモデルの視点でBワーカーが着目したこととして，**適切なものを1つ**選びなさい。

1 問題を親には言わずに抱えてきたCさんの強さ
2 自傷行為や摂食障害に見られるCさんの病理
3 学校でも家でも孤立し無力化しているCさんの状態
4 母親が怒ってばかりの家庭に育ってきたというCさんの物語
5 Cさんの心身の状態と学校や家庭での状態との相互関連性

Point ソーシャルワークの展開に必要な理論モデルのうち，バイオサイコソーシャルモデルに関する問題である。バイオサイコソーシャルモデルとは，クライエントの課題を健康状態，心理状態，クライエントのおかれている環境の三つの視点から課題をとらえ，問題解決を図ろうとするモデルである。そのため，健康状態のみ，心理状態のみといった一つの課題のみに着目するのではなく，健康状態，心理状態，環境の相互関連性に着目することが重要である。

1 × ソーシャルワーカーが行う面接において，Cさんの強さに着目することやそれに対して共感を示すことは重要である。しかし，これは**Cさんの心理状態のみに着目**しており，バイオサイコソーシャルモデルの視点とはいえない。

2 × バイオサイコソーシャルモデルは，クライエントの課題を健康状態，心理状態のみからとらえるのではなく，環境も重要な要因としてとらえるモデルである。そのため，**自傷行為や摂食障害といったCさんの病理つまり，健康状態，心理状態のみに着目**することは，バイオサイコソーシャルモデルの視点とはいえない。

3 × 学校でも家でも孤立し無力化しているCさんの状態にアプローチしていくことは重要である。しかし，**自傷行為や摂食障害といったCさんの健康状態，心理状態に着目しておらず**，バイオサイコソーシャルモデルの視点を踏まえたアプローチではない。

4 × Cさんがこれまでに育ってきた環境やエピソードに着目することも重要ではあるが，**Cさんの健康状態，心理状態に着目していない**ため，バイオサイコソーシャルモデルの視点とはいえない。

5 ○ バイオサイコソーシャルモデルとは，クライエントの課題を健康状態，心理状態，環境の視点から理解しようとするモデルである。この選択肢では，Bワーカーは，**Cさんの心身の状態という健康状態，心理状態と学校や家庭での状態という環境的要因からCさんをとらえており**，この視点はバイオサイコソーシャルモデルといえる。

解答 5

42 ソーシャルワークの理論と方法（専門）
🔟精神保健福祉相談援助の基盤・問題34

次のうち，Ｂワーカーが受けたスーパービジョンの効果として，**適切なもの**を１つ選びなさい。

1 業務の枠組みの明確化
2 アセスメント能力の向上
3 個人的な課題についての自己洞察
4 バーンアウトの防止
5 業務の遂行状況の明確化

💡 ソーシャルワーク実践におけるスーパービジョンに関する問題である。スーパービジョンは，スー
Point パーバイジーがスーパーバイザーから，アドバイスを受けることで対人支援スキルの向上や仕事に対
するモチベーションの維持・向上を目指していくものである。スーパービジョンは，個人にかかわるもの
から，組織にかかわるものまで幅広いが，ソーシャルワークの実践には欠かせない要素であり，その役割
について丁寧に理解しておくことが求められる。

1 ✕ 業務の枠組みの明確化は，所属する機関の業務形態や業務内容を見直し，所属するスタッフがそのス
キルを活かせるように環境や体制を整えることであり，スーパービジョンの効果として，重要な要素の一つ
である。本場面において，**Ｂワーカーがスーパーバイザーから受けた助言は，クライエントへのかかわりの
アドバイス**であり，業務の枠組みに関することではない。

2 ◯ アセスメント能力の向上は，ソーシャルワーカーが支援を展開していく上で，クライエントのストレ
ングスや課題を見極めるために必要なスキルである。本場面において，ＢワーカーはＣさん**家族へのかかわ
りのアドバイスを求めており，それをもとに支援の方向性を検討している**。よって，適切である。

3 ✕ 個人的な課題についての自己洞察は，ソーシャルワーカーが自身のスキルや知識を活かせるように，
スーパーバイザーが職務上の心理的負担の軽減を目的としたサポートをしていくことである。本場面におい
て，**Ｂワーカーがスーパーバイザーから受けた助言は，クライエントへのかかわりのアドバイス**であり，個
人的な課題についての自己洞察に関することではない。

4 ✕ バーンアウトは，それまで意欲的に働いていた人が急に業務意欲をなくしてしまうことであり，個人
の業務のパフォーマンスの低下や欠勤，組織においては人材不足につながるなど，周囲への影響もある。本
場面において，**Ｂワーカーがスーパーバイザーから受けた助言は，クライエントへのかかわりのアドバイス**
であり，バーンアウトの防止に関することではない。

5 ✕ 業務の遂行状況の明確化は，滞りなく業務を遂行できているか，課題となっていることは何かを明ら
かにすることで，円滑な組織運営につなげていくことである。本場面において，**Ｂワーカーがスーパーバイ
ザーから受けた助言は，クライエントへのかかわりのアドバイス**であり，業務の遂行状況の明確化に関する
ことではない。

解答 2

43 ソーシャルワークの理論と方法（専門）
🔵精神保健福祉相談援助の基盤・問題35

次の記述のうち，母親に保健所主催の家族教室を紹介した目的として，**適切なものを1つ選びな**さい。

1　父親の飲酒による攻撃的な行動から母親とCさんが避難するため。
2　父親の飲酒問題への母親の誤った対応を直ちにやめてもらうため。
3　父親が酒を飲む理由を排除するため。
4　父親を同伴し飲酒問題を解決してもらうため。
5　父親の飲酒問題が母親とCさんにどう影響するかを理解してもらうため。

💡 家族教室は，課題を抱えた人の家族が集まり，悩みや気持ちを共有したり，適切なかかわり方や正し
Point　い知識を学んだりして，お互いに学び合い，支え合う場である。依存症や統合失調症など疾患別の家
族教室や入院中の人の家族や若者の家族など対象を限定したものなど，さまざまなタイプがある。そのた
め，精神保健福祉士はどのような家族教室につなぐ必要があるのか，適切にアセスメントをすると共に，
所属する機関の地域にある家族教室の種類や対象についても把握しておくことが求められる。

1　✕　家族教室は，**似た立場にある家族同士が，悩みを吐露したり，気持ちを共有したりして，支え合う場**
である。本事例において，母親とCさんが父親から離れることも一つの方法ではあるが，それは家族教室の
役割ではない。

2　✕　家族教室は，**家族自身が元気を取り戻し，自分らしい生活をするために，苦労や悲しみなどを語り合**
い，時には疾患や制度について学び合う場である。本事例において，母親の対応を見直してもらうことも重
要であるが，それは家族教室の役割ではない。

3　✕　家族教室の目的には，家族が疾患についての正しい知識を身につけたり，疾患に対する悩みや不安を
共有したりすることで，心身の負担を軽減することがある。よって，**家族教室は父親が飲酒する理由を排除**
するための組織ではない。また，父親が飲酒する理由を排除するためには，まずは父親に飲酒をやめること
が難しい理由を聞くことが必要である。

4　✕　家族教室の目的は，家族が疾患を理解しその対応方法や社会資源，サービスについて学び，活用でき
るようにすることである。本事例において，家族の一員でもある父親が同伴することは可能ではあるが，**家**
族教室は飲酒問題を解決する場ではない。

5　○　家族教室では，似たような経験をした家族から，そのときの乗り越え方や利用できる社会資源につい
て，体験を聞くことで，不安やその後の見通しなどを知ることができる。本事例において，**父親の飲酒問題**
が家族にどのような影響を与えるのか，実際に経験をしたことのある家族から話を聞くことで，今後の見通
しをもつことができると考えられる。

解答 5

44 ソーシャルワークの理論と方法（専門）

[旧]精神保健福祉の理論と相談援助の展開・問題 44

☑☑☑

次の記述のうち，生活場面面接の特徴として，**適切なもの**を2つ選びなさい。

1 プライバシーに配慮して，匿名性を保ちながら行う。
2 クライエントの認知を改善し，行動を変容させる。
3 クライエントが，比較的リラックスした状態で話せる。
4 自宅や入所施設の自室，入院中の病室などで行う。
5 クライエントの生活困難課題を取り上げて，実際に再現してみる。

Point 生活場面面接（ライフスペース・インタビュー）とは，精神分析においてレドル（Redl, F.）らが提唱した面接技法であり，自室や利用している施設のフリースペースや廊下など，クライエントの日常生活場面の会話を意識化し，面接として位置づけようとするものである。生活場面面接は，適切に行えばクライエントのより自然な側面を知ることができるため，相手や目的によっては通常の面接よりも効果が望める場合もある。

1 × 生活場面面接は，**フリースペースや廊下，デイケアルームやカフェ，食堂など比較的周囲の人に開かれた日常的な生活空間で行われ，守秘義務の遵守が難しい**という側面をもつため，選択肢の特徴は適切とはいえない。面接の内容に応じて面接室に移動するなど，信頼関係の構築に留意する必要がある。

2 × 生活場面面接は，**クライエントの実際の生活場面にふれてその生活の様子を知り，クライエントの本音や言葉にならないメッセージを受け取り，安心感のある中での信頼関係の構築を目指す**ことが特徴であり，クライエントの認知の改善や行動変容を目指すものではない。なお，クライエントの認知を改善し，行動を変容させるための面接として，動機づけ面接があげられる。

3 ○ 生活場面面接は，**クライエントが慣れ親しんだ場所においてゆったりと安心感のもてる状況で行われ，比較的リラックスした雰囲気で進めることができる。**生活場面面接をリラックスした雰囲気にするためには，信頼関係の構築や，面接者がクライエントを脅かさないような態度をとるといった配慮が必要である。

4 ○ 生活場面面接は，**クライエントの日常生活場面での会話を面接として意識化し，クライエントの自宅や入所施設の自室，入院中の病室などで行われる**ものである。ほかにも，散歩中や食事中，作業中に行われるクライエントとの会話や立ち話も，意識して行えば生活場面面接としてとらえることが可能である。

5 × 生活場面面接は，**クライエントの生活の場で行われるため，話題が日々の生活困難課題やその対処に及ぶこともあり得るが，その生活困難課題を取り上げて実際に再現することは行わない。**なお，クライエントの生活困難課題を取り上げて，実際に再現することは，社会生活技能訓練（SST）のロールプレイ等で行われる。

解答 3 4

45 ソーシャルワークの理論と方法（専門）
Ⓑ精神保健福祉の理論と相談援助の展開・問題 45

次のうち，統合失調症の再発率を高めるとされる家族の状況として，**適切なもの**を１つ選びなさい。

1　共依存
2　イネイブリング
3　高い感情表出
4　投影性同一視
5　逆転移

> 💡 **Point**　統合失調症の発症・再発と家族の関係については，フロム・ライヒマン（Fromm-Reichmann, F.）の「統合失調症を作る母」や，ベイトソン（Bateson, G.）のダブルバインド（二重拘束）説など，家族の病因的側面に焦点をあてた家族病因論が提唱されたが，抗精神病薬の発見によって生物学的な研究が進むにつれて衰退し，家族は支援の対象と位置づけられるようになった。

1　✕　共依存とは，**アルコール依存など依存症者の家族等が，当事者への過剰な世話焼きが生き方となり，絶えず依存症者のことが気になって自分を見失ってしまう状態**を指すため，統合失調症の再発率を高めるとされる家族の状況として適切とはいえない。現在，共依存の対象はアルコール依存症以外にも拡大し，ある人間関係にとらわれ自立が妨げられている状態を指すようになっている。

2　✕　イネイブリングとは，**依存症者が起こした問題の責任を家族等が肩代わりしてしまい，依存症者本人が問題に直面することを妨ぐことで，問題を助長してしまう行動**を指すため，統合失調症の再発率を高めるとされる家族の状況として適切とはいえない。また，イネイブリングする人をイネイブラーという。

3　○　高い感情表出（高 EE）は，**1960～1970 年代のイギリスの研究において統合失調症の再発と同居家族の関連から見出されたものである。批判，敵意，過度の感情的巻き込まれのいずれかが家族の１人に認められると「高 EE 家族」として再発の一因になると考える。**現在，高い感情表出は家族の属性ではなく，家族が支援を求めて発する危険信号であると認識されるようになり，統合失調症のほかにもさまざまな精神障害者の家族への教育的支援の必要性の根拠となっている。

4　✕　投影性同一視とは，**自分の中にある認めがたい要素（思考，感情など）を相手に投げかけ，それについて発言したり態度で示したりすることで相手を操作し，相手がその要素をもっていると感じるように仕向けること**を指す。投影性同一視は，フロイト（Freud, S.）の精神分析で示された防衛機制の一つであり，統合失調症の再発率を高めるとされる家族の状況として適切とはいえない。

5　✕　逆転移とは，**援助者が過去の生活において親などの重要な他者に向けていた感情を，無自覚にクライエントにぶつけること**を意味するため，統合失調症の再発率を高めるとされる家族の状況として適切とはいえない。一方，クライエントが過去に重要な他者に向けていた感情を援助者に向けて表出することを転移といい，逆転移は，転移とともに防衛機制の一種とされる。援助者は，スーパービジョンなどにより逆転移に気づき，自分の感情に自覚的になることが必要である。

解答 **3**

46 ソーシャルワークの理論と方法（専門）

[旧]精神保健福祉の理論と相談援助の展開・問題47

精神科病院に入職して4か月たつG精神保健福祉士（22歳）は，入職8年目のH精神保健福祉士から，定期的にスーパービジョンを受けている。

今日は，H精神保健福祉士が，G精神保健福祉士と入院患者との面接に同席した。面接が終わると，2人は相談室に戻り，振り返りを行った。H精神保健福祉士は，「よいタイミングで相づちを入れて話を引き出していましたね」と話した。G精神保健福祉士は，「次の話題へどのように進めればいいのか迷いました。あれでよかったのでしょうか」とH精神保健福祉士に話した。そこで，H精神保健福祉士は気づきを促した。

次のうち，この場面で行われたスーパービジョンの形態に関する説明として，**正しいものを1つ**選びなさい。

1 ピア・スーパービジョン
2 ライブ・スーパービジョン
3 セルフ・スーパービジョン
4 ユニット・スーパービジョン
5 グループ・スーパービジョン

Point スーパービジョンは，管理的機能，支持的機能，教育的機能の三つの機能を有する専門職育成の過程である。スーパービジョンを行う側をスーパーバイザー，受ける側をスーパーバイジーという。スーパーバイザーとスーパーバイジーの関係のあり方に連動して，スーパーバイジーと利用者の関係が規定されるというパラレルプロセスの理解が大切である。

1 ✕ ピア・スーパービジョンは，**固定的なスーパーバイザーがおらず，スーパーバイジーが複数で行う形態**である。よって，H精神保健福祉士がスーパーバイザーとして面接に同席しているこの場面のスーパービジョンは，ピア・スーパービジョンではない。ピア・スーパービジョンには，ピアグループ（仲間集団）としての機能もある。

2 ○ ライブ・スーパービジョンは，**スーパーバイザーとスーパーバイジーが実際の援助場面を共有しながら行う形態**である。よって，H精神保健福祉士がスーパーバイザーとして面接に同席し，振り返りを行っているこの場面のスーパービジョンの形態として正しい。ライブ・スーパービジョンには，ロールモデルとしてのスーパーバイザーの面接にスーパーバイジーを同席させる方法もある。

3 ✕ セルフ・スーパービジョンは，**スーパーバイジーが自分1人で業務を検討する形態**である。よって，スーパーバイザーのH精神保健福祉士とスーパーバイジーのG精神保健福祉士が2人で実施しているこの場面のスーパービジョンは，セルフ・スーパービジョンではない。セルフ・スーパービジョンでは，ストレングス視点でのセルフアセスメントも求められる。

4 ✕ ユニット・スーパービジョンは，**複数のスーパーバイザーが，1人か複数のスーパーバイジーに対して行う形態**である。よって，スーパーバイザーのH精神保健福祉士がスーパーバイジーのG精神保健福祉士と1対1で実施しているこの場面のスーパービジョンは，ユニット・スーパービジョンではない。

5 ✕ グループ・スーパービジョンは，**1人のスーパーバイザーが，複数のスーパーバイジーに対して行う形態**である。よって，スーパーバイザーのH精神保健福祉士がスーパーバイジーのG精神保健福祉士と1対1で実施しているこの場面のスーパービジョンは，グループ・スーパービジョンではない。グループ・スーパービジョンでは，グループメンバーの相互作用（グループダイナミクス）が最大限活用されることが望ましい。

解答 2

47 ソーシャルワークの理論と方法（専門）

[旧]精神保健福祉の理論と相談援助の展開・問題 48

Ｊさん（55 歳）は，精神科病院を退院後，地域活動支援センターを利用しながら在宅生活を継続している。最近，健康診断を受けた結果，専門病院の受診を勧められ，初期の大腸がんが見つかった。地域活動支援センターのＫ精神保健福祉士は，Ｊさんの同意を得た後，がん治療を担当する主治医から，「治療をしていく中で，腹痛や嘔吐，血便，便秘などが出現することが予想されるため，支援を行う際は体調に気を付けて欲しい」との情報を得た。そこで，個別支援に反映させていくこととした。

次のうち，Ｋ精神保健福祉士と主治医との間で行われたこととして，**適切なものを１つ**選びなさい。

1　アサーション
2　フィードバック
3　スクリーニング
4　カンファレンス
5　コンサルテーション

Point 場面事例を通して，精神保健福祉士と医師との間で行われた行為を表す適切な用語を選択する問題である。精神障害者の地域移行支援や地域生活支援を推進していくためには，多職種連携が欠かせない。個別支援においてソーシャルワーク以外のより専門的な情報や知識が必要とされるときは，その専門職からコンサルテーションを受け，支援に活かしていくことになる。本問題を解くためには，多職種連携やチームアプローチにかかわる専門用語のほか，コミュニケーションスキルや相談援助のプロセスに関する専門用語も理解しておく必要がある。

1　× アサーションとは，**人とのコミュニケーションにおいて，相手を尊重しながらも自己の感情や要求を適切に主張したり交渉したりするコミュニケーションスキルのこと**である。この場面事例では，Ｊさんの支援において，がん治療を担当する主治医が，医学的な見地から今後注意すべき情報をＫ精神保健福祉士へ提供している。これはアサーションではないため，選択肢は適切ではない。

2　× 仕事の場面におけるフィードバックとは，仕事中の言動や進め方などに対して**第三者が改善点や評価を伝えること**であり，一般的に上司から部下に対してなされることが多い。この場面事例では，Ｊさんの主治医がＫ精神保健福祉士に対して医学的な見地からの情報を提供しており，これはフィードバックではないため，選択肢は適切ではない。

3　× スクリーニングとは，相談援助の初期段階において，**相談者や家族からの相談内容が，精神保健福祉士が所属する機関で対応可能な内容であるかどうかを，緊急性や継続性の観点から判断すること**である。よって，選択肢は適切ではない。

4　× カンファレンスとは，**特定の利用者の支援に実際にかかわる医療や保健，福祉等の専門職が意見や見解を提示して，それぞれの役割分担についてチームの合意を得るための会議**である。この場面事例は，役割分担などについてチームとしての合意を得る場面ではないため，選択肢は適切ではない。

5　○ コンサルテーションにはさまざまな定義があるが，一般的に「**他領域の専門家などから，援助に必要な専門的助言を受ける活動**」であり，コンサルテーションを提供する側をコンサルタント，受ける側をコンサルティという。精神保健福祉士がクライエントの支援において，他領域の専門家に助言を求めることはコンサルテーションであり，また，他領域の専門家に対して精神保健福祉士がソーシャルワークの専門性に基づいて助言することもコンサルテーションになる。この場面事例は，**Ｊさんの今後の支援において，Ｋ精神保健福祉士が主治医から医学的な助言を受けていることからコンサルテーションといえる。**

解答 5

事例問題 2 ソーシャルワークの理論と方法（専門）

次の事例を読んで，48から50までについて答えなさい。　🔵精神保健福祉の理論と相談援助の展開・事例問題2

〔事　例〕

Ｃさん（45歳，女性）は，20歳の時に母親を亡くし，その後は父親と二人で暮らしてきた。35歳で統合失調症を発症し，入退院を繰り返したが，最近はデイケアに通いながら父親と家事を分担し，安定した生活を送っていた。ところが，父親が脳梗塞で倒れ，しばらく入院することになった。Ｃさんはショックで体調を崩し，デイケアを休む日が続いた。心配したデイケアのＤ精神保健福祉士が自宅を訪問すると，部屋に衣類が散乱していた。Ｄ精神保健福祉士が声を掛けると，Ｃさんは心細さから，「私はどうしたらいいのか分からない」と泣き始めた。Ｄ精神保健福祉士は，Ｃさんに同伴して父親の見舞いに行き，病院で説明された病状を解説したり，自宅に訪問してＣさんの不安解消に努めた。また，Ｃさんが，「一人でいるのが怖い」と訴えたので，以前も利用したことのあるショートステイを勧めた。（48）

ショートステイ後，Ｃさんは落ち着きを取り戻し自宅に戻った。しばらくして父親も退院することとなったが，父親には片麻痺が残り，今までのように家事を行うことは難しかった。ケアマネジャーはＣさんのことも考え，父親に対してしばらく施設に入所してはどうかと勧めた。それを聞いたＣさんは，「でもお父さんと一緒に暮らしたい」と困惑した表情で言った。Ｄ精神保健福祉士は，Ｃさんが介護に疲れて生活が成り立たなくなるのではないかと考えたケアマネジャーの意見に賛同したい一方で，Ｃさんの気持ちを考えて葛藤を抱えた。（49）

その後，父親は自宅に戻った。Ｃさんは父親への訪問介護を活用しながら，食事作りと父親の介護を続けた。ある日，Ｄ精神保健福祉士がＣさん宅を訪ねて様子を聞くと，数日前から一日一食しか摂っていないとのことであった。理由を聞くと，父親に健康飲料を飲ませたら元気になったように見えたので，追加で購入したら予想外に出費がかさんだと話した。Ｃさんは，「お父さんに元気になってもらいたいので，これからも健康飲料を買うつもり」と言った。そこで，Ｄ精神保健福祉士は，現段階での対応としてある提案をした。（50）

48 ソーシャルワークの理論と方法（専門）

[旧]精神保健福祉の理論と相談援助の展開・問題 52

次のうち，この時のCさんに対するD精神保健福祉士が用いたアプローチとして，**正しいものを1つ**選びなさい。

1　家族システムアプローチ
2　課題中心アプローチ
3　ナラティブアプローチ
4　危機介入アプローチ
5　心理社会的アプローチ

Point この設問では，精神保健福祉士が実践で用いる各種アプローチの理解と，事例に基づいたアプローチの選択が求められる。実践においては状況をアセスメントした上でクライエントと意図的にかかわることが重要であり，かかわりには説明責任（アカウンタビリティ）が求められる。精神保健福祉士は，常に意図をもって状況に応じたアプローチを選択していく必要がある。

1 × 家族システムアプローチは，「家族」を境界として家族全体をシステムととらえ，その家族システムの歪みや家族全体のコミュニケーションに介入していく支援方法である。この場面においてD精神保健福祉士は**家族システムにはたらきかけていない**ため誤りである。システム理論は現代のソーシャルワークを支える重要な理論の一つであり，1945年にベルタランフィ（Bertalanffy, L.）によって提唱された「一般システム理論（General System Theory）」の登場が契機となったと考えられている。

2 × 課題中心アプローチは，1970年代初めにリード（Reid, W. J.）とエプスタイン（Epstein, L.）によって体系化された。クライエントの問題解決能力を重視し，クライエントが現在解決を望んでいる問題を小さく切り分けた「ターゲット問題」を据え，短期的かつ具体的な課題設定を行って問題を解決する，計画的な手法である。この場面においてD精神保健福祉士は**Cさんの問題解決能力を前提とした具体的な解決課題を提示しているわけではない**。

3 × ナラティブアプローチは，社会構成主義の考え方を背景にナラティブ（クライエント自らの語り，その人が語る人生の物語）に焦点をあててかかわるアプローチである。クライエントの持ち込んでくる語り（ドミナントストーリー）に耳を傾け，オルタナティブストーリーと呼ばれるクライエントの希望する生き方に合致する新しい物語を作り上げ強めるプロセスをたどる。この場面において**オルタナティブストーリーの構築はみられない**。

4 ○ 危機介入アプローチは危機的状況に素早く介入し，崩れた情緒的なバランスを回復させ，問題解決を手助けする短期的な支援である。この場面においてD精神保健福祉士はCさんの父親の入院という危機的状況に対し，**迅速に訪問を行い，表出されるさまざまな感情を受け止めながら，ショートステイの利用という具体的なサポート体制の提案を行っている**。

5 × 心理社会的アプローチは，クライエントを「状況の中の人」という視点でとらえ，人と状況の相互作用を分析し，ソーシャルワーカーとクライエントの間のコミュニケーションパターンを活用しながら，クライエントのパーソナリティの変容と社会的状況の改善を行い，その機能を高めようとするものである。**心理社会的アプローチは長期的なかかわりであり，この場面でのD精神保健福祉士による短期的な介入とは異なる**。

解答 4

49 ソーシャルワークの理論と方法（専門）

精神保健福祉の理論と相談援助の展開・問題53　

次の記述のうち，D精神保健福祉士が抱えた自分の葛藤への対処として，**適切なものを2つ**選びなさい。

1　Cさんの意思を確認し，その判断に委ねる。
2　Cさんの主治医に連絡を取り，指示を求める。
3　父親の自宅介護に必要なサービスについて，ケアマネジャーと相談する。
4　父親の介護が心身にどの程度の負担となるかをCさんと話し合う。
5　精神保健福祉士法に目を通し，精神保健福祉士として適切な行動を確認する。

Point　精神保健福祉士は実践の上でさまざまな葛藤（ジレンマ）を抱える。リーマー（Remer, F. G.）はソーシャルワークが陥りやすいジレンマを7点に分類しており，その一つに「クライエントの自己決定と専門職のパターナリズム」がある。この場面では，Cさんの「お父さんと一緒に暮らしたい」という希望とケアマネジャーの「Cさんが介護に疲れて生活が成り立たなくなるのではないか」というアセスメントの，相反する二つの考えに板挟みとなっている。その状況において，D精神保健福祉士は自身のかかわりの方向性についてリーマーの倫理的意思決定のプロセスを踏まえて検証したり，自己覚知や精神保健福祉士の倫理綱領を踏まえた上で適切な対応を検討する必要がある。

1　✕　Cさんの判断だけに決定を委ねるのは，その状況における**D精神保健福祉士の検討や判断がない**。Cさん任せの対応となっており，支援として成立しない。精神保健福祉士の倫理綱領には，「精神保健福祉士は，クライエントの自己決定を尊重し，その自己実現に向けて援助する」とある。

2　✕　D精神保健福祉士が直面している葛藤は，Cさんの「お父さんと一緒に暮らしたい」という希望と，介護疲れによる生活への影響という生活課題である。介護サービスの利用や介護費負担についての現実的な検討を踏まえてCさんとともに考えていくことが重要であり，Cさんの了解のもとで主治医の意見や助言を求めることはあっても，**主治医に指示を求めるのは適切ではない**。

3　○　「お父さんと一緒に暮らしたい」というCさんの希望を踏まえて，**ケアマネジャーとともに父親の自宅介護に必要なサービスについて具体的に検討することは，支援の可能性の判断材料となる**。

4　○　Cさんの希望と，実際のCさんへの介護負担の度合いについて話し合うことは，**Cさんにとっての実際的な利益とリスクを検討することになる**。Cさんの自己決定や支援の方向性の決定への重要な判断材料となる。

5　✕　精神保健福祉士法第1条において「この法律は，精神保健福祉士の資格を定めて，その業務の適正を図り，もって精神保健の向上及び精神障害者の福祉の増進に寄与することを目的とする」とされている。**精神保健福祉士の行動指針などを定めているわけではないため**，葛藤を抱えたときに確認するものとして適切ではない。

解答　**3　4**

50 ソーシャルワークの理論と方法（専門）
⑬精神保健福祉の理論と相談援助の展開・問題54

次のうち，この時のD精神保健福祉士が行ったCさんへの提案として，**最も適切なもの**を1つ選びなさい。

1. 成年後見制度の利用
2. 健康飲料の購入中止
3. 訪問介護員に対する二人分の食事提供依頼
4. 地域定着支援事業の利用
5. 健康飲料を購入する上限額の設定

> **Point** この設問を判断する一つのポイントは「現段階で」という短期的な見通しの中での提案ということである。Cさんはこれまでの生活の中で，父親への訪問介護を活用しながら，日々の食事作りと父親の介護を行うことができていた。また，今回の健康飲料の購入はCさんなりの「父親に健康飲料を飲ませたら元気になったように見えた」という見立てと，「お父さんに元気になってもらいたい」という思いに基づくものである。D精神保健福祉士はCさんのストレングスや思いを尊重しつつ，Cさんの希望する生活が現実的に継続できるよう，検討する必要がある。支援者の一方的なパターナリズムに陥らないよう留意したい。

1 ✕ 成年後見制度の法定後見制度は，認知症や知的障害，精神障害等により物事を判断する能力が不十分な人に対して，その判断能力の程度に応じて「補助」「保佐」「後見」の三つの類型がある。現時点ではまだ判断能力の有無を問う段階ではなく，成年後見制度の検討は妥当ではない。

2 ✕ 健康飲料の購入について現実的な購入量の加減は必要かもしれないが，購入してはいけないわけではない。今後の健康飲料の購入のあり方について検討する前に，健康飲料の購入自体を中止する提案は，**Cさんの「これからも健康飲料を買うつもり」という希望を否定する判断であり，妥当ではない。**

3 ✕ Cさんは，健康飲料の購入による出費によって，食事回数を制限しただけであって，**それまでは食事作りはできており，食事提供自体が必要なわけではない**。支援を検討する上で重要なのはCさんのストレングスを尊重することである。また，介護保険は要介護者にサービスを提供するものであり，訪問介護には家族への食事提供などが含まれていないことにも留意したい。

4 ✕ 地域定着支援事業とは居宅において単身等で生活する障害者に対して，常時の連絡体制を確保し，障害の特性に起因して生じた緊急の事態等に緊急訪問や緊急対応等の各種支援を行うものである。家族と同居していても，当該家族等が障害，疾病等のため，障害者に対し，当該家族等による緊急時の支援が見込めない状況にある場合には該当する。しかし，**Cさんの場合は「常時の連絡体制」や「緊急時の対応等」の必要性が想定されないため，現状での提案は妥当ではない。**

5 ◯ Cさんはこれまで父親への訪問介護を活用しつつ，食事作りと父親の介護は続けながら生活を送ることができていた。**現時点で課題となっているのは，生活の維持を見据えた健康飲料購入についてのコントロールである。**短期的な提案として，まずは健康飲料購入の上限額を検討，設定し，Cさんの生活が成り立つかを見守ることは妥当な提案である。

解答 **5**

事例問題 3 ソーシャルワークの理論と方法（専門）

次の事例を読んで，51 から 53 までについて答えなさい。　⑮精神保健福祉の理論と相談援助の展開・事例問題4

〔事　例〕

Q市障害福祉課に勤務するH精神保健福祉士に，地域包括支援センターの主任ケアマネジャーから電話があり，「ホームヘルパーから，『訪問に行くと，同居する子が部屋から出て来ないし外出もしないと言われ，その対応の仕方が分からない』と相談されて困っている」とのことだった。H精神保健福祉士は，その話を聞きながら，新型コロナウイルス感染症拡大の影響もあり，Q市には同様のひきこもり課題を抱える事例が他にもあるのではないかと思った。（51）

Q市におけるひきこもりの事例では，「退職」や「新型コロナウイルス感染症」をきっかけとするものが目立ち，ひきこもり期間は「2年から3年未満」が多かった。H精神保健福祉士はのちに開催された「協議会」において現状を報告し，ひきこもり問題に対応するため，専門部会の立ち上げを提案して，承諾された。その後，保健所，基幹相談支援センター，ひきこもり地域支援センター，ひきこもり支援をしているNPO法人，Q市社会福祉協議会，地域包括支援センターが集まり，第一回の専門部会を開催することとなった。専門部会ではH精神保健福祉士がQ市の現状報告後，ファシリテーターとなり，参加者に支援の悩みやひきこもっている人のメンタルヘルスに関連する課題等について自由に意見を出し合ってもらった。意見としては，「女性のひきこもっている人の増加が目立ち始め，このままだと長期化し，メンタルヘルス問題の悪化が懸念される」こと，「それまであった人間関係も疎遠になって家族以外と会話していない」こと，「親を介護しながら扶養されている」こと，「自分の先行きが不安になって不眠に陥っている」こと等が挙がった。（52）

数回にわたる専門部会のまとめとして，「女性の増加が目立ち，彼女たちは，もう一度誰かとつながりたいという気持ちがあるがなかなか自分からは行動しにくいようだ」ということで意見が一致した。そして，専門部会は新たな取組の提案と報告を行い，それを受けたQ市は提案に基づく取組を行うこととした。（53）

(注)　「協議会」とは，「障害者の日常生活及び社会生活を総合的に支援するための法律」に基づき行われる協議会のことである。

51 ソーシャルワークの理論と方法（専門）

[旧] 精神保健福祉の理論と相談援助の展開・問題 58

次のうち，この後にＨ精神保健福祉士が行うこととして，**適切なもの**を**１つ**選びなさい。

1 ソーシャルネットワーク
2 ソーシャルワークリサーチ
3 ソーシャルサポート
4 ソーシャルキャピタル
5 ソーシャルグループワーク

Point Ｑ市障害福祉課に所属するＨ精神保健福祉士が，地域包括支援センターの主任ケアマネジャーから相談されたひきこもり課題について，同市には他にも同様の課題があるのではないかと思ったことから，今後の取組みとして適切な内容が問われている。

1 × ソーシャルネットワーク（社会的ネットワーク）とは，**社会の構成要素間の結びつき**であり，地縁・血縁や利害関係にとらわれない個人の自由な関係性も含んでいる。本事例では，Ｈ精神保健福祉士がＱ市のひきこもり課題に関する現状を把握しようとする段階であり，該当しない。

2 ○ ソーシャルワークリサーチ（社会福祉調査）とは，ソーシャルワークの間接援助技術の一つであり，**地域における生活課題の実態把握や対応する社会福祉サービスの課題を明らかにする調査**である。したがって，Ｈ精神保健福祉士がＱ市におけるひきこもり課題の実態を把握するために必要な方法といえる。

3 × ソーシャルサポートとは，心理学者のカプラン（Caplan, G.）などによって概念化された，精神障害当事者を取り巻く**家族や友人，隣近所・職場等の付き合いなど親密な人間関係としての社会資源**である。本事例は，Ｈ精神保健福祉士がＱ市におけるひきこもり課題の実態を明らかにしようとする段階であり，該当しない。

4 × ソーシャルキャピタル（社会関係資本）とは，1990 年代後半に政治学者のパットナム（Putnam, R. D.）によって提唱され，人々の協調行動を活発化することで，**社会の効率性を高めることのできる信頼・規範・ネットワークといった社会組織**の特徴である。本事例は，Ｈ精神保健福祉士が，Ｑ市におけるひきこもり課題の実態を明らかにしようとする段階であり，該当しない。

5 × ソーシャルグループワークとは，**グループメンバーの成長や生活課題の解決に向けて，集団力動（グループダイナミクス）を活用する，ソーシャルワークの直接援助技術である**。本事例は，Ｈ精神保健福祉士がＱ市におけるひきこもり課題の実態を明らかにしようとする段階であり，該当しない。

解答 2

52 ソーシャルワークの理論と方法 (専門)
⑮精神保健福祉の理論と相談援助の展開・問題59

次のうち，この時点でH精神保健福祉士がファシリテーターとなり，参加者と共に行ったこととして，**正しいものを1つ選びなさい。**

1 傾聴
2 参与観察
3 KJ法
4 ブレインストーミング
5 ディベート

Point Q市障害福祉課のH精神保健福祉士が，ひきこもりに関する地域課題を把握するために，協議会の専門部会でファシリテーターとなり，関係者の意見集約を行った方法についての理解が問われている。

1 ✕ 傾聴とは，クライエントの話をただ聞くのではなく**積極的にクライエントの思いや言葉の裏側にある背景を理解しようとする姿勢**である。傾聴は受容や共感的理解と密接なつながりがあり，クライエントとの信頼関係（ラポール）の形成に向けて，重要なかかわりとなる。したがって，H精神保健福祉士が参加者の意見を自由に出してもらう方法とは異なる。

2 ✕ 参与観察とは，**調査対象者が活動を行うグループや地域で共に生活しながら，そこで起こる事象を長期かつ多角的に観察する質的研究法**である。したがって，H精神保健福祉士が協議会で参加者に自由な意見を出し合ってもらう方法とは異なる。

3 ✕ KJ法（カード整理法）とは，文化人類学者の川喜田二郎が開発した情報の整理や分析方法であり，名前の由来は本人のイニシャルである。**収集した情報の内容が近いものをまとめて見出しをつけて，さらに凝縮しながら，それらの関連性を検討していく。** H精神保健福祉士は協議会の参加者に自由な意見を出してもらっているが，それらの整理や分析は次の段階であるため，KJ法には該当しない。

4 ◯ ブレインストーミングとは，アメリカのオズボーン（Asborn, A. F.）が提唱した**自由なアイデアを生み出す方法**である。固定概念や常識にとらわれず，メンバーの意見を批判することなく，それぞれの意見を尊重しながら，アイデアを発展させていく。したがって，H精神保健福祉士が参加者に意見を自由に出し合ってもらったという記述に該当する。

5 ✕ ディベートとは，**相手を理論的に説得することを目的として，特定のテーマに対する賛成と反対のグループに分かれて，議論や討論を交わすこと**である。事象を客観的・批判的に検討し，多角的な視点から主張する能力を習得するために有効とされる。H精神保健福祉士は，参加者に自由な意見を求めているため，ディベートには該当しない。

解答 4

53 ソーシャルワークの理論と方法（専門）

[旧]精神保健福祉の理論と相談援助の展開・問題 60

☑☑☑

次の記述のうち，Q市の新たな取組として，**適切なものを１つ**選びなさい。

1 居場所やつながりを作るために，同じ悩みを語り合うサロンづくりを進める。
2 一人暮らしの支援として，住宅入居等支援事業を開始する。
3 日常生活自立支援事業の広報を積極的に行う。
4 市内の精神科医療機関の一覧をひきこもっている人たちに送付する。
5 家族内での役割を獲得するための介護教室を開催する。

Point Q市障害福祉課のH精神保健福祉士が，協議会における専門部会の意見を踏まえた提案と報告を行い，Q市としての新たな取組を検討する設問である。事例文からQ市の地域課題をとらえる読解力と，課題の解決策を導き出すための基本的な知識が問われる。

1 ○ ひきこもり課題に関する専門部会のまとめとして，「女性の増加が目立ち，彼女たちは，もう一度誰かとつながりたいという気持ちがあるがなかなか自分からは行動しにくいようだ」という一致した意見がある。したがって，**同じ悩みを語り合えるサロンづくりを進めて，ひきこもっている女性に居場所やつながりを提供することは，地域ニーズに合致する。**

2 × 住宅入居等支援事業（居住サポート事業）とは，障害者総合支援法における市町村地域生活支援事業で行われる事業で，賃貸契約による一般住宅への入居を希望しているが，保証人がいない等の理由により入居が困難な障害者に対して，入居に必要な調整や家主等への相談・助言を通じて障害者の地域生活支援を行う事業である。**Q市では居住支援のニーズは把握されていない**ため，本事業の開始が適切とはいえない。

3 × 日常生活自立支援事業とは，都道府県・指定都市社会福祉協議会が実施主体となり，認知症や知的障害，精神障害などにより判断能力が十分でない人々の権利擁護を目的として，福祉サービスの利用支援や日常的な金銭管理，重要書類等の保管などの支援を行う事業である。**Q市では判断能力が十分でない人の権利擁護に関する地域ニーズは把握されていない**ため，本事業の広報が適切とはいえない。

4 × Q市ではひきこもっている女性の増加や彼女たちが人とのつながりを求めているという地域ニーズを把握している。**精神科医療機関に関する情報提供を行ったとしても，居場所やつながりの支援に直結するとは考えにくい**ため，適切とはいえない。

5 × Q市ではひきこもっている女性の増加や彼女たちが人とのつながりを求めているという地域ニーズを把握している。すでに親の介護を担っている人も存在しており，**家族内での役割よりも，むしろ社会参加につながるような社会的役割の獲得を支援することが求められる**ため，適切とはいえない。

解答 1

54 精神障害リハビリテーション論

⑯精神保健福祉の理論と相談援助の展開・問題40

次の記述のうち，IMR（疾病管理とリカバリー）のプログラムの説明として，**正しいもの**を1つ選びなさい。

1 物質依存症の人々のために開発された。
2 ストレス－脆弱性（ぜいじゃくせい）モデルを病気の自己管理の基礎としている。
3 家族と支援者は関与しないことが推奨されている。
4 個々のニーズに応じてオーダーメイドされた内容で構成される。
5 精神疾患の一次予防を目的としている。

Point IMR（Illness Management and Recovery：疾病管理とリカバリー）のプログラムについての説明を問う問題である。IMR は，精神障害（精神疾患）のある人が自身の障害（疾患）に対して適切に対処できるようになることで，病気に苦しむ人たち自身が望む「リカバリー（回復）」の実現に役立つようパッケージ化された心理社会的プログラムである。アメリカ連邦政府である SAMHSA（Substance Abuse and Mental Health Services Administration）が中心となって作成した EBP（科学的根拠に基づく実践）ツールキットとして示されたプログラムの一つで，日本では日本精神障害者リハビリテーション学会により翻訳版が出版されている（※）。

1 ✕ IMR は，**統合失調症や双極症，うつ病など，精神疾患のある者**を対象として開発されたプログラムである。物質依存症の人々を対象とした標準化された集団認知行動療法プログラムとしては，国内では SMARPP（Serigaya Methamphetamine Relapse Prevention Program）などが代表的である。よって，選択肢は誤りである。

2 ○ IMR では，**利用者が精神疾患のストレス－脆弱性モデルを理解すること**を支援している。このストレス－脆弱性モデルを基に，利用者自身が治療などを上手に活用することによって，自分の病気の自己管理ができ，主体的にリカバリーについて考えることができるようになることを目指している。よって，選択肢は正しい。

3 ✕ IMR では，**当事者と専門職である支援者は協働者として位置づけられている**。また，プログラムの中では，**家族や友人などの重要な関係者のかかわりが有益である**ことを学ぶ項目がある。よって，選択肢は誤りである。

4 ✕ IMR では，このプログラムを実践するにあたって必要となる**情報や資料，ガイドラインが一つのパッケージとして提供されている**。取り扱う内容もリカバリーを目指した九つのモジュール（項目）によって構成されているため，個々のニーズに応じて内容が構成されたものではない。よって，選択肢は誤りである。

5 ✕ 一次予防とは，病気の原因対策であり，病気になる前の取組みである。生活習慣の改善などの健康増進，生活環境の改善などの健康保護，健康教育などによる疾病予防などがある。IMR は，**精神疾患のある当事者のリカバリーを目指したプログラム**であるため，一次予防を目的としたものではない。よって，選択肢は誤りである。

解答 2

※ SAMHSA（アメリカ連邦保健省薬物依存精神保健サービス部）編『アメリカ連邦政府 EBP 実施・普及ツールキットシリーズ５－Ⅰ IMR・疾病管理とリカバリーツールキット 本編』日本精神障害者リハビリテーション学会，2009.

55 精神障害リハビリテーション論

[旧]精神保健福祉の理論と相談援助の展開・問題 41

Dさん（30歳）は半年前に精神科病院を退院し，週3日アルバイトを行い，1日は精神科デイ・ケアを利用している。病状は落ち着いており，デイケアには時間に遅れずにやって来て，メンバーとレクリエーションを楽しんでいた。ところが，Dさんがデイケアを休むことが続いたので，心配した担当の精神保健福祉士が電話をした。Dさんは，「メンバーからカラオケ店に頻繁に誘われるようになった。疲れるので行きたくないが，相手の気分を害するのではないかと思うと断れない」と話した。話を聞いた精神保健福祉士は，Dさんにデイケアの新たなプログラムへの参加を提案した。

次のうち，精神保健福祉士がDさんに提案したプログラムの目的として，**適切なもの**を**1つ**選びなさい。

1 正規雇用の仕事に就く準備
2 服薬の自己管理
3 生活リズムの改善
4 ソーシャルスキルの獲得
5 疾病や障害の正しい知識の学習

Point 精神科デイ・ケアの機能を踏まえた上で，Dさんの状態と主訴に応じた精神保健福祉士の適切な提案を選択する短文事例問題である。この問題を解くためには，短い場面事例からDさんの生活リズムや体調等の状態と主訴を読み解き，さらに精神科デイ・ケアの機能に加えて，精神科デイ・ケアで実施される代表的な精神科リハビリテーションの方法（社会生活技能訓練（Social Skills Training：SST）や心理教育など）について理解していることが必要となる。

1 × 精神科デイ・ケアは診療報酬制度に位置づけられた治療・リハビリテーションの場であり，グループワークを中心としたさまざまなプログラム活動を通して，生活リズムの安定や精神疾患の再発防止，対人関係スキルの向上などを図る場である。**Dさんはデイケアを休みがちになっているが，その理由はメンバーからの誘いをうまく断れないという対人関係上の悩みであり，この時点で正規雇用の仕事に就くという主訴は読み取れない**。なお，近年では，リワーク（復職）の機能に特化した精神科デイ・ケアもある。

2 × Dさんは退院後，週3日アルバイトをしており，病状も安定していることが読み取れる。デイケアの欠席理由も体調不良ではなく，**対人関係上の悩みであり，この時点で服薬の自己管理を目的としたプログラムへの参加を提案する根拠は見当たらない**。

3 × Dさんは，週3日のアルバイトのほか，週1日はデイケアを利用し，時間に遅れることなく生活している。また，先述のとおり**デイケアの欠席理由は体調不良や生活リズムの乱れではないことから，精神保健福祉士が生活リズムの獲得のためのプログラムを提案する根拠は見当たらない**。

4 ○ Dさんの**主訴は，メンバーからの誘いをうまく断れない**ことにある。このように，社会生活，特に対人関係におけるコミュニケーションの場面において，状況に応じて適切な行動をとるスキルをソーシャルスキルという。**SSTは，認知行動療法に基づき，ロールプレイや正のフィードバック，モデリングを用いて社会生活技能を高める方法であり，Dさんに提案するプログラムとして適切である**。

5 × Dさんのデイケアの欠席理由は，先述のとおり**対人関係上の悩み**である。そのため，**疾病や障害の正しい知識の学習を目的としたプログラムは，Dさんの悩みに対応した提案とはいえない**。なお，患者や家族に対して精神疾患の特徴や経過，薬の作用と副作用，社会資源の活用法などを教育するプログラムを心理教育という。

解答 4

56 精神障害リハビリテーション論
⑮精神保健福祉の理論と相談援助の展開・問題 42

次の記述のうち，精神科医療機関における退院に向けたチームアプローチの説明として，**適切な**ものを**2つ**選びなさい。

1 構成員同士の良好な関係性を保つため，率直な意見表明は控える。

2 利用者の意向を尊重するため，利用者参加を原則とする。

3 多様なニーズに対応するため，構成員の役割分担を明確化する。

4 構成員の対等性を重視するため，チームリーダーは見守りに徹する。

5 秘密保持を厳守するため，日常的なコミュニケーションは控える。

Point 精神科医療機関における退院に向けたチームアプローチ（多職種連携）のあり方について，基本的な理解が問われている。チームアプローチにおいて，精神保健福祉士には利用者を中心としながら支援のコーディネートをしたり，チームに生活モデルの視点をもたらしたりする役割が期待されている。

1 ✕ 精神科医療機関におけるチームアプローチでは，構成員同士の**専門性を尊重しながら，率直に互いの意見を表明する**ことが重要である。意見に違いがあった場合にもその違いを認め合うことで，チームの心理的安全性や対等性が確保でき，各構成員の信頼関係の構築につながっていく。

2 ◯ 利用者の自己決定を最大限に尊重するため，精神科医療チームは**利用者の参加が原則**である。精神保健福祉士は権利擁護の観点から，利用者が自身の希望を伝え，支援内容を選択・評価するなど，常に利用者がチームの中心であるかを点検する役割が求められる。

3 ◯ 精神科医療機関におけるチームアプローチでは，支援目標を共有し，各構成員の専門性を尊重しながら，**役割分担を明確化する**必要がある。このような取組みを通じて，構成員がそれぞれの専門性を活かすことで，十分に能力を発揮することが可能となる。

4 ✕ 精神科医療機関におけるチームアプローチでは，構成員の対等性を重視するために，**チームリーダーは構成員相互のコミュニケーションを促進する役割**がある。特にチームビルディングの形成期では，チームのビジョンや目標，構成員同士が相互の専門性を理解できるような創意工夫が求められる。

5 ✕ 精神科医療機関におけるチームアプローチでは，効率的・効果的な支援を進めるために，各構成員が支援で知り得た情報を集約することは重要である。そのため，**メンバー間の日常的なコミュニケーションを促進する**ことが必要となる。一方，利用者のプライバシーが十分に守られるよう，徹底しなければならない。情報共有の範囲やその発信方法などについて，常に利用者の了解を得るなど，慎重な議論が求められる。

解答 2 3

57 精神障害リハビリテーション論

[旧]精神保健福祉の理論と相談援助の展開・問題 43

次の記述のうち，社会リハビリテーションにおけるアセスメントとして，**正しいものを１つ**選びなさい。

1 地域移行に向けた外泊訓練の効果について検証する。
2 利用可能な福祉サービス事業所の状況を把握する。
3 一人暮らしに向けた支援体制をつくる。
4 新たなニーズが生じた際に支援できるよう地域のネットワークを確認する。
5 精神障害者保健福祉手帳取得で活用できるサービスの拡充を検討する。

Point 社会リハビリテーションにおけるアセスメントについての問題である。国際リハビリテーション協会社会委員会では，社会リハビリテーションについて「社会生活力（Social Functioning Ability：SFA）」を身につけることを目的としたプロセスであると定義している。社会生活力とは，「さまざまな社会的な状況のなかで，自分のニーズを満たし，一人ひとりに可能な最も豊かな社会参加を実現する権利を行使する力を意味する」と定義されている。一般にリハビリテーションのプロセスは，①ケースの発見・出会い，②インテーク（受理面接），③アセスメント（査定），④プランニング（計画），⑤インターベンション（介入），⑥モニタリング（経過観察：見直しが必要な場合は③に戻り再アセスメントを行う），⑦エバリュエーション（評価），⑧ターミネーション（終結）から構成される。そのプロセスの中で，アセスメントは，リハビリテーションの実施に向けて計画を立てるために必要な情報を集める段階である。利用者個人の特徴や環境についての情報を集めることも大事であるが，利用者の将来の希望を一緒に探すことが特に重要である。

1 × 地域移行に向けた外泊訓練の効果について検証することは，すでに実施したリハビリテーションの効果検証であり，**エバリュエーション（評価）**にあたる。

2 ○ 利用可能な福祉サービス事業所の状況を把握することは，リハビリテーションの実施に向けて計画を立てるための環境を把握するために必要であり，プランニングの前の**アセスメント（査定）**にあたる。

3 × 一人暮らしに向けた支援体制をつくることは，環境整備という**インターベンション（介入）**にあたる。

4 × 新たなニーズが利用者に生じた場合に備えて，地域のネットワークを確認しておくという情報収集は，介入中のモニタリングによって新たなニーズが生じる可能性が見出せた場合であると考えられ，別の計画立案のための準備を行う**再アセスメント**にあたる。

5 × 精神障害者保健福祉手帳取得で活用できるサービスの拡充を検討することは，ソーシャルアクションに向けた準備をするという介入計画であり，**プランニング（計画）**にあたる。

解答 2

58 精神障害リハビリテーション論

[旧]精神保健福祉の理論と相談援助の展開・問題 46

統合失調症の娘をもつEさん（70歳，女性）は10年前より家族相談員として活動している。ある日の相談会に，Fさん（45歳，女性）が初めて相談に訪れ，「息子が病気になったのは親のせいなのでしょうか」と沈鬱な表情で話した。Eさんは，「私も娘が病気になった頃は自分を責めてばかりでした」と話すと，Fさんは，「Eさんもそうだったのですか」と言い，涙を流した。その後Fさんは度々相談会に訪れ，半年経った頃には，「自分を責めてもしょうがないですね。自分の人生を楽しんでもいいですよね」と笑顔で話すようになった。EさんはFさんの変化に励まされ，相談員の活動にやりがいを感じた。

次のうち，家族相談員の活動を通して，Eさんにもたらされたことを示す概念として，**適切なものを1つ**選びなさい。

1　ピア・アドボケイト
2　カタルシス
3　ヘルパー・セラピー原理
4　バウンダリー
5　リフレーミング

Point　家族相談員のEさんが，自身と同じように病気の子をもつFさんの相談に対応する中で，自身の相談員の活動にやりがいを感じることとなったという事例について，Eさんにもたらされたことを示す概念を問う問題である。

1　×　ピア（peer）は同等な者や仲間といった意味である。また，障害者や高齢者などに代わり，その権利を代弁・擁護し，権利実現を支援するアドボカシー（advocacy）を行うものがアドボケイト（advocate）である。つまり，ピア・アドボケイトとは，同じ仲間のアドボカシーを行うものを指す概念である。EさんとFさんは病気の子をもつ親という点でピアであるが，**EさんはFさんの権利を代弁・擁護しているわけではない**。よって，選択肢は適切ではない。

2　×　抑圧された葛藤などの感情を表現することで，心が浄化される現象をカタルシス効果という。**Fさんは，相談会で自分を責めていたことを言語化し，同じ経験をしたEさんの話を聞いて涙することによって前向きな気持ちになるというカタルシス効果がもたらされたが，それはFさんにもたらされたこと**である。よって，選択肢は適切ではない。

3　○　ヘルパー・セラピー原理とは，「**援助するものが最も援助を受ける**」ことを指しており，ガートナー（Gartner, A.）とリースマン（Riessman, F.）が提唱したものである。Eさんは家族相談員としての支援を通じてFさんの変化に励まされ，相談員の活動にやりがいを感じた。よって，選択肢は適切である。

4　×　バウンダリーの概念とは，自分と他者との境界線のことを指し，援助の中では援助者としてするべきこと，するべきでないことという「援助境界」のことである。援助関係では援助境界をどのように保つかが重要な課題となることも多いが，**本事例ではバウンダリーの課題がEさんにもたらされたわけではない**。よって，選択肢は適切ではない。

5　×　リフレーミングとは，生じている問題を取り巻く状況や枠組み（フレーム）を別の視点からみることで，その問題に対する意味づけを変え，現状認識を広げる技法である。**EさんはFさんの変化をそのまま受け取ることで励まされており，別の視点からみてその意味づけを変えたわけではない**。よって，選択肢は適切ではない。

解答 3

事例問題 1 精神障害リハビリテーション論

次の事例を読んで，[59]から[61]までについて答えなさい。 [旧]精神保健福祉の理論と相談援助の展開・事例問題 1

〔事　例〕

Lさん（41 歳，男性）は，20 代で統合失調症と診断され，服薬を中断して体調を崩しては入退院を繰り返し，今回の入院となった。なかなか病状が安定しなかったが，入院して 1 年が過ぎ安定してきた。病棟担当の精神保健福祉士は，Lさんから，「両親とも 70 代で体調が悪いので，もう負担はかけられない。一人暮らしをして自立したいが，これまで家事は母親に任せきりだったため，いざ一人暮らしを考えると不安がある」と聞いた。そこで，地域移行支援を紹介し，利用することになった。後日，相談支援事業所のM精神保健福祉士とピアサポーターのAさんがLさんの元を訪れた。Aさんは，「僕も退院が不安だったけど，いろいろな助けを借りて一人暮らしができているし，好きなことに打ち込めて楽しいよ」と話し，自身の生活や利用しているサービスについて説明した。（[59]）

Lさんは，「両親が貯めてくれたお金があるので，しばらくは生活の心配はないと思う」「Aさんのように一人暮らしを継続し，再入院しないで，好きな鉄道を自由に見に行きたい」「自炊したいし，家事や生活費のやりくりも頑張りたいが，自信がない」「ささいなことが心配になるので，相談できる場所があると助かる」と話した。M精神保健福祉士は，Lさんの思いを受け止め，地域移行支援計画案を作成した。（[60]）

Lさんは，AさんやM精神保健福祉士の支援を受けて退院し，引き続き地域定着支援を受けながら一人暮らしを始めた。そして，地域活動支援センターのB精神保健福祉士の支援を受けながら，フリースペースの利用や毎日の夕食会に参加し始めた。さらに，居宅介護による掃除の支援や訪問看護を利用して生活に慣れていった。しかし，ほどなくしてフリースペースや夕食会に顔を見せなくなった。B精神保健福祉士は，M精神保健福祉士と訪問看護師にこのことを話し，訪問看護時に一緒にLさん宅を訪れた。Lさんは，「夕食会で話の合う人がいないので居づらく，行けなくなってしまった。そのことに悩んだり，夕食作りなど家事を頑張ったので疲れてしまった。今は寝てばかりいて，家にひきこもっている。このままだとまた入院になってしまうのでしょうか」と話した。そこでケア会議が開催された。（[61]）

59

精神障害リハビリテーション論

[旧]精神保健福祉の理論と相談援助の展開・問題 49

次のうち，この時のＬさんに対するＡさんの役割を表すものとして，**正しいものを１つ**選びなさい。

1　セカンドオピニオン

2　アドボケーター

3　メディエーター

4　エデュケーター

5　ロールモデル

Point 「地域移行支援」を活用した退院支援事例である。Ｌさんは病状が安定したことから，両親から自立し，一人暮らしという目的をもって退院を希望している。しかし，一人暮らしに対する不安もあることから，相談支援事業所の精神保健福祉士とともに，ピアサポーターも退院支援チームの一員として参加し，自らの体験をＬさんに伝え，不安を共有する役割を担うことになる。

1　×　セカンドオピニオンとは，診断や治療等に関して，治療を受けている医療機関以外の医師等に意見を求めることである。自分が治療に対して納得でき，主体的に選択をするために行うものであり，ほかの医師の意見や見立てを知り，取り入れることにより，よりよい治療上の選択ができることが望ましい。この事例においてはＬさんから明確な退院希望があり，主治医以外から**診断や病状に関して情報を得ることは求めていない**。そのため，この選択肢は誤りである。

2　×　アドボケイト（advocate）は，意思表明や権利行使が困難な状態にある人の代弁，権利擁護のことであり，アドボケーターとはその人たちの代弁者，権利擁護を行う人のことをいう。精神科領域では，入院中の精神障害者のもとに訪問し，権利擁護活動の取組みを行っている地域もある。精神保健及び精神障害者福祉に関する法律（精神保健福祉法）の改正により，入院者訪問支援事業（入院者訪問支援員）が開始となるが，まだアドボケイト機能が中心とはいえない。ピアサポーターのＡさんは，**生活やサービスについて説明**をしており，代弁や権利擁護をしているとはいえないためこの選択肢は誤りである。

3　×　メディエーターは調停者，媒介者としての機能をもつ人のことをいう。考えや方針の相違等により葛藤を抱えている当事者間の調停をし，合意に向けてはたらきかける。集団や組織間の場合も含めて，２者以上の当事者が合意形成するために支援するものである。事例においてＬさんは退院に向けて進もうとしており，病院や相談支援事業所も同じ方針で退院支援を行っているところである。Ｌさんが**他者との間に問題や葛藤を抱えている状況はうかがえず**，よってこの選択肢は誤りである。

4　×　エデュケーターは教育者として，クライエントのもつ対処能力等を高めるために，必要な情報を提供したり，情報を得る機会を与えたりスキルを獲得するための機会を提供する役割である。事例では，ＡさんがＬさんに対して，自分が利用しているサービスなどの情報を提供していることが述べられている。しかし，**ピアサポーターのＡさんは対等な立場で当事者と分かち合い，仲間として支える役割**である。よってこの選択肢は誤りである。

5　○　ロールモデルとは，模範となるもの，お手本となるものである。自分が目指す姿や役割を体現して示してくれ，行動するときや考え方の基準ともなる。Ａさんは自身が精神科病院からの退院を体験して，サービスを使いながら一人暮らしをしている。その経過の中でＡさんも不安を感じていたこと，現在は楽しく生活していることが語られている。一人暮らしに不安を感じているＬさんにとっては，Ａさんの体験は参考になるとともに，**Ａさんの姿はＬさんの目指す姿**とも重なり，ＡさんはＬさんのロールモデルといえる。

解答 5

60 精神障害リハビリテーション論

⑯精神保健福祉の理論と相談援助の展開・問題50

次の記述のうち，この計画案の内容として，**適切なもの**を１つ選びなさい。

1 服薬の自己管理をするために，心理教育プログラムに参加する。

2 生活費を自己管理するために，生活困窮者家計改善支援事業を利用する。

3 料理や掃除，洗濯が一人でできるようになるために，退院まで１年かけて練習する。

4 心配を軽減するために，アサーション・トレーニングを行う。

5 一人暮らしをするために，Aさんにアパート探しを依頼する。

> **Point**　「地域移行支援」は地域相談支援の中のサービスであり，指定一般相談支援事業者が支援を行う。地域移行支援計画はその最初の段階で必要となるものであり，利用者の心身の状況，環境及び生活状況等の評価を行う。また，利用者の希望や課題についてアセスメントし，関係者間で計画作成に向けた検討をする。また，計画の中には地域移行支援だけではなく，ほかの保健医療サービス又は福祉サービスとの連携も位置づける必要がある。

1 ○　心理教育プログラムとは，受け入れがたい，慢性的に継続する問題を抱えた人に対し行われる支援方法であり，疾患や障害，治療への理解，本人の認知や行動の改善を目指すものである。精神疾患患者本人だけではなく，その家族に対しても，家族心理教育プログラムとして広く提供されている。Lさんは服薬を中断したことによって入退院を繰り返してきた経過があり，**服薬継続はLさんの病状や生活を安定させるために必要である**と考えられる。

2 ✕　生活困窮者家計改善支援事業は**生活困窮者及び生活保護法に規定される特定被保護者**の自立促進のための事業である。本人から相談があったら生活状況を把握し，家計状況を可視化する。家計表の形で可視化することにより課題を明確にする。さらに，目標や支援内容について家計再生プランを策定し，支援を提供する。支援開始後は，家計表の確認や関係制度の利用支援，債務整理等の支援を行う。Lさんは両親が貯めたお金があるのでしばらくは生活に心配がないと話しており，**生活困窮者及び生活保護法に規定される特定被保護者ではない**と考えられる。

3 ✕　退院準備に関する選択肢である。家事ができることは望ましく，一人暮らしに対する不安を解消することができる。しかし，精神科病院内で家事の練習をするよりも，**退院後に実際の暮らしを通して少しずつスキルを獲得していく考え方が望ましい**。Lさんは退院を希望しており，ホームヘルプサービスを活用することもできる。入院中は，それらサービス利用のための説明や準備を進めることや，地域で活用できそうなスーパー等の店を確認したりすることができる。一人で家事ができないことは入院を継続する理由にはならない。

4 ✕　アサーションとは，「自分のことだけでなく，相手のことも大切にしながら，自分の考えや意見，気持ちを素直に表現する方法」のことである。適切な自己表現をすることにより，自分の意見を相手にうまく伝えることができる。自分の権利も相手の権利も尊重するコミュニケーションである。Lさんの発言からは，コミュニケーションや人間関係に関する不安は聞かれておらず，また，**家事や生活費のやりくり等に対してLさんがもつ不安は，アサーション・トレーニングの目的とはならない**。

5 ✕　精神疾患の経験や精神保健福祉サービスの利用経験のある当事者が，その経験をもとに，①ほかの当事者と仲間として互いに支え合うことや，②業務や活動の一環として意図的にほかの当事者を支援したりすることをピアサポートといい，ピアサポートを行う人をピアサポーターという。特に退院やその後の生活を不安に感じているLさんは具体的な生活像や助言を必要としており，Aさんがその役割を担っていることが読み取れる。**Aさんはピアサポーターであって，部屋探しをする役割はない**。

解答 **1**

61 精神障害リハビリテーション論

[旧]精神保健福祉の理論と相談援助の展開・問題 51

☑☑☑

次の記述のうち，この時のケア会議の参加者がＬさんに話したこととして，**適切なものを2つ**選びなさい。

1　訪問看護師：「生活リズムを立て直すために，入院を考えてみませんか」
2　Ｂ精神保健福祉士：「鉄道好きなメンバーがいるので，声を掛けてみましょうか」
3　Ｍ精神保健福祉士：「無理せず，ご実家で暮らすようにしますか」
4　ホームヘルパー：「家事ができるようになったので，もう少し頑張ると楽になりますよ」
5　Ａさん：「一緒に夕食のお惣菜(そうざい)を買いに行きませんか」

Point　一人暮らしを始めたＬさんは地域活動支援センターのフリースペースや夕食会に参加し，居宅介護による家事支援，訪問看護も利用して順調に生活をしていた。しかし，フリースペースや夕食会に参加しなくなった理由として，話が合う人がいないこと，家事を頑張ったことによる疲れを訴えている。さらに再入院になることの不安も感じていることが読み取れる。現段階では，Ｌさんが前向きに地域活動支援センターに通うことができること，家事の負担を軽減することが求められている。

1　×　選択肢では，生活状況の改善のため入院を勧めている。Ｌさんは寝てばかりいること，家にひきこもっている現状から，再入院することになるのではないかと不安に感じていることが読み取れる。これまで入退院を繰り返してきた体験からの不安とも考えられる。しかし，**病状の悪化が懸念される状況は読み取れず**，また，生活リズムを立て直すことが目的であれば，**入院せずに生活状況を整えることも検討できる**。現段階で入院しなければならない切迫した状況にはないため適切ではない。

2　○　Ｌさんが利用している地域活動支援センターにおいて，**「話の合う人がいないので居づらい」というＬさんの発言に対する提案である**。Ｌさんは，Ａさんのように一人暮らしを継続したいことや，再入院せずに好きな鉄道を自由に見に行きたいことを話していたため，鉄道に関する話題であれば，ほかの利用者と共有することができると考えられる。地域活動支援センターに通い始めて日が浅いこともあり，Ｂ精神保健福祉士から紹介してもらう形で，話が合う人と出会えるようにするのは適切である。

3　×　Ｌさんの負担を軽減する提案のように読めるが，Ｌさんには両親に負担をかけたくないという思いから一人暮らしを望んだ経緯がある。現段階では，Ｌさんからは一人暮らしをやめたいという発言は聞かれず，体調や生活状況の面からも一人暮らしが継続できない状況であるとはいえない。また，今後一人暮らしが困難になることがあったとしても，**親に負担をかけたくないというＬさんの思いを尊重して，実家で暮らす以外の選択肢を検討するべきである**。これらのことから，Ｌさんに実家で暮らすことを勧めるのは適切ではない。

4　×　選択肢は家事ができるようになったことを評価しながらも，さらに頑張るようにＬさんに促している。Ｌさんの発言からは，夕食作りなどの家事を頑張ったことによって疲れてしまったことがわかる。このような状態のＬさんに対してさらに頑張ることを求めることは，**Ｌさんの頑張りや不安を理解していないとも受け取られかねない発言であり，適切ではない。**

5　○　ピアサポーターであるＡさんが一緒にお惣菜を買いに行くことを提案している。これはＬさんが，夕食作りなどを頑張った結果，寝てばかりいるほど疲れてしまったという発言に対しての提案である。Ａさんはすでに一人暮らしをしており，家事の経験もある。一人暮らしに慣れないＬさんの買い物に同行することにより，利用できる店の存在を教えたり，お惣菜をうまく活用するという**生活者としての知恵を提供することができる**。Ａさんの情報は，Ｌさんの家事負担の軽減に役立てることができると考えられる。

解答　2　5

注）本来「ソーシャルワークの理論と方法（専門）」に分類される問題であるが，問題59・60に合わせて「精神障害リハビリテーション論」に収載した。

事例問題 2 精神障害リハビリテーション論

次の事例を読んで，[62]から[64]までについて答えなさい。 [旧]精神保健福祉の理論と相談援助の展開・事例問題 3

〔事　例〕

Ｅさん（19 歳，男性）は，高校２年時に自閉スペクトラム症と診断された。３年時に就職活動を行ったが，面接で質問に適切に答えられないことや，ゲームに熱中して寝坊し面接に間に合わないことが何度もあり，不採用が続いた。度重なる不採用の連絡と就職活動の指導によるストレスでうつ状態となり，就職活動を中止したまま卒業した。

１年後，Ｅさんは主治医から就職活動再開を提案され，通院先のＦ精神保健福祉士と面談した。Ｆ精神保健福祉士は，Ｅさんには一度見たものを正確に覚える，集中力があるという強みがある一方，高校時代からの課題に加え，自分から相談することは苦手なことが分かった。Ｅさんは配慮してくれる会社で働くことを希望したため，Ｆ精神保健福祉士は精神障害者保健福祉手帳の取得を支援した。そして，Ｖ就労移行支援事業所をＥさんに紹介し，利用できるよう支援した。（[62]）

Ｖ就労移行支援事業所のＧ精神保健福祉士は，Ｅさんの訓練の様子を見て，地域のイベントで顔見知りになったＷ社の社長が頭に浮かんだ。そこで，Ｗ社に雇用の可能性について問い合わせたところ，「Ｅさんに合った仕事があるか分からない」とのことであった。（[63]）

その後，ＥさんはＷ社において事務の仕事で職場実習を開始した。実習５日目に，Ｗ社の担当者からＧ精神保健福祉士に，「話があるので来て欲しい」と電話があった。Ｇ精神保健福祉士が訪問したところ，担当者は，「Ｅさんに何度も手順の間違いを指摘したが，同じ失敗を繰り返す」「何かあれば相談するよう伝えていたのに，今日は無断で遅刻した」「このままだと実習継続は厳しい」と話した。一方，Ｅさんは，「社員から何を注意されたか分からず，とても疲れた。今朝起きたら始業時間を過ぎていたので急いで来たが，実習を始めさせてもらえない」と話した。Ｇ精神保健福祉士は，担当者にＥさんの対応について助言した。（[64]）

Ｇ精神保健福祉士のサポートによりＥさんの職場実習は順調に進み，Ｗ社はＥさんの雇用について前向きに検討し始めた。

62

精神障害リハビリテーション論

[旧]精神保健福祉の理論と相談援助の展開・問題 55

☑☑☑

次のうち，この時のＦ精神保健福祉士の対応として，**正しいものを１つ**選びなさい。

1　ネゴシエーション
2　インフォームドチョイス
3　オリエンテーション
4　アカウンタビリティ
5　リファーラル

Point　Ｅさんの障害特性とニーズを踏まえた上で，精神保健福祉士の対応を表す適切な用語を選択する問題である。この問題を解くためには，ソーシャルワークのプロセスや機能についての理解が必要である。ソーシャルワークのプロセスは，①受理面接（インテーク）→②契約（エレゲージメント）→③課題分析（アセスメント）→④支援の計画（プランニング）→⑤支援の実施（インターベンション）→⑥経過観察（モニタリング）→⑦効果測定と支援の評価（エバリュエーション）→⑧終結とアフターケアである。また，ソーシャルワークの機能については，『精神保健福祉士業務指針 第３版』にソーシャルワーカーの13の機能として整理されているので押さえておくとよい。13の機能として，「①仲介，②支援／支持，③調停，④教育，⑤評価，⑥調整，⑦代弁，⑧促進，⑨啓発，⑩協議／交渉，⑪組織化，⑫つなぐ／連結，⑬変革」が示されている。

1　✕　ネゴシエーションとは，ソーシャルワークの機能の一つであり，クライエントのニーズの実現やソーシャルワークの価値，理念の実現に向けて，**関係者と交渉する機能**である。すなわち，関係者の間に認識の相違やずれがあり，それらを縮めるための活動であり，変化や合意形成を図るスキルでもある。この場面では，Ｅさんの希望を踏まえ，その実現のために適切なサービス機関（就労移行支援事業所）の利用を支援しており，**そこに認識の相違やずれはなく，この対応はネゴシエーションとはいえない。**

2　✕　インフォームドチョイスとは，**患者が医師から説明を受けた上で，患者自身がその治療を受けるかどうか，あるいは複数の治療方法の中から選択すること**を意味する。この場面での精神保健福祉士の対応はインフォームドチョイスとはいえない。

3　✕　オリエンテーションとは，**方向づけの意味であり，学校や会社等の組織に新しく入った者に対し，組織のルールや仕組みなどを説明すること**を指す。したがって，この場面での精神保健福祉士の対応はオリエンテーションには該当しない。

4　✕　アカウンタビリティとは，**説明責任のことであり，ソーシャルワーカーがクライエントや社会に対して，支援内容や取組みに関する情報開示や説明をする責任のこと**を意味する。この場面における精神保健福祉士の対応からは説明責任の様子を読み取ることはできない。

5　○　クライエントの相談内容に対して，精神保健福祉士が所属する機関では適切なサービスが提供できないことがある。その際には，**より適切なサービス提供機関を紹介し，つなぐ支援を行う。これをリファーラルという。**Ｆ精神保健福祉士の所属は医療機関であり，Ｅさんの希望の実現のために就労移行支援事業所へつなぐ支援をしている。

解答　5

注）本来「ソーシャルワークの理論と方法（専門）」に分類される問題であるが，問題 63・64 に合わせて「精神障害リハビリテーション論」に収載した。

63 精神障害リハビリテーション論
⑯精神保健福祉の理論と相談援助の展開・問題56

次の記述のうち，この時点でG精神保健福祉士がW社に対して行うこととして，**最も適切なもの**を1つ選びなさい。

1 自分がW社の仕事を見学し，体験できるよう依頼する。
2 就労移行支援の制度について説明する。
3 Eさんの特性を詳細に伝え，できそうな仕事を探すよう依頼する。
4 Eさんを雇用すると助成金の受給が可能となることを説明する。
5 Eさんと面接し，雇用の可能性を判断してもらうよう提案する。

Point 近年の障害者福祉施策の方向として，障害があってもその人の強みや特性を活かしながら就労し，社会参加を促進する流れがある。そのため，障害者の日常生活及び社会生活を総合的に支援するための法律（障害者総合支援法）では就労移行支援や就労定着支援の障害福祉サービスが規定された。また，2018年（平成30年）4月からは，精神障害者も雇用義務の対象に加わった。こうした施策やサービスの内容について理解を深めつつ，本設問では，就労支援における精神保健福祉士の役割を念頭において適切な対応を選択する力が求められている。

---

1 〇 この場面は，Eさんの雇用の可能性についてW社の社長がEさんに適した仕事があるかどうか悩んでいる状況といえる。障害者の就労支援においては，障害者本人の希望のほか，障害特性と仕事の内容のマッチングが必要となる。支援者が本人の希望に沿った職場開拓をすることや，仕事の内容や職場環境が本人に適しているかをアセスメントするために，支援者自ら職場体験を行うことは有効である。**G精神保健福祉士がW社の仕事を見学し，自ら職場体験をすることで，Eさんに適した仕事の内容を把握しようとすることは就労支援における精神保健福祉士の役割として重要**といえる。

2 ✕ **就労移行支援のサービスを利用しているのはEさんであり，この時点でW社の社長は制度に関する説明を求めているとは読み取れない。**社長の悩みはEさんに合う仕事があるか分からないという主旨であることから，精神保健福祉士の対応として適切とはいえない。

3 ✕ Eさんの障害に配慮した就職先を探すために，**会社へEさんの特性を伝えることは重要であるが，その際にはEさんの同意のもとで情報を提供する必要がある。**Eさんの同意についてこの場面では読み取ることができない。また，**特性を伝えても会社側には精神障害についての専門家がいるわけではないので，その特性を踏まえてできそうな仕事を会社側だけで探すのは困難**といえる。

4 ✕ 障害者を雇い入れるために，作業施設の設置や整備を行う必要があれば事業主にとって助成金の受給は意義があるといえるが，**この時点での社長の悩みはEさんに合う仕事があるかどうかである。**したがって，この時点での精神保健福祉士の対応としては適切とはいえない。

5 ✕ 精神保健福祉士の実践においては，利用者主体が重要となる。就職を希望しているのはEさんであることから，本人不在で話が進まないように，社長にEさんに会ってもらう機会をつくることは大切である。しかし，雇用の可能性を判断してもらうためには，**実際にG精神保健福祉士がW社の仕事を体験することを通して，障害特性と仕事の内容がマッチングするかどうか判断することが必要である。また，Eさん自身が働きたいと思うかどうか確認する必要もあり，この時点での対応としては時期尚早**といえる。

解答 1

64 精神障害リハビリテーション論

[旧]精神保健福祉の理論と相談援助の展開・問題 57

次の記述のうち，G精神保健福祉士が行った助言として，**適切なもの**を2つ選びなさい。

1 「遅刻した時は，理由を聞かずそっとしておきましょう」
2 「作業手順書を作成し，Eさんに渡してはどうでしょうか」
3 「発注データの確認作業を担当させることを検討しませんか」
4 「同じ部署の社員と仲良くなる機会を設けましょう」
5 「仕事に慣れるために，実習時間を増やしてみませんか」

Point 精神障害者の就労支援が法制度として促進されている一方で，受け入れる側である企業における精神障害者雇用のノウハウの蓄積には差があるといえる。この事例においては，Eさんの障害特性に起因するさまざまな課題について，EさんとW社の間で不具合や葛藤が生じているものである。本設問では，Eさんの障害特性を踏まえた上で適切な選択肢を選ぶ必要がある。

1 × 会社で雇用される場合には就業規則などの会社の取り決め，ルールへの遵守が求められる。**職場実習においてもそれに準じた働き方が求められる**ため，遅刻した理由を聞かないことは適切な助言とはいえない。Eさんの障害特性を踏まえ，寝坊しないための方法や遅刻しそうなときは誰にどのように連絡を入れるのかなど具体的な提案をすることが望ましい。

2 ○ Eさんは，事務の仕事において何度も手順の間違いを繰り返しており，加えて障害特性により，注意されている内容を理解できていない可能性がある。一方で，**見たものを正確に覚える強みがあることから，作業手順書を作成し，それに従って仕事をしてもらうことにより手順の間違いが軽減される可能性がある。**

3 ○ Eさんの強みは，一度見たものを正確に覚え，集中力もあることである。この強みを活かした仕事であれば失敗せずに仕事を進めることが可能である。**発注データの確認作業は発注書とデータを正確に見比べることや，集中力が必要な作業内容であることからEさんの強みを活かせるものである**といえ，精神保健福祉士の助言として適切である。

4 × この場面では，W社の担当者より実習継続が難しいと言われており，その理由は**Eさんの障害特性と仕事の内容とのミスマッチと考えられる**。そのミスマッチを解消しなければ根本的な問題解決には至らない。また，**Eさんは自分から相談することが苦手なため，社員と仲良くなるだけでは不十分であるといえる。**

5 × 実習継続が難しい理由は，先述のとおりEさんの障害特性と仕事の内容とのミスマッチである。**そのミスマッチを解消しないまま，実習時間を増やしても，根本的にミスマッチは解消されず，社員にとってもEさんにとってもストレスのある状況が続くことになる。**

解答 2 3

65 精神障害リハビリテーション論

[旧]精神障害者の生活支援システム・問題76

クラブハウスモデルに関する次の記述のうち，**正しいものを2つ**選びなさい。

1 Nothing about us without us（私たち抜きに私たちのことを決めるな）を合言葉とする。
2 日本においても国際基準の認証を受けた当該モデルの活動がある。
3 運営していく責任はメンバーとスタッフにあり，最終的な責任は施設長が負う。
4 迅速な求職活動を原則とする。
5 リバーマン（Liberman, R.）によって考案された。

Point クラブハウスモデルの原点はニューヨークにある「ファウンテンハウス（Fountain House）」であるが，その母体となったのは「WANA クラブ（We Are Not Alone）」という当事者で結成されたグループである。WANA クラブはニューヨークの州立病院で知り合った数名の当事者が定期的に集まりミーティング，会報作成，病院への慰問等の当事者活動を行ったことが原点である（1944年）。その後クラブハウスは全米にとどまらず，1990年代にはヨーロッパなどにも普及した。2021年には WHO が発行する「Guidance on community mental health services」に，心理社会的リハビリテーションモデルとしてクラブハウスが掲載され，国際的にも評価された。近年，精神障害者を含む障害のある当事者によるピアサポートや当事者自身の語りを重視し支援につなげることの重要性が報告されている。

1 × 選択肢の記述は，「**障害者の権利に関する条約**」（障害者権利条約）に関する内容である。この条約は国際連合の人権条約であり，「私たち抜きに私たちのことを決めるな（Nothing about us without us）」を合言葉に世界中の障害当事者が参加して作成され，2006年の国連総会で採択された。日本は2014年（平成26年）1月に批准している。この条約は，すべての障害者によるあらゆる人権及び基本的自由の完全かつ平等な享有を促進し，保護し，及び確保すること並びに障害者の固有の尊厳の尊重を促進することを目的とする。

2 ○ 選択肢のとおりである。2021年（令和3年）8月1日現在，日本クラブハウス連合に加盟しているクラブハウスは，**3年認証を授与されている**。加盟しているのは，クラブハウス サン・マリーナ（東京都），クラブハウスはばたき（東京都），クラブハウスゆうせん（岐阜県）の3か所である。

3 ○ 選択肢のとおりである。クラブハウス国際基準によると，「**クラブハウスを運営していく責任はメンバーとスタッフにあり，最終的な責任はクラブハウスの施設長が負う**。この責任の中核をなすものは，メンバーとスタッフ双方がクラブハウスの運営のあらゆる面に責任ある関わり方をするというところにある」と規定されている。

4 × クラブハウス国際基準によると，就労支援に関し「クラブハウスはメンバーが**過渡的就労，援助付き就労，一般就労**を通じて，賃金を得るように支援する」と規定されているが，選択肢の記述にあるような「迅速な求職活動」は規定されていない。「迅速な求職活動」を原則とするのはIPSである。

5 × リバーマンはアメリカの心理学者であり，1975年頃から慢性精神疾患患者に向けたリハビリテーションとして **SST（Social Skills Training）を考案し実践した**。SSTは，社会生活スキルトレーニング，ソーシャルスキル・トレーニング，また精神科領域では社会生活技能訓練とも訳される。行動療法や認知行動療法等の理論を背景にもつ。1994年（平成6年）4月に精神科を標榜している保険医療機関において入院加療者を対象として「入院生活技能訓練療法」が診療報酬化された。対人関係を中心とするソーシャルスキルのほか，服薬自己管理・症状自己管理などの疾病自己管理スキルを高める方法がスキルパッケージとして開発されている。

解答 2 3

66 精神保健福祉制度論
⑩精神保健福祉相談援助の基盤・問題26

次の記述のうち、精神保健福祉相談員に関する説明として、**正しいもの**を1つ選びなさい。

1 精神障害者及びその家族等その他の関係者に対する訪問指導業務を行う。
2 厚生労働大臣が任命する。
3 精神保健福祉センターや保健所その他これらに準ずる施設に必置される。
4 精神保健福祉士が担う場合には、3年以上の実務経験が必要となる。
5 「障害者総合支援法」に規定されている。
(注) 「障害者総合支援法」とは、「障害者の日常生活及び社会生活を総合的に支援するための法律」のことである。

Point 精神保健福祉相談員について問う問題であるが、その業務内容、根拠となる法律などを十分に理解しておく必要がある。精神保健福祉相談員は地方公務員である。精神保健福祉士などの資格と精神保健福祉相談員の任用や役割をしっかり整理して理解しておきたい。

---

1 ◯ 精神保健及び精神障害者福祉に関する法律（精神保健福祉法）第48条第1項で精神保健福祉相談員について説明されている。精神保健福祉相談員とは、都道府県及び市町村が、精神保健福祉センター、保健所等の施設に配置し、精神保健及び精神障害者の福祉に関する相談に応じ、**精神障害者及びその家族等を訪問して必要な指導を行う**職員である。

2 ✕ 精神保健福祉法第48条第2項において、「精神保健福祉相談員は、精神保健福祉士その他政令で定める資格を有する者のうちから、**都道府県知事又は市町村長が任命する**」と規定されている。よってこの選択肢は適切ではない。

3 ✕ 精神保健福祉法には、精神保健福祉センターや保健所その他これらに準ずる施設に**「置くことができる」と記載されており、「必置される」ものではない**。よってこの選択肢は適切ではない。

4 ✕ 精神保健福祉相談員については、精神保健福祉法施行令第12条に詳細に規定されているが、**3年以上の実務経験が必要となるという規定はない**。よってこの選択肢は適切ではない。

5 ✕ 障害者総合支援法は障害者及び障害児に対する日常生活や社会生活で必要な支援や、働きやすい環境を整えるための支援を定めた法律である。精神保健福祉相談員については、**精神保健福祉法**の「第6章 保健及び福祉、第2節 相談及び援助」の中で詳しく述べられている。よって選択肢は適切ではない。

解答 1

67 精神保健福祉制度論
⑮精神保健福祉に関する制度とサービス・問題61

次の記述のうち，「精神保健福祉法」に規定される精神科病院の管理者の役割として，**正しいも**のを**2つ**選びなさい。

1 入院者からの退院請求に対し，その者の入院継続の要否を審査する。

2 措置入院者に自傷他害の恐れが消失した場合，直ちに，その者を退院させる。

3 医療保護入院を行う場合，その旨を本人に書面で知らせる。

4 入院者に対して，行政機関の職員との面会を制限する。

5 都道府県知事に対して，医療保護入院者の入院届を出す。

（注）「精神保健福祉法」とは，「精神保健及び精神障害者福祉に関する法律」のことである。

> 🔦 **Point** 精神保健福祉法に規定される精神科病院の管理者の役割を問う問題である。措置入院，医療保護入院など入院形態種別や入院手続きの概要を理解した上で，主治医・精神保健指定医・管理者のそれぞれの役割を理解することが必要である。また，入院患者の面会などの制限や，退院請求に対する審査機関など入院患者の人権を守る仕組みや関係機関の役割についても理解しておきたい。

1 ✕ 入院者からの退院請求に対して入院継続の要否を審査するのは**精神医療審査会**である。精神医療審査会は，適正な医療及び保護を確保するためには患者本人の意思によらない入院や行動の制限等を行わなければならない場合があるという精神医療の特殊性を踏まえ，医療の提供及び人権の擁護の観点から入院継続の適否等の審査を行う。

2 ✕ 措置入院とは，自傷他害の恐れのある精神障害者に対して精神保健指定医2名の診断が一致した場合に，都道府県知事の権限により決定される。措置入院者に自傷他害の恐れが消失した場合は，精神保健指定医が診察し，症状消退届を提出し，**都道府県知事の決定により退院となる**ため誤りである。

3 〇 医療保護入院を行う場合，**精神科病院の管理者は，その旨を本人に書面で知らせる**。精神保健福祉法第33条の3において，精神科病院の管理者は，医療保護入院の場合において，当該精神障害者及びその家族等であって同意をしたものに対し，当該入院措置を採る旨及びその理由，退院等の請求に関することその他厚生労働省令で定める事項を書面で知らせなければならないと規定されている。

4 ✕ 精神保健福祉法第36条第2項により，精神科病院の管理者は，信書の発受の制限，都道府県その他の**行政機関の職員との面会の制限**その他の行動の制限であって，厚生労働大臣があらかじめ社会保障審議会の意見を聴いて定める**行動の制限については，これを行うことができない**とされているため誤りである。

5 〇 医療保護入院は，精神保健指定医による診察の結果，医療及び保護のため入院の必要がある者であって自らの同意により入院する状態にないものについて，家族等のうちいずれかの者が同意した場合の入院である。精神保健福祉法第33条第9項の規定により，**精神科病院の管理者は，入院後10日以内に入院届を最寄りの保健所長を経由して，都道府県知事に提出する**。

解答 **3 5**

68 精神保健福祉制度論

⑮精神保健福祉に関する制度とサービス・問題63

医療保険制度に関する次の記述のうち，**正しいもの**を１つ選びなさい。

1 75歳以上の高齢者等は，他の医療保険から独立した公的医療保険に加入する。
2 国民健康保険の保険者は，国である。
3 医療保険は，現金給付ではなく現物給付である。
4 居宅サービス計画に基づく訪問看護の費用は，医療保険から支払われる。
5 高額療養費の自己負担額は，一律に設定されている。

> **Point** 公的医療保険制度の種類，それぞれの加入者属性，保険者，保険給付等について整理しておく必要がある。医療保険の中で，訪問看護，訪問リハビリテーション，通所リハビリテーション等の介護保険に同一サービスがある場合で，利用者が要介護認定を受けていれば介護保険の給付が優先されることも併せて理解しておきたい。

1 ○ 日本の医療保険は，被用者保険，国民健康保険，後期高齢者医療制度に大別される。75歳以上の高齢者及び一定の障害があると認定された65歳以上75歳未満の者が**後期高齢者医療制度**に加入する。ただし，生活保護受給者は加入が免除される。後期高齢者医療制度の自己負担割合について，2022年（令和4年）10月1日から，75歳以上で一定以上の所得がある者は，医療費の窓口負担割合が2割又は3割となった。

2 × 国民健康保険の保険者は，**都道府県及び市町村**である。国民健康保険制度は，他の医療保険制度（被用者保険，後期高齢者医療制度）以外のすべての者が加入する医療保険制度である。都道府県及び市町村が保険者となる市町村国民健康保険と，業種ごとに組織される国民健康保険組合から構成されている。ちなみに，それぞれの保険者は，被用者保険は全国健康保険協会や健康保険組合などであり，後期高齢者医療制度は，都道府県ごとに全市区町村が加入する後期高齢者医療広域連合である。

3 × 医療保険は，**現金給付と現物給付の両方**がある。業務災害以外の疾病，負傷等で医療機関にかかった場合，保険証を医療機関に提示し，診療や検査，入院等の医療行為で支給される現物給付の形をとるのが原則である。具体的には，療養の給付，入院時食事療養費，入院時生活療養費などがある。また，現金給付とは，傷病手当金，出産手当金，出産育児一時金，埋葬料（費）・家族埋葬料など，保険給付を現金で給付するものをいう。

4 × 居宅サービス計画に基づく訪問看護の費用は，**介護保険**から支払われる。訪問看護は，医療保険，介護保険どちらにも規定されており，原則，介護保険優先である。40歳以上で要介護・要支援の認定を受けていない者や40歳未満の者は，医療保険での訪問看護の対象となる。選択肢にある「居宅サービス計画」とは，介護保険におけるケアプランの一つであり，介護保険を利用して訪問看護を利用するためには「居宅サービス計画」を作成する必要がある。どちらの訪問看護を利用する場合にも医師の「訪問看護指示書」が必須であり，併用はできない。

5 × 高額療養費の自己負担額は，**加入者の年齢（70歳以上か未満か）や，所得水準によってその月の自己負担限度額**が定められており，その上限を超えた分に関しては医療費が払い戻される仕組みである。高額療養費制度は，1か月単位（毎月1日から月末まで），複数受診合算，世帯合算（同一の医療保険加入に限る）で申請することができる。病院等の医療機関にかかる診療費だけでなく，調剤薬局等で処方される薬剤費も対象となるが，保険外診療や，入院時食事療養費及び入院時生活療養費は対象外である。

解答 **1**

69 精神保健福祉制度論
⑯精神保健福祉に関する制度とサービス・問題64

次のうち，市町村長が指定するものとして，**正しいもの**を1つ選びなさい。

1　応急入院させることができる医療機関
2　地域相談支援を行う事業者
3　発達障害者支援センター
4　精神保健指定医
5　計画相談支援を行う事業者

Point 障害福祉サービス事業者の指定は基本的に都道府県知事の役割であるが，一部例外で市町村長が行うものがあるので，整理しておく必要がある。市町村長が指定するものに「指定特定相談支援事業者」「指定障害児相談支援事業者」等がある。また，心神喪失等の状態で重大な他害行為を行った者の医療及び観察等に関する法律（医療観察法）においては厚生労働大臣が「指定入院医療機関」「指定通院医療機関」の指定を行う。

1　✕　応急入院させることができる医療機関の指定は，**都道府県知事**が行う。また，都道府県知事は，指定を受けた精神科病院が厚生労働大臣の定める基準に適合しなくなったと認めたときは，その指定を取り消すことができる。応急入院の対象となるのは，精神保健指定医の診察により，精神障害者であり，医療及び保護のために入院の必要があると判断されたものの，その家族等の同意を得ることができない場合であり，72時間以内に限り，本人の同意がなくても応急入院指定病院に入院させることができる。

2　✕　障害者総合支援法に基づく地域相談支援を実施するための事業者（指定一般相談支援事業者）の指定は，**都道府県知事**が行う。地域相談支援は，障害者の地域生活への移行と継続を支えることを目的とした相談支援事業である。地域相談支援には，地域移行支援と地域定着支援の2事業がある。地域移行支援は，障害者支援施設や精神科病院等から自立した地域生活を目指す障害者を対象に支援を行う。地域定着支援は，単身生活を送る障害者が地域で安心して暮らし続けるため，緊急時等の支援を行う。

3　✕　発達障害者支援センターは，発達障害児（者）への支援を総合的に行うことを目的とした専門的機関であり，**都道府県・指定都市**自ら，又は**都道府県知事・指定都市市長が指定**した社会福祉法人，特定非営利活動法人等が運営できる（発達障害者支援法第14条）。2024年（令和6年）1月現在，都道府県及び指定都市が直営で行っているものは26か所[*1]，委託により運営しているものが72か所[*2]となっている。発達障害者支援センターの主な業務は，①相談支援，②発達支援，③就労支援，④普及啓発・研修などである。

4　✕　精神保健指定医の指定は，**厚生労働大臣**が行う（精神保健福祉法第18条）。精神科医療においては，本人の意思によらない入院や，一定の行動制限を行うことがあるため，これらの業務を行う医師は，患者の人権にも十分に配慮した医療を行うのに必要な資質を備えている必要がある。そのため，一定の精神科実務経験を有し，法律等に関する研修を修了した医師のうちから，厚生労働大臣が「精神保健指定医」を指定し，これらの業務を行わせることとしたものである。

5　○　障害者総合支援法に基づく計画相談支援を実施するための事業者（指定特定相談支援事業者）の指定は，**市町村長**が行う。計画相談支援には，サービス利用支援と継続サービス利用支援の2事業がある。障害福祉サービスを利用するためのサービス等利用計画の作成，サービス等利用計画の見直し（モニタリング），必要であれば修正を行う。なお，児童福祉法に基づく「障害児相談支援」を実施するための事業所指定についても**市町村長**が行う。

解答 5

---

*1　2024年（令和6年）11月現在も26か所である。
*2　2024年（令和6年）11月現在，83か所である。

70 精神保健福祉制度論
⑮精神保健福祉に関する制度とサービス・問題66

地域生活定着支援センターに関する次の記述のうち，**正しいもの**を1つ選びなさい。

1 利用には，精神障害者保健福祉手帳の所持が要件となる。

2 職員の配置においては，精神保健福祉士が必置となっている。

3 支援は，矯正施設出所後に開始される。

4 設置は，各市町村に1か所となっている。

5 整備は，厚生労働省が所管する事業により進められている。

> **Point** 高齢又は障害のある受刑者は，出所後，自立した生活を送ることが難しく，直ちに福祉サービスを受ける必要があるものの，釈放後に必要な福祉サービスを受けることが困難である。そのため，2009年度（平成21年度）から地域生活定着支援事業（2012年度（平成24年度）からは地域生活定着促進事業）が開始され，都道府県を実施主体として地域生活定着支援センターが設置された。2021年度（令和3年度）からは，刑事司法手続きの入口段階にある被疑者・被告人等で高齢又は障害により自立した生活が困難な人に対する支援も開始された。

1 ✕ 地域生活定着支援センターの利用に，**精神障害者保健福祉手帳の所持は要件となってはいない**。地域生活定着支援センターを利用する対象者は，矯正施設（刑務所，少年刑務所，拘置所及び少年院）退所予定者及び退所者のうち，高齢又は障害のため釈放後直ちに福祉サービスを受ける必要があるものの釈放後の行き場のない人等である。

2 ✕ 地域生活定着支援センターの職員配置において**精神保健福祉士は必置とはなっていない**。「地域生活定着支援センターの事業及び運営に関する指針」（平成21年5月27日社援総発第0527001号）において，「センターの職員の配置は，業務の遂行に支障のない範囲でセンターごとに定めること。このうち，社会福祉士，精神保健福祉士等の資格を有する者又はこれらと同等に業務を行うことが可能であると認められる者を1名以上配置するものとする」と規定されている。

3 ✕ 支援の開始は矯正施設出所後ではなく，**出所前から障害者手帳の交付申請や障害福祉サービスの利用の調整など，出所後に必要となる支援を行う**ことによって，出所後にスムーズな地域生活を送れるように支援するのが地域生活定着支援センターの役割である。

4 ✕ 地域生活定着支援センターの設置は各市町村に1か所ではない。「地域生活定着促進事業実施要領」（「生活困窮者自立相談支援事業等の実施について」（平成27年7月27日社援発0727第2号）別添31）において，原則として**都道府県に各1か所**とされている（北海道は2か所）。また，都道府県は適切な社会福祉法人への委託もできる。

5 ◯ 2009年度（平成21年度）から地域生活定着支援事業（現・地域生活定着促進事業）が開始されたことによって，地域生活定着支援センターが各都道府県に整備されている。地域生活定着促進事業を所管しているのは**厚生労働省**である。

解答 5

71 精神保健福祉制度論
⑮精神保健福祉に関する制度とサービス・問題67

保護観察所に関する次の記述のうち，**正しいもの**を**2つ**選びなさい。

1 未成年者の保護観察は対象外である。

2 犯罪予防のための普及啓発を行う。

3 精神保健観察を行う。

4 刑事施設の仮釈放を決定する。

5 更生保護施設を併設する。

💡 **Point** 保護観察所は，法務省設置法第15条，更生保護法第29条により規定された機関であり，各地方裁判所の管轄地域ごとに全国50か所に設置され，保護観察や精神保健観察などを行う法務省所管の機関である。保護観察官や，更生保護に携わる民間ボランティアの保護司，更生保護女性会，BBS会，協力雇用主，更生保護施設等と協働している。

---

1 ✕ **未成年者(18歳未満)の保護観察も対象**である。保護観察の対象者は，保護観察処分少年（1号観察），少年院仮退院者（2号観察），仮釈放者（3号観察），保護観察付執行猶予者（4号観察）の計4種の人である。1号観察と2号観察は，未成年の者を対象に含む保護観察である。

2 ○ 保護観察所の業務に，**犯罪予防のための普及啓発活動は含まれている**。犯罪や非行の予防のために，国民の理解促進や犯罪の原因となる社会環境の改善等に努める活動のことを犯罪予防活動という。地域において，保護司をはじめとする更生保護ボランティアを中心に，地方自治体や地域の関係機関等と連携して進められている。具体的には，講演会，非行防止教室，非行相談などを通じて，地域住民に対し，犯罪や非行のない社会づくりを呼びかけることや，犯罪をした人や非行のある少年の立ち直りへの協力をはたらきかける。法務省が主唱する「社会を明るくする運動」もこうした犯罪予防活動の一つである。

3 ○ 保護観察所の業務に，**精神保健観察は含まれている**。精神保健観察は，医療観察法の入院によらない処遇（通院処遇）を行う期間中に対象者が必要な医療を受けているか見守り，また継続的な医療を受けるよう指導することである。精神保健観察は，保護観察所に所属している社会復帰調整官が行う業務である。

4 ✕ 仮釈放を決定するのは保護観察所ではなく，**地方更生保護委員会**である。仮釈放とは刑事施設での反省・更生が認められた受刑者を，収容期間の満期前に釈放して社会の中で更生する機会を与えることである。仮釈放された受刑者は保護観察を受けながら，刑期満了まで過ごすことになる。地方更生保護委員会は全国に8か所ある高等裁判所の管轄区域におかれている。事務局がおかれ，保護観察官が配置される。

5 ✕ 保護観察所が併設しているのは，更生保護施設ではなく**自立更生促進センター**である。自立更生促進センターは，親族や民間の更生保護施設では円滑な社会復帰のために必要な環境を整えることが困難な刑務所出所者等を対象として，国が設置した一時的な宿泊場所（保護観察所に併設）である。特定の問題性に応じた重点的・専門的な社会内処遇を実施する施設として，福島県福島市及び福岡県北九州市に「自立更生促進センター」が，主として農業等の職業訓練を行う施設として，北海道沼田町及び茨城県ひたちなか市に「就業支援センター」が，それぞれ設置・運営されている。保護観察官による，入所者個々の問題性に応じた濃密な指導監督や就労支援を実施することで，改善更生や再犯防止を目的としている。

解答 **2** **3**

72 精神保健福祉制度論

[旧]精神保健福祉に関する制度とサービス・問題68

☑☑☑

医療観察制度に関する次の記述のうち，**正しいものを1つ**選びなさい。

1 「医療観察法」の目的は，対象者の社会復帰の促進である。

2 対象となる重大な他害行為には，恐喝が含まれる。

3 審判による処遇の決定は，精神保健指定医2名以上の診断に基づき行われる。

4 精神保健審判員には，精神保健福祉士が任用される。

5 入院処遇は，急性期，回復期の2段階に分けられる。

（注）「医療観察法」とは，「心神喪失等の状態で重大な他害行為を行った者の医療及び観察等に関する法律」のことである。

Point 医療観察制度の概要についての設問である。医療観察制度における手続きの流れを押さえ，地方裁判所で開催される審判や入院処遇と通院処遇の内容について整理した上で理解を深めておきたい。また，医療観察制度の手続きの流れの理解を深める上で，精神保健審判員，精神保健参与員，社会復帰調整官の役割についても理解しておきたい。

1 ○ 医療観察法の目的に，**対象者の社会復帰の促進は含まれている**。医療観察法第1条に「心神喪失等の状態で重大な他害行為を行った者に対し，その適切な処遇を決定するための手続等を定めることにより，継続的かつ適切な医療並びにその確保のために必要な観察及び指導を行うことによって，その病状の改善及びこれに伴う同様の行為の再発の防止を図り，もってその社会復帰を促進することを目的とする」と規定されている。

2 × 恐喝は医療観察法における重大な他害行為には該当しない。医療観察法第2条第1項に**重大な他害行為に該当する対象行為として，殺人，放火，強盗，不同意性交等，不同意わいせつ，傷害**の六つの罪を規定している。

3 × 審判による処遇の決定は，**地方裁判所の裁判官1名と精神保健審判員1名の計2名の合議体が行う**。精神保健審判員は，養成研修会を受講した精神科医が登録し，厚生労働省が作成した名簿に記載されている者の中から，事件ごとに地方裁判所が選任する。

4 × 選択肢**3**の解説にあるように，**精神保健審判員に任用されるのは精神科医**である。**精神保健福祉士が任用されるのは精神保健参与員**である。医療観察法第36条において「裁判所は，処遇の要否及びその内容につき，精神保健参与員の意見を聴くため，これを審判に関与させる」と規定している。精神保健参与員は，精神保健福祉士として5年以上の相談援助業務があり，研修会を受講し，厚生労働省が作成する名簿に記載されている者であり，事件ごとに名簿の中から地方裁判所が1名以上を選任する。

5 × 入院処遇は，**急性期，回復期，社会復帰期の3段階**に分けられる。入院処遇の治療は急性期3か月，回復期9か月，社会復帰期6か月の計18か月を目標とする。急性期は身体的回復や精神的安定，治療への動機づけなどを目標とする。回復期は病識の獲得と自己コントロール能力の獲得，病状の安定による院内散歩や院外外出などが目標である。社会復帰期は病状の安定による院外外出や外泊と，治療プログラムへの参加による障害の受容などが目標となる。

解答 1

事例問題　精神保健福祉制度論

次の事例を読んで，[73]から[75]までについて答えなさい。　[旧]精神保健福祉に関する制度とサービス・事例問題

〔事　例〕

Kさん（50歳，女性）は80代の両親と同居していたが，母親の死をきっかけに統合失調症が悪化し，幻聴や妄想の出現により父親に対する暴言が顕著となった。Kさんの様子を心配した父親は，Kさんが通院している精神科病院に受診させた。Kさんは入院を拒んだが，父親が同意しKさんは入院した。担当のL精神保健福祉士は，Kさんの気持ちを受け止めながら，自らの役割などをKさんに丁寧に説明した。

Kさんの入院後，父親が介護保険の利用を開始するなど，生活環境は大きく変化し，またKさんの症状が残っていることから入院期間は1年となってしまった。主治医はKさんの入院継続の必要性を認め，Kさんも入院の継続に同意した。（[73]）

入院から1年半後，主治医から退院に向けた今後の治療方針の説明がなされた。L精神保健福祉士は，Kさんと父親双方の今後の生活について丁寧に話を聞いた。父親はKさんの面倒を見ることに限界を感じていた。またKさん自身は，一人暮らしを希望していた。そこでL精神保健福祉士は，退院に向けて「障害者総合支援法」に規定される地域相談支援サービスの活用を提案した。Kさん，父親も同意したことから，L精神保健福祉士はそのサービスを提供するX事業所のM精神保健福祉士と連携し，アパートの体験利用を実施した。（[74]）

退院後のアパートでの生活を継続するための話し合いをKさん，父親，L精神保健福祉士及びM精神保健福祉士とで行った。Kさんからは，定期的な巡回訪問や随時の相談を受けて欲しいとの希望が出された。そこで「障害者総合支援法」に基づく別のサービスの利用の検討を行った。（[75]）

（注）「障害者総合支援法」とは，「障害者の日常生活及び社会生活を総合的に支援するための法律」のことである。

73	**精神保健福祉制度論** 	

⓯精神保健福祉に関する制度とサービス・問題70

次の記述のうち，この時点でのKさんの入院形態の説明として，正しいものを1つ選びなさい。

1 審判期日によって入院が決定される。
2 入院には家族等の同意を必要とする。
3 精神保健指定医による退院制限は72時間を限度とする。
4 都道府県知事の権限によって入院させる。
5 入院には精神保健指定医1名の診察を必要とする。

> **Point** 設問では入院形態の種別とその手続きを踏まえ，医療保護入院の患者の状態変化後，入院を継続する際の診察・手続き・決定者及び決定に係る機関の役割等について理解しておくことが求められている。加えて心神喪失等の状態で重大な他害行為を行った者の医療及び観察等に関する法律（医療観察法）の対象や用件についても理解しておく必要がある。

1 ✗ **審判期日によって入院が決定されるのは，医療観察法における地方裁判所の審判で入院処遇に該当する場合である**。医療観察法の対象となるのは，心神喪失又は心神耗弱の状態で，重大な他害行為を行って不起訴処分又は無罪等が確定し，検察官が地方裁判所に申立てした場合である。Kさんは精神科医療機関での受診により入院しており，地方裁判所への申立てはされていないため該当しない。

2 ✗ 入院の際に家族等の同意が必要で，精神保健指定医の1名の診察が必要な入院形態は医療保護入院である。Kさんが不調となり受診し入院となった際は，本人の同意がなく家族の同意で入院となっているので医療保護入院である。しかし，入院1年後，入院の継続の際はKさん自身の同意があり任意入院に変更となったと考えられる。**任意入院では家族等の同意は必要ないため誤りである**。

3 ◯ Kさんは入院の継続に同意しているため任意入院と考えられる。精神保健及び精神障害者福祉に関する法律（精神保健福祉法）第21条第3項で，精神科病院の管理者は，**精神保健指定医による診察の結果，任意入院者の医療及び保護のため入院を継続する必要があると認めたときは，72時間を限り，その者を退院させないことができる**と定められているため正しい。

4 ✗ **都道府県知事の権限により行われる入院形態は，措置入院である。Kさんは入院継続について自ら同意しており，本人の同意が不要な措置入院ではないため誤りである**。措置入院は，入院しなければ自傷他害の恐れがある精神障害者で，2名以上の精神保健指定医の診断が一致している場合に行うことができる。

5 ✗ 入院に際し1名以上の精神保健指定医の診察が必要である入院形態は医療保護入院と緊急措置入院，応急入院である。**Kさん自身が入院継続に同意しており，任意入院に変更となったため誤りである**。

解答 **3**

74 精神保健福祉制度論

⑯精神保健福祉に関する制度とサービス・問題71

次の記述のうち，X事業所が提供する地域相談支援サービスの説明として，**正しいものを１つ選**びなさい。

1 おおむね週に１回以上の支援を行う。

2 都道府県に支給申請を行う。

3 障害支援区分の認定を必要とする。

4 支給決定の有効期間は３年である。

5 福祉事務所が作成する支援計画に基づき実施される。

> **Point** 設問では，Kさんが退院に向けて利用可能な，障害者総合支援法に規定される地域相談支援の支給決定機関，支援内容や利用手続き，その申請に係る関係機関の役割についての理解が求められる。

1 ○ Kさんの退院に向けてアパートの体験利用を実施したことから，該当のサービスは地域移行支援事業であると考えられる。地域移行支援事業者は，利用者に対し，住居の確保その他の地域における生活に移行するための活動に関する相談，外出の際の同行，障害福祉サービスの体験的な利用支援，体験的な宿泊支援その他の必要な支援を提供するにあたっては，利用者の心身の状況，そのおかれている環境及び日常生活全般の状況等の的確な把握に努めなければならない。これらの支援を提供するにあたっては，**おおむね週に１回以上，利用者との対面により行わなければならない**とされている。

2 × Kさんが障害者総合支援法に規定される地域移行支援事業を活用するには，Kさんの住所地である**市町村窓口への支給申請が必要である**。障害者総合支援法における都道府県の役割は，障害者総合支援法で定められる障害福祉サービス事業者の指定や，地域生活支援事業の必須事業である，専門性の高い相談支援事業，広域的な支援事業等の実施である。

3 × 地域移行支援事業は，地域相談支援給付に該当し，利用には**障害支援区分の認定を必要としないため**誤りである。障害支援区分の認定が必要で，区分に応じた支援が提供されるサービスは，介護給付の居宅介護，重度訪問介護，行動援護，療養介護，生活介護，短期入所，重度障害者等包括支援，施設入所支援である。介護給付の同行援護（「区分３以上支援加算」の支給決定が必要と見込まれる場合）と訓練等給付の共同生活援助（入浴，排泄又は食事等の介護を伴う場合）では，要件に該当する場合は障害支援区分の認定が必要である。

4 × 地域移行支援事業の支給決定の有効期間は**６か月**である。地域移行支援事業は，障害者支援施設や精神科病院等に入所又は入院している障害者を対象に，住居の確保その他の地域生活へ移行するための支援を行う。

5 × 福祉事務所は生活保護の実施機関であり，障害者総合支援法に関するサービスの支援計画は作成しない。Kさんは退院に向けて地域相談支援サービスの希望がある。障害者総合支援法における地域相談支援サービスにおいて，退院支援を行う地域移行支援事業では，**一般相談支援事業者が地域移行支援計画の作成を行う**。

解答 **1**

75 精神保健福祉制度論

[旧]精神保健福祉に関する制度とサービス・問題 72

次の記述のうち，このサービスに関する説明として，**正しいものを1つ**選びなさい。

1 標準利用期間は6か月となっている。
2 サービス等利用計画の作成を必要とする。
3 宿泊型の訓練を実施する。
4 就労定着支援との併給ができる。
5 介護給付に基づくサービスである。

Point 障害者総合支援法における自立生活援助について問う問題である。地域移行後も地域で安定した生活を継続するため，定期的な巡回訪問や随時の相談を受けられるサービスの内容，利用期間や利用手続き，給付の種類，他サービスとの併給についての理解が問われている。

1 ✕ Kさんが希望している，退院後に定期的な巡回訪問や随時の相談等の支援を行うサービスは，**自立生活援助**と想定される。自立生活援助事業所の従業者が，定期的な巡回訪問や随時の通報を受けて行う訪問，当該利用者からの相談対応等より，当該利用者の日常生活における課題を把握し，必要な情報の提供及び助言並びに相談，関係機関との連絡調整等を行う。自立生活援助の標準利用期間は**原則1年間**であるため，誤りである。なお，市町村審査会における個別審査を経てその必要性を判断した上で適当と認められる場合は更新可能である。

2 ○ Kさんは新たな障害者総合支援法のサービスの利用を検討している。サービス等利用計画とは該当者の心身の状況，環境，利用者の意向を勘案してサービス等の計画案を作成し，支給決定後にサービス事業者等と連絡調整を行い，作成されるものである。該当のサービス等利用計画案が適切か，利用者の状況を踏まえサービス等利用計画の見直しを行っていく。

3 ✕ 障害者総合支援法において宿泊型の訓練を実施するサービスは**宿泊型自立訓練**である。自立訓練（生活訓練）の対象者のうち，日中，一般就労や障害福祉サービスを利用している者であって，地域生活への移行に向けて，一定期間，宿泊によって帰宅後における生活能力等の維持・向上のための訓練やその他の支援が必要な者が対象となる。Kさんが退院後利用を希望しているのは巡回訪問や相談を行う自立生活援助であり，宿泊型の訓練は対象外であるため誤りである。

4 ✕ 就労定着支援とは，生活介護，自立訓練，就労移行支援又は就労継続支援を利用して，通常の事業所に新たに雇用された，就労を継続している期間が6か月を経過した障害者の就労の継続を図るため，企業，障害福祉サービス事業者，医療機関等との連絡調整を行うとともに，雇用に伴い生じる日常生活又は社会生活を営む上での各般の問題に関する相談，指導及び助言等の必要な支援を行うサービスである。就労定着支援は自立生活援助の支援内容を包含するため，**就労定着支援との併給は認められない**。なお，Kさんは生活介護，自立訓練，就労移行支援や就労継続支援を利用しておらず現時点では通常の事業所に雇用されていないため，就労定着支援の対象とはならない。

5 ✕ Kさんが利用すると想定される自立生活援助は**訓練等給付**であるため誤りである。自立生活援助は障害者支援施設やグループホーム，精神科病院等から地域での一人暮らしに移行した障害者等で，理解力や生活力等に不安がある者が対象である。障害者総合支援法における介護給付に基づくサービスは，居宅介護，重度訪問介護，同行援護，行動援護，重度障害者等包括支援，短期入所，療養介護，生活介護，施設入所支援である。

解答 2

76 精神保健福祉制度論
⑯精神障害者の生活支援システム・問題 73

次の記述のうち,「障害者総合支援法」に基づく共同生活援助(グループホーム)として,**正しいものを1つ選びなさい。**

1　地域生活支援事業に位置づけられる。
2　同一の建物に居室があることが要件である。
3　体験利用ができる。
4　公営住宅は使用可能な住宅から除外される。
5　利用期間は最長で 12 か月である。

(注)　「障害者総合支援法」とは,「障害者の日常生活及び社会生活を総合的に支援するための法律」のことである。

Point 障害者総合支援法に基づくグループホームでは,主として夜間,共同生活を行う住居において相談,入浴,排泄,食事の介護等の日常生活上の支援が行われている。2024 年(令和 6 年)4 月 1 日からはこれに併せて,一人暮らし等を希望する入居者につき,日常生活への移行及び移行後の定着に関する相談その他の援助が行われている。また,利用者の就労先又は日中活動サービス等との連絡調整や余暇活動等の社会生活上の援助を実施している。グループホームには介護サービス包括型,日中サービス支援型,外部サービス利用型がある。なお,日中サービス支援型は 2018 年度(平成 30 年度)に創設された。厚生労働省の報告によると,近年,グループホームの利用者は増加しており,その中には,グループホームでの生活の継続を希望する者がいる一方で,アパートなどでの一人暮らし等を希望し,生活上の支援があれば一人暮らし等ができる者がいるとされる。グループホームの支援内容として,一人暮らし等を希望する利用者に対する支援や退居後の一人暮らし等の定着のための相談等の支援が含まれる点については,障害者総合支援法において明確化された。グループホームの利用状況及び課題を整理しておくことが重要である。

1　✕　障害者総合支援法の支援のシステムは自立支援給付と地域生活支援事業によって構成される。グループホームは,**自立支援給付の訓練等給付**に位置づけられる。よって,選択肢は誤りである。

2　✕　グループホームには,本体住居との密接な連携を前提として,アパート等の一室を活用して入居定員を 1 人とする「サテライト型住居」がある。**同一の建物に居室があることは要件ではない。**

3　〇　グループホームは**体験利用ができる**。一時的に体験的なグループホームの利用が必要と認められる者に対し,共同生活援助(1 回あたり連続 30 日以内のものに限る)を提供した場合に,障害支援区分に応じ,年 50 日以内に限り 1 日につき所定単位数を算定することができる。

4　✕　**公営住宅はグループホームとして使用可能である。**公営住宅法第 45 条の規定により,グループホームを運営する社会福祉法人等による公営住宅の使用が認められている。

5　✕　グループホームには**利用期間の制限は規定されていない。**基本的には最長 3 年で,支給決定の更新は必要である。

解答 **3**

77 精神保健福祉制度論
[旧]精神障害者の生活支援システム・問題 74

「障害者総合支援法」に規定される就労移行支援に関する次の記述のうち，**正しいものを2つ**選びなさい。

1 対象は 60 歳未満の者と規定されている。
2 標準利用期間が設定されている。
3 利用者と事業者は雇用契約を結ぶ。
4 一般就労に移行した利用者も一定期間支援の対象である。
5 自立支援医療（精神通院医療）受給者証の所持を利用条件とする。

Point 障害者総合支援法に規定される就労移行支援，就労継続支援，就労定着支援等の内容について整理しておく必要がある。就労移行支援の対象は，一般就労等を希望し，知識・能力の向上，実習，職場探し等を通じ，適性に合った職場への就労等が見込まれる障害者（原則 65 歳未満の者）であり，企業等への就労を希望する者である。2024 年（令和 6 年）4 月 1 日からは，通常の事業所に雇用されている障害者も，省令で定める事由に該当する場合は対象に追加された。サービス内容は，一般就労等への移行に向けて，事業所内や企業における作業や実習，適性に合った職場探し，就労後の職場定着のための支援等を実施する。

1 ✕ 就労移行支援の対象は，原則 **65 歳未満**の者と規定されている。要件を満たせば，65 歳以上の者も利用可能である。

2 ○ 就労移行支援は，利用者ごとに，**標準利用期間（24 か月）**内に利用することが規定されている。ただし，必要性が認められた場合に限り，最大 1 年間の更新が可能である。

3 ✕ 就労移行支援は，一般就労等への移行に向けて，事業所内や企業における作業や実習，適性に合った職場探し，就労後の職場定着のための支援等を実施する。このことから**利用者と事業者は雇用契約を結ばない**。利用者と事業者が雇用契約を結ぶのは，**就労継続支援Ａ型**である。

4 ○ 就労移行支援の利用を経て一般就労の場で雇用された障害者に対する定着支援もサービス内容に含まれる。よって，**一般就労に移行した利用者も一定期間支援の対象となる**。

5 ✕ 就労移行支援を利用するためには，**障害福祉サービス受給者証**が必要である。市町村への申請時に障害者疾患を証明できるものが必要であり，障害者手帳，障害年金証書，自立支援医療受給者証，診断書などが必要であるが，自立支援医療受給者証に限定されない。よって，選択肢は誤りである。

解答 2 4

78 精神保健福祉制度論
[旧]精神障害者の生活支援システム・問題75

次の記述のうち，厚生労働省が発表した障害者の雇用状況等について，**正しいものを1つ**選びなさい。

1 「令和4年度障害者の職業紹介状況等」によれば，ハローワークを通じた身体障害者の就職件数は，ここ10年で増加している。

2 「令和4年障害者雇用状況の集計結果」によれば，民間企業における障害者の実雇用率はここ10年の間，1％以下となっている。

3 「令和4年度障害者の職業紹介状況等」によれば，ハローワークを通じた知的障害者の就職件数は，ここ10年で減少している。

4 「令和4年障害者雇用状況の集計結果」によれば，法定雇用率の未達成企業において，障害者を1人も雇用していない企業の割合は20％程度である。

5 「令和4年度障害者の職業紹介状況等」によれば，ハローワークを通じた精神障害者の就職件数は，ここ10年で増加している。

（注）「令和4年度障害者の職業紹介状況等」とは，「令和4年度ハローワークを通じた障害者の職業紹介状況などの取りまとめを公表します　～障害者の就職件数が，コロナ禍以前の水準に向けさらに改善～」のことである。

Point 障害者の雇用状況について，厚生労働省の報告「令和4年度障害者の職業紹介状況等」*1（2023年（令和5年）5月公表）によると，障害者の新規求職申込件数は対前年度比で4.2％の増加，就職件数は対前年度比で6.6％増加となり，いずれも前年度を上回った。コロナ禍以前の2019年度（令和元年度）と比較すると，新規求職申込件数は上回り，就職件数も近い水準まで改善した。就職件数の増加要因は，前年度に引き続き新規求職申込件数が増加するとともに，障害者の就職先として比較的高い割合を占める「医療，福祉」「製造業」「サービス業」「卸売・小売業」における求人数が増加したことによるものと考えられる。障害者の雇用状況*2の推移と要因，今後の課題について整理しておくことが重要である。

1 ✕ 身体障害者の就職件数は，2012年度（平成24年度）は2万6573件（有効求職者数9万2096人，就職率38.6％），2022年度（令和4年度）は2万1914件（有効求職者数11万7745人，就職率37.7％）となっている。ここ10年で就職件数は**減少**している。

2 ✕ 2022年（令和4年）の民間企業（43.5人以上規模の企業：法定雇用率2.3％）に雇用されている障害者数は61万3958.0人で，前年より1万6172.0人増加（対前年比2.7％増）し，19年連続で過去最高となった。また，実雇用率は，11年連続で過去最高となり，2022年（令和4年）は**2.25％**である。

3 ✕ 知的障害者の就職件数は，2012年度（平成24年度）は1万6030件（有効求職者数3万8739人，就職率53.0％），2022年度（令和4年度）は2万573件（有効求職者数5万6736人，就職率57.8％）となり，ここ10年で就職件数は**増加**している。

4 ✕ 2022年（令和4年）の法定雇用率未達成企業は5万5684社であり，そのうち，不足数が0.5人又は1人である企業（1人不足企業）が，65.4％と過半数を占めている。また，障害者を1人も雇用していない企業（0人雇用企業）は3万2342社であり，未達成企業に占める割合は，**58.1％**となっている。

5 ○ 精神障害者の就職件数は，2012年度（平成24年度）は2万3861件（有効求職者数6万3392人，就職率41.6％），2022年度（令和4年度）は5万4074件（有効求職者数19万1523人，就職率43.8％）となり，ここ10年で就職件数は**増加**している。

解答 5

＊1 「令和5年度障害者の職業紹介状況等」が公表されている。
＊2 「令和6年障害者雇用状況の集計結果」が公表されている。

79 精神保健福祉制度論

[旧]精神障害者の生活支援システム・問題 77

次のうち，都道府県に策定又は設置の義務が課せられているものとして，**正しいものを１つ選びなさい。**

1 障害者基本計画
2 地方精神保健福祉審議会
3 自殺総合対策大綱
4 防災基本計画
5 精神医療審査会

Point 本問題は，障害者基本法（障害者基本計画），精神保健福祉法（地方精神保健福祉審議会，精神医療審査会），自殺対策基本法（自殺総合対策大綱），災害対策基本法（防災基本計画）等，それぞれの法に基づく計画の内容や機関の役割を問う問題である。各法の内容を把握し，基本的な方針・意義・目的について整理しておくことが必要である。

1 × 障害者基本計画は**政府が策定しなければならない**。障害者基本計画は，障害者基本法に基づき，障害者の自立及び社会参加の支援等のための施策の総合的かつ計画的な推進を図るために策定されるものであり，政府が講ずる障害者のための施策の最も基本的な計画として位置づけられる。「障害者基本計画（第５次)」は 2023 年度（令和５年度）からの５年間を対象とする。

2 × 地方精神保健福祉審議会については「精神保健及び精神障害者の福祉に関する事項を調査審議させるため，都道府県は，条例で，精神保健福祉に関する審議会その他の合議制の機関（地方精神保健福祉審議会）を**置くことができる**」と規定されている（精神保健福祉法第９条)。したがって，**設置の義務は課されていない**。業務内容として，地方精神保健福祉審議会は，都道府県知事の諮問に答えることのほか，精神保健及び精神障害者の福祉に関する事項に関して都道府県知事に意見を具申することができる。

3 × 自殺総合対策大綱は，2006 年（平成 18 年）に成立した自殺対策基本法に基づき，**政府が策定しなければならない**。政府が推進すべき自殺対策の指針として定めるものであり，おおむね５年を目途に見直すこととされている。2022 年（令和４年）に閣議決定された見直し後の自殺総合対策大綱のポイントは，①子ども・若者の自殺対策のさらなる推進・強化，②女性に対する支援の強化，③地域自殺対策の取組強化，④新型コロナウイルス感染症拡大の影響を踏まえた対策の推進などを加えた，総合的な自殺対策のさらなる推進・強化である。

4 × 防災基本計画は災害対策基本法に基づき作成される，国の防災及び災害対策の指針である。内閣総理大臣を会長とする**中央防災会議が策定する**。災害予防・事前準備，災害応急対策，災害復旧・復興という災害対策の時間的順序に沿って記述される。国，地方公共団体，住民等，各主体の責務を明確にするとともに，それぞれが行うべき対策をできるだけ具体的に記述することとされている。

5 ○ 精神医療審査会は，精神障害者の人権に配慮しつつその適正な医療及び保護を確保するために設置される。審査会は，**都道府県に置かれ**，独立した第三者機関として機能する。審査会の事務は，審査会の独立性を担保する目的で精神保健福祉センターにおいて行われる。委員構成員（１合議体あたり５名）は，都道府県知事が任命し（任期２年（条例で３年まで可)），その学識経験に基づき独立して職務を遂行する。精神科病院の管理者からの医療保護入院の届出，措置入院者の定期病状報告等があったとき，その入院の必要性が適切かどうか審査を行う。

解答 5

1 医学概論

[旧]人体の構造と機能及び疾病・問題 1

成熟時の発達を 100% としたスキャモン（Scammon, R.）の臓器別発育曲線に関する次の記述のうち，**正しいものを 1 つ**選びなさい。

1　25 歳を 100% として表している図である。
2　身長など一般型は S 字型カーブを示す。
3　リンパ型は 12 歳頃に約 90% となる。
4　神経型は 12 歳頃に最も発達する。
5　生殖型は 12 歳頃に 70% となる。

Point 人が生まれてから，心身がどのように成長し，加齢による影響を受けるのか，心身の成長と発達に関する問題は頻出である。人の成長・発達には，緩やかな順序がある。老年期までのそれぞれのライフステージの生理学的な特徴やよくみられる疾患が生活に与える影響と併せて，理解を深めておきたい。

1 × スキャモンは，**20 歳における成長を 100 % とし**，人体の各器官がどの時期に成長・発達するかについて，四つのパターンに分類し，発育曲線として示した（図参照）。

2 ○ スキャモンの発育曲線によると，「一般型」の器官（呼吸器，循環器，腎臓，全体としての筋や骨など）は，乳幼児期と思春期に著しく発育するため，曲線は**S 字型カーブ**を示す。

3 × 「リンパ型（胸腺，各所のリンパ節など）」は，出生後から成長し，6 歳頃に 100 %，**12 歳頃には 180 % を超え**，その後低下する。

4 × 「神経型（脳髄，脊髄，視覚や聴覚などの感覚器など）」は，6 歳過ぎには 90 % を超え，成人とほぼ同等の状態に到達する。

5 × 「生殖型（睾丸，卵巣，子宮，前立腺など）」は，性ホルモンの分泌が始まり，第二次性徴のみられる思春期に急激に成長し，17 歳頃に 70 % となる。

図　スキャモンの発育曲線

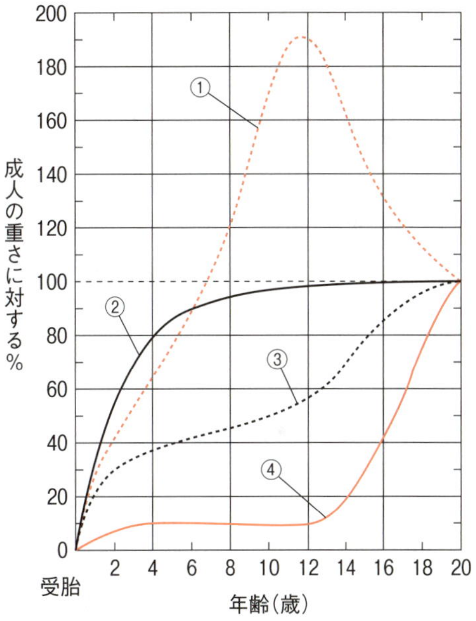

①リンパ型：胸腺，各所のリンパ節など
②神経型：脳髄，脊髄など
③一般型：呼吸器，循環器，腎臓，全体としての筋や骨など
④生殖型：睾丸，卵巣，子宮，前立腺，精嚢など

出典：Harris, J. A., Jacksons, C. M., Paterson, D. G. & Scammon, R.E., *The measurement of man*, Minneapolis, University of Minnesota, 1930.

解答 2

2 医学概論
⑯人体の構造と機能及び疾病・問題 2

事例を読んで，国際生活機能分類（ICF）のモデルに基づく記述として，**最も適切なもの**を 1 つ選びなさい。

〔事 例〕
　Aさん（78歳，男性）は脳梗塞を発症し左片麻痺となった。室内は手すりを伝って歩いている。外出時は車いすが必要で，近隣に住む長女が車いすを押して買物に出かけている。週 1 回のデイサービスでのレクリエーションに参加するのを楽しみにしている。

1　年齢，性別は「心身機能」に分類される。
2　左片麻痺は「個人因子」に分類される。
3　手すりに伝って歩くことは「活動」に分類される。
4　近隣に長女が住んでいるのは「参加」に分類される。
5　デイサービスの利用は「環境因子」に分類される。

> **Point** 人間と障害のとらえ方のモデルである ICF の基本的な考え方や各因子の概要は，頻出の問題である。従来の国際障害分類（ICIDH）が「疾患や障害によって，身体機能がどのように障害されているか」を分類する考え方であったのに対し，ICF は「どのような生活機能をどの程度発揮しているか」を分類する考え方であり，人の生活（の全体像）をとらえる際の共通言語として多職種で共有できるとされる。

1　✕　「心身機能」とは，身体系の生理的機能（心理的機能を含む）を意味する。背景因子の構成要素である「個人因子」は，社会的・文化的に大きな相違があるために，現時点では分類されていない。因子に含まれる項目として，年齢，性別，民族，生活歴，職業，教育歴，行動様式などが例示されている。

2　✕　片麻痺は，生活機能の制限や制約の要因となった疾病，つまり「健康状態」によって生じた身体の状態であり，「**心身機能**」に分類される。Aさんの「健康状態」の変化が，生活機能の「心身機能・身体構造」や「活動」「参加」に影響を与えている。健康状態に限らず，生活機能や背景因子の構成要素も含め，相互に作用し合う双方向の関係性にあり，促進または阻害的に影響を及ぼす。

3　〇　手すりという「環境因子」が作用し，Aさんの「活動」を「手すりを使いながら歩く」という状態へ促進させたと解釈できる。「**活動**」は標準環境における課題の遂行や実行状況，「**参加**」は生活・人生場面など現実環境での実行状況とされるが，両者の明確な区別はなく，生活機能はまとめて提示されている。

4　✕　長女は，車いすでの外出を通してAさんの「活動」「参加」を促進させているため，Aさんにとっての「**環境因子**」に分類される。「環境因子」は，人々が生活し，人生を送っている物的な環境や社会的環境，人々の社会的な態度によって環境を構成する因子であると定義されている。

5　✕　デイサービスそのものやデイサービスに勤務する職員などは「環境因子」に分類できるが，「デイサービスの利用」はAさんにとって現実環境の中でレクリエーション等へ「**参加**」し，心身を「**活動**」させる状態（実行状況）と分類できる。週 1 回の利用ではあるが，自宅とデイサービス間の移動や人との交流，心身を使う機会は「活動と機能」を促進し，利用の継続が「心身機能」の向上をもたらす可能性も考えられる。

図　ICF の構成要素間の相互作用

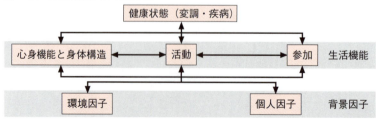

解答 ❸

3 医学概論
⑬人体の構造と機能及び疾病・問題3

次のうち，身体障害者手帳の交付対象となる内部障害として，**正しいもの**を1つ選びなさい。

1 視覚障害
2 そしゃく機能障害
3 平衡機能障害
4 ヒト免疫不全ウイルスによる免疫機能障害
5 体幹機能障害

Point 身体障害者福祉法に基づく身体障害者手帳の交付対象となる障害について基本的知識を問う問題である。身体障害者手帳の交付対象は，身体障害者福祉法別表に掲げる身体上の障害があるものとされ，別表に定める障害の種類（いずれも，一定以上で永続することが要件）は，①視覚障害，②聴覚又は平衡機能の障害，③音声機能，言語機能又はそしゃく機能の障害，④肢体不自由，⑤心臓，じん臓又は呼吸器の機能の障害，⑥ぼうこう又は直腸の機能の障害，⑦小腸の機能の障害，⑧ヒト免疫不全ウイルスによる免疫の機能の障害，⑨肝臓の機能の障害である。

1 ✕ 視覚障害は単独で「**視覚障害**」に分類される。

2 ✕ そしゃく機能障害は，「**音声機能，言語機能又はそしゃく機能の障害**」に分類される。

3 ✕ 平衡機能障害は，「**聴覚又は平衡機能の障害**」に分類される。

4 〇 ヒト免疫不全ウイルスによる免疫の機能の障害は，身体障害者手帳の交付対象となる内部障害である。なお，身体障害者手帳所持者のうち，内部障害は28.9%[*]を占める。

表　身体障害者障害程度等級表における内部障害

	1級	2級	3級	4級
心臓機能障害	障害により自己の身辺の日常生活活動が極度に制限されるもの		障害により家庭内での日常生活活動が著しく制限されるもの	障害により社会での日常生活活動が著しく制限されるもの
じん臓機能障害				
呼吸器機能障害				
ぼうこう又は直腸の機能障害				
小腸機能障害				
ヒト免疫不全ウイルスによる免疫機能障害	障害により日常生活がほとんど不可能なもの	障害により日常生活が極度に制限されるもの	障害により日常生活が著しく制限されるもの（社会での日常生活活動が著しく制限されるものを除く）	
肝臓機能障害		障害により日常生活活動が極度に制限されるもの	障害により日常生活活動が著しく制限されるもの（社会での日常生活活動が著しく制限されるものを除く）	

資料：身体障害者福祉法施行規則別表第5号 身体障害者障害程度等級表より抜粋

5 ✕ 体幹機能障害は，「**肢体不自由**」に分類される。「肢体不自由」は，「上肢」，「下肢」，「体幹」の障害，「乳幼児期以前の非進行性の脳病変による運動機能障害（上肢機能・移動機能）」の総称をいう。

解答 4

[*] 「令和4年生活のしづらさなどに関する調査」では，身体障害者手帳所持者のうち，内部障害の割合は32.8%となっている。

4 医学概論
⑮人体の構造と機能及び疾病・問題 5

☑ ☑ ☑

自閉スペクトラム症（ASD）に関する次の記述のうち，**最も適切なもの**を 1 つ選びなさい。

1 成人になってから発症する。

2 こだわりは強くない。

3 幻覚がみられる。

4 常同的な行動は認められない。

5 相手の気持ちを理解することが苦手である。

Point 自閉スペクトラム症（Autism Spectrum Disorder：ASD）は，自閉症・アスペルガー症候群・広汎性発達障害などの総称である。コミュニケーションに困難がある，興味や行動に強いこだわりがあるという共通する特徴がある。本問は ASD の特徴や症状について問う代表的な問題である。特に自閉症などの特徴的な症状は頻出の範囲であり，ポイントとなる箇所を理解しておく必要がある。しかし，すべての特徴や症状を暗記していなくても，問題文を読めば正解にたどり着ける場合も多いので，大まかなイメージを押さえておけば対応できる。

---

1 ✕ 3 歳以前の**幼少期で明らかになる場合が多い**。しかし，症状が軽い場合は成人してから診断される場合もある。3 歳以前からの症状としては，視線を合わせようとしない，言葉の遅れ，オウム返し，反復性の常同的な行動などがみられる。1000 人に 2 〜 3 人の出現率で，男児が女児よりも 3 〜 4 倍の頻度で多い。

2 ✕ **強いこだわりをもつ場合が多い**。ASD は，社会性の障害，コミュニケーションの障害，想像性の障害の三つの障害を有する。なかでも想像性の障害では，柔軟な対応や予定変更への対応が困難であったり，自分の考えや習慣に固執する，常同行動など，強いこだわりがみられる。

3 ✕ ASD の症状に**幻覚はない**。幻覚は，感覚様式によって，幻視，幻聴，幻臭，幻触，幻味，体感幻覚などに分類される。幻覚がみられる代表的な疾患として，統合失調症や認知症があげられる。統合失調症では陽性症状としての幻聴を中心とした幻覚，レビー小体型認知症では幻視がみられる場合がある。

4 ✕ **常同的な行動が認められる**。自閉スペクトラム症の三つの障害のうち想像性の障害に該当する。想像性とはさまざまな情報を処理し，現実的に対応する能力を指すが，その障害により状況の変化を極端に嫌い，反復性の常同的行動がみられ，行う順序や特殊な決まったやり方に固執するなど三つの大きな特徴がみられる。

5 ○ 社会性の障害の一つの特徴である。社会性の障害とは，相手の気持ちやその場の状況，自分の言動が相手にどのような影響を与えるかを理解できず，良好な対人関係を築くことが困難な障害である。その他，コミュニケーションの障害による非言語的コミュニケーションの困難さなどもみられる。

解答 5

5 医学概論
⑬人体の構造と機能及び疾病・問題6

次のうち，精神疾患の診断・統計マニュアル（DSM-5）において，発達障害に当たる「神経発達症群／神経発達障害群」に分類されるものとして，**正しいものを1つ選びなさい。**

1 神経性無食欲症
2 統合失調症
3 パニック障害
4 適応障害
5 注意欠如・多動症（ADHD）

Point DSM-5*による精神疾患の分類と疾患名に関する問題である。分類は，神経発達症群／神経発達障害群，統合失調症スペクトラム障害及びほかの精神病性障害群，双極性障害及び関連障害群，抑うつ障害群，不安症群／不安障害群，強迫症及び関連症群など，計22のカテゴリーで構成されている。そのカテゴリーごとに疾患が位置づけられているため，それぞれの分類とリンクしている疾患名を理解していれば正解にたどりつける。問題文には，「発達障害に当たる「神経発達症群／神経発達障害群」に分類される」とあるので，分類名の知識が曖昧でも，発達障害の一つである「注意欠如・多動症（ADHD）」（選択肢**5**）を選択できた受験生が多かったと推測される。このように問題文を正確に読み，ヒントになる点を探すことも攻略の一つのポイントとなる。

1 **✕** 神経性無食欲症は，**食行動障害及び摂食障害群**の分類に該当する。特に思春期の女性に好発し，最近では学童期後期にもみられる。患者本人に肥満などへの恐怖があり，持続したやせ願望をもつ。その根底には，自身のやせを認識できない認知のゆがみが存在する。

2 **✕** 統合失調症は，**統合失調症スペクトラム障害及びほかの精神病性障害群**の分類に該当する。統合失調症は，主に10歳代後半〜30歳代前半の思春期，青年期に発症し，人格，知覚，思考，感情，対人関係などに障害をきたす原因不明の疾患である。幻覚，妄想，自我障害などの陽性症状と，感情鈍麻，意欲の低下などの陰性症状がみられ，また近年では認知機能障害も症状の一つとしてあげられる。

3 **✕** パニック障害は，**不安症群／不安障害群**の分類に該当する。特段の理由がなく，突然，急激な不安や恐怖が高まることをパニック発作といい，発症後数分でピークに達する。動悸，発汗，身震い，息苦しさなどが急激に生じる。パニック発作が繰り返し生じる疾患をパニック障害という。

4 **✕** 適応障害は，**心的外傷及びストレス因関連障害群**の分類に該当する。適応障害とは，日常・社会生活上の出来事に関する，あるストレスに対して不適応状態が生じることをいう。症状は，情緒的なものとして抑うつ，不安，混乱，不眠，食欲低下，倦怠感などがあり，身体症状として，易疲労性，頭痛，肩こりなどが出現する。

5 **〇** 神経発達症群／神経発達障害群の分類には，注意欠如・多動症（ADHD）のほかに，主に知的能力障害群，コミュニケーション障害群，自閉症スペクトラム障害，限局性学習障害などが分類されている。ADHDは，①不注意，②多動，③衝動性を主症状とする障害である。

解答 5

---

* DSM-5の改訂版であるDSM-5-TRが2022年に米国で発表され，2023年（令和5年）に日本語訳版も公表されている。

6 医学概論

[旧]人体の構造と機能及び疾病・問題4

目の構造と病気に関する次の記述のうち，**最も適切なもの**を**1つ**選びなさい。

1　眼球の外層にある白目の部分は角膜である。

2　白内障は水晶体が混濁してものが見えにくくなる。

3　緑内障は眼圧が下がって視野障害を来す。

4　加齢黄斑変性症では視力は保たれる。

5　糖尿病性網膜症では失明は起こらない。

Point　目の構造と主要な疾病，それに伴う障害についての基本的知識を問う問題である。

1　×　**眼球の白目の部分は，強膜**である。眼球壁の最外層（外膜）は，前方からみて中央の透明な角膜と乳白色の強膜からなっている。

2　○　白内障の症状として視力低下，**霧視**，羞明，複視などがある。80歳代での有病率はほぼ100％で，視力改善には，手術が必要になる。

3　×　緑内障は，**眼圧の上昇**や視神経の脆弱性などにより視神経が障害され，それに対応した視野障害をきたす。初期には自覚症状がなく，視野障害を自覚するときは進行していることが多い。放置すると失明に至る。治療法として，眼圧のコントロールのために点眼薬を用いる。

4　×　加齢黄斑変性症は，加齢に伴う黄斑部の変性疾患で，変視症，**視力低下**，中心暗点などの症状が生じる。無治療の場合は，視力予後は不良である。加齢黄斑変性症には滲出型と萎縮型があり，滲出型加齢黄斑変性の治療には，脈絡膜新生血管に対する治療として，抗血管内皮増殖因子薬の硝子体注射が行われる。予防には，禁煙，紫外線予防，バランスのとれた食事が重要となる。

5　×　糖尿病性網膜症は，**放置すると失明に至る**。糖尿病性網膜症の発症は，糖尿病罹患期間に関連し，糖尿病を無治療で放置した場合，7年から10年で約50％，15年から20年で約90％発症する。病期により，単純網膜症，増殖前網膜症，増殖網膜症，糖尿病黄斑浮腫に分けられる。

図　眼球の水平断面

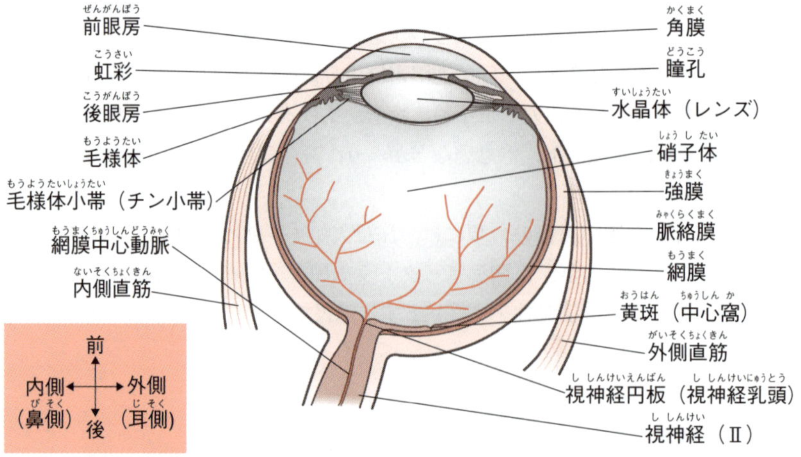

解答 2

7 医学概論
⑬人体の構造と機能及び疾病・問題7

廃用症候群に関する次の記述のうち，**正しいもの**を1つ選びなさい。

1 若年者にも生じる。
2 数日間の安静では，筋力低下は起こらない。
3 長期臥床により筋肉量が増加する。
4 骨粗鬆症は安静臥床により改善する。
5 予防することはできない。

Point 廃用症候群とは，過度の安静状態（活動低下）や長期臥床が続くことで生理機能の低下に起因する一連の症候である。特に，高齢者が廃用症候群になると改善が困難になる場合が多く，予防が重要である。可能な限り臥床の状態を少なくし，ベッド上での運動，人とのコミュニケーションの促進などが重要となる。廃用症候群で生じる障害は，関節拘縮，筋力低下，筋萎縮などの運動機能低下，心肺機能の低下，起立性低血圧，肺塞栓症，褥瘡，消化器・泌尿器の機能低下，うつ状態などさまざまである。表に廃用症候群で生じる現象を示した。急性期リハビリテーション医療では，不動による運動機能の障害である筋力低下，関節拘縮と心肺機能低下の予防のため，離床可能になれば早期離床を行い，ベッドサイドでの起立，筋力維持と増強訓練を行う。廃用症候群は，予防が非常に重要である。正解に至るキーワードは，不動や身体的不活動の身体への影響やその予防対策である。その理解があれば容易に正解にたどりつける。

1 ○ **健康な若年者にも生じる**。高齢者に限らず，過度の安静状態（活動低下）や長期臥床が続くことで生理機能の低下などがみられる。早期離床，筋力維持や増強訓練などが必要である。
2 ✕ **数日間の安静でも筋力低下は起こる**。安静臥床のままでは，初期に約1～3％／日，10～15％／週の割合で筋力低下がおこり，3～5週間で約50％に低下するといわれている。
3 ✕ 長期臥床による身体的不活動状態では筋萎縮などにより，**筋肉量が減少する**。筋肉量の減少とともに筋力低下も進む。
4 ✕ 安静臥床は，骨粗鬆症に限らず症状を**悪化させる**。不動による骨吸収亢進により続発性骨粗鬆症として骨萎縮が生じる。
5 ✕ 不動や身体的不活動の対策で**予防することができる**。特に，早期離床は廃用症候群の予防のために重要である。

表 廃用症候群で生じる現象

臓器・器官	現象
運動器 　筋 　骨・関節	筋萎縮・筋力低下，持久力低下 関節拘縮，骨萎縮・骨粗鬆症
心肺・血管機能	運動耐用性低下，起立性低血圧，静脈血栓症・塞栓症，胸郭可動性の低下，肺活量低下，排痰機能低下，沈下性肺炎，無気肺
認知・心理機能	抑うつ状態，せん妄・見当識障害
消化器	便秘，食欲低下
泌尿器	尿路結石・尿路感染症
皮膚	褥瘡
その他	高カルシウム血症，疼痛閾値の低下（末梢神経），その他

解答 ①

8 心理学と心理的支援

[旧]心理学理論と心理的支援・問題 8

知覚に関する次の記述のうち，大きさの恒常性の事例として，**最も適切なもの**を**1つ**選びなさい。

1 形と大きさが同じ図形は，空間内でまとまっているように知覚される。
2 電光掲示板で表示されている絵や文字が動いて，大きさが変化して見える。
3 同じ人物が遠くにいる場合と近くにいる場合とでは，距離の違いほどに人の大きさが違って見えない。
4 線遠近法を使った絵画では，奥行きを感じることで書かれている物の大きさの違いが知覚される。
5 月を見ると，建物の上など低い位置にあるときは，天空高くにあるときよりも大きく見える。

Point 感覚・知覚の問題は頻出である。出題にあたっては，事例の提示を伴い内容の理解を問うパターンが多い。恒常性とは感覚受容器（網膜，耳など）に与えられる刺激が変化しても，物のさまざまな特徴が比較的変化せずに保たれる現象を指す。恒常性には，①大きさの恒常性，②形の恒常性，③明るさの恒常性，④色の恒常性，⑤位置の恒常性がある。身近に確認できる現象も多いので，表のように事例とともに覚えておきたい。知覚の恒常性は，感覚受容器を通じて得られた情報だけでなく，知識や記憶に基づいて補正を加えているため生じると考えられる。

1 × **体制化（群化）**の例である。人が物を見るときに意識せず，まとまりをもった物として見ようとすることを指す。その例として，物を見るとき，最も簡潔で秩序のあるまとまりとしてとらえる傾向を指す「プレグナンツの法則」がある。ヴェルトハイマー（Wertheimer, M.）は，①近接（近い要素は関連性が高いように見える），②類同（似た種類の物はひとまとまりに見えやすい），③閉合（互いに閉じ合っている物はひとまとまりに見えやすい），④よい形（円や四角など一定の形はまとまりとして認識されやすい）の四つの法則があるとした。

2 × **錯視**の例である。物理的な刺激と知覚との間に大きな違いがある場合を錯覚と呼び，特に視覚における錯覚は錯視と呼ばれる。電光掲示板は数多くの電球で文字の動きが起こるが，このように実際に起こっていないはずの運動を知覚する現象を仮現運動という。

3 ○ 例えば，4 m 離れている友人が 2 m まで近づいたとする。4 m 先にいる友人と 2 m 先の友人の網膜像の大きさは 2 倍違う。しかし見ている人からは友人の大きさはそれほど違いがないように感じる。このことを**大きさの恒常性**と呼ぶ。

4 × **奥行き知覚**の例である。風景画などで遠近感を表現するために書かれた平行線を線遠近といい，この描画法は線遠近法と呼ばれる。日常では道路を知覚する際に用いられている。

5 × **錯視**の例である。この現象は「月の錯視」と呼ばれている。錯視は自然の中でも起きており，月の大きさは変わらないはずだが，低い位置と高い位置では大きさが違って見える。

表　知覚の恒常性と具体例

①大きさの恒常性	例：遠ざかっていく車を見ているとき，目に映る車の像は次第に小さくなっていくが，車の大きさは一定であると感じる。
②形の恒常性	例：十円玉をゆっくり180度回転させると十円玉の像は楕円形に見えるはずだが，十円玉が楕円形になったとは感じない。
③明るさの恒常性	例：白い紙を明所と暗所で見ると，網膜上の明るさは非常に異なっているが，知覚上の明るさの差は小さい。
④色の恒常性	例：照明の色を変えると別の光として明暗が違うと感じるはずだが，照明の色を変えても茶色の猫は茶色系統に見える。
⑤位置の恒常性	例：頭を動かすと見える物の像が大きく変化して見えるが，見えている物の位置は変わらないと感じる。

解答 3

9 心理学と心理的支援

[旧]心理学理論と心理的支援・問題9

✓ ✓ ✓

次の記述のうち，オペラント条件づけの事例として，**最も適切なもの**を**1つ**選びなさい。

1 電車に乗っているときに事故にあってしまい，それ以降電車に乗るのが怖くなってしまった。

2 以前に食べたときに体調が悪くなった食品を見ただけで，気分が悪くなってしまった。

3 犬にベルの音を聞かせながら食事を与えていると，ベルの音だけで唾液が分泌するようになった。

4 人に迷惑をかけるいたずらをした子どもを叱ったら，その行動をしなくなった。

5 病院で受けた注射で痛い経験をした子どもが，予防接種のときに医師の白衣を見ただけで怖くなって泣き出した。

Point 学習理論であるオペラント条件づけ（道具的条件づけ）とレスポンデント条件づけ（古典的条件づけ）は，頻出である。具体例とともに出題されることが多いので，多くの具体例に触れておくことが望ましい。オペラント条件づけはスキナー（Skinner, B. F.）が提唱した。オペラントとは「自発的」という意味であり，operate（操作する）を元にしたスキナーの造語である。動物に芸を教える方法はオペラント条件づけによるものであり，私たちにとって身近な学習方法といえる。オペラント条件づけは，自分の意志で行動することがポイントである。自発的な行動に対して強化刺激（餌など）を与えてその行動が起こる頻度を上げる。「強化」とは自発的な行動の頻度が増加することを，「弱化（罰）」とは自発的な行動が減少することを指す（表参照）。一方，レスポンデント条件づけは，反射的行動が重視される。パブロフ（Pavlov, I. P.）の犬の実験で示されたように，刺激（ベル音と餌）を一緒に提示する（対提示）ことにより，反射的行動（唾液の分泌）が増大することを指す。

1 × **レスポンデント条件づけ**の例である。

2 × **レスポンデント条件づけ**の例である。ある食べ物を摂取したことによって体調を崩すと，再びその食べ物を目の当たりにした際，気分が悪くなったり摂取しなくなる条件づけを指し，**味覚嫌悪学習**という。ガルシア（Garcia, J.）がネズミによる実験でも条件づけを確認したことから**ガルシア効果**とも呼ばれている。

3 × **レスポンデント条件づけ**の例である。

4 ○ 「子どもを叱ることでいたずら行動をしなくなった」というのは「**正の弱化（罰）**」にあたる。叱られるので（不快刺激の出現），いたずら行動が減少した（弱化／罰）と説明できる。

5 × **レスポンデント条件づけ**の例である。

表　環境の変化による行動の増減の4パターン

		行動	
		増加	減少
刺激	出現	① 正の強化（褒められるのでお手伝いをする頻度が増加した）	③ 正の弱化（罰）（叱られるのでいたずらの頻度が減少した）
	消失	② 負の強化（叱られないように言われたことをする頻度が増加した）	④ 負の弱化（罰）（褒められないので大声を出す頻度が減少した）

解答 4

10 心理学と心理的支援

[旧]心理学理論と心理的支援・問題 10

☑☑☑

記憶に関する次の記述のうち，ワーキングメモリー（作動記憶）について，**最も適切なものを 1 つ**選びなさい。

1　自転車の運転など，一連の動作に関する記憶である。
2　休みの日に外出したなど，個人の経験に関する記憶である。
3　カラスは鳥であるなど，一般的な知識に関する記憶である。
4　感覚器が受け取った情報を，長期間そのまま保持する記憶である。
5　暗算をするときなど，入力された情報とその処理に関する一時的な記憶である。

Point　記憶は，保持される時間や内容など，いくつかの特徴に基づいて分類される。このように分類されるのは，特定の種類の記憶のみが損なわれる事例や，個人ごとにその容量が異なっていると推測される事例があるからである。単に，記憶力がよい･悪いとひとくくりにせず，どういった特徴に対してどういった支援が必要なのかを考えていく必要がある。

1　×　選択肢は**手続き記憶**の説明である。手続き記憶は比較的永続的に保持される長期記憶の中でも，言語的に説明することが難しい非宣言的（非陳述）記憶としてとらえられ，この記憶を利用していても意識にのぼることは少ない。自転車の運転のほかに，楽器の演奏の仕方や泳ぎ方などの技能や習慣が当てはまり，一度獲得されると年齢を重ねても比較的保持されていることが多い。

2　×　選択肢は**エピソード記憶**の説明である。いつ，どこで，誰と，何をしたかといった内容が当てはまる。エピソード記憶も長期記憶の一つであるが，尋ねられれば言葉で説明できることから宣言的（陳述）記憶に分類される。エピソード記憶には，出来事に関する情報だけでなく，その経験に伴う文脈や感情の情報なども含まれ，その個人にとって特に重要な出来事に関するものは自伝的記憶と呼ばれる。

3　×　選択肢は**意味記憶**の説明である。「「覚える」とは，日本語の動詞の一つで，ものごとについて記憶する行為を指す単語」ということを知っている，思い出せるといったように，知識に関する記憶を指す。意味記憶は，長期記憶の中でも宣言的（陳述）記憶に当てはまる。知識を学習する際は，いつ，どこで，といった経験を伴うが，意味記憶の状態ではそれらの情報との結びつきは薄い，又はない。

4　×　アトキンソン（Atkinson, R.C.）とシフリン（Shiffrin, R.M.）の多重貯蔵モデルによれば，記憶は保持できる時間に基づき，短い順に感覚記憶，短期記憶，長期記憶と分類される。感覚器が受け取った情報をそのまま保持するという説明は感覚記憶に当てはまるが，**長期間保持できるものではなく，ごく短い時間しか保持できない**。短期記憶は情報に注意を向けていれば保持できるが，注意を向けないと 30 秒から 1 分程度で失われてしまう。

5　○　ワーキングメモリー（作動記憶）は，**情報を一時的に保持することにとどまらず，それを操作して使用するという側面があるととらえられる**記憶である。ワーキングメモリーがどのような記憶であるのかは議論があるが，視空間情報の保持を担う視空間スケッチパッドと聴覚情報の保持を担う音韻ループ，それらの情報を統合するエピソディック・バッファ，それぞれの情報をどのように操作するかを決める中央実行系という要素から成り立つというモデルが古くから検討されている。

解答 5

11 心理学と心理的支援

⑬心理学理論と心理的支援・問題11

職場でうまく適応できない原因に関する相談者の次の発言のうち，ワイナー（Weiner, B.）による原因帰属の理論に基づき，安定し，かつ外的な原因による例として，**最も適切なもの**を１つ選びなさい。

1　自分の能力不足が原因だと思います。

2　最近の体調不良が原因です。

3　業務内容が難しかったことが原因です。

4　たまたま運が悪かったのが原因です。

5　自分の努力不足が原因だと感じています。

Point 原因帰属とは，行動や出来事の原因について推測することを指す。ワイナーの原因帰属の理論は，達成動機づけのメカニズムの一部として，先行経験の成否に対して原因を帰属することで決定される期待や感情が，次の行動の動機づけとなるととらえる。原因帰属の過程では，コントロールの位置づけと安定性という二つの次元に基づき，能力，努力，課題の難易度，運の四つのいずれかに帰属すると考える（表参照）。

表　原因帰属の分類

		コントロールの位置づけ	
		内的	外的
安定性	安定的（固定的）	能力	課題の難易度
	不安定的（可変的）	努力	運

出典：稲木哲郎「Weiner の達成動機づけ理論について」『心理学評論』第21巻第2号，pp.110～126，1978年をもとに筆者作成

1　✕　能力不足が原因だというとらえ方は，**安定性があり（時間が経過しても変化しにくい），コントロールの位置づけが内的なもの（自分自身に原因があるもの）**とみるものである。職場にうまく適応できないのは，相談者自身のコミュニケーション能力の不足に原因があると考えるような事例が想定される。

2　✕　「最近の体調不良」という発言は，不安定的な要因によるものととらえていると推測できるが，その時に偶然生じた可能性（運）や疲労の回復に努めなかったこと（努力）に原因があるととらえているといった可能性が想定でき，この発言のみではいずれか一つに分類するのは難しい。

3　○　業務内容の難しさは課題の難易度に分類でき，**安定的で自身ではコントロールできない外的な要因**が原因ととらえていると推測される。業務内容そのものの難しさのほか，職員や利用者との相性が業務の遂行を困難にした結果，職場にうまく適応できなかったと考える可能性もあるかもしれない。

4　✕　運が悪いというとらえ方は，**不安定的で，コントロールの位置づけが外的な要因**が原因であるとみるものである。原因は自分自身になく，今回たまたまうまくいっていないとみるのであれば，次はうまくいくかもしれないと期待し，達成への動機づけが生じるかもしれない。

5　✕　努力不足というとらえ方は，**不安定的で（自分自身の）内的な要因**が原因であるととらえたことを踏まえた発言とみることができるだろう。現時点では職場に適応できていなくても，その原因を改善する努力をすれば成功につながると期待して達成への動機づけが高まる可能性もある。

解答 3

12 心理学と心理的支援

[旧]心理学理論と心理的支援・問題 12

心的外傷後ストレス障害（PTSD）の症状に関する次の記述のうち，回避症状の事例として，**最も適切なものを 1 つ**選びなさい。

1　ささいな事でもひどく驚いてしまうようになった。
2　事故が起きたのは全て自分のせいだと考えてしまう。
3　つらかった出来事を急に思い出すことがある。
4　交通事故にあった場所を通らないようにして通勤している。
5　大声を聞くと虐待されていたことを思い出し苦しくなる。

Point　日本は地震，台風による大雨などの天災が多く，また，社会を取り巻く環境の変化から，ストレスの多い社会でもある。過去の出題実績を見ても，ストレスにまつわる問題は頻出である。精神疾患・精神障害の症状は多彩だが，PTSD の症状は比較的限定的で固定的なため，理解しやすい。精神疾患の診断・統計マニュアル（DSM-5）による症状を覚えておくとよい（表参照）。

1　×　選択肢は**覚醒度と反応性の著しい変化**の事例である。過覚醒になり，ささいなことに過剰に反応してしまうという症状である。

2　×　選択肢は**認知と気分の陰性の変化**の事例である。陰性の認知が生じ，物事を悪く受け止めてしまい，自分のせいなどと自責的になってしまう症状である。

3　×　選択肢は**侵入症状**の事例である。トラウマとなった出来事が急に思い出され，苦しい思いをするという症状である。

4　○　選択肢は**回避症状**の事例である。トラウマとなった出来事に関連する場所，人，時間，状況などを避けようとする症状である。

5　×　選択肢は**覚醒度と反応性の著しい変化**の事例である。反応性が高くなっているため，大声を聞くと虐待を想起してしまい，苦しくなるという症状である。

表　PTSD の 4 大症状

侵入症状	トラウマとなった出来事の記憶が蘇る。不快で苦痛な記憶のため，悪夢を見る場合もあり，また，思い出したときに動揺し，動悸や発汗などの生理状態が伴うことが多い。
回避症状	トラウマとなった出来事を思い出させるようなことを避けようとする。思い出させるような人物，事物，場所，会話，状況などを回避する。
認知と気分の陰性の変化	幸福や愛情などの陽性の気分を感じることができなくなり，物事を悪いほうに認知して，悲しい・苦しい・つらいなどと陰性な気分に陥ってしまう。そして，物事への興味や関心を失ってしまう。
覚醒度と反応性の著しい変化	過覚醒となり，いらいら，びくびくしてしまう。少しの刺激に対して，驚愕反応，集中困難を示す。睡眠障害が現れることもある。

解答 4

13 心理学と心理的支援

[旧]心理学理論と心理的支援・問題 13

次のうち，小学校就学前の５歳児を対象とできる心理検査として，**最も適切なものを１つ**選びなさい。

1 矢田部ギルフォード（YG）性格検査
2 田中ビネー知能検査Ⅴ
3 ミネソタ多面人格目録（MMPI）
4 文章完成法テスト（SCT）
5 WAIS-Ⅳ

Point 心理検査の種類，内容，適用年齢については頻出である。これらについては表にまとめておくとよい。適用年齢については，おおまかに「子ども用」と「成人用」を押さえておきたい。心理検査をアルファベット表記したとき，「C」は「子ども（Children）用」，「A」は「成人（Adult）用」を指している場合がある。知能検査や発達検査は子どもに実施される場合が多いが，知的水準や発達水準を知るために成人に実施される場合もある。

表　心理検査の適用（子ども／成人別）

子どもに実施される場合が多い検査	成人に実施される場合が多い検査
矢田部ギルフォード（YG）性格検査 WISC-Ⅳ 知能検査（WISC-Ⅴ知能検査の使用が開始された） 田中ビネー知能検査Ⅴ 文章完成法テスト（SCT） 新版Ｋ式発達検査 DTVP フロスティッグ視知覚発達検査 津守式乳幼児精神発達検査 遠城寺式乳幼児分析的発達検査	ミネソタ多面人格目録（MMPI） WAIS-Ⅳ 知能検査 改訂長谷川式簡易知能評価（HDS-R） ロールシャッハテスト 風景構成法 MAS（顕在性不安尺度） GHQ（精神健康調査票）

1 × YG 性格検査は**小学校低学年から成人**を対象とした性格検査である。小学生用が 96 問，中学生・高校生・成人用が 120 問あり，多くの質問文を読んで回答する検査のため，文字が読めることが適用の要件となる。

2 ○ 田中ビネー知能検査Ⅴは主に子どもを対象とした知能検査である。適用年齢は **2 歳から成人**であるが，知的障害の疑いのある成人にも実施される場合がある。

3 × MMPI は **18 歳以上**を対象とした性格検査である。550 問という多くの質問文を読んで回答する検査のため，文字が読めることが適用の要件となる。なお，2020 年に公刊された MMPI- 3 は 335 項目である。

4 × SCT は**小学生から成人**を対象とした性格検査である。質問に対し，文章を記入して回答する検査のため，文字が書けることが適用の要件となる。

5 × WAIS-Ⅳは**成人**を対象とした知能検査である。ウェクスラー式知能検査成人用（Wechsler Adult Intelligence Scale）は，その頭文字を取り WAIS と呼ばれる。ウェクスラー式知能検査児童用（Wechsler Intelligence Scale for Children）は，その頭文字を取り WISC と呼ばれる。

解答 2

14 心理学と心理的支援

⑯心理学理論と心理的支援・問題14

クライエント中心療法に関する次の記述のうち，**最も適切なもの**を1つ選びなさい。

1 クライエントの話を非指示的に傾聴していく。

2 解決に焦点をあわせ，クライエントの強みを発展させる。

3 クライエントの家族関係を変容しようとする。

4 クライエントの意識を無意識化していく。

5 クライエントの認知や行動に焦点を当てていく。

Point カウンセリングや心理療法にはさまざまなものがあるが，すべてのアプローチの根底に通じるものがクライエント中心療法である。その創始者のロジャーズ（Rogers, C.）が提唱したカウンセラーの三原則は相談業務に非常に有用である。

表 ロジャーズのカウンセラーの三原則

自己一致	カウンセラーがクライエントに対しても自分自身に対しても真摯な態度でいること。クライエントの語り（私的世界）のわからないところを，わかったふりをしてしまっては自己一致しているとはいえない。
無条件の肯定的関心	クライエントの語り（私的世界）を，善悪で判断したり，カウンセラーの好みや信念で判断したりせず，その語りと背景に肯定的な関心をもって聴くこと。
共感的理解	クライエントの語り（私的世界）を，カウンセラーがあたかも自分の体験であるかのように感じ，理解しようとすること。クライエントをかわいそうに思う同情や，体験の共通点や相違点を見つけ出して同じように思う同感とは異なる。

1 ○ クライエント中心療法では**非指示が重要である**。クライエント中心療法はクライエントを無条件に受け入れる「支持」を重視する。

2 × クライエントの問題の解決に焦点を当てるのは**問題解決療法**である。また，クライエントの強みに注目をして発展させるのはストレングス視点である。

3 × クライエントの家族関係を変容しようとするのは**家族療法**である。家族療法では家族をシステムとしてとらえ，システムとしての家族全体の変容を目指す。

4 × クライエントの無意識を取り扱うのは**精神分析**である。自由連想というクライエントの語りを解釈し，クライエントの無意識を意識化する。なお，無意識化という概念はない。

5 × クライエントの認知や行動に焦点を当てるのは**認知行動療法**である。認知行動療法では3コラム法や5コラム法というホームワークを課すなど，指示的である。

解答 1

15 社会学と社会システム
⑯社会理論と社会システム・問題 17

次のうち，人々が社会状況について誤った認識をし，その認識に基づいて行動することで，結果としてその認識どおりの状況が実現してしまうことを指す概念として，**最も適切なもの**を1つ選びなさい。

1 予言の自己成就
2 創発特性
3 複雑性の縮減
4 ホメオスタシス
5 逆機能

Point マートン（Merton, R. K.）による「予言の自己成就」について問われている。状況について誤った信念や思い込みをもち，それに基づく行為によって，その誤った認識どおりの状況が実現してしまったとき，最初の信念や思い込みを真実とみなすことを予言の自己成就という。一方，将来の状況に関する見通しの言明が，その状況に関係する各主体に大きく影響し，行為主体の行動様式を変えさせることによって結果的に最初の言明が裏切られてしまったとき，その言明を自己破壊的予言という。予言の自己成就のほかにも「創発特性」「ホメオスタシス」「逆機能」といったマートンやパーソンズ（Parsons, T.），そしてルーマン（Luhmann, N.）などによる構造 - 機能分析，機能主義，システム論に関連するキーワードが問われている。

1 ○ Point で説明したとおりである。

2 ✕ 創発特性とは，**複数の構成要素からなるものの全体が，それぞれの構成要素にみられなかった特徴を帯びるようになること**である。パーソンズは，諸個人の相互行為を社会システムの構成要素とみなし，社会システムの作動メカニズムを解明しようとする社会システム論を展開したが，社会システムもこの創発特性をもつと説明している。

3 ✕ 「世界の複雑性」は，無限の可能性をもつ一方，私たちの行為を不確定なものにし，また選択不能にしてしまう。ルーマンは，その社会システム論の中で，これを秩序づける「複雑性の縮減」という機能をもったコミュニケーションの連鎖のことをシステムと呼んだ。複雑性の縮減とは，**社会がシステムとして作動することで，可能性が限定されていくこと**を意味している。

4 ✕ ホメオスタシスとは，アメリカの生物学者キャノン（Cannon, W. B.）が命名した概念で，**生理的条件が身体内外の条件の変化にかかわらず，一定の標準状態を保とうとすること**である。パーソンズは，この概念を社会システムに導入して，社会統制と社会化によって作り出される社会システムの均衡維持傾向をホメオスタシスと呼んだ。

5 ✕ 逆機能とは，**ある全体を構成する諸部分の作用がその全体の維持・存続を脅かすこと**を指す。典型的な例が，マートンらが指摘する「官僚制の逆機能」である。マートンは，官僚制の原則である規則の遵守や厳格な階統制が，急激な環境変化への適応を阻害し非効率な組織行動に帰結するという問題を指摘したが，ほかにもさまざまな研究者が形式主義，繁文縟礼（規則などが非常に細かく煩わしいこと，形式を重んじるあまり手続きが面倒で非能率的になること），保身主義，セクショナリズム，秘密主義といった負の効果をあげている。

解答 1

16 社会学と社会システム
旧 社会理論と社会システム・問題 21

次の記述のうち，囚人のジレンマに関する説明として，**最も適切なもの**を 1 つ選びなさい。
1. 協力し合うことが互いの利益になるにもかかわらず，非協力への個人的誘因が存在する状況。
2. 一人の人間が二つの矛盾した命令を受けて，身動きがとれない状況。
3. 相手のことをよく知らない人同士が，お互いの行為をすれ違いなく了解している状況。
4. 非協力的行動には罰を，協力的行動には報酬を与えることで，協力的行動が促される状況。
5. 公共財の供給に貢献せずに，それを利用するだけの成員が生まれる状況。

> **Point** 囚人のジレンマは，これに陥ると，個人が合理的な選択をしてしまうため，パレート最適（効用の最大化が達成された状態）の状態にたどり着くことができない状況をあらわすゲーム理論のモデルである。社会学においては「ダブルコンティンジェンシー」の好例としても，「社会的ジレンマ」のミクロモデルとしても用いられている。個々人が自分の利益になるような行動を選択すると，全体にとって利益にならない結果が生じ，それが個人にとっても利益にならない状況に帰結することを社会的ジレンマというが，囚人のジレンマはそれをあらわす好例でもある。

1. 〇 Point で解説したとおりである。
2. × 選択肢は，ベイトソン（Bateson, G.）のいう**ダブルバインド**（二重拘束）の状況である。たとえば，母親が子どもに対して「愛している」という言葉と同時にこわばった表情を見せたとすると，子どもはそのメッセージ（言葉）とメタメッセージ（表情）が矛盾するコミュニケーション状況におかれて，身動きがとれなくなってしまう。
3. × 囚人のジレンマでは，「**相手のことをよく知らない人同士が，お互いの行為をすれ違いなく了解している状況**」**を想定していない**。囚人のジレンマが想定する状況は，自分と他者の行為の選択がどちらも相手の選択に依存している状況，すなわち，パーソンズ（Parsons, T.）のいう「ダブルコンティンジェンシー」の状況を示すものである。つまり，そこではお互いの行為がすれ違うことが想定されているといえる。
4. × 選択肢は，**選択的誘因**を指している。「フリーライダー問題」を解決し，公共財が維持管理できる社会秩序を維持するためには，①フリーライダーの特定と監視が可能な「コミュニティの規模（構成人数）」の小ささ，②権力や法律（罰則）の威圧を前提にした強制，③社会貢献度（協力行動のレベル）に応じた選択的誘因，のいずれかの条件が整うことが必要だとオルソン（Olson, M. L.）は述べている。
5. × 選択肢は，オルソンのいう**フリーライダー問題**を指している。フリーライダーとは，非協力を選択し，あるいはコストを負担せずに利益のみを得ようとする人，「ただ乗りする人」のことである。オルソンは，フリーライダー問題を，近代市民社会の秩序を壊してしまうリスク要因としてとらえている。

図　囚人のジレンマ

AとBという共犯の二人が捕まって，それぞれ別々の独房に入れられる。
　①A・Bとも黙秘→刑期はそれぞれ1年
　②A・Bとも自白→刑期はそれぞれ2年
　③一方が自白し，もう一方が黙秘→自白した者は釈放，黙秘した者は刑期3年
という状況の場合，パレート最適は，①の二人とも黙秘して刑期1年になる状況である。仮に，Bが黙秘した場合，Aは自白したほうが得をする。逆にBが自白した場合，Aも自白してしまったほうが得をする。つまりどちらの場合でも，Aは自白を選ぶ方が合理的となる。

| | | 囚人B ||
		黙秘する	自白する
囚人A	黙秘する	A：刑期1年 B：刑期1年	A：刑期3年 B：釈放
	自白する	A：釈放 B：刑期3年	A：刑期2年 B：刑期2年

→ 二人とも黙秘するのがパレート最適なのに，個人の合理的な判断の結果，パレート最適の状態にたどり着けない。

解答 1

17 社会学と社会システム

[旧]社会理論と社会システム・問題 16

次の記述のうち，ウェルマン（Wellman, B.）のコミュニティ解放論の説明として，**最も適切なものを1つ選びなさい。**

1 特定の関心に基づくアソシエーションが，地域を基盤としたコミュニティにおいて多様に展開しているとした。
2 現代社会ではコミュニティが地域という空間に限定されない形で展開されるとした。
3 人口の量と密度と異質性から都市に特徴的な生活様式を捉えた。
4 都市の発展過程は，住民階層の違いに基づいて中心部から同心円状に拡大するとした。
5 アメリカの94のコミュニティの定義を収集・分析し，コミュニティ概念の共通性を見いだした。

Point ウェルマンは，都市化に伴い，従来のコミュニティは解体・喪失するか否かという問いを「コミュニティ問題」と呼び，その問いに対する答えとして，都市化によって人々の絆は地域から喪失してしまったという見解（コミュニティ喪失論）と，都市化にかかわらず人々の絆は変わらず地域の中に存続しているのだという見解（コミュニティ存続論）の二つがあることを指摘した。その上でウェルマンは，これら二つの見解に対して，交通・通信手段が飛躍的に発展した現在，人と人との親密な絆は，必ずしも地域に限定されることはなく，空間的な制約から解放され，分散的なネットワークの形をとって広域的に存在しうると主張した。このようなウェルマンの考えを「コミュニティ解放論」という。

1 × 「特定の関心に基づくアソシエーションが，地域を基盤としたコミュニティにおいて多様に展開している」としたのは，**マッキーヴァー（MacIver, R. M.）**の議論である。マッキーヴァーは，人間生活における関心が包括的なものなのかそれとも特定のものなのか，また，その発生が自然的か，それとも人為的かという2点を基準に，社会集団をコミュニティとアソシエーションに分類した。

2 ○ コミュニティ解放論については，Point で示したとおりである。

3 × 「人口の量と密度と異質性から都市に特徴的な生活様式を捉えた」のは，**ワース（Wirth, L.）のアーバニズム理論**である。ワースは都市に特徴的な生活様式をアーバニズムと呼ぶ。都市は人口集合体の大きさ，高い人口密度，人口の異質性によって特徴づけられるが，この都市の生態学的特徴が第一次的関係に対する第二次的関係の優位，親族や近隣の弱体化，匿名性や無関心といったように都市生活者の結びつきを弱めることになるとした。

4 × 「都市の発展過程は，住民階層の違いに基づいて中心部から同心円状に拡大する」としたのは，**バージェス（Burgess, E. W.）の同心円地帯理論**である。土地利用と居住者の階層を手がかりにすると，都市の発展過程は，会社や官公庁などの中枢機関が集中している都心の「中央ビジネス地区」から，小さな工場が入りくみ移民労働者などの居住地となっている「遷移地帯」「労働者住宅地帯」，中流階級の高級アパートや独立家屋の専用区域である「住宅地帯」，郊外の「通勤者地帯」といったように同心円状に広がるという都市構造モデルを提示した。

5 × 「アメリカの94のコミュニティの定義を収集・分析し，コミュニティ概念の共通性を見いだした」のは，ヒラリー（Hillery, G. A.）である。ヒラリーによれば，その94通りの定義の中での共通項は「人々の相互作用の存在」と「地域的空間の限定性」，そして「共通の絆」の3点である。

解答 2

18 社会学と社会システム

⑮社会理論と社会システム・問題 20

次のうち，信頼，規範，ネットワークなどによる人々のつながりの豊かさを表すために，パットナム（Putnam, R.）によって提唱された概念として，**正しいものを 1 つ選びなさい。**

1　ハビトゥス
2　ソーシャルキャピタル（社会関係資本）
3　文化資本
4　機械的連帯
5　外集団

Point　ソーシャルキャピタル（社会関係資本）とは，人と人との社会関係の中に埋め込まれ，一定の条件下で人々に何らかの効用をもたらす「資本」へと転化する構造的特性を指す概念であり，その代表的な定義がパットナムによるものである。パットナムは，社会関係資本を，「人々の協調行動を促進することによって社会の効率性を高めることができる信頼，規範，ネットワーク」であると定義している。パットナムは，社会関係資本を同一集団内の効用のみを高める結合型（ボンディング型）と，異なる集団間において効用を高め合う橋渡し型（ブリッジ型）とに分類している。前者は，たとえば，家族内やエスニックグループ内部でのつながりで，所属するメンバー間の信頼や結束を大きくし，メンバーの帰属意識を強化するが，同時に異質な者，新参者に対する寛容性を減退させ，排他的な社会を生み出す原因ともなる。それに対して，後者は，たとえば，同僚の知人，父親の友人といったように，グループの枠組みを超えた弱いつながりを特徴とするが，その弱いつながりが異質的な資源へのアクセスの途を開くことに資する。

1　**×**　ブルデュー（Bourdieu, P.）は，過去の経験によって形成され身についた「知覚・思考・行為の図式」をハビトゥスと呼んだ。子どもたちは，成長のプロセスにおいてそれぞれの家庭の中で特定の階層的な刻印を帯びたハビトゥス，たとえばふるまいや言葉遣い，あるいは音楽や読書・服装・食事の好みとしてあらわれるものを身につけていき，そのハビトゥスは文化資本として文化的再生産をうながすのである。

2　**○**　Point で解説したとおりである。

3　**×**　文化資本とは，家庭環境や学校教育などを通じて個人に蓄積されていき，さまざまな社会的行動で有利／不利を生み出していく **「有形・無形の領有物」** である。ブルデューは文化資本を書物や絵画などの「客体化された文化資本」，学歴や資格などの「制度化された文化資本」，そして教養や趣味，ふるまいなどの「身体化された文化資本」の三つに分類している。

4　**×**　デュルケム（Durkheim, É.）は，著書『社会分業論』において，近代化を機械的連帯から有機的連帯へと変化していく過程とみた。機械的連帯とは，相互に類似した同質なメンバーが機械的に結びついている社会の結合形態を指す。デュルケムは，分業の発達によって，機械的連帯が，独立した人格をもった異質のメンバーが自らの意志で結びつく有機的連帯へと転化するとした。

5　**×**　サムナー（Sumner, W. G.）によれば，内集団とは，メンバーが親密な社会関係を継続することにより互いを「われわれ（we-group）」として同一視することができ，献身や愛情の対象となるような集団である。これに対して外集団とは，「彼ら（they-group）」として個人の前に立ち現れ，競争関係や対立関係にある人々の集団を指す。

解答 2

19 社会学と社会システム
⑬社会理論と社会システム・問題15

持続可能な開発目標（SDGs）に関する次の記述のうち，**最も適切なもの**を1つ選びなさい。

1　1989年にアメリカのオレゴン州で策定された，行政評価のための指標である。

2　生活に関する八つの活動領域から構成された指標である。

3　貧困に終止符を打つとともに，気候変動への具体的な対策を求めている。

4　1995年より毎年各国の指数が公表されている。

5　貨幣換算した共通の尺度によって，一律に各指標を測定する。

> 💡 **Point** 持続可能な開発目標（Sustainable Development Goals：SDGs）とは，2015年9月に開催された国連持続可能な開発サミットで「持続可能な開発のための2030年アジェンダ」の中核として採択された国際目標である。「環境」「社会」「経済」の三つの側面からとらえられる17の目標，目標を達成するための169のターゲットから構成されており，国連の全加盟国は2016年から2030年までの間に達成を目指す。

1 ✗ 1989年にアメリカのオレゴン州で策定されたのは，オレゴン州政府の長期総合計画「オレゴン・シャインズ」であり，その達成度を評価するための指標として1991年に策定されたのが「オレゴン・ベンチマークス」である。政策ごとの具体的な指標（ベンチマーク）によって，設定した目標と実際の成果を比較し，政策の効果や達成度を客観的に評価する「ベンチマーク評価」の先駆けとして知られている。

2 ✗ SDGsは，「環境」「社会」「経済」の3側面からとらえられる17の目標から構成されている。

3 ○ SDGsの17の目標のうち，目標1は「貧困をなくそう」であり，「あらゆる場所のあらゆる形態の貧困を終わらせる」ためのターゲットが定められている。また，目標13の「気候変動に具体的な対策を」では，「気候変動及びその影響を軽減するための緊急対策を講じる」ことに資するターゲットが定められている。

4 ✗ SDGsは，2016年から2030年までの目標であり，その達成状況は，2016年から166か国を評価対象に，国ごとにスコアが算出され，そのランキングが「持続可能な開発報告書」で示されている。2023年は，日本は166か国中21位と次第に順位を下げており，SDGsの進捗状況は停滞しているといえる。また，世界全体でも決して順調に進捗しているとはいえず，とりわけサハラ以南のアフリカなど南半球に位置するエリアにおいては，ほとんどの指数で「達成にはほど遠い」状況にある。

5 ✗ 貨幣換算した共通の尺度によって，一律に各指標が測定されているわけではない。たとえば，目標1の「貧困をなくそう」では，「1.1　2030年までに，現在1日1.25ドル未満で生活する人々と定義されている極度の貧困をあらゆる場所で終わらせる。」「1.2　2030年までに，各国定義によるあらゆる次元の貧困状態にある，すべての年齢の男性，女性，子どもの割合を半減させる。」など，目標を達成するための五つのターゲットと，ターゲットを実施する二つの手段が示されており，貨幣換算された尺度で一律に指標が測定されているわけではないことがわかる。

解答 **3**

20 社会学と社会システム

[旧]社会理論と社会システム・問題18

「第16回出生動向基本調査結果の概要（2022年（令和4年））」（国立社会保障・人口問題研究所）に関する次の記述のうち，**最も適切なものを1つ**選びなさい。

1 「いずれ結婚するつもり」と回答した未婚者の割合が，これまでの出生動向基本調査の中で最も高かった。

2 第1子の妊娠が分かった時に就業していた妻が，子どもが1歳になった時も就業していたことを示す「就業継続率」は，2015年（平成27年）の調査の時よりも低下した。

3 「結婚したら子どもを持つべき」との考えに賛成する未婚者の割合は，2015年（平成27年）の調査の時よりも上昇した。

4 未婚男性がパートナーとなる女性に望む生き方として，結婚し，子どもをもつが，仕事も続ける「両立コース」が最も多く選択された。

5 子どもを追加する予定がほぼない結婚持続期間15～19年の夫婦の平均出生子ども数（完結出生子ども数）は，2015年（平成27年）の調査の時よりも上昇した。

Point 「第16回出生動向基本調査」（2021年（令和3年），国立社会保障・人口問題研究所）の結果をとりまとめた「第16回出生動向基本調査結果の概要（2022年（令和4年））」からの出題である。出生動向基本調査（結婚と出産に関する全国調査）は，国内の結婚，出産，子育ての現状と課題を調べるために，国立社会保障・人口問題研究所が5年ごとに実施している全国標本調査で，夫婦調査・独身者調査を同時に実施し，それぞれについての政策的な課題を社会科学的な立場から探ることを主な目的としている。「出生動向基本調査」の報告書及び結果の概要，統計表等は，国立社会保障・人口問題研究所のwebページから閲覧することができる（https://www.ipss.go.jp/site-ad/index_Japanese/shussho-index.htm）。

1 × 「いずれ結婚するつもり」と回答した18～34歳の未婚者の割合は，**男性81.4％，女性84.3％で，前回調査（2015年（平成27年））の85.7％，89.3％からそれぞれ減少**しており，調査が現行の形式となった1982年（昭和57年）以降最も低い数字となった。その一方で，「一生結婚するつもりはない」と答えた未婚者の割合は，男性で17.3％，女性で14.6％と現行の調査形式では最も高かった。

2 × 就業継続率は，前回調査（第1子の出生年が2010～2014年（平成22～26年））では57.7％だったが，今回調査（第1子の出生年が2015～2019年（平成27～令和元年））では**69.5％と大きく上昇**した。育児休業を利用して就業継続をした妻は55.1％で，これも前回調査の43.0％を大きく上回っている。

3 × 「結婚したら子どもを持つべき」という考え方を支持する未婚者の割合は，**男性55.0％，女性36.6％と，前回調査時の男性75.4％，女性67.4％から大幅に低下**した。また，「どんな社会においても，女らしさや男らしさはある程度必要だ」という考え方に賛成する独身者の割合も前回調査の男性84.4％，女性82.5％から，今回調査では男性68.3％，女性55.9％と大幅に低下し，家族に関する価値観の大きな変化がうかがえる。

4 ○ 未婚男性がパートナーとなる女性に望む生き方として，**「両立コース」は39.4％と最も多く選択されている**。次いで，結婚し子どもをもつが，結婚あるいは出産の機会にいったん退職し，子育て後に再び仕事をもつ「再就職コース」が29.0％と多くなっている。女性自身が理想とするライフコースも，男性と同様，多い順に「両立コース」34.0％，「再就職コース」26.1％となっている。

5 × 夫婦の最終的な出生子ども数である「完結出生子ども数」は，**今回調査では1.90人と，前回調査時の1.94人を下回り最低値を更新**した。また，結婚持続期間15～19年の夫婦の出生子ども数の分布をみると，2005年（平成17年）の第13回調査以降，「子ども1人の夫婦」が緩やかに増加し，今回調査では19.7％を占めた。その一方で，「子ども2人の夫婦」の割合は減少しており，今回調査では50.8％になっている。

解答 4

21 社会学と社会システム

⑯社会理論と社会システム・問題19

次の記述のうち，ライフサイクルについての説明として，**最も適切なもの**を1つ選びなさい。

1 個人の発達の諸段階であり，生物学的，心理学的，社会学的，経済学的な現象がそれに伴って起きることを示す概念である。

2 生活を構成する諸要素間の相対的に安定したパターンを指す概念である。

3 社会的存在としての人間の一生を，生まれた時代や様々な出来事に関連付けて捉える概念である。

4 個人の人生の横断面に見られる生活の様式や構造，価値観を捉えるための概念である。

5 人間の出生から死に至るプロセスに着目し，標準的な段階を設定して人間の一生の規則性を捉える概念である。

Point ライフサイクル（生命周期）は，誕生から死まで，人の一生の過程が世代ごとに繰り返されることを表す概念である。ライフサイクル研究の出発点となったのは，イギリス・ヨーク市における労働者生活を貧困問題に焦点をおいて研究したラウントリー（Rowntree, B. S.）である。ライフサイクル研究においては，その主体が個人であれ家族であれ，段階（ライフステージ）をどう区切るかが重要な問題となり，各段階にはそれぞれ達成すべき課題があるとされる。家族を主体とする家族周期の段階設定には，家族生活を5年あるいは10年といったように一定の期間で区切って観察する等間隔整理法，結婚や子どもの出生など家族生活について変化をもたらす出来事についてコーホート（出生を同じくする統計的な集団）ごとに発生年齢の平均値などで家族のライフサイクルを描くイベント年齢比較法，家族生活に観察される主要な出来事を基準に家族生活をいくつかの段階に区切っていく段階設定法などがある。

---

1 ✕ 「個人の発達の諸段階」を表し，「生物学的，心理学的，社会学的，経済学的な現象がそれに伴って起きることを示す概念」は，**ライフステージ**である。ライフサイクルは，人間の出生から死に至る時間的経過やプロセスを指すが，ライフステージは，その中で設定される各段階，たとえば，乳幼児期，少年期，青年期，成人期，壮年期，高齢期といった段階を表す概念である。

2 ✕ 「生活を構成する諸要素間の相対的に安定したパターンを指す概念」は，**生活構造**である。生活を構成する要素としては時間や家計，社会関係などが想定されている。

3 ✕ 「社会的存在としての人間の一生を，生まれた時代や様々な出来事に関連付けて捉える概念」は，**ライフコース**である。平均寿命が80年を超え，とりわけ人生の後半のあり方が多様になっている今日，ライフサイクルのように人生が規則的に推移していくという観点から実態を捉えることが困難になってきた。そこで，段階設定をすることなく，各人の多様な人生やその発展過程，すなわち「個人の人生航路」に着目して，時間的経過の中での役割変遷，人生において経験する出来事（ライフイベント）の時期，離婚や事故，大病などの特異な出来事の影響，そして歴史的な事件とのかかわりあいなどを分析しながら，個人のそれぞれの人生を捉えなおそうとするライフコースという発想が登場した。

4 ✕ 「個人の人生の横断面に見られる生活の様式や構造，価値観を捉えるための概念」は，**ライフスタイル**である。ライフスタイルは，個人の生活様式に対する選択性という視点が強調されているという点で，当該社会に広く見られる行為の様式を指す生活様式（way of life）と異なる。

5 ◯ Pointで説明したように，ライフサイクル研究においては，ライフサイクルの各段階にそれぞれ達成すべき発達課題，標準的な段階が想定されている。

解答 5

22 社会福祉の原理と政策

[旧]現代社会と福祉・問題 26

次のうち，日本における第1次ベビーブーム期の出生者が後期高齢者になるために，国が示した，医療や介護等の供給体制を整備する目途となる年次として，**最も適切なもの**を**1つ**選びなさい。

1 1973年（昭和48年）

2 1990年（平成2年）

3 2000年（平成12年）

4 2025年（令和7年）

5 2035年（令和17年）

Point 日本の福祉政策の発展過程についての理解が求められる問題である。第二次世界大戦後の戦後社会福祉の成立から1970～80年代の高度経済成長の終焉に伴う緊縮財政への移行と少子高齢化への対応，1990年代から2000年代以降の緊縮財政下における人々の働き方や暮らし方の変化に対応するために，どのような福祉政策が推進されてきたかを理解しておく必要がある。

1 × 1973年（昭和48年）は「活力ある社会福祉の実現」を目指して，経済社会基本計画が策定された年である。同計画は，戦後経済政策の流れを変え，活力のある福祉社会の建設を推進していく必要性をうたったものである。同年は**「福祉元年」**と呼ばれ，年金水準の引き上げとともに，物価スライド，賃金スライドの導入がなされた。また，高額療養費制度と老人医療費支給制度も導入され，社会保障の大幅な充実が図られた。

2 × 1990年（平成2年）は，住民に身近な市町村を中心とした福祉行政を推進するために，老人福祉法等の一部を改正する法律が制定された年である。同法律では，市町村の役割の重視，在宅福祉の充実，民間福祉サービスの健全育成，保健・医療・福祉の連携強化などを目指し，**福祉関係八法**と呼ばれる，老人福祉法，身体障害者福祉法，精神薄弱者福祉法（現・知的障害者福祉法），児童福祉法，母子及び寡婦福祉法（現・母子及び父子並びに寡婦福祉法），社会福祉事業法（現・社会福祉法），老人保健法（現・高齢者の医療の確保に関する法律），社会福祉・医療事業団法（2003年（平成15年）10月1日に廃止）が改正された。

3 × 2000年（平成12年）は，社会福祉の増進のための社会福祉事業法等の一部を改正する等の法律が制定された年である。社会福祉事業法が社会福祉法に題名改正され，サービス利用者とサービス提供者の関係が対等になるように図る**利用契約制度**，契約締結が困難な人々を支援するための**地域福祉権利擁護事業**（現・**日常生活自立支援事業**）の導入，苦情解決のための**運営適正化委員会**の設置，選択の自由を促進するための多様な事業主体の参入促進，地域福祉の推進，サービスの質の向上などの仕組みが導入された。

4 ○ 第1次ベビーブーム期の出生者は**団塊の世代**と呼ばれ，団塊の世代がすべて75歳以上の後期高齢者となるのが2025年（令和7年）である。2025年（令和7年）以降は，生産年齢人口の減少の加速，地域による高齢化の状況の差異，医療・介護の複合ニーズを有する患者・利用者の増加等の課題に対応していく必要があるとされる。とりわけ，病床の機能分化・連携，在宅医療・介護の推進，医療・介護従事者の確保・勤務環境の改善といった効率的かつ質の高い医療提供体制の構築と**地域包括ケアシステム**の構築が急務の課題とされている。

5 × 2035年（令和17年）は，総人口の減少と高齢化率の上昇が続き，国民の3人に1人が65歳以上になることが予想されている。2035年（令和17年）に向けた主な課題として，保健医療ニーズの増大，社会環境・価値の多様化，格差の増大などがあげられている。厚生労働省は，これらの課題に対応するために**「保健医療2035」**を提言し，保健医療が，住まい，地域づくり，働き方と調和しながら「社会システム」として機能するため，これまでの保健医療制度を規定してきた価値規範や原理を根本的に転換しなければならないことを指摘している。

解答 4

23 社会福祉の原理と政策

[旧]現代社会と福祉・問題23

次のうち，1930年代のアメリカにおけるニューディール政策での取組として，**正しいものを1つ選びなさい。**

1 社会保障法の制定
2 公民権法の制定
3 メディケア（高齢者等の医療保険）の導入
4 ADA（障害を持つアメリカ人法）の制定
5 TANF（貧困家族一時扶助）の導入

（注）「障害を持つアメリカ人法」とは,「障害に基づく差別の明確かつ包括的な禁止について定める法律」のことである。

Point アメリカで策定された法や制度を問う問題である。当時の社会情勢を受けてどのような法律や制度が定められてきたのか，またその内容についても理解しておくことが求められる。なお，ニューディール政策とは，フランクリン・ルーズベルト（Roosevelt, F.）大統領が1929年の大恐慌による不況を克服するために1933年から1939年にかけて実施した一連の社会経済政策を指す。

1 ○ 社会保障法は，**ニューディール政策の一環として1935年に制定**されたものである。同法は，①2種類の社会保険（連邦直営方式の老齢年金と連邦が補助する州営失業保険），②高齢者，母子世帯，視覚障害者に対する3種類の特別扶助，③母子保健サービス，肢体不自由児サービスなどの社会福祉サービスの三つの柱で構成されている。

2 × 公民権法（1964年）は，投票権法（1965年）と並び，1950年代後半から始まった黒人に対する政治的・経済的・社会的な差別の撤廃を求める公民権運動の成果として成立した。公民権法では，**人種，皮膚の色，宗教，性又は出身国を理由とする雇用の全局面における差別を禁止**した。

3 × メディケア（高齢者等の医療保険）とは，**1965年に誕生した65歳以上の高齢者及び障害者を対象とした公的医療保険制度**のことである。低所得者を対象とするメディケイドと共に成立した。アメリカには，日本における国民皆保険のような社会保障制度がなく，公的医療保険はメディケアとメディケイドに限られる。

4 × ADA（障害を持つアメリカ人法）は，**障害に基づく差別を禁止する1990年に制定**された法である。ADA法には，雇用上の差別の禁止，公的サービスや公共交通機関によるサービスの提供上の差別の禁止，民間企業によって運営される公共性のある施設及びサービスにおける差別の禁止が盛り込まれている。

5 × TANF（貧困家族一時扶助）は，福祉政策の対象者を削減し財政負担を軽減させることを目標に，従来のAFDC（Aid to Families with Dependent Children：要扶養児童家庭扶助）に代わって**1996年に導入された公的扶助**の一つである。TANFは，ワークフェアの源流とされている。

解答 1

24 社会福祉の原理と政策

⑮現代社会と福祉・問題22

福祉における政府と民間の役割に関する次の記述のうち，**最も適切なもの**を1つ選びなさい。

1 平行棒理論とは，救済に値する貧民は救貧行政が扱い，救済に値しない貧民は民間慈善事業が扱うべきだとする考え方を指す。

2 繰り出し梯子理論とは，ナショナルミニマムが保障された社会では，民間慈善事業が不要になるとの考え方を指す。

3 社会市場のもとでは，ニーズと資源との調整は，価格メカニズムにより行われ，そこに政府が関与することはない。

4 準市場のもとでは，サービスの供給に当たり，競争や選択の要素を取り入れつつ，人々の購買力の違いによる不平等を緩和するための施策が講じられることがある。

5 ニュー・パブリック・マネジメント（NPM）とは，福祉サービスの供給に参入した民間企業の経営効率化のために，その経営に行政職員を参画させる取組を指す。

💡 **Point** 福祉供給における政府（公）と民間（私）の役割，責任の範囲や，政府と民間の関係性を問う公私関係論に関する問題，効率性や公平性を両立させるための方法を問う問題である。普遍主義と選別主義，資力調査やスティグマなどの用語の意味も正しく理解しておくことが求められる。

---

1 ✕ 平行棒理論とは，福祉供給における**政府（公）と民間の役割は異なり，互いに平行棒のように交わることはない**とする考え方である。イギリスでは，民間のCOS（慈善組織協会）が「価値ある貧民」を対象に救済し，公の救貧当局が労役場（ワークハウス）を中心に「価値なき貧民」対策を行った歴史がある。

2 ✕ 繰り出し梯子理論とは，福祉供給における**政府（公）と民間の役割は異なるものの，連続した関係にある**とする考え方である。政府（公）の福祉供給が土台にあり，民間はその土台から繰り出された梯子のように，公の活動を先導する実験的，試行的な役割を果たすと考えられている。

3 ✕ ティトマス（Titmuss, R. M.）は，**社会市場をニーズと資源とのマッチングが行われる経済市場と異なる領域**と位置づけ，社会市場の作動原理は，貨幣的裏づけとは無関係な「必要」と「贈与」であるとした。したがって，ニーズと資源の調整が価格メカニズムにより行われるということはない。

4 〇 準市場は，**市場における競争や選択という要素を取り入れながら，人々の購買力の違いから生じる不平等を回避する形で，公共サービスを提供する仕組み**である。準市場とすることで，サービス供給主体を競争させ，サービスの質の向上につなげることができる。

5 ✕ ニュー・パブリック・マネジメント（New Public Management：NPM）とは，**行政の活動に民間企業の経営理念や手法を取り入れる新たな行政管理論**を指す。たとえば，公共施設の建設・維持管理・運営に民間の資金や経営の仕方，技術的な力を活用することなどが当てはまる。

解答 4

25 社会福祉の原理と政策

㉕現代社会と福祉・問題 29

所得の再分配に関する次の記述のうち，**最も適切なもの**を１つ選びなさい。

1 市場での所得分配によって生じる格差を是正する機能を有しうる。

2 現物給付を通して所得が再分配されることはない。

3 同一の所得階層内部での所得の移転を，垂直的な所得再分配という。

4 積立方式による公的年金では，世代間の所得再分配が行われる。

5 高所得者から低所得者への所得の移転を，水平的な所得再分配という。

Point この問題では，社会保険制度と公的扶助制度の背景にある，所得の再分配という考え方について問われている。また，給付・財政方式の種類についても整理しておく。「所得の再分配」（再び配り直す）の前に，市場における経済活動を通じた「所得分配」（分けて配る）という領域があり，そこで格差が発生する。その後，市場において生じたさまざまな格差を是正するために所得の再分配が行われている。もし所得再分配政策が行われなくなったとしたら，どのような問題が発生するだろうか。また，各種の所得再分配政策によっていかなる効果が期待できるのか。いかなる方法が誰の必要をどの程度充足するものなのか，といった制度と供給方法の背景にある思想・哲学・理論までを理解しておくとよいだろう。

---

1 ○ 所得の再分配には，市場における**所得分配で生じた格差を是正する**ことが期待されている。

2 ✕ 現物給付の「現物」にはクーポンや引換券，福祉用具や介護サービス等も含まれる。したがって，**使用目的が制限されたクーポン等の現物給付によって所得が再分配される**こともありうる。

3 ✕ 同一の所得階層内部での所得の移転は，**水平的な所得再分配**である。垂直的な所得再分配とは，高所得層から税や保険料等を徴収し，低所得層へ配り直すといった所得移転である。

4 ✕ **世代間の所得再分配が行われるのは賦課方式**である。賦課方式では，現役世代が納めた保険料を，そのときの年金受給者に対する支払いにあてる。積立方式とは，保険料を積み立て，市場で運用して将来の給付の財源にするものである。

5 ✕ 高所得者から低所得者への所得の移転は，**垂直的な所得再分配**である。水平的な所得再分配とは，同一の所得階層内部で行われる所得の移転のことである。

解答 1

26 社会福祉の原理と政策

[旧]現代社会と福祉・問題 25

次の記述のうち，ブラッドショー（Bradshaw, J.）のニード類型を踏まえたニードの説明として，**最も適切なもの**を**1つ**選びなさい。

1 クライエントがニードを表明しなければ，ニードのアセスメントを行うことはできない。
2 社会規範に照らしてニードの有無が判断されることはない。
3 クライエントと専門職との間で，ニードの有無の判断が食い違うことはない。
4 他人と比較してニードの有無が判断されることはない。
5 クライエントがニードを自覚しなければ，クライエントからのニードは表明されない。

Point ブラッドショーのニード類型についての知識を問う問題である。①フェルトニード，②表明されたニード，③規範的なニード，④比較ニードの四つのニード類型について，正確な知識を身につけておくことが必要である。また，ブラッドショーのニード類型とあわせて主観的ニードと客観的ニードの概念も理解しておくとよい。

1 × クライエントがニードを表明せずとも，ニードをアセスメントすることは可能である。ブラッドショーは，クライエントやその家族が自らの感覚や直感に基づいて主観的に判定されるニードを**フェルトニード**と呼んだ。クライエントがニードを表明しなくとも，規範的なニード，比較ニードが判定可能である。

2 × ニードの有無は，社会規範に照らして判断されうる。ブラッドショーは，社会規範や社会通念，専門性に基づいて客観的に判定されるニードを**規範的なニード**と呼んだ。

3 × クライエントと専門職の間で，ニードの有無の判断は必ずしも一致しない。専門職が判定する規範的なニードは，社会規範や社会通念，専門性に基づいており，フェルトニードは，クライエントの感覚や直感に基づいて判定される。人々の社会通念に関する認識の相違や，専門職のクライエント理解の状況，専門職の専門的な価値観とクライエントの個人的な価値観の相違などによって，**フェルトニードと規範的ニードに齟齬（そご）が生じる**ことがある。

4 × 個人のほか，国や地域レベルで比較を行い，ニードの有無を判断することもある。ブラッドショーは，サービスを利用している人々と同じ特性をもちながら，サービスを利用していない，若しくはサービスを利用できない人々がいる場合，その人々には**比較ニード**があるとした。

5 ○ ブラッドショーは，クライエントがニードを自覚している状態を，**フェルトニード**があるとし，フェルトニードがクライエントの何らかの言動に現れた場合に，**表明されたニード**があるとみなしている。したがって，クライエントがニードを自覚しない限りは，ニードの表明はなされない。

解答 5

27 社会福祉の原理と政策

⑮現代社会と福祉・問題24

日本の貧困に関する次の記述のうち，**最も適切なもの**を1つ選びなさい。

1 日本の2010年代における「貧困率」は，経済協力開発機構（OECD）加盟国の平均を大きく下回っている。

2 「2019年国民生活基礎調査の概況」（厚生労働省）によれば，子どもがいる現役世帯の世帯員の「貧困率」は，「大人が二人以上」の世帯員よりも「大人が一人」の世帯員の方が高い。

3 「2019年国民生活基礎調査の概況」（厚生労働省）によれば，子どもの「貧困率」は10%を下回っている。

4 「平成29年版厚生労働白書」によれば，高齢者の「貧困率」は，子どもの「貧困率」に比べて低い。

5 2018年（平成30年）の時点で，生活保護世帯に属する子どもの大学進学率は60%を超えている。

（注） ここでいう「貧困率」とは，等価可処分所得が中央値の半分に満たない世帯員の割合（相対的貧困率）を指す。

Point 日本の貧困の実態を問う問題である。国民生活基礎調査や厚生労働白書の内容はほかの科目も含めて頻出なので確認しておきたい。貧困率はもちろん，不登校児童・生徒の数，ひきこもりの数，ヤングケアラーの割合など，社会が取り組むべき課題のデータは押さえておくことが望ましい。

---

1 ✗ **日本の相対的貧困率やジニ係数はOECD平均よりも高い水準**で，所得格差が顕在化している。なお，日本の2010年代における「貧困率」は15〜16%である（2012年（平成24年）16.1%，2015年（平成27年）15.7%，2018年（平成30年）15.4%）。

2 〇 「子どもがいる現役世帯」（世帯主が18歳以上65歳未満で子どもがいる世帯）の世帯員の貧困率は12.6%である。そのうち**「大人が一人」の世帯員では48.1%**，**「大人が二人以上」の世帯員では10.7%**で，「大人が二人以上」の世帯員よりも「大人が一人」の世帯員の方が貧困率は高い。

3 ✗ **「子どもの貧困率」（17歳以下）は13.5%**で，10%よりも高い（2018年（平成30年））。なお，同年の貧困線に満たない世帯員の割合を示す「相対的貧困率」は15.4%で，2015年（平成27年）に比べ，−0.3ポイントとなっている。

4 ✗ 2015年（平成27年）における**子どもの「貧困率」は13.9%**であるが，**高齢者の「貧困率」は19.6%**であり，高齢者の「貧困率」の方が子どもよりも高くなっている。

5 ✗ 生活保護世帯に属する子どもの大学等進学率は，2018年（平成30年）時点で36.0%である。このうち，**大学・短大進学率をみると19.9%**である。

解答 2

28 社会福祉の原理と政策

⑲現代社会と福祉・問題27

次のうち，「外国人との共生社会の実現に向けたロードマップ」で示された内容として，**最も適切なものを１つ選びなさい。**

1 在留外国人の出身国籍が多様化する傾向が止まり，南米諸国出身の日系人が在留者の大部分を占めるようになった。

2 日本社会に活力を取り込むために，高度で専門的な技術・知識を有する者以外の外国人材の受入れを抑制する。

3 外国人との共生社会は，一人ひとりの外国人が日本社会に適応するための努力をすれば実現可能である。

4 外国人が安全に安心して暮らせるように，外国人に対する情報発信や相談体制を強化する。

5 共生社会の実現のために，在留外国人には納税及び社会保険への加入の義務を免除する。

(注) 「外国人との共生社会の実現に向けたロードマップ」とは，外国人材の受入れ・共生に関する関係閣僚会議が2022年（令和4年）6月14日に策定した文書のことである。

Point 「外国人との共生社会の実現に向けたロードマップ」（以下，ロードマップ）には，①安全・安心な社会，②多様性に富んだ活力ある社会，③個人の尊厳と人権を尊重した社会，という日本が目指すべき共生社会の三つのビジョンが示されている。また，それを達成するために①円滑なコミュニケーションと社会参加のための日本語教育等の取組み，②外国人に対する情報発信・外国人向けの相談体制の強化，③ライフステージ・ライフサイクルに応じた支援，④共生社会の基盤整備に向けた取組みといった四つの重点項目が示されている。重点項目に係る具体的な取組みについても一読して概要を理解しておくとよい。

---

1 × ロードマップによれば，在留外国人の国籍は多様化している。近年は，南米諸国出身の日系人等に加えて，**アジア諸国出身の外国人が大幅に増加**しており，出身国籍や出身地域の多様化が進んでいる。なお，2022年（令和4年）12月末現在における在留外国人数は約308万人であり，30年前と比較すると約2.33倍に増加しており，過去最高を更新している*。

2 × ロードマップでは，日本社会に活力を取り込むために，高度で専門的な技術と知識を有する人々以外の受入れを抑制するとは示されていない。ロードマップで示されている目指すべき共生社会は，これまでの専門的な技術・知識を有する者を受け入れて日本社会に活力を取り込むという視点を超えたものであり，さまざまな背景を有する外国人を含むすべての人々が社会に参加し，能力を最大限に発揮することが可能となる**多様性に富んだ活力のある社会**である。

3 × 外国人との共生社会は，外国人が日本社会に適応するための努力をすることで実現可能になるものではない。ロードマップには，**国**，**地方公共団体**，**民間支援団体**などの関係する機関が連携・協力し，外国人が直面している状況やニーズを把握して，外国人の立場に寄り添った支援をしていくことの必要性が述べられている。

4 ○ ロードマップでは，日本で生活するにあたり，日本語を理解して使用する能力や日本の税，社会保障制度に関する理解が十分でない外国人の存在について言及されている。その上で，外国人が，それらの能力の習得や理解を深めることが十分にできるように，**日本語を習得する機会の提供**や，**日本の税**，**社会保障制度**などに関する情報提供に係る取組みを充実させていく必要性が述べられている。

5 × ロードマップには，共生社会の実現のために，**在留外国人の納税と社会保険加入義務を免除するという記載はない**。在留外国人の納税と社会保険加入義務に関してロードマップで示されている内容は，納税などの公的義務を履行することと，社会の構成員として責任をもった行動をとることへの期待である。

解答 4

---

* 2024年（令和6年）6月末現在における在留外国人数は約359万人であり，過去最高をさらに更新している。

29 社会福祉の原理と政策

[旧]現代社会と福祉・問題 28

次のうち，エスピン-アンデルセン（Esping-Andersen, G.）の福祉レジーム論に関する記述として，**最も適切なもの**を**1つ**選びなさい。

1 福祉レジームは，残余的モデルと制度的モデルの２つの類型からなる。

2 市場や家族の有する福祉機能は，福祉レジームの分析対象とはされない。

3 スウェーデンとドイツは同一の福祉レジームに属する。

4 各国の社会保障支出の大小といった量的差異に限定した分析を行っている。

5 福祉レジームの分析に当たり，脱商品化という概念を用いる。

Point エスピン - アンデルセンは，福祉レジーム論の立場から福祉国家の質的な差異に注目することで，各国の政治体制や福祉政治，制度編成などの影響を考慮した新たな類型を見出した。福祉レジーム論には，福祉トライアングル論（「国家，市場，家族」の３つからなる）と福祉ダイヤモンド論（「国家，市場，家族，共同体」の４つからなる）という考え方がある。アンデルセンは，福祉国家における労働市場から退出した後の生活保障制度の有無を脱商品化指標とし，女性の家計からの自立性を表す指標を脱家族化指標とした。また，職種や社会的階層に応じて給付やサービスに差があること（階層化指標）を見ることで福祉国家が社会的階層化の形成に影響していることを示唆した。なお，ティトマス（Titmuss, R. M.）もまた福祉国家（社会福祉政策）の質的な差異に着目し，残余的福祉モデルと産業的業績達成モデル，制度的再分配モデルの３つに類型化している。

1 × エスピン-アンデルセンが，福祉レジーム論において提示した類型は，**自由主義レジーム**，**保守主義レジーム**，**社会民主主義レジーム**という**３つの類型**である。

2 × 福祉レジーム論においては，**市場や家族の有する機能も分析対象とする**。自由主義レジームでは，福祉政策の形成において自由主義ブルジョアジーの影響力が強く，そのため市場原理や個人責任が重視される。また保守主義レジームでは性別役割分業などの伝統的な家族の役割が強調される。

3 × スウェーデンなどの北欧諸国は，脱商品化の高い福祉政策が形成されているため**社会民主主義レジーム**の類型に位置づけられる。それに対して，ドイツなどの大陸ヨーロッパ諸国は伝統的な家族を重視する傾向があるため脱商品化の程度が中位に抑えられた**保守主義レジーム**に位置づけられる。

4 × 福祉レジーム論では，福祉とかかわる制度整備の水準やその支出規模などの量的差異ではなく，**各国の福祉をめぐるイデオロギーや政治体制などの質的差異に着目し分析**する。国家間の量的差異を基準とした研究を行ったのはウィレンスキー（Wilensky, H. L.）である。

5 ○ 脱商品化とは，人々が市場から離れても，国の福祉政策によってどの程度の所得が保障され，生活を維持することができるのかを示す指標である。

解答 5

30 社会福祉の原理と政策

⑩現代社会と福祉・問題 30

次のうち，社会福祉法に設置根拠をもつものとして，**正しいもの**を**2つ**選びなさい。

1 地域包括支援センター
2 母子家庭等就業・自立支援センター
3 福祉に関する事務所（福祉事務所）
4 運営適正化委員会
5 要保護児童対策地域協議会

Point 福祉にかかわる機関，施設について，根拠となる法律，通知を整理すると，役割・業務をとらえやすくなる。社会福祉法は，第1条に「社会福祉を目的とする事業の全分野における共通的基本事項を定め」ることが示されていることから，分野・対象を限定しない機関，施設について規定していると考えるとよい。ほかには，社会福祉法人（第6章）や社会福祉連携推進法人（第11章），社会福祉事業（第7章）に関する規定や社会福祉事業等に従事する者の確保の促進（第9章）や地域福祉の推進（第10章）について定められている。

---

1 ✕ 地域包括支援センターは，**介護保険法**第115条の46第1項に「地域住民の心身の健康の保持及び生活の安定のために必要な援助を行うことにより，その保健医療の向上及び福祉の増進を包括的に支援することを目的とする施設」と規定されており，**市町村**が設置できる（包括的支援事業の実施を委託された者も設置できる）。

2 ✕ 母子家庭等就業・自立支援センターは，**母子家庭等就業・自立支援事業実施要綱**に基づき，母子家庭の母等に対して，就業相談，就業支援講習会の実施，就業情報の提供などの就業支援サービスと，養育費の取り決めなどの専門的な相談を行う機関である。**都道府県・指定都市・中核市**が実施主体である。

3 〇 福祉に関する事務所（福祉事務所）は，**社会福祉法**第14条に基づき設置されている。「都道府県の設置する福祉に関する事務所」は，生活保護法，児童福祉法及び母子及び父子並びに寡婦福祉法に定める援護又は育成の措置に関する事務，「市町村の設置する福祉に関する事務所」は，生活保護法，児童福祉法，母子及び父子並びに寡婦福祉法，老人福祉法，身体障害者福祉法及び知的障害者福祉法に定める援護，育成又は更生の措置に関する事務をつかさどると規定されている。都道府県と市は義務設置，町村は任意設置である。

4 〇 運営適正化委員会は，**社会福祉法**第83条に基づき，「都道府県の区域内において，福祉サービス利用援助事業の適正な運営を確保するとともに，福祉サービスに関する利用者等からの苦情を適切に解決するため」に都道府県社会福祉協議会に設置されている。

5 ✕ 要保護児童対策地域協議会は，**児童福祉法**第25条の2に基づき設置される，「要保護児童の適切な保護又は要支援児童若しくは特定妊婦への適切な支援を図るため」の協議会である。地方公共団体が単独又は共同で設置するように努めなければならないと規定されている。

解答 3 4

31 社会福祉の原理と政策

現代社会と福祉・問題 31

居住支援に関する次の記述のうち，**最も適切なもの**を１つ選びなさい。

1 住宅確保要配慮者居住支援協議会は，住宅確保要配慮者に対して家賃の貸付けを行っている。

2 住居確保給付金は，収入が一定水準を下回る被用者に限定して，家賃を支給するものである。

3 シルバーハウジングにおけるライフサポートアドバイザーは，身体介護を行うために配置されている。

4 「住宅セーフティネット法」は，住宅確保要配慮者が住宅を購入するための費用負担についても定めている。

5 地方公共団体は，公営住宅法に基づき，住宅に困窮する低額所得者を対象とする公営住宅を供給している。

(注) 「住宅セーフティネット法」とは，「住宅確保要配慮者に対する賃貸住宅の供給の促進に関する法律」のことである。

Point 住宅セーフティネット制度は，「公営住宅については大幅な増加が見込めない状況にあることから」（国土交通省ホームページ），2017 年（平成 29 年）より始まった。その内容は，①住宅確保要配慮者の入居を拒まない賃貸住宅（セーフティネット登録住宅）の登録制度，②登録住宅の改修や入居者への経済的な支援，③住宅確保要配慮者に対する居住支援である。また住宅確保要配慮者は，低所得，子どもを養育中，高齢，障害といった理由で賃貸住宅の契約が難しい者とされている。このほか，住宅確保要配慮者居住支援法人が，①住宅セーフティネット法に基づく登録を行った住宅への入居者の家賃債務の保証，②賃貸住宅に円滑に入居できるよう住宅確保要配慮者への情報提供，相談などの援助，③賃貸住宅に入居する住宅確保要配慮者の生活の安定及び向上に関する情報の提供，相談などの援助を行うことを規定している。

---

1 ✕ 住宅確保要配慮者居住支援協議会は，住宅セーフティネット法第 51 条第 1 項[*1]に基づき，地方公共団体，住宅確保要配慮者居住支援法人などの居住支援団体，宅地建物取引業者などの不動産関連団体が組織し，住宅確保要配慮者，賃貸住宅の賃貸人に対する**情報の提供などを行う**とされ，家賃の貸し付けは行っていない。2024 年（令和 6 年）1 月時点で，136 の協議会（都道府県が設置した 47 団体を含む）がある[*2]。

2 ✕ 住居確保給付金は，**離職・廃業，もしくは給与等が離職・廃業に近い状況の場合**に支給される家賃を原則 3 か月まで給付する制度であり，被用者である必要はない。生活困窮者自立支援法第 3 条第 3 項に規定されている。

3 ✕ シルバーハウジングにおけるライフサポートアドバイザーは，**「日常の生活指導，安否確認，緊急時における連絡」**を行うものであり，介護は行わない。シルバーハウジングは，60 歳以上の単身世帯，夫婦の一方が 60 歳以上の場合などに入居できる地方公共団体，都市再生機構，住宅供給公社が供給するバリアフリーの賃貸住宅である。

4 ✕ 「住宅セーフティネット法」はその正式名称にもあるように，「住宅確保要配慮者に対する賃貸住宅の供給の促進」を目的としており（同法第 1 条），**住宅を購入するための費用補助に関する規定はない**。

5 〇 公営住宅法では，「地方公共団体は，常にその区域内の住宅事情に留意し，低額所得者の住宅不足を緩和するため必要があると認めるときは，公営住宅の供給を行わなければならない」とし，地方公共団体による公営住宅の供給について定めている（同法第 3 条）。また，その入居者資格として，「現に住宅に困窮していることが明らかであること」のほか，世帯構成などに応じ収入の上限額を定めることとしている（同法第 23 条）。

解答 5

---

*1 2024 年（令和 6 年）6 月 5 日公布の改正により，第 81 条第 1 項となる（公布の日から起算して 1 年 6 か月を超えない範囲内において政令で定める日施行）。
*2 2024 年（令和 6 年）9 月末時点で，145 協議会（都道府県が設置した 47 団体を含む）が設置されている。

32 社会保障

⑮社会保障・問題 49

「国立社会保障・人口問題研究所の人口推計」に関する次の記述のうち，**正しいもの**を1つ選びなさい。

1 2020 年から 2045 年にかけて，0～14 歳人口は増加する。
2 2020 年から 2045 年にかけて，高齢化率は上昇する。
3 2020 年から 2045 年にかけて，15～64 歳人口は増加する。
4 65 歳以上人口は，2045 年には 5,000 万人を超えている。
5 2020 年から 2045 年にかけて，総人口は半減する。

(注)「国立社会保障・人口問題研究所の人口推計」とは，「日本の将来推計人口（令和 5 年推計）」の出生中位（死亡中位）の仮定の場合を指す。

> **Point** 人口動態に関するデータは，社会保障における頻出テーマの一つである。中でも，「日本の将来推計人口」は，人口動態の基本となるデータなので，この機会に主な内容を把握しておくとよい。「日本の将来推計人口（令和 5 年推計）」のデータは，国立社会保障・人口問題研究所のホームページから取得できる（データには「報告書」とその「概要版」とがあるが，学習には「概要版」を参照するとよい）。

1 ✕ 0～14 歳人口（年少人口）は，2020 年（令和 2 年）から 2045 年にかけて**減少**し，その後 2053 年には 1,000 万人を割るものと推計されている。

2 ◯ 高齢化率（65 歳人口の総人口に占める割合）は，2020 年（令和 2 年）現在で 28.6 ％（3.5 人に 1 人）となっている。これが **2038 年に 33.9 ％**（3 人に 1 人）の水準に達し，**2070 年には 38.7 ％**（2.6 人に 1 人）となると推計されている。

3 ✕ 出生中位推計によれば，15～64 歳人口（生産年齢人口）は，2020 年（令和 2 年）現在の 7,509 万人から，2032 年，2043 年，2062 年にはそれぞれ 7,000 万人，6,000 万人，5,000 万人を割り，2070 年には 4,535 万人まで**減少**すると推計されている。

4 ✕ 65 歳以上人口（高齢者数）は，2020 年（令和 2 年）現在の 3,603 万人から，2032 年には 3,704 万人，第二次ベビーブーム世代（1971 年（昭和 46 年）～1974 年（昭和 49 年）生まれ）が 65 歳以上人口に入った後の 2043 年に 3,953 万人でピークを迎えた後は減少に転じ，2070 年には 3,367 万人となると推計されている。いずれにしても，**推計上，今後 65 歳以上人口が 5,000 万人を超えることはない**。

5 ✕ 2020 年（令和 2 年）の日本の総人口は，同年の国勢調査によれば 1 億 2,615 万人であった。総人口は，これ以後長期の人口減少過程に入り，2045 年の 1 億 880 万人を経て，2056 年には 1 億人を割って 9,965 万人となり，2070 年には 8,700 万人になるものと推計されている。2020 年（令和 2 年）から 2045 年にかけて，**総人口が半減するということはない**。

解答 **2**

33 社会保障

🔘 社会保障・問題 51

社会保険の負担に関する次の記述のうち，**最も適切なもの**を 1 つ選びなさい。

1 国民年金の第 1 号被保険者の月々の保険料は，その月の収入に応じて決まる。

2 介護保険の保険料は，都道府県ごとに決められる。

3 後期高齢者医療の保険料は，全国一律である。

4 障害基礎年金を受給しているときは，国民年金保険料を納付することを要しない。

5 国民健康保険の保険料は，世帯所得にかかわらず，定額である。

💡 **Point** 各種社会保険の保険料の仕組みについて理解を問う問題である。保険料の算定方法は制度ごとに異なっており，同じ制度であっても被保険者の種類によって異なることがある。減免の仕組みを含め，保険料にかかわる制度設計についての理解が求められる。

---

1 ✕ 20 歳以上 60 歳未満の自営業者や農業者，学生，無業者などが国民年金第 1 号被保険者に該当し，その保険料は，**収入にかかわらず毎月定額**となっている。

2 ✕ 介護保険の第 1 号被保険者の保険料は，**市町村**が介護保険事業に要する費用額を算定した上で定める。また，第 2 号被保険者の保険料は，被保険者が加入する医療保険の保険料とともに徴収され，その額は被保険者の**標準報酬月額等**をもとに算出される。

3 ✕ 後期高齢者医療の保険料は，条例により後期高齢者医療広域連合が決定する。その額は，被保険者の所得に応じて算出される所得割額と，被保険者の全員が同じように負担する被保険者均等割額の合計であり，**個人単位で計算される**。

4 ◯ **障害基礎年金又は障害厚生年金（障害等級 1 級・2 級に限る）を受けている者は，国民年金保険料の法定免除制度の対象となる**。なお，法定免除の対象には生活保護の生活扶助受給者等も含まれる。

5 ✕ 国民健康保険の保険料は，3 通りの課税方式のうちのいずれかの方式により市町村ごとに決められる。その課税方式は，4 方式（所得割総額，資産割総額，被保険者均等割総額，世帯別平等割総額），3 方式（所得割総額，被保険者均等割総額，世帯別平等割総額），2 方式（所得割総額，被保険者均等割総額）であり，いずれの方式にも**所得に応じて賦課される所得割が含まれている**。

解答 **4**

34 社会保障

[旧]社会保障・問題 52

事例を読んで，Hさんに支給される社会保障給付として，**最も適切なものを1つ**選びなさい。

〔事　例〕

Hさん（45 歳）は，妻と中学生の子との 3 人家族だったが，先日，妻が業務上の事故によって死亡した。Hさんは，数年前に，持病のためそれまで勤めていた会社を退職し，それ以来，無職，無収入のまま民間企業で働く妻の健康保険の被扶養者になっていた。

1　国民年金法に基づく死亡一時金

2　厚生年金保険法に基づく遺族厚生年金

3　国民年金法に基づく遺族基礎年金

4　健康保険法に基づく埋葬料

5　労働者災害補償保険法に基づく傷病補償年金

Point 配偶者の死亡に対して適用される社会保障給付について理解を問う問題である。遺族の範囲，死亡した者との関係（夫か妻か），子どもの年齢，死亡の理由（業務上の災害）などにより適用される制度が異なることを理解していることが求められる。

1 ×　国民年金法に基づく死亡一時金は，死亡日の前日において**第1号被保険者**（自営業者等）として保険料を 36 か月以上納めた者が老齢基礎年金又は障害基礎年金を受けることなく死亡した場合，その死亡した者と生計をともにしていた遺族に支給される（国民年金法第 52 条の 2 第 1 項）。

2 ×　厚生年金保険法に基づく遺族厚生年金は，第 2 号被保険者が死亡した当時，死亡した者によって生計を維持されていた遺族が対象となるが，夫や父母，祖父母が遺族となる場合は死亡当時，**55 歳以上**でなければならない（同法第 59 条第 1 項第 1 号）。Hさんは 45 歳であるため，支給要件に該当しない。

3 ○　国民年金法に基づく遺族基礎年金は，被保険者が死亡した当時，**死亡した者によって生計を維持されていた配偶者又は子ども**が対象となる。配偶者は 18 歳になった年度の 3 月 31 日までにある，若しくは 20 歳未満で障害年金の障害等級 1 級または 2 級の状態にある子どもと生計をともにしていることが要件となる（同法第 37 条の 2 第 1 項）。本事例の状況と支給要件は一致する。

4 ×　健康保険法に基づく埋葬料の保険給付は，業務上の死亡等に適用される労働者災害補償保険法により同様の保険給付（葬祭料）が支給される場合には支給されない（同法第 55 条第 1 項，労働者災害補償保険法第 12 条の 8）。本事例においては，妻は「業務上の事故によって死亡した」とあるため，健康保険法に基づく埋葬料の支給要件に該当しない。

5 ×　労働者災害補償保険法に基づく傷病補償年金は，**業務災害による傷病が1年6か月を経過しても治らず，かつその傷病による障害の程度が厚生労働省令で定める傷病等級に該当する場合に支給される**（同法第 12 条の 8）。本事例のような業務上の事故によって死亡した場合に遺族に対して支払われるものではない。

解答 3

35 社会保障
🔵社会保障・問題50

出産・育児に係る社会保障の給付等に関する次の記述のうち，**最も適切なもの**を１つ選びなさい。

1 「産前産後期間」の間は，国民年金保険料を納付することを要しない。

2 出産育児一時金は，産前産後休業中の所得保障のために支給される。

3 育児休業給付金は，最長で子が３歳に達するまで支給される。

4 児童手当の費用は，国と地方自治体が折半して負担する。

5 児童扶養手当の月額は，第１子の額よりも，第２子以降の加算額の方が高い。

(注) 「産前産後期間」とは，国民年金の第１号被保険者の出産予定日又は出産日が属する月の前月から４か月間（多胎妊娠の場合は，出産予定日又は出産日が属する月の３月前から６か月間）を指す。

> **Point** 本問が「社会保障」で出題されたことにやや戸惑った受験生がいたかもしれないが，問われているのは年金，医療保険制度，雇用保険制度，社会手当制度など，社会保障制度の基本的な内容である。それぞれの受給要件や対象者，給付内容を的確に把握し，実践に適用できるようにしておきたい。

1 ◯ **国民年金第１号被保険者の女性は，産前産後期間中，国民年金保険料の納付が免除される**。この場合，保険料が免除された期間についても保険料を納付したものとして老齢基礎年金の受給額に反映される。

2 ✕ 出産育児一時金は，医療保険の被用者保険（健康保険・船員保険）の被保険者・被扶養者，国民健康保険の被保険者が出産した場合に支給される（被扶養者には「家族出産育児一時金」として支給）。なお，国民健康保険の被保険者が出産した場合の出産育児一時金の支給は，市町村及び組合が条例又は規約で定めている場合に行われる。産前産後休業中の所得保障のために支給されるのは，**出産手当金**であり，産前産後休業を取得している間，賃金が支払われなかった場合に支給される。

3 ✕ 育児休業給付金は，育児休業，介護休業等育児又は家族介護を行う労働者の福祉に関する法律（育児介護休業法）に基づき育児休業を取得している労働者に対し，雇用保険法に基づき支給されるものであり，育児休業の取得期間に応じて，最長で子が**２歳**に達するまで支給される。

4 ✕ 児童手当の費用は，**国と地方自治体（都道府県・市区町村）が２：１の割合で負担する**。被用者の３歳未満の子（所得制限未満）については事業主の負担がある。なお，公務員分については所属庁の負担となる[*1]。

5 ✕ **第１子の額のほうが第２子以降の加算額より高い**。児童扶養手当の支給額は，第１子（本体額）の全部支給額が４万4140円（2023年度（令和５年度）月額。以下同じ），一部支給額が４万4130円〜１万410円，第２子加算額の全部支給額が１万420円，一部支給額が１万410円〜5210円となっている[*2]。

*1　2024年（令和６年）の児童手当法の改正により，2024年（令和６年）10月より，児童手当の費用負担は，下図のとおりとなっている。

図　児童手当の費用負担

	被用者			非被用者			公務員
3歳未満	支援納付金（※）3／5		事業主 2／5	支援納付金 3／5	国 4／15	地方 2／15	所属庁 10／10
3歳以降	支援納付金 1／3	国 4／9	地方 2／9	支援納付金 1／3	国 4／9	地方 2／9	所属庁 10／10

※子ども・子育て支援納付金の収納が満年度化するまでの間，つなぎとして子ども・子育て支援特例公債を発行。

資料：こども家庭庁ホームページ

*2　2024年度（令和６年度）の支給額（月額）は，第１子の全部支給額が４万5500円，一部支給額が４万5490円〜１万740円，第２子の全部支給額が１万750円，一部支給額が１万740円〜5380円である。

解答 1

36 社会保障
⑮社会保障・問題 54

事例を読んで，障害者の所得保障制度に関する次の記述のうち，**最も適切なものを 1 つ選びなさい。**

〔事　例〕

Jさんは，以前休日にオートバイを運転して行楽に出かける途中，誤ってガードレールに衝突する自損事故を起こし，それが原因で，その時から障害基礎年金の 1 級相当の障害者となった。現在は 30 歳で，自宅で電動車いすを利用して暮らしている。

1　Jさんの障害の原因となった事故が 17 歳の時のものである場合は，20 歳以降に障害基礎年金を受給できるが，Jさんの所得によっては，その一部又は全部が停止される可能性がある。

2　Jさんの障害の原因となった事故が 25 歳の時のものであった場合は，年金制度への加入歴が定められた期間に満たないので，障害基礎年金を受給できない。

3　Jさんの障害の原因となった事故が雇用労働者であった時のものである場合は，労働者災害補償保険の障害補償給付を受けられる。

4　Jさんに未成年の子がある場合は，Jさんは特別障害者手当を受給できる。

5　Jさんが障害の原因となった事故を起こした時に，健康保険の被保険者であった場合は，給与の全額に相当する傷病手当金を継続して受給することができる。

💡 **Point**　事例問題を解くポイントは，事例中に記載されている年齢，健康状態，原因等の設定を十分に把握することである。また，給付対象や給付内容などの基礎理解も必要である。本事例では，「休日の事故」「障害基礎年金 1 級相当」「現在は 30 歳」というのが把握すべきポイントであり，国民年金，労働者災害補償保険，医療保険，社会手当に関する理解が求められている。

1　⭕　20 歳になる前に傷病を負った場合の障害基礎年金については，年金の加入を要件としていないことから，年金の支給に関して制限や調整が行われる場合がある。事故が 17 歳の時であればこの条件に該当するため，**Jさん本人の所得によっては，障害基礎年金の一部又は全部が支給停止になる場合がある**。なお，前年の本人の所得が，472 万 1000 円を超える場合には全額が支給停止となり，370 万 4000 円を超える場合には 2 分の 1 が支給停止となる。

2　❌　老齢基礎年金であれば 10 年以上の受給資格期間が必要であるが，**障害基礎年金にそのような期間の定めはない**。障害基礎年金の受給要件の一つは，初診日の前日に初診日がある月の前々月までの被保険者期間で，国民年金の保険料納付済期間と保険料免除期間を合わせた期間が 3 分の 2 以上あることである。ただし，初診日が 2026 年（令和 8 年）4 月 1 日前にあるときは，初診日において 65 歳未満であれば，初診日の前日において，初診日がある月の前々月までの直近 1 年間に保険料の未納がなければよいことになっている。

3　❌　Jさんが雇用労働者（サラリーマン等）であった場合，業務中や通勤中の事故であれば労働者災害補償保険の障害補償給付を受給することができる。しかし，雇用労働者の時の事故であったとしても，本事例のように**休日の事故であった場合は労働者災害補償保険の対象とならない**。

4　❌　特別障害者手当は，**精神又は身体に著しく重度の障害を有するため，日常生活において常時特別の介護を必要とする状態にある在宅の 20 歳以上の者に支給される社会手当である**。Jさんが特別障害者手当を受給できる可能性はあるが，本選択肢にあるような未成年の子がいることが支給要件となっているわけではない。

5　❌　事故発生当時に健康保険の被保険者であった場合，傷病手当金を受給することは可能であるが，その受給額は給与の全額ではなく**標準報酬日額の 3 分の 2** に相当する金額である（健康保険法第 99 条第 2 項）。また，傷病手当金を受給できる期間は通算して**1 年 6 か月**が限度であり（同条第 4 項），それ以上の期間にわたって継続して受給できるものではない。

解答　1

37 社会保障

🔟社会保障・問題55

老齢基礎年金に関する次の記述のうち，**最も適切なもの**を１つ選びなさい。

1 老齢基礎年金は，受給者の選択により55歳から繰り上げ受給をすることができる。

2 老齢基礎年金は，保険料納付済期間が25年以上なければ，受給することができない。

3 老齢基礎年金と老齢厚生年金は，どちらか一方しか受給することができない。

4 老齢基礎年金は，支給開始時に決められた額が死亡時まで変わらずに支給される。

5 老齢基礎年金の年金額の算定には，保険料免除を受けた期間の月数が反映される。

Point 老齢基礎年金と老齢厚生年金について，制度の違い，関係性，近年の制度改正を問う設問である。年金制度にかかわる基礎理解はもちろん，近年行われた制度改正に関する出題にもしっかりと対応できるよう準備しておきたい。

---

1 ✕ 老齢基礎年金は，原則65歳から受け取ることができるが，受給者の希望によって受給を早める繰り上げ受給と，受給を遅らせる繰り下げ受給を選択することができる。ただし，**繰り上げ受給は最大で60歳**までであるため，55歳まで繰り上げることはできない。特に，繰り下げ受給については大きな制度変更があったため重要である。以前の繰り下げ受給は70歳が上限であったが，2022年（令和4年）4月より上限が引き上げられ，75歳までの繰り下げが可能となった（1952年（昭和27年）4月2日以降生まれに限る）。

2 ✕ **保険料納付済期間を25年以上とする規定**はない。保険料納付済期間と保険料免除期間などを合算した期間を「受給資格期間」と呼び，老齢基礎年金では，その期間に関する条件が設けられている。受給資格期間は，2017年（平成29年）7月までは25年以上必要であったが，2017年（平成29年）8月以降は10年に短縮された。

3 ✕ 老齢基礎年金と老齢厚生年金は**併せて受給することが可能である**。障害基礎年金と障害厚生年金，遺族基礎年金と遺族厚生年金など，支給事由（老齢，障害，遺族）を同じくする場合は併せて受給することができる。他方，支給事由が異なる場合は，原則としていずれか一つの年金を選択することになるが，特例的に支給事由が異なる二つ以上の年金を受けられる場合もある。

4 ✕ 老齢基礎年金を含む国民年金や厚生年金の年金額は，物価変動率や名目手取り賃金変動率に応じて，**毎年度改定を行う**仕組みとなっている。そのため，固定された額が変わらず継続するものではない。

5 〇 保険料の免除には，申請免除（低所得），法定免除（生活保護の生活扶助受給者，障害基礎年金受給者等），産前産後期間の免除などがある。これらの場合，保険料の免除を受けた期間も老齢基礎年金額の算定に反映される。それに対し，保険料納付猶予制度や学生納付特例制度については，納付が猶予された期間の保険料を後から追納しない限り，老齢基礎年金額の算定に反映されない。

解答 5

38 社会保障

(旧)社会保障・問題53

労働保険に関する次の記述のうち、**最も適切なもの**を1つ選びなさい。

1 労働者災害補償保険の療養補償給付を受ける場合、自己負担は原則1割である。
2 労働者災害補償保険は、政府が管掌する。
3 日雇労働者は、雇用保険の適用除外とされている。
4 雇用保険の失業等給付の保険料は、その全額を事業主が負担する。
5 教育訓練給付は、雇用保険の被保険者ではなくなった者には支給されない。

Point 雇用保険制度と労働者災害補償保険制度の基礎的知識を問う設問である。社会保障制度に関する出題は、目的、適用事業所、適用される労働者、保険料、保険給付と幅広い。ただし、雇用保険や労働者災害補償保険に関する出題は、医療保険、介護保険、年金保険と比べて難易度は低めであり、基礎的知識があれば正答を導ける可能性が高い。過去問をベースに勉強しておけば対応可能な問題が多いのでしっかりと準備しておきたい。

1 ✕ 労働者災害補償保険の療養補償給付は、業務上の負傷や疾病によって医療機関を受診する際の医療費に対する給付である。医療保険の療養の給付は自己負担が3割（6歳以上70歳未満の場合）であるが、労働者災害補償保険の療養補償給付においては、**自己負担はなく、無料で治療や投薬を受けることができる**。なお、参考書や公的機関ホームページでは、「療養（補償）給付」と記載されていることがあるが、業務災害（業務中）の場合は「療養補償給付」、通勤災害（通勤中）の場合は「療養給付」との意味である。

2 ◯ 労働者災害補償保険法第2条において、**労働者災害補償保険は、政府が管掌**することが定められている。なお、社会保険の管掌（保険者）については、年金保険（国民年金、厚生年金）、雇用保険、労働者災害補償保険の三つは政府（国）、介護保険は市町村（及び特別区）と理解しておけばよい。医療保険については、加入する保険の種類によって保険者が異なる。

3 ✕ **日雇労働者も雇用保険の対象**となる。雇用保険における日雇労働者とは、①日々雇用される者、若しくは②30日以内の期間を定めて雇用される者である（雇用保険法第42条）。

4 ✕ **失業等給付の保険料は労使折半**である。雇用保険料については二つに分けて理解しておく必要がある。一つは失業等給付と育児休業給付に関する保険料であり、もう一つは雇用保険二事業の保険料である。失業等給付と育児休業給付の保険料は労使折半であり、2023年度（令和5年度）の保険料率は、事業主0.6％、被保険者0.6％である（一般の事業）*。雇用保険二事業の保険料は事業主のみが負担し、被保険者の負担はない。

5 ✕ 教育訓練給付（一般教育訓練給付金）とは、労働者の主体的な能力開発やキャリア形成を支援し、雇用の安定と就職の促進を図ることを目的として、受講費用の一部が支給されるものであり、その対象は、①雇用保険の被保険者（在職者）と②**雇用保険の被保険者であった者**（被保険者資格を喪失した日から受講開始日までが1年以内）である。

解答 2

＊ 2024年度（令和6年度）の保険料率は、事業主0.6％、被保険者0.6％である（一般の事業）。

39 権利擁護を支える法制度

⑩権利擁護と成年後見制度・問題77

次のうち，日本国憲法における社会権として，**正しいもの**を**2つ**選びなさい。

1　財産権
2　肖像権
3　教育を受ける権利
4　団体交渉権
5　自己決定権

Point 日本国憲法（以下，憲法）における社会権に関する知識を問う設問であり，五つの選択肢から二つを選択するものである。落ち着いて設問をよく読んで，一つしか解答しないようなミスは絶対に避けなければならない。「社会権」には，さまざまな解釈があるが，国が国民個々人の生存に責任を負う（いわゆる福祉国家）場合，国民が国に対し社会保障施策等を要求し得る基本的権利を指すことが多い。憲法では，第25条に「生存権」，第26条に「教育を受ける権利」，第28条に労働三権（団結権・団体交渉権・団体行動権）が規定されている。社会権は，社会福祉士等のソーシャルワーカーがクライエントを支援するための前提となる法律知識であるため，テキストによる基本的理解が大切である。

1　✕　財産権は，社会権ではない。財産権は，**経済的自由権**の一つであり，財産的価値を有する権利の総称である。

2　✕　肖像権は，社会権ではない。肖像権は，**幸福追求権**の一つであり，例えば本人の了解なしに勝手に写真を撮られたり，その写真がインターネット上に無断で公表されたりすることを防ぐためのものである。

3　〇　教育を受ける権利は，**社会権**の一つであり，憲法第26条第1項において「すべて国民は，法律の定めるところにより，その能力に応じて，ひとしく教育を受ける権利を有する」と規定されている。

4　〇　団体交渉権は，**社会権**の一つであり，憲法第28条において「勤労者の団結する権利及び団体交渉その他の団体行動をする権利は，これを保障する」と規定されている。労働者は，使用者に対してどうしても弱い立場にあるため，労働者と使用者が対等の立場で交渉できるようにするためのものである。ちなみに，この権利をより具体化した法律として，労働基準法・労働組合法・労働関係調整法のいわゆる「労働三法」が設けられている。

5　✕　自己決定権は，社会権ではない。自己決定権は，**幸福追求権**の一つであり，個人の意思（意志）により自分自身の生き方に関する事象について，自らが自由に決定することができる権利をいう。これは，ソーシャルワークにおいても重要な権利である。医療の世界では，インフォームド・コンセントという患者に対する病状の説明と，治療方針に関する患者の同意が基本的な約束事となっている。また，ソーシャルワークにおいても，クライエントを代弁するというアドボカシーの考え方を具現化するために，クライエントの自己決定を尊重するという姿勢が求められる。

解答 3 4

40 権利擁護を支える法制度

[旧]権利擁護と成年後見制度・問題 78

事例を読んで，Hの相続における法定相続分に関する次の記述のうち，**正しいものを1つ**選びなさい。

〔事　例〕

Hは，多額の財産を遺して死亡した。Hの相続人は，配偶者J，子のK・L・M，Hよりも先に死亡した子Aの子（Hの孫）であるB・Cの計6人である。なお，Lは養子であり，Mは非嫡出子である。Hは生前にMを認知している。

1　配偶者Jの法定相続分は3分の1である。
2　子Kの法定相続分は6分の1である。
3　養子Lの法定相続分は7分の1である。
4　非嫡出子Mの法定相続分は8分の1である。
5　孫Bの法定相続分は7分の1である。

Point 相続における法定相続分に関する設問である。相続とは，「人の死亡を契機として財産が移転すること」をいい，日本では民法において相続権のある親族について規定している。相続権の第1順位は配偶者及び子である。子がいない場合は第2順位として父母が相続人となり，子も父母もいない場合は第3順位として兄弟姉妹が相続権を有することとなる。なお，子が死亡している場合には孫が，兄弟姉妹が死亡している場合は，その子である甥姪が代襲相続人となることが規定されている。民法上の相続の内容を正しく理解しておく必要がある。

1　×　「配偶者の法定相続分」は3分の1ではなく，**2分の1**である。

2　×　子Kは実子で，Hの子ども4人のうちの1人である。配偶者が2分の1を相続し，残りの2分の1を4人で配分するため，子Kの法定相続分は，6分の1ではなく，**8分の1**となる。

3　×　養子縁組が成立している場合，法律上は実子とみなされるため，養子と実子は同一の権利を有する。そのため，養子Lの法定相続分は実子と同様の**8分の1**となる。

4　○　**父親に認知された非嫡出子の法定相続分は，嫡出子と同じである。**父親が認知しなければ，父親と非嫡出子との間に法律上の親子関係は生じない。非嫡出子の親権は，原則として母親が単独で行使することになる。非嫡出子は，原則として母の氏を称するが，家庭裁判所の許可を得て父の氏へ変更することが認められる。非嫡出子は，氏を称する側の親の戸籍に入ることになる。ただし，父親が非嫡出子を認知した場合，父親の財産を相続することが可能になる。したがって，本事例の場合は，正しい記述となる。

5　×　子が死亡している場合は，孫が代襲相続人となる。そのため，Hよりも先に亡くなっている子Aの子（Hの孫）であるBとCが代襲相続人となり，本来Aが相続する財産を相続することとなる。BとCの2人で折半することとなるため，孫Bの法定相続分は，8分の1の半分の**16分の1**となる。

解答 4

41 権利擁護を支える法制度

📖権利擁護と成年後見制度・問題79

遺言に関する次の記述のうち，**最も適切なもの**を1つ選びなさい。

1 成年被後見人は，事理弁識能力が一時回復した時であっても遺言をすることができない。

2 自筆証書遺言を発見した相続人は，家庭裁判所の検認を請求しなければならない。

3 公正証書によって遺言をするには，遺言者がその全文を自書しなければならない。

4 自筆証書によって遺言をするには，証人2人以上の立会いがなければならない。

5 遺言に相続人の遺留分を侵害する内容がある場合は，その相続人の請求によって遺言自体が無効となる。

💡**Point** 遺言に関する設問である。遺言とは，「満15歳に達した者が，自分（被相続人）の相続財産を誰にどのように取得させるかを生前に定めることができる」制度である。遺言は，法律によって定められた事項を記載し，遺言書を作成することにより周知される。遺言には，自分で内容を記入する「自筆証書遺言」と，公証役場で証人2人の立会いのもとで作成する「公正証書遺言」がある。遺言では法定相続人のみならず，誰に対して財産を取得させるのか，個人法人問わず自由に決めることができ，これを「遺贈」という。

---

1 ✕ **医師2人以上の立会いがあれば，遺言をすることは可能である**。民法（以下，法）第973条において，「成年被後見人が事理を弁識する能力を一時回復した時において遺言をするには，医師2人以上の立会いがなければならない」と規定されている。

2 ⭕ 選択肢のとおり。法第1004条に「遺言書の保管者は，相続の開始を知った後，遅滞なく，これを家庭裁判所に提出して，その検認を請求しなければならない。遺言書の保管者がない場合において，相続人が遺言書を発見した後も，同様とする」と規定されている。

3 ✕ 遺言者が全文を自書することが必要となるのは，**自筆証書遺言**である。公正証書遺言については，公証役場において遺言者が公証人に遺言の内容を伝え，公証人が筆記した遺言の内容を遺言者及び証人に読み上げ，筆記の内容が正確であれば署名捺印をすることにより成立する（法第969条）。

4 ✕ 証人2人以上の立会いが必要なのは**公正証書遺言**であり，自筆証書遺言には該当しない。

5 ✕ 遺留分とは，遺言によっても奪うことのできない遺産の一定割合の留保分をいう。遺留分権利者が，遺言でその権利が侵害されている場合，権利を取得する者に対して**遺留分を請求することができる**（法第1046条）。しかし，**遺言自体が無効となるわけではない**。また，これは自らの権利が侵害されていることを知ってから1年以内に行使しなければならない。

解答 2

42 権利擁護を支える法制度

⑬権利擁護と成年後見制度・問題83

成年被後見人Jさんへの成年後見人による意思決定支援に関する次の記述のうち、「意思決定支援を踏まえた後見事務のガイドライン」に沿った支援として、**最も適切なもの**を1つ選びなさい。

1 Jさんには意思決定能力がないものとして支援を行う。
2 Jさんが自ら意思決定できるよう、実行可能なあらゆる支援を行う。
3 一見して不合理にみえる意思決定をJさんが行っていた場合には、意思決定能力がないものとみなして支援を行う。
4 本人にとって見過ごすことのできない重大な影響を生ずる場合にも、Jさんにより表明された意思があればそのとおり行動する。
5 やむを得ずJさんの代行決定を行う場合には、成年後見人にとっての最善の利益に基づく方針を採る。
(注)「意思決定支援を踏まえた後見事務のガイドライン」とは、2020年（令和2年）に、最高裁判所、厚生労働省等により構成される意思決定支援ワーキング・グループが策定したものである。

> **Point** 意思決定支援は、2017年（平成29年）に閣議決定された「成年後見制度利用促進基本計画」の基本的な柱の一つである。最高裁判所、厚生労働省、専門職団体により策定された「意思決定支援を踏まえた後見事務のガイドライン」は、成年後見制度において成年被後見人等の本人の意思を尊重する支援を行うための着眼点や留意点について整理されたものである。このガイドラインに基づき、意思決定支援の意義や要点について十分に整理し、理解しておくことが必要である。

1 ✗ 「意思決定支援を踏まえた後見事務のガイドライン」（以下、ガイドライン）における「意思決定支援及び代行決定のプロセスの原則」の第1に、**全ての人は意思決定能力があることが推定される**」と示されている。事理弁識能力を常に欠く対象である成年被後見人であっても、この原則は貫かれる。

2 ○ 「本人が自ら意思決定できるよう、**実行可能なあらゆる支援を尽くさなければ、代行決定に移ってはならない**」と、ガイドラインの「意思決定支援及び代行決定のプロセスの原則」の第2に示されている。

3 ✗ 「一見すると不合理にみえる意思決定でも、**それだけで本人に意思決定能力がないと判断してはならない**」とガイドラインの「意思決定支援及び代行決定のプロセスの原則」の第3に示されている。

4 ✗ 「本人により表明された意思等が本人にとって見過ごすことのできない重大な影響を生ずる場合には、後見人等は本人の信条・価値観・選好を最大限尊重した、**本人にとっての最善の利益に基づく方針を採らなければならない**」と、ガイドラインの「意思決定支援及び代行決定のプロセスの原則」の第5に示されている。

5 ✗ やむを得ず代行決定を行う場合、まずは、**明確な根拠に基づき合理的に推定される本人の意思（推定意思）に基づき行動しなければならない**（ガイドライン「意思決定支援及び代行決定のプロセスの原則」の第4）。本人の意思推定すら困難な場合は、成年後見人には、**成年被後見人**にとっての最善の利益に基づく方針を採ることが求められる（ガイドライン「意思決定支援及び代行決定のプロセスの原則」の第5）。

解答 **2**

43 権利擁護を支える法制度
⑩権利擁護と成年後見制度・問題80

事例を読んで，Ｄさんについての後見開始の審判をＥさんが申し立てた主な理由として，**最も適切なものを1つ選びなさい。**

〔事　例〕

Ｄさん（80歳）は，子のＥさんが所有する建物に居住していたが，認知症のため，現在は指定介護老人福祉施設に入所している。Ｄさんの年金だけでは施設利用料の支払いが不足するので，不足分はＥさんの預金口座から引き落とされている。施設で安定した生活を営んでいるものの医師からは白内障の手術を勧められている。近時，Ｄさんの弟であるＦさんが多額の財産を遺して亡くなり，Ｄさんは，Ｄさんの他の兄弟とともにＦさんの財産を相続することとなった。Ｅさんは，家庭裁判所に対しＤさんについて後見を開始する旨の審判を申し立てた。

1　Ｄさんの手術についての同意
2　Ｄさんが入所する指定介護老人福祉施設との入所契約の解約
3　Ｄさんが参加するＦさんについての遺産分割協議
4　Ｄさんが入所前に居住していたＥさん所有の建物の売却
5　Ｄさんの利用料不足分を支払っているＥさんの預金の払戻し

Point 成年後見制度利用の申立て理由に関する設問である。成年後見人等は本人の「最善の利益」を求めるものであり，申立て理由もこの理念に基づくものでなければならない。ちなみに，毎年，最高裁判所事務総局家庭局が集計する「成年後見関係事件の概況」に，主な申立ての動機別件数と割合が明記されている。2024年（令和6年）1月から12月の1年間では「預貯金等の管理・解約」が3万8561件（全体の約92.7％）と最も多く，次いで，「身上保護」が3万599件（約73.5％），「介護保険契約」が1万8623件（約44.7％），「不動産の処分」が1万4990件（約36％），「相続手続」が1万855件（約26.1％）の順となっている。

1　✕　**手術についての同意は，成年後見人等の権限にはない**とされており，申立ての理由とはならない。

2　✕　Ｄさんは，白内障の手術の必要性，施設利用料の支払い等について検討しなければならない状況であるものの，指定介護老人福祉施設で安定した生活を送っているとあり，居住環境の変化が本人の心身及び生活に影響を与えることも考えられる。成年後見人は，成年被後見人の生活，療養看護及び財産の管理に関する事項を行うにあたっては，**成年被後見人の意思を尊重し，かつ，その心身の状態及び生活の状況に配慮しなければならず**（民法（以下，法）第858条），入所契約の解約を理由に申立てをすることは適切でない。

3　◯　Ｄさんは弟であるＦさんの相続人であり，ほかの兄弟との遺産分割協議において，不利益にならないためにも申立ては必要である。また，相続した財産を，施設の利用料等の支払いにあてることも検討する必要があると考えられる。

4　✕　Ｅさん所有の建物の売却については，Ｄさんの**成年後見人等の権限の及ぶ範囲ではない**ため，申立ての理由とはならない。Ｄさん所有の建物である場合は，本人の最善の利益のためであれば，家庭裁判所の許可を得た上で成年後見人が売却等ができるとされている（法第859条の3）。

5　✕　Ｅさんの預金の払戻しについては，Ｄさんの**成年後見人等の権限の及ぶ範囲ではない**ため，申立ての理由とはならない。Ｄさんが弟Ｆさんの財産を相続した際には，これまで施設利用料の不足分を支払ってくれていたＥさんに返金することは可能である。

解答 ③

44 権利擁護を支える法制度

[旧]権利擁護と成年後見制度・問題 81

事例を読んで，Gさんの成年後見監督人に関する次の記述のうち，**最も適切なものを1つ**選びなさい。

〔事　例〕

知的障害のあるGさん(30歳)は，兄であるHさんが成年後見人に選任され支援を受けていた。しかし，数年後にGさんとHさんの関係が悪化したため，成年後見監督人が選任されることとなった。

1　Gさんは，成年後見監督人の選任請求を家庭裁判所に行うことができない。
2　Hさんの妻は，Hさんの成年後見監督人になることができる。
3　GさんとHさんに利益相反関係が生じた際，成年後見監督人はGさんを代理することができない。
4　成年後見監督人は，Hさんが成年後見人を辞任した場合，成年後見人を引き継がなければならない。
5　成年後見監督人は，GさんとHさんの関係がさらに悪化し，Hさんが後見業務を放置した場合，Hさんの解任請求を家庭裁判所に行うことができる。

Point　成年後見監督人に関する設問である。成年後見監督人は必ず選任されるものではなく，成年後見人等の行う後見等の事務を監督するために必要があると認められる場合に，家庭裁判所が選任することとなっている。最高裁判所事務総局家庭局が集計する「成年後見関係事件の概況」に，成年後見監督人等が選任された事件数が明記されている。2024年（令和6年）1月から12月の1年間において，認容で終局した後見開始，保佐開始及び補助開始事件（3万8788件）のうち，成年後見監督人，保佐監督人及び補助監督人が選任されたものは1321件であり，これは全体の約3.4％である。また，選任された成年後見監督人等の内訳は，弁護士が748件，司法書士が423件，社会福祉士が11件，社会福祉協議会が103件，その他が36件となっている。

1　×　成年被後見人であるGさんも，家庭裁判所に対して，成年後見監督人の選任請求をすることができる。民法（以下，法）第849条において，「家庭裁判所は，必要があると認めるときは，**被後見人，その親族若しくは後見人の請求により又は職権で，後見監督人を選任することができる**」と規定されている。

2　×　Gさんの成年後見人であるHさんの妻は，Hさんの成年後見監督人になることはできない。法第850条において，「**後見人の配偶者，直系血族及び兄弟姉妹は，後見監督人となることができない**」と規定されている。さらに，法第847条において，「未成年者」「家庭裁判所で免ぜられた法定代理人，保佐人又は補助人」「破産者」「被後見人に対して訴訟をし，又はした者並びにその配偶者及び直系血族」「行方の知れない者」は後見人になることができないと規定されており，この条文は，成年後見監督人等の欠格事由にも準用される。

3　×　成年後見監督人はGさんを代理することができる。法第851条第4号に，後見監督人の職務として「**後見人又はその代表する者と被後見人との利益が相反する行為について被後見人を代表する**こと」と規定されている。

4　×　成年後見監督人は，成年後見人が辞任した場合，成年後見人を引き継ぐとはされていない。法第851条第2号に，後見監督人の職務として「後見人が欠けた場合に，遅滞なくその選任を家庭裁判所に請求すること」と規定されており，速やかに，**次の成年後見人の選任を家庭裁判所に請求しなければならない**とされている。

5　○　選択肢のとおり。法第846条に「後見人に不正な行為，著しい不行跡その他後見の任務に適しない事由があるときは，家庭裁判所は，後見監督人，被後見人若しくはその親族若しくは検察官の請求により又は職権で，これを解任することができる」と規定されている。

解答 5

45 権利擁護を支える法制度
⑩権利擁護と成年後見制度・問題82

次のうち，「成年後見関係事件の概況（令和4年1月～12月）」（最高裁判所事務総局家庭局）に示された「成年後見人等」に選任された最も多い者として，**正しいもの**を1つ選びなさい。

1　親族
2　弁護士
3　司法書士
4　社会福祉士
5　市民後見人

（注）「成年後見人等」とは，成年後見人，保佐人及び補助人のことである。

> **Point** 最高裁判所事務総局家庭局は，毎年全国の成年後見制度の利用実績をまとめ，「成年後見関係事件の概況」として公表している。本調査結果をもとにした成年後見制度の現状と傾向は，「権利擁護を支える法制度」の頻出問題になっている。成年後見人等の選任対象をはじめとした成年後見制度の利用に関する主な特徴や傾向などは，最新の「成年後見関係事件の概況」＊を参照し，その要点を理解しておくことが必要である。

1　✕　禁治産制度から成年後見制度へと移行した2000年（平成12年）当初は親族が最も多かったが，徐々に**親族以外と割合が逆転している**。成年後見人等と本人との関係についてみると，関係別件数（合計）3万9564件のうち，親族は7560件（19.1％）となっており，親族以外の3万2004件（80.9％）とは大きな差がある。

2　✕　成年後見人等は，親族以外に専門職や法人などの多様な主体によって担われている。弁護士は，国民の人権擁護を担う専門職である。弁護士が選任された件数は8682件で，**「親族以外」のうち，2番目に多い**。

3　〇　弁護士とともに司法分野の専門職である司法書士は，全国各地で広く成年後見人等の担い手として活躍している。司法書士が選任された件数は1万1764件で，**「親族以外」のうち，最も多い**。

4　✕　社会福祉士は，ソーシャルワークの専門性により国民の人権を守る専門職として，弁護士，司法書士とともに成年後見人等を担っている。社会福祉士が選任された件数は5849件で，司法書士，弁護士に続いて**3番目に多い**。

5　✕　市民後見人は，専門職の資格をもたない親族以外の成年後見人等として全国で養成が進められている。成年後見人等の人材不足を補う存在として注目されているが，実際に**成年後見人等に選任される事件はまだ少なく**，その数は271件である。

表　成年後見人等と本人との関係別件数とその内訳

親族		7,560件
親族以外		32,004件
内訳	弁護士	8,682件
	司法書士	11,764件
	社会福祉士	5,849件
	市民後見人	271件
	その他	5,438件

解答 **3**

＊　「成年後見関係事件の概況（令和6年1月～12月）」が公表されている。

46 地域福祉と包括的支援体制

⑬地域福祉の理論・方法・問題32

社会福祉協議会の歴史に関する次の記述のうち、**正しいもの**を1つ選びなさい。

1 1951年（昭和26年）に制定された社会福祉事業法で、市町村社会福祉協議会が法制化された。
2 1962年（昭和37年）に社会福祉協議会基本要項が策定され、在宅福祉サービスを市町村社会福祉協議会の事業として積極的に位置づける方針が示された。
3 1983年（昭和58年）に社会福祉事業法が一部改正され、都道府県社会福祉協議会を実施主体とする地域福祉権利擁護事業が開始された。
4 1992年（平成4年）に新・社会福祉協議会基本要項が策定され、社会福祉協議会の活動原則として住民主体の原則が初めて位置づけられた。
5 2000年（平成12年）に社会福祉法へ改正されたことにより、市町村社会福祉協議会の目的は地域福祉の推進にあることが明文化された。

Point 社会福祉協議会（以下、社協）に求められる機能や役割は、社会情勢や歴史的展開とともに変化がみられる。社協に関しては、国家試験に繰り返し出題されているため、社協の動きを時系列で整理し、社協活動の位置づけや社協に求められる役割の推移を確認しておくとよい。

1 ✕ 市町村社会福祉協議会（以下、市町村社協）が法制化されたのは、**1983年（昭和58年）に社会福祉事業法が改正されたとき**である。当時、福祉ニーズの増大と多様化に対応するため、地域社会を基盤とする福祉サービスにおける市町村社協の果たす役割の重要性が認識された。そこで法改正により市町村社協の法的位置づけを明確にすることが図られた。1951年（昭和26年）に制定された社会福祉事業法では、都道府県社会福祉協議会（以下、都道府県社協）と社会福祉協議会連合会（全国社会福祉協議会）を規定するにとどまっていた。

2 ✕ 市町村社協の事業として在宅福祉サービスの推進を提言したのは、1979年（昭和54年）に、全国社会福祉協議会が設置した在宅福祉サービスの在り方に関する研究委員会による「**在宅福祉サービスの戦略**」である。「在宅福祉サービスの戦略」では、地域福祉活動を①在宅福祉サービス、②環境改善サービス、③組織化活動に分類し、そのうち在宅福祉サービスについては三つの側面（予防的福祉サービス、専門的ケア・サービス、在宅ケア・サービス）を示し、社協がその中核を担うことを示した。

3 ✕ 地域福祉権利擁護事業は、**2000年（平成12年）の社会福祉事業法等の改正**で都道府県社協による福祉サービス利用援助事業が規定されたことに伴い、第二種社会福祉事業として開始された。背景には、介護保険制度の導入や社会福祉法の施行により、福祉サービスが措置から利用者と提供者との間の契約による利用へと移行する中で、利用者の利益保護の仕組みが求められたことにある。1999年（平成11年）の民法の改正により翌2000年（平成12年）4月から成年後見制度が施行され、それを補完するものとして始まった。

4 ✕ 社協の活動原則として住民主体の原則を初めて位置づけたのは、**1962年（昭和37年）の「社会福祉協議会基本要項」**である。「社会福祉協議会基本要項」では、「社会福祉協議会は一定の地域社会において、住民が主体となり、社会福祉、保健衛生その他生活の改善向上に関連のある公私関係者の参加、協力を得て、地域の実情に応じ、住民の福祉を増進することを目的とする民間の自主的な組織である」と明記された。1992年（平成4年）の「新・社会福祉協議会基本要項」では、新たな社会的要請に対応するため、住民ニーズ基本の原則、住民活動主体の原則を継承しながら、民間性の原則、公私協働の原則、専門性の原則などの活動原則が確認されている。

5 ◯ 2000年（平成12年）の社会福祉事業法の社会福祉法への改正により、市町村社協は地域福祉を推進する中核的な団体として規定された。社会福祉活動において住民参加の重要性が高まる中で、住民に身近で地域福祉の直接的な担い手である市町村社協を社協の基礎的な単位として位置づけることとなった。

解答 5

47 地域福祉と包括的支援体制

⑯地域福祉の理論と方法・問題36

地域福祉に係る組織，団体に関する現行法上の規定の内容として，**最も適切なもの**を1つ選びなさい。

1 特定非営利活動促進法において，特定非営利活動法人は，内閣府の認可により設立される。
2 民生委員法において，民生委員協議会は，民生委員の職務に関して，関係各庁に意見を具申することができる。
3 社会福祉法において，社会福祉法人は，社会福祉事業以外の事業を実施してはならない。
4 保護司法において，保護司会連合会は，市町村ごとに組織されなければならない。
5 社会福祉法において，市町村社会福祉協議会の役員には，関係行政庁の職員が5分の1以上就任しなければならない。

Point 地域福祉に係る組織，団体に関する現行法上の規定に関する問題である。近年，地域共生社会の実現に向けて，多様な社会資源や担い手の役割に対する期待が高まっており，それぞれの根拠となる法律を正しくおさえておくことが必要である。また，あわせて国，都道府県，市町村それぞれの役割と所管を整理して理解することが求められる。

1 ✗ 特定非営利活動法人を設立しようとする者は，**所轄庁の認証を受けなければならない**（特定非営利活動促進法（NPO法）第10条第1項）。所轄庁とは，特定非営利活動法人（NPO法人）の認証権及び監督権をもつ行政機関である。NPO法第9条において，所轄庁は原則としてNPO法人の主たる事務所が所在する**都道府県の知事**となり，その事務所が一の指定都市の区域内のみに所在する場合は，当該**指定都市の長**となることが規定されている。

2 ○ 民生委員法第24条第2項において，「民生委員協議会は，民生委員の職務に関して必要と認める意見を**関係各庁に具申することができる**」と規定されている。現状の施策やサービスのみでは解決が難しい問題が生じた際，民生委員協議会は，必要な施策の充実や解決策を，所轄する自治体・実施機関等に対し住民に代わって代弁する機能を有している。

3 ✗ 社会福祉法第26条第1項において，「社会福祉法人は，その経営する社会福祉事業に支障がない限り，公益を目的とする事業（以下「公益事業」という。）又はその収益を社会福祉事業若しくは公益事業（中略）の経営に充てることを目的とする事業（以下「収益事業」という。）を行うことができる」と規定されていることから，社会福祉法人は，**社会福祉事業以外の事業として，「公益事業」や「収益事業」を行うことができる**。「公益事業」とは，公益を目的とする事業で社会福祉事業以外の事業（社会福祉とまったく関係のないものを行うことは認められない）をいい，具体的には居宅介護支援事業，介護老人保健施設，有料老人ホームを経営する事業等をいい，「収益事業」とは，その収益を法人が行う社会福祉事業又は公益事業の財源に充てるために行われる事業で，法人所有の不動産を活用して行う貸ビル，駐車場の経営等をいう。

4 ✗ 保護司法第14条第1項において，「保護司会は，都道府県ごとに保護司会連合会を組織する。ただし，北海道にあっては，法務大臣が定める区域ごとに組織するものとする」と規定されており，保護司会連合会は，**市町村ごとに組織されるものではない**。

5 ✗ 社会福祉法第109条第5項において，「関係行政庁の職員は，市町村社会福祉協議会及び地区社会福祉協議会の役員となることができる。ただし，**役員の総数の5分の1を超えてはならない**」と規定されている。

解答 **2**

48 地域福祉と包括的支援体制

[旧]福祉行財政と福祉計画・問題 44

☑☑☑

地方公共団体の事務に関する次の記述のうち，**正しいもの**を**1つ**選びなさい。

1 地方公共団体の事務は，自治事務，法定受託事務，団体委任事務，機関委任事務の 4 つに分類される。
2 児童扶養手当の給付事務は，自治事務である。
3 社会福祉法人の認可事務は，法定受託事務である。
4 生活保護の決定事務は，団体委任事務である。
5 児童福祉施設の監査事務は，機関委任事務である。

Point 1999 年（平成 11 年）に制定された地方分権の推進を図るための関係法律の整備等に関する法律（地方分権一括法）によって創設された「法定受託事務」と「自治事務」にあたる事務を問う問題である。

「法定受託事務」は，法律又はこれに基づく政令により処理することとされる事務のうち，国が本来果たすべき役割に係る事務について，都道府県，市町村又は特別区が受託する第 1 号法定受託事務と，都道府県が本来果たすべき役割に係る事務について，市町村又は特別区が受託する第 2 号法定受託事務がある。法定受託事務には，是正の指示や代執行等，都道府県や市町村に対する国の強い関与や，市町村に対する都道府県の強い関与が認められている。「自治事務」は，地方公共団体の処理する事務のうち，法定受託事務を除いたもののことである。国の関与は是正の要求まで，都道府県の関与は是正の勧告までとされている。「機関委任事務」と「団体委任事務」は，地方分権一括法によって廃止，再編された地方公共団体の事務である。このことを知っていれば，選択肢は二つに絞ることができる。

1 ✕ 現行の地方公共団体の事務は，**自治事務と法定受託事務の 2 つに分類される**（地方自治法第 2 条第 8 項及び第 9 項）。団体委任事務と機関委任事務は，1999 年（平成 11 年）に制定された地方分権一括法によって廃止，再編され，自治事務と法定受託事務が創設された。

2 ✕ **児童扶養手当の給付事務は，第 1 号法定受託事務である**（地方自治法別表 1）。児童扶養手当と同様，子育ての経済的支援策である児童手当及び特別児童扶養手当の給付事務も第 1 号法定受託事務である。

3 ○ **社会福祉法人の認可事務は，第 1 号法定受託事務である**（地方自治法別表 1）。なお，地方自治法第 245 条の 9 第 1 項及び第 3 項に基づいて，都道府県及び市（特別区を含む）が法定受託事務を処理する際によるべき基準として厚生労働省が発出している「社会福祉法人の認可について（通知）」には，社会福祉法人の審査基準として，「社会福祉法人の行う事業」「法人の資産」「法人の組織運営」「法人の認可申請等の手続」について示されている。

4 ✕ **生活保護の決定事務は，法定受託事務である。**生活保護法第 19 条第 1 項から第 5 項に規定される生活保護の決定及び実施については，第 1 号法定受託事務として地方自治法別表 1 に記載されている。なお，生活保護法第 27 条の 2 に規定される自立助長に向けた相談・助言は自治事務である。

5 ✕ **児童福祉施設の監査事務は，自治事務である。**児童福祉施設の監査事務は，地方分権一括法により，機関委任事務から都道府県，指定都市，中核市及び児童相談所設置市の自治事務となった。2000 年（平成 12 年）に厚生省児童家庭局長より発出された「児童福祉行政指導監査の実施について（通知）」の別紙「児童福祉行政指導監査実施要綱」において，指導監査の実施方法などが示されている。なお，同要綱において，「児童福祉施設」は，助産施設，乳児院，母子生活支援施設，保育所，児童厚生施設，児童養護施設，児童心理治療施設，児童自立支援施設，児童家庭支援センター，小規模住居型児童養育事業を行う者，児童自立生活援助事業を行う者及び里親とされている。

解答 3

49 地域福祉と包括的支援体制
🔵福祉行財政と福祉計画・問題43

次のうち，入所の仕組みを利用契約制度と措置制度に分けた場合，措置制度に分類されている施設として，**適切なもの**を**2つ**選びなさい。

1　軽費老人ホーム
2　老人短期入所施設
3　障害者支援施設
4　児童養護施設
5　救護施設

💡 **Point** 2000年（平成12年）に介護保険制度が施行されるまでは，福祉サービスは措置制度により行われていた。措置とは，自治体が公的責任のもと必要なサービスを行政処分として決定し，その具体的支援を施設等に委託して行うものである。介護保険制度施行後は基本的に契約制度に転換しているが，やむを得ない事由等により公の責任のもとで入所する仕組みを採っている施設もある。各種法令に基づいて，入所の仕組みを確認しておく必要がある。

1 ✕ 軽費老人ホームへの入所は，**当該施設との契約によって行われる**。軽費老人ホームは，「無料又は低額な料金で，老人を入所させ，食事の提供その他日常生活上必要な便宜を供与することを目的とする施設」（老人福祉法第20条の6）である。

2 ✕ 老人短期入所施設への入所は，**介護保険法の規定による短期入所生活介護に係る居宅介護サービス費若しくは介護予防短期入所生活介護に係る介護予防サービス費の支給に係る者が当該施設と契約することによって行われる**。老人短期入所施設は一般にショートステイといわれ，在宅の要介護者に対し，短期間入所や養護を行う施設である。老人短期入所施設は，措置による入所が行われる場合もある（老人福祉法第10条の4第1項第3号）。

3 ✕ 障害者支援施設への入所は，障害者総合支援法に基づき市町村の**介護給付費等を支給する旨の決定を受けた後，当該施設と契約することによって行われる**。障害者支援施設は，障害者に対し，施設入所支援を行うとともに，生活介護，自立訓練，就労移行支援などの施設入所支援以外の施設障害福祉サービスを行う施設である（障害者総合支援法第5条第11項）。

4 ◯ 児童養護施設への入所は，子どもを守るべき保護者が子どもを守ることが難しい状況になったときなどに，子どもを公の責任のもとで保護する観点から，都道府県による**措置を基本としている**。児童養護施設は「保護者のない児童（乳児を除く。ただし，安定した生活環境の確保その他の理由により特に必要のある場合には，乳児を含む。），虐待されている児童その他環境上養護を要する児童を入所させて，これを養護し，あわせて退所した者に対する相談その他の自立のための援助を行うことを目的とする施設」（児童福祉法第41条）である。

5 ◯ 救護施設への入所は，**保護の実施機関（都道府県知事，市長及び福祉事務所を設置する町村長）による措置によって行われる**。救護施設は，「身体上又は精神上著しい障害があるために日常生活を営むことが困難な要保護者を入所させて，生活扶助を行うことを目的とする施設」（生活保護法第38条第2項）である。現在は多くの施設で，生活扶助を行うとともに当該入所者の自立支援も行っている。

解答 **4** **5**

50 地域福祉と包括的支援体制

⑯福祉行財政と福祉計画・問題 46

社会福祉に係る法定の機関に関する次の記述のうち，**最も適切なもの**を 1 つ選びなさい。

1　都道府県は，児童相談所を設置しなければならない。
2　都道府県は，発達障害者支援センターを設置しなければならない。
3　市町村は，保健所を設置しなければならない。
4　市町村は，地方社会福祉審議会を設置しなければならない。
5　市町村は，身体障害者更生相談所を設置しなければならない。

Point　社会福祉に係る各種行政機関・施設の設置主体，設置義務について問う問題である。設置主体や設置義務は，各機関・施設の設置を定めた法律に記載されている。条文を確認し，表にまとめると覚えやすい。設置主体，設置義務に加え，配置職員を問う問題も出題されるため，併せて学習しておきたい。

1　○　都道府県は，児童相談所を**設置しなければならない**。児童相談所は，都道府県，指定都市に設置義務がある（児童福祉法第 12 条第 1 項，第 59 条の 4 第 1 項，地方自治法施行令第 174 条の 26 第 1 項）。2004 年（平成 16 年）の児童福祉法の改正により，2006 年（平成 18 年）4 月からは，中核市程度の人口規模（30 万人以上）を有する市を念頭に，政令で指定する市（児童相談所設置市）も，児童相談所を設置することができるとされた。さらに，2016 年（平成 28 年）の児童福祉法の改正によって，特別区も児童相談所が設置できるようになった。

2　×　都道府県は発達障害者支援センターを**設置することができる**。発達障害者支援法第 14 条に規定される発達障害者支援センターは，都道府県のほか，指定都市も設置することができる（地方自治法施行令第 174 条の 36 第 1 項）。また，社会福祉法人その他の政令で定める法人に委託することもできる。発達障害者支援センターには医師，相談支援専門員が配置され，自閉症，アスペルガー症候群その他の広汎性発達障害，学習障害，注意欠陥多動性障害等のある発達障害児・者及びその疑いのある者又はその家族等に対し，相談支援，発達支援，就労支援等を実施している。

3　×　**市町村には，保健所を設置する義務はない**。保健所の設置は，地域保健法第 5 条に規定され，都道府県，指定都市，中核市その他の政令で定める市又は特別区が設置することとされている。保健所は，地域保健に関する思想の普及及び向上，栄養の改善及び食品衛生，母性及び乳幼児並びに老人の保健，歯科保健，精神保健，治療方法が確立していない疾病その他の特殊の疾病により長期に療養を必要とする者の保健，感染症その他の疾病の予防，地域住民の健康の保持及び増進等に関する事項について企画，調整，指導及びこれらに必要な事業を行う（地域保健法第 6 条）。

4　×　**市町村には，地方社会福祉審議会を設置する義務はない**。地方社会福祉審議会の設置は，社会福祉法第 7 条に規定され，児童福祉及び精神障害者福祉に関する事項を除いた社会福祉に関する事項について調査審議するため，都道府県，指定都市，中核市が設置することとされている。地方社会福祉審議会は，都道府県の場合は都道府県知事，指定都市，中核市の場合はそれぞれの市の長の監督に属し，その諮問に答え，又は関係行政庁に意見具申を行う合議制の付属機関である。なお，児童福祉に関する事項については，児童福祉法第 8 条に規定される児童福祉審議会において調査審議される。児童福祉審議会は都道府県に設置義務（地方社会福祉審議会において児童福祉に関する調査審議をしている場合は除く）があり（同条第 1 項），市町村は児童福祉審議会を設置することができる（同条第 3 項）。

5　×　**市町村には，身体障害者更生相談所を設置する義務はない**。身体障害者福祉法第 11 条に規定される身体障害者更生相談所は，都道府県が設置することとされている。指定都市は任意で設置することができる（地方自治法施行令第 174 条の 28 第 2 項）。身体障害者更生相談所では，市町村（その設置する福祉事務所を含む）等に対する専門的な技術的援助及び助言，情報提供，市町村間の連絡調整，医学的，心理学的及び職能的判定並びに補装具の処方及び適合判定等の業務を行っている。

解答　1

51 地域福祉と包括的支援体制

[旧]地域福祉の理論と方法・問題 38

地域福祉の財源に関する次の記述のうち，**最も適切なものを 1 つ**選びなさい。

1 市区町村社会福祉協議会の平均財源構成比（2019 年（平成 31 年））をみると，会費・共同募金配分金・寄付金を合計した財源の比率が最も高い。

2 共同募金は，社会福祉を目的とする事業を経営する者以外にも配分できる。

3 社会福祉法人による地域における公益的な取組とは，地元企業に投資し，法人の自主財源を増やしていくことである。

4 個人又は法人が認定特定非営利活動法人に寄付をした場合は，税制上の優遇措置の対象となる。

5 フィランソロピーとは，SNS などを通じて，自らの活動を不特定多数に発信し寄附金を募る仕組みである。

Point 本問では，見慣れないデータについて問われているほか，地域福祉の財源という名目で幅広い分野にかかわる知識が要求された。特に選択肢 **1** については，目にする機会がきわめて少ないものであり，この知識を数値単位まで正しく理解している必要はない。そういった意味で，正解の選択肢は明確であるものの難易度が高めであったと思われる。

1 × 「社会福祉協議会の組織・事業・活動について」（全国社会福祉協議会，2021 年）によると，2019 年度（令和元年度）の市区町村社会福祉協議会の収益においては，会費の占める割合が 1.7％，共同募金配分金の占める割合が 0.5％，寄付金の占める割合が 1.0％と，いずれも僅かな割合となっている。これに対し，**最も大きな財源は介護保険事業収益であり，その割合は 34.7％**となっている。

2 × 共同募金は，都道府県の区域を単位として行われ，その区域内において社会福祉事業，更生保護事業その他の**社会福祉を目的とする事業を経営する者（国及び地方公共団体を除く）に配分される**（社会福祉法第 112 条）。あらかじめ地域の福祉団体等から助成の申請を受け付け，その申請をもとに助成計画を立案して配分される。

3 × 社会福祉法第 24 条第 2 項に規定される，社会福祉法人が行う公益事業（地域における公益的な取組）は，①**社会福祉事業又は公益事業を行うに当たって提供される「福祉サービス」**であること，②**「日常生活又は社会生活上の支援を必要とする者」に対する福祉サービス**であること，そして③**無料又は低額な料金で提供される**こと，の三つの要件を満たすものであると定義される。厚生労働省は，「社会福祉法人の生活困窮者に対する「地域における公益的な取組」好事例集」（厚生労働省，2022 年）をまとめ，全国で行われる「公益的な取組」のなかでも特に先進的な事例を紹介している。

4 ○ 2011 年（平成 23 年）の特定非営利活動促進法（NPO 法）の改正により，個人又は法人が認定特定非営利活動法人等に寄付をした場合は，税制上の優遇措置を受けることができることとなった（2012 年（平成 24 年）4 月 1 日施行）。具体的には以下の場合に優遇措置を受けることができる。

- 個人が認定・特例認定特定非営利活動法人に寄附した場合
- 個人が相続又は遺贈により取得した財産を認定特定非営利活動法人に寄附した場合
- 法人が認定・特例認定特定非営利活動法人に寄附した場合
- 認定特定非営利活動法人自身に対する税の優遇措置（みなし寄附金制度）
- 現物寄附のみなし譲渡所得税等の非課税特例の拡充

5 × フィランソロピー（philanthropy）とは，**企業が本業以外の活動として行う社会貢献活動**のことである。選択肢にある，SNS などを通じて寄附金を募る仕組みは，クラウドファンディング（crowdfunding）を指すものである。

解答 4

52 地域福祉と包括的支援体制

(旧)福祉行政と福祉計画・問題45

「令和5年版地方財政白書（令和3年度決算）」（総務省）に示された民生費に関する次の記述のうち，**正しいもの**を1つ選びなさい。

1 歳出純計決算額は，前年度に比べて減少した。
2 目的別歳出の割合は，都道府県では社会福祉費よりも災害救助費の方が高い。
3 目的別歳出の割合は，市町村では児童福祉費よりも老人福祉費の方が高い。
4 性質別歳出の割合は，都道府県では繰出金よりも人件費の方が高い。
5 性質別歳出の割合は，市町村では補助費等よりも扶助費の方が高い。

> **Point** 地方公共団体の民生費の歳出純計決算額，目的別歳出の構成割合，性質別歳出の構成割合を問う問題である。地方公共団体の目的別歳出，性質別歳出，民生費の目的別歳出，性質別歳出に関する問題は，科目「福祉行財政と福祉計画」における「福祉財政」の問題として頻回に出題されている。そのため，必ず最新の「地方財政白書」（総務省）を確認しておくこと。解答にあたっては，問われているのは，都道府県についてなのか，市町村についてなのか，目的別歳出についてなのか，性質別歳出についてなのかを読み間違えないよう注意することが必要である。

1 ✕ **2021年度（令和3年度）の民生費の歳出純計決算額は，前年度に比べて増加した。**2020年度（令和2年度）の民生費の歳出純計決算額は28兆6942億円で，目的別歳出純計決算額に占める構成割合は22.9％であった。2021年度（令和3年度）の民生費の歳出純計決算額は31兆3130億円で，2020年度（令和2年度）より9.1％増加しており，目的別歳出純計決算額に占める構成割合は25.4％であった。前年度に比べて増加した理由は，子育て世帯等臨時特別支援事業等の新型コロナウイルス感染症対策に係る事業費が増加したことなどによる。

2 ✕ **民生費の目的別歳出の割合は，都道府県では災害救助費よりも社会福祉費の方が高い。**社会福祉費の割合は36.4％で，都道府県における民生費の目的別歳出で最も割合の高い老人福祉費（38.5％）の次に高い。以下，高い順に児童福祉費（22.2％），生活保護費（2.5％），災害救助費（0.5％）と続いている。都道府県において老人福祉費の割合が高い理由は，都道府県は，後期高齢者医療事業会計，介護保険事業会計，国民健康保険事業会計への負担金を拠出しているためである。

3 ✕ **目的別歳出の割合は，市町村では老人福祉費よりも児童福祉費の方が高い。**市町村における民生費の目的別歳出の割合では児童福祉費が最も高く42.2％を占める。次いで，社会福祉費（27.1％），老人福祉費（16.1％），生活保護費（14.4％），災害救助費（0.1％）と続く。市町村では，児童福祉に関する事務を主に行っているため，児童福祉費の割合が最も高い。

4 ✕ **性質別歳出の割合は，都道府県では人件費より繰出金の方が高い。**都道府県における民生費の性質別歳出の割合では補助費等が最も高く76.6％を占めている。次いで，扶助費が8.9％，繰出金が7.6％，人件費は2.5％である。都道府県における補助費等の主なものは市町村（一部事務組合など）や法人等に対する負担金・補助金及び交付金（一般的な補助金）である。都道府県における民生費の目的別歳出で最も割合が高いのは老人福祉費であるが，その95.4％が補助費等である。

5 ○ **民生費の性質別歳出の割合は，市町村では補助費等（4.2％）よりも扶助費（64.7％）の方が高い。**市町村における民生費の性質別歳出の割合は，扶助費が最も高く，次いで繰出金が18.0％，人件費が7.5％である。市町村における扶助費の割合が高い理由は，各福祉法に基づく福祉サービスの主な実施主体が市町村であるためである。また繰出金とは，一般会計と特別会計，又は特別会計間で支出される経費を指し，例えば，地方公共団体の一般会計から，介護保険事業会計・国民健康保険事業会計・地方公営企業会計などに対して繰り出される負担金などを指す。

解答 **5**

53	地域福祉と包括的支援体制

⑲福祉行財政と福祉計画・問題 42

次のうち，法律で規定されている福祉計画の記述として，**最も適切なもの**を 1 つ選びなさい。

1 市町村障害者計画は，市町村が各年度における指定障害福祉サービスの種類ごとの必要な量の見込みについて定める計画である。

2 都道府県子ども・若者計画は，都道府県が子どもの貧困対策について定める計画である。

3 都道府県老人福祉計画は，都道府県が介護保険事業に係る保険給付の円滑な実施の支援について定める計画である。

4 市町村地域福祉計画は，市町村が地域福祉の推進について市町村社会福祉協議会の地域福祉活動計画と一体的に定める計画である。

5 市町村子ども・子育て支援事業計画は，市町村が教育・保育及び地域子ども・子育て支援事業の提供体制の確保について定める計画である。

Point 法律で規定されている福祉計画に関する問題である。障害者基本法や障害者の日常生活及び社会生活を総合的に支援するための法律（障害者総合支援法），子ども・若者育成支援推進法，介護保険法，老人福祉法，社会福祉法，子ども・子育て支援法などに規定されている福祉計画に関する規定を理解し，その概要等について押さえておくことが必要である。

---

1 ✕ 市町村が「各年度における指定障害福祉サービスの種類ごとの必要な量の見込み」について定める計画は，**障害者総合支援法第 88 条に規定されている市町村障害福祉計画**である。市町村障害者計画は，当該市町村における障害者の状況等を踏まえて策定される，「当該市町村における障害者のための施策に関する基本的な計画」である（障害者基本法第 11 条第 3 項）。

2 ✕ 都道府県が子どもの貧困対策について定める計画は，**こどもの貧困の解消に向けた対策の推進に関する法律に規定される都道府県計画**である。都道府県子ども・若者計画は，子ども・若者育成支援推進法で規定されている計画で，同法第 9 条第 1 項には「都道府県は，子ども・若者育成支援推進大綱を勘案して，当該都道府県の区域内における子ども・若者育成支援についての計画（以下この条において「都道府県子ども・若者計画」という。）を定めるよう努めるものとする」と規定されている。この中の「子ども・若者育成支援推進大綱」（令和 3 年 4 月子ども・若者育成支援推進本部）には，「全ての子供・若者の健やかな育成」や「困難を有する子供・若者やその家族の支援」「創造的な未来を切り拓く子供・若者の応援」「子供・若者の成長のための社会環境の整備」などの全体的な子ども・若者育成支援の基本方針が示されている。

3 ✕ 都道府県が「介護保険事業に係る保険給付の円滑な実施の支援」について定める計画は，**介護保険法第 118 条に規定されている都道府県介護保険事業支援計画**である。都道府県老人福祉計画は，各市町村を通ずる広域的な見地から定められる「老人福祉事業の供給体制の確保に関する計画」（老人福祉法第 20 条の 9 第 1 項）であり，「当該都道府県が定める区域ごとの当該区域における養護老人ホーム及び特別養護老人ホームの必要入所定員総数その他老人福祉事業の量の目標」（同条第 2 項）などを定めるものである。

4 ✕ 市町村地域福祉計画は「地域における高齢者の福祉，障害者の福祉，児童の福祉その他の福祉に関し，共通して取り組むべき事項」や「地域における福祉サービスの適切な利用の推進に関する事項」「地域における社会福祉を目的とする事業の健全な発達に関する事項」「地域福祉に関する活動への住民の参加の促進に関する事項」などを一体的に定める旨が規定されている（社会福祉法第 107 条第 1 項）が，**市町村社会福祉協議会の地域福祉活動計画と一体的に定める計画であるという規定は法律にはない**。

5 ◯ 子ども・子育て支援法第 61 条第 1 項には「市町村は，基本指針に即して，5 年を一期とする教育・保育及び地域子ども・子育て支援事業の提供体制の確保その他この法律に基づく業務の円滑な実施に関する計画（以下「市町村子ども・子育て支援事業計画」という。）を定めるものとする」と規定されている。

解答 5

54 地域福祉と包括的支援体制
⑮福祉行財政と福祉計画・問題 47

次のうち，現行法上，計画期間が 3 年を 1 期とすると規定されている計画として，**正しいもの**を 1 つ選びなさい。

1　市町村こども計画
2　市町村介護保険事業計画
3　市町村障害者計画
4　市町村健康増進計画
5　市町村地域福祉計画

> **Point**　法律に定められる「計画」に関する問題である。本問は「計画期間」に関するものであるが，そのほかそれぞれの計画の「策定主体」「策定義務等」（「定めるものとする」等とする策定義務，「定めるよう努めなければならない」等とする努力義務，「定めることができる」等とする任意規定）などについても確認しておいてほしい。

1　✕　根拠法であるこども基本法には，市町村こども計画の**計画期間についての定めはない**。なお，市町村は，こども施策を総合的に推進するために政府が定めるこども大綱（同法第 9 条第 1 項。都道府県こども計画が定められているときは，こども大綱及び都道府県こども計画（同法第 10 条第 1 項））を勘案して，当該市町村におけるこども施策についての計画である市町村こども計画を定めるよう努めるものとされている（同条第 2 項）。

2　〇　市町村は，基本指針に即して，**3 年を 1 期とする**当該市町村が行う介護保険事業に係る保険給付の円滑な実施に関する計画である市町村介護保険事業計画を定めるものとするとされている（介護保険法第 117 条第 1 項）。なお，基本指針は，厚生労働大臣が定めるものとされている（同法第 116 条第 1 項）。

3　✕　根拠法である障害者基本法には，市町村障害者計画の**計画期間についての定めはない**。なお，市町村は，障害者の自立及び社会参加の支援等のための施策の総合的かつ計画的な推進を図るため，政府による障害者基本計画（同法第 11 条第 1 項）と都道府県障害者計画（同条第 2 項）を基本とするとともに，当該市町村における障害者の状況等を踏まえ，市町村障害者計画を策定しなければならない（同条第 3 項）。

4　✕　根拠法である健康増進法には，市町村健康増進計画の**計画期間についての定めはない**。なお，市町村は，厚生労働大臣が定める，国民の健康の増進の総合的な推進を図るための基本的な方針である基本指針（同法第 7 条第 1 項）と，都道府県健康増進計画（同法第 8 条第 1 項）を勘案して，当該市町村の住民の健康の増進の推進に関する施策についての計画である市町村健康増進計画を定めるよう努めるものとされている（同条第 2 項）。

5　✕　根拠法である社会福祉法には，市町村地域福祉計画の**計画期間についての定めはない**。ただし，市町村は，地域福祉の推進に関する事項を定める市町村地域福祉計画（同法第 107 条第 1 項）について，定期的に，その策定した市町村地域福祉計画について，調査，分析及び評価を行うよう努めるとともに，必要があると認めるときは，当該市町村地域福祉計画を変更するものとするとされている（同条第 3 項）。

解答 2

55 地域福祉と包括的支援体制
(旧)地域福祉の理論と方法・問題34

次の記述のうち、市町村地域福祉計画に関する社会福祉法の規定として、**正しいもの**を1つ選びなさい。

1 社会福祉を目的とする事業に従事する者の確保又は資質の向上に関する事項について定める。
2 福祉サービスの適切な利用の推進及び社会福祉を目的とする事業の健全な発達のための基盤整備に関する事項について定める。
3 地域における高齢者の福祉、障害者の福祉、児童の福祉その他の福祉に関し、共通して取り組むべき事項について定める。
4 市町村地域福祉計画を定め、または変更しようとするときは、あらかじめ、都道府県の意見を聞かなければならない。
5 市町村地域福祉計画の公表に当たって、市町村はその内容等について、都道府県の承認を受けなければならない。

Point 地域福祉計画には、市町村地域福祉計画及び都道府県地域福祉支援計画がある。2000年（平成12年）に社会福祉事業法が社会福祉法（以下、法）に改正された際、法制化された。2018年（平成30年）の法の一部改正により、市町村及び都道府県による計画の策定が任意から努力義務となるとともに、計画に盛り込むべき事項に「地域における高齢者の福祉、障害者の福祉、児童の福祉その他の福祉に関し、共通して取り組むべき事項」が追加され、さらに2020年（令和2年）の改正では「包括的な支援体制の整備に関する事項」が追加されている。地域福祉計画では「総合化」と「住民参加」が重要なコンセプトである。国家試験に繰り返し出題されているので、法の地域福祉計画の条文を確実に覚えておく必要がある。

---

1 ✕ 「社会福祉を目的とする事業に従事する者の確保又は資質の向上に関する事項」（法第108条第1項第3号）は、市町村地域福祉計画ではなく、**都道府県地域福祉支援計画に定める事項**である。

2 ✕ 「福祉サービスの適切な利用の推進及び社会福祉を目的とする事業の健全な発達のための基盤整備に関する事項」（法第108条第1項第4号）は、市町村地域福祉計画ではなく、**都道府県地域福祉支援計画に定める事項であり**、都道府県に対して広域的な視点で市町村における包括的な支援体制の整備を促進する役割を求めている。

3 ◯ 市町村は、市町村地域福祉計画において、「地域における高齢者の福祉、障害者の福祉、児童の福祉その他の福祉に関し、共通して取り組むべき事項」（法第107条第1項第1号）を盛り込むことが規定されており、市町村地域福祉計画は、各分野別計画の、いわば「上位計画」として位置づけられている。

4 ✕ 市町村地域福祉計画を策定または変更しようとするときに、意見を聞かなければならないのは、都道府県ではない。「市町村は、市町村地域福祉計画を策定し、又は変更しようとするときは、あらかじめ、**地域住民等の意見を反映させるよう努める**とともに、その内容を公表するよう努めるものとする」（法第107条第2項）と規定されている。市町村地域福祉計画は、地域福祉推進の主体である地域住民等の参加を得て地域の生活課題を明らかにし、必要なサービスを計画的に整備するものである。計画策定や変更の過程に地域住民が参加できる機会を確保することが求められる。

5 ✕ 市町村地域福祉計画の公表に当たって、市町村は、**都道府県の承認を受けなければならないという規定はない**。地域福祉の推進は、地域住民の生活課題に近い市町村が中心となるべきもので、都道府県は市町村の自主的な地域福祉計画の推進を支援する立場にある。地域福祉計画の策定意義を失わせるような詳細な規制等は置かないことが適当とされている（地域共生社会の実現に向けた地域福祉の推進について（平成29年12月12日子発1212第1号・社援発1212第2号・老発1212第1号））。

解答 **3**

56 地域福祉と包括的支援体制

[旧]地域福祉の理論と方法・問題 39

事例を読んで，N市において地域福祉計画の策定を担当しているD職員（社会福祉士）が策定委員会での意見を踏まえて提案したニーズ把握の方法として，**最も適切なもの**を**1つ**選びなさい。

〔事　例〕

地域福祉計画の改定時期を迎えたN市では，その見直しに向け策定委員会で協議を行った。委員の一人から,「子育て世代に向けた施策や活動が十分ではない」という提起があった。また，これに呼応して,「子育て世代といっても，様々な環境で子育てをしている人がいる」「まずは子育て中の人の生の声を実際に聞いた方がよい」といった意見に賛同が集まった。Dは，こうした声を踏まえて，どのように多様な子育て世代のニーズを把握すれば良いかについて考え，最も有効と思われる方法を策定委員会に提案した。

1　N市の子育て支援課の職員（社会福祉士）を対象とした個別インタビュー
2　子育て中の親のうち，世代や環境等の異なる親たちを対象としたグループインタビュー
3　利用者支援事業の相談記録を対象とした質的な分析
4　特定の小学校に通う子どもの保護者を対象とした座談会
5　保育所を利用している全世帯を対象としたアンケート調査

Point　地域福祉計画の策定におけるニーズ把握の方法に関する出題である。計画を策定する際には地域のニーズを把握したうえで，地域福祉を推進するための目標が示される。調査方法に関する学習はもちろんのこと，実際に市町村が策定した地域福祉計画の内容を確認し，理解を深めるとよい。

1　×　「子育て世代に向けた施策や活動」を推進するためには，子育てをしている人たちの声を聞き，子育ての実態や課題を明らかにすることが不可欠である。当事者のみならず子育て支援課の職員（社会福祉士）から話を聞き，様々な角度から子育てに関する施策や活動を検討することもいずれは必要となってくるが，策定委員会において「まずは子育て中の人の生の声を実際に聞いた方がよい」という意見が出されたことからも，**当事者である子育て中の人から話を聞くことが求められる**。

2　○　事例では,「様々な環境で子育てをしている人がいる」ことについて意見が出されている。したがって，特定の世代あるいは特定の環境に偏ることなく，**幅広い世代や様々な環境で子育てをしている人たちからの声を集めることが望ましい**。また，**グループインタビュー**のメリットとして，一度に複数の意見を聞くことができることに加え，ほかの参加者の意見を聞きながら自らの体験（あるいは意見）と比較したりエピソードを思い出したりというように，他者からの刺激を相互に受けながら議論を展開できる点があげられるため，とりわけ有効な方法であるということができる。

3　×　目的が「利用者支援事業」を利用する「相談者」のニーズ把握であれば，相談記録の質的な分析を行うことも一つの方法である。事例では**「様々な環境で子育てをしている人」の「生の声」を聞くことが課題**となっているため，最も有効な方法とはいえない。

4　×　選択肢のように，特定の小学校に通う子どもの保護者を対象に座談会を開催した場合，**N市全域の子育てニーズを把握するというよりも，その小学校がある地区の課題を把握するということになる**。また，座談会では，出席者のニーズを満遍なく把握するために，できるだけ全員が発言できるよう留意する必要がある。

5　×　事例では「様々な環境で子育てをしている人がいる」ことが話題になっている。子育て中の親のすべてが保育所を利用しているとは限らないことから，**特定の属性をもつ対象に絞ってアンケート調査を実施することはふさわしくない**。例えば，子育て中の親を対象にアンケート調査を実施する際に，保育所を利用しているかどうかの選択肢を設ければ，保育所を利用している親と利用していない親双方のニーズを区別することができる。

解答 2

57 地域福祉と包括的支援体制

[旧]福祉行財政と福祉計画・問題 48

次のうち，福祉計画を策定する際に用いられるパブリックコメントに関する記述として，**最も適切なものを1つ**選びなさい。

1 行政機関が計画の素案を公表して広く意見や情報を募集する機会を設けることにより，人々の意見を計画に反映させる。
2 特定のニーズに対応するサービスの種類と必要量を客観的に算出することにより，サービスの整備目標を算出する。
3 専門家等に対して同じ内容のアンケート調査を繰り返し実施することにより，意見を集約していく。
4 集団のメンバーが互いの知恵や発想を自由に出し合うことにより，独創的なアイデアを生み出す。
5 意見やアイデアを記したカードをグループ化していくことにより，様々な情報を分類・整理していく。

Point パブリックコメント，ニーズ推計，デルファイ法，ブレインストーミング，KJ法に関する問題である。いずれも，福祉計画を策定するにあたって用いられる技法である。新出題基準の科目「地域福祉と包括的支援体制」「社会福祉調査の基礎」「ソーシャルワークの理論と方法」でも扱う内容なので，併せて学習してほしい。

1 ○ **パブリックコメント**とは，行政機関が計画の素案をホームページ等で公開し，それに対する意見を広く国民や住民から集約することで，そうした意見を計画に反映させる仕組みである。パブリックコメントは「意見公募手続」として，行政手続法第39条第1項に「命令等制定機関は，命令等を定めようとする場合には，当該命令等の案（命令等で定めようとする内容を示すものをいう。以下同じ。）及びこれに関連する資料をあらかじめ公示し，意見（情報を含む。以下同じ。）の提出先及び意見の提出のための期間（以下「意見提出期間」という。）を定めて広く一般の意見を求めなければならない」と規定されている。行政計画等に関し広く意見を募り考慮に入れることにより，行政運営の公正さや透明性を確保するねらいがある。

2 × 選択肢は**ニーズ推計**の説明である。ニーズ推計とは，統計調査法を用いて利用者や地域住民のニーズを推計する方法・技術である。基本的にはニーズをサービスに変換し，そのサービスを資源へ変換し，さらにその資源とニーズの適合状況を評価するという三つの要素で構成されている。具体的には，①利用者や地域住民のニーズ状況の把握，②ニーズの類型化と出現率の推計，③ニーズ類型に対応するサービスの種類と必要量の算出，④サービス資源の整備目標の設定という一連の過程で成り立っている。福祉関係八法改正（1990年）で法定化された老人保健福祉計画で取り入れられたほか，介護保険事業計画などでも活用されている技法である。

3 × 選択肢は**デルファイ法**の説明である。デルファイ（DELPHI）法とは，様々な専門家の意見を集約し，一定の合意を得ようとする技法で，「アンケート収斂法」ともいわれる。特定の被調査者に対し，一定期間をおいてアンケート調査を繰り返す方法で，パネル調査の一種である。

4 × 選択肢は**ブレインストーミング**の説明である。ブレインストーミングとは，小集団のメンバーがあるテーマをめぐって自由にアイデアや情報を出し合い，新たな独創的なアイデアを創造していく議論の技法であり，①批判禁止，②自由奔放，③多量提案，④結合改善の四つが基本的なルールとなる。

5 × 選択肢は**KJ法**の説明である。KJ法とは，現地調査（フィールドワーク）によって得られた様々な情報を分類・整理・統合するために，川喜田二郎によって開発された技法である。KJ法は，地域社会の福祉ニーズの分類や解決すべき問題の整理，新しいアイデアの発想などに役立つため，福祉計画の領域でも用いられている。

解答 1

58 地域福祉と包括的支援体制

⑮地域福祉の理論と方法・問題40

事例を読んで，包括的な支援体制の構築に向けて，社会福祉協議会のＥ職員（社会福祉士）が行う支援の方針として，**適切なものを２つ**選びなさい。

〔事　例〕

　Ｐ地区では，Ｑ国の外国人居住者が増加している。Ｆさんは，Ｑ国の外国人居住者のまとめ役を担っており，Ｅのところに相談に訪れた。Ｆさんは，日常会話程度の日本語は話せるが，日本の慣習に不慣れなために，過去に近隣住民とトラブルが生じてしまい，地域で気軽に相談できる日本人がいない。Ｆさんを含めて，Ｐ地区で暮らす外国人の多くが，地域活動にはあまり参加していない状態で，地域から孤立しているようである。Ｅは，このような外国人居住者の社会的孤立の問題を解決するための対策を検討した。

1 　Ｆさんらを講師として招き，地域で暮らす外国人居住者の暮らしや文化について，近隣住民が学ぶ機会を設ける。

2 　日本語が上達できるよう，Ｆさんに日本語の学習教材を提供する。

3 　外国人居住者が主体的に参加できるように，これまでの地域活動のあり方を見直す。

4 　近隣住民と再びトラブルが生じることを避けるため，自治会長に外国人居住者に対する生活指導を依頼する。

5 　外国人居住者に日本の文化や慣習を遵守させるため，地域のルールを作成する。

Point 地域共生社会の実現に向け，多様な文化的背景をもつ外国人に対する支援が課題となってきている。外国人が抱える課題は，教育，労働，医療，社会保障など複数の領域にわたり，多様で複雑である。支援にあたっては，単に情報提供だけに留まらず，異なる文化が背景にあることを理解しつつ，関係機関などにはたらきかけ，継続的に行う必要がある。地域をともにつくるという考え方がポイントとなる。

---

1 〇　地域における外国人居住者とのトラブルの解決には，**異文化理解が重要になる**。外国人居住者に問題があると考えるのではなく，その人の国の暮らしや文化を理解するとともに，日本（あるいは当該地域）の文化とどのような違いがあるのかについて理解することが求められる。また，その際に，外国人居住者が講師の役割を担い，参加者である地域住民と交流する機会を設けられるような場を設定することが大切である。

2 ✕　近隣住民とのトラブルの解決には，相互理解が不可欠である。したがって，Ｆさんの日本語が上達すればトラブルが解決するとは限らない。Ｆさん**個人の言葉の問題としてとらえるのではなく**，他の外国人居住者も暮らす**Ｐ地区全体の課題であるととらえ**，地域住民との相互理解が図れるよう対応することが求められる。

3 〇　事例から，Ｑ国の外国人居住者と地域住民の相互交流の機会が少ないことが考えられる。また，自治会活動や避難訓練等の地域活動に参加できていないかもしれない。すなわちＱ国の外国人居住者が地域から排除されがちな存在になっているのではないかと考えられる。したがって，これまでの地域活動のあり方を見直し，彼らが参加できる機会を設けることが大切である。

4 ✕　地域共生社会を目指した地域づくりを推進する中で，相互理解の機会を設定することなく，「生活指導」を行うということは一方的な対応であり，「ともに」**暮らしやすい地域づくりをするという趣旨にそぐわない**。

5 ✕　外国人居住者に対し日本の文化や慣習を「遵守させる」という姿勢ではなく，外国の文化を理解するとともに，日本（あるいは当該地域）の文化や慣習を説明するという姿勢を大切にし，**相互理解を深めるアプローチが大切である**。

解答 **1** **3**

59 地域福祉と包括的支援体制

[旧]地域福祉の理論と方法・問題 33

地域福祉に関連する法律，事業に規定されている対象に関する次の記述のうち，**正しいものを1つ選びなさい。**

1 ひきこもり支援推進事業の対象となるひきこもり状態にある者のひきこもりとは，「ひきこもりの評価・支援に関するガイドライン」によれば，原則的には2年以上家庭にとどまり続けていることをいう。

2 ヤングケアラー支援体制強化事業におけるヤングケアラーとは，家族への世話などを日常的に行っている18歳から39歳までの者をいう。

3 生活福祉資金の貸付対象における低所得世帯とは，資金の貸付けにあわせて必要な支援を受けることにより独立自活できると認められる世帯であって，必要な資金の融通を他から受けることが困難である者をいう。

4 生活困窮者自立支援法における生活困窮者とは，最低限度の生活を維持できていない者をいう。

5 日常生活自立支援事業の対象者とは，本事業の契約内容について理解できない者のうち，成年後見制度を利用していない者をいう。

（注）「ひきこもりの評価・支援に関するガイドライン」とは，厚生労働科学研究費補助金こころの健康科学研究事業（厚生労働省）においてまとめられたものである。

Point 地域福祉に関連する法律，事業に規定されている対象者の定義に関する出題である。ひきこもり，ヤングケアラー，低所得世帯，生活困窮者，権利擁護の対象者の定義を確認しておく必要がある。

1 ✕ ひきこもりとは，**6か月以上家庭にとどまり続けている状態**を指す。「ひきこもりの評価・支援に関するガイドライン」では，「ひきこもり」を「様々な要因の結果として社会的参加（義務教育を含む就学，非常勤職を含む就労，家庭外での交遊など）を回避し，原則的には6ヵ月以上にわたって概ね家庭にとどまり続けている状態（他者と交わらない形での外出をしていてもよい）を指す現象概念である」と定義している。

2 ✕ ヤングケアラーは，**家族への世話などを日常的に行っている18歳未満の者**を指す。ヤングケアラーに関する法令上の規定はないが，厚生労働省子ども家庭局長通知「ヤングケアラー支援体制強化事業実施要綱」の中で，「ヤングケアラーとは，一般に本来大人が担うと想定されている家事や家族の世話などを日常的に行っている児童（18歳未満の者）をいう」と明記される。ただし，同要綱では，支援が年齢により途切れてしまうことのないよう，18歳を超えた大学生であっても家庭の状況により通学することが困難な場合などは，適切な支援を行うことが重要であるとしている。

3 ○ 生活福祉資金の貸付けの対象となる低所得世帯は，資金の貸付けにあわせて必要な支援を受けることにより独力自活できると認められる世帯であって，必要な資金を他から借り受けることが困難な世帯を指す。生活福祉資金貸付の対象世帯は，低所得世帯に加え，障害者世帯（身体障害者手帳，療育手帳，精神障害者保健福祉手帳の交付を受けた者の属する世帯），高齢者世帯（65歳以上の高齢者の属する世帯）がある。

4 ✕ 生活困窮者は，**最低限度の生活を維持することができなくなるおそれのある者をいう**。生活困窮者自立支援法第3条第1項では，生活困窮者を「就労の状況，心身の状況，地域社会との関係性その他の事情により，現に経済的に困窮し，最低限度の生活を維持することができなくなるおそれのある者をいう」と規定している。

5 ✕ 日常生活自立支援事業の対象者は，**本事業の契約内容を判断できる能力を有していること**が前提である。2015年（平成27年）の「日常生活自立支援事業実施要領」のなかで，対象者を「判断能力が不十分な者（認知症高齢者，知的障害者，精神障害者等であって，日常生活を営むのに必要なサービスを利用するための情報の入手，理解，判断，意思表示を本人のみでは適切に行うことが困難な者をいう。）であること」かつ「本事業の契約の内容について判断し得る能力を有していると認められる者であること」のいずれにも該当する者と規定した。

解答 3

60 地域福祉と包括的支援体制

⑬地域福祉の理論と方法・問題37

事例を読んで，生活困窮者自立相談支援事業のB相談支援員（社会福祉士）の支援方針として，**最も適切なもの**を1つ選びなさい。

〔事 例〕

Cさん（60歳）は，一人暮らしで猫を多頭飼育している。以前は近所付き合いがあったが今はなく，家はいわゆるごみ屋敷の状態である。B相談支援員は，近隣住民から苦情が出ていると民生委員から相談を受けた。そこでBがCさん宅を複数回訪問すると，Cさんは猫を可愛がっており，餌代がかかるため，自身の食事代を切り詰めて生活していることが分かった。Cさんは，今の生活で困っていることは特になく，近隣の苦情にどのように対応すればよいか分からない，と言っている。

1 Cさんの衛生環境改善のため，市の清掃局にごみを強制的に回収してもらうことにする。

2 Cさんの健康のため，保健所に連絡をして猫を引き取ってもらうことにする。

3 Cさんの地域とのつながりを回復するため，苦情を言う住民も含めて，今後の関わり方を検討することにする。

4 Cさんの主体性を尊重するため，Cさんに積極的に関わることを控えることにする。

5 Cさんと地域とのコンフリクトを避けるため，引っ越しのあっせんを行うことにする。

Point 生活困窮者自立相談支援事業は「生活困窮者の自立と尊厳の保持」と「生活困窮者支援を通じた地域づくり」を目標としている。「生活困窮者の自立と尊厳の保持」では，本人の自己選択，自己決定を基本とし，本人の意欲や思いを重視する支援が重要であるとされており，それらが失われた状態にあるときには，それを取り戻すことができるよう支援することが求められている。「生活困窮者支援を通じた地域づくり」では，既存の社会資源の活用や新たな社会資源の開発・創造を通じて，本人が社会とのつながりを感じられるような地域や場をつくることが求められている。Cさんが自身の意欲や思いをもって生活を営めるような社会をつくるにはどうしたらよいかを考えれば，正解を選ぶことは容易だろう。

1 ✕ 第三者からみて衛生環境に問題がある場合でも，本人はそれをごみだと認識していない場合もある。また衛生環境の保持が難しくなってしまった原因を突き止めなければ，ごみを撤去したとしても再び同じ状況に陥ってしまうかもしれない。したがって，**ごみを強制的に回収してもらうことは不適切である**。

2 ✕ 多頭飼育崩壊の状態がみられた場合であっても，強制的にCさんと猫を引き離すことは本人の自己選択，自己決定の原則に反する。この場合においても，なぜ飼育が困難な状況に陥ってしまったのかを明らかにすると同時に，動物愛護の観点からみて**飼育環境の改善が必要であることをCさんに理解してもらう必要**がある。

3 〇 Cさんが現在の居所で暮らし続けるためには，**近隣住民の理解・支援も重要となる**。ごみ屋敷問題をCさん個人の問題として帰責せず，だれにでも起こりうる問題として理解してもらうために，「苦情」という形で意見を伝えてきた住民とも対話を重ね，Cさんに対する支援をともに考えていく取組みは有効である。

4 ✕ 積極的な支援はパターナリスティックな介入に陥る可能性もあるが，社会とのつながりを回復し，そのつながりの中でCさんが本人らしい生活を主体的に営めるよう，**積極的に関わることは可能である**。

5 ✕ **Cさんの居住・移転の自由が最優先で保障される必要があり**，コンフリクトの回避を目的とした引っ越しをあっせんすることは不適切である。ただしCさんに対する支援として，引っ越しが本人の生活向上に資する選択肢であり，本人もそれを望んでいる場合には，住宅確保のための諸制度を活用し，自治体や不動産事業者，居住支援協議会等と連携して，住まいの確保を行うことも重要なソーシャルワークである。

解答 3

61 地域福祉と包括的支援体制

[旧]地域福祉の理論と方法・問題 35

社会福祉法に規定されている市町村による重層的支援体制整備事業に関する次の記述のうち，**正しいものを1つ**選びなさい。

1 重層的支援体制整備事業は，地域生活課題の解決に資する包括的な支援体制を整備するための事業である。
2 重層的支援体制整備事業は，市町村の必須事業である。
3 市町村は，重層的支援体制整備事業の実施にあたって，包括的相談支援事業，参加支援事業，地域づくり事業のいずれか一つを選択して，実施することができる。
4 重層的支援体制整備事業のうち，包括的相談支援事業は，住宅確保要配慮者に対する居住支援を行う事業である。
5 市町村は，重層的支援体制整備事業実施計画を策定しなければならない。

Point 「地域共生社会」の実現に向けた，2020年（令和2年）の社会福祉法の改正によって創設された重層的支援体制整備事業に関する設問である。重層的支援体制整備事業の特徴は，介護，障害，子育て，生活困窮といった分野ごとの縦割りの相談体制では解決につながらないような複雑化・複合化する地域住民の生活上のニーズに対応するため，「属性を問わない相談支援」「参加支援」「地域づくりに向けた支援」の三つの支援体制を一体的に実施することとしている点にある。

1 ○ 重層的支援体制整備事業は，その制度の設計において「市町村において，すべての地域住民を対象とする包括的支援の体制整備を行う事業」をコンセプトとしており，事業実施主体である市町村，地域住民や地域の支援関係機関等が役割分担と協働を進めながら，**地域生活課題の解決に向けた包括的な支援体制を構築していくための事業である**。

2 × 重層的支援体制整備事業の実施にあたっては，「市町村は，地域生活課題の解決に資する包括的な支援体制を整備するため，(中略) 重層的支援体制整備事業を行うことができる」とされている（社会福祉法（以下，法）第106条の4第1項）。重層的支援体制整備事業は，事業実施主体である市町村と，地域住民や地域の支援関係機関等が，自分たちの地域の実情に合わせた支援体制の構築や，そのための各機関の役割分担と協働のあり方などについての議論を進めていけるような設計となっていることからも，実施を希望する市町村の手上げに基づく**任意事業**である。

3 × 重層的支援体制整備事業では，市町村全体の支援関係機関・地域の関係者が断らず受け止め，つながり続ける支援体制を構築することをコンセプトとしているため,「属性を問わない相談支援」「参加支援」「地域づくりに向けた支援」の三つの支援体制を**一体的かつ重層的に整備する**こととしている。

4 × 住宅確保要配慮者に対する居住支援については，**住宅確保要配慮者に対する賃貸住宅の供給の促進に関する法律（住宅セーフティネット法）**に基づき，住宅確保要配慮者の入居を拒まない賃貸住宅の登録制度，登録住宅の改修や入居者に対する経済的支援などの施策がとられている*。

5 × 重層的支援体制整備事業実施計画の策定は，**重層的支援体制整備事業を実施しようとする市町村の努力義務**である（法第106条の5第1項）。重層的支援体制整備事業実施計画は，その策定過程において，市町村が地域住民や支援関係機関その他の関係者との意見交換等を通じ，事業の理念や実施に向けた方向性についての共通認識を醸成するよう努めるものとされている。

解答 1

* 2024年（令和6年）の社会福祉法の改正により，重層的支援体制整備事業における居住支援の強化が図られることとなり，市町村は，住宅セーフティネット法に規定する支援協議会等と緊密に連携しつつ，必要な支援を行うよう努めることとなった（2025年（令和7年）4月1日施行）。

62 地域福祉と包括的支援体制

⑩地域福祉の理論と方法・問題41

事例を読んで，A市社会福祉協議会のG生活支援コーディネーター（社会福祉士）が提案する支援策等として，**適切なもの**を**2つ**選びなさい。

〔事 例〕

A市のUボランティアグループのメンバーから地域の空き家を活用した活動をしたいという相談があった。そこでGが「協議体」の会議で地区の民生委員に相談すると，その地区では外出せずに閉じこもりがちな高齢者が多いということであった。Gはグループのメンバーと相談し，そのような高齢者が自由に話のできる場にすることを目標に，週2回，通いの場を開設した。1年後，メンバーからは「顔馴染みの参加者は多くなったが，地域で孤立した高齢者が来ていない」という声が上がった。

1　地域で孤立していると思われる高齢者が，通いの場になにを望んでいるかについて，地区の民生委員に聞き取り調査への協力を依頼する。

2　通いの場に参加している高齢者に対して，活動の満足度を調査する。

3　孤立した高齢者のための通いの場にするためにはなにが必要かについて「協議体」で議論する。

4　孤立した高齢者が参加するという目標を，現在の活動に合ったものに見直す。

5　孤立している高齢者向けに健康体操等の体を動かすプログラムを取り入れる。

(注)　ここでいう「協議体」とは，介護保険制度の生活支援・介護予防サービスの体制整備に向けて，市町村が資源開発を推進するために設置するものである。

💡 **Point**　生活支援コーディネーターは主に高齢者を対象とし，地域で社会資源の開発やネットワーク構築を実践しながら生活支援や介護予防サービスの体制整備を目指す。事例では，生活支援コーディネーターが地域福祉推進の担い手でもある民生委員から地域の情報を収集し，ボランティアグループの活動を活発にするために通いの場を開設するというように，社会資源を活用・開発する状況を読み取ることができる。なお，社会資源には，専門職や地域住民等の人材，施設・機関，ボランティア団体，サービス，情報，ネットワーク，財源などが含まれる。

1　○　事例は，閉じこもりがちな高齢者が多いことから通いの場を開設した結果，参加者は増えた一方で地域で孤立している高齢者の課題が解決されていないということを示している。民生委員は地域住民に身近な存在であり，閉じこもりがちな高齢者の状況を把握している可能性があることから，民生委員に聞き取り調査の協力を依頼することは適切である。

2　✕　A市の事例では，閉じこもりがちな高齢者の参加を期待して通いの場を開設したにもかかわらず，彼らの利用がないという点が課題になっている。したがって，通いの場に参加している高齢者に対して満足度を調査するのではなく，地域で孤立している高齢者に対して，**参加していない理由やどのような機会を望んでいるのかについて，ニーズを把握する**ことが大切である。

3　○　協議体では，生活支援コーディネーターと生活支援・介護予防サービスの提供主体等によりネットワークを構築し，定期的な情報共有や地域課題の提起が行われる。生活支援コーディネーターには，地域の関係機関と連携し，情報を共有するとともに課題解決に向けたアプローチをすることが求められる。

4　✕　地域で孤立している高齢者が自由に利用できるよう設置された場所が機能していない（参加してほしい人が利用していない）ということは，場の設定を見直す等の改善が必要になることが予測される。選択肢は，**すでに通いの場に参加している顔馴染みの高齢者たちに向けた見直しになっており，設置の趣旨から外れてしまう**。

5　✕　地域で孤立している高齢者が通いの場に何を望んでいるのか，**そのニーズをいまだに把握していない状況で健康体操等のプログラムを取り入れることは，適切であるとはいえない**。

解答 1 3

63 障害者福祉
⑮障害者に対する支援と障害者自立支援制度・問題 56

障害者等の法律上の定義に関する次の記述のうち，**最も適切なもの**を１つ選びなさい。

1 「障害者虐待防止法」における障害者とは，心身の機能の障害がある者であって，虐待を受けたものをいう。

2 「障害者総合支援法」における障害者の定義では，難病等により一定の障害がある者を含む。

3 知的障害者福祉法における知的障害者とは，知的障害がある者であって，都道府県知事から療育手帳の交付を受けたものをいう。

4 発達障害者支援法における発達障害者とは，発達障害がある者であって，教育支援を必要とするものをいう。

5 児童福祉法における障害児の定義では，障害がある者のうち，20 歳未満の者をいう。

（注）1 「障害者虐待防止法」とは，「障害者虐待の防止，障害者の養護者に対する支援等に関する法律」のことである。

2 「障害者総合支援法」とは，「障害者の日常生活及び社会生活を総合的に支援するための法律」のことである。

Point 障害児者の定義を正確に理解することは，法律の適用や支援策の実施において極めて重要である。障害者虐待防止法や障害者総合支援法，児童福祉法など，それぞれの法律において定義が異なるため，これらを注意深く読み解き，定義の違いを把握することが求められる。

---

1 ✕ 障害者虐待防止法における障害者とは，「障害者基本法第 2 条第 1 号に規定する障害者をいう」と定義されており（同法第 2 条第 1 項），障害者基本法第 2 条第 1 号において，障害者とは，「身体障害，知的障害，精神障害（発達障害を含む。）その他の**心身の機能の障害がある者であって，障害及び社会的障壁により継続的に日常生活又は社会生活に相当な制限を受ける状態にあるもの**をいう」と定義されている。

2 ○ 障害者総合支援法において，障害者とは，「身体障害者福祉法第 4 条に規定する身体障害者，知的障害者福祉法にいう知的障害者のうち 18 歳以上である者及び精神保健及び精神障害者福祉に関する法律第 5 条第 1 項に規定する精神障害者（発達障害者支援法第 2 条第 2 項に規定する発達障害者を含み，知的障害者福祉法にいう知的障害者を除く。）のうち 18 歳以上である者並びに**治療方法が確立していない疾病その他の特殊の疾病であって政令で定めるものによる障害の程度が主務大臣が定める程度である者であって 18 歳以上であるもの**をいう」と定義されている（同法第 4 条第 1 項）。

3 ✕ **知的障害者福祉法では，知的障害者を定義していない**。また，療育手帳は，厚生省（当時）が 1973 年（昭和 48 年）に発出した**通知「療育手帳制度について」がガイドラインとなっており**，この通知に基づき，各都道府県や指定都市が独自に判定基準や交付方法を定めて実施している。

4 ✕ 発達障害者支援法において，発達障害者とは，「**発達障害がある者であって発達障害及び社会的障壁により日常生活又は社会生活に制限を受けるもの**をいう」と定義されている（同法第 2 条第 2 項）。なお，発達障害は，「自閉症，アスペルガー症候群その他の広汎性発達障害，学習障害，注意欠陥多動性障害その他これに類する脳機能の障害であってその症状が通常低年齢において発現するものとして政令で定めるものをいう」と定義されている（同法第 2 条第 1 項）。

5 ✕ 障害児とは，「身体に障害のある児童，知的障害のある児童，精神に障害のある児童（発達障害者支援法第 2 条第 2 項に規定する発達障害児を含む。）又は治療方法が確立していない疾病その他の特殊の疾病であって障害者の日常生活及び社会生活を総合的に支援するための法律第 4 条第 1 項の政令で定めるものによる障害の程度が同項の主務大臣が定める程度である児童をいう」と定義されており（児童福祉法第 4 条第 2 項），また，同法において，**児童とは，「満 18 歳に満たない者」をいう**と定義されている（同条第 1 項）。

解答 2

64 障害者福祉
⑬障害者に対する支援と障害者自立支援制度・問題57

障害者福祉制度の発展過程に関する次の記述のうち，**最も適切なもの**を1つ選びなさい。

1 1949年（昭和24年）に制定された身体障害者福祉法では，障害者福祉の対象が生活困窮者に限定された。

2 1987年（昭和62年）に精神衛生法が精神保健法に改正され，保護者制度が廃止された。

3 2004年（平成16年）に改正された障害者基本法では，障害者に対する差別の禁止が基本理念として明文化された。

4 2005年（平成17年）に制定された障害者自立支援法では，利用者負担は所得に応じた応能負担が原則となった。

5 2011年（平成23年）に障害者基本法が改正され，法律名が心身障害者対策基本法に改められた。

💡 **Point** 障害者福祉制度の発展過程を問う本問題を解くにあたっては，歴史的な変遷を理解し，現行制度の基礎となっている理念や目的を把握することが重要となる。特に，障害者基本法は，障害者関連の諸法律の中心的な役割を果たしていることから，障害者基本法の理解を深めることは，障害者福祉制度全体の枠組みを把握する上で不可欠である。

---

1 ✕ 1949年（昭和24年）に制定された身体障害者福祉法の，制定時における身体障害者の定義は，「別表に掲げる**身体上の障害のため職業能力が損傷されている18歳以上の者であって，都道府県知事から身体障害者手帳の交付を受けたもの**をいう」と規定されており（同法第4条），生活困窮者に限定されているわけではない。

2 ✕ 保護者制度は，**2013年（平成25年）の精神保健福祉法の改正に伴い廃止された**。1987年（昭和62年）の精神衛生法の改正ではない。保護者制度の廃止により，医療保護入院の要件が，精神保健指定医1名の診断及び家族等のうちいずれかの者の同意に変更され，また，医療保護入院者の退院を促進するため，病院の管理者には退院後生活環境相談員の設置等の義務が新たに課された（2014年（平成26年）4月1日施行）。なお，2022年（令和4年）の改正により，家族等が同意又は不同意の意思表示を行わない場合に，市町村長の同意により医療保護入院を行うことができることとなった（2024年（令和6年）4月1日施行）。

3 ◯ 2004年（平成16年）に改正された障害者基本法では，障害者に対する差別の禁止が基本理念として明文化された。具体的には，「何人も，障害者に対して，障害を理由として，差別することその他の権利利益を侵害する行為をしてはならない」と規定された（同法第4条第1項）。

4 ✕ 2005年（平成17年）に制定された障害者自立支援法では，利用者負担は**サービスの利用に応じた応益負担が**原則であった。その後，利用者の負担上限月額が大幅に引き下げられたため，実質的には利用者の能力に応じた負担となっていた。こうしたことを受け，2010年（平成22年）に同法が改正され，「応能負担」の原則が採用された。

5 ✕ **1993年（平成5年）に心身障害者対策基本法が改正され，法律名が障害者基本法に改められた**。これにより，従来の心身障害者に加え，精神障害により長期にわたり日常生活又は社会生活に相当の制限を受ける者についても，新たに「障害者」として位置づけられることとなった。なお，2011年（平成23年）の改正では，「障害者」の定義に「社会的障壁」が新たに加えられ，社会モデルの考え方が条文上に明記されることとなった。

解答 3

65 障害者福祉
⑬障害者に対する支援と障害者自立支援制度・問題59

「障害者総合支援法」による自立支援医療に関する次の記述のうち，正しいものを1つ選びなさい。

1 自立支援医療の種類には，更生医療が含まれる。

2 自立支援医療の種類にかかわらず，支給認定は都道府県が行う。

3 利用者の自己負担割合は，原則として3割である。

4 精神通院医療では，精神障害者保健福祉手帳の所持者以外は支給対象とならない。

5 利用者は，自立支援医療を利用する場合には，自由に医療機関を選択できる。

Point 自立支援医療の目的と対象及び利用者負担について理解しておくことが求められる。自立支援医療は，心身の障害を除去，軽減するための医療について，医療費の自己負担額を軽減する公費負担医療制度である。年齢と障害の種類によって使えるものが異なるため，必ず，年齢と対象者をセットで理解することが求められる。利用者負担は，応能負担（所得に応じて，1か月あたりの負担額を設定）である。

---

1 ○ 自立支援医療の種類には，①**更生医療**（18歳以上の身体障害者手帳の交付を受けた者），②**育成医療**（18歳未満の身体に障害を有する児童），③**精神通院医療**（精神疾患を有する者で，通院による継続的な治療が必要な者）の三つがある。

2 ✕ 障害者総合支援法（以下，法）第52条第1項において「自立支援医療費の支給を受けようとする障害者又は障害児の保護者は，市町村等の自立支援医療費を支給する旨の認定（以下「支給認定」という。）を受けなければならない」と規定されており，**更生医療と育成医療については，市町村が支給認定を行うこと**となっている一方で，**精神通院医療については，都道府県・指定都市が支給認定を行う**（障害者総合支援法施行令第3条）。

3 ✕ 自立支援医療の利用者負担については，**応能負担**（所得に応じて1か月あたりの負担額を設定）の仕組みをとっている。したがって，原則3割負担ではなく，**世帯の所得状況等に応じて負担上限月額が決まる**。ただし，自己負担限度額が自立支援医療に要した費用の1割に相当する額を超えるときは，1割に相当する額を負担することとなる。なお，一定所得以上の世帯は自立支援医療の対象にならない。また，費用が高額な治療を長期間にわたり続けなければならず（これを「重度かつ継続」という），市町村民税課税世帯である場合，別に負担上限月額が定められている。

4 ✕ 精神通院医療は，**精神障害者保健福祉手帳の所持の要件は規定されていない**。あくまでも，通院による精神医療を継続的に要する病状にある者がその対象となる。したがって，入院医療に係る費用は対象から外れることとなる。また，再発予防のため，なお通院治療を続ける必要がある場合も支給対象となる。

5 ✕ 法第54条第2項において「市町村等は，支給認定をしたときは，主務省令で定めるところにより，都道府県知事が指定する医療機関（以下「指定自立支援医療機関」という。）の中から，**当該支給認定に係る障害者等が自立支援医療を受けるものを定めるものとする**」と規定されており，自立支援医療を利用する場合には，利用者が自由に医療機関を選択できるわけではない。また，市町村等は，支給認定をしたときは，支給認定を受けた障害者又は障害児の保護者に支給認定の有効期間，指定自立支援医療機関の名称等を記載した自立支援医療受給者証を交付しなければならない。

解答 1

66 障害者福祉

[旧]障害者に対する支援と障害者自立支援制度・問題 61

☑☑☑

「障害者総合支援法」における障害支援区分に関する次の記述のうち，**最も適切なものを 1 つ選びなさい。**

1　障害支援区分に係る一次判定の認定調査の項目は全国一律ではなく，市町村独自の項目を追加してもよい。

2　障害支援区分の認定は，都道府県が行うものとされている。

3　市町村は，認定調査を医療機関に委託しなければならない。

4　障害支援区分として，区分 1 から区分 6 までがある。

5　就労継続支援 A 型に係る支給決定においては，障害支援区分の認定を必要とする。

Point 障害者総合支援法（以下，法）におけるサービス利用に係る手続きに関する問題である。申請から支給決定までの流れについて押さえておく必要がある。市町村は，サービスの利用の申請をした者（利用者）に，指定特定相談支援事業者が作成するサービス等利用計画案の提出を求め，これを勘案して支給決定を行うなど，介護給付と訓練等給付の支給プロセスの違いについて理解しておきたい。

1　× **一次判定（コンピュータ判定）では，全国一律の項目を使用する。**障害支援区分が公正・中立・客観的な指標であるために，一次判定は全国一律の項目によるコンピュータ判定とし，複数の有識者からなる市町村審査会による，障害者個別の状況を踏まえた総合的な判定を二次判定で行うというプロセスを経ることで質を担保している。一次判定では，認定調査の結果及び医師意見書の一部項目を踏まえ，一次判定用ソフトを活用して判定処理を行う。

2　× **障害支援区分の認定を行うのは，市町村である。**市町村は，支給決定の申請があったときは，「政令で定めるところにより，市町村審査会が行う当該申請に係る障害者等の障害支援区分に関する審査及び判定の結果に基づき，障害支援区分の認定を行うものとする」（法第 21 条第 1 項）と規定されている。

3　× 支給決定にあたり，市町村に申請がなされると，市町村による認定調査が行われる（法第 20 条第 2 項）。この場合において，市町村は，当該調査を指定一般相談支援事業者等に委託することができる（同項後段）。**医療機関に委託しなければならないという規定はない。**

4　○ 障害支援区分とは，「障害の多様な特性や心身の状態に応じて必要とされる標準的な支援の度合いを表す 6 段階の区分（区分 1 ～ 6：区分 6 の方が必要とされる支援の度合いが高い）」である（「障害福祉サービスの利用について」全国社会福祉協議会）。

5　× 訓練等給付対象である就労継続支援 A 型に係る支給決定では，**障害支援区分の認定は行わない。**障害福祉サービスを利用しようとする場合，当該サービスが介護給付の対象なのか，訓練等給付の対象なのかで利用手続きが異なる。介護給付では利用に際してサービスごとに定められた区分以上の障害支援区分の認定が必要となるが，訓練等給付については原則として障害支援区分の認定は不要である。ただし，同行援護は介護給付の対象であるが，同行援護アセスメント調査票の基準を用いるため，障害支援区分の認定は，原則不要である。また，訓練等給付の対象である共同生活援助（グループホーム）のうち，入浴，排せつ又は食事等の介護を伴うものについては，障害支援区分の認定が必要となる。

解答 4

67 障害者福祉

[旧]就労支援サービス・問題 144

「障害者雇用促進法」に定める常用雇用労働者数 100 人以下の一般事業主に関する次の記述のうち，**最も適切なものを１つ**選びなさい。

1 障害者雇用納付金を徴収されない。

2 報奨金の支給対象とならない。

3 障害者に対する合理的配慮提供義務を負わない。

4 重度身体障害者及び重度知的障害者を雇用した場合，実雇用率の算定に際し１人をもって３人雇用したものとみなされる。

5 法定雇用率未達成の場合に，「対象障害者の雇入れに関する計画」の作成を命じられることはない。

（注）「障害者雇用促進法」とは，「障害者の雇用の促進等に関する法律」のことである。

Point 旧出題基準の「就労支援サービス」における障害者雇用にかかわる内容は，新出題基準では「障害者福祉」で取り扱われることになった。障害者に対する就労支援は，障害者の日常生活及び社会生活を総合的に支援するための法律（障害者総合支援法）と障害者雇用促進法に基づき行われているため，障害者総合支援法における就労支援サービスと障害者雇用促進法における雇用の仕組みを併せて学習することで，引き続き就労支援に関する領域に対応することができるようになる。法定雇用率は，障害者雇用納付金制度において企業が納付したり給付を受けたりする基準として運用されている。障害者雇用納付金制度は，障害者の雇用に伴う事業主の経済的負担の調整を図るとともに，全体として障害者の雇用水準を引き上げることを目的としている。雇用率未達成の事業主から納付金を徴収し，法定雇用率を達成している常用雇用労働者数が 100 人を超える事業主には調整金，常用雇用労働者数が 100 人以下で障害者を４％又は６人のいずれか多い数を超えて雇用する事業主に報奨金が支給される。また，納付金を徴収する対象となるのは，常用雇用労働者数が 100 人を超える企業であり，100 人以下の企業からは徴収していない。

1 ○ 常用雇用労働者数が 100 人以下の企業は，障害者雇用納付金を徴収されない。

2 × 常用雇用労働者数が 100 人以下で，障害者を４％又は６人のいずれか多い数を超えて雇用する事業主に**報奨金が支給される**。

3 × 障害者に対する合理的配慮の提供義務は**企業規模にかかわらず適用される**（障害者雇用促進法（以下，法）第 36 条の２～４）。

4 × 重度身体障害者，重度知的障害者は１人を**２人**としてカウントする。

5 × 厚生労働大臣は，法定雇用率未達成である企業に対して，**対象障害者の雇入れに関する計画の作成を命じることができる**（法第 46 条）。法の規定では，企業の規模に関する条件はない。

解答 1

68 障害者福祉

🔟障害者に対する支援と障害者自立支援制度・問題58

「障害者総合支援法」における指定特定相談支援事業所の相談支援専門員の役割に関する次の記述のうち，**最も適切なものを１つ**選びなさい。

1 障害福祉サービスを利用する障害者等に対して，サービス等利用計画案を作成する。
2 障害福祉サービスを利用する障害者等に対して個別支援計画を作成し，従業者に対して，技術指導，助言を行う。
3 障害福祉サービスを利用する障害者等に対して，居宅において入浴，排せつ又は食事の介護等を行う。
4 一般就労を希望する障害者に対して，就業面と生活面の一体的な相談，支援を行う。
5 障害福祉サービスを利用する障害者等に対して，支給決定を行う。

Point 本問は，障害者総合支援法（以下，法）における指定特定相談支援事業所の相談支援専門員の役割を問う問題である。まず，「特定相談支援事業」ではどういうサービスを提供するのかを押さえる。あわせて，相談支援専門員の業務範囲をしっかりと理解することで解答ができる基本的な問題である。

---

1 ○ 法第５条第18項において，「この法律において「相談支援」とは，基本相談支援，地域相談支援及び計画相談支援をいい，（中略）「計画相談支援」とは，サービス利用支援及び継続サービス利用支援をいい，（中略）「特定相談支援事業」とは，基本相談及び計画相談支援のいずれも行う事業をいう」と規定されている。障害福祉サービスを利用する障害者は，サービス等利用計画案を支給決定機関である市町村に提出しなければならない。サービス等利用計画案を作成するのが，指定特定相談支援事業所の相談支援専門員の役割である。ただし，障害者自身が作成するサービス等利用計画（セルフプラン）の提出も認められている。

2 ✕ 選択肢は，**サービス管理責任者の役割**である。障害福祉サービス事業所（居宅介護，重度訪問介護，行動援護，同行援護及び重度障害者等包括支援に係る事業所は除く）にはサービス管理責任者が必須配置である。サービス管理責任者は，障害福祉サービスを提供する事業所で利用者の自己決定権を尊重した上で，個別支援計画を作成し，事業所内の職員と連携を図るとともに，関係機関との連絡・調整を行う職種である。なお，児童福祉法に規定されている事業所の場合は，児童発達支援管理責任者が置かれる。

3 ✕ 障害福祉サービスのうち，居宅において入浴，排せつ又は食事の介護等を行うのは，法第５条第２項に規定されている**居宅介護**である。**居宅介護の提供にあたる従業者は，介護福祉士等である。**

4 ✕ 一般就労を希望する障害者に対して，就業面と生活面の一体的な相談，支援を行うのは，障害者の雇用の促進等に関する法律（障害者雇用促進法）に規定されている**障害者就業・生活支援センター**である。障害者就業・生活支援センターには就業支援担当者と生活支援担当者が配置され，一般就労を目指す障害者に就業面と生活面の一体的な支援を行っている。なお，障害者総合支援法に基づき，一般就労を希望する障害者に提供されるサービスには，就労移行支援がある。

5 ✕ **支給決定は，障害者又は障害児の保護者の居住地の市町村が行う**（法第19条第２項）。支給決定を受けようとする障害者又は障害児の保護者は，市町村に申請しなければならない（法第20条第１項）。

解答 1

69 障害者福祉

⑯障害者に対する支援と障害者自立支援制度・問題60

事例を読んで，Ｖ相談支援事業所のＫ相談支援専門員がこの段階で紹介する障害福祉サービスとして，**最も適切なもの**を１つ選びなさい。

〔事 例〕

Ｌさん（30歳，統合失調症）は，週１回の精神科デイケアを利用している。Ｌさんは，過去に何度かアルバイトをしたことはあるが，症状の再燃により，短期間で辞めていた。最近になって，症状が改善し，生活リズムも安定したことから，将来を見据えて一般就労を希望するようになった。ただし，自分の能力や適性がわからないため，不安が強い。Ｌさんの相談を受けたＫ相談支援専門員は，障害福祉サービスを紹介することにした。

1 就労継続支援Ａ型
2 就労継続支援Ｂ型
3 就労移行支援
4 就労定着支援
5 職場適応援助者（ジョブコーチ）

Point 事例問題では，利用者の主訴を明確にとらえ，必要とするサービスや支援者と結びつけることが求められる。本事例の対象者は，精神科デイケアを利用している30歳の統合失調症のあるＬさんで，Ｖ相談支援事業所のＫ相談支援専門員が，Ｌさんにふさわしい障害福祉サービスを紹介する場面である。Ｌさんの年齢，障害，これまでの状況と現在の生活及び本人の希望を踏まえて障害福祉サービスと結びつけることが問われている。

---

1 ✕ 就労継続支援Ａ型は，**一般企業等への就労が困難な人を対象とするサービス**である。障害福祉サービスの利用者であると同時に，雇用契約を結ぶ労働者であるという二面性をもつ。Ｌさんは，「自分の能力や適性がわからないため，不安が強い」ものの，一般就労を希望している。したがって，この状況で就労継続支援Ａ型を紹介することは，Ｌさんのニーズを満たしているとはいえず，適切でない。

2 ✕ 就労継続支援Ｂ型は，**一般企業等への就労が困難な人を対象**に，働く場を提供するとともに知識や能力の向上のために必要な訓練を行うサービスである。「一般就労を希望」しているＬさんは「自分の能力や適性がわからないため，不安が強い」状況ではあるが，「症状が改善し，生活リズムも安定」しているため，一般企業等への就労が困難であると判断することは現状ではできない。そのため，就労継続支援Ｂ型を紹介することは適切でない。

3 ○ 就労移行支援は，**一般企業等への就労を希望する人を対象**に，一定期間，就労に必要な知識，能力の向上のために必要な訓練を行うサービスである。Ｌさんは「一般就労を希望」しているが，「自分の能力や適性がわからないため，不安が強い」状況である。就労に必要な訓練を受けながら，自身に合った職種を探すことが，Ｌさんの課題解決につながるため，就労移行支援を紹介することは適切である。

4 ✕ 就労定着支援は，就労に向けた一定の支援を受けて**通常の事業所に新たに雇用された障害者を対象**として，就業に伴う生活面の課題に対応できるよう，事業所，家族等との連絡調整等の支援を行うサービスである。Ｌさんは，まだ就労に向けた支援を受けておらず，新たに雇用された状況ではないため，就労定着支援の対象にはならない。

5 ✕ 職場適応援助者（ジョブコーチ）は，**企業に雇用される障害者の職場適応**に向けて，障害者や事業主に対して，雇用の前後を通じて，障害特性を踏まえた専門的な援助を行う専門職である。Ｌさんは，まだ就労先が決まっておらず，この状況では，職場適応援助者（ジョブコーチ）を紹介してもＬさんの主訴は解決しない。

解答 3

70 障害者福祉

[旧]障害者に対する支援と障害者自立支援制度・問題 62

✓✓✓

事例を読んで，M相談支援専門員（社会福祉士）がこの段階で行う支援として，**適切なものを2つ**選びなさい。

〔事　例〕

軽度の知的障害があるAさん（22 歳）は，両親と実家で暮らしている。特別支援学校高等部を卒業後，地元企業に就職したが職場に馴染(なじ)めず3か月で辞めてしまい，その後，自宅に引きこもっている。最近，Aさんは学校時代の友人が就労継続支援B型を利用していると聞き，福祉的就労に関心を持ち始めた。Aさんと両親は，市の相談窓口で紹介されたW基幹相談支援事業所に行き，今後についてM相談支援専門員に相談した。

1　友人と自分を比べると焦りが生じるため，自身の将来に集中するように助言する。

2　一般企業で働いた経験があるので，再度，一般就労を目指すよう励ます。

3　地域にある就労継続支援B型の体験利用をすぐに申し込むよう促す。

4　Aさん自身がどのような形の就労を望んでいるかAさんの話を十分に聞く。

5　Aさんの日常生活の状況や就労の希望について，両親にも確認する。

Point 基幹相談支援センターの相談支援専門員の対応に関する事例問題である。本問を解く前提として，障害福祉領域における就労支援のあり方及び相談支援体制について理解しておくことが求められる。これらは，国家試験において事例問題だけでなく知識を問う問題でも頻出のテーマである。それらを理解した上で，本事例における相談支援専門員の対応について検討する。市の相談窓口で紹介された基幹相談支援事業所におけるインテーク場面であることも踏まえて検討していくことが求められる。

1　×　Aさんは，一度は一般就労したものの3か月で退職し自宅に引きこもりの状態であったが，友人の話を聞き，一歩を踏み出そうとし始めているところである。**友人の話を聞き，前向きになっている**この状況はAさんにとって好ましい状況といえる。そのため，選択肢にあるように友人との比較がAさんの焦りの原因となると決めつけ，自身の将来に集中するように助言することは，相談支援専門員のかかわりとして適切ではない。

2　×　Aさんにとって地元企業に就職したものの職場に馴染めず辞めてしまったことは，つらい経験であったと考えられ，そのために引きこもり状態になってしまったと推察される。友人の話を聞き，福祉的就労に関心を持ち始めたAさんの前向きな姿勢を否定し，**現段階でつらい経験であった一般就労を再度目指すように励ますことは，本人の思いに寄り添った支援とはいえない**。

3　×　Aさんは友人が就労継続支援B型を利用していると聞き，福祉的就労に関心を持ち始めたばかりの段階にすぎない。まずは，Aさんの今の思いを丁寧に聴き取り，Aさんの思いを汲むことが重要である。その上で，就労継続支援B型を利用したいという希望があった場合であってもすぐに体験利用等に結びつけるのではなく，**さまざまな事業所の紹介や見学等を通じてAさんに合った事業所をともに探すといった丁寧なかかわりが望ましい**。

4　○　Aさんは，福祉的就労に関心を持ったとあるものの，そのきっかけは友人が就労継続支援B型を利用しているという情報のみである。まずはAさん自身がどのような就労形態を望んでいるのかについて丁寧に聴き取りを行う必要がある。相談支援を行う上で，本人の希望を聞くことは大前提であり，本人の意思不在の状態で進めることはあってはならない。

5　○　まずはAさん本人の意思を尊重することを前提として，ともに暮らす両親から現在のAさんの生活状況を聞くことは有益である。また，両親が就労についてどのような意向であるかを確認することも，その後の支援に齟齬を生じさせないためにも有益であるといえる。

解答 4 5

71	障害者福祉

❸就労支援サービス・問題143

次の記述のうち，就労定着支援に関する説明として，**最も適切なもの**を１つ選びなさい。

1 特別支援学校を卒業したばかりの新卒者の職場定着を支援する。

2 支援は，障害者が通常の事業所に雇用される前から開始される。

3 支援は，最大６か月間提供される。

4 支援の内容には，生産活動の機会の提供を通じて，知識及び能力の向上のために必要な訓練を供与することが含まれる。

5 支援の内容には，障害者が雇用されたことに伴い生じる日常生活又は社会生活を営む上での問題に関する相談，助言が含まれる。

💡 **Point** 就労移行支援等を利用し，一般就労する障害者が増加する中，在職中の生活にかかわる支援のニーズが増大すると考えられている。「就労定着支援」は，そうした就労に伴う生活面の課題に対応できるよう，事業所や家族との連絡調整等の支援を一定期間行うサービスとして，2018年（平成30年）の障害者の日常生活及び社会生活を総合的に支援するための法律の改正により創設された。就労移行支援事業所や生活介護事業所等は，利用者が一般就労した後に６か月間の職場定着支援を実施する努力義務がある。その期間を経過した後も在職中の生活にかかわる支援を必要とする場合に，就労定着支援としてサービスを利用することになる。

図　サービスの利用開始時期と定着支援のイメージ

	就職 ／ 利用開始	就労定着支援期間	障害者就業・生活支援
就労移行支援	（努力）義務による職場定着支援（6月間）		センター等による定着支援
就労継続A型		最大３年間	
就労継続B型			

	就職 ／ 利用開始	就労定着支援期間	障害者就業・生活支援
生活介護	努力義務による職場定着支援（6月間）		センター等による定着支援
自立支援		最大３年間	

出典：社会保障審議会障害者部会（第87回）資料１「新サービスの基準について」p.8，2017年

1 ✕ 就労定着支援の対象者は，**生活介護，自立訓練，就労移行支援及び就労継続支援を利用し一般就労した障害者**である（障害者の日常生活及び社会生活を総合的に支援するための法律（以下，法）第５条第15項，同法施行規則第６条の10の２）。

2 ✕ 障害者本人の就労支援サービスは雇用前から始まっているものの，**就労定着支援が開始されるのは雇用後である**。就労に向けての支援を受けた障害者が一般就労した後，６か月間の定着支援期間（事業所の努力義務）を経て支援を受けることができる。

3 ✕ 支援期間は最大**３年間**である（障害者総合支援法施行規則第６条の10の３）。

4 ✕ 選択肢は，**就労移行支援**に関する説明である。就労定着支援とは，就労の継続を図るために必要な当該事業所の事業主，障害福祉サービス事業を行う者，医療機関その他の者との連絡調整その他の主務省令で定める便宜を供与することとされている（法第５条第15項）。

5 ○ 就労定着支援にあたっては，選択肢に示された支援のほか，障害者が新たに雇用された通常の事業所での就労の継続を図るために必要な当該事業所の事業主，障害福祉サービス事業者，医療機関その他の者との連絡調整が行われる。

解答 5

72 刑事司法と福祉

[旧]更生保護制度・問題 150

刑の一部の執行猶予制度に関する次の記述のうち，**正しいもの**を**1つ**選びなさい。

1 本制度の導入により，検察官による起訴猶予の処分は廃止された。

2 本制度の導入により，執行する刑の全てを猶予する制度は廃止された。

3 本制度の導入により，釈放後の生活環境の調整をする制度は廃止された。

4 本制度の刑の一部の執行猶予期間は，刑期とともに判決時に言い渡される。

5 本制度において，保護観察が付されることはない。

Point 刑の一部の執行猶予制度の概要と同制度の導入による司法手続きについての知識を問う問題である。刑の一部の執行猶予制度とは，裁判所が3年以下の刑期の懲役刑又は禁錮刑*を言い渡す場合にその刑の一部について，1年から5年の間で執行を猶予することができるとする制度である。刑の一部の執行猶予については刑法第27条の2から第27条の7の内容を正確に理解し，更生保護法等関連する法律についても確認しておくことが求められる。

1 × 刑事訴訟法第248条により，犯人の性格，年齢及び境遇，犯罪の軽重及び情状並びに犯罪後の情況により訴追を必要としないときは，**公訴を提起しないことができる**と規定されている。

2 × 刑法第25条（刑の全部の執行猶予）により，これまでに懲役刑や禁錮刑*に処せられたことがないなど一定の条件を満たす場合に，3年以下の懲役又は禁錮*あるいは50万円以下の罰金の言い渡しを受けた者が，情状により，裁判が確定した日から1年以上5年以下の期間，**その刑の全部の執行を猶予することができる**と規定されている。

3 × 更生保護法第82条（収容中の者に対する生活環境の調整）において，保護観察所の長は，刑の執行のため刑事施設に収容されている者又は刑若しくは保護処分の執行のため少年院に収容されている者について，その社会復帰を円滑にするため必要があると認めるときは，その者の家族その他の関係人を訪問して協力を求めることその他の方法により，**釈放後の住居，就業先その他の生活環境の調整を行うことが規定されている**。

4 ○ 刑の一部の執行猶予が認められた場合は，**刑期とともにその刑の一部である執行を猶予する期間の判決が言い渡される**。一部執行猶予が認められなかった期間については実刑となって刑務所に収監されることになる。

5 × 刑法第27条の3（刑の一部の執行猶予中の保護観察）において，猶予の期間中保護観察に付することができると規定されている。

解答 4

＊ 2025年（令和7年）6月1日施行の改正刑法により，懲役と禁錮が一元化され，「拘禁刑」となる。

73 刑事司法と福祉

⑲更生保護制度・問題147

事例を読んで，この場合の仮釈放の手続きに関する次の記述のうち，**最も適切なものを１つ選び**なさい。

〔事 例〕

裁判所の判決で３年の懲役刑を言い渡されて，刑事施設に収容されていたＪさんは，仮釈放の審理の対象となった。

1 仮釈放の要件として，刑の執行から最短でも２年を経過している必要がある。

2 仮釈放の要件として，改悛の状があることがある。

3 仮釈放を許す処分を決定するのは，地方裁判所の裁判官である。

4 仮釈放の対象となるのは，初めて刑事施設に入った者に限られる。

5 仮釈放の期間中，Ｊさんの希望により，保護観察が付される。

Point 仮釈放の手続きに関する知識について，事例に即して問う問題である。司法福祉領域においてソーシャルワーカーとして勤務する上で，仮釈放に関する知識の定着が求められよう。なお，試験範囲としても，仮釈放の対象・基準・期間・決定プロセス等は頻出項目であり，刑法及び更生保護法等の関連条文に基づいて，その内容を理解するとよいだろう。

---

1 ✕ 刑法第28条において，「懲役又は禁錮*に処せられた者に改悛の状があるときは，**有期刑についてはその刑期の３分の１を**，無期刑については10年を経過した後，行政官庁の処分によって仮に釈放することができる」と規定されている。Ｊさんは３年の懲役刑*のため，仮釈放の要件として，刑の執行から**1年**の経過が必要となる。

2 ◯ 刑法第28条において，**改悛の状が仮釈放の要件**として求められる。なお，改悛の状は，①悔悟の情がある，②改善更生の意欲がある，③再犯のおそれがない，④保護観察に付することが改善更生のために相当であると認めるとき，⑤社会の感情が仮釈放を是認すること，以上の５点が認められることをもって，それがあると判断される（犯罪をした者及び非行のある少年に対する社会内における処遇に関する規則第28条）。

3 ✕ 更生保護法第16条第１項において，仮釈放許可の審理を担当する機関として**地方更生保護委員会**が定められている。そのため，仮釈放を許す処分を決定するのも地方更生保護委員会である。

4 ✕ 刑法第28条において，仮釈放の対象は**「懲役又は禁錮*に処せられた者」**とされており，初めて刑事施設に入った者に限定されるわけではない。

5 ✕ 更生保護法第40条において**「仮釈放を許された者は，仮釈放の期間中，保護観察に付する」**と規定されている。そのため，その対象者の希望によって保護観察に付されるわけではない。

解答 **2**

---

* 2025年（令和７年）６月１日施行の改正刑法により，懲役と禁錮が一元化され，「拘禁刑」となる。

74 刑事司法と福祉

[旧]更生保護制度・問題 148

保護司に関する次の記述のうち，**正しいものを1つ**選びなさい。

1　法務大臣から委嘱される。
2　検察官の指揮監督を受ける。
3　保護観察における指導監督の権限はない。
4　担当する事件内容によっては給与が支給される。
5　刑事施設収容中の者との面会は禁じられている。

Point　保護司は日本の更生保護制度の中核を担う存在の一つである。しかし，近年ではその数の減少が目立つ。また，保護観察対象者がもつ多様なニーズへの対応において困難に直面することが増えている。そのような課題に取り組む上で，保護司に対する周囲の理解を深めることが求められよう。なお，試験範囲としても，保護司の役割・処遇内容・現状等は頻出項目であり，保護司法や更生保護法等の関連条文を確認しながら，知識の定着を図ることが求められる。

1　○　保護司は，①人格及び行動について，**社会的信望**を有すること，②職務の遂行に必要な**熱意及び時間的余裕**を有すること，③**生活**が安定していること，④**健康で活動力**を有することという条件すべてを具備する者のうちから，法務大臣が委嘱するとされている（**保護司法第3条**）。

2　×　更生保護法第32条において，「保護司は，保護観察官で十分でないところを補い，**地方委員会又は保護観察所の長の指揮監督を受けて**，保護司法の定めるところに従い，それぞれ地方委員会又は保護観察所の所掌事務に従事するものとする」と規定されている。検察官からの指揮監督は受けない。

3　×　更生保護法第61条において，「**保護観察における指導監督**及び補導援護は，保護観察対象者の特性，とるべき措置の内容その他の事情を勘案し，**保護観察官**又は**保護司**をして行わせるものとする」と規定されている。そのため，保護司は指導監督の権限をもっている。

4　×　保護司法第11条第1項において，**「保護司には，給与を支給しない」**と規定されている。なお，同条第2項において，「保護司は，法務省令の定めるところにより，予算の範囲内において，その職務を行うために要する費用の全部又は一部の支給を受けることができる」と規定されていることにも注意したい。

5　×　保護司は更生保護法第61条に基づいて**補導援護**を行うが，その内容の一つに**「生活環境を改善し，及び調整すること」**（同法第58条第5号）がある。例えば，刑事施設収容中の者の改善更生を目的とした，退所後の生活環境調整の一環として収容中の面会が必要となる。保護司がその面会を禁じられていることはない。

表　保護司の主な活動

保護観察	更生保護の中心となる活動で，犯罪や非行をした人に対し，遵守事項を守るよう指導するとともに，生活上の助言や就労の援助などを行う。
生活環境の調整	少年院や刑務所に収容されている人が，釈放後に速やかに社会復帰を果たせるよう，釈放後の帰住先の調査，引受人との話し合い，就職の確保などを行って，必要な受入態勢を整える。
犯罪予防活動	犯罪や非行をした人の改善更生について地域社会の理解を求めるとともに，犯罪予防活動を促進する。

解答 1

75 刑事司法と福祉

[旧]更生保護制度・問題 149

事例を読んで，社会復帰調整官の対応として，**最も適切なものを1つ**選びなさい。

〔事　例〕

精神保健観察中のKさんは，地域生活を送っている中で家族関係が悪化し，仕事にも行けなくなってきた。保護観察所は，関係機関の担当者とともにケア会議を開催し，Kさんの状態の情報共有と今後の処遇について話し合った。

1　Kさんが継続的に医療を受けるよう，保護司に指導を指示する。
2　指定通院医療機関への通院状況を確認する。
3　精神保健観察の期間延長を決定する。
4　指定入院医療機関に入院させることを決定する。
5　今回作成する処遇の実施計画の内容をKさんに秘匿することを決定する。

Point 保護観察所に配置される社会復帰調整官による精神保健観察についての知識を問う問題である。精神保健観察の目的を理解し，社会復帰調整官の業務，保護観察所の長によって行われる申立ての内容，地方裁判所によって決定されることなどについて整理しておきたい。

1 × **精神保健観察における保護司の関与は認められていない**。精神保健観察は，社会復帰調整官が対象者の通院状況や生活状況を見守り，必要な助言指導等を行う（心神喪失等の状態で重大な他害行為を行った者の医療及び観察等に関する法律（以下，法）第106条)。

2 ○ 社会復帰調整官は精神保健観察として，**対象者が必要な医療を受けているかを把握することが業務となっている**ことから，まずはKさんの指定通院医療機関への通院状況を確認し，通院状況に応じて必要な対応をとることが最も適切である。

3 × 精神保健観察の期間延長は**地方裁判所**が決定する。地方裁判所は，通院決定又は退院許可決定がなされた日から起算して3年を経過する時点で，なお本制度による処遇が必要と認められる場合に，2年を超えない範囲で延長することが可能である（法第56条)。

4 × 指定入院医療機関への入院決定は**地方裁判所**が行う。Kさんの社会復帰を促進するために入院をさせて医療を受けさせる必要があると認めるに至った場合は，保護観察所の長が指定通院医療機関の管理者と協議の上，地方裁判所に対して入院の申立てを行う（法第59条，第61条)。なお，事例からKさんの病状の悪化やKさん自身が入院を希望している様子は読み取れず，指定入院機関への入院の決定は時期尚早であるといえる。

5 × 処遇の実施計画には，処遇の目標，本人の希望，通院による治療の方法や回数，社会復帰調整官の見守りの方法や回数，地域の支援者が援助する方法や回数，緊急時の対応などケア会議で話し合った内容が記載される（法第104条)。その内容については，**本人への十分な説明と理解が求められるもの**であり，秘匿することは適切でない。

解答 2

76 ソーシャルワークの基盤と専門職

[旧]相談援助の基盤と専門職・問題 91

社会福祉士及び介護福祉士法における社会福祉士の義務等に関連する次の記述のうち，**正しいものを１つ選びなさい。**

1　後継者の育成に努めなければならない。
2　秘密保持義務として，その業務に関して知り得た人の秘密は，いかなる理由があっても開示してはならない。
3　社会福祉士の信用を傷つけるような行為を禁じている。
4　社会福祉士ではなくとも，その名称を使用できる。
5　誠実義務の対象は，福祉サービスを提供する事業者とされている。

Point　社会福祉士は，社会福祉士及び介護福祉士法において定められている国家資格である。その資格の性質は，業務独占ではなく名称独占という位置づけにあるが，近年は社会福祉士の資格を有することを条件に雇用する施設・機関も少なくない。本問は，国家資格としての社会福祉士の法規定の中で，社会福祉士の負う義務等についての理解を確認する問題である。

1 ✕　社会福祉士及び介護福祉士法（以下，法）において，第 47 条の 2 に社会福祉士本人の資質向上の義務は規定されているが，**後継者の育成の規定はない**。あらゆる専門職において，新たな有資格者の育成，経験のある者からの技術継承などによる後継者育成は必要不可欠であり，社会福祉士も例外ではない。例えば，都道府県ごとの社会福祉士会などでは，年齢を超えた交流はもちろん，近年では試験対策講座なども行われ，後継者育成に関する活動が展開されてきている。

2 ✕　業務上知り得たことに関する秘密保持義務は，一人ひとりの生活や人生にもかかわる社会福祉士にとって欠かすことのできない義務である。法第 46 条には，「正当な理由がなく、その業務に関して知り得た人の秘密を漏らしてはならない」とあるが，**例えば，生命の危険があるなど支援の展開上正当な理由がある場合はその限りではない**。秘密保持義務は，社会福祉士ではなくなった後も適用される義務として定められている。

3 ○　法第 45 条において，**信用失墜行為は禁じられている**。社会福祉士は，定められた機械的な業務を行う専門職ではなく，さまざまな状況にある人々に寄り添い，共に状況等の改善，さらには社会変革を図る専門職である。それゆえ，サービス利用者や当事者からの信頼，社会からの信頼は欠くことができない。一人ひとりの社会福祉士に，その自覚をもった行動が求められていることを忘れてはならない。

4 ✕　法第 48 条に，「**社会福祉士でない者は，社会福祉士という名称を使用してはならない**」と規定されている。また，この規定に違反した場合，30 万円以下の罰金に処せられると法第 53 条に規定されている。その他，秘密保持義務の違反に対して，懲役*や罰金などの罰則が規定されている一方で，信用失墜行為の違反に関しての罰則規定は設けられていない。

5 ✕　法第 44 条の 2 において，社会福祉士は一人ひとりの尊厳を保持し，サービス利用者や当事者の自立した日常生活を支えていくために，自らの業務に誠実であることが規定されている。この規定は，福祉サービスを提供する事業者単位ではなく，**個々の社会福祉士が守らなければならない義務**である。

解答 3

＊　2025 年（令和 7 年）6 月 1 日施行の改正刑法により，懲役と禁錮が一元化され，「拘禁刑」となる。

77 ソーシャルワークの基盤と専門職

[旧]相談援助の基盤と専門職・問題 93

「ソーシャルワーク専門職のグローバル定義」(2014 年)に関する次の記述のうち，**最も適切なものを 1 つ**選びなさい。

1 人間尊重，人間の社会性，変化の可能性の 3 つの価値を前提とした活動である。
2 人，問題，場所，過程を構成要素とする。
3 価値の体系，知識の体系，調整活動のレパートリーを本質的な要素とする。
4 ソーシャルワーク実践は，価値，目的，サンクション，知識及び方法の集合体である。
5 社会変革と社会開発，社会的結束，および人々のエンパワメントと解放を促進する。

(注)「ソーシャルワーク専門職のグローバル定義」とは，2014 年 7 月の国際ソーシャルワーカー連盟(IFSW)と国際ソーシャルワーク学校連盟(IASSW)の総会・合同会議で採択されたものを指す。

Point 「ソーシャルワーク専門職のグローバル定義」(以下，定義)は，2014 年 7 月，メルボルンにおける国際ソーシャルワーカー連盟(IFSW)及び国際ソーシャルワーク学校連盟(IASSW)の総会・合同会議において採択された。本定義には，定義に用いられる中核概念を説明し，ソーシャルワーク専門職の中核となる，任務・原則・知・実践について詳述するものである「注釈」がつけられている。なお，日本語訳は，2015 年(平成 27 年)に社会福祉専門職団体協議会(現・日本ソーシャルワーカー連盟)と日本社会福祉教育学校連盟(現・日本ソーシャルワーク教育学校連盟)が協働で行ったものである。

ソーシャルワーク専門職のグローバル定義(日本語版)

ソーシャルワークは，社会変革と社会開発，社会的結束，および人々のエンパワメントと解放を促進する，実践に基づいた専門職であり学問である。社会正義，人権，集団的責任，および多様性尊重の諸原理は，ソーシャルワークの中核をなす。ソーシャルワークの理論，社会科学，人文学，および地域・民族固有の知を基盤として，ソーシャルワークは，生活課題に取り組みウェルビーイングを高めるよう，人々やさまざまな構造に働きかける。この定義は，各国および世界の各地域で展開してもよい。

1 × 定義にはこのような記述はない。**ソーシャルワークの 3 つの価値前提**として「人間尊重」「人間の社会性」「変化の可能性」を示したのは，**ブトゥリム(Butrym, Z.)**である。

2 × 定義にはこのような記述はない。**パールマン(Perlman, H.)**は，著書『ソーシャル・ケースワーク』において，**ケースワークに共通する構成要素**として「人(Person)」「問題(Problem)」「場所(Place)」「過程(Process)」の四つをあげた。この構成要素は「四つの P」と呼ばれる。

3 × 定義にはこのような記述はない。**バートレット(Bartlett, H.)**は，著書『社会福祉実践の共通基盤』において，**ソーシャルワーク実践の共通基盤**として，「価値の体系」「知識の体系」「調整活動のレパートリー」が本質的な要素であると述べた。

4 × 定義にはこのような記述はない。**全米ソーシャルワーカー協会**は，1958 年にソーシャルワーク実践の基礎的定義において，**ソーシャルワーク**とは「価値」「目的」「サンクション」「知識」「方法」の諸要素から構成され，その全体がソーシャルワーク実践であると示した。

5 ○ 定義に示されているように，ソーシャルワークは，**社会変革と社会開発**，**社会的結束**，および**人々のエンパワメントと解放を促進する**，実践に基づいた専門職であり学問である。

解答 5

78 ソーシャルワークの基盤と専門職
⑬相談援助の基盤と専門職・問題 94

障害者の自立生活運動に関する次の記述のうち，**適切なもの**を **2 つ**選びなさい。

1 当事者が人の手を借りずに，可能な限り自分のことは自分ですることを提起している。

2 ピアカウンセリングを重視している。

3 施設において，管理的な保護のもとでの生活ができることを支持している。

4 当事者の自己決定権の行使を提起している。

5 危険に挑む選択に対して，指導し，抑止することを重視している。

Point 自立生活（Independent Living）運動（IL 運動）は，1962 年アメリカで大学に入学したロバーツ（Roberts, E.）が，重度障害のある自身の体験をもとに必要な障害学生支援をつくり出したことに始まる。IL 運動は，公民権運動や，ノーマライゼーションとともに全米に広がり，障害者の自己決定と選択権が最大限に尊重されている限り，たとえ全面的な介助を受けていても人格的には自立していると考え，自己決定を自立の中心的な価値として位置づけた。日本では 1970 年代から 1980 年代にかけて展開された。

---

1 ✕ IL 運動の主張は，「重度の障害があっても，自分の人生を自立して生きる」ことにあり，当事者が自立的な生活を送るために必要な社会体制や意識の変革を求める社会運動である。自立生活の思想においては，**支援を受けることは障害当事者の主体性を損なうものではなく**，当事者自身が自立のための道を探り，必要なサービスを利用する考え方（自己決定）が基本となっている。

2 ◯ ピアカウンセリングは，IL 運動で始められた取り組みであり，同じ背景をもつ仲間（ピア）が相互に平等な立場で話を聞き合い，きめ細やかなサポートによって地域での自立生活を実現する支援をすることである。**ピアカウンセリングの大きな目的は「障害者の自立」**である。なお，当事者自身がカウンセラーとなって当事者に対して行うもののみをピアカウンセリングという。

3 ✕ IL 運動の主張は，介護を提供する側の都合で施設に収容され，管理的な保護のもとで送る生活を拒否することで，「重度の障害があっても自分の人生を自立して生きる」ことである。彼らが提唱した自立生活支援サービスの原則は，①障害者のニーズを知るのは障害者自身である，②障害者のニーズは多様なサービスを統合的に提供することで効果的となる，③**障害者はできるだけ地域社会に統合されるべきである**，の三つである。

4 ◯ IL 運動で強調された考えは，「障害者の自己決定権と選択権が最大限に尊重されていれば，自立はあり得る」という障害者の新しい自立観である。これは，専門職が中心となっていた援助において，**自ら決定することが「自立」である**という概念をつくり出し，この考えが世界中の障害者の自立観を大きく変化させることになった。

5 ✕ 専門家は障害者を守るために，危険だから外出させないなど，障害者の行動を制限しがちである。それに対して IL 運動では，障害者自身がリスクをおかす権利を主張し，専門家の保護管理の枠を超えて，**障害者自身が主体的に自己決定権を行使**できるよう訴えた。

解答 2 4

79 ソーシャルワークの基盤と専門職
🔵相談援助の基盤と専門職・問題 95

ソーシャルワークを発展させた人物に関する次の記述のうち、**最も適切なもの**を1つ選びなさい。

1　レヴィ（Levy, C.）は、倫理とは、人間関係とその交互作用に対して価値が適用されたものであるとした。

2　トール（Towle, C.）は、ジェネラリストの観点からソーシャルワークの統合化を図り、ジェネラリスト・ソーシャルワークを提唱した。

3　アプテカー（Aptekar, H.）は、相互連結理論アプローチを提唱し、それぞれの理論は相互に影響を及ぼし合い、結びついていると論じた。

4　ジョンソン（Johnson, L.）は、社会的目標を達成するために不可欠な要素として、4つの基本的ニーズを提示した。

5　ターナー（Turner, F.）は、機能主義の立場に立ちつつ、診断主義の理論を積極的に取り入れ、ケースワークとカウンセリングを区別した。

💡 **Point**　ソーシャルワークの発展を検証するにあたっては、発展に寄与した人物の足取りとともに、ソーシャルワークはどのような独自性や固有性を提示し、問題解決に有効な専門性を発揮してきたのかを検証する必要がある。本問は、ソーシャルワークの理論と実践を結びつけるための探究を目的とする問題である。

1　〇　レヴィは、著書『ソーシャルワーク倫理の指針』において、**人間関係と人間交互作用に価値が適用されたものが倫理**であると規定し、倫理も選択されたものであるが、人間関係における行動に直接影響を及ぼす点に特色があると述べている。

2　✕　選択肢は、**ジョンソン**の記述である。ジェネラリスト・ソーシャルワークとは、おおむね1990年代以降に確立した現代ソーシャルワーク理論の構造と機能の体系である。ジョンソンは、ソーシャルワーク理論であるジェネラリスト・ソーシャルワークの内容を体系的に示し、**ストレングスとエコシステムの視点を重視**した理論と実践を提唱した。

3　✕　選択肢は、**ターナー**の記述である。ターナーは、ソーシャルワーカーがクライエントに最善の援助をするためには、クライエントの複雑・多様な問題状況に対して介入レパートリーが多様に用意されていることが必要であると論じ、**ソーシャルワーク実践に効用がある諸理論は相互に影響を及ぼし合い、結びついている**という相互連結理論アプローチを提唱した。

4　✕　選択肢は、**トール**の記述である。トールは、社会的目標を達成するために不可欠な4つの基本的ニーズとして、①**身体的福祉－食物・居住・ヘルスケア**、②**情緒と知性の成長の機会**、③**他者との関係**、④**精神的な要求への対応**に焦点を当てるとともに、ケースワークと公的扶助の関係について論じた。

5　✕　選択肢は、**アプテカー**の記述である。アプテカーは、ケースワークに内在する力動性の概念によって、診断主義と機能主義の両者の統合を試みた。また、カウンセリングには具体的なサービスは伴わず、一方のケースワークの展開には具体的なサービスが伴うと整理し、ケースワークとカウンセリングを具体的なサービスの有無によって区別した。

解答 1

80 ソーシャルワークの基盤と専門職

[旧]相談援助の理論と方法・問題 112

☑☑☑

「個人情報保護法」に関する次の記述のうち，**正しいものを1つ**選びなさい。

1 個人情報取扱事業者には，国の機関は除外されている。

2 本人の生命の保護に必要がある場合であっても，本人の同意を得ることが困難であるときは，個人情報を第三者に提供してはならない。

3 オンラインによる個人情報の提供は，ウイルスや不正アクセス等のリスクを伴うため禁止されている。

4 クレジットカード番号は，個人識別符号に含まれる。

5 事業者は，サービス利用者から本人のサービス記録の開示を求められた場合でも，これに応じる義務はない。

（注）「個人情報保護法」とは，「個人情報の保護に関する法律」のことである。

Point 個人情報保護法における個人情報の取り扱いや個人識別符号について問う問題である。個人情報保護法は，個人情報の取り扱いについて具体的に示した法律である。特に，利用者の個人情報の取り扱いに関する条文について理解する必要がある。

1 ○ 個人情報保護法（以下，法）では，個人情報取扱事業者を，「個人情報データベース等を事業の用に供している者をいう」と規定している。ただし，国の機関，地方公共団体，独立行政法人等，地方独立行政法人を除いている（法第16条）。

2 × 本人の生命の保護に必要がある場合で，本人の同意を得ることが困難なときは，**同意を得ずに第三者へ個人情報を提供することができる**。法第27条において，個人情報取扱事業者は，「あらかじめ本人の同意を得ないで，個人データを第三者に提供してはならない」とされている。ただし，「人の生命，身体又は財産の保護のために必要がある場合であって，本人の同意を得ることが困難であるとき」「公衆衛生の向上又は児童の健全な育成の推進のために特に必要がある場合であって，本人の同意を得ることが困難であるとき」などは本人の同意は不要である。

3 × **オンラインによる個人情報の提供を禁止する規定はない**。しかし，「個人情報の保護に関する法律についてのガイドライン（通則編）」に，第三者提供に関するフローや講ずべき安全管理措置の内容が詳細に示されている。

4 × クレジットカード番号は，**個人識別符号には含まれない**。クレジットカードや携帯電話番号は，さまざまな契約形態や運用実態があり，**およそいかなる場合にも個人を識別できるとは限らない**ためである。ただし，氏名等の他の情報と容易に照合することができ，特定の個人を識別することができる場合には，個人情報に該当するので注意が必要である。

5 × 事業者が，サービス利用者から記録の開示を求められた場合，**原則として応じる必要がある**。法第33条において「本人は，個人情報取扱事業者に対し，当該本人が識別される保有個人データの電磁的記録の提供による方法その他の個人情報保護委員会規則で定める方法による開示を請求することができる」と規定されている。ただし，①「本人又は第三者の生命，身体，財産その他の権利利益を害するおそれがある場合」，②「当該個人情報取扱事業者の業務の適正な実施に著しい支障を及ぼすおそれがある場合」，③「他の法令に違反することとなる場合」の三つのいずれかに該当する場合は，全部又は一部を開示しないことができる。

解答 1

81 ソーシャルワークの基盤と専門職
(旧)相談援助の基盤と専門職・問題 96

事例を読んで，Ⅹ小学校に配置されているAスクールソーシャルワーカー（社会福祉士）が，Bさんの意思を尊重することに対する倫理的ジレンマとして，**適切なもの**を**2つ**選びなさい。

〔事 例〕
Aは，2学期に入ったある日，暗い顔をしているBさん（小学5年生）に声をかけた。Bさんは，初めは何も語らなかったが，一部の同級生からいじめを受けていることを少しずつ話し出した。そして，「今話していることが知られたら，ますますいじめられるようになり，学校にいづらくなる。いじめられていることは，自分が我慢すればよいので，他の人には言わないで欲しい」と思いつめたような表情で話した。

1 クライエントの保護に関する責任
2 別の小学校に配置されているスクールソーシャルワーカーに報告する責任
3 学校に報告する責任
4 保護者会に報告する責任
5 いじめている子の保護者に対する責任

Point ソーシャルワーク実践において相反する複数の倫理的根拠が存在し，どれも重要だと考えられる場合，ソーシャルワーカーがどう対応すればよいか葛藤することを「倫理的ジレンマ」という。本問は，クライエントの自己決定の尊重について，スクールソーシャルワーカーの倫理的ジレンマを問う問題である。

1 〇 Bさんの「自分が我慢すればよいので，他の人には言わないで欲しい」という言葉を自己決定の尊重や秘密保持の視点で受け入れることは，Bさんの生命や健康を大きく損なってしまい，クライエントの保護が果たせなくなる可能性が大きいと推察される。**スクールソーシャルワーカーは**Bさんの自己決定の尊重や秘密保持とBさんの保護に対する責任という**倫理的ジレンマに陥る**。

2 × Bさんへの支援が始まる前の段階において，**他校のスクールソーシャルワーカーに報告する責任は生じないため**，倫理的ジレンマは生じない。Bさんのその後の支援の展開について相談するということはあるかもしれないが，秘密保持の視点から，同じ専門職とはいえ，この段階での第三者への情報提供等は慎重に行うべきである。

3 〇 Bさんの言葉をそのまま受け入れることは，組織・職場に対する倫理責任（最良の実践を行う責務）に反することとなり，「いじめ」という学校内の問題に対して向き合わないこととなる。**スクールソーシャルワーカーはクライエントに対する責任と組織・職場に対する倫理責任という倫理的ジレンマに陥る**。

4 × 支援が始まる前の段階であるため，**現時点で保護者会に報告する責任は求められない**。そのため倫理的ジレンマは生じない。

5 × 支援が始まる前の段階であるため，**いじめている子の保護者に対する責任は求められない**。そのため，倫理的ジレンマは生じない。

82 ソーシャルワークの理論と方法

⑮相談援助の理論と方法・問題98

ソーシャルワーク実践におけるシステム理論の考え方に関する次の記述のうち，**最も適切なもの**を１つ選びなさい。

1　ピンカス（Pincus, A.）とミナハン（Minahan, A.）の実践モデルにおけるターゲットシステムは，目標達成のために，ソーシャルワーカーと協力していく人々を指す。

2　開放システムの変容の最終状態が，初期条件によって一義的に決定される。

3　システムには，他の要素から正負のフィードバックを受けることで，自己を変化・維持させようとする仕組みがある。

4　クライエントの生活上の問題に関し，問題を生じさせている原因と結果の因果関係に着目する。

5　家族の問題に対して，課題を個々の家族員の次元で捉え，個々人に焦点を当てたサービスを提供する。

Point　ソーシャルワーク実践におけるシステム理論の考え方は，クライエント本人を含め，家族や集団，地域などの理解とソーシャルワーク実践の展開に活かされている。クライエント理解にあたっては，クライエントと家族の相互作用による影響や相互の役割関係，家族規範（ルール），家族システムの境界（開放の調整機能）などを確認する。また，クライエントの職場や学校内，さらに地域や周辺社会をシステムと捉えて理解する。ソーシャルワーク実践の展開では，ほかのスタッフや関係機関との連携，チームアプローチ体制をつくるためにシステム理論が活かされている。また，ピンカスとミナハンは，ソーシャルワーク実践を，①クライエント・システム，②チェンジ・エージェント・システム，③ターゲットシステム，④アクション・システム，の四つのシステムとして捉える実践モデルを提唱した。システム理論はジェネラリスト・ソーシャルワークの基盤となっているなど，ソーシャルワークにおいて重要な理論である。

1　✕　ターゲットシステムとは，**クライエントの目標達成に向けて，ソーシャルワーカーが影響を及ぼす必要のある対象（システム）**のことである。目標達成に向けて協力関係を結ぶ対象（システム）は，アクション・システムである。例えば，会社での業務内容が過重であったことが原因でうつ病になったクライエントへの支援で，会社の部署に業務内容の見直しを求める場合，その部署がターゲットシステムである。また，会社の産業医と連携を行う場合，その産業医はアクション・システムとなる。

2　✕　変容の最終状態が，初期条件によって一義的に決定するのは，**閉鎖システム**である。閉鎖システムの例として，電池式の時計があげられる。電池容量が初期条件となり，時計が動く期間と最終的に時計が止まることが決まる。なお，**人や社会において閉鎖システムは存在しない**と考えられる。

3　○　選択肢のとおり。システムの特性として，他の要素からフィードバックを受け，維持（形態維持），若しくは変化（形態発生）するという機能がある。例えば，家族システムにおいて，働き手のけがにより収入額が減少した際に家族の工夫によって支出額を抑える調整が行われるのは形態維持の機能である。ほかのメンバーが新たに仕事を始めるなど家族システムを大きく変化させるのは形態発生の機能である。

4　✕　問題を生じさせている原因と結果のように直線的な因果関係に着目する考え方は，**直線思考**と呼ばれ，システム理論の考え方ではない。

5　✕　**システム理論では，家族の問題に対して，家族間の相互作用によって結果的に問題が生じていると捉える。**課題を個々の家族員の次元で捉えることにとどまる考え方は，システム理論の考え方ではない。

解答 3

83 ソーシャルワークの理論と方法
🔵相談援助の基盤と専門職・問題97

次の事例の場面において，複数のシステムの相互作用をもたらすシュワルツ（Schwartz, W.）の媒介機能を意図した支援として，**最も適切なもの**を１つ選びなさい。

〔事　例〕

自閉傾向のあるＣさん（10歳）の母親が，市の子育て支援課の窓口に久しぶりに相談に来た。Ｄ相談員（社会福祉士）がＣさんについて，この間の様子を聞いたところ，言語的なコミュニケーションは少ないが，最近は絵を描くことが好きになってきたとのことであった。

1　次回面接では親子で来所することと，Ｃさんの描いた絵を持ってくるよう依頼した。

2　親子で共通する話題や目的をつくるために，市主催のアートコンクールに出展する絵を描くよう勧めた。

3　絵によるコミュニケーションカードを親子で作成し，日常生活で使うよう勧めた。

4　市内にある大きな文房具店を紹介し，親子で一緒に絵を描く道具を見に行くことを勧めた。

5　障害児と親が活発に参加している絵画サークルに親子で参加し，児童や親達と交流することを勧めた。

> 💡 **Point**　シュワルツのグループワークにおける「相互作用（媒介）モデル」の理解がポイントとなる。シュワルツは，ソーシャルワーカーを「相互作用者」と表現しており，ソーシャルワーカーの媒介機能とはクライエントとシステムの双方にはたらきかけることで，両者の相互作用を促進させることであるとしている。それを踏まえて，選択肢をよく読んでいくことが求められる。

1　✕　クライエントとシステムの相互作用にはたらきかけるのではなく，**支援者である相談員が直接はたらきかけようとしている**ため，媒介機能を意図した支援にはあたらない。

2　✕　相談員としての媒介機能には，出展する絵を描くよう勧めるというＣさん親子へのはたらきかけだけではなく，**主催側の市へＣさんのような児童の描く絵に対する理解を深めてもらえるようはたらきかけることが必要**となる。

3　✕　コミュニケーションカードの作成は，家庭で行う取組みとしては有効であるものの，ほかのシステムとのかかわりをもてず，Ｃさんの自立支援につながらないため，媒介機能を意図した支援にはあたらない。

4　✕　絵を描く道具を見に行ったり，それを購入したりした後の支援をどう進めるかという視点が抜けている。絵を描くための準備を踏まえて**どういうシステムにはたらきかけるかが重要**となる。

5　◯　Ｃさんの成長に対してその後のビジョンを描き，他の障害児やその親と絵画サークルへの参加を通じてかかわることでＣさんのさらなる成長が見込めることを期待して交流することを勧めている。Ｃさん親子と絵画サークルをつなぐ，**媒介機能を意図した支援**を提供している。

解答 **5**

84 ソーシャルワークの理論と方法

[旧]相談援助の理論と方法・問題 99

ソーシャルワークの実践モデルに関する次の記述のうち，**最も適切なものを 1 つ**選びなさい。

1 生活モデルは，問題を抱えるクライエントの人格に焦点を絞り，問題の原因究明を重視する。

2 生活モデルは，人と環境の交互作用に焦点を当て，人の生活を全体的視点から捉える。

3 治療モデルは，人が疎外される背景にある社会の抑圧構造に注目する。

4 治療モデルは，問題を抱えるクライエントのもつ強さ，資源に焦点を当てる。

5 ストレングスモデルは，クライエントの病理を正確に捉えることを重視する。

Point ソーシャルワークの実践モデルは，クライエントや支援対象に対する基本的な捉え方であり，ソーシャルワーク実践の基本的な考え方で，治療モデル，生活モデル，ストレングスモデルの順に発展してきた。治療モデル（医学モデル）は，リッチモンド（Richmond, M.）がソーシャル・ケースワークを理論化するために医学をモデルとしたことから名づけられた。特に精神分析の影響を強く受け，クライエントの精神面の課題に治療的な姿勢でかかわることが特徴である。生活モデルは，クライエントを治療対象とみるのではなく，主体的な生活者と捉えてクライエントと環境との最適化を目指すモデルで，ジャーメイン（Germain, C.）によって生態学を支柱とした体系化が行われた。ストレングスモデル（ストレングス視点）は，クライエントの「強さ」や「能力」に焦点を当てるモデルで，サリーベイ（Saleebey, D.）やラップ（Rapp, C.）の研究によるものが著名である。この考え方は，治療モデルや生活モデルにも活かされている。

1 ✕ 生活モデルでは，問題の原因究明を重視するのではなく，**クライエントと環境の関係や交互作用の影響，またその全体に注目する。**

2 ○ 選択肢のとおり。生活モデルでは，クライエントの問題へのコンピテンス（対処能力）を高めること，およびクライエントのニーズに対する環境の応答力を高めることが行われる。

3 ✕ 治療モデルにおいて，社会の抑圧構造など環境側の原因を考えることはない。治療モデルでは，**クライエントが抱える問題に焦点を当て，治療的な支援が行われる。**例えば，人前で話すことが苦手で克服したいと思っているクライエントに，話し方の訓練やリラックスできる方法を提供するなどである。

4 ✕ 治療モデルでは，第一に治療を必要とする状況と捉え，問題の原因を明らかにして治療することに重点がおかれるため適切ではない。ただし，クライエントの強さや資源を大切にする視点はある。

5 ✕ アセスメントを行い病理を正しく捉えることは，ストレングスモデルでも想定されるが，「重視する」という部分が誤りである。ストレングスモデルは，クライエントやその環境がもつ強さ，資源に焦点を当てる。例えば，クライエントが自身の病気を治療しようとしている場合，クライエントの病気に向き合おうとする姿勢，それを支える家族や友人といった資源に注目する。

解答 2

85 ソーシャルワークの理論と方法

[旧]相談援助の理論と方法・問題 100

ソーシャルワークのアプローチに関する次の記述のうち，**最も適切なもの**を**1つ**選びなさい。

1 機能的アプローチでは，4つのPを実践の構成要素として，クライエントのコンピテンス，動機づけとワーカビリティを高めることを目指す。

2 問題解決アプローチでは，女性にとっての差別や抑圧などの社会的現実を顕在化させ，個人のエンパワメントと社会的抑圧の根絶を目指す。

3 ユニタリーアプローチでは，ソーシャルワーカーが所属する機関の機能と専門職の役割機能の活用を重視し，クライエントのもつ意志の力を十分に発揮できるよう促すことを目指す。

4 実存主義アプローチでは，クライエントが自我に囚われた状態から抜け出すために，他者とのつながりを形成することで，自らの生きる意味を把握し，疎外からの解放を目指す。

5 フェミニストアプローチでは，システム理論に基づいて問題を定義し，ソーシャルワーカーのクライエントに対する教育的役割を重視し，段階的に目的を達成することを目指す。

Point ソーシャルワークは，社会学や心理学，精神医学などさまざまな学問から理論を取り入れ，またその時代の社会的背景にも影響を受けながら，多くのアプローチが成立し発展してきた。現代のソーシャルワークは，それらのアプローチを反映することで形成されているため，各アプローチを学ぶことがソーシャルワークの理解を深めることになる。

1 × 選択肢は，**問題解決アプローチ**の説明である。問題解決アプローチを提唱したパールマン（Perlman, H. H.）は，援助を必要とする個人（Person）が，社会的機能における問題（Problem）に，より効果的に対処できるように支援する福祉機関（Place）によって用いられる過程（Process）としてソーシャルケースワークを説明した。この説明要素は**4つのP**として表現されている。

2 × 選択肢は，**フェミニストアプローチ**の説明である。1960年代のアメリカで，人種差別の撤廃を求める公民権運動に続き，福祉権運動，フェミニズム（女性運動）の気運が高まった。いずれも社会の主流や構造的な抑圧に声を上げ，当事者をエンパワメントする活動であるが，こうした背景からフェミニストアプローチが始まった。その実践は，個人に対する権利擁護とエンパワメントを進め，社会全体に向けて政治的な発信を行い，差別的な制度や仕組みの改善を求める幅広い活動である。

3 × 選択肢は，**機能的（機能主義）アプローチ**の説明である。ランク（Rank, O.）の意志心理学を中心理論としており，クライエントの問題解決に向け，受容と共感を基本とした側面的支援から福祉機関の機能（制度やサービスなど）をクライエントの意志によって主体的に活用できるように支援が行われる。

4 ○ 選択肢のとおり。実存主義アプローチは，実存主義哲学を基盤とした人間理解と援助観が特徴である。人は，主体的な個として選択の自由をもっている。しかし，生きる上で経験する苦悩や認めたくない現実をしばしば防衛的に避ける傾向があり，自由な選択が制限されている場合もある。実存主義アプローチでは，現実に目を向け，自己の存在や生きる意味を考えられるように支援が行われる。また，今・ここでの体験を重視し，他者との出会い，対話などが大切にされる。

5 × システム理論に基づいて問題を定義し，段階的に目的を達成することを目指すのは，**ユニタリーアプローチ**である。ただし，ユニタリーアプローチは，**クライエントに対する「教育的役割を重視」するわけではない**。ユニタリー（一元的）アプローチとは，それまで，ケースワーク，グループワーク，コミュニティオーガニゼーションと方法が分かれていたソーシャルワークをシステム理論を基盤として統合し，共通の目的，概念，戦略，行動などから再構成したアプローチである。強調している点は，クライエントが問題解決能力を高められるように，クライエントの参加を促進し，あらゆる場面において，知識（理論）と創意に基づく効果的な実践を行うことである。

解答 4

86 ソーシャルワークの理論と方法
⑮相談援助の理論と方法・問題101

☑☑☑

事例を読んで，就労継続支援Ｂ型事業所のＥ職員（社会福祉士）が，クライエントに危険が及ぶような行動を減らすために，行動変容アプローチを応用して行う対応として，**最も適切なもの**を１つ選びなさい。

〔事 例〕

知的障害があるＦさん（20歳）は，作業中に興味があるものが目に入ると勢いよく外に飛び出してしまうことや，作業時間中でも床に寝転がること等の行動が度々あった。寝転がっているところに起き上がるよう声かけを行うと，引っ張り合いになっていた。Ｆさんのこれらの行動は，職員や仲間からの注目・関心を集めていた。そこで，Ｅは，Ｆさんが席に座って作業を継続することを目標行動にして支援を開始した。

1　Ｆさんが何かに気を取られて席を立つたびに，報酬を与える。
2　支援を始めて１か月後に，目標行動の変化を評価しベースラインをつける。
3　不適切行動のモデリングとして，職員が寝転がって見せる。
4　作業が継続できるたびにベルを鳴らし，ベルの音と作業を条件づける。
5　寝転がる前の先行条件，寝転がった後の結果といった行動の仕組みを分析する。

💡**Point** 本問題は，クライエントに危険が及ぶような行動を減らすために，行動変容アプローチを応用して行う対応を問うものである。行動変容アプローチは，行動療法の知見をソーシャルワークに導入・援用したものである。いわゆる学習理論を基盤にしているが，レスポンデント条件づけやオペラント条件づけ，社会的学習理論，さらには，思念や信念といった認知的側面を強調した認知行動療法による知見が折衷・統合的に導入されている。

---

1 ✗　報酬や罰を与え，自発される行動の結果を操作し，行動の頻度を変化（促進・抑制）させることをオペラント条件づけというが，本事例は，Ｆさんが席に座って作業を継続することを目標行動にしている。したがって，Ｆさんが何かに気を取られて席を立つたびに，報酬を与えることは，**席を立つという行動を促進**することになるため，適切でない。

2 ✗　行動変容アプローチの展開は，基本的にはソーシャルワークの展開過程（課題解決の過程）と同様だが，アセスメントの着眼点やその方法，目標設定や介入技法，また評価方法に特徴がある。特徴の一つがベースライン測定である。ベースライン測定とは，その行動が通常ではどれくらいの頻度で起こるのか測定することで，**アセスメントの際に行われる**ため，適切でない。

3 ✗　モデリング（観察学習）とは，人は，他者を観察・模倣することで行動を学習し，それが定着するという社会的学習理論に基づき，**学習すべき行動を示す**具体的方法である。本事例では，「席に座って作業を継続すること」が目標行動であるため，適切でない。

4 ✗　行動変容アプローチは，行動の消去あるいは強化により，**適応行動を増やし，問題行動を減少させる**。「作業が継続できるたびにベルを鳴らす」のは，行動を消去あるいは強化する報酬・刺激としてふさわしいとはいえず，適切でない。

5 ○　行動変容アプローチでは，アセスメントの際，その行動が起こる仕組みを分析する。これを機能分析という。機能分析にあたっては，①**先行条件**（その行動が起こる前はどのような状況であったのか），②**行動**（どのような行動が起こったのか），③**結果**（どのような結果になったのか）を検討する。機能分析の結果を踏まえ，介入技法を選択し，選択された介入技法をどのように用いるか，計画を立案することになる。したがって，選択肢は支援を開始する際の対応として適切である。

解答 5

87 ソーシャルワークの理論と方法

[旧]相談援助の理論と方法・問題 115

事例を読んで，Aスクールソーシャルワーカー（社会福祉士）の解決志向アプローチに基づく問いかけとして，**適切なもの**を**2つ**選びなさい。

〔事　例〕

Bさん（高校1年生）は，父親，弟（小学4年生），妹（小学1年生）の4人家族である。父親は長距離トラックの運転手で，Bさんは長女として家事と弟妹の世話を引き受けている。ある日，Aスクールソーシャルワーカーに，「家族のためにやれることをやるのは当然だし，喜んでもらえるのもうれしい。でも毎日勉強とバイトと家事で精一杯。これ以上はもう無理かも…」とつぶやいた。AはこれまでのBさんの頑張りをねぎらいながら，以下の問いかけをした。

1 「もし奇跡が起こって何もかもうまくいくとしたら，どうなると思いますか？」

2 「最悪な状況を0，何もかも解決したのが10なら，今は何点になりますか？」

3 「Bさんが『もう無理かも』と思ったのは，どのようなときですか？」

4 「Bさんが想像する，最悪の事態はどのようなものでしょうか？」

5 「今，Bさんが抱える状況の根本の原因は何だと思いますか？」

Point 解決志向アプローチに基づく問いかけについて問う問題である。解決志向アプローチはバーグ（Berg, I. K.）とシェザー（Shazer, S. D.）によって提唱されたソーシャルワークのアプローチである。クライエントが抱える問題やその原因，改善すべき点を追究するのではなく，解決に役立つ「リソース＝資源（能力，強さ，可能性等）」に焦点をあて，それを有効に活用することに注目したものである。こうしたソーシャルワークのアプローチの理論的な理解に加え，実践での対応方法を覚えておくとよい。

1 ○ 「奇跡が起こって何もかもうまくいくこと」を考えさせる問いかけで，解決志向アプローチにおけるミラクル・クエスチョンに該当する。**未来の解決場面を想起させ，人等への新たな意味づけや行為選択の可能性を広げる**ものとなっている。

2 ○ 「解決を想定した場合の今」を考えさせる問いかけで，最悪な状態を0，何もかも解決した状態を10などと**数値化・点数化することによって，問題の達成度を自覚させる**。これは，解決志向アプローチにおけるスケーリング・クエスチョンである。

3 × 「『もう無理かも』と思ったとき」を考えさせる問いかけである。解決志向アプローチでは「あなたはもっとよくなれる」「あなたは変わることができる」というように，**問題解決に向けた肯定的な言葉を伝えることで，よい変化を起こそうとする**。解決志向アプローチには，クライエントが問題を抱えて解決不能と思っている場合，意識化されていない過去の対処能力を有するできごとを浮上させ，その解決法を現在の問題解決に利用するエクセプション・クエスチョンがある。

4 × 「最悪の事態」を考えるよう問いかけている。選択肢3の解説に示したように，解決志向アプローチでは，**問題解決に向けた肯定的な言葉を伝えることで，よい変化を起こそうとする**。解決志向アプローチには，クライエントを尊重して質問することで，これまで解決の糸口がなかなか見出せないとき，気づかなかった具体的な問題解決の対処法を引き出すためのコーピング・クエスチョンがある。

5 × 「根本の原因」を考えるよう問いかけている。解決志向アプローチでは問題の原因を追究しない。**問題の起こっていない例外を見出すことで解決の手がかりを探る**アプローチである。

解答 1 2

88 ソーシャルワークの理論と方法

18相談援助の理論と方法・問題102

事例を読んで，乳児院のG家庭支援専門相談員（社会福祉士）が活用するアセスメントツールに関する次の記述のうち，**最も適切なもの**を1つ選びなさい。

〔事 例〕

一人暮らしのHさんは，慢性疾患による入退院を繰り返しながら出産したが，直後に長期の入院治療が必要となり，息子は乳児院に入所となった。Hさんは2か月前に退院し，職場にも復帰したので，息子と一緒に暮らしたいとGに相談した。ただ，「職場の同僚ともうまくいかず，助けてくれる人もいないので，一人で不安だ」とも話した。そこでGは，引き取りに向けて支援するため，アセスメントツールを活用することにした。

1 同僚との関係を整理するために，ジェノグラムを作成する。

2 息子の発育状況を整理するために，エコマップを作成する。

3 周囲からのサポートを整理するために，エコマップを作成する。

4 自宅周辺の生活環境を整理するために，ソシオグラムを作成する。

5 Hさんの病状を整理するために，ソシオグラムを作成する。

Point アセスメントツールに関する問題である。アセスメントとは，支援の開始にあたって事前評価を行う段階をいい，ソーシャルワーカーは，クライエントの状況を把握するために情報収集と分析を行う。情報収集はクライエント本人と家族，関係者，コミュニティなどから行い，それらを総合的に検討してサービス内容を判断する。アセスメントは，支援プロセスの進行やクライエントの変化に伴って展開する動的なプロセスであり，必要に応じて図式によるマッピング技法を使用する。

1 ✕ ジェノグラムは，**クライエントを含む複数世代（3世代以上）の家族の関係性を図式化したもの**である。同僚との関係を整理するには不適切である。

2 ✕ 息子の発育状況を整理するには，ジェノグラムに家族内の特定の関心事や問題状況を書き入れた**ファミリーマップ**を作成することが適切である。

3 ◯ 周囲からのサポートを整理するには，クライエントと家族，周囲の人々，社会資源などとのかかわりを円や線，矢印を用いて表すエコマップを作成することが適切である。

4 ✕ 自宅周辺の生活環境を整理するには，**地域アセスメント**を行うことが適切である。

5 ✕ ソシオグラムは，**小集団における人間関係の構造，関係のパターンを図式化したもの**である。Hさんの病状を整理するには不適切である。

解答 **3**

89 ソーシャルワークの理論と方法
旧相談援助の理論と方法・問題107

次の記述のうち，ケアマネジメントの一連の過程における再アセスメントに関するものとして，**最も適切なもの**を１つ選びなさい。

1 サービスを新たに開始するために，クライエントの望む生活に向けた目標を設定し，その実現に向けて支援内容を決定した。

2 クライエントの生活状況の変化によるサービス内容の見直しのために，新たに情報収集し，課題の分析を行った。

3 クライエントの課題が解決したため，ケアマネジメントを終了することを確認した。

4 クライエントになる可能性のある人の自宅やその地域を訪問し，ニーズを把握した。

5 サービスの終結をした者から，新たにサービス利用の申し出があったため，情報の収集を行った。

Point ケアマネジメントの一連の過程における再アセスメントの概要について問う問題である。ケアマネジメントとは，クライエントの状態像やおかれている状況を把握した上で，地域における長期的なケアを必要とする複雑なニーズを満たすことを目的として，各種のサービス（社会資源）を調整・統合する方法である。クライエントの状況変化に合わせて，提供するサービス（社会資源）を変更していく一連の支援は，一定のプロセスをもとに展開していく。ケアマネジメントの展開過程は，ソーシャルワークの展開過程と基本的に同様で，①インテーク，②アセスメント，③ケアプランの作成，④ケアプランの実施，⑤モニタリング，⑥再アセスメント，⑦終結，と循環的に展開していく。試験対策にあたっては，各過程における業務の内容や具体的な方法，それぞれの展開過程における特徴や留意事項などを理解することが重要である。

1 ✕ **ケアプランの作成**の説明である。ケアプランの作成とは，情報収集やアセスメントで得られた情報をもとに，明らかになった生活課題を解決するため，利用するサービスの種類や支援内容などの具体的な計画を策定することである。

2 〇 適切である。再アセスメントとは，モニタリングの過程において，ニーズと実施しているサービス内容に不適合がある場合，ケアプランの見直しを図るために，新たに情報を収集して，課題の分析を行うことである。

3 ✕ **終結**の説明である。終結とは，提供したサービス内容が適切であり，クライエントの課題が解決された場合に，再アセスメントが行われず，ケースが終結に向かうことである。

4 ✕ **アウトリーチ**の説明である。アウトリーチとは，相談援助機関に持ち込まれる相談を待つのではなく，クライエントの生活する地域社会に出向き，ケアマネジメントの対象となるかどうかを検討し，必要に応じて相談援助を展開することである。ケアマネジメントの一連の過程の前に行われ，問題が顕在化しているクライエントだけでなく，潜在的なニーズをもっている人も対象となる。

5 ✕ サービスを新たに開始するための情報収集は，**アセスメント**である。

解答 **2**

90 ソーシャルワークの理論と方法
🔟相談援助の理論と方法・問題103

ソーシャルワークのプランニングにおける，目標の設定とクライエントの意欲に関する次の記述のうち，**最も適切なもの**を1つ選びなさい。

1 ソーシャルワーカーが，独自の判断で高い目標を設定すると，クライエントの意欲は高まる。

2 クライエントが自分でもできそうだと思う目標を段階的に設定すると，クライエントの意欲は低下する。

3 クライエントが具体的に何をすべきかがわかる目標を設定すると，クライエントの意欲が高まる。

4 クライエントにとって興味がある目標を設定すると，クライエントの意欲は低下する。

5 最終的に実現したい生活像とは切り離して目標を設定すると，クライエントの意欲が高まる。

Point ソーシャルワークのプランニングにおける，目標の設定とクライエントの意欲に関する問題である。プランニングとは，クライエントの援助計画の策定のために，具体的にサービスを検討する段階をいい，ソーシャルワーカーは，アセスメントに基づいて，クライエントと協働して援助計画を作成する。援助計画は，解決可能な課題を重視し，起こり得るリスクへの対応を踏まえて策定する。プランニングにあたっては，クライエントが有意義な自己決定をできるよう，クライエントの意思や感情を尊重しなければならない。

---

1 ✕ ソーシャルワーカーは，アセスメントに基づき，**クライエントと協働して目標を設定する**ことが求められているため，適切でない。

2 ✕ クライエントが自分でもできそうだと思う目標を段階的に設定すると，**クライエントの意欲が高まる**ため，適切でない。

3 ○ プランニングは，具体的にサービスを検討する段階である。クライエントが具体的に何をすべきかがわかる目標を設定することは，**クライエントの意欲が高まる**ことになるため，適切である。

4 ✕ クライエントにとって興味がある目標を設定すると，**クライエントの意欲が高まる**ため，適切でない。

5 ✕ 最終的に実現したい生活像とは切り離して目標を設定すると，**クライエントの意欲は低下する**ため，適切でない。

解答 3

91 ソーシャルワークの理論と方法
⑬相談援助の理論と方法・問題104

次の事例は、在宅療養支援におけるモニタリングの段階に関するものである。この段階におけるJ医療ソーシャルワーカー（社会福祉士）の対応として、**適切なもの**を**2つ**選びなさい。

〔事例〕
Kさん（60歳）は、呼吸器機能に障害があり病院に入院していたが、退院後には自宅で在宅酸素療法を行うことになった。Kさんとその夫は、在宅療養支援診療所のJと話し合いながら、訪問診療、訪問看護、訪問介護等を導入して自宅療養体制を整えた。療養開始後1か月が経ち、Jはモニタリングを行うことにした。

1　Kさんに「自宅での療養で困っていることはありますか」と聞き、新たな要望やニーズの有無を確認する。
2　Kさんの夫に「病気になる前はどのように暮らしていましたか」と聞き、Kさんの生活歴を確認する。
3　訪問介護員に「医療上、何かすべきことはありますか」と医療的ケアの課題を確認する。
4　主治医に「入院前の病状はいかがでしたか」と過去の治療状況を確認する。
5　訪問看護師に「サービス実施状況はどうですか」と経過や課題を確認する。

> **Point**　呼吸器機能に障害のあるKさんが退院した後の自宅療養体制の経過を観察し、モニタリングする段階におけるソーシャルワーカーの機能について問う問題である。モニタリングの段階では、クライエントや家族にとっての不都合やサービス提供に関する支障が確認された場合には、再アセスメントを行い、支援計画を見直す。モニタリングでは、クライエントとその家族だけではなく、サービスを提供する側の専門職も対象となる。J医療ソーシャルワーカーには、クライエントのニーズや意見を代弁し擁護するアドボカシー機能を発揮し、クライエントやその家族及び他の専門職と協働して課題に取り組めるようなパートナーシップの構築が求められる。

1　○　**モニタリング**では、KさんやKさんの家族との面接や家庭訪問などを通して十分な聞き取りを行い、サービス実施の状況を把握した上で、新たな要望やニーズを確認することが求められる。
2　×　生活歴の確認は、**アセスメント**の段階で行われる。アセスメントの段階では、Kさんの退院後の支援計画を立てるために、Kさんの生活歴（心身の状態、自宅家屋の状況、経済的状況、家族及び地域との関係など）を査定することが求められる。Kさんだけでなく、Kさんにとって重要な他者であるKさんの夫の生活歴に関する情報を集めることも求められる。
3　×　選択肢は、**アセスメント**の段階に関する記述である。ただし、医療的ケアの課題については訪問介護員ではなく、**医師**に確認すべきである。
4　×　過去の治療状況の確認は、**アセスメント**の段階で行われる。Kさんの退院後の支援計画を立てるために、入院前のKさんの病状や過去の治療状況を医師に尋ねることは、自宅療養体制を整えるために不可欠である。
5　○　**モニタリング**では、カンファレンス等で訪問看護師とともに介入後の経過を確認し、KさんとKさんを取り巻く環境に関する情報を共有することが求められる。

図　相談援助（ソーシャルワーク）の過程

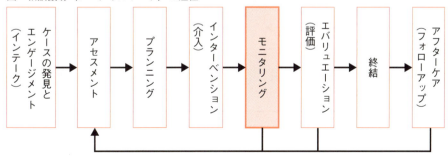

解答　1　5

92 ソーシャルワークの理論と方法
(旧)相談援助の理論と方法・問題 105

ソーシャルワークの過程におけるアフターケアに関する次の記述のうち、**最も適切なもの**を1つ選びなさい。

1 ソーシャルワーカーや支援チームの状況変化に応じて行う。
2 クライエントとの間に信頼関係を形成することが目的となる。
3 アセスメントの精度を高めることが目的である。
4 問題の新たな発生や再発が起きていないか確認をする。
5 支援計画が十分に実施されたかを評価する。

Point 相談援助の過程の一つである「アフターケア(フォローアップ)」に関する問題である。相談援助の終結後の段階であり、クライエントの心配ごとや気がかりを受け止め、必要な情報や助言などを提供する段階である。クライエントにとっては、自分のことを気にかけてくれている誰かとつながっていることを再認識できる機会であり、相談援助終了後の不安を和らげるきっかけとなる。ソーシャルワーカーにとっては、クライエントの生活課題の再燃や新たな課題を早期に発見し、予防的な介入を可能にする機会となる。

1 × 選択肢は、**モニタリング**に関する記述である。モニタリングの対象には、クライエントだけではなく、支援を提供する側の専門職も含まれる。**サービス提供が問題なく実施されているか、新たな問題が発生していないかなどを、カンファレンスなどを通じて確認し、必要に応じて支援計画を再考する**ことが求められる。

2 × 選択肢は、**エンゲージメント(インテーク)**に関する記述である。エンゲージメントでは、クライエントが安心して自分の悩みを話すことができ、「話を聞いてもらえてよかった」と感じられることが重要である。クライエントとソーシャルワーカーの信頼関係は、ソーシャルワーカーがクライエントのおかれた状況に関心をもち、傾聴し受容していることを、言語だけではなく、非言語コミュニケーション(アイコンタクト、声のトーン、うなずきなど)を使って伝えることでより強く形成されていく。

3 × アフターケア(フォローアップ)は、**援助終了後のクライエントの不安を和らげるために行うのであり、アセスメントの精度を高めるために行うのではない**。

4 ○ アフターケアは、**相談援助が終結した後も援助の効果が継続しているか、また、終結後の状況がどのようになっているかを確認するために行われる**。

5 × 選択肢は、**エバリュエーション(評価)**に関する記述である。この段階では、ソーシャルワーカーとクライエントの双方が介入とその結果を評価し、ソーシャルワーク実践がどのような生活課題を変化させ、あるいは変化させなかったのかを振り返る。

図 相談援助(ソーシャルワーク)の過程

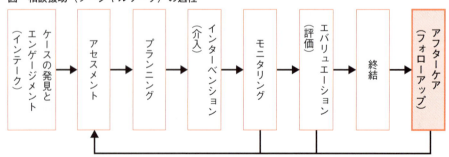

解答 4

93	ソーシャルワークの理論と方法

⑲相談援助の理論と方法・問題111

　　記録の方式の一つにSOAP方式がある。その内容に関して，**最も適切なもの**を１つ選びなさい。

1　Sは，客観的情報であり，利用者の行動を観察した内容を記述する。

2　Oは，主観的情報であり，利用者の語った内容を記述する。

3　Aは，支援計画であり，他機関や他専門職からの情報を記述する。

4　Pは，プロセスであり，利用者の言葉や他機関からの情報に関する判断を記述する。

5　SOAP記録は，問題と援助者の思考が明確になる問題志向型記録の一つである。

Point　SOAP方式の記録法の概要について問う問題である。SOAPはSubjective（主観的情報），Objective（客観的情報），Assessment（アセスメント），Plan（計画）から構成される。主観的情報，客観的情報を分けて書くことで，誰が読んでも理解しやすいというメリットがある。

1　✕　Sは，**主観的情報**であり，**利用者の語った内容**である。例えば「今はつらいです」などである。

2　✕　Oは，**客観的情報**であり，**利用者の行動や，支援者が観察した内容**である。例えば「終始，小さい声で話していた」などである。

3　✕　Aは，**アセスメント**であり，**主観的情報（S）や客観的情報（O）から分析，判断した内容**である。例えば「クライエントは，現状についてつらい状況であると考えており，気力がない様子。無理せず小さなことから解決を図ることが必要」などである。

4　✕　Pは，**計画**であり，**対応方法や支援方法に関する内容**である。例えば「短期目標として，ピアサポーターの会に参加する。そのために，まずはピアサポーターの方に会ってみる」などである。

5　○　SOAP方式は，問題と援助者の思考が明確になる問題志向型記録の一つである。簡潔でわかりやすく，他職種にも理解しやすいというメリットがある。その一方で，スーパービジョンで使用する際には，逐語記録に比べて簡素すぎるといったデメリットもある。

解答　5

94 ソーシャルワークの理論と方法
⑬相談援助の理論と方法・問題109

グループワークに関する次の記述のうち，**最も適切なもの**を1つ選びなさい。

1 グループの発達過程は，メンバー間の関係の変化に影響を受ける。

2 波長合わせとは，メンバー間の親しい接触を通して，お互いに刺激し，影響し合うことである。

3 グループメンバー間の暗黙の葛藤に対しては，それが表面化しないように働きかける。

4 プログラム活動では，全員が同じ動きを行うことを優先するように求める。

5 終結期には，メンバー間の感情の表出や分かち合いを避ける。

Point ソーシャルワークにおけるグループワークの概要について問う問題である。グループワークでは，集団を意図的に形成し，そこで生じるグループダイナミクス（集団力学）を活用しながら，一人ひとりのメンバーに対する援助を行う。グループワークの展開過程は，主に「準備期」「開始期」「作業期」「終結・移行期」の四つから構成されている。それぞれの展開過程における特徴を理解し，ソーシャルワーカーの援助方法や行動，キー概念等について熟知しておくことが重要である。また，コノプカ（Konopka, G.）の提唱したグループワークの14の基本原則に加え，グループワークの定義についても理解しておきたい。

---

1 ○ グループの発達過程とは，グループの誕生から終結に至る，力動的関係の過程を示すもので，メンバー間の関係の変化に影響を受けやすい。

2 × 波長合わせとは，**ソーシャルワーカーが事前にメンバーの生活状況・感情・ニーズなどを調査し，理解しておくこと**をいう。波長合わせをすることで，メンバーの反応にソーシャルワーカーがどのように対応するか，グループワークをいかに展開していくかを準備することが可能となる。

3 × グループメンバー間の暗黙の葛藤に対して，**表面化を避ける必要はない**。グループワークの実践原則の一つである「葛藤解決の原則」では，メンバー自身やグループの中で生じた対立や緊張，不安などの葛藤は，メンバー同士で互いに解決・緩和していくこととされている。

4 × メンバーはそれぞれの目標をもつため，**全員が同じ動きを行う必要はない**。プログラム活動は，メンバーそれぞれの目標とグループ全体の目標の双方を達成できるかどうかを基準に選択する。ただし，プログラム活動は援助目標達成の「手段」であり，「目的」ではない。

5 × 終結期には，メンバーは，グループの解散や，ほかのメンバーとの離別から，寂しさや喪失感を覚える。ソーシャルワーカーは，**メンバーの抱える複雑な気持ちを受容し，分かち合えるように援助する**ことが重要である。

解答 1

95 ソーシャルワークの理論と方法

[旧]相談援助の理論と方法・問題 117

事例を読んで，ひきこもり地域支援センターのＦ職員（社会福祉士）による，グループワークのこの段階における関わりとして，**最も適切なものを１つ**選びなさい。

〔事　例〕

Ｆは，ひきこもり地域支援センターが１か月前に開設した，ひきこもり状態にある人たちのための居場所であるカフェで，グループへの支援を行っている。Ｆは２年前から根気強く訪問していたＧさん（38歳，男性）にもこのグループへ参加しないかと声をかけたところ，「どんなメンバーで，どんなことをしているのか」と興味を示し，久しぶりに外出し，カフェに初めて姿を見せた。Ｇさんは対人関係のつまずきからひきこもり状態となった経緯があり，人見知りがある。

1　人見知りが激しいことを知っているので，他のメンバーに対応を委ねる。
2　関係づくりができていることを活かしたいので，Ｇさんと二人で会話を続ける。
3　以前から参加している他のメンバーと話せるように橋渡しをする。
4　メンバー同士の関係を活用し，Ｇさんの長いひきこもり体験をメンバー間で分かち合うよう促す。
5　Ｇさんの過去の対人関係をメンバー間で振り返り，気持ちの分かち合いを促す。

Point　グループワークの展開過程は，シュワルツ（Schwartz, W.）が相互作用モデルのなかで提示した四つの過程（準備期，開始期，作業期，終結・移行期）に沿って説明することができる。事例は「開始期」にあたり，開始期におけるソーシャルワーカーの関わりを問う問題である。開始期では，メンバーとワーカーの間に援助関係を形成し，それぞれの役割及びグループワークの目的やルールを明確にする。さらに，コノプカ（Konopka, G.）やトレッカー（Trecker, H. B.）のグループワークの原則についても理解しておく必要がある。

1 ✕ 開始期では，まずは**ソーシャルワーカーであるＦとの援助関係を樹立する**ことが望ましい。したがって，他のメンバーに対応を委ねるのは適切でない。

2 ✕ 開始期では，**メンバー間によい関係が生まれるように支援する**ことが求められる。Ｇさんと二人で会話を続けるのは適切でない。

3 ○ **メンバー相互の交流が促進されるように促す**ことが求められる。

4 ✕ 選択肢は**作業期**における内容である。Ｇさんは初めてカフェに来たので，まずはメンバーとワーカーの間に援助関係を樹立することが求められる。

5 ✕ 選択肢は**終結期**の内容である。終結期は，メンバーが次の段階に移行できるように援助する段階で，ワーカーはメンバーとともにこのグループワークで得られた成果や個々の変化について振り返り評価する。

表　コノプカによるグループワークの原則

原則	
メンバーの個別化	グループの個別化
メンバーの受容	ワーカーとメンバーの援助関係の構築
メンバー間の協力関係の促進	グループ過程の変更
参加の原則	問題解決過程へのメンバー自身の取り組み
葛藤解決の原則	経験の原則
制限の原則	プログラムの活用
継続的評価	グループワーカーの自己活用

出典：筆者作成

解答 3

96 ソーシャルワークの理論と方法

[旧]相談援助の理論と方法・問題 108

✓ ✓ ✓

ロスマン（Rothman, J.）が 1960 年代に提唱したコミュニティ・オーガニゼーション実践のモデルに関する次の記述のうち，**最も適切なもの**を **1 つ**選びなさい。

1 組織化モデルとは，住民の地域生活支援を目標として，当事者の個別支援と連動させて，地域の生活基盤の整備に向けた地域支援を展開する方法である。

2 小地域開発モデルとは，不利な立場に置かれた人々が直面する状況を自らの力では変革できない時に，同じ問題意識を共有する人々と連帯し，権力構造に対して政治的に働きかける方法である。

3 社会計画モデルとは，住民や当事者が求めるサービスや資源の提供を達成するために地域のニーズを調査して，サービス提供機関間の調整を図る方法である。

4 ソーシャルアクションモデルとは，地域が求める目標を達成するために，サービス提供機関が地域の資源を利用して活動を推進する方法である。

5 統合モデルとは，地方自治体による政策実践と，福祉施設等における運営管理実践を一体のものとして，地域を変革することを主たる目標とする方法である。

Point ロスマン（Rothman, J.）が 1960 年代に提唱したコミュニティ・オーガニゼーション実践のモデルについて問う問題である。1960 年代以降にアメリカで顕在化した貧困問題に対し，その解決を目指す取り組みが行われた。中でも，コミュニティ・オーガニゼーションのアプローチを整理・分析し，類型化した「小地域開発モデル」「社会計画モデル」「ソーシャルアクションモデル」の三つのモデルに対する理解が必要である。

1 × 選択肢は，ロス（Ross, M.G.）による**地域組織化説**の説明である。地域組織化説では，問題解決そのものではなくプロセスを重視して，問題を解決しようと行動を起こすことが重要であるという理論が展開されている。

2 × 選択肢は，**ソーシャルアクションモデル**の説明である。小地域開発モデルは，地域住民が参加して，地域社会を組織化することで地域の課題を解決するモデルである。地域住民の参加や地域への帰属意識を養う過程を重要視しており，民主的な手続きや土着のリーダーシップの開発などが強調されている。

3 ○ 適切である。地域計画モデルともいい，主に行政機関や地域の保健福祉協議会，及び専門職が用いる手法である。プランナーとして中立的な立場に立ち，地域の問題について情報を収集・分析し，合理的な取り組み方を決めて実施するモデルである。

4 × 選択肢は，**社会計画モデル**の説明である。ソーシャルアクションモデルとは，地域社会の中で不利な立場に置かれた人々が直面する状況を自らの力では変革できない時に，同じ問題意識を共有する人々と連帯し，権力構造に対して政治的に働きかける方法である。また，地域社会の不平等を改善するために，制度の改善や廃止を実施し，地域社会における権力構造の再編を援助する。

5 × 選択肢は，**小地域開発モデル**の説明である。統合（生活機能）モデルとは，人間の状況を全体的に理解することを目指す国際生活機能分類（ICF）の考えに基づき，医学モデルと社会モデルを統合した総合的アプローチのことである。なお，本来は健康に関する分類であった ICF は，健康分野や分類以外のさまざまな領域で用いられるようになっている。

解答 3

97 ソーシャルワークの理論と方法
[旧]相談援助の理論と方法・問題 110

スーパービジョンに関する次の記述のうち，**最も適切なもの**を**1つ**選びなさい。

1 スーパーバイジーは，スーパーバイザーより知識も技量も高い。
2 スーパービジョンの契約は，スーパービジョンの展開過程の終結段階で行われる。
3 スーパービジョンにおける管理的機能では，スーパーバイジーの業務遂行の適切さを確認する。
4 パラレルプロセスは，スーパーバイジーが過去の特定の人間関係をスーパーバイザーとの関係の中に投影することである。
5 スーパーバイザーは，クライエントに最良のサービスを直接提供する。

Point スーパービジョンの概要について問う問題である。スーパービジョンについては，カデューシン（Kadushin, A.）の定義が有名である。カデューシンは，「スーパーバイザーは，有資格のソーシャルワーカーで，担当しているスーパーバイジーの業務遂行を指揮，調整，強化，評価する権限を委任されている。この責務を遂行するために，スーパーバイザーは，スーパーバイジーと肯定的な関係をもった中で管理的・教育的・支持的な機能を果たす。スーパーバイザーの最終的な目的は，機関の方針と手続きに沿って，質，量ともに最良のサービスを利用者に提供することである」としている。スーパービジョンの目的，意義，機能を深く理解することが求められる。

1 × スーパーバイザーは，上司若しくは指導する立場であり，スーパーバイジーは，部下若しくは指導を受ける立場である。そのため，**スーパーバイザーの方が知識も技量も高い**。
2 × スーパービジョンの契約は，スーパービジョンの展開過程の**初期段階**で行われる。
3 ○ 管理的機能には，スーパーバイジーの業務遂行の適切さの確認のほか，部署の統括，適正な人員配置，組織の変革などがある。その他，専門職としての知識・技術・価値・倫理を習得させる**教育的機能**，職場のストレスや悩みに対するサポートを行い，自己覚知を促す**支持的機能**の計三つの機能がある。
4 × パラレルプロセスとは，**スーパーバイジーとクライエントの関係，スーパーバイジーとスーパーバイザーの関係が似た状況になること**である。過去の特定の人間関係をスーパーバイザーとの関係の中に投影することではない。
5 × スーパーバイザーは，スーパーバイジーにスーパービジョンをすることによって，**クライエントに最良のサービスを間接的に提供する**。

解答 3

98 社会福祉調査の基礎
⑮社会調査の基礎・問題84

次のうち，統計法における基幹統計調査として，**正しいもの**を1つ選びなさい。

1 社会福祉施設等調査
2 福祉行政報告例
3 介護サービス施設・事業所調査
4 労働安全衛生調査
5 国民生活基礎調査

Point 統計法における基幹統計調査について問う問題である。基幹統計とは，国勢統計，国民経済計算，その他国の行政機関が作成する統計のうち総務大臣が指定する特に重要な統計であり，基幹統計を中心に公的統計の体系的整備が図られている。2022年（令和4年）1月1日現在，基幹統計の数は，統計法第5条に規定されている国勢調査，第6条に規定されている国民経済計算と，総務大臣による指定を受けた51統計を合わせた53統計となっている*。国の行政機関により行われる統計調査は，基幹統計を作成するために行われる基幹統計調査と，それ以外の一般統計調査に大別される。基幹統計調査は，その重要性から正確な報告を法的に確保するため，第13条（報告義務）において，基幹統計調査の報告（回答）を求められた者が，報告を拒んだり虚偽の報告をしたりすることを禁止している。また，公的統計制度に対する信用を確保するため，第17条（基幹統計調査と誤認させる調査の禁止）において，基幹統計調査と紛らわしい表示や説明をして情報を得る行為（いわゆる「かたり調査」）を禁止しているなど，一般統計調査にはない特別な規定が定められている。統計法の学習にあたっては，総務省ホームページにある「統計法（平成19年法律第53号）の主なポイント」を参考に，統計法の目的，基幹統計調査，統計データの利用促進，統計調査の被調査者の秘密の保護，統計委員会の設置などについてまとめておくとよい。

---

1 ✕ 社会福祉施設等調査は，統計法に基づく**一般統計調査**に分類される。全国の社会福祉施設等の数，在所者，従事者の状況等を把握し，社会福祉行政推進のための基礎資料を得ることを目的とした調査である。

2 ✕ 福祉行政報告例は，統計法に基づく**一般統計調査**に分類される。社会福祉関係諸法規の施行に伴う各都道府県，指定都市及び中核市における行政の実態を数量的に把握して，国及び地方公共団体の社会福祉行政運営のための基礎資料を得ることを目的とした調査である。

3 ✕ 介護サービス施設・事業所調査は，統計法に基づく**一般統計調査**に分類される。全国の介護サービスの提供体制，提供内容等を把握することにより，介護サービスの提供面に着目した基盤整備に関する基礎資料を得ることを目的とした調査である。

4 ✕ 労働安全衛生調査は，統計法に基づく**一般統計調査**に分類される。事業所が行っている安全衛生管理，労働災害防止活動及びそこで働く労働者の仕事や職業生活における不安やストレス，受動喫煙等の実態について把握し，今後の労働安全衛生行政を推進するための基礎資料を得ることを目的とした調査である。

5 ○ 国民生活基礎調査は，統計法に基づく**基幹統計調査**に分類される。保健，医療，福祉，年金，所得等国民生活の基礎的事項を調査し，厚生労働行政の企画及び運営に必要な基礎資料を得るとともに，各種調査の調査客体を抽出するための親標本を設定することを目的とした調査である。

解答 5

＊ 2025年（令和7年）1月21日現在，54統計である。

99 社会福祉調査の基礎
⑩社会調査の基礎・問題85

社会調査における倫理に関する次の記述のうち，**最も適切なもの**を１つ選びなさい。

1 社会調査の対象者の抽出では，住民基本台帳から制約なく個人情報を閲覧できる。

2 調査の協力は自由意志であるので，対象者への調査に関する説明は不要である。

3 社会調査では，対象者に調査協力の謝礼を渡すことが不可欠である。

4 調査前に対象者の協力同意書があっても，調査の途中又は調査後の対象者からのデータ削除要請に応じることが求められる。

5 仮説に反した調査結果が出た場合，調査結果の公表を差し控える必要がある。

Point 社会調査における倫理を問う出題である。現行の出題基準の「社会調査における倫理」と「社会調査における個人情報保護」は新出題基準では統合され，「社会福祉調査における倫理と個人情報保護」として出題される。本問や第24回試験**問題84**のように，正答を導き出す際に倫理と個人情報保護の双方の知識を必要とする選択肢も多いことから，一体的な学習が必要となる。学習にあたっては，過去問を振り返るとともに，「個人情報の保護に関する法律」（個人情報保護法）や一般社団法人社会調査協会の「倫理規程」，一般社団法人日本社会福祉学会の「研究倫理規程」，一般社団法人日本社会学会の「日本社会学会倫理綱領にもとづく研究指針」などを確認しておくとよい。

---

1 ✕ 住民基本台帳は個人情報保護の観点から原則非公開となっているが，国又は地方公共団体の機関が法令で定める事務の遂行のために閲覧する場合のほか，統計調査，世論調査，学術研究その他の調査研究のうち，総務大臣が定める基準に照らして公益性が高いと認められるもの等であって，市町村長が認めた場合に限り，その活動に必要な限度において，住民基本台帳の一部（住所，氏名，生年月日，性別）の写しを閲覧することができる（住民基本台帳法第11条，第11条の2）。

2 ✕ 社会調査を行う場合には，すべての調査対象者に対し，調査の目的や収集データのまとめ方，結果の利用方法，結果の公表方法，得られた個人情報の管理方法などについて**あらかじめ書面あるいは口頭で説明し，同意を得なければならない**。調査への参加，不参加については，適切な説明を受けたうえで調査対象者が自由意志に基づき判断することになる。

3 ✕ **調査対象者に対する謝礼は必ずしも必要ではない**。謝礼を提示することにより調査結果に偏り（バイアス）が生じる可能性なども考慮し，謝礼を渡す場合には過大な金銭・物品等の提供とならないよう妥当な経費を慎重に検討しなければならない。

4 ○ 調査前に対象者から調査協力への同意を得ていた場合であっても，対象者からデータ削除の要請があった場合には，その要請に応じなければならない。一般社団法人社会調査協会の「倫理規程」において，「調査対象者から要請があった場合には，当該部分の記録を破棄または削除しなければならない」と定められている（第8条）。調査への協力は自由意志に基づくものであり，調査への参加，不参加，途中辞退についても対象者の意志が尊重される。調査者は，対象者に対し**いつでも調査への協力を拒否する権利があること**，**協力を拒否したことで不利益を被ることがないこと**を事前に伝えておかなければならない。

5 ✕ 調査対象者には調査結果について知る権利がある。そのため，調査により得られたデータはどのような結果であろうとも公正に扱い，適切に公表しなければならない。また，仮説を支持するように調査結果を取り扱う行為はデータの捏造・改ざんにあたるため，固く禁じられている。

解答 4

100 社会福祉調査の基礎

社会調査の基礎・問題86

次の事例を読んで，S県が実施した標本調査の母集団として，**最も適切なもの**を１つ選びなさい。

〔事 例〕
S県内の高校に在籍している全ての生徒のうち，日常的に家族の世話や介護等を担っている高校生が，どのくらい存在するかを調べるために，標本調査を実施した。

1 全国の高校に在籍する全生徒
2 全国の高校に在籍する全生徒のうち，日常的に家族の世話や介護等を担っている者
3 S県内の高校に在籍する全生徒
4 S県内の高校に在籍する全生徒のうち，日常的に家族の世話や介護等を担っている者
5 S県内の高校に在籍する全生徒のうち，標本となった者

> **Point** 母集団と標本の対応関係についての問題である。母集団とは，性質を調べたい集団全体を意味する。母集団に含まれる対象者の全員に調査を行うことが困難な場合，母集団から抽出した一部の対象者を標本として調査し，そこで得られた結果を利用して母集団の性質を推計するのが標本調査である。このとき，標本が母集団の性質を偏りなく反映していること（標本の代表性）が，調査の精度を高める上で重要となる。

1 ✕ 全国の高校に在籍する全生徒には，S県内の高校に在籍する生徒だけでなく，S県以外の高校に在籍する生徒も含まれると考えられる。しかし，この調査ではS県内の高校に在籍する生徒のみから標本が抽出されているため，**得られた結果から推計される性質をS県以外の高校も含まれる全国の生徒にまで適用するのは，標本の代表性の観点から妥当ではない**。仮に，選択肢のように全国の高校に在籍する全生徒を母集団とするなら，S県に限らず全国の高校に在籍している生徒から無作為に標本を抽出して調査を行うことが，標本の代表性の観点からは妥当な手続きといえる。

2 ✕ 事例の標本調査は，S県内の高校に在籍している全生徒のうち，日常的に家族の世話や介護等を担っている高校生がどれぐらい存在するかを推計するものである。選択肢1の解説のとおり，その**推計の範囲をS県以外の高校も含まれる全国の高校の生徒にまで拡張して適用することは妥当ではない**。

3 ○ 標本は，母集団に含まれる対象者の一部を抽出したものである。すなわち，**標本の抽出元となった集団を母集団と考える**ことができる。この事例では，選択肢にある「S県内の高校に在籍する全生徒」という集団から標本の抽出が行われているため，この抽出元の集団を母集団とみなすことができる。

4 ✕ S県内の高校に在籍する全生徒に対して調査を行った場合，その回答方法が「はい／いいえ」から選択する形式であれば，日常的に家族の世話や介護等を担っている者と，そうでない者の２種類に分類される。よって，この選択肢にある「S県内の高校に在籍する全生徒のうち，日常的に家族の世話や介護等を担っている者」とは，**母集団のうち特定の回答を行った者からなる部分集合にすぎず，母集団そのものではない**。

5 ✕ 母集団に含まれる対象者全体から，一部の対象者を標本として抽出し，調査を行う手法が標本調査である。よって，選択肢にある**「標本となった者」は母集団の部分集合であり，母集団そのものではない**。なお，母集団に含まれる対象者全体からデータを集めようとする調査は，全数調査あるいは悉皆調査と呼ばれ，標本を抽出する過程が含まれない。

解答 **3**

101 社会福祉調査の基礎
⑲社会調査の基礎・問題 90

社会調査における記録の方法とデータ収集法に関する次の記述のうち，**適切なものを 2 つ**選びなさい。

1 質的調査で対象者を選定するときには，無作為抽出法を行うことが不可欠である。

2 アクションリサーチでは，量的調査でデータを収集することがある。

3 ドキュメント分析の対象となるデータには，手紙や日記などの私的文章も含まれる。

4 質的調査のデータとしては，画像や映像の使用を避ける方が望ましい。

5 フィールドノーツは，調査者の解釈を含めずに作成する必要がある。

> **Point** 社会調査の記録の方法やデータ収集法に関する問題である。データの抽出法として対象者の選定，データの収集法，取り扱うデータの内容，面接時の注意事項などを押さえておくとよい。

1 ✕ **質的調査で対象者を選定するときには，無作為抽出法は行わない。** 無作為抽出法とは，標本から得た記述統計量が母集団の性質を偏りなく表すように考えられた抽出法で，量的調査で用いる。質的調査では，研究目的に合った対象者を意図的に選定するので，選定の仕方により調査結果が大きく左右される可能性が高い。選定の例として，必要とするサンプル数を集団に割り当てる割当法や，友人・知り合いなどにテーマに沿った人物を紹介してもらうスノーボール法などがあるが，いずれにせよ調査課題に適合する事例を慎重に選定しなければならない。

2 ○ **アクションリサーチでは，量的調査でデータを収集することがある。** アクションリサーチとは，社会のある問題を方向づけたり，変革を試みることを目的とし，参加者のエンパワメントや相互のやり取りを強調した研究であり，実践である。データの収集の方法としては，観察法や面接法などの質的調査，質問紙調査などの量的調査など，多くの方法がある。実際の調査にあたっては，調査者と対象者（参加者）との信頼や協力体制が十分に必要となる。

3 ○ **ドキュメント分析の対象となるデータには，私的文章も含まれる。** ドキュメントとは，第三者によって記録され，保存された質的データを指す。ドキュメント分析とは，ドキュメントから社会的な事実を読み取り，考察を深める手法である。ドキュメント分析は，新聞記事，雑誌記事，議事録，書籍や日記，手紙などの私的文章を扱うデータもその対象となる。ただし，これらは第三者によって取られたデータであるので，調査者と対象者との間の意識の伝わり方や相互作用は非常に少なくなる。

4 ✕ **質的調査のデータには，画像や映像なども含まれる。** 質的調査では，面接法以外に観察法もあり，人間や動物の行動を自然的・実験的に観察，記録する方法がある。その際，ビデオ機器などを用いて記録することから，質的調査のデータは画像，映像，音声など多岐にわたる。

5 ✕ **フィールドノーツには，調査者の意識や主観的な解釈が含まれる。** フィールドノーツは調査者が調査地で実施した観察のメモやインタビューなどを記録したものである。特にインタビュー時に調査者が感じた対象者の視線や態度，あるいは考えた事柄などを記載したメモは，後の分析に役立つ重要な資料となる。

解答 **2 3**

102 社会福祉調査の基礎
⑮社会調査の基礎・問題87 ☑ ☑ ☑

次のうち，質問への回答を他計式で記入する社会調査として，**適切なもの**を**2つ**選びなさい。

1 郵送調査
2 留置調査
3 個別面接調査
4 集合調査
5 オペレーターによる電話調査

Point 質問への回答の記入者に関する出題である。他計式は調査対象者から聞き取った回答を調査員が間接記入する方法であるのに対し，自計式は調査対象者が回答を直接記入する方法である。他計式では調査員による回答の聞き取り過程が調査に含まれるため，そのような過程を含むことが容易かどうかという視点で，調査方法が自計式と他計式のいずれかを見分けることが可能である。

---

1 ✕ 郵送調査では，調査用紙と依頼文を調査対象者に郵送で配布し，回答を記入し返送してもらうという手続きが採用される。調査対象者自身が回答を記入することを前提とするため，**自計式**の社会調査に該当する。ただし，記入者が本当に調査対象者本人であるかどうかについて確認が取れないため，調査対象者以外の人物が回答を記入する可能性は否定できない。

2 ✕ 留置調査では，調査用紙を調査対象者に配布して回答を依頼し，後日回収されるまで調査用紙が調査対象者のところで留め置かれるという手続きが採用される。調査用紙の配布・回収は，その両方を調査者が訪問して行う方法と，配布と回収の一方を訪問により行い，もう一方を郵送により行う方法に分類できる。どちらの場合でも，調査対象者自身が回答を記入することを前提とするため，**自計式**の社会調査に該当する。ただし，調査員は調査用紙の配布や回収を目的として調査対象者を訪問するものの，調査員の目の前で回答の記入を求めるわけではないため，郵送調査と同様に調査対象者以外の人物が回答を記入する可能性は否定できない。

3 〇 個別面接調査は，あらかじめ研修を受けた調査員が調査対象者の自宅や職場を訪問し，個別に面接しながら質問を行い，得られた回答を調査員が調査用紙に記入して持ち帰る方法である。調査対象者の回答を，調査員が聞き取って調査用紙に記入することを前提としているため，**他計式**の社会調査に該当する。

4 ✕ 集合調査は，調査対象者を一定の場所に集める，あるいは，調査対象者が一定の場所に集まる機会を利用して，一斉に調査用紙を配布し，その場で回答を記入してもらい，回収する方法である。調査対象者自身が調査用紙に回答を記入するため，**自計式**の社会調査に該当する。集合調査の例としては，大学の授業前後に受講生に質問紙を配布し，その場で回答を得て回収する方法などがあげられる。

5 〇 オペレーターによる電話調査は，調査員が調査対象者に電話を通じて調査の依頼と質問を行い，得られた回答を調査員が調査用紙に記入するため，**他計式**の社会調査に該当する。なお，オペレーターの代わりに自動音声による質問を用いた電話調査では，調査対象者が電話機の番号入力により回答を行うために，他計式の社会調査には該当しなくなる。

解答 3 5

103 社会福祉調査の基礎

🔟 社会調査の基礎・問題88

尺度に関する次の記述のうち，**最も適切なもの**を1つ選びなさい。

1　比例尺度では，平均値を算出することができる。

2　順序尺度で測定した1と2の差と，3と4の差の等間隔性は担保されている。

3　名義尺度で測定した変数は，中央値を求めることができる。

4　間隔尺度では，測定値の間隔が数値として意味をもつことはない。

5　名義尺度，間隔尺度，順序尺度，比例尺度の順で，尺度としての水準が高い。

💡 Point　4種類の尺度と，利用可能な記述統計量の対応関係についての問題である。尺度としての水準は担保される性質の数が増えるほど高くなるため，4種類の尺度のそれぞれが担保する性質を知ることが重要である。また，水準が低い尺度でも利用可能な記述統計量は，より水準が高い尺度においても利用可能なことを意識すると，各尺度で利用可能な記述統計量の種類を整理しやすくなる。

1　〇　比例尺度は比率尺度又は比尺度とも呼ばれ，測定値の等間隔性が担保されている。例えば，5人と7人の差の2人は，100人と102人の差の2人と数量的に等しいといえるように，数値の間隔が数量的な意味を備えている。この性質により，データに加法・減法を適用することができ，代表値として平均値を算出することができる。なお，比例尺度と同様に等間隔性が担保される間隔尺度でも，同じように平均値を求めることができる。

2　✕　順序尺度は序数尺度とも呼ばれ，測定値の順序性は担保されるが，等間隔性は担保されない。順序尺度の例として，アンケートでの「非常に悪い／やや悪い／どちらともいえない／やや良い／非常に良い」のような選択肢があげられる。この選択肢にそれぞれ1，2，3，4，5の数値を割り当てることで，良さの程度の順番を数値で表すことができる。しかし，1の「非常に悪い」と2の「やや悪い」の差，そして3の「どちらともいえない」と4の「やや良い」の差が数量的に等しいことは担保されないという点で，間隔尺度や比例尺度のような等間隔性が担保されているとはいえない。

3　✕　名義尺度とは，カテゴリーの分類におけるラベルとして便宜的に数値を用いている尺度であり，数値を四則演算や順位づけに用いることはできない。そのため，算出の過程で各回答者の測定値を順位に基づき並べる必要がある中央値は，名義尺度では求めることはできない。

4　✕　間隔尺度は距離尺度とも呼ばれ，測定値の間隔が数値としての意味をもつ。間隔尺度には，摂氏温度や偏差値などが該当する。例えば，摂氏10度と摂氏15度の温度差と，摂氏3度と摂氏8度の温度差は，どちらも等しく5度差であることが数量的に担保されるという点で，測定値の等間隔性が担保されない名義尺度や順序尺度とは異なっている。

5　✕　尺度としての水準は，比例尺度，間隔尺度，順序尺度，名義尺度の順に高い。尺度としての水準は，担保される性質の数が多いほど水準も高いとされる。名義尺度では，数値はカテゴリーの分類におけるラベルとして用いられており，データの異同を示す性質をもつ。この名義尺度の性質に加えて，数値の大小関係の順序性も担保されるのが順序尺度である。さらに，順序尺度の性質に加え，等間隔性も担保されるのが間隔尺度である。最後に，間隔尺度の性質に加え，数値の0に大きさがないことを意味する原点としての性質をもたせているのが比例尺度である。

解答 1

104 社会福祉調査の基礎
⑩社会調査の基礎・問題89

調査手法としての面接法に関する次の記述のうち，**最も適切なもの**を１つ選びなさい。

1 構造化面接では，対象者に語りたいことを自由に話してもらうことが重要である。

2 非構造化面接では，調査者は事前に10項目以上の質問項目と質問の順番を設定し，その順番どおりに質問していく必要がある。

3 半構造化面接では，インタビューのおおむね半分程度の時間を，質問内容や質問の順番などが詳細に決められた質問紙によって面接が進められる。

4 面接調査では，表情や身振りといった非言語表現も重視する。

5 グループ・インタビューの調査者は，対象者同士の会話を促さないようにする。

💡 **Point** 質的調査としての面接法に関する問題である。面接は，個別インタビューとグループ・インタビューに分けることができる。面接法は，調査者の事前準備の仕方によって非構造化面接，半構造化面接，構造化面接の３種類に分かれる。その違いを問う出題が近年多くみられるので，具体的な違いを確認する必要がある。

---

1 ✕ **構造化面接では，対象者に自由に話してもらうことはしない。**構造化面接では，調査者はあらかじめ質問項目や順序を決めておいて，どの対象者に対しても同じように尋ねる。個別インタビューの中では最も質問内容の自由度が低く，対象者の話の流れを重視して自由に語ってもらうことがないため，対象者の深層部分を導き出すことはできないというデメリットがある。

2 ✕ **非構造化面接では，質問項目の数や順番を決めることはない。**質問項目は詳細に決めることはせず，対象者にテーマについて自由に語ってもらうことで，自然と想定外のデータが得られることがある。対象者の様子に合わせて質問するので，求められたテーマについてどれだけ語ってもらえるかは，調査者の面接の力量や調査者との信頼関係などに影響される。

3 ✕ **半構造化面接では，あらかじめ決められた質問紙によって面接が進められることはない。**半構造化インタビューとも呼ばれ，個別インタビューの中では，最も自由度の低い構造化面接と最も自由度の高い非構造化面接の中間にあたる。調査者はある程度の質問項目を一定数つくっておくが，対象者の自然で自由な語りが重視されるので，質問項目の追加なども臨機応変に行う必要がある。また，それによって，さまざまな情報を得ることができる。

4 ◯ **面接調査では，非言語表現も重視する必要がある。**面接調査に臨む場合，対象者の方言，言い間違いだけでなく，沈黙や苦笑，笑顔，不安な様子，緊張感，ジェスチャーなどの非言語表現も，後の逐語録を分析する過程において非常に重要な要素となる。そのため，これらも面接時に記録しておく必要がある。

5 ✕ **グループ・インタビューの調査者は，対象者同士の会話を促す必要がある。**個別インタビューでは思い浮かばなくて語れなかった対象者も，グループ・インタビューでは他のメンバーの発言を聞いて自分の意見を話せることがある。このことは比較的短い時間で，相互作用によって語りを促進し，詳細なデータを多く得ることができるというメリットとなるが，自然な状況でのアプローチができないというデメリットもある。また，語りを促進するため，調査者（ファシリテーター）は，話の流れを見極め，発言のないメンバーに発言を促す必要があり，調査者にはある程度熟練した技量が求められる。

解答 4

105 社会福祉調査の基礎
⑮精神保健福祉に関する制度とサービス・問題 69

　精神科病院に勤務する J 精神保健福祉士は，栄養士と共同の発案で，糖尿病を合併している統合失調症の患者に対する 6 か月間の運動・栄養指導の評価プログラムを，説明と同意の上で実施することとした。プログラムの開始前と終了時（6 か月後）の 2 時点において，ID を付したプログラムへの参加者 50 名の空腹時の血糖値を測定した。参加者における 2 時点の血糖値の平均値に，統計的有意差があるかを検証するために，統計的手法を用いた。

　次のうち，用いた統計的手法として，**適切なもの**を 1 つ選びなさい。

1　相関係数の算出
2　因子分析
3　リッカート法
4　対応のある t 検定
5　カイ二乗検定

Point　社会調査に関する設問である。事例から，適切な統計的手法を選択する問題である。事例は量的調査を実施した上で，収集したデータに合致する分析手法を問うている。量的調査の集計と分析においては，データの整理，データの分布と把握，データの分析，分析結果の解釈方法について，基本的な内容を整理した上で理解を深めておきたい。

1　✕　相関とは，二つの変数の関係性のことをいう。相関には，「一方が増加すると，他方も増加する」という正の相関と，「一方が増加すると，他方が減少する」という負の相関がある。相関係数は，**この相関の関係を数値化したもの**である。事例では，平均値に統計的有意差があるかを検証する方法を求めているため，相関係数の算出は適切ではない。

2　✕　因子分析とは，**複数の変数間に潜在する共通する因子を探るための方法**であり，統計学上のデータ解析手法の一つである。因子は何かの結果を引き起こす原因を意味している。事例では，平均値に統計的有意差があるかを検証する方法を求めているため，因子分析は適切ではない。

3　✕　リッカート法とは，**問題や概念に対して調査対象者の態度を測定する尺度**であり，質問項目への回答は「とてもそう思う」「どちらでもない」「まったくそう思わない」といった表現形式で設定された複数段階の選択肢の中から選択するものである。各段階に配点をして項目別の得点を算出することもできる。事例では，平均値に統計的有意差があるかを検証する方法を求めているため，リッカート法は適切ではない。

4　〇　対応のある t 検定とは，**同一の対象者による二つの変数のデータを用いて，その平均値の差を検定する分析方法**である。この事例文中に，参加者のプログラム開始前と終了時の 2 時点における空腹時の血糖値の平均値に統計的有意差があるかを検証するとあるため，対応のある t 検定が適切である。

5　✕　カイ二乗検定とは，**回答分布の大小を客観的に評価し，二つの変数間に連関があるか否かを統計的に評価するもの**である。事例では，平均値に統計的有意差があるかを検証する方法を求めているため，カイ二乗検定は適切ではない。

解答　**4**

第25回

専門科目

精神医学と精神医療 …………………………… 400

現代の精神保健の課題と支援 ………………… 411

精神保健福祉の原理 …………………………… 421

ソーシャルワークの理論と方法（専門）……… 438

精神障害リハビリテーション論 ……………… 461

精神保健福祉制度論 …………………………… 466

共通科目

医学概論 ………………………………………… 486

心理学と心理的支援 …………………………… 493

社会学と社会システム ………………………… 500

社会福祉の原理と政策 ………………………… 509

社会保障 ………………………………………… 519

権利擁護を支える法制度 ……………………… 526

地域福祉と包括的支援体制 …………………… 533

障害者福祉 ……………………………………… 550

刑事司法と福祉 ………………………………… 558

ソーシャルワークの基盤と専門職 …………… 562

ソーシャルワークの理論と方法 ……………… 567

社会福祉調査の基礎 …………………………… 578

1 精神医学と精神医療

[旧]精神疾患とその治療・問題 1

☑☑☑

次のうち，1995 年（平成 7 年）の「精神保健福祉法」への改正の内容として，**正しいものを 1 つ選びなさい。**

1　通院医療費公費負担制度の新設
2　任意入院制度の新設
3　精神医療審査会制度の新設
4　保護者制度の廃止
5　精神障害者保健福祉手帳制度の新設

（注）「精神保健福祉法」とは，「精神保健及び精神障害者福祉に関する法律」のことである。

Point 精神保健福祉法に関するやや発展的な問題である。1993 年（平成 5 年）の障害者基本法において精神障害者が障害者として明確に位置づけられたことをうけ，1995 年（平成 7 年）に精神保健法が改正されて「精神保健及び精神障害者福祉に関する法律」となり，法の目的に精神障害者の自立と社会参加の促進が明記された。その中で精神障害者保健福祉手帳制度の創設，4 類型の社会復帰施設なども新たに定められた。

1 ✕ 1950 年（昭和 25 年）に精神病者監護法と精神病院法が廃止され，精神衛生法が制定された。この**精神衛生法が 1965 年（昭和 40 年）に改正された際に，通院医療費公費負担制度は新設**された。よって，本選択肢は誤りである。同制度の目的は，通院医療等に要する費用を補助することによって精神障害者の経済的事情による医療や服薬の中断，さらには症状の再燃や悪化を防止することであった。2006 年（平成 18 年）の障害者自立支援法の施行によってこの制度は廃止され，同法の下の自立支援医療へ移行した。

2 ✕ 精神衛生法により規定された入院形態は，「精神障害のために自身を傷つけ又は他人に害を及ぼすおそれがあると認めたとき」都道府県知事の権限により入院させる「措置入院」と，患者本人の同意がなくても保護義務者の同意により入院させることができる「同意入院」，及び患者本人の同意がなくても 3 週間を限度とする「仮入院」のみであった。すなわち，本人の意思に基づく入院の法的な規定は存在しなかった。その後，1984 年（昭和 59 年）の宇都宮病院事件を契機に日本の精神医療制度が国際的な批判を浴び，**1987 年（昭和 62 年）に精神衛生法は，精神障害者の人権保護と社会復帰の促進を重視した精神保健法に改められた。このとき，本人の意思に基づく任意入院制度が規定**され，精神衛生法における同意入院は医療保護入院に名称を変えた。よって，本選択肢は誤りである。

3 ✕ **1987 年（昭和 62 年）の改正時に，精神医療審査会制度は新設**されたため，本選択肢は誤りである。任意入院制度と精神医療審査会制度の新設は，精神保健指定医制度の発足とならぶ，法改正の主眼であった。

4 ✕ **保護者制度の廃止は，2014 年（平成 26 年）に施行された精神保健福祉法の一部改正により定められた。**よって，本選択肢は誤りである。この改正においては，医療保護入院における「保護者」の同意要件が外された一方で，「家族等」の同意の必要性が設けられた。それまでは，医療保護入院は精神保健指定医 1 名の診察による入院の判定と「保護者」の同意を要件としてきたが，これに代わって「家族等」のうちいずれかの者の同意が要件とされたのである*。「家族等」の範囲は，配偶者，親権者，扶養義務者，後見人又は保佐人であれば誰でもよく，順位も定められていない。

5 ○ Point のとおり，**精神障害者保健福祉手帳制度は，1995 年（平成 7 年）の精神保健法から精神保健福祉法への改正時に新設**された。精神障害者が一定の精神障害の状態であることを証する手段となり，各種支援策を講じやすくして精神障害者の自立と社会参加の促進を図ることを目的としている。

解答 5

＊ 2022 年（令和 4 年）の精神保健福祉法の改正により，医療保護入院は，家族等が同意又は不同意の意思表示を行わない場合に，市町村長（特別区の長を含む）の同意により行うことができることとされた（2024 年（令和 6 年）4 月 1 日施行）。

2 精神医学と精神医療
⓮精神疾患とその治療・問題 2

次のうち，神経性大食症の患者に認められる，過食に対する不適切な代償行為として，**正しいもの**を1つ選びなさい。

1 虚言
2 睡眠薬の大量服薬
3 緩下剤乱用
4 ネット依存
5 リストカット

Point 神経性大食症に関する標準的な問題である。摂食障害は，食事や体重への強いとらわれや食行動の異常を主症状とする疾患であり，神経性無食欲症と神経性大食症に大別される。好発年齢は中学～高校生頃で，神経性大食症ではやや年齢が高い傾向がある。女性例が圧倒的に多いが男性例もみられる。患者には肥満への恐怖があり，どんなにやせていてもさらにやせることを望み，低体重を維持することに強く執着する。当人は拒食しながらも食物に対して強い関心を抱いており，食事や体重にまつわる下記の特有な行動を示す点で，神経性無食欲症と神経性大食症は共通している。いわば両者の違いは低体重を続けているかどうかであって，神経性無食欲症から神経性大食症に移行することはもちろん，逆の流れもある。特有な行動として，過食，隠れ食い，盗み食いなどがみられる。さらに，大食の結果としての体重増加を回避する代償行為として，指を口に入れてのどを刺激し，咽頭反射を起こして自己誘発性の嘔吐を試みたり，緩下剤，利尿剤や甲状腺製剤を乱用したりすることがある。極端な場合は，習慣的にのどの奥に指を入れるため手の甲に歯があたって "吐きダコ" を認めることもある。こうした嘔吐や薬物の乱用が著明な例では，低カリウム血症などの電解質異常がみられ，不整脈による突然死さえ招き得る。

1 ✕ 神経性大食症の患者の場合，やせたいという願望をもちながら，それに反するように多食・過食（たくさん食べる，かたっぱしから食べる），むちゃ食い（むさぼるように食べる）といった，一見相反する行動が顕著である。そのため他者から矛盾を指摘されたりすると，反射的に大食を否認するなどの虚言（ウソをつくこと）がある。ただし，これは**自らを守るため，あるいは周囲に面倒をかけないようにしようとするため**の行為であって，**過食に対する代償行為としては考えにくい**。よって，本選択肢は誤りである。

2 ✕ 睡眠薬等の大量服薬や手首自傷（リストカット）といった行動化は，境界性パーソナリティ障害*の患者において典型的に認められる。これらが神経性大食症の患者の併存障害として同時にみられることもあるが，そうした行動は過食に対する代償行為というより，**自分の怒りを麻痺させるため，あるいは操作的な行動として他者が助けの手を差し伸べざるを得なくなる状況をつくるために**なされることが多い。よって，本選択肢は誤りである。

3 〇 **Point**のように，**緩下剤の乱用は神経性大食症の患者の過食に対する代償行為**として認められるため，本選択肢は正しい。

4 ✕ ネット依存（インターネット依存）は，**現実世界での人間関係を中心とする困難からの逃避や，抑うつ気分を緩和する手段としてインターネットを用いる嗜癖行動**の一種である。昨今，若者を中心にその存在が問題となっているものの，神経性大食症の患者の**過食に対する代償行為としては考えにくいため**，本選択肢は誤りである。

5 ✕ リストカットは選択肢2にあるように，**神経性大食症の患者の過食に対する代償行為としては考えにくいため**，本選択肢は誤りである。

解答 3

* 2022年発表（日本語訳2023年（令和5年）刊行）のDSM-5-TRにより，「境界性パーソナリティ障害」の日本語訳は「ボーダーラインパーソナリティ症」に変更された。

3 精神医学と精神医療
⑩精神疾患とその治療・問題3

次のうち，統合失調症の陰性症状として，**正しいもの**を１つ選びなさい。

1 言葉のサラダ
2 貧困妄想
3 感情鈍麻
4 作為体験
5 思考抑制

Point 統合失調症の病態に関する基礎的な問題である。統合失調症は 10 代後半〜20 代前半の思春期・青年期に発症しやすく，人格，知覚，思考，感情，対人関係などに障害をきたす原因不明の脳疾患である。陽性症状は幻覚，妄想，自我障害，思考障害，著しい行動障害などの目立つ病態で，陰性症状はこれとは逆に情緒の平板化，感情鈍麻，話題の貧困，意欲の低下といった相対的に目立ちにくい病態を指す。陽性症状は統合失調症の急性期に活発にみられる一方，慢性期へ移行すると次第に陰性症状が前景に立ち，それが悪化すると欠陥状態と呼ばれることもある。統合失調症はこうした二相性の経過をとるが，病理的な背景として，陽性症状は中脳辺縁系でのドーパミン分泌の増加，陰性症状は前頭葉を中心とする神経細胞の脱落と脳の構造自体の変化が想定されている。

---

1 ✕ 統合失調症でみられる思考過程（思路）の異常に，連合弛緩（連合障害）があげられる。これは，相互に関係のない観念が次々に浮かんで，思考のまとまりがつかない病態である。より重度になると，言葉が意味を失って，単語が羅列されるように聞こえる「言葉のサラダ」と呼ばれる状態になる。さらに患者が独自の言葉をつくり出す場合を言語新作と呼ぶ。言葉のサラダを含めて，連合弛緩は原則的に統合失調症の**陽性症状**に区分されるため，本選択肢は誤りである。

2 ✕ 貧困妄想は，自己評価が著しく低下して周囲の事柄を極端に悲観的にとらえ，かつそれらが訂正できない微小妄想の一型である。**うつ病**においてしばしばみられ，罪業妄想，心気妄想とならんで「うつ病の三大妄想」と呼ばれる。おのおの「家にお金がなくなって治療費が払えない」（貧困妄想），「罪を犯しているので罰せられる，皆の不幸は私のせいだ」（罪業妄想），「自分は治らない身体の病気にかかっている」（心気妄想）といった形である。統合失調症における妄想としては非典型的であり，加えて妄想は原則的に**陽性症状**に区分されるため，本選択肢は誤りである。

3 ◯ 感情鈍麻は，周囲の人や物に興味を示さず，喜怒哀楽の表出が乏しくなる病態を指す。ときには身体の感覚や情動の感受性も低下して，外傷・化膿による痛み，不潔・悪臭，暑さ・寒さなどの苦痛や，飢え・渇きなどにも鈍感になることがある。**Point** の記述のように，感情鈍麻は統合失調症の**陰性症状**に含まれるため，本選択肢は正しい。

4 ✕ 作為体験（させられ体験）とは「自分の身体に電波がかけられ繰られている」といったように，他人の意思で自分が動かされ・操られていると感じる病態である。自分の考えや行動が自分のものであるという能動意識が障害された，自我障害の一型である。自我障害は統合失調症においてしばしばみられる病態だが，原則的に**陽性症状**に区分されるため，本選択肢は誤りである。

5 ✕ 思考抑制（思考制止）は**うつ病**でみられる場合が多く，思考の速度や量の低下が起こり，頭の回転にブレーキがかかったように思考が進まず渋滞している病態である。統合失調症では似た症状として，急に思考が停止し，これにより会話スピードが遅くなって発語量も減少する思考途絶や，逆に思考が次々に浮かんでくる思考促迫をみることがある。ただし，そうした**思考途絶や思考促迫も原則的に統合失調症の陽性症状に区分**されるため，本選択肢は誤りである。

解答 3

4 精神医学と精神医療
⑩精神疾患とその治療・問題4

　うつ病で入院中の患者が,「私はがんにかかっていて死ぬのを待っているだけだ」と訴えている。身体的な検査をしたところ,特に異常はなく,がんの所見は認められなかった。

　次のうち,患者にみられる症状として,**正しいものを1つ選びなさい。**

1　妄想気分

2　心気妄想

3　注察妄想

4　罪業妄想

5　関係妄想

Point　うつ病の病態に関する基礎的な問題である。気分障害のうち反復性うつ病性障害やうつ病において,自己価値の低下がきわまったり,思考の柔軟性が損なわれたりした結果,三大妄想と呼ばれる「貧困妄想,罪業妄想,心気妄想」をみることがある。特に,喪失や老化が身近となる高齢者において,これらの発生頻度が高い。おのおの「家にお金がなくなって治療費が払えない」(貧困妄想),「罪を犯しているので罰せられる,皆の不幸は私のせいだ」(罪業妄想),「自分は治らない身体の病気にかかっている」(心気妄想)といった形である。うつ病におけるほかの病態としては,思考抑制(思考制止),精神運動制止,うつ病性昏迷などがあげられる。また,朝方にそうした症状が強く,夕方には軽減するという日内変動をみることがある。さらに身体症状をしばしば伴い,便秘,口渇,早朝覚醒などが認められる。なお,仮面うつ病においては,これらの身体症状が訴えの中心となる。

1　✕　妄想気分は,**ただならぬ危機感や不気味さ**を感じて「自分の周辺で重大な事件が起こっている気配がする」などと述べる形をとり,妄想の発生が他者から心理的に了解しにくい一次妄想の一つに数えられる。設問による訴えの内容とは異なり,また妄想気分はもっぱら統合失調症にみられるため,本選択肢は誤りである。

2　◯　心気妄想は,**ささいな感覚の不調和にとらわれ,実際は問題がないのに命を落としてしまうような病気を抱えていると思い込んで**「不治の病にかかっている,もう先はない」などと述べる形をとる。身体的な検査や医師の説明により異常がないと伝えられても納得せず,訴えを繰り返すことが多い。うつ病において,自らに関する事柄を極端に悲観的にとらえ,かつそれが訂正できない微小妄想をみることがあり,心気妄想はその一型に数えられる。設問による訴えの内容にも沿っており,本選択肢は正しい。

3　✕　注察妄想は,**誰かに見張られている,監視されていると思い込んで訂正できない病態**であり,被害妄想の一つに区分されることが多い。設問による訴えの内容とは異なり,また注察妄想はもっぱら統合失調症にみられるため,本選択肢は誤りである。

4　✕　罪業妄想は,**ささいな自分の言動を評して「罪を犯しているので罰せられる,逮捕される,自首しなくてはならない」などと思い込んで訂正できない,**選択肢**2**の解説中の微小妄想の一型である。うつ病においてもっぱら認められるものの,設問による訴えの内容とは異なるため,本選択肢は誤りである。

5　✕　関係妄想は,**まわりの出来事や他者の行動が自分に深く関係する,よしんば直接の関係はなくても重大な意味があると思い込んで訂正できない病態**であり,これも被害妄想の一つに区分されることが多い。設問による訴えの内容とは異なり,また**関係妄想はもっぱら統合失調症にみられる**ため,本選択肢は誤りである。

解答 2

5 精神医学と精神医療
⑬精神疾患とその治療・問題 5

次のうち，ほかの精神疾患よりも，アルツハイマー型認知症を疑う症状として，**正しいもの**を 1 つ選びなさい。
1　微小妄想
2　妄想知覚
3　観念奔逸
4　連合弛緩（しかん）
5　物盗られ妄想

> **Point** アルツハイマー型認知症の病態に関する標準的な問題である。アルツハイマー型認知症において，最も頻度の高い妄想は物盗られ妄想である。お金や貴金属など自分の大切なものを，誰かが盗んだと強く信じて訂正できない病態である。物盗られ妄想は統合失調症などの妄想とは違って，記憶障害を背景とした周囲の状況の不正確な認識をもとに，病気の不安や苦しみ，家族の接し方への不満，人の話についていけない孤独感などが重なって現れる。周囲の状況や人間関係によって症状が変動し，環境調整や円滑なコミュニケーションによって改善を図ることができるため，記憶障害や見当識障害といった固定的・進行的な中核症状とは異なった，周辺症状の一つに数えられている。
> ほかの妄想として，「暴力を受けた」「悪口を言われた」「（配偶者が）浮気している」などと，実際は起こっていないトラブルを訴える被害妄想がある。物盗られ妄想はこの被害妄想の一型として区分されることもある。また，自宅にいても「家に帰りたい」と訴えたり，過去に住んでいた家に戻ろうとしたりする帰宅妄想をみる場合もある。帰宅妄想はアルツハイマー型認知症の記憶障害に，見当識障害や視空間認知障害が加わって，場所の正確な認識ができないことにより生じる。

1　✗　微小妄想は**うつ病においてしばしばみられ**，自己評価が極端に下がって自分に関する事柄を悲観的にとらえたり，劣っていると思い込んだりする妄想である。アルツハイマー型認知症を直接に疑う症状ではないため，本選択肢は誤りである。

2　✗　妄想知覚は**統合失調症に特徴的にみられ**，いわゆるシュナイダーの一級症状に区分されている。「ここに時計が置かれているのは地球滅亡のサインだ」などと述べる形をとり，実際の知覚に対して論理的にも感情的にも他者が了解できない，特別な意味づけがなされる妄想である。アルツハイマー型認知症を直接に疑う症状ではないため，本選択肢は誤りである。

3　✗　観念奔逸は**躁病や躁状態で特徴的にみられ**，思考の速度と量が著しく増加するとともに，観念同士の結びつきが不安定で次々に方向性が変わるため，結果として内容が飛躍したり，話がそれたりして思考自体の目的がはっきりしなくなる病態を指す。会話は一方的で，中断させるのが難しい。アルツハイマー型認知症を直接に疑う症状ではないため，本選択肢は誤りである。

4　✗　連合弛緩（連合障害）は**主に統合失調症にみられ**，意識が清明なのに相互に関係のない観念が次々に現れて，考えがまとまらない思考過程（思路）の異常を指す。より重度になると，言葉が意味を失って，単語が羅列されるように聞こえる「言葉のサラダ」と呼ばれる状態になる。さらに患者が独自の言葉をつくり出す場合を言語新作という。アルツハイマー型認知症を直接に疑う症状ではないため，本選択肢は誤りである。

5　〇　物盗られ妄想は**アルツハイマー型認知症の初期にしばしばみられ**，本人が大切にしているものが盗まれたなどと，現実とは異なる訴えに固執する妄想である。よって，本選択肢は正しい。置いた場所を忘れることと関連しており，さらに自分が置き忘れたという自覚を欠いて，失われた記憶を取り繕うために見あたらないことを盗まれたと解釈して生じる。

解答 5

6 精神医学と精神医療
⑩精神疾患とその治療・問題6

次のうち，強迫性障害に最もよくみられる症状として，**正しいもの**を１つ選びなさい。

1 対人恐怖
2 解離
3 儀式行為
4 幻嗅
5 パニック発作

Point 強迫性障害の病態に関する標準的な問題である。強迫性障害とは強迫観念や強迫行為が認められ，それらが本人にとって重大な苦痛であったり，社会生活に支障をきたしたりする病態である。強迫観念とは，これ自体は無意味であり，ばかばかしいとわかっているにもかかわらず反復して生じる考えである。強迫行為とは，強迫観念が行動に現れたもので，ばかばかしいとわかっている行為を繰り返さないと気がすまないありさまである。しかも，気にしないよう努力すればするほど，かえって強く気になってしまう性質がある。

本人の重大な苦痛，あるいは社会的な活動の妨げになってはじめて，強迫性障害と診断される。例えば，手に細菌がついているのではないかという不安があって30分も１時間も洗い続け，手洗いのためひどく肌荒れして血がにじむ，あるいは日常生活が余裕をもって送れなくなるような場合である。なお，決まった回数洗うことを自らに課すといった儀式行為を行うことで，本人の苦痛がいくぶん緩和される場合がある。

1 ✕ 恐怖とは，特定の対象に接近する，あるいは特定の状況に立たされることで生じる負の感情である。不安との違いは，対象や状況が特定されている点にある。よって，その対象や状況を避けようとする。対人恐怖，赤面恐怖，閉所恐怖，高所恐怖など，恐怖の対象ごとの呼称がつけられている。対人恐怖は，**他者から拒絶されることに敏感**であり，社交場面で傷つきやすい病態である。他人を意識しすぎる気性が基盤にあり，自意識過剰となりやすい思春期に発症することが多い。強迫性障害との直接の関連はないため，本選択肢は誤りである。

2 ✕ 解離とは，自分自身のこと（個人史や人間関係）をすっかり忘れてしまう，あるいは忘れたような行動が他人から観察される，ないし他人（の個人史）と入れ替わったようにみえる病態を指す。解離は**もっぱら解離性障害においてみられ**，強い精神的なストレスとの関連が想定されている。強迫性障害との直接の関連はないため，本選択肢は誤りである。

3 ◯ 儀式行為とは，電柱にタッチしないと前に進めない，机の角を何回も触らないと部屋に入れないといった形をとる，**強迫性障害にしばしばみられる病態**である。よって，本選択肢は正しい。

4 ✕ 実在していない物体，人，感覚としてとらえられるものなどを，それらが実在しているかのように信じる病態を幻覚といい，感覚様式によって幻視，幻聴，幻嗅，幻触，幻味，体感幻覚などに区分される。幻嗅は「変な臭いのものがまかれている」「食べ物の臭いがおかしい」などと，実際にはない不快で異常な臭いを訴える形をとる。**統合失調症，精神作用物質の使用，てんかんの複雑部分発作などでみられる**ことがあるが，強迫性障害との直接の関連はないため，本選択肢は誤りである。

5 ✕ パニック発作とは，特段の理由なく突然，急激に不安が高まる病態を指す。動悸，頻脈，胸部苦悶，発汗，めまいなどを覚えて「死んでしまうのではないか」と困惑するが，持続は数分から長くても１時間程度までですむことが多い。この**パニック発作を繰り返し起こすのがパニック障害**である。強迫性障害との直接の関連はないため，本選択肢は誤りである。

解答 **3**

7 精神医学と精神医療
⑮精神疾患とその治療・問題7

次のうち，認知症のスクリーニングに有用な心理検査として，**適切なもの**を **2つ**選びなさい。

1　文章完成テスト
2　ミニメンタルステート検査
3　ウェクスラー成人知能検査
4　ミネソタ多面人格テスト
5　改訂長谷川式簡易知能評価スケール

> **Point** 認知症のスクリーニング検査に関する基礎的な問題である。認知症の疑いをもとに，詳しい評価を行うかどうか判断する指標の一つとして，スクリーニングテストがある。代表的なものにミニメンタルステート検査（Mini-Mental State Examination：MMSE）と改訂長谷川式簡易知能評価スケール（Hasegawa's Dementia Scale-Revised：HDS-R）がある。いずれも見当識の障害に関する質問を中心に，記憶や言語理解，注意などの項目の検査を組み合わせて構成されている。スクリーニングテストは，あくまで振り分けを目的とするため簡便さ・迅速性を重視しており，これだけで認知症の診断をつけたり重症度を判断したりできるわけではない。国立精研式認知症スクリーニングテスト，時計描画テストなども同じ範疇に属する。

1　✗　性格（パーソナリティ）検査は投影法と質問紙法に分けられる。投影法は図版や絵，未完成な文章を用いて感じたままを表現させることで，人格像の深層を投影させる検査である。文章完成テスト（Sentence Completion Test：SCT）は，この投影法による性格検査の一つである。「もしも私が…」「子どもの頃，私は…」「友達は，私を…」などといった，出だしのみが記された不完全な文章を提示し，その後を続けさせることで本人の人格特徴や自己評価，潜在的な葛藤などを評価する。文章を用いるものの，質問紙法ではない。**方式によっては100題の短文が用意されており，スクリーニングテストではないため誤りである。**

2　◯　**Point** の記述のように，**ミニメンタルステート検査は認知症のスクリーニングに有用な心理検査**である。時間と場所の見当識，計算，文章復唱，図形模写など11の評価項目で構成され，回答方法に（口頭以外の）文章の記述や図形描写などを含む点が，口頭のみの改訂長谷川式簡易知能評価スケールとの違いである。

3　✗　ウェクスラー成人知能検査（Wechsler Adult Intelligence Scale：WAIS）では言語性，動作性，全検査の各IQが算出され，これら三つのIQとプロフィールパターンをみることにより詳細な知能レベルを評価できる。ただし，**検査量や時間などの面で被検者の負担が大きく，スクリーニングテストではないため**誤りである。

4　✗　ミネソタ多面人格テスト（Minnesota Multiphasic Personality Inventory：MMPI）は，質問紙法による性格検査の一つである。精神医学的診断の客観化を目的として性格や行動特性，精神疾患への親和性などを評価する検査だが，その内容は10の臨床尺度と4の妥当性尺度を含む全**550項目の多岐にわたり，スクリーニングテストではないため**誤りである。

5　◯　**Point** の記述のように，**改訂長谷川式簡易知能評価スケールは認知症のスクリーニングに有用な心理検査**である。見当識，単語復唱，計算，単語の遅延再生，記憶想起，言語流暢性など9の評価項目で構成されている。同スケールでは質問や回答のやりとりを言語的に行うため，質問の聴取や発話に支障のある場合には正しく評価できない（結果は導けるが，実際の能力を必ずしも反映せず低得点となってしまう）ことに注意する必要がある。

解答 2 5

8 精神医学と精神医療

⑯精神疾患とその治療・問題8

次のうち，認知行動療法に関連の深い人物として，**正しいもの**を１つ選びなさい。

1　ベック（Beck, A.）

2　ユング（Jung, C.）

3　ソーンダイク（Thorndike, E.）

4　ロジャーズ（Rogers, C.）

5　カルフ（Kalff, D.）

Point 諸外国における精神保健福祉の歴史に関するやや発展的な問題である。「精神疾患とその治療」に限った範疇では必ずしも強調されない人物もあげられているが，ほかの科目（精神保健福祉の理論と相談援助の展開，心理学理論と心理的支援など）の知識を合わせて動員することで，正答は導き得る。

1 ○　**認知行動療法**はベックにより，学習理論に基づく行動変容法である行動療法と，認知や感情に焦点をあてる心理療法である認知療法を統合のうえ創出された。認知行動療法は歪曲された認知のあり方にはたらきかけて，その偏りを修正させる治療法である。よって，本選択肢は正しい。反射的な歪んだ思考パターン（自動思考）を意識化して検証する技能を身につけ，心理的苦痛や不安，非適応的な行動様式を修正して適応的な態度が導けるようにする。主にうつ病に適用され，実証的な効果をあげている。

2 ✕　ユングはフロイト（Freud, S.）に師事して精神分析の発展に尽くしたが，やがて学説の相違から独自の**分析心理学**を確立した。ただし認知行動療法と直接の関係はないため，本選択肢は誤りである。分析心理学も精神分析と同様に無意識の存在を重視するが，無意識を個人的無意識と集合的無意識に分けて考える。集合的無意識は人類に普遍的に存在し，さらにユングは昔話や神話の中に精神病者の幻覚妄想の内容に類似したものがあることを見出して，元型と呼ばれる共通の表象が集合的無意識に存在すると考えた。

3 ✕　ソーンダイクは刺激を受けた動物が起こす**行動の変容，特に報酬による影響の研究**を行った。ただし認知行動療法と直接の関係はないため，本選択肢は誤りである。動物を用いて心理現象を客観的に評価しようとする流れは，パブロフ（Pavlov, I. P.）やソーンダイクにより切り開かれた。主なテーマは条件反射学習による行動の変容（パブロフ），報酬学習による行動の変容（ソーンダイク）である。これら２種類の学習理論は体系的に発展し，のちの行動療法へと結実する。

4 ✕　**ロジャーズは権威的なカウンセラーが能動的・指示的態度で来談者にはたらきかけていた従来のカウンセリングを批判**し，来談者の主体性や自発性に着目の上，カウンセラーが話を傾聴する姿勢を重視した。これは**来談者中心療法**と呼ばれるが，認知行動療法と直接の関係はないため，本選択肢は誤りである。来談者中心療法における治療者の基本態度は，カウンセラー自身がクライエントに対しありのままでいて内面に矛盾がないこと，来談者の個性を無条件に受容し尊重すること，クライエントに共感的理解を示すことである。

5 ✕　カルフは**箱庭療法**の発展に力を尽くした。ただし認知行動療法と直接の関係はないため，本選択肢は誤りである。箱庭療法は，内側を青く塗った 57 cm × 72 cm × 7 cm の箱に砂を入れ，ミニチュアの人形や玩具を自由に配置させる治療法である。信頼する治療者の前で，内的に生じたさまざまな感情を箱庭へ表現することで，問題解決が促進されると考えられている。言語を必要としない治療法であり，小児など内的な感情の言語化が難しいクライエントに適している。

解答 **1**

9 精神医学と精神医療

[旧]精神疾患とその治療・問題 9

統合失調症の維持期における治療に関する次の記述のうち，**適切なもの**を **2 つ**選びなさい。

1 医療者は，患者と治療のゴールや内容について話し合い，決定できるよう支援する。

2 抗精神病薬の服用は，患者本人の判断に委ねる。

3 入院による治療を優先的に行う。

4 患者の再発予防のため，家族への心理教育を行う。

5 病状悪化のきっかけになるので，患者が希望しても就労はしないよう助言する。

Point 精神医療における治療的態度に関する標準的な問題である。統合失調症の維持期における支援に関しては，患者と医療者の関係のみならず，生活場面の広がりに応じた家族の理解や就労環境などへの配慮が必要となる。

1 ○ 統合失調症の急性期には患者が支離滅裂な言動を呈したり，興奮が激しかったりすることがある。しかし，そうした場合も治療の内容を伝えることは「何をされるかわからない」という恐怖や外傷的な体験から患者を守る。さらに，維持期において治療の方針やゴールについて話し合い，**患者が他者から強いられ・決められた道をたどるのではなく，自分で決めた道を歩めるよう支援することは重要**である。

2 × 統合失調症の急性期を過ぎて維持期に入った後，落ち着いているようにみえても，実際には薬物療法などの効果によって精神症状の発現が抑えられている状態であることが多い。したがって**薬物療法の中断は，急性期へ治療を引き戻してしまう**可能性が高い。さらに統合失調症の患者には「自発的に」服薬を十分に行えないという，服薬アドヒアランスの問題がある。決められた通りに抗精神病薬を服用するという服薬コンプライアンスにとどまらず，服薬アドヒアランスをのばすため，維持期には患者と援助者がともに薬物療法へ向き合うべきであり，**抗精神病薬の服用を患者本人の判断に委ねてしまうのは誤り**である。

3 × 日本では統合失調症に関して，歴史的に精神科病院への入院医療の依存度が高く，精神障害者に対するスティグマも重なって脱施設化（入院中心の精神医療からの脱却）が大きな課題であった。しかし昨今は，再燃・増悪に対する危機介入体制の構築やデイケア等の昼間の活動支援，さらに家族への依存を排する自立能力に応じた居住サービスの提供などを通して，可能な限り収容的な処遇を避ける努力が払われている。**急性期を中心に入院が必要な場合も残るが，維持期において入院治療を優先するのは誤り**である。

4 ○ **心理教育は病気や障害の正しい知識を伝え，対処法を習得させること**を目的とする。具体的には統合失調症の特徴から原因，さらに治療がどう進むか，どのような問題が生じ，それがいかに解決されるかなどの内容を体系的に提供し，困難への対処能力を育む。患者と家族がともに対象になるが，家族に適用される場合は家族教室と称され，こちらがもっぱら取り組まれている形態である。通常，複数の家族を同時に介入の対象とし，問題解決の技能を向上させ，患者とのコミュニケーションを改善させてストレスを減らすことに力点がおかれる。心理教育は単なる精神疾患の知識教育にとどまらず，患者や家族の行動変容をもたらし，薬物療法と同等かそれ以上の再発・再燃防止効果が期待されている。こうした**心理教育を維持期において家族に行うことは重要**である。

5 × 精神障害者の就労支援は「福祉から雇用へ」とシフトしており，企業等において就労を希望する者，そして実際に就労した者の数は伸び続けている。しかし，まだ他障害の雇用者数と比較すると差が認められ，この差を埋める工夫が関係者に求められている*。就労によるストレスが統合失調症の病状悪化のきっかけになる可能性は否定できないが，まず患者のニーズを正しく把握して実現の道を探るべきであって，**維持期においても就労しないよう助言するのは誤り**である。

解答 1 4

* 厚生労働省発表の「令和 6 年　障害者雇用状況の集計結果」によれば，雇用者のうち身体障害者 36 万 8949 人，知的障害者は 15 万 7795 人，精神障害者は 15 万 717 人となっており，以前に比べて雇用者数の差は縮まってきている。

10 精神医学と精神医療
⑬精神疾患とその治療・問題10

Aさん（20歳，男性）は，両親と兄の4人家族である。Aさんは，3か月前から自室で独り言をつぶやきながら，くぎを壁に抜き差しするなどの奇異な行動があった。母親に注意されると，「テレパシーが送られてきた。『やめたらお前の負けだ』という声が聞こえてくる」と言い，夜間も頻回に行っていた。また，過去には，母親が早く寝るように言うと，殴りかかろうとしたこともあった。Aさんは，次第に食事や睡眠が取れなくなり，父親と兄に伴われ，精神科病院を受診した。Aさんは，父親と精神保健指定医による入院の勧めに同意した。
次のうち，この場合の入院形態として，**正しいもの**を1つ選びなさい。

1　措置入院
2　任意入院
3　医療保護入院
4　緊急措置入院
5　応急入院

Point　精神医療における入院形態に関する標準的な問題である。

1　✕　措置入院は，精神障害のため入院しなければ自身を傷つける，又は他人に害を及ぼすおそれ（自傷他害のおそれ）があると認められた者に対する入院形態である。事例では**受診時に自傷他害のおそれがみられるとはいえない**ため，誤りである。措置入院の場合，都道府県知事は自傷他害のおそれがあるとの通報や届け出のあった者について，知事指定の精神保健指定医2名に診察させることができる。そして両者がともに措置入院の必要があると判断すると，本人や「家族等」の意思にかかわりなく指定病院への入院が決まる。

2　〇　任意入院は，本人が入院に同意する場合にとられる入院形態である。事例では**受診時に本人が入院の勧めに同意している**ため，正しい。原則として本人の申し出により退院できるが，精神保健指定医の診察の結果，医療及び保護のため入院の継続の必要が認められたときは，72時間に限り退院を制限できる。

3　✕　医療保護入院は，1名の精神保健指定医が診察の結果，入院による治療と保護が必要であると判断したものの，精神障害のため本人の同意が得られないときに考慮される。この場合，精神科病院の管理者は「家族等」の同意をもって入院させることができる＊。「家族等」とは配偶者，親権者，扶養義務者，後見人又は保佐人のいずれかの者であって順位は定められておらず，該当者がいない場合は市町村長が同意の判断を行う。事例では**受診時に本人が入院の勧めに同意している**ため，誤りである。

4　✕　緊急措置入院は，措置入院と同様に自傷他害のおそれが認められた者に対する入院形態である。緊急を要し，かつ措置入院の手続きに要する精神保健指定医2名の診察がかなわないときに考慮される。すなわち1名の精神保健指定医が措置入院に該当する状態と判断すれば，都道府県知事は72時間を限度として本人や「家族等」の意思にかかわりなく本人を入院させることができる。事例では**受診時に自傷他害のおそれがみられるとはいえない**ため，誤りである。

5　✕　応急入院は，本人の同意に基づいた入院が行われる状態にないと判定された者について，「家族等」の同意は得られないが，精神障害のため医療及び保護に急速を要する場合に1名の精神保健指定医の診察により考慮される。応急入院の適応は「自傷他害のおそれはないが意識障害，昏迷状態等の状態にあり，直ちに入院させなければ患者本人の予後に著しく悪影響を及ぼすおそれがあると判断される場合」である。事例では**受診時に本人が入院の勧めに同意している**ため，誤りである。

解答　2

＊　2022年（令和4年）の精神保健福祉法の改正により，医療保護入院は，家族等が同意又は不同意の意思表示を行わない場合に，市町村長（特別区の長を含む）の同意により行うことができるとされた（2024年（令和6年）4月1日施行）。

11 精神医学と精神医療

[旧]精神保健福祉相談援助の基盤・問題 27

次の記述のうち，精神科医療機関に勤務する専門職が患者に対して行う業務として，**正しいものを1つ**選びなさい。

1 公認心理師は，主治医の指示がなくても心理検査や心理療法を実施することができる。
2 薬剤師は，医師等の処方箋に疑わしい点がある場合には，自身の判断で調剤変更することができる。
3 看護師は，薬剤の投与や採血，創部の処置などを，医師の指示なく，自身の判断で行うことができる。
4 作業療法士は，医師の指示の下に，社会的適応能力等の回復を図るため，手芸，工作その他の作業を行なわせることができる。
5 精神保健指定医は，入院患者に対し，信書の発受を制限することができる。

Point 精神科医療機関にはさまざまな専門職が勤務している。それぞれの職種の内容や役割について理解しておくことは，多職種チーム医療を実践する上で非常に大切なことである。

1 × 公認心理師法第42条第2項に「公認心理師は，その業務を行うに当たって**心理に関する支援を要する者に当該支援に係る主治の医師があるときは，その指示を受けなければならない**」と規定されている。よって，選択肢は誤りである。

2 × 薬剤師法第24条に「薬剤師は，処方せん中に疑わしい点があるときは，**その処方せんを交付した医師，歯科医師又は獣医師に問い合わせて，その疑わしい点を確かめた後でなければ，これによって調剤してはならない**」と規定されている。よって，選択肢は誤りである。

3 × 保健師助産師看護師法第37条に看護師は「**主治の医師又は歯科医師の指示があった場合**を除くほか，診療機械を使用し，医薬品を授与し，医薬品について指示をしその他医師又は歯科医師が行うのでなければ衛生上危害を生ずるおそれのある行為をしてはならない」と規定されている。よって，選択肢は誤りである。

4 ○ 理学療法士及び作業療法士法第2条第4項に「この法律で『作業療法士』とは，厚生労働大臣の免許を受けて，作業療法士の名称を用いて，**医師の指示の下に，作業療法を行なうことを業とする者をいう**」と規定され，同条第2項に「この法律で『作業療法』とは，身体又は精神に障害のある者に対し，**主としてその応用的動作能力又は社会的適応能力の回復を図るため，手芸，工作その他の作業を行なわせることをいう**」と規定されている。よって，選択肢は正しい。

5 × 精神保健及び精神障害者福祉に関する法律（精神保健福祉法）第36条第1項（処遇）に「精神科病院の管理者は，入院中の者につき，その医療又は保護に欠くことのできない限度において，その行動について必要な制限を行うことができる」と規定されている。しかし，同条第2項において，「精神科病院の管理者は，前項の規定にかかわらず，**信書の発受の制限**，都道府県その他の行政機関の職員との面会の制限その他の行動の制限であって，厚生労働大臣があらかじめ社会保障審議会の意見を聴いて定める行動の制限については，**これを行うことができない**」と規定されている。なお，第1項の行動の制限のうち，患者の隔離と身体的拘束については，第3項の中で「指定医が必要と認める場合でなければ行うことができない」と規定されている。よって，選択肢は誤りである。

解答 4

12 現代の精神保健の課題と支援

[旧]精神保健の課題と支援・問題 11

次のうち，青年期の発達課題は，同一性（アイデンティティ）の確立に特徴づけられると規定した人物として，**正しいものを 1 つ**選びなさい。

1 エリクソン（Erikson, E.）
2 カプラン（Caplan, G.）
3 ピアジェ（Piaget, J.）
4 フロイト（Freud, S.）
5 ハヴィガースト（Havighurst, R.）

Point 発達課題については，旧科目の「精神保健の課題と支援」では，学習構成としても最初に学ぶ事項であり，旧科目の「心理学理論と心理的支援」でも扱われるものなので必須学習項目であった。問題は，青年期の同一性を提唱した人物を解答する問題で，精神保健や精神医学における著名な人物から選択するものであった。発達課題については選択肢**1**のエリクソン，選択肢**3**のピアジェ，選択肢**5**のハヴィガーストは必ず押さえておきたい。

1 ○ エリクソンは，発達段階を，乳児期，幼児期前期，幼児期後期，学童期（児童期），青年期，成年期初期，成年期，老年期の八つに分け，それぞれの段階ごとに心理的課題と危機及び課題達成により獲得する要素などを整理・分類した。**青年期は「同一性の獲得」で，対立命題は「同一性」対「同一性の拡散」であり，いわゆるアイデンティティを確立させる**という心理的課題を抱えるとしている。この課題から獲得するものとは「忠誠」であるとした。エリクソンの発達段階の対立命題と獲得するものについては，各段階について整理して学習しておく必要がある。

2 × カプランは**予防精神医学**を唱え，第一次予防，第二次予防，第三次予防の 3 段階で予防を定義した。第一次予防とは発生予防のことで，問題が発生する前に啓発活動や心理教育を行うことにより，その発生率を下げることを目的としている。第二次予防は早期発見・早期治療を指し，重症化する前に発見し，治療につなげることである。第三次予防は再発防止や社会復帰に関する活動を指している。

3 × ピアジェは，スイスの心理学者で**児童の発達段階について認知発達理論**を提唱した。ピアジェは 0 歳から 2 歳までを感覚運動期，2 歳から 7 歳を前操作期，7 歳から 11 歳を具体的操作期，11 歳以降を形式的操作期として，それぞれの特徴を「シェマ（スキーマ構造）」の質的変化で説明し，児童の認知機能が発達するとした。

4 × フロイトは，オーストリアの精神科医で精神分析学の創始者であり，**児童の発達段階について心理性的発達理論**を唱えた。心理性的発達理論では，乳児期から青年期までのリビドー（性エネルギー）の発達過程について，口唇期，肛門期，男根期，潜伏期，性器期という五つの成長段階があり，それぞれの段階において身体成長と性的発達が複雑に絡み合って発達するとした。

5 × ハヴィガーストは，発達課題について早くから提唱したアメリカの教育学者で，人生を**乳・幼児期，児童期，青年期，壮年初期，中年期，老年期に分け，それぞれの段階で直面する課題**を示した。青年期については，親からの精神的経済的な独立が課題であるとして，男女両性の友人との交流や人間関係の構築，社会的役割の学習，職業選択や結婚・家庭生活の準備，社会人としての自覚をもって責任ある行動をとり，行動の規範や価値観を形成する時期としている。

解答 1

13 現代の精神保健の課題と支援
⑯精神保健の課題と支援・問題 12

市の保健センターに勤務する B 精神保健福祉士は，同僚の保健師から，「訪問に行っていると，家族も含めて，ストレスへの対処の仕方が分からない人がそれなりにいるんです。住民の皆さんにストレス対処についての正しい知識を知ってもらう必要があると思います」と聞いた。このため，センターとして一般住民向けにストレス対処に関する普及啓発用のパンフレットの作成に取り組むことにした。

次のうち，この取組の考え方として，**適切なもの**を 1 つ選びなさい。

1　ユニバーサルデザイン
2　第二次予防
3　ハイリスクアプローチ
4　支持的精神保健
5　ポピュレーションアプローチ

Point 市の保健センターに勤務する精神保健福祉士の，一般住民向けのストレス対処に関する普及啓発活動の取組を説明する用語を選択する問題で，選択肢の用語は精神保健分野においては基礎的用語である。確実に正答してほしい。

1　✕　ユニバーサルデザインとは，アメリカのロナルド・メイス（Ronald, L. M.）によって提唱された概念で，**障害の有無に関係なく，すべての人が使いやすいように製品・建物・環境などをデザインする**ことである。近年は障害の有無だけでなく，年齢や性別，国籍や人種等，誰もが使いやすい物や建造物，生活環境を計画するなども含まれ，考え方が広がっている。

2　✕　第二次予防とは，カプラン（Caplan, G.）の予防精神医学の第一次予防，第二次予防，第三次予防の3段階の予防のうちの一つである。第二次予防は，**早期発見・早期治療**のことであり，誤りである。本設問の内容は第一次予防の啓発活動や心理教育を行うことにより，その発生率を下げることを目的とした取組ととらえることができる。

3　✕　ハイリスクアプローチとは，健康を害するリスク（危険因子）をもっている人をスクリーニングし，**ハイリスクであると判定された人を対象に行動変容を促したり，指導したりする活動**のことで，健康リスクの低減を目指すことである。健康診断の機会などを利用することも多く，その対象も把握しやすいとされる。

4　✕　精神保健には，積極的精神保健，支持的精神保健，総合的精神保健の三つの側面がある。支持的精神保健とは，**精神疾患を抱えている人を対象に治療・治療の継続の支援を行ったり，精神疾患を抱えながら生活することへの支援を行う取組や活動**のことである。また，積極的精神保健とは，地域住民や集団を対象とし，精神疾患予防，心の健康づくりなどを積極的に行う取組や活動のことである。総合的精神保健とは，積極的精神保健と支持的精神保健の二つの統合を目指す地域精神保健活動のことで，地域精神保健活動を行う職員の研修やボランティアの育成など，地域ネットワークシステムの構築やサポートシステムに必要な人材の育成の活動・取組のことである。

5　〇　ポピュレーションアプローチとは，健康を害するリスク（危険因子）をもっている人を対象にするハイリスクアプローチに対し，**健康を害するリスクの有無を問わずに，集団全体にはたらきかけて，集団全体の健康リスク低減を目指す**ことである。本設問は，一般住民を対象とした取組によって，ストレス対処についての正しい知識をもつことによりメンタルヘルス課題の低減を目指している。

解答 5

14 現代の精神保健の課題と支援

[旧]精神保健の課題と支援・問題 13

グリーフケアに関する次の記述のうち，**正しいものを1つ**選びなさい。

1 遺族が悲しみを表現してから開始する。
2 故人への怒りの感情を表出しないよう助言する。
3 傾聴よりも励ますことが重視されている。
4 悲嘆は正常な反応であることを伝える。
5 故人のことを早く忘れるよう働きかける。

Point 旧出題基準の大項目「2　精神保健の視点から見た家族の課題とアプローチ」の中項目に「7）グリーフケア」が示されており，近親者と死別した遺族などに対して，重要な支援の一つである。そのため，用語の説明に留まらず，グリーフケアの具体的な方法についても，しっかり学習しておく必要がある。本科目の教科書等では，悲嘆の構造や内容について記載されており，対応や具体的な方法については，カウンセリングのほか面接技術等の知識を活用する必要がある。また小項目では，「自死遺族支援」が例示として示されている。自殺対策ではプリベンション（事前の自殺予防対策），インターベンション（危機介入），そしてポストベンション（事後対応）がある。自死遺族支援はポストベンションの一つであり，自殺対策と関連付けて学習しておいてもよい。

1 × グリーフ（悲嘆）からの回復には，ショック期，喪失期，閉じこもり期，癒し・再生期のプロセスをたどるとされている。遺族は死別した際に強い悲嘆に襲われ，ショック期の特徴的な反応である精神的な強い衝撃を受け，死の事実を受け入れることが難しい時期もある。その後，不眠や食欲不振，疲労感などの身体的不調が出現したり，悲しみ，怒り，焦燥感，罪悪感など心理的反応が出現する。このことから，悲しみを表現するまで時間を要したりすることもある。遺族が悲しみを表現していなくても，**ショック期において，そばにいて傾聴する**こと等が求められる。

2 × 近親者の死に際して，故人への怒りという反応が起きることもある。ほかにもショック期の悲しみ，怒り，焦燥感，罪悪感や，不安や孤独，寂しさ，やるせなさ，自責感，無力感などさまざまな心理的な反応が示される。支援者は，**遺族のあらゆる感情を受容する**ことが求められる。

3 × グリーフ（悲嘆）の回復において，傾聴は基本であり，遺族が安心して思いを話すことができることで，ようやく故人の死を受け入れ，癒し・再生期にたどりつくことができるようになる。**励ますことは，遺族の気持ちを無視することであり，助言することは，遺族の負担になる**ことがある。

4 ○ 近親者の死に対する反応はさまざまであり，そのグリーフ（悲嘆）の回復の過程も複雑である。このことは遺族自身もその反応が予想できず，混乱を招くこともあり，異常な反応ととらえてしまうことがある。悲嘆は正常な反応であることを伝え，また**そういった反応を表出することを本人が受容する**ことが求められる。

5 × グリーフ（悲嘆）からの回復により，癒し・再生期には，故人の人柄や残してくれたものを思い出し，またそれを糧に，新しい心的態勢の再建が起こる。これを，ボウルビィ（Bowlby, J.）は，「失った対象からの離脱（detachment）の段階」と呼んでいるが，故人のことを忘れるようにすることは，**グリーフケアにおいては相反する対応**である。

解答 4

15 現代の精神保健の課題と支援

⑮精神保健の課題と支援・問題 14

次のうち，不登校児童生徒の社会的自立に資する相談・指導を行う目的で教育委員会等が設置するものとして，**正しいもの**を 1 つ選びなさい。

1 　教育支援センター
2 　児童自立支援施設
3 　地域若者サポートステーション
4 　児童相談所
5 　放課後児童クラブ

Point 　現代社会において，メンタルヘルス課題の領域として近年注目されている「不登校児童生徒」の支援機関に関する問題である。正答である「教育支援センター」が耳慣れない機関であったことも予想できるが，そのほかの機関は，各領域において重要な支援機関であり，それぞれの機関の根拠法や対象は基礎的な内容である。消去法から正答が導き出せる問題でもあったが，2019 年（令和元年）10 月 25 日に発出された文部科学省初等中等教育局「不登校児童生徒への支援の在り方について（通知）」の内容をぜひ学習しておきたい。

1 　**○** 　教育支援センターは，2019 年（令和元年）10 月 25 日に発出された文部科学省初等中等教育局「不登校児童生徒への支援の在り方について（通知）」による，「3 　教育委員会の取組の充実」の「(3)教育支援センターの整備充実及び活用」において示され，教育支援センター整備指針（試案）に基づき，**不登校児童生徒**の集団生活への適応，情緒の安定，基礎学力の補充，基本的生活習慣の改善等のための相談・指導を行うことにより，その**社会的自立に資する**ことを目的として設置されている。

2 　**✕** 　児童自立支援施設は児童福祉法第 44 条に「不良行為をなし，又はなすおそれのある児童及び家庭環境その他の環境上の理由により**生活指導等を要する児童を入所させ**，又は保護者の下から通わせて，個々の児童の状況に応じて必要な指導を行い，**その自立を支援**し，あわせて退所した者について相談その他の援助を行うことを目的とする施設とする」と規定されている。不登校児童生徒が対象ではないので誤りである。

3 　**✕** 　地域若者サポートステーションとは，働くことに悩みを抱えている 15〜49 歳までの人を対象に，**就労に向けた支援**を行う機関で，厚生労働省が委託した支援機関が実施している。具体的な支援として「コミュニケーション講座」「ジョブトレ（就業体験）」「ビジネスマナー講座」「就活セミナー（面接・履歴書指導等）」「集中訓練プログラム」「パソコン講座」「WORK FIT」「アウトリーチ支援」などが行われている。

4 　**✕** 　児童相談所は児童福祉法第 12 条に基づく行政機関で，市町村と適切な役割分担・連携を図りつつ，子どもに関する家庭その他からの相談に応じ，子どもが有する問題又は子どもの真のニーズ，子どもの置かれた環境の状況等を的確にとらえ，個々の子どもや家庭に最も効果的な援助を行い，もって**子どもの福祉を図るとともに，その権利を擁護する**ことを主たる目的としている。

5 　**✕** 　放課後児童クラブは放課後児童健全育成事業のことで，児童福祉法第 6 条の 3 第 2 項の規定に基づき，保護者が労働等により昼間家庭にいない**小学校に就学している児童**に対し，授業の終了後等に小学校の余裕教室や児童館等を利用して適切な遊び及び生活の場を与えて，その**健全な育成を図る**ことを目的として設置されている。

解答 1

16 現代の精神保健の課題と支援
⑩精神保健の課題と支援・問題15

次の記述のうち，労働と精神保健に関連する法律の説明として，**正しいもの**を１つ選びなさい。

1 労働安全衛生法に基づくストレスチェック制度で高ストレス者と判定された労働者には，医師による面接指導を受ける義務がある。

2 過労死等防止対策推進法が規定する過労死等の原因には，精神障害が含まれている。

3 「男女雇用機会均等法」は，妊娠中及び産後の危険有害業務の就業制限を規定している。

4 健康増進法は，事業者に対してパワーハラスメント防止のための措置を講じなければならないと規定している。

5 労働契約法では，国が労働者の心の健康の保持増進のための指針を策定することが規定されている。

(注) 「男女雇用機会均等法」とは，「雇用の分野における男女の均等な機会及び待遇の確保等に関する法律」のことである。

> **Point** 旧出題基準の大項目「4　精神保健の視点から見た勤労者の課題とアプローチ」に関する問題は毎年出題されており，しっかり学習しておきたい。選択肢は，関連する法律と規定されている内容の正否を問うものであるが，いずれも基本的事項である。それぞれの法律の概要及び近年の改正事項を確認しておきたい。

1 **✕** ストレスチェック制度は「労働安全衛生法の一部を改正する法律」（2014年（平成26年）公布）において，心理的な負担の程度を把握するための検査を実施し，その結果に基づく面接指導の実施等を内容として新たに創設された。高ストレスと判定され面接指導を受ける必要があると実施者が認めた**労働者から申出があった場合は，事業者は当該労働者に対して，医師による面接指導を実施する**こととなっており，面接指導を受けることは義務ではない。

2 **◯** 過労死等防止対策推進法第2条により，その対象を「業務における過重な負荷による脳血管疾患・心臓疾患を原因とする死亡」「**業務における強い心理的負荷による精神障害を原因とする自殺による死亡**」「死亡には至らないが，これらの脳血管疾患・心臓疾患・**精神障害**」と規定しており，過労死等の原因に精神障害は含まれている。

3 **✕** 妊娠中及び産後の危険有害業務の就業制限を規定しているのは，**労働基準法**第64条の3にある「危険有害業務の就業制限」で，「使用者は，妊娠中の女性及び産後1年を経過しない女性を，重量物を取り扱う業務，有害ガスを発散する場所における業務その他妊産婦の妊娠，出産，哺育等に有害な業務に就かせてはならない」とある。

4 **✕** 事業者に対してパワーハラスメント防止のための措置を講じなければならないと規定しているのは，2020年（令和2年）6月1日に施行された**労働施策の総合的な推進並びに労働者の雇用の安定及び職業生活の充実等に関する法律（労働施策総合推進法）**である。当初，義務化の対象だったのは大企業のみであったが，2022年（令和4年）4月1日より中小企業も義務化されており，全面施行となった。

5 **✕** 事業場における労働者の健康保持増進のための指針を策定することを義務付けているのは，**労働安全衛生法**である。同指針は2021年（令和3年）2月8日の改正（同年4月1日施行）により，事業者と医療保険者とが連携した健康保持増進対策がより推進されるようコラボヘルスの推進などが求められた。

解答 2

17 現代の精神保健の課題と支援

⑯精神保健の課題と支援・問題16

N県で大規模災害が発生したことから、P県に勤務するC精神保健福祉士に対し、その担当部署より被災地支援チームの一員として参加するよう要請がなされた。当該支援チームの主な活動内容は、急性期の精神科医療ニーズへの対応、精神保健医療ニーズの把握、他の保健医療体制との連携、専門性の高い精神科医療の提供と精神保健活動の支援である。C精神保健福祉士は国が認めた専門的な研修・訓練も受け、同チームの構成メンバーとして登録されている。

次のうち、このチームの名称として、**正しいもの**を1つ選びなさい。

1　DHEAT
2　DMAT
3　DPAT
4　DWAT
5　JMAT

> **Point**　この短文事例は、精神保健福祉士が災害時に活動する被災地支援チームの名称に関する問題である。英語の略称表記による問題であるが、正答であるDPATは精神保健福祉士の専門科目において学習しておくべき内容であり、確実に得点したい問題である。災害支援に関する問題は定期的に出題されていることから、各選択肢の運用方針や活動内容、関連する用語について学習しておく必要がある。

1　✕　DHEAT（Disaster Health Emergency Assistance Team：災害時健康危機管理支援チーム）は、大規模災害時に都道府県・指定都市等に設置される**保健医療調整本部や保健所等での指揮調整機能が円滑に進むよう支援を行う**専門的な応援派遣チームとして組織される。その要請により被災自治体の状況や保健医療のニーズに合わせて外部からの保健医療活動チーム等をコーディネートする。C精神保健福祉士が参加を要請されたチームの主な活動内容とは異なるため誤りである。

2　✕　DMAT（Disaster Medical Assistance Team：災害派遣医療チーム）は、大地震及び航空機・列車事故等の災害時や、新興感染症等のまん延時に、**地域において必要な医療提供体制を支援し、傷病者の生命を守る**ことから、今回の主な活動内容と異なる。厚生労働省の認めた専門的な研修・訓練を受けたチームである。また、災害の発生直後の急性期（おおむね48時間以内）から活動が開始できる機動性をもっている。

3　◯　DPAT（Disaster Psychiatric Assistance Team：災害派遣精神医療チーム）は、自然災害や犯罪事件・航空機・列車事故等の集団災害が発生した場合に、**被災地域の精神保健医療ニーズの把握、ほかの保健医療体制との連携、各種関係機関等との調整、専門性の高い精神科医療の提供と精神保健活動の支援を行う**。DPATは都道府県によって組織される専門的な研修・訓練を受けたチームである。C精神保健福祉士が要請されたチームにも当てはまる。

4　✕　DWAT（Disaster Welfare Assistance Team：災害福祉支援チーム）は、災害時において**長期避難者の生活機能の低下や要介護度の重度化などの二次被害を防ぐ**ため、一般避難所等に避難する高齢者や障害者、傷病者、子ども等といった「災害時要配慮者」の福祉ニーズに対応し、生活の維持などの福祉支援を行う専門職チームのことである。精神保健福祉に関するニーズだけが対象ではなく、C精神保健福祉士が要請されたチームの主な活動内容とは異なるため誤りである。

5　✕　JMAT（Japan Medical Association Team：日本医師会災害医療チーム）は、被災者の生命及び健康を守り、被災地の公衆衛生を回復し、地域医療や地域包括ケアシステムの再生・復興を支援することを目的とする災害医療チームであり、**主に災害急性期以降における避難所・救護所等での医療や健康管理、被災地の病院・診療所への支援（災害前からの医療の継続）**などを行うことが特徴としてあげられる。C精神保健福祉士が要請されたチームの主な活動内容とは異なるため誤りである。

解答　**3**

18 現代の精神保健の課題と支援

⑬精神保健の課題と支援・問題17

次のうち，第2期アルコール健康障害対策推進基本計画において，わが国で増加傾向にあることが示されているものとして，**正しいもの**を1つ選びなさい。

1 飲酒習慣のある男性の割合
2 生活習慣病のリスクを高める量を飲酒している女性の割合
3 20歳未満の者の飲酒の割合
4 妊娠中に飲酒している女性の割合
5 酒類の販売（消費）数量

Point 2013年（平成25年）に公布されたアルコール健康障害対策基本法に基づき策定された「アルコール健康障害対策推進基本計画」に関する問題である。日本におけるアルコールに関する近年のデータや状況だけでなく，社会の変化，個人の生活スタイルの変化に応じた国の政策やその効果について学習し，また近年のわが国における依存症関連の課題と支援についても学ぶことが必要である。

---

1 ✕ 2021年（令和3年）3月に厚生労働省から出された「第2期アルコール健康障害対策推進基本計画」によると「飲酒習慣のある者（週3日以上，1日1合以上飲酒する者）の割合」は，2010年（平成22年）は男性が35.4％，女性が6.9％であったのに対し，2019年（令和元年）は男性が33.9％，女性が8.8％であり，男性は低下傾向，女性は上昇傾向にあったことから本選択肢は誤りである。また取り組むべき施策として「将来的なアルコール健康障害の発生につながる健康リスクの高い飲酒習慣や，アルコール関連問題の要因となり得る一時多量飲酒のリスクに対する理解の促進を図る」ことが明記されている。

2 ○ 「令和元年 国民健康・栄養調査報告」（厚生労働省）では「生活習慣病のリスクを高める量を飲酒している者の割合」は，男性14.9％，女性9.1％となっており*，2010年（平成22年）以降の推移でみると男性で有意な増減はなく，女性では有意に増加しているため正しい。このことから，「第2期アルコール健康障害対策推進基本計画」においても対策の重要さが増している状況にあることが示されている。

3 ✕ 「第2期アルコール健康障害対策推進基本計画」によると「20歳未満の者の飲酒の割合（調査前30日に1回以上飲酒した者の割合）」は全体として大きく減少しているため誤りである。2010年（平成22年）では，中学3年男子10.5％，中学3年女子11.7％，高校3年男子21.7％，高校3年女子19.9％であったが，2017年（平成29年）には，中学3年男子3.8％，中学3年女子2.7％，高校3年男子10.7％，高校3年女子8.1％であった。

4 ✕ 「第2期アルコール健康障害対策推進基本計画」によると「妊娠中に飲酒している女性の割合」は，2010年（平成22年）は8.7％であったが，2017年（平成29年）は1.2％となっており，飲酒リスクの普及啓発や不適切な誘引防止などの取組により低下がみられたため誤りである。しかし「妊娠中の飲酒をなくすこと」という目標は達成できていないことから，第2期アルコール健康障害対策推進基本計画においても引き続き対策が必要であることが明記されている。

5 ✕ 「第2期アルコール健康障害対策推進基本計画」によると「酒類の販売（消費）数量」は，1996年度（平成8年度）をピークに減少が続いていることから誤りである。2019年度（令和元年度）の販売（消費）数量は1996年度（平成8年度）の約84％となっている。その一因として，「飲酒習慣のある者の割合」が低い「70歳以上の高齢者の割合」が上昇していることがあげられている。また，習慣的な多量飲酒の問題だけでなく，一時多量飲酒の問題や，いわゆるストロング系アルコール飲料の普及など，近年の酒類の消費動向にも留意した普及啓発が必要であることが示されている。

解答 2

＊ 「令和5年 国民健康・栄養調査報告書結果の概要」（厚生労働省）では「生活習慣病のリスクを高める量を飲酒している者の割合」は，男性14.1％，女性9.5％となっている。

19 現代の精神保健の課題と支援

[旧]精神保健の課題と支援・問題 18

☑☑☑

次のうち，グループホーム等の新設に際して地域住民から反対運動が起こることを意味する用語として，**正しいもの**を１つ選びなさい。

1　異文化間コンフリクト
2　バリアフリー・コンフリクト
3　接近－接近コンフリクト
4　施設コンフリクト
5　ロール・コンフリクト

Point 本問は，いわゆる「施設コンフリクト」に関する問題である。コンフリクト（conflict）とは，直訳すると「対立」「闘争」「葛藤」という意味があり，一般的には「双方の間で衝突や不一致が起こり，互いが対立する状態のこと」を指す。精神障害者やその家族に対する歴史的・制度的な処遇，社会や地域住民からの偏見や差別などの社会的障壁，人権問題とも合わせて理解，学習することが重要である。本問のような施設コンフリクトに影響を及ぼす要素には，①施設コンフリクト問題における仲介者の重要性，②コンフリクト・マネジメント手法，③「信頼」の重要性，④行政の役割，⑤地域特性の影響，⑥施設の積極的側面の六つがあげられる。

1　×　異文化間コンフリクトとは，**性別や年齢，職業，生まれ育った国や土地，社会的な地位など自らの置かれる環境や価値観が相違することによって生じる衝突や対立**のことである。

2　×　バリアフリー・コンフリクトとは，**特定の障害のためのバリアフリー化が，ほかの障害のある人や障害のない人にとって新しいバリアとなる問題（バリアフリーによる葛藤）**のことをいう。例えば，点字ブロックを設置することにより，車いす利用者が移動しにくくなることや高齢者がつまずくことなどがあげられる。そこで，両者に対する配慮のバランスをとるような，ユニバーサルデザインを目指すことが重要となる。

3　×　接近－接近コンフリクトは，ドイツ出身の心理学者であるレヴィン（Lewin, K. Z.）が示した「心理学的な場の葛藤」の一つであり，**ほぼ同等の魅力をもっている二つの誘因の間でどちらかを選ぼうとするときに生じる**とされている。レヴィンはそのほかに，できれば避けたい状況が二つあり，そのうちのいずれかを選択しなければならない状況の葛藤を「回避－回避コンフリクト」とし，一つの誘因が正負相反する誘因性を併せもつ葛藤のことを「接近－回避コンフリクト」とした。

4　○　施設コンフリクトは，本問のように**社会福祉施設等の新設などにあたり，施設と地域間において，その建設が地域社会の強力な反対運動に遭遇して頓挫したり，あるいはその建設と引換えに大きな譲歩を余儀なくされたりする**ことである。また，類似した概念に「その施設の必要性は認めるが，自分の住む地域には建設してほしくない」という住民たちの主張や態度を示す「NIMBY（Not In My Back Yard）」がある。

5　×　ロール・コンフリクト（役割葛藤）は，**同一の役割遂行者に期待される複数の役割の間における矛盾などから生じる葛藤状態（役割間葛藤）と，期待される役割内容に関する役割遂行者と期待者との間における不一致などから生じる葛藤状態（役割内葛藤）**のことである。例えば，父親が仕事場と家庭で異なる役割を期待され葛藤する状態は「役割間葛藤」であり，子どもが父と母から異なることをそれぞれ期待され葛藤する状態は「役割内葛藤」である。

解答 4

20	現代の精神保健の課題と支援

Ⓑ精神保健の課題と支援・問題 19

日本いのちの電話連盟に関する次の記述のうち，**正しいものを 2 つ選びなさい。**

1 フリーダイヤル相談を行う。

2 自殺対策基本法の成立を受けて創設された。

3 一般市民への自殺予防に関する普及啓発事業を行う。

4 ひきこもり専門のデイケア事業を行う。

5 訪問介護事業を行う。

💡 **Point** 「一般社団法人日本いのちの電話連盟」（以下，日本いのちの電話連盟）に関する問題で，出題内容は歴史や事業を問うものであった。ホームページ（https://www.inochinodenwa.org/）から事業の内容や取組み等について学習すると理解が深まる。近年の「ストレス」や「自殺」と，現代社会における精神の健康に関するニュースなどに関心をもち，日本における自殺予防・自殺対策の取組みについて学習することが大切である。

---

1 ⭕ 日本いのちの電話連盟は，さまざまな困難や危機にあって自殺を考えている人の相談電話として **「自殺予防いのちの電話」をフリーダイヤル相談として実施しているため正しい。** 実施時間は「毎日 16：00〜21：00」「毎月 10 日は 8：00〜翌 11 日 8：00」で，基本的に通話料は無料である。電話相談員は養成研修を修了し認定を受けたボランティアである。またボランティアを支えるシステムとして継続研修が行われ，2022 年（令和 4 年）現在，約 5800 名の電話相談員が活動している。なお，いのちの電話が行う「みんなのインターネット相談」ではメールでの相談も受け付けている。

2 ❌ **自殺対策基本法は 2006 年（平成 18 年）に施行された法律であり，日本いのちの電話連盟は 1977 年（昭和 52 年）に結成されている**ため誤りである。日本いのちの電話連盟の結成は，1953 年に英国のロンドンで開始された自殺予防のための電話相談に端を発し，日本では 1971 年（昭和 46 年）10 月に東京で初めてボランティア相談員による電話相談が開始された。1977 年（昭和 52 年）には，この市民運動を全国に展開するために「日本いのちの電話連盟」が結成された。2022 年（令和 4 年）現在，連盟加盟センターは 50 センターとなり，自死遺族支援活動を行っている加盟センターもある。

3 ⭕ 日本いのちの電話連盟の定款第 4 条(2)には **「一般市民への自殺予防に関する普及啓発事業を行うとともに日本自殺予防シンポジウムの開催等に関する事業」を行うことが明記されている**ため正しい。その他の事業として，「電話相談等の推進，調整に関する事業」「相談員の資質向上等のために，全国研修会を実施する事業」「研修スタッフのために，定期的に研修会を実施する事業」などが明記されている。

4 ❌ 日本いのちの電話連盟の事業には **「ひきこもり専門のデイケア事業」は含まれていない**ため誤りである。ひきこもり支援に関する取組みとして，2009 年度（平成 21 年度）より「ひきこもり地域支援センター」を都道府県及び指定都市に設置し，2018 年度（平成 30 年度）からは市町村が実施主体として居場所づくりや相談窓口の設置，情報発信等を行う「ひきこもりサポート事業」を実施している。2022 年度（令和 4 年度）からは，「ひきこもり地域支援センター」の設置主体を市町村に拡充するとともに，「ひきこもり支援ステーション事業」を開始した。

5 ❌ 日本いのちの電話連盟の事業には「訪問介護事業」は含まれていないため誤りである。**訪問介護事業は，「介護保険法」に定められるサービスの一つである。**要支援認定もしくは要介護認定を受けた高齢者を対象に，①身体介護，②生活援助，③通院等乗降介助を行う。障害者の日常生活及び社会生活を総合的に支援するための法律に定められる「居宅介護」とは対象やサービス内容等が異なる。

解答 **1** **3**

419

21 現代の精神保健の課題と支援

[旧]精神保健の課題と支援・問題 20

次の記述のうち，「WHO の手引き」で推奨されている，自殺が生じた際の責任ある報道の在り方として，**正しいものを 1 つ**選びなさい。

1 報道記事を目立つところに配置する。
2 発生した場所の詳細を伝える。
3 自殺がよくある普通のこととみなす言葉を使う。
4 用いられた手段を明確に表現する。
5 どこに支援を求めるかについて正しい情報を提供する。

（注）「WHO の手引き」とは，「自殺対策を推進するためにメディア関係者に知ってもらいたい基礎知識 2017 年最新版」のことである。

Point 2017 年に WHO（世界保健機関）より公表された「Preventing suicide : a resource for media professionals, update 2017」に関する問題である。これはメディア関係者に向けた自殺対策推進のための手引きである。新聞やテレビなどのメディアによる自殺報道の後に自殺が増加する危険性，有名人の自殺報道，インターネットの普及とともに，新聞やテレビといったメディアだけではなく，ソーシャル・メディアが自殺を誘発する危険性も指摘されている。

1 × 「自殺対策を推進するためにメディア関係者に知ってもらいたい基礎知識　2017 年最新版」*（以下，「WHO の手引き」）によると，報道記事を目立つところに配置することは「やってはいけないこと」に含まれているため誤りである。**自殺に関する報道記事を目立つように配置したり必要以上に繰り返し報道したりすることは，後の自殺関連行動につながる可能性が高く，記事の見出しや配置，放送・配信の順番，新しい情報を加える場合などについて注意が必要**とされている。

2 × WHO の手引きによると，発生した場所の詳細を伝えることは「やってはいけないこと」に含まれているため誤りである。**自殺が発生した橋，高層ビル，崖，列車の駅，踏切などについて詳細を伝えることがないように注意を払うことが必要**とされている。特に教育の場や刑務所や医療機関などでの自殺及び自殺未遂に関する報道をする際には注意を払う必要があるとされている。

3 × WHO の手引きによると，自殺がよくある普通のこととみなす言葉を使うことは「やってはいけないこと」に含まれているため誤りである。自殺対策の重要性について啓発できるような表現や誤解されにくい表現が望ましく，自殺を極端に単純化して説明する表現や，**自殺で身近な人を失った人が受ける偏見を不必要に増大させるような表現は避けるべきである**とされている。

4 × WHO の手引きによると，用いられた手段を明確に表現することは「やってはいけないこと」に含まれているため誤りである。**自殺リスクのある人が行為を模倣する可能性を高めてしまうため，自殺手段の詳細な説明や議論は避けなくてはならない**とされている。例えば，自殺手段に薬品が使用されていた場合には，その薬品の名称や性質，服用量，入手経路などについて詳細に伝える際は注意が必要であるとされている。

5 ○ WHO の手引きによると，どこに支援を求めるかについて正しい情報を提供することは「やるべきこと」に含まれているため正しい。特に「自殺報道の最後には，支援のための資源に関する情報を提供すること」とされている。具体的な資源には，**いのちの電話や専門家の支援が受けられる機関，自助グループなどが含まれていなければならない**。また，アクセス方法やアクセス可能な時間などの情報についても含まれていることが望ましい。一方で情報量が多すぎると効果がなくなることもあるため，情報量を絞って提供するべきであるとされている。

解答 5

＊「自殺対策を推進するためにメディア関係者に知ってもらいたい基礎知識 2023 年版」が公表されている。

22 精神保健福祉の原理
⑮精神保健福祉相談援助の基盤・問題21

次のうち，2010年（平成22年）の精神保健福祉士法改正で精神保健福祉士の義務等に，新たに設けられたものとして，**正しいもの**を2つ選びなさい。

1 信用失墜行為の禁止
2 資質向上の責務
3 名称の使用制限
4 秘密保持義務
5 誠実義務

> **Point** 精神保健福祉士法の2010年（平成22年）の改正は，2004年（平成16年）の発達障害者支援法，2005年（平成17年）の障害者自立支援法，2006年（平成18年）の自殺対策基本法の成立，2008年（平成20年）の認知症疾患医療センター運営事業の開始など，精神障害のある人を取り巻く制度の成立や改変など社会情勢の変化の影響を受けている。改正の内容だけでなく，改正に影響を与えたほかの法律の成立や変遷等も把握しておく必要がある。この改正において，精神保健福祉士の定義が改定されたほか，誠実義務と資質向上の責務が追加された。

1 ✕ 信用失墜行為の禁止は，精神保健福祉士法（以下，法）第39条に位置づけられている。信用失墜行為とは，精神保健福祉士としての業務に関連して，不当な報酬を請求したり，罪を犯したりして，精神保健福祉士としての信用を傷つける行為のことである。このような行為を行った場合，精神保健福祉士の資格の取り消しなどの制裁が講じられる。精神保健福祉士としての信用失墜行為はあってはならない行為であり，**法成立当初**から位置づけられている。

2 ◯ 資質向上の責務は，**2010年（平成22年）の法改正**で第41条の2に位置づけられた。精神保健福祉士は，精神障害のある人の利益や福祉の向上を目指す専門職であり，法律や制度の変遷に伴い，資格取得後もその専門性を常に維持し続け，さらに向上させる必要がある。そのために専門性の研鑽の必要性が加えられた。精神保健福祉士の資質向上のために，日本精神保健福祉士協会において生涯研修制度を導入している。

3 ✕ 名称の使用制限は，法第42条に位置づけられている。精神保健福祉士は，名称独占の資格であり，精神保健福祉士でない者は，精神保健福祉士という名称を使用してはならないと規定されている。名称の使用制限は，**法成立当初**から位置づけられている。なお，業務に関しては資格をもっていなくても行うことができる。

4 ✕ 秘密保持義務は，法第40条に位置づけられており，精神保健福祉士は，正当な理由がなく，その業務に関して知り得た人の秘密を漏らしてはならないと規定されている。精神保健福祉士としての秘密保持は，義務であり，**法成立当初**から位置づけられている。なお秘密保持義務は精神保健福祉士でなくなった後においても，同様であるため，注意が必要である。

5 ◯ 誠実義務は，**2010年（平成22年）の法改正**で第38条の2に位置づけられた。精神保健福祉士が担当する精神障害のある人は複数の複雑な課題を抱えている人も少なくない。そのため，一人ひとりの尊厳を保ち，自立した日常生活が送れるよう誠実に業務を行わなければならないと規定された。

解答 2 5

23 精神保健福祉の原理
⑮精神保健福祉相談援助の基盤・問題 22

次の記述のうち，社会福祉士及び介護福祉士法制定の背景として，**適切なもの**を１つ選びなさい。

1 社会福祉基礎構造改革の議論が行われ，個人の多様な需要に対し，地域での総合的な支援のための人材が求められた。

2 障害福祉サービスにおいて，ケアマネジメントを用いた生活支援を展開するための人材が求められた。

3 増大する介護需要に対応するために，老人，身体障害者等に関する福祉に対する相談や介護を依頼することができる専門的能力を有する人材が求められた。

4 福祉三法が整備される中，各都道府県等に社会福祉行政を担当する人材を配置することが求められた。

5 高齢者が住み慣れた地域で自立した生活を営めるよう，地域包括ケアシステムの構築を推進する人材が求められた。

Point 社会福祉士及び介護福祉士法は，少子化及び高齢化とそれに伴う要介護高齢者の増大を支える専門的知識，技術をもった人材の育成，高齢者に対する福祉サービスの質の確保などを目的に制定された。1987 年（昭和 62 年）の成立以降，時代とともに法律も少しずつ改正されている。そのため，成立の背景と同時に，改正の時期や内容も併せて押さえておく必要がある。

---

1 ✗ 選択肢は，**社会福祉基礎構造改革**の内容である。社会福祉基礎構造改革では，福祉ニーズの多様化に伴い，従来の社会福祉制度を見直し，地域での総合的な支援のための人材育成などを目的に，社会福祉事業法，児童福祉法や老人福祉法などが見直された。また地方公共団体や社会福祉法人を中心とした福祉サービスの提供に，社会福祉協議会，NPO など民間機関の参入も認められた。

2 ✗ 選択肢は，**障害者ケアマネジメント成立の背景**である。障害福祉サービスにおいて，ケアマネジメントを用いた生活支援の展開のための人材育成は，障害者ケアガイドラインに位置づけられている。障害者ケアガイドラインは，障害のある人が地域で主体的に生活することができるように，ニーズに合わせて医療・福祉・就労などの各サービスをケア計画に基づいて，体系的に提供するための指針である。

3 ○ 社会福祉士及び介護福祉士法は，**増大する介護需要に対応するために，高齢者，障害者に関する福祉に対する相談や介護を担うわが国初の専門職について規定している法律**である。社会福祉士と介護福祉士はそれぞれ別の国家資格であるが，一つの法律に規定されている。

4 ✗ 選択肢は，**社会福祉主事が資格化された背景**である。社会福祉主事は，福祉事務所等の行政機関において高齢者や障害者など支援を必要としている人が，適切にサービスを利用できるように支援する職種であり，任用資格である。近年では，行政機関のみならず，社会福祉施設や社会福祉協議会等でも活躍している。なお，福祉三法とは，生活保護法，児童福祉法，身体障害者福祉法のことである。

5 ✗ 選択肢は，**地域包括支援センター**における**配置職種の成立の背景**である。地域包括支援センターは，高齢者が住み慣れた地域で自立した生活を営むことができるように，保健や福祉の向上や増進を包括的に実施するために市区町村に設置される機関である。そこに配置される職種は，社会福祉士，保健師，主任介護支援専門員であり，これらの専門職が地域住民や行政機関等と連携し，地域の高齢者の相談支援や権利擁護，支援体制の構築などを行う。

解答 3

24 精神保健福祉の原理
⑩精神保健福祉相談援助の基盤・問題 23

次の記述のうち，ソーシャルワーカーのコーディネーターとしての役割を説明するものとして，**適切なもの**を1つ選びなさい。

1 クライエントの生活を支援するために，専門職間の連携を図り，連絡調整を行う。

2 クライエント自身が問題を解決することを可能にするため，側面的援助を行う。

3 クライエントの問題解決に向けて，クライエントに自発的，能動的な行動を促す。

4 クライエントの権利擁護のために交渉し，クライエントを保護する。

5 クライエントの生活問題を把握・分析し，福祉サービスの課題を明らかにする。

> **Point** ソーシャルワーカーの役割の一つである「コーディネーター」の役割に関する問題である。ソーシャルワーカーは，専門職の価値に基づき，知識や技術を適切に活用して機能を遂行することが求められる。そのためにも，本人や家族の気持ちを尊重し，さらに理念や原則，活用できる資源，多職種連携・多機関連携などについても学習を深めることが重要である。

1 ○ ソーシャルワーカーの**コーディネーターとしての役割**は，複数の問題を抱えている**クライエント**に対して，**利用できる資源を発見し提供すること**，その後のモニタリングを行うことなどがあげられるため適切である。コーディネーターは，日頃から関係機関や専門職と協力関係を築き，社会資源の情報をもつこと，調整に必要な技能を身につけておくことが重要である。

2 ✕ 選択肢は，当事者が自身の課題に取り組み，問題解決することができるように支持，励まし等を行うことで，当事者自身が問題解決できるように側面的に支援することを意味する**イネイブラー（力を添える者）**の説明である。一方で，例えば，アディクション（依存症）領域では，ある人間関係において，当事者の望ましくない行動や状態を改善させようとして行った行為が，結果として望ましくない行動や状態を継続させてしまうことになる場合に用いられることもある。

3 ✕ 選択肢は，指示を出したり，方向性を導く役割である**ファシリテーター（促進者）**の説明である。ファシリテーターは，集団場面において発言を促したり，話題や状況を整理したりすることで参加者の認識が一致しているか確認するなどして，集団における合意形成や相互理解を側面的にサポートする役割を担う。ソーシャルワーカーの役割は，いくつかの分類方法があるが，ファシリテーターについてはメゾレベルでの実践に分類されることが多い。

4 ✕ 選択肢は，**アドボケーター（弁護者）**の説明である。アドボケーターは，当事者の意見や権利を代弁し，その権利を擁護する役割を担う。当事者本人の立場に立つという点において，中立な立場に立つ「オンブズマン」とは異なる。また，問題解決や必要な支援を行うなど最良の方法を導くために関係者と話し合い，交渉する役割を「ネゴシエーター（交渉者）」という。

5 ✕ 選択肢は，**アドミニストレーター**の説明である。アドミニストレーターは，組織の運営管理者や社会福祉従事者，利用者及び関係者を対象として，運営協議会や各種委員会活動を通じて，サービス計画や運営改善やニーズのフィードバックを行う役割を担う。福祉サービス利用者のために社会資源を効率的に運用するためにもソーシャルアドミニストレーション機能（社会福祉運営管理機能）は重要である。

解答 1

25 精神保健福祉の原理

[旧]精神保健福祉相談援助の基盤・問題 24

「ソーシャルワーク専門職のグローバル定義」(2014年)におけるソーシャルワークに関する次の記述のうち，**正しいものを2つ**選びなさい。

1 実践に基づいた専門職であり学問である。
2 原理の一つに社会正義がある。
3 集団的権利ではなく個人の権利を尊重する。
4 西洋の諸理論を基準に展開される。
5 「人々とともに」ではなく「人々のために」働くという考え方をとる。

(注)「ソーシャルワーク専門職のグローバル定義」とは，2014年7月の国際ソーシャルワーカー連盟(IFSW)と国際ソーシャルワーク学校連盟(IASSW)の総会・合同会議で採択されたものを指す。

Point 「ソーシャルワーク専門職のグローバル定義」(2014年)の内容に関する問題である。2000年の「ソーシャルワークの定義」と比較して，どのような点が，どのように変更されたのかを注釈も含めて学習しておく必要がある。

≪ソーシャルワーク専門職のグローバル定義≫(日本語版)
ソーシャルワークは，社会変革と社会開発，社会的結束，および人々のエンパワメントと解放を促進する，実践に基づいた専門職であり学問である。社会正義，人権，集団的責任，および多様性尊重の諸原理は，ソーシャルワークの中核をなす。ソーシャルワークの理論，社会科学，人文学，および地域・民族固有の知を基盤として，ソーシャルワークは，生活課題に取り組みウェルビーイングを高めるよう，人々やさまざまな構造に働きかける。
この定義は，各国および世界の各地域で展開してもよい。

1 ○ ソーシャルワーク専門職のグローバル定義(2014年)には，「ソーシャルワークは，社会変革と社会開発，社会的結束，および人々のエンパワメントと解放を促進する，**実践に基づいた専門職であり学問である**」とあるため正しい。また，その注釈(知)には，「ソーシャルワークは，複数の学問分野をまたぎ，その境界を超えていくものであり，広範な科学的諸理論および研究を利用する」とある。

2 ○ ソーシャルワーク専門職のグローバル定義(2014年)には，「**社会正義**，人権，集団的責任，および多様性尊重の諸原理は，ソーシャルワークの中核をなす」とあるため正しい。さらに注釈(原則)では「人権と社会正義を擁護し支持することは，ソーシャルワークを動機づけ，正当化するものである」としている。これらの原理に基づいて社会の変革，開発に寄与していかなければならない。

3 × ソーシャルワーク専門職のグローバル定義(2014年)の注釈(原則)には，「ソーシャルワークは，第一・第二・第三世代の権利を尊重する」とあり，「これらの権利は，互いに補強し依存しあうものであり，**個人の権利と集団的権利の両方を含んでいる**」としているため誤りである。

4 × ソーシャルワーク専門職のグローバル定義(2014年)の注釈(知)には，「ソーシャルワークは**特定の実践環境や西洋の諸理論だけでなく，先住民を含めた地域・民族固有の知にも拠っていること**を認識している」とされているため誤りである。

5 × ソーシャルワーク専門職のグローバル定義(2014年)の注釈(実践)には，「ソーシャルワークは，できる限り，**『人々のために』ではなく，『人々とともに』働くという考え方をとる**」とされているため誤りである。また，ソーシャルワークの実践は，さまざまな形のセラピーやカウンセリング・グループワーク・コミュニティワーク，政策立案や分析，アドボカシーや政治的介入など，広範囲に及ぶことも示されている。

解答 1 2

26 精神保健福祉の原理
⑮精神保健福祉相談援助の基盤・問題 25

相談援助の理念に関する次の記述のうち，**適切なもの**を1つ選びなさい。

1 自立支援とは，不十分な生活スキルを訓練して克服し，地域での暮らしを可能にするための実践的理念をいう。

2 ノーマライゼーションとは，障害者が地域において普通の生活を営むことが，当たり前である社会をつくる理念をいう。

3 ハームリダクションとは，罪悪感に働きかけて薬物を断つ動機を高めることを目指す支援理念をいう。

4 ボランタリズムとは，国や行政による福祉サービスの恩恵を自発的に受けて自立を実現する理念をいう。

5 ソーシャルイクオリティとは，信頼・規範・ネットワークという人々の協調行動を重視した活動の理念をいう。

Point 相談援助の理念とは，クライエントの自己決定，自立支援，エンパワメント，ストレングス視点，ノーマライゼーションと社会的包摂等，ソーシャルワーカーの実践の視点や，ソーシャルワーカーとして「とるべき行動」に直結するものである。それらについての理解を確認する問いである。

1 ✗ 相談援助における「自立」とは，生活スキルを訓練して身につけ，自分自身で何もかもできるようになることを意味するものではない。**さまざまな社会資源を活用し，自分の意思を反映しながら生活していくことである**。よって，選択肢は自立支援の説明として適切ではない。

2 ◯ ノーマライゼーションは，デンマークの社会運動家バンク – ミケルセン（Bank-Mikkelsen, N. E.）によって提唱された理念である。障害者や高齢者など社会的弱者とされる人々が**健常な人と同じように生活をすることができるようにしていこうという考え方**である。1993年（平成5年）に制定された障害者基本法もこの思想に基づいて，「すべて障害者は，社会を構成する一員として社会，経済，文化その他あらゆる分野の活動に参加する機会を与えられるものとする」という基本理念が規定されている。

3 ✗ ハームリダクションとは，薬物の合法，違法にかかわらず，その使用量減少や中止をすることを主目的とはせず，**薬物使用を止めることよりも，ダメージを防ぐことに焦点をあて，健康・社会・経済上の悪影響を減少させることを主たる目的とした**，人権を尊重した人道的な政策・プログラムとその実践を指すものである。よって，選択肢は適切ではない。

4 ✗ ボランタリズムとは，**政策主体としての国家の活動よりも，市民の自発性に基づく活動を評価する思想**である。これらは通常無償で行われる。よって，選択肢は適切ではない。

5 ✗ 選択肢の内容は，**ソーシャルキャピタル**について述べたものである。社会や地域コミュニティにおける人々の相互関係や結びつきを支える仕組みの重要性を説く考え方のことである。「イクオリティ（equality）」とは「平等」を意味する言葉である。つまり，ソーシャルイクオリティとは，**社会に存在する不平等を是正し，平等性を保証する**ことを意味する。

解答 **2**

27 精神保健福祉の原理

⑯精神保健福祉相談援助の基盤・問題 28

次の記述のうち，精神保健福祉士が行う権利擁護における発見機能として，**適切なもの**を１つ選びなさい。

1 生活費の管理に課題を抱えるクライエントに対し，日常生活自立支援事業の活用を促す。

2 退院後に単身生活を控えているクライエントに対し，アパートの物件情報を提供する。

3 ソーシャルワークの理念と組織・制度の問題を結び付けるために，クライエント集団と地域福祉政策とを結び付ける。

4 市民を対象とした精神保健福祉講座の運営を通して，精神障害に対する理解を求める。

5 長期入院にあるクライエントに対し，地域生活のイメージを描けるような働きかけを行う。

Point 権利擁護（アドボカシー）の五つの機能として，①介入機能，②発見機能，③調整（仲介）機能，④対決機能，代弁機能，⑤変革機能があげられる。しかし，この問題の選択肢の説明をするには，これだけでは足りない。精神保健福祉士の権利擁護の実践モデルとして，岩崎香（※）があげている七つの機能，①発見・アセスメント機能，②情報提供機能，③代弁・代行機能，④調整機能，⑤教育・啓発機能，⑥ネットワーキング機能，⑦ソーシャルアクション機能を用いることで説明できる。「発見機能」について問う問題であるが，それ以外の機能についてもきちんと理解をしておきたい。

---

1 ✕ 生活費の管理に課題を抱えるクライエントに対し，地域生活を支援する制度の一つである「日常生活自立支援事業」の活用を促すということは，機関内外の人的・物的資源を活用し，クライエントのニーズに沿う状況をつくり出す「調整機能」の説明である。

2 ✕ 選択肢の「退院後に単身生活を控えているクライエントに対し，アパートの物件情報を提供する」というのは，退院を控えたクライエントの不安や，思いなど個別の価値に寄り添いながら，そのニーズに応じて情報を提供，アクセス権を保障する「情報提供機能」を説明している。

3 ✕ 選択肢は，クライエントが地域福祉政策を活用できるように介入するアドボカシー機能，「介入機能」を説明したものである。

4 ✕ 選択肢の内容は「教育・啓発機能」にあてはまる。地域の関係機関，市民，ボランティアなど，多様な対象に対して障害の理解を求める機能である。精神保健福祉士は専門性の向上や教育，自己研鑽など継続していくことにより，このような講座等の運営を行っていく際，その機能を発揮することができる。

5 ○ 精神保健福祉士は，支援プロセスの中でクライエントとかかわり，クライエント自身に自らのニーズと権利に気づきをもたらす役割を担っている。長期入院によってさまざまな体験の機会を失ったり，できなかったりしたことを，地域生活で実現できる可能性があるとクライエントに気づかせ，ごく当たり前の生活を保障し，可能にしていくことを提示することは権利擁護の「発見機能」としてあてはまる。よって，選択肢は適切である。

解答 5

※岩崎香『人権を擁護するソーシャルワーカーの役割と機能 —— 精神保健福祉領域における実践課程を通して』中央法規出版，pp.165-184，2010.

事例問題 1 精神保健福祉の原理

次の事例を読んで，[28] から [30] までについて答えなさい。　　⑮精神保健福祉相談援助の基盤・事例問題1

〔事　例〕

　Ｆさん（41歳，女性）は，会社員として働いていた25歳の時にW精神科病院を受診し，うつ病と診断された。その後，幾つか通院先を変え，1年前からV精神科クリニックに通っている。ある日，ＦさんはV精神科クリニックのG精神保健福祉士（以下「Gワーカー」という。）に障害年金の申請に関する相談をした。Ｆさんとの面接の中で，母親とH社会保険労務士（以下「H社労士」という。）が，申請の手続を進めようとしていることが分かったが，Ｆさんは，「申請が必要なのか悩んでいるんです」と語った。そこでGワーカーは，「Ｆさんとお母さんの考えを出し合ってよく話し合いましょう」と話しかけた。（[28]）

　その後，障害年金の申請について，主治医を交えて四者で面談するために，ＦさんとH社労士が来院した。面談の中でH社労士は，経済的な基盤ができることが最重要ではないかと発言し，主治医は，継続的な受診が必要で，年金を受給できる状態であると述べた。面談の間，Ｆさんは押し黙ったままであり，Gワーカーはゃんの受給に対する意向や考えを明確にすることが大切だと考え，「Ｆさんはどう思いますか」と尋ねたところ，「ずっと，迷っています」とつぶやいた。そこでGワーカーは，「Ｆさんの障害年金に対する思いを皆で詳しく聞いてみませんか」と提案した。（[29]）

　四者での面談から2週間ほど経過した後，GワーカーはＦさんに改めて意向を確認した。「母は今後の生活を考え申請を勧めてくるが，障害者として生きていくということですよね」と話し始め，病気にならなければ違った人生になったかもしれないという思いが語られた。そこでGワーカーは，Ｆさんに，同じ病気を経験した人と交流できる場を紹介した。交流の場に参加したＦさんは，参加者が自分の人生を前向きに捉えており，その場での経験がＦさんにとって，将来を考えるきっかけとなった。この体験を通しＦさんは，障害年金の申請を自分の権利として積極的に捉えるようになった。この考え方の変化をGワーカーへ伝え，早速，H社労士にも連絡を取り，受診歴や初診時の年金加入条件等を調べてもらうことにした。（[30]）

28 精神保健福祉の原理

⑮精神保健福祉相談援助の基盤・問題30

次のうち，この時点でのFさんの揺らぎに焦点を当てたGワーカーの声かけの根拠となるソーシャルワークの価値として，**最も適切なもの**を1つ選びなさい。

1　自己覚知
2　人間の社会性
3　自己実現
4　変化の可能性
5　パーソナリティの発達

💡 **Point**　ソーシャルワーク（相談援助）の価値は知識や技術とともに，ソーシャルワークをソーシャルワークたらしめる構成要素である。ソーシャルワークの価値の構造として，中核的価値，派生的価値，根源的価値があげられる。ソーシャルワークの価値や理念を表す概念には意味の幅や重複もみられるので，複数の文献から学んでおくことが望まれる。

1　✕　**自己覚知**とは，**援助者が，自分自身の価値観や性格，経験や行動特性，相手に与える影響等について理解し，どのようにクライエントに向き合うかを考えることであり，Fさんの揺らぎに焦点化したソーシャルワークの価値として適切とはいえない。**適切な援助関係構築やバーンアウト防止のため，精神保健福祉士には自己覚知が必要となる。

2　✕　**人間の社会性**は，社会的動物である人間が独自性をもち，その独自性を貫徹するために他者と相互依存することであり，事例の障害年金制度の利用は，**社会への依存の一形態とも捉えられるが，その申請に対するFさんの揺らぎに焦点化したソーシャルワークの価値として適切とはいえない。**

3　✕　**自己実現**は，**人が自分らしさを発揮して生きることを目指し成長していくことであり，Fさんの揺らぎに焦点化したソーシャルワークの価値として適切とはいえない。**ソーシャルワークにおける自己実現とは，クライエント自身が望むライフスタイルで自分らしく暮らせる人間関係や場所を考えていくことを意味する。

4　○　**変化の可能性**は，**クライエントの変化，成長，向上の可能性を信じることから生じるものであり，Fさんの揺らぎに焦点化したソーシャルワークの価値として適切である。**変化の可能性は，人間の将来の行動は単なる因果論や帰納法に縛られるものではなく，過去や現在の制約から相当程度自由であるとする価値を指している。

5　✕　**パーソナリティの発達**とは，**クライエントが生活を送る上で抱える問題の解決過程で生じる人格的成長を指すものであり，Fさんの揺らぎに焦点化したソーシャルワークの価値として適切とはいえない。**ソーシャルワークでは，効果を意識した社会的環境との間の個別的調整によってクライエントの人格を発達させることを目指していく。

解答 ④

29 精神保健福祉の原理

⑯精神保健福祉相談援助の基盤・問題31

次の記述のうち，この段階でのチームビルディングの特徴として，**最も適切なもの**を1つ選びなさい。

1　チームの目標づくりを目指し，同時に各メンバーの役割について話し合う。

2　メンバーが集まり，各自の情報が交換され相互理解を図る。

3　メンバーそれぞれが振り返り作業を行い，その体験を整理する。

4　相互の信頼が醸成され，タスク達成に向けて実践する。

5　メンバー間の考え方の相違が明らかになり，役割に関する対立が表面化する。

Point チームビルディング（チーム構築）は，専門職や関係者の集まりを，ともに活動するチームとして形成していくための専門的なスキルである。チームビルディングのプロセスは一般的に，①形成段階，②規範形成段階，③対立段階，④実践段階，⑤離脱段階の経過をたどる。実際のチーム形成過程は順序どおりにいくものではないが，多職種等の連携を担う精神保健福祉士には，自身のかかわるチームがチームビルディングにおいてどの段階にいるのかを把握することが求められる。

---

1 ✕　事例から，GワーカーにとってFさんの障害年金に対する思いを聞くことはチームの目標ではなくFさんを交えたチームビルディングを始めるきっかけであることが読み取れる。**チームの目標づくりや各メンバーの役割についての話し合いは，この段階の次の段階である規範形成段階で展開される**ものであるため，適切とはいえない。

2 ◯　この段階で，Gワーカーは，Fさんの障害年金について考えるためにFさんの障害年金に対する思いを聞いていく**チーム形成を提案していると読み取れる**。これはチームビルディングの形成段階にあたり，その説明である本選択肢は適切である。なお，この段階におけるメンバーの相互理解の程度が，メンバーのチームへの帰属意識の程度に影響を及ぼす。

3 ✕　**各メンバーの振り返り作業は，チーム目標が達成された離脱段階で行われる**ことであり，まだチーム目標も設定されていないこの段階の説明として適切とはいえない。離脱段階では，それぞれのメンバーがチームからの離脱に向けた作業として体験の整理等を行い，次のチーム形成に向けて役立てていく。

4 ✕　この段階では，相互の信頼よりも前に相互理解が目指されていると読み取れる。よって，**相互の信頼が醸成されていく実践段階についての説明である本選択肢は適切とはいえない**。実践段階では，対立段階で生じた葛藤にメンバーが前向きに向き合う中で醸成されたメンバー間の信頼が，チームのタスク達成に向けた実践のパフォーマンスに影響を与える。

5 ✕　**メンバー間の考え方や役割の違いによる葛藤や矛盾，意見の対立が顕在化することは対立段階での事象**であり，メンバーの役割も決められていないこの段階の説明として適切とはいえない。対立や役割葛藤は，同一化圧力に屈せず健全にチーム構築が行われている証拠であり，これを失敗と捉えず精神保健福祉士として葛藤解決スキルを発揮していくべき場面である。

解答 2

注）本来「ソーシャルワークの理論と方法（専門）」に分類される問題であるが，問題28・30に合わせて「精神保健福祉の原理」に収載した。

30　精神保健福祉の原理

[旧]精神保健福祉相談援助の基盤・問題 32

次のうち，事例を通してGワーカーが行ったFさんへの支援の焦点として，**適切なものを1つ選びなさい。**

1　父権主義の尊重
2　障害の受容
3　社会的役割の確立
4　不正義の解消
5　社会的復権の実現

Point　実践領域や対象が多様化している精神保健福祉士には，何にその支援の焦点を当てるのかを考える力が求められる。実践方法同様その焦点も多様であるが，ミクロ領域においては，個人を身体—精神—社会的連関で捉え，クライエントが自らの欲求を実現しつつ外部環境からの要請に対処していくための社会生活機能が支援の中心焦点となる。

1　×　父権主義（パターナリズム）とは，クライエントの意思に関係なく，**専門職がクライエント不在で，その利益を優先に考え，クライエントに不利になるような情報は伝えない等の保護的な配慮や干渉等を行うこと**である。Fさんが障害年金の申請を自分の権利として積極的に捉えるようになる支援の焦点として適切とはいえない。実際の支援では，意思決定能力が不十分だと思えるクライエントに対し無意識のうちに望ましい方向へ誘導するパターナリズムも起こり得るため注意が必要である。

2　○　障害の受容は，Fさんが障害年金の申請を自分の権利として積極的に捉えるようになる支援の焦点として適切である。障害の受容とは，過去と比べた自身の価値低下・喪失の受容ではなく，**障害をもつことに恥や劣等感を感じることなく人生を積極的に生きようとする価値観の転換を意味する。**

3　×　社会的役割は，**社会制度等の外部環境からの要請によりその社会の構成員が担っていくもの**であり，Fさんが障害年金の申請を自分の権利として積極的に捉えるようになる支援の焦点として適切とはいえない。社会的役割はクライエントが社会的機能を育む上で不可欠な要素であり，ソーシャル・ロール・ヴァロリゼーションにおいて大切な概念である。

4　×　ソーシャルワークにおける不正義は，**差別，貧困，抑圧，排除，暴力，環境破壊等を指す**が，その解消を目指すことはFさんが障害年金の申請を自分の権利として積極的に捉えるようになる支援の焦点として適切とはいえない。社会正義はソーシャルワーカーの価値の一つであり，ロールズ（Rawls, J.）らが正義哲学の中で論じているものである。

5　×　社会的復権は，**クライエントが人間としての尊厳をもち地域で当たり前の生活ができるようになること**を指し，その実現は，Fさんが障害年金の申請を自分の権利として積極的に捉えるようになる支援の焦点として適切とはいえない。社会的復権は，Y問題の教訓から精神保健福祉士の目指す専門性の根幹とされ，精神保健福祉士が己の立ち位置や実践の方向性を確認する軸となる概念である。

解答 2

事例問題 2 精神保健福祉の原理

次の事例を読んで，[31]から[33]までについて答えなさい。　　　　⑮精神保健福祉相談援助の基盤・事例問題 2

〔事　例〕

　Jさん（55歳，男性）は，高校生の時に統合失調症を発症したが，今は病状も落ち着き，通院しながらアパートで一人暮らしをしている。Jさんは，3年ほど前から，K精神保健福祉士が勤めている地域活動支援センターで週に1〜2日過ごしているほか，昨年からは月に1度保健所で開かれている「精神保健福祉を考える集い」（以下「集い」という。）に参加している。「集い」では精神障害当事者のほか，病院や地域の精神保健福祉士や地域住民など20名ほどが集まり，その月の出来事などを語り合っている。「集い」の代表は統合失調症を経験したLさんであり，「集い」の運営や事務を行っている。人との交流の少ないJさんにとってはいろいろな人と出会う大切な機会となっている。ある日，K精神保健福祉士は暗い表情をしたJさんから，「Lさんが県外に転居することになった。Lさんがいなくなったら『集い』はどうなってしまうのだろう」と消え入るような声で相談を受けた。（[31]）

　Lさんの転居後約1年の間に，様々な広報活動の効果もあり，「集い」は精神障害当事者の参加が増え，病気を抱えながら生活する日々の出来事が前向きに捉え直されたり，元気づけられたり，また地域住民との間で共有される場面が多くなった。やがて「集い」には精神科病院から，「ここで話されているようなことを入院中の方とも話してほしい」という依頼が来るようになった。Jさんも数回精神科病院で入院中の方と話をした。ある日JさんはK精神保健福祉士に，「入院中の方に退院後の生活や自分の体験を話すことで自分が人の力になれるように感じた。精神科病院を訪問した仲間たちの間で，『このような活動を続けるために精神障害当事者の会を立ち上げたい』と話しているので相談に乗ってほしい」と伝えた。（[32]）

　K精神保健福祉士は，地域活動支援センターで一人静かに時を過ごし，「集い」に参加し始めた頃のJさんを思い出し，「Jさんは変わられましたね」と声をかけた。（[33]）

31 精神保健福祉の原理

[旧]精神保健福祉相談援助の基盤・問題 33

次の記述のうち，この時のK精神保健福祉士の対応として，**適切なもの**を2つ選びなさい。

1　Jさんに，Lさんの後を継ぐように勧める。

2　Jさんのために L さんに連絡を取り，方針を決めてもらう。

3　Jさんの「集い」に対するこれまでの気持ちを聞き取る。

4　Jさんのために「集い」に参加し「集い」が継続するように，力を尽くす。

5　Jさんに，他の参加者と一緒に「集い」のこれからを考えていけるよう促す。

Point 精神保健福祉士が行う相談支援活動の基本的姿勢に関する設問である。精神保健福祉士は，クライエントから相談があった際には，その気持ちを傾聴し，今後クライエント自身がどのようにしていきたいのか，一緒に考えることが重要である。同時に，その希望の実現に向けて支援をしていくことが求められる。

1 ✕ 「集い」を継続していくためには，誰かがこの活動を継続していくことは必要である。また，Jさんにとって「集い」は，いろいろな人と出会う大切な機会となっており，重要な存在であると考えられる。しかし，Jさんは，これまで運営や事務を行っていたLさんがいなくなったら「集い」がどうなるのか心配はしているものの，**Lさんのように運営や事務をしたいという思いはみられない**。そのため，K精神保健福祉士がLさんの後を継ぐように勧めることは適切ではない。

2 ✕ この時点でJさんは「集い」が今後どうなるか心配しているものの，**方針を決めることを望んでいるわけではない**。そのため，K精神保健福祉士がLさんに連絡を取り，方針を決めてもらうことは適切ではない。

3 ○ Jさんは，Lさんがいなくなったら「集い」はどうなってしまうのか，消え入るような声で相談をしている。このことから，Jさんにとって「集い」は，重要な社会資源であると考えられる。そのため，**K精神保健福祉士は，今までJさんがどのような思いで「集い」に参加していたのか，面談を通してその思いを聞くことで，Jさん自身が今後どのようにしていきたいのか考え，整理していくことにつながる**と思われる。

4 ✕ Jさんは，Lさんが県外に転居したら，今後「集い」がどうなってしまうのかと不安を抱えている。そのため，「集い」がこれからも続くことを願っていると考えられる。このときに大切なことは，「集い」が継続するようにK精神保健福祉士が力を尽くすことではなく，**Jさんが「集い」をどのようにしていきたいのか，その思いを聞いたり，「集い」の運営や事務を任された時に，力を発揮できるように，サポートしたりする**ことである。

5 ○ 精神保健福祉士は，クライエントから相談があった際には，その気持ちを傾聴し，今後クライエント自身がどのようにしていきたいのか，一緒に考えることが求められる。そのため，**Jさんが他の参加者と一緒に「集い」のこれからを考えていけるように促す**ことは，K精神保健福祉士の重要な役割である。

解答 3 5

32 精神保健福祉の原理

[旧]精神保健福祉相談援助の基盤・問題 34

次のうち，Ｊさんたちが始めようとしている会の活動として，**適切なもの**を**１つ**選びなさい。

1　コンサルテーション
2　スーパービジョン
3　ソーシャルアクション
4　ピアサポート
5　アファーマティブアクション

Point 精神保健福祉に従事する人たちが行う活動に関する設問である。精神保健福祉士が行う活動だけでなく，他の職種の人たちが行う活動についても，その名称と活動内容，誰が誰に対して行う活動なのかを正しく理解しておく必要がある。特に海外で発達した用語の場合，言葉そのものの日本語訳も理解しておくことが求められる。

1　×　コンサルテーションとは，**専門職が他専門職から，クライエントへのかかわり方や支援方法，支援の方針等について助言や指導を受けること**である。Ｊさんは精神障害当事者であり，当事者同士で支え合う活動を行おうとしている。よって，Ｊさんたちが始めようとしている会の活動は，コンサルテーションではない。

2　×　スーパービジョンとは，対人援助の場面において**経験の浅い専門職が経験のある同じ職種の専門職から，面接の進め方やクライエントとのかかわり方，支援方法について助言や指導を受けること**である。スーパービジョンには，経験の浅い専門職の成長を促したり，力を発揮できるように職場等の環境を整えたり，バーンアウトを防止したりする機能がある。よって，Ｊさんたちが始めようとしている会の活動は，スーパービジョンではない。

3　×　ソーシャルアクションとは，**社会課題を解決するために，新しく法制度の創設を働きかけたり改善を求めたりしていく社会活動**である。ソーシャルアクションは，行政や企業，福祉事業所や医療機関等の社会に対して働きかけるものが多いが，個人の権利擁護を通して，これらに対する問題提起を行うこともある。本事例において，Ｊさんがソーシャルアクションを展開しているという記述はなく，適切ではない。

4　○　ピアサポートとは，**同じ病気や障害のある人たち同士が，これまでに経験してきた苦労などを活かして，仲間同士で支え合うこと**である。ピアサポートのピアとは仲間を意味する。本事例において，Ｊさんは，精神科病院で入院中の人に自身の体験を話したり，その活動を続けるために精神障害当事者の会を立ち上げようとしており，Ｊさんたちが始めようとしているのはピアサポートといえる。

5　×　アファーマティブアクションとは，**積極的是正措置ともいい，障害や性別，人種などで差別を受けている人たちを救済する活動や取組み**である。国等による障害者就労施設等からの物品等の調達の推進等に関する法律（障害者優先調達推進法）や雇用の分野における男女の均等な機会及び待遇の確保等に関する法律（男女雇用機会均等法）などがこれに該当する。この時点で，Ｊさんたちが始めようとしている会の活動は，アファーマティブアクションには該当せず，適切ではない。

解答 4

注）本来「精神障害リハビリテーション論」に分類される問題であるが，問題 31・33 に合わせて「精神保健福祉の原理」に収載した。

33 精神保健福祉の原理
⑮精神保健福祉相談援助の基盤・問題35

次のうち，K精神保健福祉士の発言の背景にある考え方として，**適切なもの**を１つ選びなさい。

1　リカバリー
2　コ・プロダクション
3　コンピテンス
4　ライフヒストリー
5　ワーカビリティ

> **Point** 精神保健福祉士の対人援助におけるかかわり方や考え方に関する設問である。精神保健福祉士が基盤とするかかわり方や考え方は，その概念を理解すると同時に，事例の中ではどのように取り上げられるか，実際の場面をイメージしながら，用語を理解することが求められる。特にこのような用語は，海外から導入されたものも多いため用語そのものの日本語訳を理解しておくとともに，精神保健福祉領域での考え方を理解しておくことが求められる。

1　○　リカバリーには，**疾患から回復し，それまでの日常生活に戻る病気からのリカバリーと，病を受け入れながらこれからの生活や人生に希望をもち主体的に生活をしていく人としてのリカバリー**がある。この時点において，Jさんは病をもちながらも，精神障害当事者の会を立ち上げたいと新しい目標を見つけ，取り組んでいこうという姿勢がみられる。この姿勢そのものがリカバリーである。

2　✕　コ・プロダクションとは，日本語にすると共同創造である。**サービスを提供する専門職や機関と利用する人の双方にとってよいものになるように，ともに物事に取り組み，つくり上げていくこと**である。この時点において，K精神保健福祉士とJさんがコ・プロダクションの概念に基づいた活動をしている状況ではなく，適切ではない。

3　✕　コンピテンスとは，日本語にすると強み，能力であり，**環境に適応したり，要求に対応したりする能力のこと**である。精神保健福祉の領域では，集団や社会への適応力，対人関係のスキルといえる。この時点において，K精神保健福祉士がJさんのコンピテンスを高めるためのかかわりをしているとは考えにくく，適切ではない。

4　✕　ライフヒストリーとは，日本語にすると生活史である。**一人ひとりのこれまでの生き方や出来事，生活などを記録したもの**である。この記録をもとに，面談を通してこれまでの人生を振り返り，今後どのような生き方をしていくのか，人生を再構築することが目的となる。この時点において，K精神保健福祉士がJさんのライフヒストリーを意識したかかわりをしているとは考えにくく，適切ではない。

5　✕　ワーカビリティとは，**クライエントが課題の解決のために主体的に取り組んでいく力，意欲のこと**である。精神保健福祉士は，クライエントがワーカビリティを発揮できるように，動機づけをしていくことが求められる。この時点において，K精神保健福祉士がJさんのワーカビリティを高めるかかわりをしているとは考えにくく，適切ではない。

解答　1

34 精神保健福祉の原理
⑩精神保健福祉の理論と相談援助の展開・問題 36

次の記述のうち，第二次世界大戦後のアメリカの精神保健福祉に関する説明として，**正しいもの**を１つ選びなさい。

1　クラブハウスモデルとしてファウンテンハウスが設立された。
2　精神科病院中心の医療からセクター制度への転換が進められた。
3　法律第180号を制定して公立精神科病院の閉鎖を国の政策とした。
4　精神科サバイバー・ネットワークがオヘイガン（O'Hagan, M.）らによって立ち上げられた。
5　「精神保健に関するナショナル・サービス・フレームワーク」が公表された。

> **Point** 諸外国の精神保健福祉の歴史と動向に関する設問である。出題頻度が高い内容であるが，基本的事項を理解していれば解ける内容である。本問のアメリカだけではなく，イギリス，イタリア，フランス，ニュージーランドやカナダ，韓国など主要な国々の精神保健福祉の施策の変遷を理解するとともに，そこに登場する人物や施策の名称，概念を中心に整理しておこう。

1　○　1948年に**アメリカ**のニューヨークにて，ファウンテンハウスの活動が始まった。これは，精神障害者の自助活動による相互支援を基盤にした活動であり，当事者がクラブハウスの運営に主体的に参加しながら障害からの回復を目指すものである。その特徴として，デイプログラムや過渡的雇用などがある。こうしたクラブハウスモデルが精神障害者のリハビリテーションに効果があると認められ，その後，アメリカの各地でファウンテンハウス方式のクラブハウスの設置が拡大し，世界各地にも広がっている。

2　✕　セクター制度は，**フランス**において第二次世界大戦後に推進されてきた精神科医療システムのことである。これは，中央集権的な精神科病院中心の医療に代わる制度として，人口約7万人を一つの地域として，地域ごとに精神障害者のための医療や地域生活のための設備を整えたものである。各地域には，精神科医であるセクター長が配置され，地域のニーズに応じて施設への職員配置や予算に関する権限を有している。

3　✕　選択肢は**イタリア**の施策である。イタリアでは，精神科医のバザーリア（Basaglia, F.）による精神保健医療福祉改革が進められ，1978年に「法律第180号（通称バザーリア法）」が制定された。この法律により，公立精神科病院の新規入院と精神科病院新設が禁止され，地域の中で精神保健センターを中心に精神科的介入や予防，リハビリテーション等が提供されることになった。

4　✕　**ニュージーランド**では，1980年代後半から，民間団体による精神障害者への支援活動や当事者運動が活発となり，1990年にオヘイガンらによって精神科サバイバー・ネットワークが立ち上げられた。また，1998年に精神保健委員会（Mental Health Commission：MHC）が設立され，リカバリーの概念をすべてのサービスの基盤にすることを明示したサービス開発計画「ブループリント」が発表された。

5　✕　「精神保健に関するナショナル・サービス・フレームワーク」は，1999年に**イギリス**で発表された精神保健に関する10年計画である。「メンタルヘルスの増進」「プライマリケアとサービスへのアクセス」「重い精神障害のある人への効果的なサービス」「介護者へのケア」「自殺予防」の五つの領域における七つの基準を定めた。

解答　**1**

35 精神保健福祉の原理

⑲精神保健福祉の理論と相談援助の展開・問題37

次の記述のうち、エンパワメントに関する説明として、**正しいもの**を1つ選びなさい。

1 障害者が差別されず、社会の中に組み入れられていくこと。
2 専門家による最小限の介入で、自分の選んだ環境で落ち着き、満足できるようにすること。
3 逆境や困難を克服することで強化される、人間に本来備わっている復元力のこと。
4 人々がお互いに責任を果たすことで、個人の権利が日常レベルで実現されること。
5 社会的に不利な状況に置かれた人が、自己決定能力を高め主体的に行動できるようになること。

> **Point** 相談援助の概念や理念、精神科リハビリテーションの概念についての理解が求められている設問である。相談援助の概念や理念は、旧科目の「精神保健福祉相談援助の基盤」でも出題されたが、ソーシャルワーク専門職のグローバル定義（2014年）のほか、エンパワメント、ストレングス、リカバリー、レジリエンス等の理念の理解、さらに精神科リハビリテーションにおいてはアンソニー（Anthony, W. A.）らの定義について幅広く理解しておく必要がある。

1 × **ソーシャルインクルージョン**の説明である。ソーシャルインクルージョンは、社会的包摂と訳され、社会的に排除され、孤立を深めている人々を、社会の構成員として包み込み、ともに生きる社会の創造を目指す考え方である。なお、ソーシャルインクルージョンは、障害者に限定せず、社会的に孤立・疎外・排除された社会の周辺に位置づけられてしまった人々を社会の一員として取り込んでいく理念である。

2 × **アンソニーらの精神科リハビリテーションの定義**である。彼らは精神科リハビリテーションを「長期にわたり精神障害を抱える人が、専門家による最小限の介入で、その機能を回復するのを助け、自分で選んだ環境で落ち着き、自分の生活に満足できるようにすることである」とし、そのための介入方法として当事者の技能の育成と社会資源の開発の二つをあげている。

3 × **レジリエンス**の説明である。レジリエンスは、病気やストレスなどからの回復力、復元力などと訳される。人には元来このような力が備わっていると考えられ、児童のトラウマケアなどの分野で使われ始めた概念である。

4 × ソーシャルワーク専門職のグローバル定義（2014年）にある**「集団的責任」**の説明である。集団的責任は、ソーシャルワーク専門職のグローバル定義の注釈にある「原則」において説明がなされ、人々がお互い同士、そして環境に対して責任をもつ限りにおいて、はじめて個人の権利が日常レベルで実現されるとしている。ソーシャルワークの主な焦点は、あらゆるレベルにおいて人々の権利を主張すること、及び、人々が互いのウェルビーイングに責任をもち、人と人の間、そして人々と環境の間の相互依存を認識し尊重するように促すことにある。

5 ○ エンパワメントは、社会的に差別されパワーを奪われた黒人による公民権運動から生まれた概念である。**社会的に差別や抑圧を受けている人々が、自らの主体性をもって、力を行使できるようになるプロセス**を意味する。

解答 5

36 精神保健福祉の原理

[旧]精神保健福祉の理論と相談援助の展開・問題 38

精神科病院に医療保護入院しているMさん（30代，女性）は，A退院後生活環境相談員の支援を受け，退院後の生活についてイメージを育んできた。そのような中，Mさんの退院支援委員会が開催され，Mさんも参加した。そこで，主治医より，退院に向けた今後の治療方針が説明された。Mさんは不安なことや確認したいことについてA退院後生活環境相談員のサポートを受けながら，治療プログラムの理解を深めた。その後，Mさんは治療プログラムに主体的に取り組み始めた。

次のうち，Mさんの主体的な取組を表す用語として，**適切なものを1つ**選びなさい。

1 インフォームドコンセント
2 アカウンタビリティ
3 アドヒアランス
4 コンプライアンス
5 シェイピング

Point 一般の医療だけではなく，精神科領域でも専門職主導で患者のためによかれと思う治療や支援が行われる可能性がある。あくまでも問題解決の主体は精神障害者本人であり，精神保健福祉士には，精神障害者の自己決定を中心にともに考えていくことが望まれる。精神保健福祉士には，選択肢のほかにラポール形成や治療共同体といった知識や，自己決定が表面的なものや放任的なものにならないよう，本人の欲求の言語化や自己決定を引き出す技術が求められる。

1 × インフォームドコンセントは，**医療行為を受ける前に医療者から十分に説明を受け，その内容を理解し納得した上で同意すること**を意味しており，退院支援委員会において医療者等と話し合いながら治療を進めているMさんの主体的取組を表す用語として適切とはいえない。なお，インフォームドコンセントのほかに，さまざまな選択肢から患者本人が治療法を選んで決定するインフォームドチョイスや治療への自己決定によるインフォームドディシジョンという用語が用いられることもある。

2 × アカウンタビリティは，**治療やサービス提供にあたってのユーザーへの説明責任**を意味しており，退院支援委員会において医療者等と話し合いながら治療を進めているMさんの主体的取組を表す用語として適切とはいえない。情報によっては苦情や不信感につながることもあるため，クライエントの価値に寄り添いその選択肢を担保できる情報提供が求められる。また，精神保健福祉士は自身の言動に対する説明責任も果たす必要がある。

3 ○ アドヒアランスは，**患者への十分な説明と同意の上で，医療者が患者とともに考えながら解決に向けて進めていく治療共同**を意味しており，退院支援委員会において医療者等と話し合いながら治療を進めているMさんの主体的取組を表す用語として適切である。

4 × コンプライアンスは，**専門職からの指示を遵守することなど法令遵守**を意味しており，退院支援委員会において医療者等と話し合いながら治療を進めているMさんの主体的取組を表す用語として適切とはいえない。治療におけるコンプライアンスでは，患者が医療者の指示を遵守することや用法用量を守った規則正しい服薬ができていることが重視される。

5 × シェイピングは，**練習により望ましい行動を少しずつ，つくり上げていく行動形成**を意味しており，退院支援委員会において医療者等と話し合いながら治療を進めているMさんの主体的取組を表す用語として適切とはいえない。逐次接近法ともいい，スモールステップで少しずつ成功体験を積むことで目標とする行動を身につける方法であり，オペラント条件づけや社会生活技能訓練（SST）において用いられる技法である。

解答 3

37 ソーシャルワークの理論と方法（専門）

[旧]精神保健福祉相談援助の基盤・問題 26

相談援助過程におけるインテークに関する次の記述のうち，**適切なもの**を **2 つ**選びなさい。

1 面接は複数回に及ぶ場合がある。
2 クライエントとの契約から始まる。
3 クライエントの主訴を明確化する。
4 クライエントと一緒に援助計画を考える。
5 ラポール形成にこだわらずに多くの情報を収集する。

Point 相談援助過程の最初におかれているインテークの内容についての理解と，ソーシャルワークの展開過程全体についての理解を問うものである。

1 ○ インテークは「受理面接」ともいわれ，クライエントがどのような相談内容を抱えていて，その主訴の背景にある問題は何かということを明らかにする面接である。クライエントはさまざまな不安を抱えているが，援助者は信頼関係の構築を進めながらそれらを引き出せるようになっていかなくてはならない。それは，1 回の面接だけでなくその後の**複数回の面接を経て，相談関係をもつ意思を固めることができるようになる**場合もある。

2 × インテークは，クライエントが最初に援助者と出会う場面である。**援助者はクライエントの主訴を受け取り，所属機関が提供できる機能についてクライエントに説明した後，それらが合致するかを検討し，援助関係の契約へと進められる**。つまり，クライエントとの契約から始まるものではないので，選択肢は適切ではない。

3 ○ インテークは，**援助者が受容，傾聴，共感などによりクライエントの話を聞き，主訴が何であるかを確認する**ことから始まる。これは，クライエントの不安を軽減し，信頼関係を築いていく上でも大切なプロセスである。

4 × クライエントと一緒に援助計画を考えるのは，相談援助過程において，インテーク，アセスメントを経て，その後の**プランニング**の段階で行うことである。さまざまな情報収集と課題分析がなされていない段階で援助計画を考えることはできない。よって，選択肢は適切ではない。

5 × クライエントは，抱えている問題に対して，そして相談をする施設・機関の職員がきちんと対応してくれるかということに対して不安を抱いている。援助者は「共感」や「傾聴」の姿勢で不安の軽減を図りながら，ラポール（信頼関係）の形成を進めていく。**クライエントはお互いの信頼関係が築かれていると感じられることで，言いにくいことも伝えることができるようになる**。必要な情報を共有し，アセスメントにつなげるためにはラポール形成は非常に重要である。よって，選択肢は適切ではない。

解答 1 3

38 ソーシャルワークの理論と方法（専門）

[旧]精神保健福祉相談援助の基盤・問題 29

Dさん（43歳，女性）は，ひきこもり経験を経て，一人暮らしをしながらU精神科クリニックに通院している。U精神科クリニックのE精神保健福祉士は，Dさんの今後の生活について継続して相談に乗っていた。最近Dさんは通院しておらず，気になったE精神保健福祉士が自宅を訪問してみると，Dさんは横になっており，右足首がギプスで固定されていた。Dさんは，「骨折して入院し，退院してから歩くには松葉づえが必要で，通院だけでなく買物もおっくうになっています」と話した。食卓の上には薬が入ったままの薬袋が幾つか置かれていた。E精神保健福祉士は現在の状況を踏まえ，連携する機関を考えた。

次のうち，連携する機関として，**適切なものを2つ**選びなさい。

1　ひきこもり地域支援センター
2　地域活動支援センター
3　訪問看護ステーション
4　精神科病院
5　障害者相談支援事業所

Point　この短文事例は，地域生活を送る精神障害者に，骨折という突然のアクシデントが起き，これまでどおりの生活が困難になった場合，どのような社会資源を活用することができるのか考えさせるものである。生活支援を行う上で，クライエントの置かれた状況をきちんとアセスメントすることも重要となることを押さえておきたい。

1 ×　Dさんは，ひきこもりの経験を経ているが，この事例の場面では，**自らの意思でひきこもりになっているわけではなく，足を骨折したことで入院し，退院してから歩くのに松葉づえが必要で，外に出ることがおっくうになっている**と思われる。ひきこもり地域支援センターは，ひきこもり状態にある当事者や家族が相談をする窓口である。よって，選択肢は適切ではない。

2 ×　地域活動支援センターは，障害のある人が地域において自立した日常生活や社会生活を営むことができるように，地域交流や創作活動の場を提供し，社会との交流の促進等を図る施設である。施設には自力で通わなくてはならないが，**Dさんの状態では，自力で通うことができず，また施設での活動に参加することは困難な状態である**。現在のDさんの状態ではこの施設は利用できないので，選択肢は適切ではない。

3 ○　訪問看護ステーションは，看護師等が療養を必要としている病気や障害のある人の**自宅を訪問し，健康状態の観察，病状悪化の防止・回復，療養生活の相談とアドバイス，リハビリテーションなどを実施する**地域の拠点である。Dさんは服薬管理等ができておらず，通院もできていない。このままでは身体機能の低下や精神症状の悪化が目にみえている。Dさんには訪問看護ステーションの利用が必要である。

4 ×　DさんはU精神科クリニックに通院している患者で，そこから薬が処方されている。クリニックのE精神保健福祉士がこれまで相談に乗っており，最近通院していないとDさんの自宅をE精神保健福祉士が訪問して，状況を把握するなどケアは継続されている。**Dさんの現在の状態については，精神症状の悪化はみられず，精神科病院と連携して入院を検討，相談するということよりも，在宅での療養生活の支援を手厚くする必要があると考えられる**。よって，連携する機関としては適切ではない。

5 ○　**障害者相談支援事業所は，障害者の生活上の悩み・困りごとについて相談を受け，必要な情報提供をし，障害福祉サービスの利用について関係機関との連絡調整や支援を行っている**。この事例のDさんは，外出がおっくうになり，通院や買物ができなくなっている状態である。入浴などもできていないことが考えられ，保清についても心配される。ホームヘルパーの利用など，福祉サービスにつなげていく必要が考えられることから，選択肢は適切である。

解答 3 5

39 ソーシャルワークの理論と方法 (専門)
⑬精神保健福祉の理論と相談援助の展開・問題39

次の記述のうち，精神保健福祉士が退院支援をしているクライエントから，「俳優になりたい」と聞いたとき，プランニング段階での関わりとして，**適切なもの**を１つ選びなさい。

1 症状の安定に努め，俳優のことは退院後に検討することを伝える。

2 過去の職歴を聞き，合っている仕事は何か一緒に検討する。

3 病棟での患者ミーティングの司会を担って，人前で話すことに慣れるよう勧める。

4 俳優になるために何が必要かを話し合う。

5 入院中にオーディションを受けられるよう調整する。

Point 精神保健福祉士の退院支援過程におけるプランニング段階での関わりについての設問である。一般にリハビリテーションのプロセスは，①ケースの発見やインテーク (受け入れ面接) を含むアセスメント (査定面接)，②プランニング (計画)，③インターベンション (介入・サービス提供)，④モニタリング (追跡) ／エバリュエーション (評価) からなる。そのプロセスの中で，プランニングは利用者と支援者が共同して今後の計画を立てる段階である。特にアセスメント段階で明らかになった利用者個人のニーズや家族のニーズ，利用者が利用できるサービスの種類，利用者の住む地域環境に合わせて包括的に計画される必要がある。精神科リハビリテーションでは利用者とともに支援活動すなわち介入を行いながら，アセスメントやプランニングを行うことも珍しくない。そのため，アセスメントでは利用者に敬意をもち，利用者の趣味や関心のある活動に同行し，一緒に楽しみ，相手の感情に共感するなどの方法を用いて信頼関係を築いていくことが重要である。

1 ✕ 「俳優になりたい」というニーズを表明しているクライエントに対して，**「病状の安定に努め，俳優のことは退院後に検討すること」を一方的に伝えることは，検討を後回しにすることになり，プランニング段階の関わりとして適切とはいえない。**

2 ✕ クライエントは「俳優になりたい」とニーズを表明しており，俳優になることを前提としたプランニングが必要であると考えられる。俳優になるための支援計画を立てる過程の中で「過去の職歴を聞き，合っている仕事は何か一緒に検討する」ことはあり得るが，**ニーズを無視して過去の職歴から合っている仕事を検討することは適切ではない。**

3 ✕ クライエントのニーズは「俳優になりたい」ということであり，**人前で話すことに慣れる必要があるかどうかについて現状では明らかにはなっておらず，支援計画を立てるプランニングの段階で「病棟での患者ミーティングの司会を担って，人前で話すことに慣れるよう勧める」ことは適切とはいえない。**

4 ◯ クライエントのニーズは「俳優になりたい」ということであり，そのために何が必要かを明らかにする必要がある。そのため，**俳優になるために何が必要かを話し合いながら支援計画を立てることは適切な関わりである。**

5 ✕ 確かにクライエントのニーズは「俳優になりたい」ということであるが，**入院中からオーディションを受ける意図が現状では明らかにはなっておらず，支援計画を立てるプランニングの段階で「入院中にオーディションを受けられるよう調整する」ことは時期尚早といえる。**よって，選択肢は適切ではない。

解答 4

40 ソーシャルワークの理論と方法（専門）

[旧]精神保健福祉の理論と相談援助の展開・問題 40

解決志向アプローチに関する次の記述のうち，**正しいものを 1 つ**選びなさい。

1　解決を要する問題行動の生じる頻度を測定する。
2　問題に対するこれまでの対処方法は用いず，新しい方法を提案する。
3　問題が解決した場合の状況について質問する。
4　専門的知見から，問題解決のイメージを提案する。
5　問題を解決するために，直接的な原因を追究して除去する。

Point　ソーシャルワークの解決志向アプローチについて，基本的な視点や特徴の理解を問う設問である。解決志向アプローチは，問題が解決された未来像をイメージしながら，その目標に近づくための小さな成功体験を積み重ねていく短期療法であり，解決に役立つ資源に焦点化し有効に活用する。いじめや不登校など，主に教育分野では個人や家族が抱える問題解決に応用されている。

1 ✕ 解決志向アプローチでは，**問題行動の頻度を測定し，原因を追究するのではなく，スケーリング・クエスチョンという問題解決の達成度を理解する方法を用いて，問題が解決された未来像に焦点をあてる**。例えば，「すべての問題が解決した状態を 10 とすると，今は何点ですか」や「まずは何点が取れたらいいですか」といった質問をしながら，スモールステップを検討していく。

2 ✕ 解決志向アプローチでは，**問題を抱えている現状においても，比較的うまくいっている肯定的な状況に着目する**。例えば，人と会話するときに緊張する人の場合，「緊張せずに安心して話ができたとき」などの「例外探し」を行い，その状況を継続することで，悪循環から好循環を生み出す方向性を模索していく。

3 ○ 解決志向アプローチでは，問題の原因を掘り下げるのではなく，**問題が解決された未来像に焦点をあてる**。「問題のある状況をどのようにしたいと思うのか」や「どうすれば，さらによい 1 日を過ごせるのか」などの質問をしながら，多角的に問題の解決方法を検討していく。

4 ✕ 解決志向アプローチでは，**個人は問題を解決するためのリソース（資源）をもっている**ととらえる。個人が有するリソースを発見して活用するために，問題が解決された未来像に焦点化しながら，小さな変化や肯定的な状況に目を向けていく。

5 ✕ 解決志向アプローチでは，**問題の原因を追究するより，問題が解決された未来像に焦点をあてる**。さまざまな原因を探ることにより，自分自身や他者を責めることもある。そこで，「奇跡が起こって，朝起きたらすべての問題が解決しているとすれば，どのようなことから気づき始めますか」などと問いかけるミラクル・クエスチョンを用いて，相談者が問題が解決された未来像を思い描けるようにする。

解答 3

41 ソーシャルワークの理論と方法（専門）

[旧]精神保健福祉の理論と相談援助の展開・問題 41

☑☑☑

地域アセスメントに関する次の記述のうち，**正しいものを1つ**選びなさい。

1 介入を行い，地域の変化を観察する。

2 提供したサービスの効果を評価する。

3 地域で生活する精神障害者のもとへ出向いて働きかける。

4 地域における潜在的な資源力を把握する。

5 地域課題に対する援助を所属する機関で行えるか否かを判断する。

Point 地域アセスメントとは，地域の顕在・潜在的社会資源や問題解決能力，地域住民の社会的受容力，人的な組織的力量を総合的に把握することであり，コミュニティソーシャルワークにおいて個別アセスメントと連動して理解されるべきものである。個別の事例から地域の状況を一般化してとらえておくことで，同様な事例の予防や早期対応が期待できる。

1 ✕ 介入を行うことはアセスメントではなく**インターベンション**の内容であり，変化を観察することは**モニタリング**の内容であるため，正しいとはいえない。インターベンションでは地域住民への心理的サポートやネットワーク形成，社会資源の開発を行い，モニタリングでは支援計画への進捗状況や地域住民理解の促進度確認を行う。

2 ✕ 提供したサービスの効果を評価することは，事前評価であるアセスメントではなく**モニタリング**や**エバリュエーション**の内容であるため，正しいとはいえない。モニタリングは介入後に行われる点検評価を意味し，エバリュエーションは最終的な総合評価を意味している。

3 ✕ 地域の精神障害者のもとへ直接出向いて働きかけることは，地域アセスメントではなく**アウトリーチ**の内容であるため，正しいとはいえない。アウトリーチは，ニーズ発見段階，介入段階，モニタリング段階で展開され，ひきこもりや虐待，危機介入等の個別支援のほか，まちづくりのために地域住民の声を収集する活動も行われる。

4 ○ 地域における活用可能な資源を把握し，地域力を評価することは**地域アセスメント**の内容であるため正しい。地域アセスメントでは，当該地域の公表データの分析や直接訪問にてその特性や強みを理解し，ストレングスモデルで重視される地域住民の多くが利用可能なごく普通にある資源と障害者等の特定クライエントが利用可能な社会資源からなる地域社会資源を把握していく。

5 ✕ 当該地域課題に対する援助を所属機関で行えるか否かを判断することは**インテーク**の内容であるため，正しいとはいえない。なお，コミュニティソーシャルワークは地域のさまざまな機関や職種，地域住民が連絡調整会議などで連携して取り組むものであり特定の機関が行うものではないが，そうした連絡調整を行うコミュニティソーシャルワーカーの多くは社会福祉協議会に所属している。

解答 4

42 ソーシャルワークの理論と方法（専門）

[旧]精神保健福祉の理論と相談援助の展開・問題 42

次のうち，相談援助過程におけるモニタリングとして，**正しいものを１つ**選びなさい。

1 援助関係の契約
2 支援の進捗状況や適切性の確認
3 支援ネットワークの形成
4 相談援助過程の総括
5 ニーズの背景を分析

Point モニタリングは相談援助の一過程であり，相談援助過程の展開は一般的に，受理面接（インテーク），契約（エンゲージメント），課題分析（アセスメント），支援計画（プランニング），支援の実施（インターベンション），経過観察（モニタリング），効果測定（エバリュエーション），終結（ターミネーション），終結後の支援（フォローアップ）の順で説明される。

1 × **援助関係の契約は，モニタリングではなくインテークやその後の契約場面で結ばれる**ものであるため，選択肢は正しいとはいえない。契約は援助関係を始めることにクライエントが合意することであり，これにより共同関係（パートナーシップ）が開始されるものである。精神保健福祉士には，必要に応じて他機関等のリファーラル（紹介）を行うことも求められる。

2 ○ **計画と比べた支援の進捗状況や適切性の確認は，モニタリングにおいて実施される**ものであるため，選択肢は正しい。モニタリングは定期的に行われることが多いが，クライエントのニーズや状況の変化に応じて適宜クライエントとともに実施され，サービス利用回数や時間等，適切かつ柔軟に計画が修正されることが望ましい。

3 × **支援ネットワークの形成は，モニタリングではなくインターベンションにおいて実施される**ものであるため，選択肢は正しいとはいえない。インターベンションでは，クライエント本人や家族等への個別面接やグループワークのほか，支援計画に基づき必要なサポートを受けられるように地域の機関やサービス，関係者との関係調整を行っていく。

4 × **相談援助過程の総括は，モニタリングではなくターミネーションにおいて実施される**ものであるため，選択肢は正しいとはいえない。終結では，クライエントのペースに合わせて気持ちの整理の時間を確保しながら感情を分かち合い，援助過程の経過や成果，クライエントの成長や強み，終結の理由や今後の希望についてクライエントとともに振り返りを行う。

5 × **ニーズの背景分析は，モニタリングではなくアセスメントにおいて実施される**ものであるため，選択肢は正しいとはいえない。アセスメントは援助過程の要であり，クライエントのニーズ把握とともに，その背景や取り巻く環境，ストレングスについて，本人や家族等から情報を得ていく。家族等から情報を得るにあたってはクライエントの同意が不可欠となる。

解答 2

43 ソーシャルワークの理論と方法（専門）

[旧]精神保健福祉の理論と相談援助の展開・問題 44

障害者就業・生活支援センターに相談に来所したＥさんは，これまで就職しては半年以内に退職することを繰り返していた。Ｅさんは，「いつも今度こそは長く続けようと思って仕事をするんですが，疲れてしまって，うまくいかないんです。仕事が続かない自分はだめなんです」と話した。Ｆ精神保健福祉士は気持ちを受け止め，「Ｅさんは，諦めずに何度も仕事に挑戦されていますよね」と話した。

次のうち，Ｆ精神保健福祉士の用いた技法として，**適切なものを１つ**選びなさい。

1　リフレーミング
2　アサーション
3　リンケージ
4　リフレクティング
5　ストレス・インタビュー

Point　面接は精神保健福祉士の個別支援の最も基本となる援助技術である。面接を通してクライエントを理解し，本人がおかれている状況を理解する。面接では感情や気持ちを受け止めて信頼関係を構築していくことが重要である。面接場面において，クライエントは自分の言いたいことを十分に表現できない場合や非常に否定的な表現をすることもある。クライエントの発言に応じた技法は，面接に欠かせない援助技術である。

1 ○ リフレーミングとは，クライエントの物事や出来事に対する認知や意味づけの枠組み（フレーム）を変え，別の視点をもたせる技法である。Ｅさんは何度か仕事が続かない自分に否定的な発言をしている。それに対し，Ｆ精神保健福祉士は「諦めずに何度も仕事に挑戦している」と，**Ｅさんの発言を肯定的な見方でとらえ直し伝えている**。Ｆ精神保健福祉士は，Ｅさんがこれまで何度も仕事に挑戦してきたことに肯定的な意味づけをもたせエンパワメントしていることが見て取れる。

2 × アサーションとは，**自分の意見，考え，気持ち，相手への希望などをなるべく率直に正直に，しかも適切な方法で表現すること**である。さらに，自分を大切にし，また相手も大切にしようという相互尊重に基づいている。Ｆ精神保健福祉士は，自分の意見や考えなどを伝えるのではなく，Ｅさんの話した内容について言葉を変えて肯定的に伝えている。このことから，選択肢は適切ではない。

3 × リンケージとは，**利用者のニーズを満たす社会資源と利用者をしっかりと結びつけること**をいう。Ｆ精神保健福祉士はＥさんとの面接の中で，話を丁寧に聞いてはいるが，社会資源やサービス等の情報提供や紹介などは行っていない。そのため，選択肢は適切ではない。

4 × リフレクティングとは，**クライエントの表現から伝わる感情を受容し，その感情を鏡のように映し出す「感情の反映」ともいわれる**。精神保健福祉領域では，精神障害のあるクライエントに対して，例えば「つらかったんですね」「不安なのですね」といった言語化を行う面接技法である。Ｆ精神保健福祉士は，この段階ではＥさんの感情については触れていない。よって，選択肢は適切ではない。

5 × ストレス・インタビューとは，**意図的に自分自身に直面化させることや感情を不安定にさせるようなストレスフルな状況下で，不快な質問や解答が難しい質問をすること**である。インタビュイーの精神的な耐性が試されるものである。Ｆ精神保健福祉士はＥさんの自分自身に対する否定的な発言に対して，言葉を変えてエンパワメントしている様子であることから，選択肢は適切ではない。

解答 1

44 ソーシャルワークの理論と方法（専門）
⑬精神保健福祉の理論と相談援助の展開・問題45

　Gさんの精神科病院での精神保健福祉援助実習は，中盤に差し掛かっている。この日，デイケアでは統合失調症のメンバーを対象とした社会生活技能訓練を行い，Gさんはコ・リーダーを担った。ロールプレイの場面でGさんは，それまでずっと発言しなかったメンバーHさんに対し，「今の場面で良かったところはどこですか」と発言を促した。すると，Hさんは何も言わずに怒った様子で部屋を出ていってしまった。その様子を見たGさんは，何も言えずぼう然としてしまい，その後のコ・リーダーとしての役割ができなくなった。夕方の振り返りでGさんは，「うまくできなくて，Hさんを怒らせてしまった。実習を続けていけるだろうか。精神保健福祉士には向いてないかも」と実習指導者Jさんに涙ぐみながら話した。

　次の記述のうち，この場面で実習指導者JさんがGさんに行う実習スーパービジョンにおける発言として，**最も適切なもの**を1つ選びなさい。
1 「今後はHさんと少し距離を置くようにしましょう」
2 「Hさんの行動は症状からくるものだから，大丈夫ですよ」
3 「ロールプレイ時の状況を振り返って，Gさんの行動を確認してみませんか」
4 「Gさんの担当教員に実習中断の連絡をしておきます」
5 「社会生活技能訓練をもう一度学ぶために課題を出します」

Point 精神保健福祉援助実習における実習スーパービジョン（以下，SV）についての設問である。実習SVは，スーパーバイジーである実習生がスーパーバイザーである実習指導者の力を借りて，ソーシャルワーカーとしてのアイデンティティを育んでいく過程であるといえる。設問は，社会生活技能訓練（SST）にコ・リーダーとして実習生のGさんが参加した場面について，夕方に振り返りを行った際の実習SVの場面である。

1 ✕ 選択肢のように**一方的に指示すること**は，SSTの場面で起こった出来事やそれに伴うGさんの不安を一緒に振り返る機会を逃しており，**SVの機能として不十分**だといえる。よって，選択肢は適切ではない。

2 ✕ Hさんが何も言わずに怒った様子で部屋を出ていってしまったことについて，選択肢のように**検証もなく安易に慰めてしまっている点はSVの支持的機能とはいえない**。よって，選択肢は適切ではない。

3 ◯ 選択肢のような提案は，その場面でのGさんの状況を一緒に確認することで状況を客観的に把握することができ，状況の理解や対応につなげることができる。**このような振り返りはスーパーバイジー自身の成長を促すことになり，SVの機能として適切である**。よって，選択肢は適切である。

4 ✕ Gさんは実習の継続に対しての不安を涙ぐみながら語っているが，この不安に対して選択肢のように**すぐに実習の中断を決定することは実習SVの放棄**といえる。よって，選択肢は適切ではない。

5 ✕ Gさんは，SSTがわからないために今後の実習を不安に思っているわけではないので，選択肢のような対応はGさんの不安に寄り添っていない。またSVの教育的機能では，スーパーバイジーが自ら知識不足に気づき，学習を進めることを促すことが重要であり，**スーパーバイザーが実習生に一方的に学習を求めることはSVの教育的機能とはいえない**。よって，選択肢は適切ではない。

解答 3

45 ソーシャルワークの理論と方法（専門）

[旧]精神保健福祉の理論と相談援助の展開・問題 46

☑☑☑

Kさん（65 歳）は，精神科病院に入退院を繰り返していたが，両親が他界してからは入院が数年続いている。現在は精神症状が軽減しており，病棟でも落ち着いて過ごしている。そこで，指定一般相談支援事業所のL精神保健福祉士も参加して地域移行に向けたケア会議が開かれた。Kさんは，「自分のような長期入院者が退院できるのか」「初めての一人暮らしで不安だ」「日中はどう過ごせばいいのか」「家事や日常生活での金銭管理に自信がない」と話した。

次のうち，この時のL精神保健福祉士がKさんに提案した内容として，**適切なものを2つ**選びなさい。

1　ピアサポーターとの交流
2　就労継続支援A型事業所への通所
3　障害福祉サービスによる療養介護の利用
4　グループホームでの宿泊体験
5　成年後見制度の利用

Point 精神科病院に入院中のKさんは，現在は精神症状が軽減し，病棟でも落ち着いて過ごしている。地域移行に向けたケア会議では，Kさんの退院後の生活に関する不安が語られており，その不安に寄り添った支援の提案として，適切な内容を問う短文事例問題である。

1　○　Kさんは，ケア会議で退院後の生活に関するさまざまな不安を語っている。同じ病気や体験を有する**ピアサポーターとの交流を通じて，これらの不安を軽減し，退院後の具体的な生活のイメージの構築につながる**ことが期待される。

2　×　本事例では，**Kさんの就労に関するニーズは語られていない**。障害者の日常生活及び社会生活を総合的に支援するための法律（障害者総合支援法）に基づく就労継続支援A型事業所は，一般企業等での就労が困難な障害者に働く機会を提供し，就労に必要な知識及び能力の向上のために必要な訓練を実施する事業所である。就労継続支援事業所にはA型（雇用契約を結ぶ）とB型（雇用契約を結ばない）がある。

3　×　本事例では，**Kさんに療養介護が必要なニーズは読み取れない**。障害者総合支援法における療養介護とは，医療と常時介護を必要とする障害者に対して，主に昼間，医療機関で機能訓練，療養上の管理，看護，介護及び日常生活の支援を実施するものである。

4　○　Kさんは退院後の生活について，「初めての一人暮らしで不安だ」と語っている。**グループホーム（共同生活援助）での宿泊体験を行うことで，Kさんが退院後の生活を体験し，具体的なイメージや安心感をもてる**ことが期待できる。障害者総合支援法におけるグループホームは，主に夜間，共同生活を営む住居で，相談や日常生活上の支援を実施する。また，介護等の必要性が認定されている利用者に対しては，介護サービスも提供される。

5　×　本事例では，**Kさんが成年後見制度の対象になる状況や利用のニーズは読み取れない**。成年後見制度は，本人に代わって法的に支援する，権利擁護を目的とした制度である。成年後見制度には法定後見制度と任意後見制度がある。法定後見制度は個人の判断能力の状況に応じて，家庭裁判所が成年後見人等を選任する。一方，任意後見制度は，個人が十分な判断能力を有するときに，あらかじめ任意後見人を決定することができる。

解答 1 4

46 ソーシャルワークの理論と方法（専門）

[旧]精神保健福祉の理論と相談援助の展開・問題 47

次のうち，行政の精神保健福祉士が企画する精神障害者の生活上の困りごとを理解するための民生委員研修として，**最も適切なもの**を**1つ**選びなさい。

1 精神科医による精神疾患の病因と症状に関する講義

2 行政職員による「精神保健福祉法」についての講義

3 精神科医による薬物療法の効果と副作用についての講義

4 民生委員の大変さを分かち合うグループワーク

5 小グループでの精神障害のある当事者との話合い

（注）「精神保健福祉法」とは，「精神保健及び精神障害者福祉に関する法律」のことである。

Point 行政機関に所属する精神保健福祉士が，民生委員を対象に，精神障害者の生活上の困りごとを理解するための研修企画として最も適切な内容を問う設問である。民生委員は民生委員法に基づく非常勤の地方公務員であり，障害者や高齢者世帯など要援護者の実態把握や相談支援，地域行事への協力など地域福祉に関する幅広い活動を行っている。

1 ✕ 精神科医による精神疾患の病因と症状に関する講義は，精神障害の一般的な知識の普及啓発になると考えられる。しかし，**精神症状やそこから派生する生活のしづらさは一様ではなく**，精神疾患の講義だけでは，精神障害者の生活上の困りごとの理解につながるとは考えにくい。

2 ✕ 行政職員による**精神保健福祉法についての講義は，あくまでも法律の理解に留まり**，精神障害者の生活上の困りごとの理解につながるとは考えにくい。

3 ✕ 精神科医による薬物療法の効果と副作用についての講義は，精神障害リハビリテーションの一般的な知識の普及啓発になると考えられる。しかし，精神疾患の**治療方法など医学的な知見だけでは，精神障害者の生活上の困りごとの理解につながるとは考えにくい。**

4 ✕ 民生委員の大変さを分かち合うグループワークによって，民生委員同士の共感的な理解や体験的知識を共有し，活動のモチベーション向上や情緒的なサポートが期待できる。しかし，**グループワークの企画では，精神障害者の生活上の困りごとの理解につながるとは考えにくい。**

5 ○ **精神障害のある当事者との交流の機会は，直接的な思いに触れることができ**，精神障害者の生活上の困りごとについて，具体的な理解の促進が期待される。

解答 5

47 ソーシャルワークの理論と方法（専門）
⑮精神保健福祉の理論と相談援助の展開・問題 48

精神障害者のケアマネジメントに関する次の記述のうち，**適切なもの**を１つ選びなさい。

1 精神保健福祉士が示した方針に基づき立案する。

2 社会資源の調整，改善及び開発を行う。

3 治療目標に沿って計画を作成する。

4 単一のサービス利用者を対象にする。

5 家族の同意を得てから実施する。

Point 精神障害者のケアマネジメントとは，在宅生活において日常生活を営むのに困難がある精神障害者を対象とし，本人のニーズをもとに医療・保健・福祉などさまざまな社会資源を組み立て，調整し包括的なサービスを提供する援助方法である。精神障害者のケアマネジメントは，精神障害者自身がサービスを選択し消費するユーザーであり，利用者とサービス提供者とが契約を結ぶことで対等な関係であることや自己決定を重視するものである。

---

1 ✕ ケアマネジメントでは，本人（場合によっては家族も）が，どのような地域生活を希望し，サービスや支援を必要としているか，生活のどの部分に困難さがあるのかといった本人を知るニーズのアセスメントから始まる。潜在的なニーズの掘り起こしになる場合もあるが，あくまでも**ケアマネジメントの方針は本人のニーズから始まり，それに沿って必要な支援方針が立案される**ため，選択肢は適切ではない。

2 〇 精神障害者の地域生活には，フォーマル・インフォーマルな社会資源の両方が重要となる。特に，インフォーマルな社会資源は，精神障害者がなじみのある地域で暮らしていくために助けになるものである。既存の社会資源がニーズにあっていない，地域によっては社会資源が不十分な場合もある。**精神障害者個人への社会資源の調整だけでなく，社会資源の改善・必要な社会資源の開発も重要な役割である。**

3 ✕ 精神障害者の地域生活支援は疾患管理も重要ではあるが，日常生活や社会生活の中でのさまざまな生活のしづらさを対象とし，それらを支援していくことがより重要である。精神障害者のケアマネジメントでは，「ケア計画」としてアセスメントによって得られたニーズをもとに，それぞれの機関によるサービス提供とその連携などが立案される。治療目標ではなく**地域生活の目標に沿って計画が作成される**ものである。

4 ✕ 精神障害者のケアマネジメントは，精神障害者のニーズに沿って必要な支援を組み立てるものである。精神障害者の地域生活でのニーズでは，医療，日常生活，社会生活，住居，対人関係，就労・教育，経済生活，日中活動・社会参加など，その領域は多岐に渡る。単一のサービスではなく**個々人のニーズに沿って必要なサービスが組み立てられ計画立案されていく。**

5 ✕ 「精神障害者ケアガイドライン」のケアマネジメントの理念には，「自己決定／主体性の尊重」が示されている。計画立案では，個々人のニーズに沿い，それに即した柔軟な支援を組み立てることが重要である。また，**利用者とサービス提供者との間で契約が結ばれて初めてサービスが実施される**ものである。実際には，本人だけでなく家族の相談からケアマネジメントが開始されることもあるが，契約主体は精神障害者本人であることを忘れてはならない。

解答 2

事例問題 1 ソーシャルワークの理論と方法（専門）

次の事例を読んで，48 から 50 までについて答えなさい。　●精神保健福祉の理論と相談援助の展開・事例問題1

〔事　例〕

　Mさん（30歳，男性）は，高校3年生の時に統合失調症を発症した。その後，服薬を中断し，幻聴によって大声を出し，騒ぎになっては入院することが度々あった。25歳の時に高校の同窓会の案内が届いた。高校の同級生は皆大学を出て働いており，このままでは同窓会に出られないと思い，治療を受け続ける覚悟を決めた。そして，病気で受験を諦めていたが，大学に入学し，卒業後に同級生と同じように就職したいと思うようになった。それからMさんは，服薬を継続し，予備校に通い受験勉強に取り組んだが，模擬試験で思うような成績が得られず，焦りから両親への八つ当たりが増えた。ある日，Mさんは通院先の医療相談室のA精神保健福祉士に，「両親から『受験をやめてはどうか』と言われてしまった。大学には絶対行きたいが，再発して入院にならないか心配だ」と相談してきた。（48）

　Mさんは2年後に大学に入学することができ，入学後間もなく学生支援室のBキャンパスソーシャルワーカー（以下「Bワーカー」という。）を訪ね，心配事の相談をした。Mさんは，「聞きたいことを先生にうまく伝えられない」「授業のグループディスカッションは，参加したいのに緊張して議論に加われず，休みがちになった」「頑張って同級生に話しかけても，うまくいかず自信をなくした」「関心のある授業を取りすぎたせいか，夕方の授業は疲れて内容が頭に入らない」と語った。（49）

　その後，MさんはBワーカーの支援を受け，体調の波と付き合いながらも単位を取得し，卒業の目途がついた4年次には企業のインターンシップに参加した。しかし，緊張もあって社員の指示が理解できず，簡単な書類作成をミスするなど失敗を重ね，中断となってしまった。相談を受けたBワーカーは，一緒にインターンシップの経験を振り返り，ミスを繰り返しても人に聞けなかったが，慣れるまで時間がかかるもののパソコン作業は正確にこなせることが分かった。Mさんは，「パソコン作業の仕事に就きたいが，病気があり，自信がない。学生生活やインターンシップと同じようになるのではないか。会社には相談できる場はないし」と話した。（50）

48 ソーシャルワークの理論と方法（専門）

[旧]精神保健福祉の理論と相談援助の展開・問題 49

✓✓✓

次の記述のうち，この時のＡ精神保健福祉士の対応として，**最も適切なもの**を**１つ**選びなさい。

1　再発が心配なため，大学受験を先延ばしにするよう勧める。
2　両親に心配をかけないよう，ひそかに受験勉強することを提案する。
3　服薬を忘れないように服薬管理を両親に依頼する。
4　Ｍさんが行きたい大学のオープンキャンパスの参加を勧める。
5　一緒にクライシスプランを作成することを提案する。

Point　Ｍさんは，高校時代の同級生と同じように大学に入学し，卒業後は就職したいという希望をもっている。受験勉強というストレスフルな状況であれば，両親への八つ当たりやＭさん自身がもつ再発への心配は当然である。Ａ精神保健福祉士は，Ｍさんの焦りや不安を受け止め寄り添いながら，大学入学への希望が叶うような支援を行うことが必要である。

1　×　Ｍさんは大学に行きたい気持ちが強く，これまで予備校に通い受験勉強に取り組んできた。Ｍさんが大学受験を望む限り受験勉強と病状との折り合いのつけ方などを一緒に考えていきながら，再発による入院のおそれに対する不安を受け止めることが重要である。本人の意思を確認せず，一方的に大学受験の延期を勧めることは適切ではない。

2　×　ひそかに受験勉強をしたとしても，焦りや不安などが消えるわけではない。逆に，両親に受験勉強を隠すという行為は，Ｍさんにとって不安やストレスを一層与える可能性が高いので，適切ではない。

3　×　Ｍさんは大学受験に取り組むにあたって，服薬継続も含めた治療を受ける覚悟を決めている。Ｍさんに確認せず両親に服薬管理を依頼することは，Ｍさんの覚悟が信用されていないように思われる可能性がある。また，両親にとっても，服薬管理ができないのであれば大学受験はやめたほうがよいという考えを助長しかねない。よって，選択肢は適切ではない。

4　×　Ｍさんの現在の困りごとは，模擬試験で思うような成績が得られないことと，それによる焦りから両親に八つ当たりする回数が増加していること，また再発による入院である。オープンキャンパスは，大学の雰囲気や授業内容，大学生活を理解する上では有用であろうが，この段階でＭさんが希望する大学のオープンキャンパスに参加することは，逆に焦りや不安を増幅しかねず，適切ではない。

5　○　**Ｍさんの現在の気持ちを受け止めながら，不安や焦りが強くなったときの対処方法や，再発時の予兆などをＭさんやＭさんの両親と確認し対応方法を事前に考えておく**ことが重要な役割である。これらを**クライシスプラン**という。事前に対応策がわかっていることで，不安を軽減して受験勉強に臨むことができる。

解答 5

49	ソーシャルワークの理論と方法（専門） [旧]精神保健福祉の理論と相談援助の展開・問題 50

次の記述のうち，この時のＢワーカーの支援として，**適切なもの**を**２つ**選びなさい。

1 同級生に話しかける場面を設定し，ロールプレイを行う。
2 グループディスカッションを免除してもらうよう教員に働きかける。
3 卒業を最優先と考え，出席するよう励ます。
4 履修状況を確認し，必要な見直しを行う。
5 授業後に聞きたい点について，Ｍさんの代わりに教員に聞きに行く。

Point キャンパスソーシャルワーカーは，疾患や障害等がある学生に対して学生生活を送る上での支障や困難がある際に，必要な支援や情報提供を行う役割をもつ。また，本人の困難さと教員や学校などとの調整を行うこともある。Ｂワーカーは，まずＭさんの困りごとや希望を丁寧に聞き取り，必要な支援を検討することが求められる。

1 ○ Ｍさんは,「頑張って同級生に話しかけても，うまくいかず自信をなくした」と語っている。ほかにも，聞きたいことを先生にうまく伝えられないなど，**対人コミュニケーションが得意ではないことがうかがえる**。ロールプレイは社会生活技能訓練（SST）などでも取り入れられており，対人関係が得意でない精神障害者の練習によく用いられるものである。Ｍさんに，ロールプレイを通して練習したことを実際に試してみてはどうかと提案することは適切である。

2 × Ｍさんは，授業のグループディスカッションに参加したいのに，緊張して議論に加われないことで休みがちであることを心配している。Ｍさんの参加したい気持ちを大切にし，**どのようにしたらグループディスカッションに参加できるだろうかと，一緒に考えていく**ことが重要である。本人の意思を確認せず，一方的に参加の免除を教員に伝えることは適切でない。

3 × 現在Ｍさんは，入学間もないため１年生であることがうかがえる。この段階で卒業を最優先と考えるのではなく，どうやって大学になじんでいくか，授業をバランスよく履修するか，同級生と仲良くなっていくかなど，一つひとつ考えていく段階である。Ｍさんと**大学４年間で何を成し遂げたいか，不安や心配なことについて丁寧に寄り添いながら一緒に考えていく**ことが求められる。

4 ○ Ｍさんは，関心のある授業を取りすぎたせいで，夕方の授業は疲れて内容が頭に入らないと語っている。現在の時間割の履修変更に間に合わなければ，次の学期の履修時にＭさんの関心のある授業と体調とを勘案しながら，**無理のない履修を一緒に考えていく**ことが適切である。

5 × キャンパスソーシャルワーカーの役割には，学生と教員との調整も含まれる。しかし，授業後にＭさんの代わりに質問を聞きに行くのは，ソーシャルワーカーの支援として適切とはいえない。Ｍさんが教員に質問することができない理由が対人コミュニケーションが得意でないことであれば，**ロールプレイで質問をする練習や，また別の方法による質問などを共に考える**ことが必要である。

解答 1 4

50

ソーシャルワークの理論と方法（専門）

[旧]精神保健福祉の理論と相談援助の展開・問題 51

次の記述のうち，この後のＢワーカーの支援として，**適切なもの**を**1つ**選びなさい。

1 緊張を克服できるように，アルバイトを幾つもやってみることを勧める。

2 就職時のジョブコーチの利用について情報を提供する。

3 パソコンスキル向上のために，就労移行支援事業所につなげる。

4 自信を付けるために，就労継続支援Ｂ型事業所の利用を提案する。

5 事務に限らず，営業や販売などにも広げて就職活動することを勧める。

Point Mさんは，インターンシップの中断により緊張や不安を感じやすく，また対人コミュニケーションが得意でないことを改めてBワーカーと共有した。Bワーカーは，Mさんが希望していた同級生と同様に就職するという目標に向け，インターンシップでみえてきた強みを活かしつつ，Mさんにとって必要な支援を考え情報提供や支援機関につなぐ役割をもつ。

1 × Mさんは，焦りや不安を抱きやすく対人コミュニケーションが得意でないと考えられる。また，大学生活やインターンシップなどの状況をみると，新しい環境に慣れていくことにも支援や時間を要する。**就職活動をしているMさんに，複数のアルバイトを経験し緊張を克服してみてはどうかと伝えることは，一層不安を与えかねず**，適切ではない。

2 ○ ジョブコーチは，精神障害等がある就職者に対して仕事内容や障害による困難さの個別支援と，職場内の対人関係の調整や職場環境の改善などを行う。Mさんは大学生活をBワーカーの支援を利用しながら乗り越えてきた。このことから，Bワーカーは，**就職した際には当初は有期限のジョブコーチ支援を利用し，利用終了後には障害者就業・生活支援センター等で就労中の焦りや不安に対する相談などを利用することが可能であるといった情報提供や支援機関とのつなぎ役ともなる**ため，適切である。

3 × MさんはBワーカーとの面談で，インターンシップでは時間はかかるが，パソコン作業は正確にこなせることが分かったことを共有した。そして，パソコン作業の仕事に就きたいと話している。今回のインターンシップの状況から，Mさんは職場での不安や焦りにどのように対処し，いかに職場に慣れていくかということが課題である。このことから，就労移行支援での事前の就労準備は，適切でない。

4 × 就労継続支援Ｂ型事業所は，一般就労をしたが就労継続が難しかった精神障害者等が利用し，施設内で福祉的就労をする事業所である。就労継続支援Ｂ型事業所を利用しながら働くことに対して自信をつけ，一般就労をする人もいる。しかし，Mさんは現在就職活動をしており，**福祉施設ではなく一般の会社でパソコン作業の仕事をしたいと希望している**ため，適切ではない。

5 × Mさんは，大学入学後間もなくから同級生や教員に話しかけることができず，焦りや不安でBワーカーに相談していた。また，インターンシップでミスをしても人に聞けないことなどから，対人コミュニケーションが多い仕事は得意でないことが考えられる。**Mさんはパソコンの仕事に就きたいと希望している**ことからも，本人の意思と異なる。営業や販売などの就職活動を勧めることは適切とはいえない。

解答 2

事例問題 2 ソーシャルワークの理論と方法（専門）

次の事例を読んで，[51]から[53]までについて答えなさい。　🅱精神保健福祉の理論と相談援助の展開・事例問題3

〔事　例〕

人口7万人のQ市は，人口減少や世帯の小規模化が進み，地域のつながりの希薄化が課題となっている。X障害者基幹相談支援センターのE相談支援専門員（精神保健福祉士）（以下「E専門員」という。）はピアサポーターから，「地域の事業所は，精神障害への偏見の修正や生活のしづらさの改善のために，地域にどう関わり，支援に活かしているのか」と聞かれた。E専門員は地域内の取組を伝えながら，幾つかの課題が頭に浮かび，それを整理する必要があると考えた。そこでE専門員は，翌月開催されたQ市「協議会」の部会で，「各事業所及び事業所がある地区の強みと弱みなどを可視化して，現状や課題を探ってみませんか」と参加者に提案した。

その後，8事業所から参加協力を得て学習会を開催し，市内各地区のマトリックス表を作成した。実施後に参加者から，「地区別の各事業所の課題と役割が分かった」「市全域と各地区との関係が分かった」「現状を各地区の実践にどう活かすかが今後の課題だ」と報告があった。（[51]）

E専門員は報告を取りまとめ，「この結果を実践に活かすために，各事業所が個々の支援で工夫していることや課題と，今回地区ごとに可視化できたこととを結び付けてみてはどうでしょう。それらを精査して，地区やQ市の戦略的方策を考えていきませんか」と学習会において新たに提案した。（[52]）

その後，学習会で検討した結果，「取組はあるが，その実践スキルやノウハウが集約できていない」「取組成果が地域に発信されていない」「住民からフィードバックを受ける仕組みが整っていない」ことが整理された。そこで「協議会」ではそれらを戦略的方策として，地域住民や当事者，その家族と事業所の協働で，地域実践を蓄積する方法を開発し，外部評価の仕組み作りを進めていった。この活動が継続していくと，参加する住民や団体も増え，Q市各地区での信頼感や結束力の高まりがみられるようになった。（[53]）

(注)　「協議会」は，「障害者の日常生活及び社会生活を総合的に支援するための法律」に基づき，障害者等への支援体制の整備を図るため，保健医療関係者，福祉関係者等で構成される。

51 ソーシャルワークの理論と方法（専門）

⑩精神保健福祉の理論と相談援助の展開・問題55

次のうち，マトリックス表の作成時に用いられた方法として，**正しいもの**を1つ選びなさい。

1 PERT法
2 グラウンデッド・セオリー
3 SWOT分析
4 デルファイ法
5 アクションリサーチ

> **Point** 精神障害者の地域生活支援においては，クライエントに対する個別の支援も重要であるが，生活の基盤となる地域社会の特徴や課題を把握し，多様な人々とともに地域づくりを推進していくことが求められている。地域社会の特徴や課題の把握は地域アセスメントであり，そのための方法として社会調査の手法が用いられる。本設問では社会調査に関する知識を踏まえて選択肢を選ぶ必要がある。

1 ✕ PERT法とは，Program Evaluation and Review Technique の略であり，**プロジェクトを合理的，効率的に遂行するための科学的工程管理法**である。プロジェクトの完遂のために各タスクに必要な時間を分析し，プロジェクト全体を完了させるのに必要な最小時間を特定するものである。各タスクを矢印で相互接続したPERT図が特徴的である。本設問で問われている方法とは異なるため，この選択肢は誤りである。

2 ✕ グラウンデッド・セオリーは，質的研究におけるデータの分析手法のことである。**インタビュー等によって得られた質的データのもつ意味を解釈しながらコードをつけ（コーディング），そのコードをもとに理論を生成する。**本事例におけるマトリックス表の作成は理論の生成を目的としていないため，この選択肢は誤りである。

3 ◯ SWOT分析は，**環境をアセスメントする方法の一つであり，環境を四つのマトリックス（強み：Strengths・弱み：Weaknesses・機会：Opportunities・脅威：Threats）でクロス分析する**ものである。この分析作業を通して，組織や地域を取り巻く全体像を把握することが可能となる。本事例における地域の強みや弱みを可視化するための方法としてこの選択肢は正しい。

4 ✕ デルファイ法は，技術予測の方法である。**多数の専門家や個人にアンケート調査を行い，その結果を回答者にフィードバックして調査を繰り返し，予測の正確度を上げながら，全体の答えや意見を絞っていく**ものである。本事例では調査を繰り返し行っておらず，目的も異なるため，この選択肢は誤りである。

5 ✕ アクションリサーチとは，**社会問題に対して，調査を行う研究者とその問題の当事者が協働して問題の解決のための調査や実践を進める実践的研究法**である。アクションリサーチは研究法であり，本設問で問われているマトリックス表作成時に用いられた調査手法とは異なるため，この選択肢は誤りである。

解答 3

52	ソーシャルワークの理論と方法（専門）

⑯精神保健福祉の理論と相談援助の展開・問題56

次のうち，この時点でＥ専門員が活用を意図したコミュニティソーシャルワークの機能として，**適切なもの**を１つ選びなさい。

1　精神障害当事者家族の問題解決能力の向上
2　地域における新しいニーズの発見
3　新しい社会資源の創造
4　個と地域の一体的支援の展開
5　住民による地域福祉問題の早期発見機能の強化

Point　近年の精神保健医療福祉施策においては，重い精神障害があっても地域で自分らしく暮らしていくことを支える地域生活支援が重視されている。そのための方法としてコミュニティソーシャルワークがあり，その特徴や機能について事例を踏まえて正しく選択する力が求められている。

1　✕　Ｅ専門員の協議会を通じた取組は，SWOT分析を用いた地域アセスメントである。各事業所が個々の支援で工夫していることや課題とSWOT分析を通して把握した各事業所と各地区の現状と課題を結びけることは，**コミュニティソーシャルワークの機能の一つである「個と地域の一体的支援」にあたる。**したがって，この時点では家族の問題解決能力の向上を意図していないため，この選択肢は適切ではない。

2　✕　本事例は，精神障害者への偏見の修正や生活のしづらさの改善のために，地域への働きかけと支援の活用について地域アセスメントをしている事例である。**Ｅ専門員はこの取組を通じて戦略的方策を検討していく場面であることから，地域における新しいニーズの発見を意図しているとはいえない**ため，この選択肢は適切ではない。

3　✕　先述のとおり，**本事例は地域アセスメントを踏まえて，精神障害者への偏見の修正や生活のしづらさの改善のための戦略的方策を検討していく場面であり，新しい社会資源の創造を意図した取組とはいえない**ため，この選択肢は適切ではない。

4　○　コミュニティソーシャルワークは，個を地域で支える援助と個を支える地域をつくる援助を一体的に行うものであり，それは「個と地域の一体的支援」といえる。**本事例では各事業者の個々の支援における工夫や課題と地区ごとの課題を結びつけようとしており，それは「個と地域の一体的支援」を意図したものといえる。**

5　✕　コミュニティソーシャルワークが効果的に地域で展開されることにより，予防的なアプローチが可能となるが，**この時点ではまだ戦略的方策を検討していく段階であり，住民等も参画はしていない。**したがって，住民による地域福祉問題の早期発見機能の強化を意図したとはいえないため，この選択肢は適切ではない。

解答　**4**

53 ソーシャルワークの理論と方法（専門）

[旧]精神保健福祉の理論と相談援助の展開・問題 57

次のうち，この活動を通して地域に形成されたものとして，**最も適切なもの**を**1つ**選びなさい。

1 ソーシャルベンチャー
2 ソーシャルファーム
3 コミュニティビジネス
4 コミュニティチェスト
5 ソーシャルキャピタル

Point 協議会による戦略的方策を通して地域に形成された概念を選択する問題である。地域を基盤にした支援や包括的な支援に関連する相談援助の理念や概念について整理しておくとともに，それらの意味，内容を覚えるだけではなく，具体的な事例を通して理解しておくことで適切な選択肢を選ぶことにつながる。

1 × ソーシャルベンチャーとは，**社会問題の解決を目的としたベンチャー企業のこと**である。ビジネスを通じて収益性を確保しつつ，社会貢献が可能となるビジネスモデルを構築する。本事例では，ビジネス手法は用いられていないため，この選択肢は適切ではない。

2 × ソーシャルファームとは，障害者など通常の労働市場では就労の機会を得ることが難しい人々に対して，仕事の場を創出することを目的とした社会的企業であり，ヨーロッパを中心に展開している。**本事例は，障害者の就労機会の創出を目的とした取組ではない**ため，この選択肢は適切ではない。

3 × コミュニティビジネスとは，**地域社会を基盤にして，生活にかかわる諸問題をビジネス手法で解決しようとする取組**である。主に地域資源（人材やノウハウ，施設，資金等）を活用することで，対象となるコミュニティを活性化することに特徴がある。本事例では，ビジネス手法は用いられていないため，この選択肢は適切ではない。

4 × コミュニティチェストは，**共同募金**の意味である。わが国では，共同募金は第1種社会福祉事業に位置づけられ，都道府県単位で共同募金会がこの事業を実施する。本事例は共同募金の活動ではないため，この選択肢は適切ではない。

5 ○ ソーシャルキャピタルとは，地域や社会における人々の信頼関係や結びつきを表す概念であり，人々の協調行動を活発にすることによって，社会の効率性を高めることができるという考え方である。代表的な論者であるパットナム（Putnam, R. D.）は，ソーシャルキャピタルの構成要素として，構造としてのネットワークと，その構造の上に蓄積される人々の意識としての信頼・規範をあげている。本事例では，**協議会による戦略的方策として多様な人々と協働して地域実践を蓄積する方法を開発し，この活動を通して信頼感や結束力が高まっていることから，ソーシャルキャピタルが形成されたと考えることができる。**

解答 5

事例問題 3 ソーシャルワークの理論と方法（専門）

次の事例を読んで，54 から 56 までについて答えなさい。　**⑬精神保健福祉の理論と相談援助の展開・事例問題 4**

〔事　例〕

　F 精神保健福祉士が勤務する精神科病院に，10 日前，アルコール依存症の G さん（52 歳，男性）が入院となった。G さんはこれまで 2 度入院し，その都度 F 精神保健福祉士が担当していた。離脱症状が治まったため，F 精神保健福祉士は病棟の面接室で G さんと面接を行った。

　G さんは，「大学を出て今の会社に就職して，趣味もなく仕事ばかりの生活だった。3 年前に管理職に昇進して，慣れない内容が増えてそのストレスを飲酒でごまかすようになり，そのうち時々早退して昼から酒を飲むようになった。その様子を見兼ねた妻が病院に連れて来た。今まで自分で酒を断とうとしたけど，うまくいかなかった。こんな僕だけど，家族のためにも酒のない生活に変わりたい気持ちはある。妻や社長からは，今回は入院してしっかり治して帰ってくるようにと言われているけど，迷惑をかけて，つくづく自分はだめな人間だと思う」とやっと本音を話した。F 精神保健福祉士は，「そう思いつつも，G さん自身はこれから酒のない生活に変わっていきたいんですね」と話を続けた。（54）

　翌週，妻から面談の希望があり，F 精神保健福祉士が対応した。「私も仕事をしているのでお金のことは心配ない。でも，また夫が酒浸りになるんじゃないかと一人で考えていると胸が苦しくなってくる。このことは，誰にでも話せることじゃないし，どうしたらいいでしょうか」と相談された。そこで，F 精神保健福祉士は，「私たちも相談に乗りますし，地域にも相談できる所がありますよ」と提案した。（55）

　入院から 1 か月後，G さんを含めた病棟カンファレンスが開催された。その際，F 精神保健福祉士は，G さんが自宅へ退院しても断酒が継続できるよう，今後を見据えた G さんへの支援を提案した。（56）

54 ソーシャルワークの理論と方法（専門）
⑬精神保健福祉の理論と相談援助の展開・問題58

次のうち，この時にF精神保健福祉士が行った面接として，正しいものを1つ選びなさい。
1 構造化面接
2 指示的面接
3 居宅訪問面接
4 動機づけ面接
5 生活場面面接

> **Point** Gさんはこれまでの自分を振り返り，断酒を試みながらもうまくいかなかったこと，周りに迷惑をかけてしまったと思っていること，そのような自分をだめな人間だと思っていることなどを初めて語っている。しかし，Gさんは「家族のためにも」「酒のない生活に変わりたい」という気持ちがあり，F精神保健福祉士は，Gさんの「だめな自分」と「変わりたい自分」に焦点をあててかかわることとなる。

1 ✗ 構造化面接は，標準化面接，指示的面接とも呼ばれ，**質問があらかじめ準備されており，質問の順番も決められている面接**である。あらかじめ質問が決められているため，質問ごとに回答者の回答を比較することができ，評価にある程度の客観性や信頼性をもたせることができる。事例では，Gさんがこれまで語ってこなかった自身の気持ちを初めて吐露し，それを受けてF精神保健福祉士はGさんに対して言葉を返しているため，F精神保健福祉士が行ったのは構造化面接ではない。よってこの選択肢は誤りである。

2 ✗ 指示的面接は，構造化面接，標準化面接とも呼ばれており，内容は選択肢1の解説のとおりである。**質問の内容や順番が事前に決められている**ことから客観性が高く，個人間の比較を行いつつ診断をすることができる。事例では，Gさんが初めて自身の思いを吐露するなど，F精神保健福祉士のかかわりはGさんのペースや発言を重視したものと考えることができる。決められた質問によって進められる指示的面接とはいえず，よってこの選択肢は誤りである。

3 ✗ 居宅訪問面接は，**クライエントの住居や部屋に訪問をし，その場で行う面接**であり，生活場面面接の一つである。クライエントの生活空間で面接を行うことにより，支援者が生活環境を把握することができ，家族等にも会う機会となる。また，病院や施設の面接室での面接よりもクライエント本人も気を遣わずに面接に臨むことができるというメリットがあるが，支援者は，クライエントの生活スペースに立ち入っていることに留意する必要がある。事例では，F精神保健福祉士は病棟の面接室で面接を実施しているため，この選択肢は誤りである。

4 ○ 動機づけ面接とは，ミラー（Miller, W. R.）とロルニック（Rollnick, S.）によって開発された面接法であり，クライエントがやめられない飲酒や禁煙などの行動を標的とする。**クライエントの行動や変化に関する発言に焦点をあてることにより，クライエント自身の気づきを促し，適切な行動につながることを意図した面接法**である。クライエントの変化に向かう言語（チェンジトーク）を行動変容につなげる。Gさんの「変わりたい」「だめな人間」という言葉を，F精神保健福祉士が今後の生活に向けた形で言葉を返している。よってこの選択肢は正しい。

5 ✗ 生活場面面接とは，**クライエントが生活をしている空間（居宅や病院・施設の居室，食堂やベッドサイドなど）で行う面接**のことである。施設や病院の面接室という決められた空間にクライエントを来訪させるのではなく，支援者がクライエントのもとに出向くことにより生活環境を確認することができる。また，クライエントの困りごとや訴えがどのような環境から生じているのかを把握することができ，一緒に具体的な対策を立てることができる。この事例では，F精神保健福祉士は病棟の面接室で面接を実施しているため，この選択肢は誤りである。

解答 ❹

55	ソーシャルワークの理論と方法（専門） [旧]精神保健福祉の理論と相談援助の展開・問題 59	✓✓✓

次のうち，この時にＦ精神保健福祉士が妻に提案した社会資源として，**正しいものを２つ**選びなさい。

1　保健所
2　ギャマノン（GAM-ANON）
3　アラノン（Al-Anon）
4　婦人相談所*
5　地域包括支援センター

Point　Ｇさんの妻からの相談場面である。精神疾患等，偏見や差別の対象になることや一般的に理解されがたい状況にある人が，その状況を周りの人に相談することは簡単なことではない。そのような場合には，同じ問題を抱える人が相互に理解し，支え合う場が有効である。この場面はＧさんの妻の置かれた状況や心情を十分に理解し，Ｆ精神保健福祉士から情報提供を行う場面である。

1　○　精神保健及び精神障害者福祉に関する法律（精神保健福祉法）第 47 条（相談及び援助）では，保健所等が行う精神障害者にかかる相談指導等について規定している。精神保健福祉相談員を配置し（精神保健福祉法第 48 条），**精神保健及び精神障害者の福祉に関し，精神障害者等及びその家族等からの相談に応じさせ，情報の提供，助言その他の援助を行う**機関とされている。また，地域の社会資源との連携も期待されている中心的機関である。事例では，Ｇさんの妻の相談先となる機関や人，場が求められていることが理解でき，保健所の機能を活用することができる。よってこの選択肢は正しい。

2　×　ギャマノン（GAM-ANON）とは，**ギャンブル依存症の人などギャンブルの問題の影響を受けている家族や友人を対象とした自助グループ**である。家族や友人といった同じ立場の人が集まり，ミーティングなどを行う。この場には医師やソーシャルワーカーなどの専門職はおらず，匿名で参加することから，氏名や立場を明かすことなく，情報が守られ，安心できる環境で話をすることができる。Ｇさんはアルコール依存症であるため，この選択肢は誤りである。

3　○　アラノン（Al-Anon）とは，**アルコール依存の問題を抱える人の家族や友人を対象とした自助グループ**であり，現在は 130 か国にその活動が広がっている。家族が正しい知識を得たり，感情を表出したりできる場を得ることができる。アルコールの問題を抱える本人の自助グループであるアルコホーリクス・アノニマス（Alcoholics Anonymous）と同様に，ミーティングを開き，12 のステップを用いた活動を行う。なお，子どもを対象とした自助グループにアラティーン（Alateen）がある。Ｇさんの妻が同じ立場で語ることができ，正しい知識を得ることができるアラノンを紹介することは正しい。

4　×　婦人相談所は，売春防止法に基づいて各都道府県に設置されている機関である。**売春を行うおそれのある女性を対象に，相談や指導，保護を行う**施設として運営されてきたものであるが，現在では**婦人保護事業として女性に関するさまざまな相談に応じており，配偶者暴力防止法に基づいた配偶者暴力相談支援センターの機能ももつ**が，Ｇさんの妻に婦人相談所の活用を勧めるのは誤りである。

5　×　地域包括支援センターは，介護保険法に規定された機関であり，**地域住民の心身の健康の保持及び生活の安定のために必要な援助を行うことにより，その保健医療の向上及び福祉の増進を包括的に支援することを目的としている**。この事例においてＧさんの妻が必要としているのは，アルコール依存症に関する相談ができる地域機関であるため，この選択肢は誤りである。

解答　1　3

＊　2024 年（令和 6 年）4 月 1 日の時点で現存する婦人相談所は，「女性相談支援センター」とみなされる。

56 ソーシャルワークの理論と方法（専門）

[旧]精神保健福祉の理論と相談援助の展開・問題 60

次のうち，この時にＦ精神保健福祉士が提案した内容として，**最も適切なものを１つ**選びなさい。

1　ひとり SST の実施

2　アルコール依存症回復支援施設への入所

3　入院中からの自助グループ参加

4　日常生活自立支援事業の申請準備

5　復職を想定した職場の仕事内容の確認作業

Point　Ｇさんはこれまでにも退院後に飲酒をして入院することを繰り返してきた。しかし，今回の入院では初めて自分の気持ちを表出することができた。これまでとは違い，自分だけで断酒に取り組むのではなく，社会資源を活用しながら断酒を続けることができると考えられる。本人のペースを大切にし，ステップを踏みながら今後を具体的に見すえた支援方針を考える段階である。

1　× SST（Social Skills Training）は，社会生活技能訓練と訳される精神障害リハビリテーションの一つである。通常はグループで実施されるが，ひとり SST は１対１で実施する。例えば，精神保健福祉士が行う通常の面接中に，クライエントから出された不安や課題に応じてすぐに実施することができ，ロールプレイやフィードバックに十分な時間を使うことができる。**対人関係などの社会生活上に課題が生じた際にはひとり SST を導入する可能性があるものの，現段階ではそのニーズは読み取れない**。よってこの選択肢は適切ではない。

2　× アルコール依存症回復支援施設は，アルコールの問題を抱えた人たちが同じくアルコールの問題を抱えた人とともに体験を共有し，理解し合い，プログラム等に参加する。自発的に参加するものであり，その過程で自己の課題を理解し回復を目指す施設である。全国にさまざまなタイプの施設があり，市区町村，保健所，精神保健福祉センターなどで紹介を受けることができる。しかし，事例では**Ｇさんが自宅に退院した後も断酒が継続できるようにカンファレンスが開催されており，回復支援施設への入所は希望していない**ため，この選択肢は適切ではない。

3　○ 自助グループは，同じ問題を抱える人や，その周りの人（家族や友人など）が自発的に自身の体験や課題を話し合い，支え合う場である。**ほかの人には話しにくいことであっても，同じ体験や情報，知識を共有しながら行動変容，回復を目指す**。アルコール以外にも薬物依存や摂食障害，がん患者やセクシャルマイノリティなどの自助グループが多数形成されている。**入院中から自助グループに参加することは回復のために有意義である**。よってこの選択肢は適切である。

4　× 日常生活自立支援事業は，認知症高齢者，知的障害者，精神障害者等のうち判断能力が不十分な者を対象に，福祉サービスの利用援助等を行う事業である。社会福祉協議会が本人との契約に基づいてこれらの支援を行う。事例の**Ｇさんは判断能力の低下はみられず，サービス利用や日常生活上の不安があるという発言もない**。よってこの選択肢は適切ではない。

5　× Ｇさんの発言からわかるように，Ｇさんは仕事を休んで入院しており，職場はＧさんの復職を希望していることがうかがえる。そのため，今後は復職を目指した支援が行われることになるだろう。しかし，Ｇさんからは仕事のストレスから飲酒の問題が始まったことや，これまで断酒がうまくいかなかったことについて発言がある。退院後すぐに仕事に戻るよりも，まずは退院後に断酒を続け，生活を安定させることが優先される。**仕事内容の確認作業は，現段階では時期尚早**であり，この選択肢は適切ではない。

解答 3

注）本来「精神障害リハビリテーション論」に分類される問題であるが，問題 54・55 に合わせて「ソーシャルワークの理論と方法（専門）」に収載した。

57 精神障害リハビリテーション論

[旧]精神保健福祉の理論と相談援助の展開・問題 43

B精神保健福祉士は，精神科デイ・ケアで自立生活に関する学習会を担当している。5回目のテーマは前回に続き「互いの経験から学ぶ」である。参加者Cさんが，「私は病気になって，自分なんて価値がないと思っていたけど，今は生きていていいと思えるようになりました」と話した。すると参加者Dさんが，「でもやっぱり，なんで病気になったんだろう」とつぶやいた。B精神保健福祉士はDさんの気持ちを受け止めて，Cさんに，「なぜそう思えるようになったのですか」と発言を促した。Cさんは，「前回，生き生きと自分の体験を語っていた人の話を聞いたことがきっかけですね」と話した。するとDさんが，「僕もあのように堂々と生きていきたいなって思った」と語った。

次の記述のうち，B精神保健福祉士の促しによって，グループに生まれた効果として，**適切なもの**を**2つ**選びなさい。

1 生活に必要な生きた情報が共有される。
2 社会的に必要なスキルを身に付ける。
3 他者の乗り越えた体験を知り希望を抱く。
4 自分だけの問題ではないという安心感を得る。
5 他者への関わりの結果から対人関係について学ぶ。

Point 精神科デイ・ケアにおける「自立生活に関する学習会」というプログラムの中で，Cさんの経験の語りに対してB精神保健福祉士が行った促しの結果，グループに生まれた効果を問う設問である。グループワークは，参加者同士の交流の中で生じる相互作用を意図的に活用して，グループや参加者個々人の成長を支えたり，促したりする効果があるとされている。ヤーロムは，グループによって変化をもたらす実際の心理的メカニズムを「療法的因子」として11因子にまとめている（※）。

1 × グループの効果的な療法的因子として，生活に必要な生きた情報が共有されるという「情報の伝達」因子があげられるが，**この場面では生活に必要な具体的な情報が共有されたとは言い切れない**。よって，選択肢は適切ではない。

2 × グループの効果的な療法的因子として，社会的に必要なスキルを身に付けるという「社会適応技術の発達」という因子があげられる。しかし，**この場面のみでは社会的に必要なスキルを身に付けたとは言い切れない**。よって，選択肢は適切ではない。

3 ○ グループの効果的な療法的因子として，他者の乗り越えた体験を知り希望を抱くという「希望をもたらすこと」という因子があげられる。**Dさんは，B精神保健福祉士の「なぜそう思えるようになったのですか」という促しによって，Cさんが「生きていていいと思えた」体験を知り，「僕もあのように堂々と生きていきたいなって思った」と希望を抱くに至った**。よって，選択肢は適切である。

4 ○ グループの効果的な療法的因子として，自分だけの問題ではないという安心感を得るという「普遍性」という因子があげられる。Cさんが「病気になって，自分なんて価値がないと思っていたけど，今は生きていていいと思えた」体験を知り，**Dさんは，この病気の問題が自分だけではないと考えることができた**と思われる。よって，選択肢は適切である。

5 × グループの効果的な療法的因子として，他者への関わりの結果から対人関係について学ぶという「対人学習」という因子があげられる。しかし，**この場面では具体的な対人関係を学んだとはいえない**。よって，選択肢は適切ではない。

解答 3 4

※アーヴィン・D・ヤーロム，中久喜雅文・川室優監訳『ヤーロムグループサイコセラピー ── 理論と実践』西村書店，pp. 1－2，2012.

事例問題　精神障害リハビリテーション論

次の事例を読んで，[58]から[60]までについて答えなさい。　[旧]精神保健福祉の理論と相談援助の展開・事例問題 2

〔事　例〕

Cさん（25 歳，男性）は，19 歳の時に友人に勧められて覚醒剤を使用し，警察に逮捕され，その後，保護観察処分を受けた。保護観察期間が終わってからは，その友人とも距離を置き，就職して 23 歳の時に結婚して子どもも生まれた。ところが新しい上司との相性が悪く，ミスを叱責されたことから口論となって仕事を辞め，再び覚醒剤を勧めた友人と会うようになった。働かずブラブラしているCさんをみた妻は，子どもを連れて家を出てしまった。Cさんは，失意と孤独から抑うつ状態に陥り，覚醒剤を再使用したいという欲求にかられ，精神科クリニックを訪れた。診察した医師はクリニックで実施しているSMARPP（せりがや覚せい剤依存再発防止プログラム）への参加を勧め，担当のD精神保健福祉士がプログラム導入のための面接を行った。Cさんは，面接室に座るなり，「保護観察の時にも更生プログラムを受けた。本当に効果があるんですか」と疑心暗鬼な様子で尋ねた。D精神保健福祉士はCさんがクリニックに来たことをねぎらい，面接を始めた。（[58]）

Cさんは，D精神保健福祉士との面接を経て，プログラムに参加することになった。プログラムを始めたばかりのCさんは，身体もつらそうで緊張した面持ちだったが，「妻からは，『覚醒剤を勧めた友人と縁を切って，働くようになったらまた一緒に暮らしても良い』と言われた。頑張って妻と子どもに回復した姿を見せたい」と週 1 回の参加を続けた。4 週目には，薬物の再使用の「引き金」について考えるプログラムに参加した。Cさんは自分の「引き金」が対人関係のつまずきと考え，D精神保健福祉士やほかのメンバーと一緒にその対処方法について確認した。（[59]）

その後，順調にみえていたCさんだったが，プログラムが始まって 2 か月が過ぎた頃からイライラしてプログラムのメンバーと何度か言い争う姿がみられた。心配したD精神保健福祉士が，Cさんと面談すると，「妻と子どものことを考えると，もう絶対覚醒剤はやってはいけないと思うが，ふとした時にまた無性に覚醒剤を使いたいと思うことがある」「妻と子どもに会いたい」と訴えた。（[60]）

58 精神障害リハビリテーション論

[旧]精神保健福祉の理論と相談援助の展開・問題 52

次の記述のうち，この面接時のD精神保健福祉士のCさんへの発言として，**適切なものを 1 つ**選びなさい。

1 「覚醒剤がいかに危険なものか分かっていますか」

2 「覚醒剤を使うことをどのように思っていますか」

3 「最初に，治療プログラムについて説明します」

4 「あなたがしたことで，ご家族がどんな思いをしたか考えてください」

5 「そのような態度では，覚醒剤を再使用してしまいますよ」

Point 薬物依存症のCさんが訪れた精神科クリニックに所属するD精神保健福祉士が，SMARPP（せりがや覚せい剤依存再発防止プログラム）導入のための面接を行う場面である。SMARPP は，旧せりがや病院（現・神奈川県立精神医療センター）で 2006 年（平成 18 年）に開発された，主に薬物依存症を対象とした治療プログラムである。Cさんの不安に寄り添いながら，どのような対応が求められるのかが問われている。

1 ✕ SMARPP では，薬物依存症の**治療継続が重視**される。Cさんが治療プログラムに疑心暗鬼な様子に対して，「覚醒剤がいかに危険なものか分かっていますか」といった内省をうながすようなかかわりでは，参加の同意が得られるとは考えにくい。よって，適切ではない。

2 ○ 治療の効果に懐疑的なCさんの様子から，治療プログラムの説明をする前に，**Cさん自身の覚醒剤に対する認識や考えを確認する**のが先決と判断したD精神保健福祉士の対応は適切である。Cさんの自己決定を尊重するために，最初に覚醒剤を使用することへの考えを確かめた上で，治療プログラムの導入やその提案の仕方を検討するのが望まれる順序である。

3 ✕ 疑心暗鬼な様子で尋ねてくるCさんの様子から推察して，**いきなり治療プログラムの内容を説明してもCさんに届かない**ことが考えられる。プログラムの説明をする前に，Cさんが治療やリハビリテーションに消極的な背景を理解することが求められている状況であるため，適切ではない。

4 ✕ SMARPP では，薬物依存症者にとって，治療の場が安心できる場所になるためのコミュニケーションを重視している。「あなたがしたことで，ご家族がどんな思いをしたか考えてください」といった，**Cさんの行動を責めるような発言は，治療から遠ざけてしまう**懸念がある。よって，適切ではない。

5 ✕ Cさんの疑心暗鬼な様子は，効果を感じられなかった更生プログラムに対する疑問が背景にあると考えられる。信頼関係の構築のために，D精神保健福祉士はそうした**Cさんの思いを受け止める必要があり，現在の態度を非難することは逆効果**であり，適切ではない。

解答 2

59 精神障害リハビリテーション論

⑮精神保健福祉の理論と相談援助の展開・問題53

次の記述のうち，Cさんと確認した対処方法として，**適切なもの**を1つ選びなさい。

1 特に予定を入れずに毎日を気ままに過ごす。

2 覚醒剤を使用したくなる場面を徐々に増やす。

3 お酒を飲んでリラックスする。

4 誰とも連絡を取らず，一人で過ごす。

5 深呼吸して気分を変え，妻と子どもの写真を見る。

Point Cさんが薬物の再使用の「引き金」について考えるプログラムにおいて，断薬の継続に向けて，参加メンバーとともに適切な対処方法を検討する支援場面である。

1 ✕ Cさんが**特に予定を入れず，毎日を気ままに過ごすことによる退屈感から，その気持ちを紛らわすために，覚醒剤を再使用するリスクを高める**可能性が懸念される。セルフヘルプグループなどにつながり，安心感のある生活を送ることが重要となる。したがって，適切な対処方法とはいえない。

2 ✕ SMARPPでは，治療の継続によって，覚醒剤による弊害を減らしていく方向性を探る。**覚醒剤を使用したくなる場面を徐々に増やすことによって，再使用のリスクを高める**ため，適切な対処方法とはいえない。

3 ✕ Cさんの対人関係のつまずきに対して，お酒を飲んでリラックスすることは，**アルコール依存症の危険も高まる**懸念がある。したがって，適切な対処方法とはいえない。

4 ✕ Cさんは妻と子どもと離れたことによって，失意と孤独から抑うつ状態となり，覚醒剤を再使用したいという欲求にかられている。誰とも連絡を取らず，**一人で過ごすことは孤独感から覚醒剤を再使用するリスクを高める**ことになり，再発防止の観点から，適切な対処方法とはいえない。

5 ◯ Cさんは「頑張って妻と子どもに回復した姿を見せたい」と語っており，**妻と子どもとの再会は，C**さんにとって覚醒剤の再使用を防止する内発的な動機づけになっていると考えられる。したがって，気分を変えて妻と子どもの写真を見ることは，適切な対処方法といえる。

解答 5

60 精神障害リハビリテーション論

⑮精神保健福祉の理論と相談援助の展開・問題54

次の記述のうち，Cさんの訴えに対するD精神保健福祉士の対応として，**適切なもの**を１つ選びなさい。

1 プログラムで，今の気持ちをメンバーと共有することを提案する。

2 保護観察処分を受けたことがあるため，保護観察所に対応の指示を得る。

3 クリニックでのプログラムを中止し，司法のプログラムに変更することを伝える。

4 クリニックへの立入りを制限し，底つき体験を促す。

5 妻に連絡し，Cさんに会いに行くよう依頼する。

Point Cさんがほかのプログラムメンバーと言い争う状況を心配したD精神保健福祉士が，Cさんの訴えを傾聴しながら，かかわりを検討する支援場面である。

1 ○ 治療プログラムで，Cさんの心境をほかのプログラムメンバーと共有することで，メンバーからの**共感的な理解が得られると同時に，メンバーの経験談などの体験的知識を得られる**ことが期待できる。

2 ✕ Cさんの保護観察期間はすでに終了しており，管轄を離れている保護観察所から「指示」を得るという根拠に欠ける。また，SMARPPと保護観察所における更生プログラムは別のものであり，SMARPPのプログラムの過程で生じた課題に対し，保護観察所から適切な助言が得られるとも限らない。したがって，適切ではない。

3 ✕ SMARPPによる**治療プログラムを中止**することで，Cさんとの**治療関係の継続が困難となり，再使用のリスクが高まる**ことが懸念される。したがって，適切ではない。

4 ✕ クリニックへの立入りを制限し，**底つき体験を促すかかわりは，Cさんを治療の場から遠ざけてしまい，治療中断のリスクを高める**ことにつながる。したがって，適切ではない。

5 ✕ Cさんは「妻と子どもに会いたい」と願っているが，家を出た妻の思いを尊重する姿勢が重要となる。本人への支援とともに家族支援も重要であり，Cさんと妻双方の思いに受容と共感の姿勢を示しながら，慎重なかかわりが求められる。したがって，適切ではない。

解答 1

61 精神保健福祉制度論
⑬精神保健福祉に関する制度とサービス・問題 61

次のうち，「精神保健福祉法」に規定される者として，**正しいものを 2 つ選びなさい。**

1 退院支援相談員

2 精神保健福祉相談員

3 相談支援専門員

4 退院後生活環境相談員

5 成年後見人

（注）「精神保健福祉法」とは，「精神保健及び精神障害者福祉に関する法律」のことである。

Point 精神保健福祉法で規定されている者を問う問題である。各選択肢の専門職の名称・役割・業務内容，それぞれの専門職が規定されている根拠法について理解が求められる。

1 ✕ 退院支援相談員は，**診療報酬**上で規定されている。退院支援相談員は精神療養病棟へ入院となった入院患者 1 人につき 1 人以上指定し，配置される。退院に向けた相談支援業務として，当該患者及びその家族等からの相談に応じ，退院に向けた意欲の喚起等や，主治医の指導を受け，その他当該患者の治療に関わる者との連携を図ることとされている。該当する専門職は，①精神保健福祉士，②保健師，看護師，准看護師，作業療法士，社会福祉士又は公認心理師として，精神障害者に関する業務に従事した経験を 3 年以上有する者であり，同時に担当する患者の数は 60 人以下である。

2 ○ 精神保健福祉相談員は，**精神保健福祉法第 48 条**に規定されている。都道府県及び市町村は，精神保健福祉センター及び保健所その他これらに準ずる施設に，精神保健及び精神障害者の福祉に関する相談に応じ，並びに精神障害者等及びその家族等その他の関係者を訪問して必要な情報の提供，助言その他の援助を行うための職員として精神保健福祉相談員を置くことができる。精神保健福祉相談員は，精神保健福祉士その他政令で定める資格を有する者のうちから，都道府県知事又は市町村長が任命するとされている。

3 ✕ 相談支援専門員は，**障害者の日常生活及び社会生活を総合的に支援するための法律**（障害者総合支援法）に基づく専門職である。相談支援専門員は障害福祉サービス等の申請に係る支給決定の前にサービス等利用計画案を作成し，支給決定後，サービス事業者等との連絡調整等を行うとともに，サービス等利用計画の作成を行う。継続サービス利用支援においては，障害福祉サービス等の利用状況等の検証（モニタリング）としてサービス事業所等との連絡調整，必要に応じて新たな支給決定等に係る申請の勧奨を行う役割を担っている。

4 ○ 退院後生活環境相談員は，措置入院者・医療保護入院者の退院後の生活環境に関し，措置入院者・医療保護入院者及びその家族等からの相談に応じ，及びこれらの者に対する必要な情報の提供，助言その他の援助を行わなければならないと**精神保健福祉法第 29 条の 6・第 33 条の 4** に規定されている。退院後生活環境相談員 1 人につき，おおむね 50 人以下の入院者を担当する。選任資格は，①精神保健福祉士，②保健師，看護師，准看護師，作業療法士，社会福祉士又は公認心理師として，精神障害者に関する業務に従事した経験を有する者，③精神障害者及びその家族等との退院後の生活環境についての相談及び指導に関する業務に 3 年以上従事した経験を有する者で，厚生労働大臣が定める研修の修了者である。

5 ✕ 成年後見人は，**民法**に規定されている。成年後見制度は認知症，知的障害，精神障害などにより物事を判断する能力が十分でない者について，本人の権利を守る成年後見人を選ぶことで，本人を法律的に支援する。手続きとしては，家庭裁判所に審判の申立てを行い，家庭裁判所によって，援助者として成年後見人が選任される。本人の判断能力に応じて，「後見」「保佐」「補助」の三つの類型がある。

解答 2 4

62 精神保健福祉制度論
⑯精神保健福祉に関する制度とサービス・問題62

障害者基本法に関する次の記述のうち，**正しいものを2つ選びなさい。**

1 障害者週間を設けることが規定されている。

2 法の制定当初から，障害を理由とする差別を禁じている。

3 精神障害者の長期入院の解消について規定されている。

4 法改正により，「障害者の家族にあつては，障害者の自立の促進に努めなければならない」という規定が削除されている。

5 障害者の定義から，発達障害者は除外されている。

障害者基本法の概要について，基本的な理解が問われている設問である。1970年（昭和45年）に制定された心身障害者対策基本法の改正により，1993年（平成5年）に障害者基本法が成立した。その後の改正として，2004年（平成16年）と2011年（平成23年）の改正の内容について整理しておくことが必要となる。

1 ○ 障害者基本法では，**「障害者週間」として12月3日から12月9日の1週間を規定**している。同法第9条では，「国民の間に広く基本原則に関する関心と理解を深めるとともに，障害者が社会，経済，文化その他あらゆる分野の活動に参加することを促進するため，障害者週間を設ける」と規定されている。この「障害者週間」は，2004年（平成16年）の法改正時に，「障害者の日」（12月9日）から拡大されたものである。国や地方公共団体は，「障害者週間」の趣旨に則った事業の実施が努力義務とされている。

2 × **2004年（平成16年）の障害者基本法改正において，障害を理由とする差別の禁止が基本的理念として明示**された。同法第4条では，「何人も，障害者に対して，障害を理由として，差別することその他の権利利益を侵害する行為をしてはならない」と規定されている。また，社会的障壁の解消に向けた合理的配慮の必要性も示されており，国は，障害者差別の防止を目的とした普及啓発を促進するために，必要な情報収集や情報提供が求められている。

3 × 障害者基本法は，障害者福祉の根幹にかかわる法律であるが，**精神障害者の長期入院の解消に関する具体的な規定は示されていない。**障害者基本法は，「全ての国民が，障害の有無にかかわらず，等しく基本的人権を享有するかけがえのない個人として尊重される」という理念に基づき，「障害者の自立及び社会参加の支援等のための施策を総合的かつ計画的に推進すること」を目的とした法律である。

4 ○ 2004年（平成16年）の障害者基本法改正において，それまで規定されていた第6条第1項の「障害者は，その有する能力を活用することにより，進んで社会経済活動に参加するよう努めなければならない」ならびに，同条第2項の**選択肢の規定が削除された。**

5 × 障害者基本法における「障害者」の定義には，**発達障害者も含まれている。**同法第2条では，障害者を「身体障害，知的障害，精神障害（発達障害を含む。）その他の心身の機能の障害がある者であって，障害及び社会的障壁により継続的に日常生活又は社会生活に相当な制限を受ける状態にあるものをいう」と規定されている。なお，社会的障壁は「障害がある者にとって日常生活又は社会生活を営む上で障壁となるような社会における事物，制度，慣行，観念その他一切のもの」とされる。

解答 **1** **4**

63 精神保健福祉制度論

⑯精神保健福祉に関する制度とサービス・問題63

介護保険制度に関する次の記述のうち，**正しいものを2つ**選びなさい。

1 要介護状態区分は，1〜6まで設定されている。
2 要介護認定・要支援認定には，有効期間がある。
3 第2号被保険者であっても，初老期における認知症である場合，要介護認定を受けることができる。
4 予防給付は，要介護の認定を受けた人でも利用できる。
5 救護施設に入所している者も，介護保険の給付を利用できる。

> **Point** 介護保険制度の仕組みに関する基本的な内容である。精神障害者も高齢になると障害福祉サービスだけではなく，介護保険のサービスを利用する機会が出てくることが考えられる。精神障害者の生活支援を行う上で，介護保険の保険者，被保険者，給付のための手続きと主な給付の内容については理解を深めておきたい。

1 ✗ 要介護状態区分は**1〜5までの設定**である。要介護・要支援の認定基準は，要介護1（部分的な介護を要する状態）〜5（最重度の介護を要する状態），要支援1・2であり，市町村に設置された介護認定審査会において判定される。区分が1〜6まで設定されているのは障害者総合支援法に規定されている障害支援区分である。

2 ◯ 要介護認定・要支援認定の有効期間は，**新規申請及び区分変更申請の場合は原則6か月**（市町村が必要と認める場合にあっては，3か月から12か月の間で月を単位として市町村が定める期間）である。また，**更新申請の場合は原則12か月**（市町村が必要と認める場合にあっては，3か月から36か月の間で月を単位として市町村が定める期間，また直前の要介護度と同じ要介護度と判定された場合は48か月まで延長が可能）である。

3 ◯ 介護保険の第2号被保険者は，市町村の区域に住所を有する40歳以上65歳未満の医療保険加入者である。第2号被保険者が介護保険の給付を受けられるのは，加齢に伴う一定の疾病（特定疾病）により要介護状態になった場合に限られる。介護保険給付の対象となる**特定疾病は16疾病あり，その中に「初老期における認知症」は規定されている**ため，要介護認定を受けて，保険給付を受けることが可能である。上記以外の特定疾病としては，「がん（末期）」「関節リウマチ」「脳血管疾患」などが規定されている。

4 ✗ 予防給付は，**要支援**の認定を受けた被保険者が受ける給付である。要介護認定を受けた被保険者は介護給付を利用する。予防給付は常時介護を要する状態の軽減又は悪化の防止を目的として，介護予防サービスや地域密着型介護予防サービスが規定されている。

5 ✗ 介護保険には適用除外施設に入院・入所している者は被保険者にならないとの規定がある。**救護施設は適用除外施設として規定されており，救護施設に入所している者は介護保険の被保険者にならないため，**保険給付を受けることはできない。救護施設は，身体上又は精神上著しい障害があるため，日常生活を営むことが困難な要保護者を入所させ生活扶助を行うことを目的とした施設であり，生活保護法第38条第2項に規定されている。

解答 **2 3**

64 精神保健福祉制度論

[旧]精神保健福祉に関する制度とサービス・問題 64

生活保護制度に関する次の記述のうち，**正しいものを１つ**選びなさい。

1 医療扶助は，原則として金銭給付される。
2 障害厚生年金３級を受給している場合，障害者加算が認められる。
3 障害者加算の金額は，在宅者と入院者で同額である。
4 精神障害者保健福祉手帳３級に相当する場合，障害者加算が認められる。
5 入院患者日用品費は，原則として金銭給付される。

Point 生活保護制度の扶助や障害者加算，入院患者日用品費の基本的な内容である。障害年金を受給，又は精神障害者保健福祉手帳を所持し，生活保護を受給しながら生活を営んでいる精神障害者も少なくない。精神障害者の生活を支援する上で重要な内容であるため，確実に理解しておきたい。

1 × 医療扶助は，指定医療機関に委託して行われる**現物給付**を原則としている。生活保護の八つの扶助のうち，現物給付を原則としているのは，医療扶助と介護扶助の二つである。金銭給付を原則としているのは，生活扶助，教育扶助，住宅扶助，出産扶助，生業扶助，葬祭扶助の六つである。

2 × 障害者加算の対象となるのは，身体障害者障害程度等級表の１級～３級又は国民年金法施行令別表に定める１級若しくは２級に該当する障害のある者である。障害厚生年金は１級・２級・３級があるが，国民年金制度の障害基礎年金は１級と２級だけであり，障害厚生年金３級は，上記の**障害者加算の要件を満たしていない**ため障害者加算の対象にはなっていない。

3 × 障害者加算は，**在宅者と，入院・入所者で金額が異なる**。生活保護制度は，生活に要する費用に地域差が生じることを踏まえて，地域を１級地から３級地に分けており，基準額に地域差がある。障害者加算については，在宅者の場合は地域の等級と障害の程度によって金額が６区分に分かれている。ただし，入院・入所者の場合は，地域の等級に関係なく障害の程度によって障害者加算の金額が決められている。

4 × 障害者加算の対象者は選択肢**2**で述べたとおりだが，精神障害者保健福祉手帳については，手帳の１級に該当する障害は国民年金法施行令別表に定める１級の障害と，同手帳の２級に該当する障害は同別表に定める２級の障害と，それぞれ認定するものとされている（厚生省通知「精神障害者保健福祉手帳による障害者加算の障害の程度の判定について」（平成７年９月27日社援保第218号））。**精神障害者保健福祉手帳３級は，障害者加算の対象にはなっていない**。

5 ○ 入院患者日用品費は，病院又は診療所に入院している者の一般生活費であり，生活扶助の中で規定されている。生活扶助は原則として**金銭給付**により行われる。１か月を超えて入院している患者には，生活扶助における第１類，第２類の基準生活費が支給されずに入院患者日用品費が支給される。

解答 5

65 精神保健福祉制度論

[旧]精神保健福祉に関する制度とサービス・問題 65

更生緊急保護に関する次の記述のうち，**正しいものを1つ**選びなさい。

1 矯正施設の長からの申出により実施される。
2 保護の期間は，最長で3年である。
3 仮釈放中の者も対象に含まれる。
4 公共の衛生福祉に関する機関等による保護が優先される。
5 社会福祉法に規定されている社会福祉事業に含まれる。

Point 更生緊急保護とは，刑事上の手続き又は保護処分による身体の拘束を解かれた後，親族からの援助や，公共の福祉に関する機関などからの保護を受けることができない場合，又はこれらの援助もしくは保護のみでは改善更生ができないと認められる場合に，緊急に，その者に対し，保護を行うことにより，その速やかな改善更生を保護することをいう（更生保護法第85条第1項）。更生緊急保護を含む更生保護制度全体の仕組みについても，基本的な内容を整理した上で理解しておきたい。

1 ✕ 更生緊急保護は**本人による保護の申出**があった場合において，保護観察所の長がその必要があると認めたときに限り行うものとする（更生保護法第86条第1項）。更生緊急保護は，満期釈放者，保護観察に付されない執行猶予者等が，親族や公共の福祉その他の関係機関等からの保護が受けられず，改善更生に支障を来している場合に，本人の申出に基づき保護を受けられるものである。

2 ✕ 更生緊急保護の実施期間は最長で**1年間**である。更生緊急保護は刑事上の手続き又は保護処分による身体の拘束が解かれた後の6か月を超えない範囲内が原則とされている。ただし，その者の改善更生を保護するために特に必要があると認められるときは，さらに6か月*を超えない範囲内において，これを行うことができるとされている（更生保護法第85条第4項）。

3 ✕ **仮釈放中の者は保護観察に付されているため，更生緊急保護の対象には含まれない**。刑事施設を満期釈放された者，保護観察の付かない執行猶予者，起訴猶予者，罰金又は科料の言渡しを受けた者，少年院退院者・仮退院期間満了者などが更生緊急保護の対象となる。

4 ○ 更生緊急保護は，**親族からの援助や公共の福祉関係機関等からの保護が優先される**。更生保護法第85条第5項には，「更生緊急保護を行うに当たっては，その対象となる者が公共の衛生福祉に関する機関その他の機関から必要な保護を受けることができるようあっせんするとともに，更生緊急保護の効率化に努めて，その期間の短縮と費用の節減を図らなければならない」と定められている。よって，これらの援助や保護が受けられない場合や，これらの援助や保護のみでは改善更生が困難な場合に更生緊急保護が適用される。

5 ✕ 更生緊急保護は，**社会福祉法に規定されている社会福祉事業には含まれない**。更生緊急保護の実施は，保護観察所の長が自ら行うか，又は更生保護事業法の規定により更生保護事業を営む者その他の適当な者に委託して実施される（更生保護法第85条第3項）。

解答 4

＊ 2022年（令和4年）の更生保護法の改正により，特に必要があると認められるときの更生緊急保護を行うことができる期間が，更生緊急保護の措置のうち金品の給与又は貸与及び宿泊場所の供与についてはさらに6か月を，その他のものについてはさらに1年6か月を，それぞれ超えない範囲内とすることとされた（2023年（令和5年）12月1日施行）。

66 精神保健福祉制度論

[旧]精神保健福祉に関する制度とサービス・問題 66

「医療観察法」における鑑定入院に関する次の記述のうち，**正しいものを1つ**選びなさい。

1 入院期間は，6か月が限度である。
2 地方裁判所の命令に基づく。
3 精神保健審判員が鑑定する。
4 医療観察病棟で実施される。
5 精神保健福祉士を付添人として選任できる。

（注）「医療観察法」とは，「心神喪失等の状態で重大な他害行為を行った者の医療及び観察等に関する法律」のことである。

Point 医療観察法の鑑定入院に関する基本的な理解を問う設問である。鑑定入院では，鑑定医が対象者の処遇の要否を判断するために，面接検査を通じて基礎的な情報収集を行う。

1 × 医療観察法における鑑定入院期間は**原則2か月以内であり，裁判所が認めた場合は，1か月までの延長が可能（最大3か月が限度）**である。

2 ○ 医療観察法では，検察官の申立てによって，**地方裁判所の裁判官**が，対象者に鑑定入院を命じる。鑑定入院では，対象者の精神症状の改善や再発防止，社会復帰を促進するための医療の必要性を判断するため，鑑定その他の医療的観察を行う。

3 × 医療観察法における鑑定は，**鑑定医**が行う。精神保健審判員とは，一定の要件を満たして所定の研修を修了した精神保健判定医である。職務に必要な学識経験を有し，事件ごとに地方裁判所が任命する。精神保健審判員は合議体の構成員として，対象者における入院・通院医療の必要性の判断や決定を行う。

4 × 医療観察法における対象者は，都道府県又は指定都市が推薦する**鑑定入院医療機関**に入院しなければならない。また，対象者は精神保健福祉法に基づく入院と同様の標準的な治療を受けながら，鑑定のために必要な面接や検査を受けることになる。

5 × 医療観察法における審判では，対象者の権利擁護の観点から，**弁護士**である付添人を選任することができる。また，裁判所は，検察官による審判の申立てがあった場合，対象者に付添人がいないときは，付添人をつけなければならない。

解答 2

67 精神保健福祉制度論

[旧]精神保健福祉に関する制度とサービス・問題 67

精神保健参与員に関する次の記述のうち，**正しいものを１つ**選びなさい。

1 審判の合議体の構成員である。
2 生活環境調査を行う。
3 保護観察所に配置される。
4 CPA 会議を主催する。
5 審判期日で意見を述べる。

Point 医療観察法に規定されている精神保健参与員に関する基本的な理解を問う設問である。精神保健参与員の職務を行うためには，精神保健福祉士として５年以上の相談援助業務と所定の研修を受講する必要がある。

1 × 精神保健参与員は，医療観察法における審判の合議体の構成員ではない。**合議体は裁判官と精神保健審判員１人ずつで構成**され，対象者の処遇の要否と入院又は通院の決定を行う。

2 × 精神保健参与員は，精神障害者の保健及び福祉に関する専門的知識と技術を有する精神保健福祉士等であり，裁判所の要請に応じて，**精神保健福祉の専門的な観点から，対象者の処遇決定に関する必要な意見を述べる**。保護観察所に配置される社会復帰調整官が，生活環境調査を行う。

3 × 精神保健参与員は，医療観察法第 15 条に基づく特別職の国家公務員であり，**保護観察所には配置されていない**。厚生労働大臣が作成した名簿に記載された者より，事件ごとに地方裁判所が任命する。

4 × 医療観察法における CPA 会議とは，**社会復帰調整官が主催し，対象者の入院当初より退院後の地域支援体制の構築に向けて，家族や関係機関等と指定入院医療機関が話し合いを行う会議**である。

5 ○ 医療観察法第 36 条において，「裁判所は，処遇の要否及びその内容につき，精神保健参与員の意見を聴くため，これを審判に関与させる」と規定されている。精神保健参与員は，**対象者の権利擁護の視点より，審判期日で処遇決定に関する必要な意見を述べる**。

解答 5

事例問題 1　精神保健福祉制度論

次の事例を読んで，[68]から[70]までについて答えなさい。　[旧]精神保健福祉に関する制度とサービス・事例問題

〔事　例〕

地元の中小企業で正社員として勤務するＪさん（55 歳，男性）は，学生時代に統合失調症を発症し，入院をした。退院後に，症状はほぼ消失したため，現在の会社に就職し，何度か再発の危機はあったが，その都度外来治療で乗り越えてきた。ある日，勤務中に，「誰かが自分の命を狙っている」「窓の外に誰かがいる」などの発言がみられるようになり，心配した勤務先の同僚に付き添われてＹ精神科病院を受診した。Ｊさんは支離滅裂なことを言ったり，大きな声で叫んだことから，診察したＫ医師（精神保健指定医）は直ちに入院を必要とする状態と判断した。入院を勧めたが，Ｊさんは拒否したため，Ｋ医師は本人の意思によらない入院の手続を進めることとした。なお，Ｊさんの両親はすでに他界しており，兄弟等の親族もいない。（[68]）

入院後間もなく，Ｊさんは徐々に落ち着きを取り戻した。ある日，Ｊさんは相談室のＬ精神保健福祉士に対して，「給与が出なくなり，経済的に不安だ」と訴えた。そこで，Ｌ精神保健福祉士は，Ｊさんに対して，健康保険法に基づく制度を紹介し，申請方法について説明した。その後のＪさんは，この制度を利用できたことにより経済的な不安が解消し，退院後の自分の生活について考えられるようになった。（[69]）

３か月後，ＪさんはＹ精神科病院を退院した。その後，外来時にＪさんは相談室に寄りＬ精神保健福祉士に対し，「しばらくは働かずに，自宅で療養して過ごそうと思います。ただ，家に一人でいるのも不安があるので，誰かと話したり，趣味である絵を描いたりする場所が欲しいと思っています」と相談してきた。そこで，Ｌ精神保健福祉士は，「障害者総合支援法」において，創作的活動や生産活動の機会の提供，社会との交流の促進等を行うＺセンターの紹介を検討した。（[70]）

（注）「障害者総合支援法」とは，「障害者の日常生活及び社会生活を総合的に支援するための法律」のことである。

68	精神保健福祉制度論

⓮精神保健福祉に関する制度とサービス・問題70

☑ ☑ ☑

次のうち，Ｊさんの入院の同意者として，**正しいもの**を１つ選びなさい。

1　市町村長
2　都道府県知事
3　Ｊさんの勤務先の同僚
4　Ｙ精神科病院の管理者
5　保健所長

💡 **Point**　事例内容から事例該当者の状態・家族関係・診断時の医師が手続きした入院形態として任意入院・医療保護入院・措置入院・緊急措置入院・応急入院から適切なものを検討し，加えて同意者についての理解を問う問題である。入院形態の対象・医師・同意者について基本的な理解が求められる。

1　○　事例では対象者の症状から医療と保護のため入院が必要な状態であるとされているが，本人が拒否をしている。診察したＫ医師（精神保健指定医１名）は，**医療保護入院**を手続きしたと思われる。医療保護入院では同意者である家族等が不在の場合や家族等がいた場合でも意思表示等ができない場合は，対象者の居住地の市町村長が同意者になる。Ｊさんには家族等がいないため**市町村長同意**での入院となる。

2　✕　都道府県知事の役割は，精神保健指定医２名の一致した診断による措置入院や精神保健指定医１名の診断による緊急措置入院の決定である。措置入院や緊急措置入院では本人や家族の同意は不要であり，また**都道府県知事は同意者にはならない**。

3　✕　本事例のＪさんの入院形態は，医療保護入院と考えられる。医療保護入院の同意者については，「家族等」のいずれかとされている*。「家族等」の具体的な対象者は，当該精神障害者の配偶者，親権を行う者，扶養義務者及び後見人又は保佐人である。このうち，①行方の知れない者，②未成年者，③当該精神障害者に対して訴訟をしている者又はした者並びにその配偶者及び直系血族，④家庭裁判所で免ぜられた法定代理人，保佐人又は補助人，⑤心身の故障により医療保護入院のための同意又は不同意の意思表示を適切に行うことができない者として厚生労働省令で定められている者，⑥精神障害者に対する虐待等を行った者，は対象外である。**Ｊさんの同僚は「家族等」のいずれにもあたらないため該当しない**。

4　✕　医療保護入院は，精神保健指定医１名による診察の結果，精神障害者であり，かつ，医療及び保護のため入院の必要がある者であって当該精神障害のために任意入院が行われる状態にないと判定されたものと，医療保護入院をさせるため移送された者を対象としている。精神科病院の管理者は対象者の家族等のうちいずれかの者の同意があるときは，本人の同意がなくてもその者を入院させることができるとされている。以上から，Ｙ精神科病院の管理者は同意者には該当しない。

5　✕　保健所長は，以下のような都道府県知事への申請・通報・届け出・報告等を担っている。医療保護入院の同意者ではない。①措置入院の制度における一般人申請の際に保健所長を経て都道府県知事に申請，②警察官通報による場合，最寄りの保健所長を経由して都道府県知事へ通報，③措置入院患者の措置解除について保健所長を通じ都道府県知事に届ける，④医療観察法の通院処遇対象者に自傷他害の可能性がある場合，保健所長経由で都道府県知事に通報，⑤医療保護入院者を退院させた場合，保健所長経由で都道府県知事に届け出，⑥措置入院患者の定期病状報告を保健所長経由で都道府県知事に報告等。

解答 1

＊　2022年（令和４年）の精神保健福祉法の改正により，医療保護入院は，家族等が同意又は不同意の意思表示を行わない場合に，市町村長（特別区の長を含む）の同意により行うことができることとされた（2024年（令和６年）４月１日施行）。
注）本来「精神医学と精神医療」に分類される問題であるが，問題69・70に合わせて「精神保健福祉制度論」に収載した。

69 精神保健福祉制度論

[旧]精神保健福祉に関する制度とサービス・問題 71

次のうち，この時点でＪさんが利用した制度として，**最も適切なものを１つ**選びなさい。

1　障害基礎年金
2　障害厚生年金
3　傷病手当金
4　自立支援医療（精神通院医療）
5　一般求職者給付

Point　この問題は健康保険法に基づく制度に着目し，Ｊさんの経済的安定を図る制度を問う問題である。選択肢にある各種制度について，対象者となる要件や制度内容を理解しておく必要がある。

1 ×　国民年金に加入している間，又は20歳前，若しくは60歳以上65歳未満に，初診日がある病気やけがで，法令により定められた障害等級表（1級・2級）による障害の状態にあるときは障害基礎年金が支給される。受給には初診日の前日に，初診日がある月の前々月までの被保険者期間で，国民年金の保険料納付済期間と保険料免除期間をあわせた期間が3分の2以上あることが要件となる。ただし，初診日が2026年（令和8年）4月1日前にあるときは，初診日において65歳未満であれば，初診日の前日において，初診日がある月の前々月までの直近1年間に保険料の未納がないことが要件とされている。障害基礎年金は**国民年金法**に基づく制度であるため適切でない。

2 ×　厚生年金に加入している間に初診日のある病気やけがで障害基礎年金の1級又は2級に該当する障害の状態になったときは，障害基礎年金に上乗せして障害厚生年金が支給される。また，障害の状態が2級に該当しない軽い程度の障害のときは3級の障害厚生年金が支給される。受給要件としては，初診日の前日に，初診日がある月の前々月までの公的年金の加入期間の3分の2以上の期間について，保険料が納付又は免除されていること（ただし，初診日が2026年（令和8年）4月1日前にあるときは，初診日において65歳未満であれば，初診日の前日において，初診日がある月の前々月までの直近1年間に保険料の未納がないこと）がある。障害厚生年金は**厚生年金保険法**に基づく制度であるため適切でない。

3 ○　傷病手当金の該当する要件としては，業務外の病気やけがで療養中であること，療養のため労務不能であること，給与の支払いがないこと，４日以上仕事を休んでいることがある。療養のために仕事を休み始めた日から連続した3日間（待期期間）を除いて，４日目から支給対象となる。なお，給与が一部だけ支給されている場合は，傷病手当金から給与支給分を減額して支給される。**健康保険の被保険者が対象となる**ため適切である。

4 ×　自立支援医療（精神通院医療）は**障害者総合支援法**に基づく制度であり，通院中の対象者の受診・薬・精神科デイケア・訪問看護等の医療費の自己負担額が軽減される制度である。Ｊさんは給与が出なくなり，経済的な不安をいだいているが，入院中のため通院はしていないので適切でない。

5 ×　一般求職者給付は失業者の求職活動の支援を目的としており，基本手当，技能習得手当，寄宿手当等がある。受給資格としては，離職の日以前2年間に12か月以上雇用保険の被保険者であったこと，倒産や解雇などやむを得ない離職の場合は離職の日以前1年間に6か月以上被保険者であったことが要件としてある。社会保障における**雇用保険法**に基づく制度であるため適切でない。

解答 3

70 精神保健福祉制度論

[旧]精神保健福祉に関する制度とサービス・問題 72

Ｚセンターに関する次の記述のうち，**正しいものを１つ**選びなさい。

1　市町村地域生活支援事業である。
2　自立支援給付の介護給付である。
3　自立支援給付の訓練等給付である。
4　都道府県地域生活支援促進事業である。
5　地域相談支援である。

Point この問題は，本人の希望である，人との交流や趣味活動の場を障害者総合支援法のサービスから検討し，そのサービスの概要や位置づけの理解を問うものである。障害者総合支援法において，給付の種類，事業内容，実施機関の位置づけとして市町村か都道府県かについて基本的な理解が必要である。

1　○　Ｊさんが希望するサービスが提供されるのは，障害者総合支援法において障害者等に創作的活動や生産活動の機会の提供，社会との交流の促進等の便宜を供与する地域活動支援センター機能強化事業に該当している。この事業は**市町村地域生活支援事業の必須事業**であるため正しい。

2　×　自立支援給付の介護給付は利用者それぞれに，障害支援区分に応じて該当者の必要なサービス量が定められた個別給付として受給者証が発行されて活用できる。介護給付サービスの種類としては，居宅介護，重度訪問介護，同行援護，行動援護，重度障害者等包括支援，短期入所，療養介護，生活介護，施設入所支援がある。地域活動支援センターは市町村地域生活支援事業に該当し，**個別給付対象ではない**ため誤りである。

3　×　自立支援給付の訓練等給付は個別給付として受給者証が発行された利用者が活用可能であり，サービスの種類は，自立訓練，就労移行支援，就労継続支援Ａ型，就労継続支援Ｂ型，就労定着支援，自立生活援助，共同生活援助（グループホーム）である*。地域活動支援センターは市町村地域生活支援事業に該当し，**個別給付対象ではない**ため誤りである。

4　×　都道府県地域生活支援促進事業とは，発達障害者支援，障害者虐待防止対策，障害者就労支援，障害者の芸術文化活動の促進等を行っている事業である。主な事業として，発達障害者支援体制整備事業，障害者虐待防止対策支援事業，障害者就業・生活支援センター事業，障害者芸術・文化祭開催事業などがある。

5　×　地域相談支援とは，地域移行支援及び地域定着支援をいい，指定一般相談支援事業者が行う。地域移行支援は，障害者支援施設，精神科病院，保護施設，矯正施設等を退所する障害者，児童福祉施設を利用する 18 歳以上の者等を対象として，地域移行支援計画の作成，相談による不安解消，外出への同行支援，住居確保，関係機関との調整等を行う。期間は 6 か月以内であるが 6 か月間の更新は可能である。地域定着支援は，居宅において単身で生活している障害者等を対象に常時の連絡体制を確保し，緊急時には必要な支援を行う。期間は 1 年だが 1 年間の更新は可能である。

解答　1

＊　2022 年（令和 4 年）の障害者総合支援法の改正により，訓練等給付として「就労選択支援」が創設されることとなった（2025 年（令和 7 年）10 月 1 日施行）。

71	精神保健福祉制度論
	⑬精神障害者の生活支援システム・問題 73

「障害者差別解消法」に関する次の記述のうち，**正しいものを 2 つ**選びなさい。

1 事業者には，差別の解消を図るために必要な啓発活動を行うことが義務づけられている。

2 公的機関には，合理的配慮の提供は努力義務として規定されている。

3 障害者の権利に関する条約の批准に向けてこの法律が制定された。

4 この法律における障害者の定義では，障害者手帳の所持が規定されている。

5 社会的障壁の定義では，社会における慣行や観念も含まれている。

(注) 「障害者差別解消法」とは，「障害を理由とする差別の解消の推進に関する法律」のことである。

Point 2013 年（平成 25 年）に成立し，2021 年（令和 3 年）に改正法が成立した障害者差別解消法に関する問題である。同法の概要として押さえるべきポイントは，どのようなことが「差別的取扱い」「合理的配慮」（社会的障壁や過重な負担の概念を含む）なのか，差別的取扱いや合理的配慮の提供は義務かどうか（差別的取扱いは法制定の当初から国・地方公共団体等も民間事業所も禁止。合理的配慮の提供は国・地方公共団体等は法成立時から義務，2024 年（令和 6 年）4 月 1 日からは加えて民間事業者も義務）などである。また今回の問題で問われたように，同法の成立は 2014 年（平成 26 年）1 月に日本政府が批准した障害者の権利に関する条約とも関連する。障害者の権利に関する条約の批准に関しては同法だけでなく，障害者基本法，障害者の日常生活及び社会生活を総合的に支援するための法律（障害者総合支援法）など他の法律もかかわっており，それらについても確認しておきたい。

---

1 ✕ 障害者差別解消法では事業者には，合理的配慮の提供，障害を理由とする差別的取扱いの禁止が求められている。同法第 15 条において，差別の解消を図るために必要な啓発活動を行うものとされているのは，**国及び地方公共団体**である。

2 ✕ 公的機関については，障害者差別解消法第 7 条第 2 項では，行政機関等は，「当該障害者の性別，年齢及び障害の状態に応じて，社会的障壁の除去の実施について必要かつ合理的な配慮をしなければならない」としており，努力義務ではなく**義務**となっている。なお，民間事業者についても同法が改正され，2024 年（令和 6 年）4 月 1 日から義務化されている。

3 ◯ 選択肢にあるとおり，障害者の権利に関する条約については，日本政府は 2007 年（平成 19 年）に同条約に署名したものの**条約の批准に先立ち，国内法の整備をはじめとする諸改革を進めるべきとの障害当事者等の意見**があった。そのため，障害者基本法の改正（2011 年（平成 23 年）8 月 5 日公布），障害者総合支援法の成立（2012 年（平成 24 年）6 月 27 日公布），障害者差別解消法の成立及び障害者雇用促進法の改正（2013 年（平成 25 年）6 月 26 日公布）といった**国内の法的整備を経て，2014 年（平成 26 年）に条約が批准された**という経緯がある。

4 ✕ 障害者差別解消法第 2 条第 1 号において，障害者とは，「身体障害，知的障害，精神障害（発達障害を含む。）その他の心身の機能の障害（以下「障害」と総称する。）がある者であって，障害及び社会的障壁により継続的に日常生活又は社会生活に相当な制限を受ける状態にあるもの」とされており，**障害者手帳の所持は規定されていない**。なお，この定義は 2011 年（平成 23 年）に改正された障害者基本法第 2 条第 1 号の障害者の定義と共通している。

5 ◯ 障害者差別解消法第 2 条第 2 号では，社会的障壁は「障害がある者にとって日常生活又は社会生活を営む上で障壁となるような**社会における事物，制度，慣行，観念その他一切のもの**」とされている。なお，この定義も 2011 年（平成 23 年）に改正された障害者基本法第 2 条第 2 号の社会的障壁の定義と同じ文言である。

解答 **3** **5**

72 精神保健福祉制度論
⑬精神障害者の生活支援システム・問題74

次の記述のうち，住宅入居等支援事業（居住サポート事業）の説明として，**正しいものを１つ**選びなさい。

1 指定相談支援事業者による実施が義務づけられている。
2 2020年度（令和２年度）において全市町村の８割が実施している。
3 事業内容には，家主への相談・助言が含まれている。
4 住宅確保要配慮者居住支援協議会の設置が義務づけられている。
5 「障害者総合支援法」における自立支援給付に位置づけられている。
（注）「障害者総合支援法」とは，「障害者の日常生活及び社会生活を総合的に支援するための法律」のことである。

Point 住宅入居等支援事業（居住サポート事業）とは，賃貸契約による一般住宅への入居を希望しているが，保証人がいない等の理由により入居が困難な障害者等に対し，入居に必要な調整等に係る支援を行うとともに，家主等への相談・助言を通じて障害者等の地域生活を支援する事業である。障害者総合支援法に基づく地域生活支援事業（市町村事業）で行われる相談支援事業の一つである。地域移行支援や地域定着支援でも住宅の確保などの支援が2012年（平成24年）から対応可能となったこともあり，実施自治体は微増であり住まいの確保の補完的な機能にとどまっていることも押さえておきたい。

1　✕　Pointにも示したとおり，障害者総合支援法の地域生活支援事業（市町村事業）である相談支援事業の一つではあるが，指定相談支援事業者による実施が義務づけられているのではなく，**市町村が実施するが（共同実施も可能），指定相談支援事業者へ委託することもできる**ものである。

2　✕　厚生労働省が2022年（令和４年）３月に発表した「障害者相談支援事業の実施状況等の調査結果について」によれば，住宅入居等支援事業（居住サポート事業）を実施している市町村数は，**2020年度（令和２年度）は281（実施率16％）**，2021年度（令和３年度）は290（同17％）であった*。なお，2012年度（平成24年度）で208（同12％）であり，それからおおむね10年が経過した時点でも実施率が大幅に増加していないことも押さえておきたい。

3　○　同事業の内容は，賃貸契約による一般住宅への入居に当たって支援が必要な障害者等について，不動産業者に対する一般住宅の斡旋依頼，障害者等と家主等との入居契約手続きにかかる支援等のほか，**家主等への相談・助言も含まれている**。

4　✕　住宅確保要配慮者居住支援協議会とは，住宅確保要配慮者（低額所得者，被災者，高齢者，障害者等）の民間賃貸住宅等への円滑な入居の促進を図るため，地方公共団体や関係業者，居住支援団体等が連携し，住宅確保要配慮者及び民間賃貸住宅の賃貸人の双方に対し，住宅情報の提供等の支援を実施するものであり，**住宅確保要配慮者に対する賃貸住宅の供給の促進に関する法律（住宅セーフティネット法）の第51条に規定されている**ものである。住宅入居等支援事業（居住サポート事業）に基づく組織ではない。

5　✕　障害者総合支援法が定めるサービスは，「自立支援給付」と「地域生活支援事業」に大別される。Pointに示したとおり，住宅入居等支援事業（居住サポート事業）は障害者総合支援法における**地域生活支援事業（市町村事業）**に位置づけられる。

解答　3

＊　2024年度（令和６年度）の実施市町村数は307（実施率18％）であった。

73 精神保健福祉制度論
⑤精神障害者の生活支援システム・問題75

次のうち，「障害者総合支援法」に規定される自立生活援助として，**正しいものを1つ**選びなさい。

1 医療機関における機能訓練及び日常生活上の世話
2 主として夜間において，相談，入浴，排せつ又は食事の介護その他の日常生活上の援助
3 身体機能又は生活能力の向上のための訓練
4 一定期間にわたる，定期的な巡回訪問等による相談，助言等の援助
5 障害者が行動する際の危険回避のために必要な援護

Point 自立生活援助とは，居宅において単身等で生活する障害者につき，原則1年の期限で，定期的な巡回訪問又は随時通報を受けて行う訪問，相談対応等により，居宅における自立した日常生活を営む上での各般の問題を把握し，必要な情報の提供及び助言並びに相談，関係機関との連絡調整等の自立した日常生活を営むために必要な援助を行う事業であり，2018年（平成30年）4月施行の改正障害者総合支援法の中で新たに創設されたものである。大きな分類でいえば，（居住開始後の）居住支援のための事業であり，訪問して相談等を行うといったものである。内容が類似するものの異なる事業（地域定着支援：単身等で生活する障害者に対し，常に連絡がとれる体制を確保し，緊急に支援が必要な事態が生じた際に，緊急訪問や相談などの必要な支援を行う）との違いなども押さえておきたい。

---

1 ✕ 自立生活援助では，医療機関で機能訓練を行うことなどは含まれていない。選択肢の内容は，障害福祉サービスでは**療養介護**に該当する。療養介護は，病院等に入院している障害者に対して，主として昼間に，機能訓練，療養上の管理，看護，医学的管理の下における介護や日常生活上の世話を行うものである。

2 ✕ 自立生活援助では，入浴，排せつ，食事の介護は含まれておらず，居宅生活における問題の把握や情報提供・助言，連絡調整などが内容となる。なお，選択肢の内容は**共同生活援助（グループホーム）**の説明である。単身等で生活する障害者を訪問により支援する自立生活援助と異なり，共同生活援助は共同生活を営む住居で世話人等が家事援助や日常生活での相談を提供するもので，居住系のサービスと捉えられる。

3 ✕ 自立生活援助では，身体機能又は生活能力の向上のための訓練は含まれていない。選択肢は**自立訓練**の内容である。自立訓練には機能訓練と生活訓練がある。機能訓練は，障害者支援施設若しくは障害福祉サービス事業所又は障害者の居宅において行う理学療法，作業療法その他必要なリハビリテーション，生活等に関する相談及び助言その他の必要な支援を行うものである。生活訓練は，障害者支援施設若しくは障害福祉サービス事業所又は障害者の居宅において行う入浴，排せつ及び食事等に関する自立した日常生活を営むために必要な訓練，生活等に関する相談及び助言その他の必要な支援を行うものである。

4 ○ 選択肢はPointで示したとおり，**自立生活援助**の内容である。自立生活援助では，標準利用期間は1年間であり，自立生活援助事業所から，地域生活支援員がおおむね週に1回以上，利用者の居宅を訪問する。障害者総合支援法では自立支援給付の訓練等給付に含まれる。

5 ✕ 「危険回避のため」といった内容の支援は自立生活援助には含まれない。選択肢は**行動援護**の内容である。行動援護とは，知的障害又は精神障害により行動上著しい困難を有する障害者等であって常時介護を要するものにつき，当該障害者等が行動する際に生じ得る危険を回避するために必要な援護，外出時における移動中の介護等必要な援助を行うものであり，障害者総合支援法の自立支援給付の介護給付に含まれる。

解答 4

74 精神保健福祉制度論
⑮精神障害者の生活支援システム・問題76

次の記述のうち，障害者トライアル雇用助成金における障害者短時間トライアルコースの説明として，**正しいもの**を1つ選びなさい。

1 助成期間は6か月を上限とする。

2 雇入れ時に求められる週所定労働時間は20時間以上である。

3 企業在籍型職場適応援助者（企業在籍型ジョブコーチ）が配置されている企業への助成を目的とする。

4 訓練生に訓練手当が支給される。

5 発達障害者も対象である。

Point 障害者トライアル雇用助成金は，大きな枠組みでいえば障害者雇用制度の中の制度である。障害者トライアル雇用助成金には障害者トライアルコースと障害者短時間トライアルコースがあり，障害者短時間トライアルコースとは，継続雇用する労働者として雇用することを目的に，障害者を一定の期間を定めて試行的に雇用するものであって，雇入れ時の週所定労働時間を10時間以上20時間未満とし，障害者の職場適応状況や体調等に応じて，3～12か月の期間をかけながらこれを20時間以上とすることを目指すものである。企業に対する国からの助成金であり，雇用された障害者には企業から雇用契約に基づく給与が支払われ，障害者トライアル雇用終了時には，継続雇用への移行もしくは雇用期間満了の判断がなされる（障害者トライアル雇用の途中での継続雇用への移行も可能である）。トライアル雇用後，8割以上の人がそのまま継続して雇用されている状況である。精神障害者等の中には，易疲労性により長時間働くことが困難な場合があるため，そのような事例への支援方策としての位置づけとなっている。

---

1 ✕ 障害者短時間トライアルコースの助成期間は**12か月**が上限となっているため誤りである。なお，障害者トライアルコースの助成期間は，対象労働者が精神障害者の場合やテレワーク勤務等の場合，最長6か月，それ以外は3か月となっている。

2 ✕ Pointに示したとおり，**助成期間中に週所定労働時間を20時間以上とすることを目指す制度**であるため誤りである。なお，週所定労働時間が20時間以上となることによって，社会保険への加入条件が整い，また障害者雇用率*の算定基礎にも加わることとなる。

3 ✕ 職場適応援助者（ジョブコーチ）制度のうち，訪問型職場適応援助者と企業在籍型職場適応援助者（つまり地域障害者職業センターの配置型職場適応援助者以外）は，助成金制度が設けられている。企業在籍型職場適応援助者助成金制度は，職場適応援助者による支援体制の社内整備を進める事業主が，自社で雇用する障害者に対して，企業在籍型職場適応援助者を配置して実施する職場適応援助に対して行われる助成金となっている。**障害者トライアル雇用助成金とは異なる**ものであるため誤りである。

4 ✕ 選択肢の「訓練生」とは一般雇用を視野に事業主が職業訓練を行う対象者であるが，**障害者トライアル雇用助成金は訓練生に訓練手当を出すものではない**ため誤りである。

5 〇 障害者短時間トライアルコースの対象は，継続雇用する労働者としての雇入れを希望している者であって，障害者短時間トライアル雇用制度を理解した上で，障害者短時間トライアル雇用による雇入れについて希望している**精神障害者又は発達障害者**が対象となる。

解答 5

＊ 2022年（令和4年）の障害者雇用促進法改正により，週所定労働時間が10時間以上20時間未満で働く障害者のうち，重度身体障害者，重度知的障害者，精神障害者は実雇用率に0.5人として算定されることとなった（2024年（令和6年）4月1日施行）。

75 精神保健福祉制度論
[旧]精神障害者の生活支援システム・問題 77

次のうち，保健所における精神保健福祉業務として，**正しいものを 1 つ**選びなさい。

1　定期病状報告の受理
2　精神医療審査会の事務
3　退院支援委員会の主催
4　自立支援医療（精神通院医療）の支給認定
5　障害年金の申請受理

Point 問題として頻出である保健所における精神保健福祉業務は，2023 年（令和 5 年）の厚生省通知「保健所及び市町村における精神保健福祉業務運営要領」で「1. 市町村に対する支援」「2. 相談支援」「3. 地域生活支援」「4. 人材育成」「5. 精神保健福祉に関する普及啓発」「6. 当事者団体等の育成・支援」「7. 入院等関係」「8. 企画立案及び調整」と示されているので，まず押さえておきたい。また，本問題では精神保健福祉センターの業務も選択肢にあげられている。また，2023 年（令和 5 年）の厚生省通知「精神保健福祉センター運営要領」には，精神保健福祉センターの業務として，「1. 企画立案」「2. 技術支援」「3. 人材育成」「4. 普及啓発」「5. 調査研究」「6. 精神保健福祉に関する相談支援」「7. 当事者団体等の育成及び支援」「8. 精神医療審査会の審査に関する事務」「9. 精神障害者保健福祉手帳の判定及び自立支援医療費（精神通院医療）の支給認定」「10. 心神喪失等の状態で重大な他害行為を行った者の医療及び観察等に関する法律に係る業務」「11. 災害等における精神保健上の課題に関する相談支援」「12. 診療や障害者福祉サービス等に関する機能」「13. その他」があげられているので併せて押さえておきたい。

1　○　定期病状報告は，措置入院者を対象に，入院患者の人権擁護と適正な医療と保護を確保するため，その病状について定期的に都道府県に設置されている精神医療審査会で審査されるものである。精神科病院の管理者から提出されるその報告書の受理は**保健所**が行う（上記 Point の中では保健所の業務の「7. 入院等関係」に含まれる）。

2　×　精神医療審査会は，精神保健及び精神障害者福祉に関する法律（精神保健福祉法）第 12 条に基づいて設置され，精神障害者の人権に配慮しつつその適正な医療及び保護を確保するために，精神科病院に入院している精神障害者の処遇等について専門的かつ独立的な機関として審査を行うために各都道府県に設置されるものである。その事務は**精神保健福祉センター**が行うことになっている。

3　×　退院支援委員会とは，医療保護入院者の入院の必要性について審議する体制を整備するとともに，入院が必要とされる場合の推定される入院期間を明確化し，退院に向けた取組みについて審議を行う体制を整備することで，病院関係者による医療保護入院者の退院促進に向けた取組みを推進するために，精神科病院に設置される。**退院後生活環境相談員**が主催するとされており，保健所の業務ではない。退院後生活環境相談員は，精神科病院又は指定病院の管理者が精神保健福祉士等から選任しなければならない。

4　×　自立支援医療（精神通院医療）は，通院による精神医療を継続的に要する病状にある者に対し，その通院医療に係る自立支援医療費の支給を行うものであり，障害者総合支援法の自立支援給付に含まれるサービスである。その支給認定の事務は**都道府県，指定都市**（判定業務は精神保健福祉センター）が行うこととなっている。

5　×　障害年金には，「障害基礎年金」と「障害厚生年金」がある。申請書類の提出先は，障害基礎年金の場合は住所地の**市区町村役場の窓口**，障害厚生年金（初診日が国民年金第 3 号被保険者期間中の場合も含む）の場合は**年金事務所又は年金相談センター**となる。

解答 1

事例問題 2　精神保健福祉制度論

次の事例を読んで，[76]から[78]までについて答えなさい。　[旧]精神障害者の生活支援システム・事例問題

〔事　例〕

Mさん（30歳，女性）は，大学卒業後に就職したが，3年目に統合失調症を発症し退職した。数か月の入院を経て，退院後は精神科デイケアに数年通いながら，再発することなく地域生活を続けていた。

デイケアのA精神保健福祉士は，Mさんとの面談を通して，改めて一般就労にチャレンジしたいというMさんの意欲を評価するとともに，対人面での緊張が強いことや体力面の課題があることを確認した。主治医からは，一般就労に向けて準備してもよいのではないかという意見が得られた。そこで，A精神保健福祉士は障害福祉サービスの利用を提案し，Mさんも希望した。A精神保健福祉士はこのサービスの利用に向けてU事業所のB相談支援専門員（精神保健福祉士）に連絡を取った。B相談支援専門員はMさんと話し合いながら，V事業所が提供する一般就労を目指した「障害者総合支援法」に基づく障害福祉サービスの利用を検討した。（[76]）

その後，B相談支援専門員は，Mさんがこのサービスを利用するために市役所に申請を行った。（[77]）

Mさんは企業の事務補助の仕事に就くことができた。その後，V事業所によるフォローもあり，不定期に休むことはありつつも，仕事を続けることができた。しかしMさんは，一人で悩みを抱え込む性格から疲れやすく，職場の上司や同僚もMさんを心配していた。Mさん自身，これからも仕事や生活面の不安をV事業所の担当職員に相談したいと話した。継続的な支援の必要性がMさん，企業，V事業所で共有された。そこで，V事業所が提供する新たな障害福祉サービスの利用を検討した。（[78]）

Mさんは，V事業所が提供する新たな障害福祉サービスを利用しながら，事務補助の仕事を継続している。

76 精神保健福祉制度論
⑩精神障害者の生活支援システム・問題78

次のうち，この障害福祉サービスとして，**最も適切なもの**を1つ選びなさい。

1 日常生活支援
2 就労継続支援A型
3 就労継続支援B型
4 自立訓練
5 就労移行支援

> **Point** 障害者総合支援法の就労系障害福祉サービス類型に関する問題である。就労系障害福祉サービスには，就労移行支援，就労継続支援A型，就労継続支援B型，就労定着支援の四つの類型がある。目的（一般就労に必要な知識及び能力の向上のために必要な訓練なのか，その事業所における就労の機会の提供及び生産活動の機会の提供なのか），また雇用契約に基づく就労なのかそうでないのか，利用期限があるのかによって，サービス内容が異なる。頻出かつ基本的な問題であり，就労系事業の各類型の違いについては必ず押さえておきたい。

1 ✗ **日常生活支援**という名称の事業は，**障害者総合支援法に基づく障害福祉サービスには存在しない**ため，適切でない。なお，選択肢と類似している名称である「日常生活自立支援事業」は，認知症高齢者，知的障害者，精神障害者等のうち判断能力が不十分な者が地域において自立した生活が送れるよう，利用者との契約に基づき，福祉サービスの利用援助や日常的金銭管理等を行うものであり，都道府県社会福祉協議会・指定都市社会福祉協議会が実施主体（窓口業務等は市町村の社会福祉協議会等）である。

2 ✗ 就労継続支援A型は，**通常の事業所に雇用されることが困難であり**[*1]，**雇用契約に基づく就労が可能である者**に対して，雇用契約の締結等による就労の機会の提供及び生産活動の機会の提供を行うものであり，利用期間の制限はない。原則65歳未満の者が対象であるが，65歳以上の者も要件を満たせば利用可能である。就労継続支援A型から一般就労を目指すことも可能であるものの，本事業の主目的は就労の機会の提供及び生産活動の機会の提供となっているため，適切でない。

3 ✗ 就労継続支援B型は，A型と同じく就労継続支援の一類型で，就労の機会の提供及び生産活動の機会の提供を行うものであり，利用期間の制限はない。ただし対象者は，**通常の事業所に雇用されることが困難であり**[*2]，**雇用契約に基づく就労が困難である者**となっている。選択肢2同様，本事業の主目的は就労の機会の提供及び生産活動の機会の提供となっているため，適切でない。

4 ✗ 自立訓練は，自立した日常生活又は社会生活を営むことができるよう，主務省令で定める期間において，身体機能又は生活能力の向上のために必要な訓練を行うものであり，機能訓練と生活訓練がある。そのうち，機能訓練は障害福祉サービス事業所等での理学療法，作業療法等のリハビリテーションや生活等に関する相談等を行う。生活訓練は障害福祉サービス事業所等での入浴，排せつ及び食事等に関する自立した日常生活を営むために必要な訓練，生活等に関する相談がその内容であり，どちらも**一般就労を目的としたサービスではない**ため，適切でない。

5 ○ 就労移行支援は，就労を希望する障害者[*3]であって，**通常の事業所に雇用されることが可能と見込まれる者**に対して，**一定期間就労に必要な知識及び能力の向上のために必要な訓練を行うサービス**である。一般就労を目指すという事例の内容に沿っており，適切である。

解答 5

---

*1〜3 2024年（令和6年）4月より，通常の事業所に雇用されている障害者であっても，雇用された後に労働時間を延長しようとする場合や休職から復職しようとする場合に，就労継続支援及び就労移行支援を利用できるようになった。

77 精神保健福祉制度論
⑯精神障害者の生活支援システム・問題 79

次のうち，**M**さんがこのサービスを利用するために必要なこととして，**正しいものを 2 つ選びな**さい。

1 市役所による認定調査
2 市役所へのサービス等利用計画案の提出
3 精神障害者保健福祉手帳の所持
4 障害支援区分の判定
5 市役所による，個別支援計画案の作成

> **Point** **問題 76** で選択された障害者総合支援法に基づく障害福祉サービス（自立支援給付）の利用開始手続きに関する問題である。障害者総合支援法に基づくサービスに関する問題ということは，旧共通科目「障害者に対する支援と障害者自立支援制度」とも共通する内容ということである。自立支援給付のうち訓練等給付は，介護給付と異なり障害支援区分の認定が不要である（ただし，認定調査員による障害支援区分認定調査は受ける）。また，介護給付，訓練等給付とも，指定特定相談支援事業者あるいは利用者が作成するサービス等利用計画案を市町村へ提出することが必要となる。市町村への書類提出後，市町村は提出された計画案や勘案すべき事項を踏まえ支給決定し，サービス担当者会議を経て実際に使用されるサービス等利用計画が作成される。一方，個別支援計画はサービス事業者が，正式サービス開始時に作成するものである。本問題の解答にはこのような流れを押さえておくことが必要となる。

1 ○ Point で示したとおり，介護給付，訓練等給付とも，認定調査員による**障害支援区分認定調査は受ける必要がある**ため正しい。認定調査とは認定調査員が，申請のあった本人及び保護者等と面談をし，3 障害及び難病等対象者共通の調査項目等について認定調査を行うものである。障害支援区分の認定調査項目は 80 項目ある。

2 ○ Point で示したとおり，**サービス等利用計画案を市町村へ提出する**ことが必要となるため正しい。なお，サービス等利用計画案は指定特定相談支援事業者のほか，利用者が作成すること（セルフプラン）も可能である。いずれであっても，どのようなニーズに対し，どのような障害福祉サービスがどの程度必要か等を記載することが求められる。

3 ✕ 障害者総合支援法に規定されている障害福祉サービスは，**精神障害者保健福祉手帳を所持していなくても利用可能**なため誤りである。なお，障害福祉サービスの利用には認定調査を受け，支給決定後に発行される**障害福祉サービス受給者証が必要**となる。なお，精神障害者保健福祉手帳は，精神疾患の状態と能力障害の状態の両面から総合的に判断され，等級は 1 級から 3 級まである。精神障害者保健福祉手帳があることにより，税金の控除・減免，公共料金等の割引や，手帳所持者を事業者が雇用した際の障害者雇用率へのカウント等が行われる。

4 ✕ Point で示したとおり，**訓練等給付は障害支援区分の認定が不要**なため誤りである。介護給付のサービスの場合，例えば日中活動系のサービスである生活介護は，利用条件として障害支援区分が 3 以上など（ただし年齢や障害者支援施設等に入所する場合等で異なる）の要件がある。

5 ✕ Point で示したとおり，**個別支援計画は例えば就労移行支援事業所などのサービス事業者が，正式サービス開始時に作成する**ものであり，市役所が作成するものではないため誤りである。なお，市町村では，障害支援区分や支給要否について市町村審査会により認定や決定を行っている（障害者総合支援法第 21 条，第 22 条）。サービス利用開始後は，サービス等利用計画や個別支援計画は見直し（モニタリング）が必要となり，モニタリング実施の頻度は新規サービス利用であるか，またサービスの内容により，3 か月ごと，6 か月ごと等と異なる。

解答 1 2

78 精神保健福祉制度論
⑯精神障害者の生活支援システム・問題80

次のうち，この新たな障害福祉サービスとして，**適切なもの**を１つ選びなさい。

1 職業準備支援
2 リワーク支援
3 職場適応援助者支援
4 就労定着支援
5 精神・発達障害者しごとサポーター

Point 問題文からはMさんが企業に就職（一般就労）でき，当初は**問題76**の解答である障害福祉サービス事業所によるフォローがあったこと，一方で今後の仕事や生活についての不安があるため，企業での仕事を続けながら活用することのできる，障害者総合支援法に基づく障害福祉サービスを利用したというストーリーが読み取れる。本問題の選択肢は，障害者の雇用の促進等に関する法律（障害者雇用促進法）等のサービスとの混合の提示となっており，どのサービスが障害者総合支援法に基づくサービスなのか，どのサービスが障害者雇用促進法に基づくサービスなのか，その実施機関も併せて紐づけて押さえておくことが必要である。

1 ✕ 職業準備支援とは，就職又は職場適応に必要な職業上の課題の把握とその改善を図るための支援，職業に関する知識の習得のための支援，社会生活技能等の向上を図るための支援を行うものであり，地域障害者職業センターで行われている事業である。**障害者総合支援法に基づくサービスではないため**適切でない。なお，地域障害者職業センターは障害者雇用促進法で規定されている職業リハビリテーション機関である。

2 ✕ リワーク支援とは，うつ病等の疾患により休職している人，休職している社員の職場復帰を進めようとしている企業に，医師の助言を得ながら，円滑な職場復帰のための支援を行うものであり，地域障害者職業センターなどで行われている。**Mさんは休職しているわけではないため**，適切でない。

3 ✕ 職場適応援助者（ジョブコーチ）支援は，障害者の職場適応に課題がある場合に，職場にジョブコーチが出向いて，障害特性を踏まえた専門的な支援を行い，障害者の職場適応を図ることを目的としている。制度としては障害者雇用促進法に基づくものである。事例では，疲れやすく，今後の仕事や生活面の不安があることから，**職場での支援だけでなく生活面についても支援を行う必要性がある**ことが推察されるため，適切でない。

4 ◯ 就労定着支援は，生活介護，自立訓練，就労移行支援又は就労継続支援を利用して，企業等の通常の事業所に新たに雇用され，**就労を継続している期間が6か月を経過した者に対して，就労の継続を図るために，障害者を雇用した事業所，障害福祉サービス事業者，医療機関等との連絡調整，障害者が雇用されることに伴い生じる日常生活又は社会生活を営む上での各般の問題に関する相談，指導及び助言その他の必要な支援を行う**事業である。利用期間は3年までとされる。障害者総合支援法に基づく障害福祉サービスであり，本文の内容と合致するため適切である。

5 ✕ 精神・発達障害者しごとサポーターとは，職場の中で，精神障害，発達障害のある人を見守り，支援する応援者とされ，一般の従業員が障害特性やともに働く上でのポイントなどを含む2時間程度の養成講座を受けてなるものである。つまりこのサポーターとは精神・発達障害者の同僚である**企業等の従業員**である。事例文では障害福祉サービス事業所であるV事業所が提供する障害福祉サービスとなっており，内容が異なるため，適切でない。

解答 **4**

1 医学概論
⑯人体の構造と機能及び疾病・問題 1

思春期に伴う心身の変化に関する次の記述のうち，**正しいものを 1 つ**選びなさい。

1 この時期の心理的特徴として，自意識に乏しいことが特徴である。

2 女子では，初経から始まり，次いで乳房や骨盤の発育がみられる。

3 男子は，女子よりも早い時期から思春期が始まる。

4 身体の変化は緩徐な変化が多い。

5 第二次性徴という身体的な変化が始まる。

Point 思春期は，学童後期（9〜12 歳の小学校中・高学年の時期）から始まり，青年前期（中学生から高校生の時期）までの生物学的・精神的・社会的に成熟する時期とされる。人間の心身の発達について，ハヴィガースト（Havighurst, R. J.）らの発達理論や，各段階において達成や獲得が期待される発達課題，特徴的な疾病や障害など，総合的に理解しておく必要がある。

---

1 ✕ 思春期は抽象的な思考が発達し，首尾一貫した考え方や，社会の存在を認識し個人と社会との関係性の理解ができるようになり，**自意識が高まる時期**である。しかし，創造性の高い活動に目覚め，自己表現を始める一方，概念的で理想主義的な思考を好み，自意識と社会の実態との違いに葛藤し，自己嫌悪や劣等感を抱きやすい。また，青年期の発達課題である「自己同一性」の獲得に向けた準備を始める時期でもあることから，自分が存在する意味や役割，価値などを考え，アイデンティティの確立に向けた模索を始める。身体の成長に心の成熟が追いつかず，子ども扱いされることへの反抗や思いどおりにいかないことの多さによるストレスなどから，親や教師に対する反抗期（第二次）が出現する。

2 ✕ 性ホルモンの分泌により，女子では乳房が膨らみ，男子はひげが生え，声変わりするなど，性的機能が成熟する。一般的に，**女子の第二次性徴は，乳房の発達に始まり，陰毛発生，身長増加，初経発来で完成する**とされる。

3 ✕ 思春期の発現や成長速度には個人差があるが，一般的に男子は性ホルモンの分泌の上昇が女子より約 2 年遅れて起きるため，**女子のほうが早く思春期を迎え**，身長や体重の増加が始まる。

4 ✕ **人間の身体が著しく成長する時期は 2 回あるとされ**，1 回目は乳（幼）児期，2 回目は思春期である。新生児が 1 歳になる頃には，出生時と比較して，身長は約 1.5 倍，体重は約 3 倍になる。また，思春期では，身長が 1 年に 10 cm 伸びる場合もある。

5 ◯ 第二次性徴とは，**思春期になって出現する性器以外の身体の各部分の特徴のことをいう**。なお，第一次性徴とは，男子には陰茎や陰嚢，女子には子宮や卵巣があるなど，性別を判別する基準となる生物学的な特徴のことを指す。

解答 5

2　医学概論
⑬人体の構造と機能及び疾病・問題 2

国際生活機能分類（ICF）に関する次の記述のうち，**正しいものを 1 つ**選びなさい。

1. 対象は障害のある人に限定されている。
2. 「社会的不利」は ICF の構成要素の一つである。
3. 「活動」とは，生活・人生場面への関わりのことである。
4. 仕事上の仲間は「環境因子」の一つである。
5. その人の住居は「個人因子」の一つである。

> **Point** 2001 年に WHO 総会で採択された ICF に関する設問である。ICF は「健康の構成要素に関する分類」を「生活機能」の概念を用いて提示した。支援者にとっては，専門性や立場にかかわらず，支援の対象となる人や障害に対して共通の考え方や視点をもたらし，深い理解と実践を促す共通言語の役割をも担う。ICF を理解する際には，ICF の考え方のもととなった「医学モデル」「社会モデル」についても理解を深めておきたい。

1　✕　生活機能の制限や制約等を引き起こす要因の一つの「健康状態」は，疾患や外傷に加え，妊娠や加齢，ストレス状態などを含む広い概念となった。これは，ICF が生活機能上の問題は誰にでも起こり得るものであるという考えに基づき，**すべての人に関するモデル**として作成されたことを意味する。

2　✕　「社会的不利」は，**医学モデル及び国際障害分類（ICIDH）**の構成要素の一つである。医学モデルは，障害を「疾病・変調→機能障害→能力障害→社会的不利」ととらえる。「社会的不利」は「機能障害や能力障害の結果としてその個人に生じた社会生活上の不利益」と定義され，ICF では**参加制約**が同等の内容となる。

3　✕　「活動」は，**標準環境における課題の遂行や実行状況**である。生活機能の 3 レベルは，「心身機能と身体構造：心身系の生理的機能，身体の解剖部分」「活動：課題や行為の個人による遂行」「参加：生活・人生場面へのかかわり」と定義される。

4　〇　環境因子は，「**人々が生活し，人生を送っている物的な環境や社会的環境，人々の社会的な態度による環境を構成する因子**」と定義される。仕事上の仲間は，本人の生活機能に促進的・阻害的に影響を及ぼす社会的環境の一つと考えられる。

5　✕　その人の住居は，**環境因子のうち，物的な環境**に含まれる。なお，その人固有の特徴である個人因子は非常に多様であり，分類は今後の課題とされ，年齢，性別，民族，生活歴，価値観等が例示されている。

図　ICF の構成要素間の相互作用

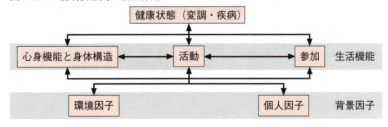

解答　4

3 医学概論
⑯人体の構造と機能及び疾病・問題7

注意欠如・多動症（ADHD）に関する次の記述のうち，**最も適切なもの**を1つ選びなさい。

1 学童期の有病率はおよそ20％とされている。

2 多動性の症状は，青年期及び成人期には改善することが多い。

3 学校での症状が主であり，家庭では症状がみられないことが多い。

4 精神疾患の診断・統計マニュアル（DSM-5[*1]）では，4歳以前に症状があることを診断基準としている。

5 治療としては，薬物療法が第一選択となることが多い。

Point 発達障害とは，認知・言語・情緒・行動などの発達に問題があり，何らかの支援や援助がないと日常生活を送る上で支障がある場合をいう。今回の試験では，注意欠如・多動症（ADHD）の特徴を問う問題であった。発達障害に限らず，「障害の概要」の分野では，関連する法律やDSM-5，ICD-10（-11）などを含めて理解しておく必要がある。

---

1 ✕ **ADHDの学童期の有病率はおよそ7％程度とされている**。アメリカでも同様の有病率であり，性別では男児が高い。厚生労働省によると，ADHDの有病率は報告による差異はあるが，学齢期の小児の3〜7％程度と考えられるとしている。ADHDをもつ小児は家庭や学校生活でさまざまな困難をきたすため，環境や行動への介入や薬物療法が試みられており，治療は人格形成の途上にある子どものこころの発達を支援する上で重要であるとしている。

2 ◯ 多動性の症状は成長とともに目立たなくなり，**青年期の頃までに落ち着いてくることが多い**。一方，衝動性は生活環境や個人の性格などに影響され，青年期や成人期の状況はさまざまである。また，不注意は成人後もしばしばみられることが多く，このような問題によりストレスや自己否定を抱え，適応障害やうつ病，パニック障害などの二次障害を発症するケースも少なくない。

3 ✕ ADHDの症状は学校だけでなく，**家庭においてもみられる**。一般的に，3歳前後から不注意（注意の持続が著しく困難で注意力が散漫であるなど）や多動（落ち着きがなく，じっとしていることがないなど），衝動性（我慢ができない，規則を衝動的にやぶるなど）の症状がみられる。小学校入学後に集団生活が始まると，他児からの刺激や学校生活におけるルールへの忍耐が必要となり症状が目立つようになるが，学校での症状が主であるわけではない。

4 ✕ DSM-5では，**12歳までに症状が現れるとされている**。診断にあたっては，不注意，多動，衝動性などの症状に加えて，DSM-5では12歳前に少なくともいくつかの症状がみられる（ICD-10では，7歳未満の早期発症[*2]），6か月以上の持続，複数の場面で観察されるなどが基準とされる。

5 ✕ 一般的にADHDの治療は，**心理社会的な治療が優先して検討される**。心理社会的な治療には，小集団での社会生活技能訓練（SST），本人と親へのカウンセリング，ペアレントトレーニング，学校等における環境調整を含む教育支援などがある。これらの治療や支援だけでは生活改善が十分でない場合，必要に応じて薬物療法を併用していくこともあるが，あくまでも薬物療法は治療全体における一部分である。

解答 2

＊1　DSM-5の改訂版であるDSM-5-TRが2022年に米国で発表され，2023年（令和5年）に日本語訳版も公表されている。
＊2　ICD-11では，DSM-5と同じく「12歳以前に症状が求められること」とし，年齢が引き上げられた。

4 医学概論

[旧]人体の構造と機能及び疾病・問題3

次のうち，疾病の予防に関する記述として，**正しいものを1つ**選びなさい。

1 特定健康診査は一次予防である。
2 糖尿病予防教室は一次予防である。
3 ワクチン接種は二次予防である。
4 リハビリテーションは二次予防である。
5 胃がんの手術は三次予防である。

Point 予防医学における，一次予防（健康増進と特異的予防），二次予防（早期発見と早期治療），三次予防（機能喪失防止，アフターケアと社会復帰の促進）についての基本的知識を問う問題である。

1 × 特定健康診査は，生活習慣病の予防のために，対象者（40～74歳までの公的医療保険加入者）にメタボリックシンドロームに着目した健康診査を行うものである。これは**疾病の早期発見である二次予防に該当する**。

2 ○ 糖尿病予防教室は，糖尿病発症予防のために生活習慣の見直しと改善を目的とするものである。これは**健康増進である一次予防に該当する**。

3 × ワクチン接種は，特定の感染症による健康障害を防ぐために行われる。これは**特異的予防である一次予防に該当する**。

4 × リハビリテーションは，疾病や障害による機能喪失防止を目的として行われる。これは**三次予防に該当する**。

5 × 胃がんの手術は，適切な医学的診断により必要性のある場合に治療として行われ，胃がんの放置による重篤化や合併症を防ぐことを目的とする。これは**早期治療であるため，二次予防に該当する**。

表 一次予防・二次予防・三次予防の概念

	一次予防	二次予防	三次予防
	健康な段階で行う予防	疾病の早期発見・早期治療	疾病の悪化防止と社会復帰
対策	❶ 健康増進 ・健康教室・衛生教育 （生活習慣病予防教室，高血圧予防教室，生活指導，行動の変容） ・食生活改善 （栄養所要量・減塩指導） ・健康相談・性教育 （遺伝相談・結婚相談） ・体力増進 ❷ 特異的予防 ・予防接種の活用 ・環境衛生の改善 ・職業病の予防	❶ 早期発見 ・スクリーニング ・サーベイランス ・検診 （がん検診，定期検診，人間ドック，じん肺検診など） ❷ 早期治療 ・適切な治療 ・合併症の予防	❶ 機能喪失防止 ・リハビリテーション （理学療法・作業療法） ・腎疾患患者の人工透析 ❷ アフターケア ・疾病・障害の再発・転移の防止 ❸ 社会復帰の促進 ・職場での適正な配置 ・雇用促進

解答 2

5 医学概論
⓲人体の構造と機能及び疾病・問題 4

次のうち，2021年（令和3年）における，がん（悪性新生物）の主な部位別にみた死亡数で女性の第1位として，**正しいもの**を1つ選びなさい。

1 大腸がん
2 胃がん
3 膵臓がん
4 乳がん
5 肺がん

> **Point** 人口動態統計を基とした，日本の死因の第1位を占めるがん（悪性新生物）の部位別死亡数についての知識を問う問題である。2021年（令和3年）の悪性新生物による死亡数は，38万1505人である。主な死因別の人口10万人あたりの死亡率の年次推移をみると，悪性新生物は一貫して上昇しており，2021年（令和3年）の全死亡者に占める割合は26.5％となっている[*1]。男性と女性の別に分けた場合では，部位別の死亡数と死亡率の傾向が異なることに注意する必要がある（下図参照）。

1 ○ 女性の大腸がんによる死亡数は，2万4337人であり，主な部位別では第1位である[*2]。
2 × 女性の胃がんによる死亡数は，1万4428人であり，主な部位別では第5位である。
3 × 女性の膵臓がんによる死亡数は，1万9245人であり，主な部位別では第3位である。
4 × 女性の乳がんによる死亡数は，1万4803人であり，主な部位別では第4位である。
5 × 女性の肺がんによる死亡数は，2万2933人であり，主な部位別では第2位である。

図　悪性新生物＜腫瘍＞の主な部位別にみた死亡率（人口10万対）の年次推移

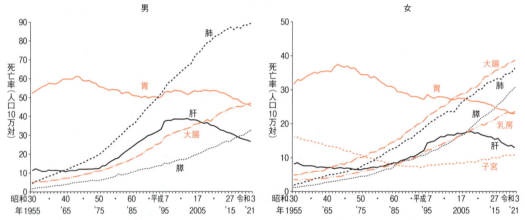

注1：大腸の悪性新生物＜腫瘍＞は，結腸の悪性新生物＜腫瘍＞と直腸S状結腸移行部及び直腸の悪性新生物＜腫瘍＞を示す。ただし，昭和42年までは直腸肛門部の悪性新生物を含む。
注2：平成6年以前の子宮の悪性新生物＜腫瘍＞は，胎盤を含む。
出典：厚生労働省「令和3年（2021）人口動態統計月報年計（概数）の概況」

解答 ❶

[*1]「令和5年（2023）人口動態統計」では，悪性新生物による死亡数は38万2492人，全死亡者に占める割合は24.3％となっている。
[*2]「令和5年（2023）人口動態統計」においても，女性では大腸がん（死亡数2万5195人，死亡率（人口10万対）40.4）が最も多い。

6 医学概論
⑬人体の構造と機能及び疾病・問題5

パーキンソン病の原因と症状に関する次の記述のうち，**正しいもの**を **2 つ**選びなさい。

1 小脳の異常である。

2 脳内のドーパミンが増加して発症する。

3 安静時に震えが起こる。

4 筋固縮がみられる。

5 大股で歩行する。

Point 神経疾患と難病に関する原因や症状について問う代表的な問題である。特にパーキンソン病や脊髄小脳変性症，筋萎縮性側索硬化症などは頻出であり，症状や診断基準，病型の分類などポイントとなるところを理解しておく必要がある。しかし，すべての原因や症状を暗記していなくても，問題文を読めば正解にたどり着ける場合も多いので，疾患の大まかなイメージを押さえておけば対応できる。本問では，パーキンソン病の四大症状に該当する安静時振戦と筋固縮を選択しやすかったと考えられる。

---

1 ✕　パーキンソン病の主な原因は，**脳内のドーパミン神経細胞の減少による黒質の変性**である。小脳の異常に関連する神経疾患の例としては，**脊髄小脳変性症**があげられる。脊髄小脳変性症は小脳の神経変性疾患であり，症状は運動失調が中心で歩行障害から始まる。歩行障害のイメージから，パーキンソン病の原因が小脳にあると勘違いしてしまう可能性があるので注意が必要である。

2 ✕　パーキンソン病は，**脳内のドーパミンが減少して発症する**。脳の深部には大脳基底核があり，構成要素として黒質や線条体などがある。通常，黒質からドーパミンが線条体に送られ，大脳皮質を経て全身の随意運動を調節しているが，パーキンソン病ではその黒質が変性してしまい，ドーパミン神経細胞が減少してドーパミンが欠乏する。これによって運動制御が障害され，スムーズな運動ができなくなる。

3 ○　**安静時に震え（安静時振戦）が起こるのは，パーキンソン病の四大症状の一つであり，初発症状として特徴的である**。なお，パーキンソン病とよく間違えられる症状としては**本態性振戦**（老人性振戦）があり，頭部を左右に振る振戦と上肢の前方挙上時の振戦などがある。軽微なものであれば放置してよいが，症状が強い場合は薬物治療を行う場合がある。

4 ○　**手足が硬くなる筋固縮（筋強剛）はパーキンソン病の四大症状の一つである**。黒質の変性による大脳基底核における運動制御機構の障害により筋緊張が亢進され，筋の収縮・弛緩の調節がうまくいかなくなる症状である。関節が他動的な動作に対して一様もしくは断続的な抵抗を示す。

5 ✕　パーキンソン病にみられる運動症状の一つが**歩行障害**である。よくみられる症状として，**すくみ足**（歩こうとしても一歩目が出ない），**小刻み歩行**（前かがみで床をこするようにチョコチョコ歩く），**加速歩行**（歩くうちに徐々に前のめりになり止まれなくなる）などがある。これらは無動や姿勢保持障害に伴い，歩行時にみられるものである。なお，高齢者は一般的に歩行が小刻みになる傾向があるが，これは正常の歩幅を小さくしたものであり，後方から歩行を観察すると足底を見ることができる点でパーキンソン病とは異なる。

解答 3 4

7 医学概論
⑬人体の構造と機能及び疾病・問題6

事例を読んで，Ａさんの症状として，**最も適切なもの**を１つ選びなさい。

〔事　例〕

　Ａさん（55歳）は，出勤途中に突然歩けなくなり，救急病院に運ばれた。脳梗塞と診断され，治療とリハビリテーションを受けたが，左の上下肢に運動麻痺が残った。左足の感覚が鈍く，足が床についているかどうか分かりにくい。歩行障害があり，室内は杖歩行又は伝い歩きをしている。呂律が回らないことがあるが，会話，読み書き，計算は可能である。食事は右手で箸を持って問題なく食べることができる。尿便意はあるが，自分でトイレに行くのが難しいため，間に合わず失禁することがある。

1　失語症
2　対麻痺
3　感覚障害
4　嚥下障害
5　腎臓機能障害

Point 脳梗塞の発症と後遺症として現れる麻痺や障害に関する事例問題である。脳血管疾患は三大疾病の一つであり，悪性新生物，急性心筋梗塞とともに日本人の死亡原因の上位を占めている。障害される部位ごとにみられる症状を関連づけて理解し，さらに原因となる生活習慣などもイメージしておくことが重要である。事例問題を解く際は，どのような原因で，誰がどのような問題を抱えているか，問題文に線を引くなどしながらキーワードを拾っていくことが正解にたどり着くための一つのよい方法である。以下，今回の問題文から抽出したキーワードの例を下線で示した。

Ａさん（55歳）は，出勤途中に<u>突然歩けなくなり</u>，救急病院に運ばれた。<u>脳梗塞と診断</u>され，治療とリハビリテーションを受けたが，<u>左の上下肢に運動麻痺</u>が残った。<u>左足の感覚が鈍く</u>，足が床についているかどうか分かりにくい。<u>歩行障害があり</u>，室内は杖歩行又は伝い歩きをしている。呂律が回らないことがあるが，<u>会話，読み書き，計算は可能</u>である。<u>食事は右手で箸</u>を持って問題なく食べることができる。<u>尿便意はある</u>が，自分でトイレに行くのが難しいため，間に合わず<u>失禁する</u>ことがある。

---

1 ✕　脳梗塞の後遺症として失語症は考えられるが，Ａさんは「会話，読み書き，計算は可能である」ため**失語症には該当しない**。失語症には，大脳皮質にある言語野のウェルニッケ野の損傷で感覚性失語が起こり，流暢な発話はあるが，聞く・読むなどの理解面に障害が現れるウェルニッケ失語，言語野のブローカ野の損傷で運動性失語が起こり，聴覚的理解はあるが，発話に困難さがみられるブローカ失語などがある。

2 ✕　「左の上下肢に運動麻痺が残った」とあり，Ａさんは**片麻痺の可能性が高い**。運動麻痺は，単麻痺（上下肢のうち一肢だけの麻痺），片麻痺（身体の同側の上下肢に麻痺），対麻痺（両下肢の麻痺），四肢麻痺（両側上下肢の麻痺）に分類されている。事例では，左側上下肢の運動麻痺であるため対麻痺ではない。

3 ◯　「左足の感覚が鈍く」とあり，Ａさんの状況から感覚障害が該当するといえる。**感覚障害は，しびれ，感触，温度，痛みの感覚が鈍くなる障害である**。特に，温度や痛みを感じないと，けがや熱，低体温に気づくことが遅れてしまい，命を脅かされる可能性もある。日常生活においては重要な感覚であり，脳梗塞の治療とともに早期からのリハビリテーションが重要である。

4 ✕　Ａさんは「食事は右手で箸を持って問題なく食べることができる」ため嚥下障害の可能性はない。嚥下障害は，**食べ物をうまく飲み込めず，むせる，つかえるなどの症状**があり，高齢者や口腔機能麻痺のある人に多く認められる。誤嚥により肺炎を繰り返したり，窒息を起こしたりする場合もある。

5 ✕　「尿便意はある」「失禁することがある」とあることから，腎臓機能に障害はみられない。失禁は，**歩行障害によりトイレに間に合わなかったことが原因**であり，腎臓機能障害によるものではない。

解答 3

8 心理学と心理的支援
⑬心理学理論と心理的支援・問題8

次の記述のうち，内発的動機づけとして，**最も適切なもの**を1つ選びなさい。

1 大学の入試の要件となっているため，英語外部検定を受検した。
2 叱責されないように，勉強に取り掛かった。
3 授業中，寒いので，窓を閉めた。
4 お腹が減ったので，席を立って食事に行った。
5 投資に偶然興味を持ったので，勉強した。

> **Point** 動機づけ（motivation）とは人間の行動のもととなるものであり，一般的な「やる気」や「意欲」とほぼ同じ意味で使われる。動機づけの源であり，行動を引き起こす内的な要因を欲求という。内発的動機づけとは，自分自身の興味や関心，好奇心などにより行動が引き起こされること（楽しいから勉強するなど）であり，一方，外発的動機づけとは，賞賛や罰，金銭など，外部からのはたらきかけにより行動が引き起こされること（おこづかいがもらえるから勉強するなど）である。動機づけは誰でも体験しているものなので，自分自身について，内発的動機づけ，外発的動機づけにあたる行動を整理しておくとよい。下表のように，動機づけに関連するアンダーマイニング効果やエンハンシング効果も，具体例とともに覚えておこう。

表　アンダーマイニング効果とエンハンシング効果

アンダーマイニング効果	内発的動機づけが高い人が，外的報酬を得ることで内発的動機づけが低くなること 例：楽しいから勉強していたが，おこづかいをもらうようになったらやる気をなくしてしまった
エンハンシング効果	内発的動機づけが低い人が，外的報酬を得ることで内発的動機づけが高まること 例：友達に会えるからという理由で勉強会に参加していたが，徐々に勉強が楽しくなりもっと知識を増やしたいと思うようになった

1 ✗ 選択肢は，**外発的動機づけ**による行動である。英語外部検定を受検したのは，大学の入試要件になっていることから引き起こされた行動である。

2 ✗ 選択肢は，**外発的動機づけ**による行動である。叱責されるという外部からの罰を避けるため，勉強に取り掛かるという行動が引き起こされたと考えられる。

3 ✗ 選択肢は，**生理的欲求**による行動である。食欲や睡眠欲などの人間にとって生存に不可欠な基本的欲求のことを，生理的欲求という。寒さから身を守ろうとすることは生命の維持にかかわるため，生理的欲求に当てはまる。マズロー（Maslow, A.）は人間の欲求を低次から高次の順序で分類し，欲求の種類を5段階の階層で表した**欲求階層説**を提唱した。下から第1層「生理的欲求」，第2層「安全・安定の欲求」，第3層「所属・愛情の欲求」，第4層「承認・尊重の欲求」，第5層「自己実現の欲求」となっている。

4 ✗ 選択肢は，**生理的欲求**による行動である。お腹が減り食欲を満たそうとする行動は，選択肢3の解説にあるように，生命の維持に必要な生理的欲求に基づく行動である。

5 ○ 選択肢は，**内発的動機づけ**による行動である。投資に偶然興味を持ち，勉強することは，自分自身の興味や関心から引き起こされる行動である。

解答 **5**

9 心理学と心理的支援
⑩心理学理論と心理的支援・問題9

次の記述のうち，性格特性の5因子モデル（ビッグファイブ）の1つである外向性の特徴として，**最も適切なものを1つ**選びなさい。

1 ささいなことで落ち込みやすい。

2 新しいことに好奇心を持ちやすい。

3 他者に対して親切である。

4 他者との交流を好む。

5 責任感があり勤勉である。

Point 5因子モデルはビッグファイブとも呼ばれ，パーソナリティを五つの特性（因子）で説明しようとする考え方である。ゴールドバーグ（Goldberg, L.），コスタ（Costa, P. T.）とマックレー（McCrae, R. R.）によって提唱された。パーソナリティの理論として代表的なものに類型論と特性論があるが，5因子モデルは特性論の一つである。特性論とは，パーソナリティをいくつかの特性に分け，その特性が量的にどのくらい入っているかによってパーソナリティをとらえようとするものである。下表のように五つの特性とその内容について整理しておくとよい。

1 ✗ 選択肢は，**神経症傾向**の特徴である。高い場合は情緒の不安定さを表し，低い場合は情緒の安定を表す。

2 ✗ 選択肢は，**開放性**の特徴である。高い場合は新しいことへの積極性を表し，低い場合は変化を好まないことを表す。

3 ✗ 選択肢は，**協調性**の特徴である。高い場合は他者との協調性や思いやりがあり，低い場合は疑い深く自己中心的であることを表す。

4 〇 **外向性**が高い場合は積極的，活動的であり，低い場合は内向的であることを表す。

5 ✗ 選択肢は，**誠実性**の特徴である。高い場合は物事に計画的，誠実に取り組み，低い場合は責任感が弱いことを表す。

表 5因子モデル

神経症傾向 （Neuroticism）	落ち込みやすいなど感情面・情緒面で不安定な傾向
外向性 （Extraversion）	興味関心が外界に向けられる傾向
開放性 （Openness）	知的、美的、文化的に新しい経験に開放的な傾向
協調性 （Agreeableness）	バランスを取り協調的な行動を取る傾向
誠実性 （Conscientiousness）	責任感があり勤勉で真面目な傾向

解答 4

10 心理学と心理的支援
(旧)心理学理論と心理的支援・問題10

集団における行動に関する次の記述のうち、傍観者効果の事例として、**最も適切なもの**を1つ選びなさい。

1 作業をするときに見学者がいることで、一人で行うよりも作業がはかどった。
2 革新的な提案をチームで議論したが、現状を維持して様子を見ようという結論になってしまった。
3 路上でケガをしたために援助を必要とする人の周囲に大勢の人が集まったが、誰も手助けしようとしなかった。
4 チームで倉庫の片付けに取り組んだが、一人ひとりが少しずつ手抜きをした結果、時間までに作業が完了せず、残業になってしまった。
5 リーダーがチームの目標達成を重視しすぎることで、チームの友好的な雰囲気が損なわれ、チームワークに関心がないメンバーが増えてしまった。

> **Point** 人の行動は他者の存在によって変化する。傍観者効果だけでなく、選択肢に示された集団における行動は、必ずしも生じてしまうわけではない。しかし、自分自身を含め、人は他者が存在するときにそのような行動を起こしやすい傾向があると知っておくことは、対人援助や多職種連携の円滑な遂行において重要である。

1 ✗ 一人で行うよりも、見学（観察）する他者がいることで作業がはかどる現象は、**観察者効果**として知られる。労働環境を調査している調査者の存在を、期待されていることの表れだと労働者自身が認知したことで作業効率や成績が上がったという実験が有名である（**ホーソン効果**）。なお、単に観察者効果という場合、成績が上がるなど肯定的な影響を指すことが多いが、観察者が存在することで成績が下がるなど否定的な影響が生じる場合もある。

2 ✗ 選択肢は、**現状維持バイアス**の説明である。人は変化することでより良い結果が得られる可能性よりも、変化によって損をする可能性を重大に見積もる傾向がある。その結果、リスクを負って良い結果を追い求めるよりも、生じ得る損失を少しでも避けるために現状を維持しようとする（損失回避性）。このバイアスは、今の自分自身がもっているものを価値の高いものだと感じたり、それを手放すことに**心理的なリアクタンス（抵抗）**を感じたりすることで生じると説明される（保有効果）。

3 ○ 緊急的な援助を必要とする場面であっても、周囲に人（傍観者）が多いほど、自分は手助けしなくとも誰かが助けてくれるだろうと思い込み、援助行動が抑制されてしまうことを**傍観者効果**という。傍観者効果は、手助けしない他者と同じ行動をすることで責任を取らずに済むと考えたり（**責任の拡散**）、誰も手助けしていないのだから重大な事態ではないだろうと誤って判断したりしてしまうこと（**多元的無知**）などによって生じると考えられる。

4 ✗ ある作業に一人で取り組むよりも、複数人で取り組んだほうが一人当たりの成績や効率が悪くなることを**社会的手抜き**という。社会的手抜きは、作業による成果と個人の努力の対応関係が明確でなかったり、作業をしても個人として評価されにくいと認識したりする場合に生じやすい。このような状況で、一人が行う作業量は、その作業にかかわる人数に反比例するといわれる。

5 ✗ 選択肢は、三隅二不二による **PM理論**の「**Pm型」リーダーシップ**の説明である。三隅はリーダーシップを、計画立案や的確な指示などができる**目標達成機能**（performance）と、部下の立場を鑑み、集団を友好的な雰囲気にする**集団維持機能**（maintenance）の二次元からとらえ、両次元が高い者が最も望ましいリーダーであるとした。選択肢のようなPm型のリーダーのもとでは、部下の意欲や満足感が低下しやすく、短期的には成果を得ても、中長期的には目標が達成できない可能性がある。

解答 3

11 心理学と心理的支援

[旧]心理学理論と心理的支援・問題 11

子どもの発達に関する次の記述のうち，**最も適切なものを１つ**選びなさい。

1 共同注意とは，他者との友情を構築することを示す。

2 初語を発する時期になると，喃語（なんご）が生起する。

3 社会的参照は，新奇な対象に会った際に，養育者などの表情を手掛かりにして行動を決める現象である。

4 アニミズムとは，自分や他者の行動を予測し，説明する力を指す。

5 物体が隠れていても存在し続けるという「対象の永続性」は，３歳以降に理解できるようになる。

Point 子どもの発達には，身体的な成長だけなく，世界をどのようにとらえるか（知覚・認知），世界とどのようにかかわるか（運動），言葉をどのように獲得するか（言語），他者とどのようにかかわるか（社会）など，多様な心理的側面の発達も含まれる。一つひとつは独立した事象にみえるが，ある発達的側面が別の発達的側面にも影響し得ることを意識しながら学習することが重要である。

1 × **共同注意**とは，周囲の大人と子ども自身が同じ対象に注意を向けることを指す。この現象は，生後３，４か月頃から「その兆候が」みられ始めるが，当初は他者がなぜその対象に注意を向けているのかという意図は理解していないと考えられる。生後９か月を過ぎると，次第に，他者が注意を向けていることには意図があること，そして，自身と相手がともにその対象に注意を向けていること（**三項関係**）を理解するようになる。

2 × **初語**とは，子どもが初めて発する意味のある言葉（単語）を指す。平均的には１歳から１歳半頃に出ることが多い。一方，**喃語**は，初語が出現する前の生後６か月頃からみられる，音節（母音や，子音と母音の組み合わせ）からなる意味をもたない発話を指す。はじめは「マ・マ・マ…」のように同じ音節が続くものが多いが，次第に「バ・ブ…」など複数の音が組み合わされ，実際の言語に近い発話となっていく。

3 ○ **社会的参照**とは，子どもが自身だけで状況を判断できないときに，他者の表情や反応を通じて行動を決定していくことを指す。社会的参照の前段階として**共同注意**があると考えられ，共同注意を通じて他者と意思を疎通することにより，自己と他者，そして対象の**三項関係**を理解するようになる。

4 × **アニミズム**とは，生物，無生物にかかわらず対象には魂がある（宿る）という考え方である。**ピアジェ**（Piaget, J.）の認知発達理論では，**前操作期**にみられる特徴として取り上げられることが多い。例えば，動物のぬいぐるみや人形に話しかけたり，ごっこ遊びをするといった行動にみることができる。

5 × ピアジェの認知発達理論では，**「対象の永続性」は感覚運動期（０～２歳頃）の中盤（おおよそ９か月）以降に獲得される**といわれる。しかし，その後の研究では，早ければ生後３か月半程度でみられるという報告もある。この現象の背景には，単に隠された場所に存在するという知識だけでなく，空間認識における因果関係の知識もかかわる。対象の永続性を理解すると，物体の変化や物体間の関係についても次第に予測できるようになる。

解答 3

12 心理学と心理的支援
(旧)心理学理論と心理的支援・問題12

次の記述のうち、問題焦点型ストレス対処法（コーピング）の事例として、**最も適切なもの**を1つ選びなさい。

1. 介護ストレスを解消してもらおうと、介護者に気晴らしを勧めた。
2. 困難事例に対応できなかったので、専門書を読んで解決方法を勉強した。
3. 仕事がうまくはかどらなかったので、週末は映画を観てリラックスした。
4. 育児に悩む母親が、友人に話を聞いてもらえて気分がすっきりしたと話した。
5. 面接がうまくいかなかったので、職場の同僚に相談し、ねぎらってもらった。

Point ストレス対処法（コーピング）には、大きく分けて問題焦点型コーピングと情動焦点型コーピングがある。できるだけ多くの具体的なストレス場面の事例を想定し、それぞれのコーピングの事例を考えておくとよい。

表　心理社会的ストレスモデル

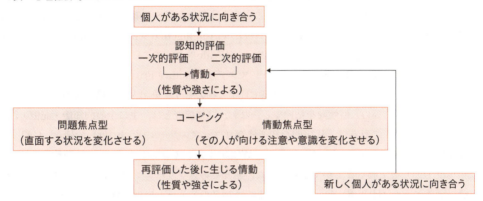

出典：Folkman, S., Lazarus, R. S., 'Coping as a mediator of emotion', *Journal of Personality and Social Psychology*, 54, p.467, Figure1, 1988.

1 ✗ 選択肢の事例は、**情動焦点型コーピング**である。「気晴らし」は情動焦点型コーピングを行うにあたっての代表的な発想である。他方、介護ストレスに対して、例えば「介護を家族で分担する」「デイサービスを利用して介護の時間を減らす」等は、問題そのものを解決すべく対処しているため、問題焦点型コーピングといえる。

2 ○ 選択肢の事例は、**問題焦点型コーピング**である。「困難事例に対応できなかった」という問題そのものを解決すべく、直接的に問題に向き合い対処している。

3 ✗ 選択肢の事例は、**情動焦点型コーピング**である。「リラックス」は情動焦点型コーピングを行うにあたっての代表的な発想である。他方、仕事がはかどらないことに対して、例えば「仕事の量を減らす」「上司や同僚に仕事の取り組み方を教えてもらう」等は、問題そのものを解決すべく対処しているため、問題焦点型コーピングといえる。

4 ✗ 選択肢の事例は、**情動焦点型コーピング**である。「友人に話を聞いてもらう」は、「気晴らし」に該当する。他方、育児の悩みに対して、例えば「地域の相談機関に相談する」「友人に育児のコツを教えてもらう」等は、問題焦点型コーピングといえる。

5 ✗ 選択肢の事例は、**情動焦点型コーピング**である。「相談し、ねぎらってもらう」のは、「リラックス」や「気晴らし」に該当する。他方、面接がうまくいかなかったことに対して、「うまくいかなかった原因を調べて改善する」「面接のトレーニングを受ける」等は、問題焦点型コーピングといえる。

解答　**2**

13 心理学と心理的支援

[旧]心理学理論と心理的支援・問題 13

☑☑☑

心理検査に関する次の記述のうち，**最も適切なもの**を**1つ**選びなさい。

1 乳幼児の知能を測定するため，WPPSI を実施した。

2 頭部外傷後の認知機能を測定するため，PF スタディを実施した。

3 投影法による人格検査を依頼されたので，東大式エゴグラムを実施した。

4 児童の発達を測定するため，内田クレペリン精神作業検査を実施した。

5 成人の記憶能力を把握するため，バウムテストを実施した。

Point 心理検査に関する問題は頻出である。検査名，検査の方法（質問紙法や投影法等），対象，適用年齢，何を調べるのか（知能や発達や人格等）が問われる。社会福祉士や精神保健福祉士は，検査の具体的な実施方法や解釈方法まで理解する必要はないが，その検査から何がわかるのかを知っておく必要がある。また，検査の略称だけでなく，正式名称を知っておくと検査内容の理解が深まる。

1 ○ WPPSI（Wechsler Preschool and Primary Scale of Intelligence：ウィプシ）は**乳幼児の知能検査である**。対象年齢は，2歳6か月〜3歳11か月の場合と4歳0か月〜7歳3か月の場合がある。ウェクスラー式知能検査には，**児童を対象とした WISC**（Wechsler Intelligence Scale for Children：ウィスク）と，**成人を対象とした WAIS**（Wechsler Adult Intelligence Scale：ウェイス）がある。

2 × PF スタディは**認知機能の検査ではない**。PF スタディ（Picture Frustration Study：絵画欲求不満テスト）は，欲求不満場面が描かれたイラストを見て登場人物のセリフを記入する投影法の人格検査であり，自責的・他責的・無責的等の人格傾向を把握する。なお，認知機能とは，主に全般的知能・記憶・注意・概念理解等のことである。これらは，代表的な知能検査（ウェクスラー：Wechsler）のほか，CAT（標準注意検査法：Clinical Assessment for Attention），WCST（ウィスコンシンカード分類検査：Wisconsin Card Sorting Test）等で測ることができる。また，認知症のスクリーニング検査としては，改訂長谷川式簡易知能評価スケール（HDS-R）や，MMSE（ミニメンタルステート検査：Mini Mental State Examination）等がある。

3 × 東大式エゴグラムは**質問紙法による性格検査である**。バーン（Berne, E.）が提唱した交流分析理論をもとに，CP（批判的な親），NP（養育的な親），A（大人），FC（自由な子ども），AC（順応した子ども）という五つの自我の状態から性格特性と行動パターンを把握する。

4 × 内田クレペリン精神作業検査は**性格や職業適性等を把握する作業検査法である**。足し算の作業をさせ，全体の作業量や導き出される作業曲線から性格や特性を把握する。なお，児童の発達を測定する検査には，新版K式発達検査や田中ビネー知能検査などがあり，認知・言語・社会性・運動等のさまざまな観点から発達を測定する。

5 × バウムテストは**投影法による人格検査である**。バウムテストは描画法であり，被検査者に1本の実のなる木を自由に書いてもらうことで人格を把握する。なお，成人の記憶能力を把握する検査には，WMS-R（Wechsler Memory Scale-Revised：ウェクスラー記憶検査），三宅式記銘力検査，ベントン視覚記銘検査などがある。

解答 1

14　心理学と心理的支援

⑬心理学理論と心理的支援・問題14

心理療法に関する次の記述のうち，**最も適切なもの**を１つ選びなさい。

1　ブリーフセラピーは，クライエントの過去に焦点を当てて解決を目指していく。

2　社会生活技能訓練（SST）は，クライエントが役割を演じることを通して，対人関係で必要な技能の習得を目指していく。

3　来談者中心療法は，クライエントに指示を与えながら傾聴を続けていく。

4　精神分析療法は，学習理論に基づいて不適応行動の改善を行っていく。

5　森田療法は，クライエントが抑圧している過去の変容を目指していく。

Point　心理療法に関する問題は頻出である。詳細に理解する必要はなく，誰が創始者であるか，その心理療法が何を目的として，どのような人を対象としているか，どのような概念（キーワード）や技法を用いて展開するのかという概要を把握するとよい。

1　✗　ブリーフセラピーは，**クライエントの現在と未来に焦点を当てて解決を目指していく**。ブリーフセラピーは，エリクソン（Erickson, M. H.）やヘイリー（Haley, J. D.）が発展させたもので，個人の病理よりもコミュニケーションやシステムに着目し，過去よりも現在から未来を志向して，短期間で問題の解決を図る。過去に焦点を当てるのは，精神分析療法の考え方に近い。

2　○　社会生活技能訓練（ソーシャルスキルズトレーニング：SST）は行動療法の一つであり，統合失調症や発達障害等により社会生活の営みや対人関係が難しくなっている人に，**ロールプレイなどの技法を用いて，対人関係のスキルや必要な生活技能を少しずつ身につけるための訓練を行う**。

3　✗　来談者中心療法では，**原則としてクライエントに指示は与えない**。ロジャース（Rogers, C. R.）の提唱した来談者中心療法は，**共感的理解や傾聴**を用いながらクライエントを無条件に肯定するため，支持的アプローチ（非指示的アプローチ）とも呼ばれる。

4　✗　精神分析療法は，学習理論に基づかない。精神分析療法では，**意識や無意識**等の心的世界と，**自我（エゴ）や超自我（スーパー・エゴ），エス（イド）**等の心的構造を想定し，**防衛機制のはたらきを分析して解釈を行う**。学習理論に基づく心理療法は，行動療法，認知療法，認知行動療法等であり，行動や認知を変えるために具体的な指示を与え，不適応行動や認知の歪みの改善を図る。

5　✗　選択肢は，精神分析療法に関する記述である。森田正馬が創始した**森田療法**は，抑うつ，不安，統合失調症，依存症等を対象とし，**不安や欲求などの「とらわれ」から脱し，「あるがまま」の心の姿勢を目指す**。過程として，①臥褥期，②軽作業期，③重作業期，④生活訓練期がある。森田療法は入院して行われることが多かったが，近年では外来でも行われている。

解答 2

15 社会学と社会システム

[旧]社会理論と社会システム・問題 15

次の記述のうち，ヴェーバー（Weber, M.）の合法的支配における法の位置づけとして，**最も適切なもの**を**1つ**選びなさい。

1 法は，被支配者を従わせ，超人的な支配者の権力を貫徹するための道具である。
2 法は，伝統的に継承されてきた支配体制を正当化するための道具である。
3 法は，支配者の恣意的な判断により定められる。
4 法は，神意や事物の本性によって導き出される。
5 法は，万民が服さなければならないものであり，支配者も例外ではない。

Point ヴェーバーによれば，支配の形態は，「伝統的支配」「カリスマ的支配」「合法的支配」の三つに分類される。合法的（依法的）支配とは，形式的に正しい手続を経て定められた法規，すなわちフォーマルな合理的規則に基づく支配である。合法的支配のもとでは，支配者も被支配者も，合理的規則の定める権限の範囲内で没主観的，形式主義的に行動するという点にその特徴がみられ，その典型は「官僚制」による支配である。官僚制（近代官僚制）とは，権限の原則，一元的かつ明確な指揮命令系統，公私の分離，高度に専門化された活動，規則に基づく職務遂行等を特徴とする近代組織の編成原理である。官僚制は頻出テーマなので，その特徴や「官僚制の逆機能」についても確認しておく必要がある。また，「支配の諸類型」も頻出テーマとなっている。

1 × 「合法的支配」における法は，「被支配者を従わせ，超人的な支配者の権力を貫徹するための道具」として位置づけられてはいない。支配者個人の「超人的な」人格や資質，能力によって被支配者を従わせるのは**「カリスマ的支配」**である。カリスマ的支配は，支配者の非日常的な資質や卓越した呪術的能力，英雄性，弁舌能力などに対する被支配者の情緒的な帰依に基づく支配であり，その典型が預言者による支配や軍事的英雄による支配である。

2 × 「合法的支配」における法は，「伝統的に継承されてきた支配体制を正当化するための道具」として位置づけられてはいない。伝統的に継承されてきた秩序や支配権力の正統性を根拠として被支配者を従わせるのは**「伝統的支配」**である。伝統的支配は，昔から存在し妥当であると考えられてきた伝統と，首長もしくは「ヘル（支配者）」などその伝統によって権威を与えられた者に対する正統性の信念に基づく支配であって，長老制や家父長制，スルタン制などがその例としてあげられる。

3 × 「合法的支配」における法は，「支配者の恣意的な判断により定められる」のではない。Point で述べたように，**形式的に正しい手続によって定められる**という点にその特徴がある。

4 × 「合法的支配」における法は，「神意や事物の本性によって導き出される」のではない。Point で述べたように，**法は形式的に正しい手続によって導き出される**。

5 ○ 形式的に正しい手続によって制定された法には万民が服さなければならず，**支配者といえどもその例外とはならない**。

解答 5

16 社会学と社会システム
⑬社会理論と社会システム・問題20

次の記述のうち，ハーディン（Hardin, G.）が提起した「共有地の悲劇」に関する説明として，**最も適切なもの**を１つ選びなさい。

1 協力してお互いに利益を得るか，相手を裏切って自分だけの利益を得るか，選択しなければならない状況を指す。

2 財やサービスの対価を払うことなく，利益のみを享受する成員が生まれる状況を指す。

3 協力的行動を行うと報酬を得るが，非協力的行動を行うと罰を受ける状況を指す。

4 それぞれの個人が合理的な判断の下で自己利益を追求した結果，全体としては誰にとっても不利益な結果を招いてしまう状況を指す。

5 本来，社会で広く共有されるべき公共財へのアクセスが，特定の成員に限られている状況を指す。

Point 個々人が自分の利益になるような行動を選択すると，全体にとって利益にならない結果が生じ，それが個人にとっても利益にならない状況に帰結することを社会的ジレンマという。生態学者ハーディンは，社会的ジレンマを「共有地の悲劇」というエピソードで表している。牧草地が誰でも利用できる共有地である場合，牛飼いたちは肥育する牛の数を増やして自己の利益を増大させようとし，結果として放牧された牛の数が牧草地の収容限界を超えて，牧草が枯渇してしまったというエピソードである。「共有地の悲劇」「囚人のジレンマ」「フリーライダー」など，社会的ジレンマと関連するキーワードが毎年のように出題されているため，注意が必要である。

---

1 ✕ 選択肢は，**「囚人のジレンマ」**に関する記述である。囚人のジレンマは「共有地の悲劇」と同じく社会的ジレンマの例であり，これに陥ると，個人が合理的な選択をしてしまうためパレート最適（効用の最大化が達成された状態）にたどり着くことができないとされている。囚人のジレンマは**「ゲーム理論」**のモデルとしてもよく用いられている。

2 ✕ 選択肢は，**「フリーライダー問題」**に関する記述である。オルソン（Olson, M. L.）によれば，フリーライダーとは，非協力を選択し，あるいはコストを負担せずに利益のみを得ようとする人，いわば「ただ乗りする人」のことである。オルソンはフリーライダー問題を，**近代市民社会の秩序を壊してしまうリスク要因**としてとらえている。

3 ✕ 選択肢は，**「選択的誘因」**に関する記述である。「フリーライダー問題」を解決し，公共財が維持管理できる社会秩序として，オルソンは，①フリーライダーの特定と監視が可能なコミュニティの規模（構成人数）の小ささ，②権力や法律（罰則）の威圧を前提とした強制，③社会貢献度（協力行動のレベル）に応じた「選択的誘因」のいずれかの条件が整うことが必要だと述べている。

4 ○ Pointで解説したとおりである。「共有地の悲劇」は，今日，再生産可能な資源（例えば，漁業資源）の枯渇を予防し，持続可能な活用条件を求めるシミュレーションに用いられている。

5 ✕ 「共有地の悲劇」の「共有地」はオープンアクセスであること，すなわち**誰もが利用できることが想定されている**。誰でもアクセスできる共有地であるからこそ，牛飼いは牛を増やし続け，結果として，資源である牧草地は荒れ果てて，すべての牛飼いが被害を被ることになってしまうのである。

解答 **4**

17 社会学と社会システム

⑲社会理論と社会システム・問題 16

社会変動の理論に関する次の記述のうち，**最も適切なもの**を 1 つ選びなさい。

1　ルーマン（Luhmann, N.）は，社会の発展に伴い，軍事型社会から産業型社会へ移行すると主張した。

2　テンニース（Tonnies, F.）は，自然的な本質意志に基づくゲマインシャフトから人為的な選択意志に基づくゲゼルシャフトへ移行すると主張した。

3　デュルケム（Durkheim, E.）は，産業化の進展に伴い，工業社会の次の発展段階として脱工業社会が到来すると主張した。

4　スペンサー（Spencer, H.）は，近代社会では適応，目標達成，統合，潜在的パターン維持の四つの機能に対応した下位システムが分出すると主張した。

5　パーソンズ（Parsons, T.）は，同質的な個人が並列する機械的連帯から，異質な個人の分業による有機的な連帯へと変化していくと主張した。

Point　社会変動論，とりわけ古典的な近代化についての学説を問う問題である。近代化についての古典的な社会学者の学説には，「社会学の父」とよばれるコント（Comte, A.）の「三段階の法則」（人間の精神が神学的，形而上学的，実証的段階と発展するにつれて，社会組織も軍事型，法律型，産業型へ進化する），スペンサーの「軍事型社会から産業型社会へ」，テンニースの「ゲマインシャフトからゲゼルシャフトへ」，デュルケムの「機械的連帯から有機的連帯へ」，ヴェーバー（Weber, M.）の近代化の本質を合理化の過程＝「呪術からの解放」としてとらえる視点などがある。

1　✗　社会有機体説の立場から，「社会の発展に伴い，軍事型社会から産業型社会へ移行する」と主張したのは，**スペンサー**である。ルーマンは，社会分化の形式が**環節的分化，階層的分化，機能的分化の三つの段階**を経てきたことを指摘し，機能的分化が対応する近代社会の特徴を，政治，法，科学，経済等が自律的に機能している点に見出した。

2　〇　テンニースは，社会集団を，本質意志に基づいて形成された**「ゲマインシャフト」**と，選択意志に基づいて形成された**「ゲゼルシャフト」**に分類し，近代化とともに人々の生活が**「ゲマインシャフトからゲゼルシャフトへ」と移行していく**ことを批判的にとらえた。

3　✗　産業化の進展に伴い，工業社会の次の発展段階として脱工業社会が到来すると主張したのは，**ベル（Bell, D.）**らである。**脱工業社会**は，工業化の次の発展段階のことで，財貨の生産を中心とする経済からサービスを中心とする経済への移行，専門職や技術職の職業的な優位性，社会制度における理論的知識の重視などを特徴とする社会である。

4　✗　「近代社会では適応，目標達成，統合，潜在的パターン維持の四つの機能に対応した下位システムが分出する」と主張したのは，**パーソンズ**である。パーソンズは，システムの存続にとって欠くことのできない四つの機能を**「機能的要件（機能的命令）」**と呼んだ。社会システムが外的環境へ適応する機能である「適応（Adaptation）」，社会システムの目標を達成する機能である「目標達成（Goal-attainment）」，社会システムを構成する要素間のまとまりを保持する機能である「統合（Integration）」，社会システムの安定的維持とともにシステム内部に生じる緊張を軽減する機能である「潜在的パターンの維持と緊張処理（Latent-pattern Maintenance and Tension-management）」があり，そのようなシステム・モデルを，四つの機能の頭文字をとって**「AGIL 図式」**と呼ぶ。

5　✗　「同質的な個人が並列する機械的連帯から，異質な個人の分業による有機的な連帯へと変化していくと主張した」のは，**デュルケム**である。デュルケムは，『社会分業論』において，近代社会になるにつれて人々の連帯が「機械的連帯から有機的連帯へ」変化することを，「環節的構造の社会から機能的に高度に分化した社会へ」という歴史的趨勢と関連づけて考察している。

解答　2

18 社会学と社会システム

⑲社会理論と社会システム・問題21

次の記述のうち，ラベリング論の説明として，**最も適切なもの**を1つ選びなさい。

1 社会がある行為を逸脱とみなし統制しようとすることによって，逸脱が生じると考える立場である。

2 非行少年が遵法的な世界と非行的な世界の間で揺れ動き漂っている中で，逸脱が生じると考える立場である。

3 地域社会の規範や共同体意識が弛緩（しかん）することから，非行や犯罪などの逸脱が生じると考える立場である。

4 下位集団における逸脱文化の学習によって，逸脱が生じると考える立場である。

5 個人の生得的な資質によって，非行や犯罪などの逸脱が生じると考える立場である。

Point 1960年代に展開されたベッカー（Becker, H. S.）らの主張は，「ラベリング理論（labeling theory）」と呼ばれている。ラベリング理論は，逸脱行為（犯罪・非行）の発生を「ラベリング（ラベル貼り）」という視点から説明するものであり，社会がある行為を逸脱として定義して統制しようとすることで逸脱が生み出されてしまうという考え方である。人に「逸脱者」のラベルが貼られるのは，その人が犯した逸脱行動のゆえにというより，社会的マジョリティによって定められた同調・逸脱についてのルールが恣意的に適用されたためであり，よって，このラベルは社会的弱者に対して適用されやすい。

---

1 ○ 選択肢のとおりである。ラベリング理論では，一度他者によって逸脱者のラベルを貼られてしまうと，その人は逸脱者として処遇され続け，やがて**逸脱的アイデンティティと逸脱的ライフスタイルを確立する**と説明される。

2 ✕ 選択肢は，マッツァ（Matza, D.）による**「ドリフト（漂流）理論」**に関する記述である。マッツァは，非行少年の多くが，ほとんどの時間において遵法的な行動をとり，ある年齢になると外部から強制されなくとも自然に非行から引退することなどから，非行状態とは一種の通過儀礼であり，少年たちは遵法と違法の境界を漂流しているととらえるべきだと考えた。

3 ✕ 選択肢は，**社会統制論**や**アノミー論**に関する記述である。社会統制論は，人々を社会規範に従わせるはたらき（社会統制）が弱くなったことにより犯罪や非行が生み出されると考える立場である。また，アノミーはデュルケム（Durkheim, É.）の『自殺論』における「アノミー的自殺」以降，社会的な規範が解体された状態を指す概念として用いられている。デュルケムは，社会規範が方向づけていた目的や志向が見失われることによって引き起こされる自殺を**アノミー的自殺**と呼んだ。

4 ✕ 選択肢は，**文化学習理論**に関する記述である。文化学習理論を代表するものに，サザーランド（Sutherland, E. H.）が唱えた「分化的接触論（differential association）」がある。分化的接触論では，犯罪は他者から学習されるものであるととらえ，犯罪者と接触する機会と通常者から隔絶される機会の大小によって人は犯罪者になると考える。

5 ✕ ラベリング理論では，「個人の生得的な資質によって，非行や犯罪などの逸脱が生じると考える立場」はとらない。逸脱が生得的なものであると考えるのは，例えば，犯罪者の生物学的性質（身体的，精神的特徴）を明らかにしようとしたロンブローゾ（Lombroso, C.）の「生来性犯罪者説」など，古典的な逸脱理論である。

解答 **1**

19 社会学と社会システム

[旧]社会理論と社会システム・問題17

「令和4年版男女共同参画白書」(内閣府)に示された近年の家族の動向に関する次の記述のうち，**最も適切なものを1つ**選びなさい。

1 2020年（令和2年）において，全婚姻件数における再婚件数の割合は40％を超えている。

2 家事，育児における配偶者間の負担割合について，「配偶者と半分ずつ分担したい」（外部サービスを利用しながら分担するを含む）と希望する18～39歳の男性の割合は，70％を超えている。

3 20代の男性，女性ともに50％以上が，「配偶者はいないが恋人はいる」と回答している。

4 2021年（令和3年）において，妻が25～34歳の「夫婦と子供から成る世帯」のうち，妻が専業主婦である世帯の割合は，50％を超えている。

5 子供がいる現役世帯のうち，「大人が一人」の世帯の世帯員の2018年（平成30年）における相対的貧困率は，30％を下回っている。

Point 『令和4年版 男女共同参画白書』（内閣府）では，現代日本における家族の現状が，恋愛観や結婚観，婚姻や離婚，事実婚，夫婦の所得や働き方，家事や介護，虐待，近所との付き合い等，豊富なデータによって多面的に示されており，「人生100年時代における結婚と家族～家族の姿の変化と課題にどう向き合うか～」として特集されている。

1 × 全婚姻件数における再婚件数の割合は，1970年代以降増大傾向にあるが，2020年（令和2年）では26.4％であり，**40％を超えていない**。再婚件数は，2020年（令和2年）に13万9000件と，婚姻の約4件に1件が再婚となっている。

2 ○ 家事に関して，男女とも，若い世代ほど「配偶者と半分ずつ分担したい」と希望する割合が高い傾向にある。**特に20～30代の男性で「配偶者と半分ずつ分担したい」と希望する割合は高く**，「外部サービスを利用しながら分担する」を含めれば，18～29歳で76.1％，30～39歳で74.2％が家事，育児を「配偶者と半分ずつ分担したい」と回答している。

3 × 「配偶者はいないが恋人はいる」と回答したのは，20代女性で27.3％，20代男性で19.1％となっており，**50％を超えていない**。なお，20代の男性，女性ともに50％以上が「配偶者，恋人はいない」と回答している（女性51.4％，男性65.8％）。

4 × 2021年（令和3年）において，妻が25～34歳の「夫婦と子供から成る世帯」のうち，妻が専業主婦である世帯の割合は33.8％であり，**50％を超えていない**。2005年（平成17年）では，妻が25～34歳の「夫婦と子供から成る世帯」のうち，妻が専業主婦である世帯の割合は，63.9％であったことから，この年齢層における専業主婦の割合が大幅に減少し，代わりにパートタイム労働に従事する者が増えていることがわかる。

5 × 子供がいる現役世帯のうち，「大人が一人」の世帯の世帯員の相対的貧困率（貧困線に満たない世帯員の割合）は48.1％であり，**30％を下回ってはいない**。大人が一人の世帯（ひとり親世帯）の等価可処分所得（世帯の収入から税金・社会保険料等を除いた，いわゆる手取り収入を世帯人員の平方根で割って調整した所得）の分布をみると，2018年（平成30年）では，ひとり親世帯の多くは貧困線（等価可処分所得の中央値の半分，2018年（平成30年）は127万円）近くに分布している。

解答 2

20 社会学と社会システム

[旧]就労支援サービス・問題 143

福祉と就労などに関する次の記述のうち，**最も適切なもの**を**1つ**選びなさい。

1 ワークフェアとは，柔軟な労働市場を前提とし，他の労働市場に移動可能な就労支援プログラムを提供するシステムである。
2 ベーシックインカムとは，権利に基づく福祉給付を得るときに，就労という義務を課す政策である。
3 アクティベーションとは，福祉と就労を切り離し，国民に対して最低限の所得保障給付を行う政策である。
4 ディーセント・ワークとは，働きがいのある，人間らしい仕事のことをいう。
5 アウトソーシングとは，職場や地域における性別役割分担を見直そうとする考え方である。

Point 福祉と就労に関する考え方は，欧米先進諸国で議論された貧困対策や失業者対策に関する制度のあり方から造語され，日本でも紹介されてきた。各国の経済成長や産業構造の変化により，失業者や低所得者を対象とする社会政策が方向転換を迫られる中で，救貧的な福祉政策と労働政策との融合や積極的な移行が図られる際の基本的視座を表す概念として位置づけられている。「福祉から就労へ（Welfare to Work）」の視点は，日本においても障害者に対する就労支援の重点施策に位置づけられており，福祉政策と労働政策との関係性に関する概念は重要な意味をもつ。

1 × ワークフェアとは，生活保護や医療費補助などの**福祉（Welfare）の受給者に対して一定の就労を義務づけ，給付を労働の対価とする**という考え方であり，就労を通じて将来の経済的自立の基盤を身につけさせようという福祉改革や公的扶助改革の理念を示す用語である。選択肢は，**アクティベーション**に関する記述である。

2 × ベーシックインカムとは，**福祉と就労とを切り離し，就労の有無を問わずすべての個人に対して最低限の所得保障給付を行う政策**である。選択肢は，**ワークフェア**に関する記述である。

3 × アクティベーションとは，**労働市場から遠ざかっている人々（「不活発（inactive）」とみなされる人々）に対して，職業訓練や教育プログラムへの参加を促し労働市場へ参入させる制度設計**を指す。積極的労働市場政策とも表現され，就業率の向上など労働市場の活発化を目標の一つとするという特徴がある。選択肢は，**ベーシックインカム**に関する記述である。

4 ○ ディーセント・ワークとは，**"働きがいのある，人間らしい仕事"**と訳され，1999 年に国際労働機関（ILO）が活動目標として提唱した考え方である。具体的には，「自由，公平，安全と人間としての尊厳を条件とした，すべての人のための生産的な仕事」を指すとしている。

5 × アウトソーシングとは，**組織内部が担う業務を外部に委託する考え方**である。「外部委託」と訳され，専門性の高い別の外部組織に業務を委託する経営手法を指す。選択肢にある性別役割分担は，性別を理由として役割を分ける考え方のことであり，セクシュアルハラスメントや男女の働き方の地域差にかかわる認識として指摘されている。

解答 4

21 社会学と社会システム
🔟就労支援サービス・問題 144

有期雇用労働者などの保護を定める労働法規に関する次の記述のうち，**最も適切なものを１つ選**びなさい。

1 「パートタイム・有期雇用労働法」では，事業主は，通常の労働者と短時間・有期雇用労働者との間で不合理な待遇差を設けないよう努めなければならないと定められている。

2 「パートタイム・有期雇用労働法」では，事業主は，短時間・有期雇用労働者からの求めに応じ，通常の労働者との待遇差の内容や理由などについて説明しなければならないと定められている。

3 労働契約法では，有期労働契約による労働者について，その契約期間が満了するまでの間において，やむを得ない理由がなくても解雇できると定められている。

4 労働契約法では，有期労働契約が反復更新されて通算３年を超えたときには，労働者からの申込みにより，当該契約は無期労働契約に転換されると定められている。

5 短時間・有期雇用労働者は，労働者災害補償保険法の適用対象とはならない。

（注）「パートタイム・有期雇用労働法」とは，「短時間労働者及び有期雇用労働者の雇用管理の改善等に関する法律」のことである。

💡**Point** パートタイム労働者や有期雇用労働者が同一企業内における通常の労働者との間で不合理な待遇の差を受けず，どのような雇用形態を選択しても待遇に納得して働き続けることができるよう，「働き方改革を推進するための関係法律の整備に関する法律（働き方改革関連法）」が 2018 年（平成 30 年）に公布された。労働基準法が改正され，フレックスタイム制の拡充や時間外労働の上限規制が強化されたほか，労働安全衛生法改正により産業医や産業保健機能を強化するなど，労働者の多様な働き方を実現するためのさまざまな法改正に基づく改革を推進している。パートタイム・有期雇用労働法は，2020 年（令和 2 年）4 月から施行され，2021 年（令和 3 年）4 月からは中小企業にも適用されている。同法は，不合理な待遇差の禁止（同一労働同一賃金）や労働者に対する待遇に関する説明義務の強化，行政による事業主への助言・指導等や裁判外紛争解決手続きの整備等を通して，公正な待遇の実現を目的としている。

---

1 ✗ パートタイム・有期雇用労働法第 8 条において，「不合理な待遇の禁止」として，事業主は，短時間・有期雇用労働者の基本給や賞与等について，通常の労働者の待遇と**不合理な差を設けてはならない**と定められている。

2 ◯ パートタイム・有期雇用労働法第 14 条第 2 項において，事業主は，短時間・有期雇用労働者から求めがあったときは，通常の労働者との間の待遇の相違の内容及び理由などを説明しなければならないと定められている。また，同法第 6 条においては「労働条件に関する文書の交付等」として，事業主は，短時間・有期雇用労働者を雇い入れたときは，速やかに，労働条件に関する事項を文書の交付等により明示しなければならないとされている。

3 ✗ 労働契約法第 17 条第 1 項において，**使用者は，有期労働契約について，やむを得ない事由がある場合でなければ，その契約期間が満了するまでの間において，労働者を解雇することができない**と定められている。

4 ✗ 労働契約法第 18 条第 1 項において，有期労働契約が反復更新された期間が**通算 5 年**を超える労働者が申込みをした場合，無期労働契約に転換されると定められている。

5 ✗ **労働者災害補償保険法は，時間・日数・期間を問わずすべての労働者に適用される**。労働時間や労働契約期間によって適用されない場合があるのは雇用保険である。

解答 2

22 社会学と社会システム
旧社会理論と社会システム・問題18

次の記述のうち，人々の生活を捉えるための概念の説明として，**最も適切なもの**を1つ選びなさい。

1 生活時間とは，個々人の人生の横断面に見られる生活の様式や構造，価値観を捉える概念である。

2 ライフステージとは，生活主体の主観的状態に注目し，多面的，多角的に生活の豊かさを評価しようとする概念である。

3 生活の質とは，時間的周期で繰り返される労働，休養，休暇がどのように配分されているかに注目する概念である。

4 家族周期とは，結婚，子どもの出生，配偶者の死亡といったライフイベントの時間的展開の規則性を説明する概念である。

5 ライフスタイルとは，出生から死に至るまでの人の生涯の諸段階を示す概念である。

Point 旧大項目「生活の理解」の「生活の捉え方」に関する基礎的な概念について問われている。ほかにもライフサイクル，ライフコース，ライフイベント，コーホート等がこの範囲における基礎的な概念として挙げられる。『過去問解説集』や『ワークブック』などでの学習を進めつつ，テキストや参考書をもとに基礎的な概念や基本用語の意味について調べておくと知識が定着するだろう。

1 **✕** 選択肢は，**ライフスタイル**に関する記述である。なお，ライフスタイルに関する社会学的な研究は，社会階層や社会的地位などとの関係性に着目するものが多い。

2 **✕** 選択肢は，**生活の質**に関する記述である。消費・労働・家族・余暇・地域等の視点をもって多面的・多角的に生活を捉えつつ，生活主体の主観を重視した上で，その生活の豊かさをくみ取ろうとした概念ともいえる。

3 **✕** 選択肢は，**生活時間**に関する記述である。なお，生活時間に関する社会調査の代表例としては，NHK放送文化研究所によって行われている「国民生活時間調査」，総務省統計局によって行われている「社会生活基本調査」が挙げられる。

4 **○** 選択肢のとおり，**家族周期は家族の生活周期（ライフサイクル）を指す概念である。**家族周期の段階として，新婚期・育児期・教育期・子独立期・子独立後夫婦期・老夫婦期・単身期などが挙げられる。

5 **✕** 選択肢は，**ライフステージ**に関する記述である。ライフステージとして，幼年期・少年期・青年期・壮年期・中年期・高年期などが挙げられる。

解答 4

23 社会学と社会システム
旧社会理論と社会システム・問題 19

社会的役割に関する次の記述のうち，**最も適切なもの**を1つ選びなさい。

1 役割距離とは，個人が他者からの期待を自らに取り入れ，行為を形成することを指す。

2 役割取得とは，個人が他者との相互行為の中で相手の期待に変容をもたらすことで，既存の役割期待を超えた新たな行為が展開することを指す。

3 役割葛藤とは，個人が複数の役割を担うことで，役割の間に矛盾が生じ，個人の心理的緊張を引き起こすことを指す。

4 役割期待とは，個人が他者からの期待と少しずらした形で行為をすることで，自己の主体性を表現することを指す。

5 役割形成とは，個人が社会的地位に応じた役割を果たすことを他者から期待されることを指す。

💡 **Point** 旧大項目「人と社会の関係」の「社会的役割」に関する問題は頻出である。これまでの出題傾向と同様に，本問も基礎的な概念を問うものであった。ほかにも，役割分化・役割演技・役割猶予・役割交換等がこの範囲における基礎的な概念に挙げられる。これらの用語の意味や内容について理解を深めておきたい。

---

1 ✗ 選択肢は，**役割取得**に関する記述である。ミード（Mead, G. H.）が提示した概念であり，人間の自我形成と自我の主体性の問題にかかわるものとされる。

2 ✗ 選択肢は，**役割形成**に関する記述である。ターナー（Turner, R. H.）が提示した概念であり，役割取得過程における役割遂行者の解釈や認識の変更などに着目したものである。

3 ○ 選択肢のとおり。他者からある個人に**複数の役割期待を寄せられ，その役割期待が相互に矛盾や対立する場合に生じる葛藤状況**である。

4 ✗ 選択肢は，**役割距離**に関する記述である。ゴッフマン（Goffman, E.）が提示した概念であり，役割期待から主観的に距離を保ち，自己の主体性や自律性を維持することに着目したものである。

5 ✗ 選択肢は，**役割期待**に関する記述である。社会における相互行為場面において，個人が社会的地位に応じた役割を果たすことが期待され，それがその社会における秩序をもたらす要件になるとされる。

解答 ③

24 社会福祉の原理と政策

共 現代社会と福祉・問題25

近代日本において活躍した福祉の先駆者に関する次の記述のうち，**最も適切なもの**を1つ選びなさい。

1　石井十次は岡山孤児院を設立した。

2　山室軍平は家庭学校を設立した。

3　留岡幸助は救世軍日本支部を設立した。

4　野口幽香は滝乃川学園を設立した。

5　石井亮一は二葉幼稚園を設立した。

💡 **Point** 1880年代後半は，産業化に伴って，低賃金・長時間労働などの労働問題が顕在化し，貧困が社会問題となった時期である。このような社会情勢下においても国家は公的な救貧制度の整備に消極的であったため，出題された福祉の先駆者たちの慈善事業活動が大きな役割を果たしたという背景を理解しておくとよい。

---

1 ○　1887年（明治20年）に石井十次が設立した**岡山孤児院**では，イギリスで孤児院を運営したミュラー（Muller, G.）の影響を受け，**無制限収容**が実施された。また，イギリスのバーナード（Barnardo, T.）が実施した「ヴィレッジ・ホーム」にならい，**小舎制**も採用した。岡山孤児院では，家族ごとの個性を尊重する家族制度や，乳幼児や病児を，近隣の農家へ里子に出す委託制度などを取り入れる等の多彩な処遇がなされた。

2 ✗　山室軍平は**救世軍日本支部**における活動を展開し，釈放者の保護，廃娼運動，婦人保護，無料宿泊所や労働紹介所の設置等，多岐にわたる活動を行った。

3 ✗　留岡幸助が設立したのは**家庭学校**である。留岡は，監獄の教誨師を務めながら犯罪の芽は幼少期に形成されることを学び，1899年（明治32年）に東京巣鴨に不良化した少年たちの教育をするための家庭学校を設立した。家庭学校では，小舎制処遇で自立のための労作教育が行われ，家庭的愛情が重視された。1914年（大正3年）には，北海道遠軽町に分院の北海道家庭学校が開設された。

4 ✗　野口幽香が設立したのは**二葉幼稚園**である。野口は，森島美根とともに幼稚園を貧困家庭の子弟教育にまで拡大することを目指し，1900年（明治33年）に番町教会の援助を受け，二葉幼稚園を設立した。二葉幼稚園では，子どもの自立性を重視し，自然に接するというドイツのフレーベル（Frobel, F.）の理念に基づいた教育が実施された。なお，二葉幼稚園は現在の社会福祉法人二葉保育園（東京都）の前身である。

5 ✗　石井亮一が設立したのは**滝乃川学園**である。石井は，1891年（明治24年）の濃尾大地震の被災児・者の救済活動に尽力し，同年に聖三一孤女学院を設立した。聖三一孤女学院は，1897年（明治30年）に滝乃川学園に改称され，知的障害児教育を目的とする特殊教育部が設置された。滝乃川学園は日本で最初の知的障害児施設となり，小舎制のもとでの家庭的処遇や専門的療育が進められた。

解答 1

25 社会福祉の原理と政策

[旧]現代社会と福祉・問題 26

福祉六法の制定時点の対象に関する次の記述のうち，**最も適切なものを1つ**選びなさい。

1 児童福祉法（1947 年（昭和 22 年））は，戦災によって保護者等を失った満 18 歳未満の者（戦災孤児）にその対象を限定していた。

2 身体障害者福祉法（1949 年（昭和 24 年））は，障害の種別を問わず全ての障害者を対象とし，その福祉の施策の基本となる事項を規定する法律と位置づけられていた。

3 （新）生活保護法（1950 年（昭和 25 年））は，素行不良な者等を保護の対象から除外する欠格条項を有していた。

4 老人福祉法（1963 年（昭和 38 年））は，介護を必要とする老人にその対象を限定していた。

5 母子福祉法（1964 年（昭和 39 年））は，妻と離死別した夫が児童を扶養している家庭（父子家庭）を，その対象外としていた。

Point 福祉六法に関する知識を問う問題である。まずは，終戦直後から「生活保護法」「児童福祉法」「身体障害者福祉法」の福祉三法体制確立までの戦後改革の流れをつかんでおきたい。その上で，1955 年（昭和 30 年）頃からの高度経済成長がもたらした産業化，核家族化の進行，高齢化等の社会問題の対応として「精神薄弱者福祉法（現・知的障害者福祉法）」「老人福祉法」「母子福祉法（現・母子及び父子並びに寡婦福祉法）」の三法が加えられ，福祉六法体制が確立した経緯を理解するとよい。

1 × 児童福祉法の対象は，戦災孤児ではなく**児童一般**である。終戦直後の日本政府は，戦災孤児や浮浪児対策として，児童保護施設への強制収容を行っていたが，児童が保護施設から脱走するなど抜本的な解決には至らず，児童を健全に育成していく政策が必要とされた。中央社会事業委員会は，日本政府から児童保護法要綱案の諮問を受け，1947 年（昭和 22 年）に児童一般を対象とした児童福祉法案を答申し，同年 11 月に児童福祉法が成立した。

2 × 身体障害者福祉法の対象範囲から精神障害，知的障害，結核などは除外された。1948 年（昭和 23 年）に厚生省に設置された身体障害者福祉法制定推進委員会において，障害の種別ではなく，能力障害をもつ者すべてを法律の対象にすべきであるとの意見が存在したが，判定基準設定の困難性と予算上の制約などの理由から，同法の対象となる身体障害者の範囲は，**視覚障害**，**聴力障害**，**言語機能障害**，**肢体不自由**，**中枢神経機能障害**の五つに限定された。

3 × （新）生活保護法では**欠格条項が廃止されている**。（新）生活保護法は，日本国憲法第 25 条の生存権の理念に基づき，保護請求権の明記，保護の補足性の規定，扶助の種類に教育と住宅を加えるなどの改正が行われた。さらに，保護の実施主体を社会福祉主事（ケースワーカー）とし，民生委員は補助機関から協力機関に改められた。

4 × 老人福祉法の対象は**老人一般**であり，介護を必要とする老人に対象を限定したものではない。同法は，所得保障，雇用，税制，住宅などの広範な老人福祉施策に関する基本理念と，国による老人福祉推進の責務，保健・福祉サービスなどについて規定した法律である。同法の制定により，戦後，生活保護法に位置づけられていた高齢者福祉サービスは同法へ移行され，特別養護老人ホームや養護老人ホームといった施設サービスや家庭奉仕員の派遣などの在宅サービスが法律に規定されることとなった。

5 ○ 母子福祉法は，**母子家庭**の生活の安定と向上を図る基本法として制定された。しかし，同法が対象とする児童は 20 歳未満であり，子どもが 20 歳になった母子家庭は法律の対象外であった。法的な支援を失った寡婦の自立は困難であったことから，寡婦に対する総合的な福祉施策が必要となり，同法は 1981 年（昭和 56 年）に「母子及び寡婦福祉法」に名称変更がなされた。さらに，2014 年（平成 26 年）には「母子及び父子並びに寡婦福祉法」へ名称変更がなされ，**寡婦と父子家庭も法律の対象に加えられた**。

解答 5

26 社会福祉の原理と政策

囲 現代社会と福祉・問題 23

福祉に関わる思想や運動についての次の記述のうち，**最も適切なもの**を１つ選びなさい。

1 バーリン（Berlin, I.）のいう積極的自由とは，自らの行為を妨げる干渉などから解放されることで実現する自由を意味する。

2 ポジティブ・ウェルフェアは，人々の福祉を増進するために，女性参政権の実現を中心的な要求として掲げる思想である。

3 1960 年代のアメリカにおける福祉権運動の主たる担い手は，就労支援プログラムの拡充を求める失業中の白人男性たちであった。

4 フェビアン社会主義は，ウェッブ夫妻（Webb, S. & B.）などのフェビアン協会への参加者が唱えた思想であり，イギリス福祉国家の形成に影響を与えた。

5 コミュニタリアニズムは，家族や地域共同体の衰退を踏まえ，これらの機能を市場と福祉国家とによって積極的に代替するべきだとする思想である。

Point 福祉に関わる思想や運動についての用語の意味・内容を問う問題である。現代に影響する思想や概念が含まれていることから，その意味を正しく理解することが望まれる。また，本問で問われている用語以外に，「公民権運動」や「自立生活運動（IL 運動）」なども学習しておきたい。

---

1 ✕ 選択肢は，消極的自由の説明である。イギリスの哲学者バーリンは，『自由論』において積極的自由と消極的自由を提唱した。消極的自由とは，「〜からの自由」を意味する。一方，積極的自由とは，「〜への自由」であり，自らが主体的に決定し自律的に行動することを意味する。

2 ✕ ポジティブ・ウェルフェアとは，イギリスの社会学者ギデンズ（Giddens, A.）が提唱した概念である。広く国民全体の可能性を引き出すという考え方に基づく社会保障で，金銭給付よりも教育や職業訓練によって人的資本に投資することを重視した新たな福祉国家の方向性を示した考えである。

3 ✕ 福祉権運動の主たる担い手は，失業中の白人男性たちではなく，黒人の公的扶助受給者である。福祉権運動は，1960 年代後半に黒人の公民権運動の影響を強く受けて誕生した公的扶助受給者を主体とする権利要求運動である。この運動では，厳格な受給要件の緩和や人権を脅かすような諸規則の改善を求めた。

4 ◯ フェビアン社会主義とは，社会福祉の充実による漸進的な社会変革を積み重ねる思想や運動を指す。フェビアン協会の中心人物だったウェッブ夫妻は，『産業民主制論』の中で，国家が国民に対して最低限度（最低水準）の生活を保障するというナショナル・ミニマムを提唱している。

5 ✕ コミュニタリアニズムは共同体主義ともいい，歴史的に形成されてきた共同体（コミュニティ）の中で培われた価値を重視する思想である。共同体には，地域社会や家族，親族関係などさまざまなものが含まれる。

解答 4

27 社会福祉の原理と政策

⑩現代社会と福祉・問題 27

福祉のニーズとその充足に関する次の記述のうち，**最も適切なもの**を１つ選びなさい。

1 ジャッジ（Judge, K.）は，福祉ニーズを充足する資源が不足する場合に，市場メカニズムを活用して両者の調整を行うことを割当（ラショニング）と呼んだ。

2 「ウルフェンデン報告（Wolfenden Report）」は，福祉ニーズを充足する部門を，インフォーマル，ボランタリー，法定（公定）の三つに分類した。

3 三浦文夫は，日本における社会福祉の発展の中で，非貨幣的ニーズが貨幣的ニーズと並んで，あるいはそれに代わって，社会福祉の主要な課題になると述べた。

4 ブラッドショー（Bradshaw, J.）は，サービスの必要性を個人が自覚したニーズの類型として，「規範的ニード」を挙げた。

5 フレイザー（Fraser, N.）は，ニーズの中身が，当事者によってではなく，専門職によって客観的に決定されている状況を，「必要解釈の政治」と呼んだ。

（注） 「ウルフェンデン報告」とは，1978 年にイギリスのウルフェンデン委員会が発表した報告書「The Future of Voluntary Organisations」のことである。

💡 **Point** ニーズに関する学説は頻出であるため，正確に理解しておくことが必須である。普遍主義，選別主義などの資源配分にかかわる立場や，現金給付や現物給付，バウチャーなどのニーズを充足するための資源配分の手段についても関連づけて学習しておくことが必要である。

---

1 ✕ 割当（ラショニング）とは，福祉ニーズが充足されない状況であり，市場メカニズムの活用が困難な状況で用いられる資源配分の方法である。割当には資格要件の設定，抽選や順番，ランクづけなどがあり，これらを用いることで少ない福祉資源を**福祉ニーズの優先度の高い人々に的確に配分する**ことが可能となる。

2 ✕ 「ウルフェンデン報告」は，福祉ニーズを充足する部門を**インフォーマル，ボランタリー，法定（公定），民間営利の四つに分類**している。同報告は，**「福祉多元主義」**を最初に提唱したものであり，福祉供給における四つの主体の最適な役割分担を志向するものである。

3 ◯ 三浦文夫は，従来の福祉ニーズは経済的困窮と結びついた貨幣的ニーズが中心であったが，国民の生活水準の向上に伴う生活構造の変化により，**非貨幣的ニーズ**が広がったととらえた。加えて三浦は，非貨幣的ニーズに対応するためには，公的サービス中心の体制から，市場の導入などのサービス供給体制の多様化が必要であることを指摘した。

4 ✕ ブラッドショーのニード概念の類型によれば，サービスの必要性を個人が自覚したニーズは**「フェルトニード」**に分類される。ほかの類型として，専門家や行政職員等が客観的に評価する「規範的ニード」，個人が実際に支援を求めた場合の「表明されたニード」，支援を受けているほかの個人との比較によって明らかとなる「比較ニード」がある。

5 ✕ フレイザーは，当事者ではなく，専門家が客観的にニーズを判定する状況を**「必要充足の政治」**と呼んだ。フレイザーは，多くのニーズの判定が，専門家による客観的基準でなされてきた状況に対する当事者たちの異議申立てに着目し，その状況を「必要充足の政治」から「必要解釈の政治」へ，と呼んだ。「必要解釈の政治」とは，誰がニーズを解釈するのかという問いのことである。

解答 3

512

28 社会福祉の原理と政策

🔟現代社会と福祉・問題 29

日本における人口の動向に関する次の記述のうち，**正しいもの**を１つ選びなさい。

1 第二次世界大戦後，1940年代後半，1970年代前半，2000年代後半の３回のベビーブームを経験した。

2 15～64歳の生産年齢人口は，高度経済成長期から1990年代後半まで減少を続け，以後は横ばいで推移している。

3 「『日本の将来推計人口』における中位推計」では，65歳以上の老年人口は2025年頃に最も多くなり，以後は緩やかに減少すると予想されている。

4 「2021年の人口推計」において，前年に比べて日本人人口が減少した一方，外国人人口が増加したため，総人口は増加した。

5 1970年代後半以降，合計特殊出生率は人口置換水準を下回っている。

(注)1 「『日本の将来推計人口』における中位推計」とは，国立社会保障・人口問題研究所「日本の将来推計人口（平成29年推計）」における，出生中位（死亡中位）の推計値を指す。

2 「2021年の人口推計」とは，総務省「人口推計 2021年（令和3年）10月1日現在」における推計値を指す。

💡 **Point** ケア供給の仕組みや社会福祉制度に影響を及ぼしてきた構造的背景の一つである，日本の人口の動向についての設問である。かつて「少子化」と「高齢化」は分けて考えられがちであったが，人口問題の観点から「少子高齢化問題」と呼ばれるようになった。三世代同居の世帯のなかで完結していた育児や家事，介護等のケア体制は，都市化・工業化・核家族化といったほかの構造変動の影響を受け終焉した。やがて新たなケア供給の仕組みが構想され，社会保障や福祉サービスとして制度化される。このように，構造的背景にある変動を一連のものとしてとらえる視点が問われている。

---

1 ✕ 厚生労働省「人口動態統計」によると，第二次世界大戦後のベビーブームとして，第1次ベビーブーム（1947年（昭和22年）から1949年（昭和24年））と，第2次ベビーブーム（1971年（昭和46年）から1974年（昭和49年））とが認められるものの，**それ以降，ベビーブームは生じていない**。第1次ベビーブームで生まれた世代は「団塊の世代」，第2次ベビーブームで生まれた世代は「団塊ジュニア」と呼ばれる。

2 ✕ 15～64歳の生産年齢人口は，高度経済成長期に増加を続け，1970年代以降は横ばいで推移していたが，**1990年代後半以降は減少し続けている**。

3 ✕ 「『日本の将来推計人口』における中位推計」では，65歳以上の**老年人口は2042年[1]をピークに，以降は緩やかに減少すると予想されている**。

4 ✕ 「2021年の人口推計」では，**日本人人口と外国人人口がともに減少した[2]**こと，総人口が2020年（令和2年）に比べ64万4000人減少し[3]，1950年（昭和25年）以降**過去最大の減少幅**となったことが明示されている。

5 ⭕ 選択肢のとおり。人口置換水準とは，人口の増減が均衡した状態となる合計特殊出生率のことである。また，合計特殊出生率が人口置換水準を相当期間下回っている状況のことを少子化という。日本では**第2次ベビーブームである1974年（昭和49年）以降，合計特殊出生率が人口置換水準を下回っており，少子化が進んでいる**。

解答 5

---

[1] 「日本の将来推計人口（令和5年推計）」では，2043年とされている。

[2] 「人口推計（2023年（令和5年）10月1日現在）」では，2022年（令和4年）に比べて日本人人口が減少した一方，外国人人口は増加した。

[3] 「人口推計（2023年（令和5年）10月1日現在）」では，2022年（令和4年）に比べて総人口が59万5000人減少した。

29 社会福祉の原理と政策

[旧]現代社会と福祉・問題 24

✓✓✓

福祉政策に関する次の記述のうち，**最も適切なものを１つ**選びなさい。

1 アダム・スミス（Smith, A.）は，充実した福祉政策を行う「大きな政府」からなる国家を主張した。

2 マルサス（Malthus, T.）は，欠乏・疾病・無知・不潔・無為の「五つの巨悪（巨人）」を克服するために，包括的な社会保障制度の整備を主張した。

3 ケインズ（Keynes, J.）は，不況により失業が増加した場合に，公共事業により雇用を創出することを主張した。

4 フリードマン（Friedman, M.）は，福祉国家による市場への介入を通して人々の自由が実現されると主張した。

5 ロールズ（Rawls, J.）は，国家の役割を外交や国防等に限定し，困窮者の救済を慈善事業に委ねることを主張した。

Point 福祉政策や福祉国家にかかる学説とその提唱者を問う問題である。福祉国家のあり方や福祉国家の構成要素にかかる学説については過去にも出題されている。ハイエク（Hayek, F. A.）の自由主義と国家の論考や，ギデンズ（Giddens, A.）の「第三の道」についても目を向けておきたい。

1 × アダム・スミスは，**『国富論』**の中で，市場の原理を「見えざる手」にたとえ，**市場は政府が介入するのではなく，自由に任せておけばよいと考えた（自由放任主義）**。「大きな政府」とは，政府が経済活動に積極的に介入することで国民の生活を安定させ，所得格差を是正しようとする考えである。

2 × 「五つの巨悪（巨人）」を克服するために社会保障制度の整備を主張したのは，**ベヴァリッジ（Beveridge, W.）**である。ベヴァリッジは，『社会保険および関連するサービス』と題した報告書（**ベヴァリッジ報告**）において，貧困に関する五つの原因を解決するため，社会保険を中心に公的扶助と任意保険で補うという社会保障制度により，社会福祉国家の確立の必要性を説いた。

3 ○ ケインズは，資本主義経済では完全雇用が実現できず，失業者が出ることが問題であると考え，不況対策として**政府による公共事業を増やすべきである**と主張した。国が資金を集め，その資金を使って「公共事業」を行うことで景気がよくなり，税収が増えたときにその借金を返せばよいと考えた。

4 × 福祉国家による市場への介入を通して人々の自由が実現されるというのは，社会民主主義的な政策の考え方である。フリードマンは，**政府による介入がなく，市場に任せておくのが，経済にとって一番よいとする「新自由主義」の立場から，市場原理の重要性を説いた**。そのため，社会保障や福祉は市場に委ねるという考えをもち，政府が関与すべきは国防と中央銀行の貨幣供給量（マネタリズム）であると論じた。

5 × 国家の役割を外交，国防，国内の治安維持等に限定し，そうした国家を夜警国家と名づけたのは，ラッサール（Lassalle, F.）である。ロールズは，**『正義論』**を著し，社会における経済的不平等は，「公正な機会均等の条件のもと，すべての人に開かれている職務・地位に付随し生じるものであること（機会均等原理）」「最も恵まれない人々の最大の利益になるものであること（格差原理）」という二つの条件が満たされる場合に許容されるとした。政府の役割は，市場では対応できない社会的ニーズに対するサービスの供給や，租税政策による財産の広範な分散だとしている。

解答 3

30 社会福祉の原理と政策

㉒現代社会と福祉・問題22

　　　次の記述のうち，近年の政府による福祉改革の基調となっている「地域共生社会」の目指すもの
に関する内容として，**最も適切なもの**を1つ選びなさい。

1　老親と子の同居を我が国の「福祉における含み資産」とし，その活用のために高齢者への所得保障と，
同居を可能にする住宅等の諸条件の整備を図ること。

2　「地方にできることは地方に」という理念のもと，国庫補助負担金改革，税源移譲，地方交付税の見
直しを一体のものとして進めること。

3　普遍性・公平性・総合性・権利性・有効性の五つの原則のもと，社会保障制度を整合性のとれたもの
にしていくこと。

4　行政がその職権により福祉サービスの対象者や必要性を判断し，サービスの種類やその提供者を決定
の上，提供すること。

5　制度・分野ごとの縦割りや，支え手・受け手という関係を超えて，地域住民や地域の多様な主体が我
が事として参画すること等で，住民一人ひとりの暮らしと生きがい，地域をともに創っていくこと。

Point　「地域共生社会」の内容を問う問題である。厚生労働省によると，「地域共生社会」とは，制度・分野
ごとの縦割りや「支え手」「受け手」という関係を超えて，地域住民や地域の多様な主体が参画し，
人と人，人と資源が世代や分野を超えてつながることで，住民一人ひとりの暮らしと生きがい，地域をと
もに創っていく社会を指している。

1　**✕**　老親と子の同居を「福祉における含み資産」と位置づけたのは，**『厚生白書（昭和53年版）』**である。
地域共生社会では，市町村が既存の相談支援等の取組みを活かしつつ，地域住民の抱える課題の解決のため
の包括的な支援体制の整備を行うことが盛り込まれている。

2　**✕**　選択肢は，**国から地方への税源移譲（「三位一体の改革」）**の内容である。「三位一体の改革」とは，「地
方にできることは地方に」という理念のもと，地方の権限・責任を拡大して，地方分権をいっそう推進する
ことを目指した取組みである。

3　**✕**　選択肢は，**1995年（平成7年）の社会保障制度審議会「社会保障体制の再構築（勧告）―安心して
暮らせる21世紀の社会をめざして―」（95年勧告）**の内容である。同勧告では，「広く国民に健やかで安心
できる生活を保障する」という社会保障制度の新しい理念を実現するために，制度のよって立つ原則（普遍
性・公平性・総合性・権利性・有効性）を明確にした。

4　**✕**　選択肢は，**措置制度**についての説明である。なお，1990年代後半から行われた社会福祉基礎構造改
革により，福祉サービスの利用は**措置から契約へ**という流れに変わった。

5　**○**　2016年（平成28年）6月に閣議決定された**「ニッポン一億総活躍プラン」**では，地域共生社会を「**子
供・高齢者・障害者など全ての人々が地域，暮らし，生きがいを共に創り，高め合うことができる**」社会と
位置づけている。

解答 **5**

31 社会福祉の原理と政策

[旧]現代社会と福祉・問題 28

生活困窮者自立支援法の目的規定に関する次の記述のうち，**正しいものを1つ**選びなさい。

1 生活困窮者に対する自立の支援に関する措置を講ずることにより，生活困窮者の自立の促進を図ること。

2 すべての国民に対し，その困窮の程度に応じ，最低限度の生活を営めるよう必要な保護を講ずることにより，生活困窮者の自立の促進を図ること。

3 尊厳を保持し，能力に応じ自立した日常生活を営めるよう，必要な保健医療及び福祉サービスに係る給付を行い，生活困窮者の自立の促進を図ること。

4 能力に応じた教育を受ける機会を保障する措置を講ずることにより，生活困窮者の自立の促進を図ること。

5 社会，経済，文化その他あらゆる分野の活動に参加する機会が確保されるよう施策を講ずることにより，生活困窮者の自立の促進を図ること。

Point 生活困窮者自立支援法を含む日本のセーフティネットの全体像に関する知識が問われている。セーフティネットにかかる法制度には必ず目的があり，それに即して対象となる者が設定されている。法律の「目的」が何を目指し，誰を「対象」として捕捉し，どのような資源を供給しているのかといった目的と対象規定を押さえておくことで，セーフティネットの全体像が見えてくる。同時に，いわゆる「制度の狭間」に置かれた人々の状態についての理解も深まるだろう。

1 ○ 生活困窮者自立支援法第1条に，「この法律は，生活困窮者自立相談支援事業の実施，生活困窮者住居確保給付金の支給その他の**生活困窮者に対する自立の支援に関する措置を講ずることにより，生活困窮者の自立の促進を図ることを目的**とする」と明文化されている。

2 × 選択肢は，**生活保護法**の目的規定である。生活保護法第1条では，「すべての国民に対し，その困窮の程度に応じ，必要な保護を行い，その最低限度の生活を保障するとともに，その自立を助長することを目的とする」としている。

3 × 選択肢は，**介護保険法**の目的規定である。介護保険法第1条では，「尊厳を保持し，その有する能力に応じ自立した日常生活を営むことができるよう，必要な保健医療サービス及び福祉サービスに係る給付を行う」としている。

4 × 教育基本法及び児童の権利に関する条約等の教育に関する条約の趣旨をふまえ，「能力に応じた教育を受ける機会が確保されるよう」にすることが明記されているのは，**義務教育の段階における普通教育に相当する教育の機会の確保等に関する法律**第3条第4号である。なお，この法律には，「生活困窮者の自立の促進を図ること」は定められていない。

5 × 選択肢は，**障害者基本法**の目的規定である。障害者基本法第3条第1号では，「社会，経済，文化その他あらゆる分野の活動に参加する機会が確保される」とあり，地域社会における共生等を図ることとされている。

解答 1

32 社会福祉の原理と政策

🔟現代社会と福祉・問題31

男女雇用機会均等政策に関する次の記述のうち，**最も適切なもの**を1つ選びなさい。

1 常時雇用する労働者数が101人以上の事業主は，女性の活躍に関する一般事業主行動計画を策定することが望ましいとされている。

2 セクシュアルハラスメントを防止するために，事業主には雇用管理上の措置義務が課されている。

3 総合職の労働者を募集・採用する場合は，理由のいかんを問わず，全国転勤を要件とすることは差し支えないとされている。

4 育児休業を取得できるのは，期間の定めのない労働契約を結んだフルタイム勤務の労働者に限られている。

5 女性労働者が出産した場合，その配偶者である男性労働者は育児休業を取得することが義務づけられている。

> 💡**Point** 男女雇用機会均等政策にかかわる法律には，雇用の分野における男女の均等な機会及び待遇の確保等に関する法律（男女雇用機会均等法）のほか，育児休業，介護休業等育児又は家族介護を行う労働者の福祉に関する法律（育児・介護休業法）などがある。男女雇用機会均等法は，女子に対するあらゆる形態の差別の撤廃に関する条約（女子差別撤廃条約）を批准するため，1972年（昭和47年）に成立・施行された勤労婦人福祉法を改正したものである。

1 ✕ **常時雇用する労働者数が101人以上の事業主は，一般事業主行動計画を定めなければならない。**女性の職業生活における活躍の推進に関する法律（女性活躍推進法）に基づく一般事業主行動計画では，①女性労働者に対する職業生活に関する機会の提供，②職業生活と家庭生活との両立に資する雇用環境の整備について定めることとされている。当初，常時雇用する労働者数が301人以上の事業主に策定義務があったが，2022年（令和4年）4月に101人以上の事業主に拡大された。

2 ◯ セクシュアルハラスメントに対する雇用管理上の措置義務については，**男女雇用機会均等法第11条において定められており，具体的には厚生労働大臣の指針として10項目が定められている。**また，同法第11条の3では，妊娠・出産等に関するハラスメント（いわゆるマタハラ）について定められている。パワーハラスメントについては，労働施策の総合的な推進並びに労働者の雇用の安定及び職業生活の充実等に関する法律（労働施策総合推進法）において，「職場における優越的な関係を背景とした言動に起因する問題に関して事業主の講ずべき措置」として規定されている。

3 ✕ 男女雇用機会均等法では，2014年（平成26年）4月より，**すべての労働者の募集，採用，昇進，職種の変更をする際に，合理的な理由なく転勤要件を設けることを，「間接差別」として禁止している。**

4 ✕ 育児休業の対象者は**日々雇用の者を除く労働者**であり，期間の定めのない労働契約を結んだフルタイム勤務の労働者に限られているわけではない。有期契約労働者の場合は，子が1歳6か月に達する日までに労働契約が満了することが明らかでないことが取得の条件となる。また，労使協定により育児休業の対象外となる場合がある。

5 ✕ **男女ともに育児休業の取得は義務づけられていない。**育児休業は，原則1歳未満の子を養育する労働者が事業主に申し出ることによって取得することができる。2022年（令和4年）10月より，2回に分割して休業できるようになった。認可保育所に入所できない場合などは，1歳6か月又は2歳まで延長することができる。なお，2010年（平成22年）6月30日より，両親ともに育児休業をする場合，「パパ・ママ育休プラス」として，1歳2か月まで取得できるようになった。さらに，2022年（令和4年）10月より，男性の育児休業取得を促進するため，出生時育児休業（産後パパ育休）制度が創設された。育児休業とは別に，原則として出生後8週間以内に4週間まで，2回に分割して休業できるようになった。

解答 2

33 社会福祉の原理と政策

⑲現代社会と福祉・問題30

福祉サービスの利用に関する次の記述のうち，**最も適切なもの**を1つ選びなさい。

1 社会福祉法は，社会福祉事業の経営者に対し，常に，その提供する福祉サービスの利用者等からの苦情の適切な解決に努めなければならないと規定している。

2 社会福祉法は，社会福祉事業の経営者が，福祉サービスの利用契約の成立時に，利用者へのサービスの内容や金額等の告知を，書面の代わりに口頭で行っても差し支えないと規定している。

3 福祉サービスを真に必要とする人に，資力調査を用いて選別主義的に提供すると，利用者へのスティグマの付与を回避できる。

4 福祉サービス利用援助事業に基づく福祉サービスの利用援助のために，家庭裁判所は補助人・保佐人・後見人を選任しなければならない。

5 福祉サービスの利用者は，自らの健康状態や財力等の情報を有するため，サービスの提供者に比べて相対的に優位な立場で契約を結ぶことができる。

Point 福祉サービスの利用に関する問題である。社会福祉基礎構造改革に基づく契約制度の導入によって「福祉サービスの利用者の利益の保護」（社会福祉法第1条）が必要となり，運営適正化委員会による苦情解決や福祉サービス利用援助事業（日常生活自立支援事業）が制度化された。

---

1 ◯ 社会福祉法（以下，法）第82条において，**「社会福祉事業の経営者は，常に，その提供する福祉サービスについて，利用者等からの苦情の適切な解決に努めなければならない」** と定められている。これに加えて，苦情解決の仕組みとして，法第83条では，「福祉サービス利用援助事業の適正な運営を確保するとともに，福祉サービスに関する利用者等からの苦情を適切に解決するため」に，都道府県社会福祉協議会に運営適正化委員会を置くことが規定されている。

2 ✕ 法第77条において，**「利用契約の成立時の書面の交付」** が規定されている。社会福祉事業の経営者は，福祉サービスを利用するための契約が成立したときは，その利用者に対し，遅滞なく，経営者の名称，事務所の所在地，提供する福祉サービスの内容，利用者が支払うべき額に関する事項などについて記載した書面を交付しなければならないとされている。

3 ✕ 資力調査を行う選別主義的なサービス提供は，**対象者が限定されることにより，そのサービスの利用者に対するスティグマが生じやすくなる。** 一方，サービスを利用する条件を少なくしたほうがよいと考える普遍主義的なサービス提供により，スティグマの付与は回避できるが，財政負担は増加するという側面がある。

4 ✕ 家庭裁判所に申し立て，補助人・保佐人・後見人が選任されるのは，**成年後見制度**である。福祉サービス利用援助事業は，都道府県・政令指定都市の社会福祉協議会を実施主体として，市町村社会福祉協議会が相談窓口となり行われている。社会福祉協議会との契約により，専門員が支援計画の策定，契約締結に関する業務を行い，生活支援員は，専門員の指示を受けて福祉サービスの利用手続きや預金の出し入れのサポート等を行う。なお，成年後見制度と福祉サービス利用援助事業は併用することも可能である。

5 ✕ 福祉サービスの利用者は，制度やサービスに関する情報を十分にもっていないことがある。提供者側と利用者側でサービスに関する情報の不均衡があることを，**「情報の非対称性」** という。法第75条第1項では，社会福祉事業の経営者に対して，「福祉サービスを利用しようとする者が，適切かつ円滑にこれを利用することができるように，**その経営する社会福祉事業に関し情報の提供を行うよう努めなければならない」** と規定されている。

解答 1

34 社会保障

⑮社会保障・問題49

日本の社会保障の歴史に関する次の記述のうち，**最も適切なもの**を1つ選びなさい。

1 社会保険制度として最初に創設されたのは，健康保険制度である。

2 社会保険制度のうち最も導入が遅かったのは，雇用保険制度である。

3 1950年（昭和25年）の社会保障制度審議会の勧告では，日本の社会保障制度は租税を財源とする社会扶助制度を中心に充実すべきとされた。

4 1986年（昭和61年）に基礎年金制度が導入され，国民皆年金が実現した。

5 2008年（平成20年）に後期高齢者医療制度が導入され，老人医療費が無料化された。

Point 日本の社会保障制度の歴史的展開に関する基本的な出題である。年表などで基本的事項を押さえるとともに，医療保険や年金保険など，長い歴史と変遷を有する制度については，制度ごとに歴史を整理・把握しておくことも有効である。また，選択肢**3**の「社会保障制度に関する勧告」の内容は基本中の基本として押さえておく必要がある。

1　〇　**1922年（大正11年）の健康保険法の制定により，日本で最初の社会保険制度が創設された**。次いで1938年（昭和13年）には国民健康保険法（主に農山漁村住民を対象とし，当時は任意加入），1939年（昭和14年）には船員保険法（船員本人のみを対象）が制定されている。

2　✕　雇用保険制度の前身である失業保険制度が創設されたのが1947年（昭和22年），失業保険制度に代わって現在の雇用保険制度が創設されたのが1974年（昭和49年）である。日本の5種類の社会保険制度のうち**最も導入が遅かったのは介護保険制度**であり，1997年（平成9年）に介護保険法が制定され，2000年（平成12年）に施行されている。

3　✕　1950年（昭和25年）の「社会保障制度に関する勧告（1950年勧告）」では，社会保障制度とは「疾病，負傷，分娩，廃疾，死亡，老齢，失業，多子その他困窮の原因に対し，保険的方法又は直接公の負担において経済保障の途を講じ，生活困窮に陥った者に対しては，国家扶助によって最低限度の生活を保障するとともに，公衆衛生及び社会福祉の向上を図り，もってすべての国民が文化的社会の成員たるに値する生活を営むことができるようにすることをいうのである」とされている。すなわち，社会保障制度は「保険的方法」（社会保険制度）と「直接公の負担」（租税を財源とする社会扶助制度）の双方（及び生活困窮者に対する国家扶助）から構成され，**社会保険と社会扶助のいずれか一方を中心とすべきとは述べられていない**。

4　✕　日本の公的年金制度は，1941年（昭和16年）の労働者年金保険法に始まり，1944年（昭和19年）に同法が厚生年金保険法に改称され，適用対象も拡大された。戦後の**1959年（昭和34年）には国民年金法が制定され，1961年（昭和36年）に施行されたことで国民年金と厚生年金の2本立てによる国民皆年金が実現している**。1986年（昭和61年）に基礎年金制度（現在のいわゆる「2階建て」の年金制度）が導入されたのは事実であるが，これによって国民皆年金が実現したのではない。なお，1958年（昭和33年）に全面改正された国民健康保険法が1961年（昭和36年）に施行されたことにより，国民皆保険も達成されている。

5　✕　老人医療費の無料化が実施されたのは，**1973年（昭和48年）の老人福祉法の改正によってである**。老人医療費の無料化は，1982年（昭和57年）に制定された老人保健法によって廃止され，高齢者の医療費の一部負担が導入された。老人保健法は，2008年（平成20年）に**「高齢者の医療の確保に関する法律（高齢者医療確保法）」**に改正・改称され，これにより現在の後期高齢者医療制度が導入された。

解答 **1**

35 社会保障

⑮社会保障・問題50

日本の社会保険に関する次の記述のうち，**正しいもの**を1つ選びなさい。

1　国民健康保険は，保険料を支払わないことで自由に脱退できる。
2　健康保険の給付費に対する国庫補助はない。
3　雇用保険の被保険者に，国籍の要件は設けられていない。
4　民間保険の原理の一つである給付・反対給付均等の原則は，社会保険においても必ず成立する。
5　介護保険の保険者は国である。

> **Point**　日本の社会保険について，多様な側面から問う問題である。社会保険制度を理解するには，保険の仕組みに基づき，その制度の「保険者は？」「被保険者は？（その制度の加入要件は？）」「保険料はどのように算定・徴収されるか？」「給付内容とその受給要件は？」「財源構成は？」といったポイントに沿って学習することが大切である。制度のポイントをしっかりと把握し，学習した内容を選択肢と照らし合わせて，解答を導き出すことが必要となる。

1　✕　国民健康保険のみならず，日本の公的医療保険制度では，加入要件に該当する者は必ずその制度に加入しなければならない「強制加入」の仕組みをとっている。**被保険者本人の意思により制度を自由に脱退することはできない**。ほかの社会保険制度（公的年金制度，雇用保険制度，労災保険制度，介護保険制度）も同様である。

2　✕　健康保険のうち，**全国健康保険協会（協会けんぽ）が行う保険給付に対して，定率の「国庫補助」が行われている**（ただし，出産育児一時金，家族出産育児一時金，埋葬料（費），家族埋葬料を除く）。健康保険組合に対しては，国庫補助は行われていない。なお，「事務の執行に要する費用」（いわゆる事務費で，給付費ではない）は，協会けんぽ，健康保険組合のいずれに対しても「国庫負担」が行われている。

3　○　雇用保険の被保険者とは，雇用保険の適用事業に雇用される労働者であって，適用除外に掲げられる以外のものとされており，**国籍の要件は設けられていない**。なお，適用除外となるのは，季節的に雇用される者の一部，昼間学生，一定の要件を満たす国家公務員・地方公務員等である。パートタイム等の非正規労働者であっても，①1週間の所定労働時間が20時間以上＊，②同一の事業主に継続して31日以上の雇用の見込みがある，という二つの要件を満たせば，雇用保険の被保険者となる。

4　✕　選択肢は，五つの社会保険に共通する特徴に関するものである。その際，比較の対象となるのが「民間保険」である。「保険」の仕組みが成り立つためには，「大数の法則」「収支相等の原則」「給付・反対給付均等の原則」といった保険原理が貫徹されている必要があり，生命保険や損害保険などの民間保険はこの原理に基づいて運営されている。保険料は，保険事故の発生率（確率）と保険金額に比例しなければならない。これを給付・反対給付均等の原則という。一方，社会保険は，上記の保険原理を制度の趣旨や性質に応じて適宜修正する形で構築されており，これが社会保険の特徴ともいえる。すなわち，**社会保険では，給付・反対給付均等の原則が必ず成立するとはいえない**。

5　✕　**介護保険の保険者は市町村及び特別区である**。複数の市町村で組織する広域連合や一部事務組合などの特別地方公共団体が，介護保険にかかわる事務・事業を共同で行っている場合もある。

解答　3

＊　2024年（令和6年）の雇用保険法の改正により，2028年（令和10年）10月1日から10時間以上となる。

36 社会保障

⑩社会保障・問題51

事例を読んで，社会保険制度の加入に関する次の記述のうち，**正しいものを1つ選びなさい。**

〔事 例〕

　Gさん(76歳)は，年金を受給しながら被用者として働いている。同居しているのは，妻Hさん(64歳)，離婚して実家に戻っている娘Jさん（39歳），大学生の孫Kさん（19歳）である。なお，Gさん以外の3人は，就労経験がなく，Gさんの収入で生活している。

1　Gさんは健康保険に加入している。

2　Hさんは国民健康保険に加入している。

3　Jさんは健康保険に加入している。

4　Jさんは介護保険に加入している。

5　Kさんは国民年金に加入している。

Point 公的保険の適用条件についての理解を問う問題である。医療保険と介護保険，年金保険の加入にかかわる被保険者の年齢要件と就労状況についての正確な理解が求められる。

1　✕　生活保護受給者を除き，75歳以上の者は**後期高齢者医療の被保険者**となる。年金の受給や就労の状況も関係ないため，**76歳**のGさんは健康保険に加入していない。なお，65歳以上75歳未満の者であって，一定の障害の状態にあると認定を受けた者も，申請により後期高齢者医療保険に加入できる。

2　〇　後期高齢者医療保険には，ほかの公的医療保険にある被扶養者という仕組みがない。Hさんは**64歳で就労経験がない**ことも踏まえると，**国民健康保険**への加入が適当である。

3　✕　本事例の世帯における労働者はGさん（76歳）のみである。また，75歳以上は後期高齢者医療の被保険者となり，その家族は個別で医療保険に加入することになる。Jさんは39歳で就労経験がないため，健康保険ではなく，**国民健康保険**への加入が適当である。

4　✕　介護保険の被保険者は，65歳以上の第1号被保険者と**40歳以上65歳未満の医療保険加入者**の第2号被保険者に分けられる。Jさんは**39歳**であるため，介護保険には加入していない。

5　✕　国民年金の被保険者は，以下の図のとおり，第1号被保険者，第2号被保険者，第3号被保険者に分けられ，国籍要件はなく，強制加入である。就労経験がない**19歳**のKさんは国民年金に加入していない。

図　国民年金の被保険者

強制適用	第1号被保険者	日本国内に住所を有する20歳以上60歳未満の者（第2号・第3号に非該当）
	第2号被保険者	厚生年金の被保険者
	第3号被保険者	第2号被保険者の被扶養配偶者であって20歳以上60歳未満の者（第2号被保険者以外）

解答 2

521

37 社会保障

[旧]社会保障・問題 54

社会保険制度の適用に関する次の記述のうち，**正しいものを 1 つ**選びなさい。

1 週所定労働時間が 20 時間以上 30 時間未満の労働者は，雇用保険に加入することはできない。

2 労働者災害補償保険制度には，大工，個人タクシーなどの個人事業主は加入できない。

3 日本国内に住所を有する外国人には，年齢にかかわらず国民年金に加入する義務はない。

4 厚生年金保険の被保険者の被扶養配偶者で，一定以下の収入しかない者は，国民年金に加入する義務はない。

5 生活保護法による保護を受けている世帯（保護を停止されている世帯を除く。）に属する者は，「都道府県等が行う国民健康保険」の被保険者としない。

Point 社会保険制度の適用に関して，雇用保険，労働者災害補償保険，国民年金，国民健康保険と幅広い範囲から出題されている。範囲は広いが，社会保険制度の基礎的知識を問う設問であるため，難易度はそう高くない。特に，フルタイム勤務ではない労働者の社会保険上の取り扱いと，社会保険制度における国内居住要件の 2 点については，しっかりと確認しておきたい。

1 × 雇用保険の適用事業に雇用される労働者は，①**1 週間の所定労働時間が 20 時間以上***であり，②**31 日以上の雇用見込みがある場合**には原則として雇用保険の被保険者となる。これは，常用，パート，派遣などの雇用形態にかかわらず適用される。ただし，1 週間の所定労働時間が 20 時間以上であっても，昼間学生の場合は適用除外となり雇用保険に原則加入できない。

2 × 労働者災害補償保険制度には，個人事業主等が加入できる**特別加入制度**がある。これは，適用事業に使用される労働者以外でも，その業務の実情，災害の発生状況などからみて，特に労働者に準じて保護することが適当であると認められる一定の者に任意加入を認める制度である。特別加入制度の具体的な対象者は，①中小事業主やその家族従事者など，②一人親方その他の自営業者など（個人タクシー業者，大工，自転車を使用する配送業者など），③海外派遣者などである。

3 × **日本国内に住所を有する 20 歳以上 60 歳未満の者は，外国人を含めて国民年金に加入することが義務づけられている。**なお，国民年金の第 1 号被保険者としての保険料納付済期間が 6 か月以上ある外国人で年金を受給できない者が，帰国後 2 年以内に請求したときに支給される脱退一時金がある。

4 × **厚生年金保険の被保険者の被扶養配偶者であっても，日本に住所を有する 20 歳以上 60 歳未満の者は国民年金に加入する義務がある。**国民年金において，厚生年金保険の被保険者本人は第 2 号被保険者となり，第 2 号被保険者の被扶養配偶者は第 3 号被保険者となる。第 3 号被保険者は保険料を自身で納付する必要はないが，国民年金に加入していることに注意したい。

5 ○ **生活保護法による保護を受けている世帯に属する者は適用除外とする**ことが定められているため（国民健康保険法第 6 条第 9 号），「都道府県等が行う国民健康保険」の被保険者とならない。

解答 5

＊ 2024 年（令和 6 年）の雇用保険法の改正により，2028 年（令和 10 年）10 月 1 日から 10 時間以上となる。

38 社会保障
（旧）社会保障・問題52

公的医療保険における被保険者の負担等に関する次の記述のうち，**正しいもの**を1つ選びなさい。

1. 健康保険組合では，保険料の事業主負担割合を被保険者の負担割合よりも多く設定することができる。
2. 「都道府県等が行う国民健康保険」では，都道府県が保険料の徴収を行う。
3. 「都道府県等が行う国民健康保険」の被保険者が，入院先の市町村に住所を変更した場合には，変更後の市町村の国民健康保険の被保険者となる。
4. 公的医療保険の保険給付のうち傷病手当金には所得税が課せられる。
5. 保険診療を受けたときの一部負担金の割合は，義務教育就学前の児童については1割となる。

（注）「都道府県等が行う国民健康保険」とは，「都道府県が当該都道府県内の市町村とともに行う国民健康保険」のことである。

> **Point** 公的医療保険の被保険者にかかわる保険料の扱いや，窓口負担等の理解を問う問題である。各種の医療保険制度に共通する特徴と特定の医療保険制度のみにかかわる特徴，自治体によって共通する規定と異なる運用等の区別について注意して学習することが求められる。

1. ○ 健康保険の保険料は，被保険者とその事業主がそれぞれ保険料額の2分の1を負担するとされている（健康保険法第161条第1項）。ただし，**健康保険組合**については，特例として，規約で定めるところにより，**事業主の負担すべき一般保険料額又は介護保険料額の負担割合を増加することができる**（同法第162条）。
2. × 「都道府県等が行う国民健康保険」の保険料の徴収は，都道府県ではなく，**市町村**が被保険者の属する世帯の世帯主から徴収することになっている（国民健康保険法第76条第1項）。ただし，保険料ではなく国民健康保険税を課す場合は，加入する公的年金から天引きされる。なお，2018年度（平成30年度）から，都道府県が市町村とともに国民健康保険の運営を担い，財政運営の責任主体となった。
3. × 「都道府県等が行う国民健康保険」の被保険者が，入院先の市町村に住所を変更した場合，入院時に他の区域（市町村）に住所を有していたのであれば，その**変更前の市町村に住所を有するもの**とみなされる（国民健康保険法第116条の2第1項）。したがって，**変更前に住所を有していた市町村における国民健康保険の被保険者**となる。
4. × 傷病手当金に限らず，公的医療保険の給付として支給された金品に対して，**所得税を含む税その他の公課を課することはできない**（例：健康保険法第62条，地方公務員等共済組合法第52条）。
5. × 義務教育就学前の児童における保険診療の一部負担金の割合は，**2割**である。1割負担は，現行制度では75歳以上の者にかかる負担割合となる（ただし，75歳以上でも一定以上の所得がある者は2割，現役並み所得者は3割）。なお，2023年度（令和5年度）の「こどもに係る医療費の援助についての調査」によると，すべての都道府県と市区町村がこどもに対する医療費の援助を実施していた。

図　保険診療を受けたときの一部負担金の割合

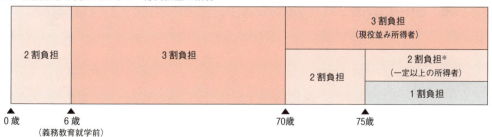

※2022年（令和4年）10月より，75歳以上で一定以上の所得のある者は2割負担となった。

解答　1

39 社会保障

🅑 社会保障・問題 55

公的年金制度に関する次の記述のうち，**最も適切なもの**を 1 つ選びなさい。

1 厚生年金保険の被保険者は，国民年金の被保険者になれない。

2 基礎年金に対する国庫負担は，老齢基礎年金，障害基礎年金，遺族基礎年金のいずれに対しても行われる。

3 厚生年金保険の保険料は，所得にかかわらず定額となっている。

4 保険料を免除されていた期間に対応する年金給付が行われることはない。

5 老齢基礎年金の受給者が，被用者として働いている場合は，老齢基礎年金の一部又は全部の額が支給停止される場合がある。

💡 **Point** 国民年金と厚生年金保険を関連づけた出題であり，両者の関係性，相違点を意識した勉強が必要となる。選択肢 **3** や **5** のように，国民年金と厚生年金保険の特徴を入れ替えた形で出題される場合が多いので，自身で表を作成し整理するなどの工夫が有効である。また，これまでに実施された国家試験の問題や模擬問題を通じてこの種の設問に慣れておきたい。

---

1 ✕ **厚生年金保険の被保険者は，国民年金の第 2 号被保険者となる**。国民年金の第 1 号被保険者や第 3 号被保険者と違い，第 2 号被保険者には 20 歳以上 60 歳未満という年齢要件がない点に注意したい。例えば，就職している 18 歳の者は厚生年金保険の被保険者となるため，第 2 号被保険者として国民年金の被保険者となる。

2 〇 基礎年金に対する国庫負担は，当該年度の老齢基礎年金，障害基礎年金，遺族基礎年金の費用総額の 2 分の 1 に相当する額(国民年金法第 85 条)であり，**いずれの基礎年金に対しても国庫負担が行われている**。

3 ✕ **厚生年金保険の保険料は，所得によって異なる**。厚生年金保険料は，毎月の給与（標準報酬月額）と賞与（標準賞与額）に共通の保険料率をかけて計算される。2023 年（令和 5 年）4 月現在，標準報酬月額は，1 等級（8 万 8000 円）から 32 等級（65 万円）までの 32 等級に分かれている*。厚生年金保険の保険料率は，年金制度改正に基づき 2004 年（平成 16 年）から段階的に引き上げられてきたが，2017 年（平成 29 年）9 月を最後に引き上げが終了し，現在は 18.3 ％で固定されている。なお，所得にかかわらず定額となっているのは，国民年金の保険料である。

4 ✕ **保険料を免除されていた期間に対応する年金給付は行われている**。例えば，所得が一定額以下の場合に利用できる国民年金保険料の免除制度は，老齢基礎年金の年金額に反映される。ほかの例では，国民年金第 1 号被保険者における産前産後期間（4 か月間）の国民年金保険料免除，厚生年金保険における産前産後休業中や育児休業中の厚生年金保険料免除も年金額に反映される。

5 ✕ 被用者として働いている場合に，その一部又は全部の額が支給停止されるのは，**老齢厚生年金**である。これを**在職老齢年金**といい，老齢厚生年金を受給している者が厚生年金保険の被保険者であるときに，老齢厚生年金の額と給与や賞与の額に応じて年金額の一部又は全部の額が支給停止となる場合がある。

解答 **2**

---

* 2024 年（令和 6 年）4 月現在，標準報酬月額は，1 等級（8 万 8000 円）から 32 等級（65 万円）までの 32 等級である。

40 社会保障
（旧）社会保障・問題 53

次のうち，労働者災害補償保険制度に関する記述として，**最も適切なもの**を１つ選びなさい。

1 労働者の業務災害に関する保険給付については，事業主の請求に基づいて行われる。

2 メリット制に基づき，事業における通勤災害の発生状況に応じて，労災保険率が増減される。

3 保険料は，事業主と労働者が折半して負担する。

4 労働者災害補償保険の適用事業には，労働者を一人しか使用しない事業も含まれる。

5 労働者の業務災害に関する保険給付については，労働者は労働者災害補償保険又は健康保険のいずれかの給付を選択することができる。

Point 労働者災害補償保険制度の基本的知識を問う設問である。労働者災害補償保険に関する出題範囲は，目的，適用事業所，適用される労働者，保険料，保険給付と多岐にわたる。範囲が広い反面，問題の難易度はあまり高くなく，基礎的な知識を習得しておくことで対応できることが多い。また，事例問題としての出題も想定できるが，その場合も基礎的な知識があれば正答を導き出せる可能性が高い。

---

1 ✕ 労働者の業務災害に関する保険給付の請求は，原則として，**被災労働者やその遺族等が行う**。所定の保険給付請求書に必要事項を記載し，被災労働者の所属事業場の所在地を管轄する労働基準監督署（二次健康診断等給付は労働局長）に提出する。

2 ✕ メリット制の算定対象は，**業務災害にかかる保険給付及び特別支給金**であり，通勤災害や二次健康診断は算定の対象ではない。メリット制とは，事業の種類が同じでも，事業主の災害防止努力の違いにより事故発生率が異なるため，保険料負担の公平性の確保と災害防止努力の促進を目的として，その事業所の災害発生の多寡に応じて保険料に差を設ける仕組みである。

3 ✕ 労働者災害補償保険の保険料は，**全額事業主が負担する**。なお，事業主が保険料を滞納している間の事故であっても，被災労働者は保険給付を受けることができる。

4 ◯ 労働者災害補償保険は，原則として，**一人でも労働者を使用する事業すべてに適用される**。業種の規模や職業の種類，アルバイトやパートタイマー等の雇用形態は関係なく適用（強制適用）されるが，例外は以下の表のとおりである。

表　労働者災害補償保険における強制適用の例外

・労働者が 5 人未満である個人経営の農林・畜産・水産の事業は強制適用ではない（任意加入制度あり）。
・国の直営事業と官公署の事業には適用されない（労働者災害補償保険法第 3 条）。

5 ✕ 労働者の業務災害や通勤災害による負傷や病気に関する保険給付は，労働者災害補償保険の対象である。**健康保険は，労働災害とは関係のない傷病に対して支給されるもの**であるため，業務災害や通勤災害には適用できない。

解答 **4**

41 権利擁護を支える法制度

[旧]権利擁護と成年後見制度・問題 77

日本国憲法の基本的人権に関する最高裁判所の判断についての次の記述のうち，**最も適切なもの**を**1つ**選びなさい。

1 公務員には争議権がある。
2 永住外国人には生活保護法に基づく受給権がある。
3 生活保護費を原資とした貯蓄等の保有が認められることはない。
4 嫡出子と嫡出でない子の法定相続分に差を設けてはならない。
5 夫婦別姓を認めない民法や戸籍法の規定は違憲である。

Point 日本国憲法の基本的人権に関する最高裁判所の判断についての設問である。テキストや参考書などで法律上の専門用語の意味を的確に把握すること，最高裁判所の判例や最新情報に関する正しい知識を得ることが，受験対策の前提である。

1 × 1973年（昭和48年）4月25日最高裁判所大法廷の全農林警職法事件の判例では，公務員も私企業の労働者と同じ**労働基本権**が保障されるが，公務員の使用者は国民全体であり，労務提供義務は国民に対して行うとされた。そのため，公務員の争議行為は公務に停廃をもたらし，国民全体の共同利益に重大な影響を与えかねないため，**公務員の労働基本権の制限には合理的理由がある**。

2 × 2014年（平成26年）7月18日最高裁判所第二小法廷判決では，生活保護法の第1条及び第2条の規定で適用の対象を**国民**と定めており，**外国人は行政庁の通達等に基づく行政措置により事実上の保護の対象となり得るにとどまり，生活保護法による保護の対象とはいえず受給権は有しない**という判断がなされている。ただし，人道的見地から，一定の条件を満たした外国人に対する生活保護法の準用は行われている。

3 × 1993年（平成5年）4月23日「秋田地方裁判所の保護変更処分取消等請求事件（加藤訴訟）」では，生活保護受給者が，障害年金と支給された保護費を切り詰めて貯金していたことからの**収入認定**と**保護費**の減額に対し，預貯金の使用目的も生活保護費支給の目的に反するものではなく，その額も国民一般の感情からして違和感を覚えるほど高額のものではない，とされている。最高裁判所での生活保護費の貯蓄に関する裁判も，2004年（平成16年）3月16日「保護変更決定処分取消，損害賠償請求事件（中嶋訴訟）」など，いくつか存在している。

4 ○ 2013年（平成25年）9月4日，嫡出子と非嫡出子の法定相続分に差異を設けた民法第900条第4号について，最高裁判所大法廷では14人の裁判官が全員一致で，子に選択ないし決定権のない事柄について，**子の個人としての尊重，権利保障の見地から，憲法第14条第1項に違反して違憲無効と判断している**。

5 × 2021年（令和3年）6月23日，最高裁判所大法廷では，夫婦別姓について，2015年（平成27年）12月16日最高裁の判断と同じく**合憲と判断した**。民法第750条の夫婦同氏制や憲法第13条の個人の尊重，第14条の法の下の平等，第24条の配偶者の選択等の規定についてはさまざまな意見があり，今後の裁判の成り行きにも注目していく必要がある。

解答 4

42 権利擁護を支える法制度
⑲権利擁護と成年後見制度・問題83

事例を読んで，消費者被害に関する次の記述のうち，X地域包括支援センターのC社会福祉士の対応として，**最も適切なもの**を１つ選びなさい。

〔事 例〕

Dさん（70歳）は，認知症の影響で判断能力が低下しているが，その低下の程度ははっきりしていない。宝石の販売業者Yは，Dさんが以前の購入を忘れていることに乗じ，２年にわたって繰り返し店舗で40回，同じ商品を現金で購入させ，その合計額は1,000万円に及んでいた。E訪問介護員がこの事態を把握し，X地域包括支援センターに所属するC社会福祉士に相談した。

1 Dさんのこれまでの判断を尊重し，Dさんに対し，今後の購入に当たっての注意喚起を行う。

2 Dさんの意向にかかわりなく，宝飾の販売業者Yと連絡を取り，Dさんへの宝飾品の販売に当たり，今後は十分な説明を尽くすように求める。

3 Dさんの判断能力が著しく不十分であった場合，C社会福祉士自ら保佐開始の審判の申立てを行う。

4 クーリング・オフにより，Dさん本人にその購入の契約を解除させる。

5 これらの購入につき，消費者契約法に基づく契約の取消しが可能かを検討するため，Dさんのプライバシーに配慮して，消費生活センターに問い合わせる。

💡 **Point** 消費者の保護を目的とした代表的な法律には，クーリング・オフ制度が定められている特定商取引に関する法律（特定商取引法）と消費者契約法がある。これらの法律は，商品を販売する事業者とそれを購入する消費者との情報力や交渉力の圧倒的な差を補完するための消費者保護策として役割を果たすものである。社会福祉士・精神保健福祉士にとっても重要であるため，これらの法律の趣旨と，代表的な考えを整理しておくことが必要である。

---

1 ✕ Dさんは，判断能力が低下しているので（その低下の程度は不明とはいえ），Dさんが自己決定した内容には留意しつつ，Dさんが1,000万円も購入するに至った原因を探り，**どの程度の理解で購入を判断したのかを慎重に見極め，今後このようなことがないように，成年後見制度の利用や見守りなどの検討が必要である**。

2 ✕ Dさんの判断能力を確かめるためにも，Dさんの意向を確認することは大切である。なお，Dさんの意向にかかわりなく，Dさんの契約行為について社会福祉士が購入先に連絡する行為は，民法第113条に規定する**「無権代理」**となる可能性がある。

3 ✕ 成年後見制度の申立てができる人は，**本人，配偶者，四親等内の親族**などその範囲が決められている（民法第7条，第11条，第15条）。社会福祉士は，その職務においては申立てを行う請求権者ではないため，保佐開始の審判を申し立てることはできない。

4 ✕ クーリング・オフは，特定商取引法に基づく制度であり，商品の購入後，**一定期間内（通常は8日以内）に無条件に契約を解除することができる**。ただし，Dさんの購入は2年にわたって行われており，クーリング・オフの対象外となるものが多いと考えられる。

5 ○ 消費者契約法第4条では，契約を取り消すことができる類型として，不実の告知，断定的判断の提供，不退去勧誘などを定めており，Dさんがこれらのいずれかに該当する行為を受けていたかどうかで契約の解除の可否が分かれる。そのため，Dさんのプライバシーに配慮しながら，消費生活センターにつなぐことは適当であるといえる。

解答 5

43 権利擁護を支える法制度

[旧]権利擁護と成年後見制度・問題 82

家庭裁判所に関する次の記述のうち，**正しいもの**を**1つ**選びなさい。

1 家庭裁判所は，近隣トラブルに関する訴訟を取り扱う。
2 家庭裁判所は，「DV 防止法」に基づく保護命令事件を取り扱う。
3 家庭裁判所は，嫡出でない子の認知請求訴訟を取り扱う。
4 家庭裁判所は，労働審判を取り扱う。
5 家庭裁判所は，債務整理事件を取り扱う。

（注）「DV 防止法」とは，「配偶者からの暴力の防止及び被害者の保護等に関する法律」のことである。

Point 日本国憲法は，最上級の裁判所として最高裁判所を定めており（日本国憲法第 76 条第 1 項），その規定を受けて，裁判所法が，下級裁判所として高等裁判所，地方裁判所，家庭裁判所及び簡易裁判所の4種類の裁判所とともに，それぞれの裁判所が扱う事件を定めている。家庭裁判所は，家庭内の紛争やその他の法律で定める家庭に関する事件（家事事件）を取り扱う裁判所である。家庭裁判所が取り扱うことは，家庭や親族の間で起きた問題を円満に解決するために必要な審判や調停である。成年後見制度をはじめとして，家族や親族にかかわる事件について広く取り扱う家庭裁判所のもつ基本的な機能を理解しておくことが必要である。

1 × 近隣トラブルに関する訴訟は，**民事上の訴訟として主に地方裁判所が取り扱うことになる**。民法の相隣関係の規定により，原則として当事者間で調整を図ることとされ，行政が直接かかわることはできない。そのため，簡易裁判所において話合いでの紛争の解決を図る，民事調停制度が設けられている。

2 × DV 防止法に基づく保護命令事件は，**民事事件の一つとして主に地方裁判所が取り扱うものである**。配偶者や生活の拠点をともにする交際相手からの身体に対する暴力を防ぐために被害者からの申立てに基づき出される保護命令の手続きは，家庭内のことのようにみえるが，民事事件の範疇（はんちゅう）に入るため家庭裁判所の取扱いとはならない。

3 ○ 嫡出でない子の認知請求訴訟は，家事事件の**人事訴訟**の一つであるため家庭裁判所で取り扱うものである。人事訴訟とは，離婚や認知など，夫婦や親子等の関係についての争いを解決する訴訟のことである。

4 × 労働審判は，**主に地方裁判所が取り扱うものである**。労働審判とは，解雇や給料の不払いなど労働者と事業主の労使トラブルについて，実情に即して迅速かつ適正に解決するための手続きのことである。訴訟手続とは異なり，**労働審判委員会による調整で解決を試み**，それが不調であれば労働審判により解決を図ろうとするものである。

5 × 債務整理事件は，**主に地方裁判所が取り扱うものである**。債務整理の手続きには，調停委員が主導する**特定調停**と，債務者が自ら行わなければならない**個人再生手続**や**自己破産手続**がある。いずれも民事上の手続きであるため，家庭裁判所の取り扱う家事事件とは異なるものである。

解答 3

44 権利擁護を支える法制度

⑮権利擁護と成年後見制度・問題78

事例を読んで，成年後見人のLさんが，成年被後見人のMさんと相談の上で行う職務行為として，**適切なもの**を2つ選びなさい。

〔事　例〕

Mさん（70歳代）は，自身の希望で一人暮らしをしているが，居住地域は，介護サービス資源が少なく，交通の便の悪い山間部である。Mさんは，要介護2の認定を受け，持病もある。最近，Mさんは心身の衰えから，バスでの通院に不便を感じ，薬の飲み忘れも増え，利用中の介護サービス量では対応が難しくなってきているようである。Mさん自身も一人暮らしへの不安を口にしている。

1　自宅以外の住まいに関する情報収集
2　Mさんの要介護状態区分の変更申請
3　Lさんによる家事援助
4　Lさんによる通院介助
5　Lさんによる服薬介助

Point 成年後見人が，成年被後見人と相談の上で行う職務行為（後見事務）に関する設問である。成年後見制度にかかわる後見人等の職務の流れについて，テキスト等による学習が不可欠である。基礎的な知識が身についていれば，比較的容易に正答を導き出すことができる。特に補助，保佐，成年後見の3類型による，代理権，同意権，取消権の差異について理解することが，社会福祉士・精神保健福祉士のソーシャルワーカーが成年後見制度にかかわる上で大切な知識となる。

1　○ Mさんは一人暮らしをしているが，介護サービス資源が少なく，交通の便の悪い山間部に居住している。通院時の交通手段や現行の介護サービス量の問題等，Mさん本人が不安を口にするほど，現状の生活支援体制では対応が難しくなりつつあることは明白である。**一人暮らしを希望するMさんの意思を尊重しながら，高齢者に配慮した住宅や，グループホーム等への入居に関する情報収集を行うことは大切である。**

2　○ 最近，Mさんは心身の衰えから，薬の飲み忘れも増えている。前回の要介護認定時に決定している有効期限を待たずとも，Mさんの心身の状況の変化に応じて，**介護支援専門員（ケアマネジャー）やかかりつけ医等とも相談の上，成年後見人が要介護状態区分の変更申請の手続きを行うことが必要となる。**

3　× 一人暮らしを続ける場合，Mさんの心身機能が低下している状況から，家事援助は必要になると思われる。しかし，**家事援助は成年後見人であるLさんが行うべき「法律行為」ではなく，成年被後見人の日常生活を維持するために必要な「事実行為」**である。Mさん本人や介護支援専門員（ケアマネジャー）等と相談の上で，家事援助の内容，担当者等を居宅サービス計画（ケアプラン）に反映させていくよう考えていかなければならない。

4　× 交通の便が悪い山間部からのバスでの通院にMさん自身が不便を感じている状況について，検討が必要であることはいうまでもない。しかし，**通院介助は「事実行為」であり，成年後見人であるLさんが行うべきものではなく，訪問介護員（ホームヘルパー）やボランティアを活用したMさんの通院介助の具体策を検討する必要がある。**

5　× Mさんの居宅サービスにかかわる専門職の統一見解による服薬管理を明確にする必要があるが，**服薬介助は「事実行為」であるため，成年後見人であるLさんが直接行う業務ではない。**成年後見人には医療行為に関する同意権はなく，診療契約全体についての代理権を有するのみとされている。

解答　**1　2**

45 権利擁護を支える法制度

⑲権利擁護と成年後見制度・問題 79

事例を読んで，成年後見人の利益相反状況に関する次の記述のうち，**最も適切なものを1つ**選びなさい。

〔事 例〕

共同生活援助（グループホーム）で暮らすAさん（知的障害，52歳）には弟のBさんがおり，BさんがAさんの成年後見人として選任されている。先頃，Aさん兄弟の父親（80歳代）が死去し，兄弟で遺産分割協議が行われることとなった。

1 Aさんは，特別代理人の選任を請求できる。

2 Bさんは，成年後見監督人が選任されていない場合，特別代理人の選任を家庭裁判所に請求しなければならない。

3 Bさんは，遺産分割協議に当たり，成年後見人を辞任しなければならない。

4 特別代理人が選任された場合，Bさんは，成年後見人としての地位を失う。

5 特別代理人が選任された場合，特別代理人は，遺産分割協議に関する事項以外についても代理することができる。

Point 事例から，成年後見人の利益相反状況に関する知識を問うものである。この内容についてもテキストや参考書等で理解を深めておきたい。「利益相反」とは，ある行為により，一方の利益になると同時に，他方への不利益になる行為を指す。民法第826条と第860条には，成年後見に関する利益相反行為が規定されている。成年後見人等が行う利益相反行為については，成年後見人等が，成年被後見人等の財産を成年後見人に贈与すること，成年後見人等が成年被後見人の不動産を買うこと，成年後見人等が銀行からお金を借りる際に，成年被後見人等の不動産を担保にしたり，成年被後見人等を保証人にしたりすることが該当する。

---

1 ✕ この事例では，成年後見人と成年被後見人の双方が相続人になる。このとき，成年後見人が自分の利益を優先してしまう可能性があるため，**特別代理人の申請が必要になる**。特別代理人とは，本来の代理人が代理権を行使することができない，又は行使することが適切でない場合等のとき，特別に選任される代理人をいう。特別代理人は，家庭裁判所に申立てを行って選任される。申請は，親権者，成年後見人等，利害関係がある人が**家庭裁判所**に対して行う。この事例の場合は，成年後見人であるBさんが家庭裁判所に対し特別代理人選任の申請を行う。

2 ◯ 選択肢のとおり。Bさんは，成年後見監督人が選任されていない場合，特別代理人の選任を家庭裁判所に申請しなければならない。

3 ✕ Bさんの成年後見人としての職務と，遺産分割協議は別のものであり，**遺産分割協議に当たり，成年後見人を辞任しなければならないという規定はない**。

4 ✕ 選択肢1の解説のとおり，特別代理人とは，本来の代理人が代理権を行使することができない場合等に特別に選任される。特別代理人の職務と成年後見人の職務は別の事項であるため，遺産分割協議に当たり特別代理人が選任された場合でも，BさんはAさんの成年後見人としての地位を失うことはない。

5 ✕ 特別代理人は，遺産分割協議の利益相反への対応を配慮して，**特定の手続きのためだけに選任されている**ため，遺産分割協議に関する事項以外については代理することはできない。なお，特別代理人は，所定の手続きが終了すれば任務も終了し，以後，成年被後見人等を代理することはない。

解答 2

46 権利擁護を支える法制度
⑲権利擁護と成年後見制度・問題80

成年後見制度の補助に関する次の記述のうち，**正しいもの**を1つ選びなさい。

1 補助は，保佐よりも判断能力の不十分さが著しい者を対象としている。

2 補助開始の審判をするには，本人の申立て又は本人の同意がなければならない。

3 補助人の事務を監督する補助監督人という制度は設けられていない。

4 補助開始の審判は，市町村長が申し立てることはできない。

5 補助人に対し，被補助人の財産に関する不特定の法律行為についての代理権を付与することができる。

💡 **Point** 成年後見制度は，認知症，知的障害，精神障害等により判断能力が不十分な人々について，家庭裁判所に審判の申立てを行い，家庭裁判所によって本人の権利を守る援助者（成年後見人等）を選ぶことで，本人を法律的に支援する制度である。成年後見制度のうち，「法定後見制度」には，本人の判断能力に応じて，「後見」「保佐」「補助」の三つの類型がある。

---

1 ✕ 「補助」は，「保佐」よりも本人の判断能力の低下が軽い者を対象としている。民法第15条（補助開始の審判）第1項に「精神上の障害により事理を弁識する**能力が不十分である者**」と規定されている。なお，「後見」の対象は，同法第7条（後見開始の審判）に「精神上の障害により事理を弁識する**能力を欠く常況にある者**」，さらに，「保佐」の対象は，同法第11条（保佐開始の審判）に「精神上の障害により事理を弁識する**能力が著しく不十分である者**」と規定されている。

2 〇 民法第15条（補助開始の審判）第2項に「本人以外の者の請求により補助開始の審判をするには，**本人の同意がなければならない**」と規定されている。なお，後見開始の審判及び保佐開始の審判をするには，本人の同意は必要とされていない。

3 ✕ 民法第876条の8（補助監督人）第1項に「家庭裁判所は，必要があると認めるときは，被補助人，その親族若しくは補助人の請求により又は職権で，**補助監督人を選任することができる**」と規定されている。同様に，同法第849条（後見監督人の選任）には後見監督人，同法第876条の3（保佐監督人）には保佐監督人の選任について規定されている。

4 ✕ **市町村長は補助開始の審判の申立てをすることができる。**老人福祉法第32条（審判の請求）に「市町村長は，65歳以上の者につき，その福祉を図るため特に必要があると認めるときは，「後見開始の審判」「保佐開始の審判」「補助開始の審判」の請求をすることができる」という旨が規定されている。同様に，知的障害者福祉法第28条（審判の請求）に「知的障害者」，精神保健及び精神障害者福祉に関する法律第51条の11の2（審判の請求）に「精神障害者」について，市町村長が審判の請求をすることができると規定されている。

5 ✕ 民法第876条の9（補助人に代理権を付与する旨の審判）第1項に「家庭裁判所は，第15条第1項本文（補助開始の審判）に規定する者又は補助人若しくは補助監督人の請求によって，被補助人のために**特定の法律行為について補助人に代理権を付与する旨の審判をすることができる**」と規定されている。「特定の法律行為」とは，「被補助人の所有するすべての財産の管理・保存・処分」「預貯金の管理（口座の開設・変更・解約・振込み・払戻し）」「介護契約等に関する事項（介護サービスの利用契約等）」「医療（病院等への入院等）契約の締結・変更・解除」等である。

解答 2

47 権利擁護を支える法制度

[旧]権利擁護と成年後見制度・問題 81

「日常生活自立支援事業実施状況」(2021 年度(令和 3 年度)*, 全国社会福祉協議会)に関する次の記述のうち，**最も適切なものを 1 つ**選びなさい。

1 2021 年度(令和 3 年度)末時点で，実契約者数は 100 万人を超えている。
2 2021 年度(令和 3 年度)末時点で，実契約者数の内訳では，知的障害者等の割合が最も多い。
3 新規契約締結者のうち，約 7 割が生活保護受給者であった。
4 新規契約締結者の住居は，7 割以上が自宅であった。
5 事業実施主体から委託を受け業務を実施する基幹的社会福祉協議会の数は，約 300 であった。

Point 日常生活自立支援事業とは，認知症高齢者，知的障害者，精神障害者等のうち判断能力が不十分な人々が地域において自立した生活が送れるよう，利用者との契約に基づき，福祉サービスの利用援助等を行うものであり，1999 年(平成 11 年)10 月から開始された。相談件数及び契約件数等は，全国社会福祉協議会・全国ボランティア・市民活動振興センターが集計し，報告している。

1 × 2021 年度(令和 3 年度)末時点の実契約者数は**5 万 6549 件**であり，100 万人を超えてはいない。

2 × 2021 年度(令和 3 年度)末時点の実契約者数の内訳は，**認知症高齢者等が 2 万 2287 件で最も多い。**次いで精神障害者等が 1 万 7111 件，知的障害者等が 1 万 4111 件，その他が 3040 件である。

3 × 新規契約締結者数 1 万 830 件のうち，生活保護受給者は 4550 件で約 42.0 % となっている。

表 2021年度(令和 3 年度)新規契約締結者数及び生活保護受給者数の内訳

	新規契約締結者数	生活保護受給者数
新規契約締結者数	10,830	4,550 (42.0%)
(内訳)		
認知症高齢者等	5,948	2,364
知的障害者等	1,659	548
精神障害者等	2,662	1,392
その他	561	246

4 ○ 新規契約締結者数 1 万 830 件のうち，**契約時の住居が自宅であったのは 8465 件で約 78.0 %**，自宅外であったのは 2365 件で約 22.0 % であった。詳細は以下の表のとおりである。

表 2021年度(令和 3 年度)新規契約締結者の住居の内訳

	新規契約締結者数					
		自宅	自宅外			
新規契約締結者数	10,830	8,465 (78.0%)	2,365 (22.0%)			
(内訳)			施設	病院	グループホーム	計
認知症高齢者等	5,948	4,797	734	284	133	1,151
知的障害者等	1,659	1,195	65	19	380	464
精神障害者等	2,662	1,991	130	165	376	671
その他	561	482	47	28	4	79

5 × **基幹的社会福祉協議会の数は，1578 であった。**日常生活自立支援事業の実施主体は，都道府県社会福祉協議会又は指定都市社会福祉協議会であるが，事業の一部を委託することができるとされている。基幹的社会福祉協議会とは，事業の一部を委託されている市区町村社会福祉協議会のことをいう。

解答 4

* 「日常生活自立支援事業実施状況」(2023 年度(令和 5 年度))が公表されている。

48 地域福祉と包括的支援体制

[旧]地域福祉の理論と方法・問題 32

地域福祉の基礎的な理念や概念に関する次の記述のうち，**最も適切なものを1つ**選びなさい。

1 コミュニティケアとは，地域の特性や地域における課題やニーズを把握し，地域の状況を診断することをいう。

2 セルフアドボカシーとは，行政が，障害者や高齢者等の権利を擁護するよう主張することをいう。

3 福祉の多元化とは，全ての人々を排除せず，健康で文化的な生活が実現できるよう，社会の構成員として包み支え合う社会を目指すことをいう。

4 社会的企業とは，社会問題の解決を組織の主たる目的としており，その解決手段としてビジネスの手法を用いている企業のことである。

5 住民主体の原則とは，サービス利用者である地域住民が，主体的にサービスを選択することを重視する考え方である。

Point 地域福祉の基本理念や概念を問う問題である。出題された用語は，地域福祉を理解する上で重要な考え方であり，近年の地域福祉政策の展開の中でも活発に議論される論点である。単に用語を暗記するのではなく，歴史的背景や諸外国からの影響なども視野に入れた十分な理解が求められる。

1 × コミュニティケアとは，**福祉サービスを施設だけでなく地域社会でも提供しようとする考え方**である。施設収容中心から地域社会復帰へ政策転換したイギリスの影響を受けて，中央社会福祉審議会は1971年（昭和46年）に「コミュニティ形成と社会福祉（答申）」を公表し，「社会福祉におけるコミュニティ・ケアは，社会福祉の対象を収容施設において保護するだけでなく，地域社会すなわち居宅において保護を行ない，その対象者の能力のより一層の維持発展をはかろうとするものである」と，コミュニティケアの定義を示した。なお，選択肢の記述は，「地域診断」の概念の説明である。

2 × セルフアドボカシーとは，**当事者が自らの権利や要求を主体的に主張する**ことをいう。選択肢の記述は，同じ課題を抱えた特定集団の代弁や制度の改善・開発を目指す，クラス（コーズ）アドボカシーの説明である。いずれもアドボカシー（権利擁護）の一形態であり，このほか，個人を対象とするケースアドボカシー，市民が活動するシチズンアドボカシー，法律を利用するリーガルアドボカシーがある。

3 × 福祉の多元化とは，政府だけでなく，民間非営利，営利企業，家族や近隣等のインフォーマルなサービスの担い手といった**複数の主体によって福祉サービスが提供されること**を指す。1978年(昭和53年)の「ウルフェンデン報告」では，社会サービスの供給システムには，①インフォーマル部門，②営利部門，③法定部門，④ボランタリー部門の四つの下位システムが存在することを指摘し，それらのシステムが福祉国家体制のもとで相互に補完し合いながら併存する状況が維持されることが望ましい，という考え方が示された。なお，選択肢の記述は，「ソーシャルインクルージョン（社会的包摂）」の理念の説明である。

4 ○ 社会的企業とは，事業を通して社会的課題に取り組む企業やNPOなどの団体のことをいう。「社会的起業家」「ソーシャルビジネス」とも呼ばれる。2008年（平成20年）にまとめられた「ソーシャルビジネス研究会報告書」（経済産業省）では，ソーシャルビジネスを「社会的課題を解決するために，ビジネスの手法を用いて取り組むもの」と定義し，取り組みを担う団体は，社会性，事業性，革新性の三つの要件を満たすことが明示された。

5 × 住民主体の原則とは，**地域住民が，地域における社会福祉活動に関心をもち，問題を共有し，その解決に向けて参加すること**をいう。1962年（昭和37年）の「社会福祉協議会基本要項」の中で，社会福祉協議会の役割とともに住民主体の原則が示された。そこでは，「住民主体」とは，「地域住民のニードに即した活動をすすめることをねらいとし，それに必要な組織構成を充実するということ」であると示されている。

解答 4

49 地域福祉と包括的支援体制

[旧]地域福祉の理論と方法・問題 36

☑☑☑

次のうち，社会福祉法に規定されている地域福祉に関する記述として，**最も適切なものを 1 つ選びなさい。**

1 2017 年（平成 29 年）の社会福祉法改正において，「地域福祉の推進」の条文が新設された。

2 市町村社会福祉協議会は，災害ボランティアセンターを整備しなければならない。

3 地域住民等は市町村からの指導により，地域福祉の推進に努めなければならない。

4 重層的支援体制整備事業は，参加支援，地域づくりに向けた支援の二つで構成されている。

5 市町村は，地域生活課題の解決に資する支援が包括的に提供される体制の整備に努めなければならない。

Point 社会福祉法に規定されている地域福祉に関する問題である。社会福祉法では，第 1 章「総則」中の第 4 条と，第 10 章「地域福祉の推進」（第 106 条の 2 から第 124 条）に，地域福祉の推進に関しての規定がおかれているため整理しておくとよい。また，2000 年（平成 12 年）の社会福祉事業法の社会福祉法への改正後の社会の変化を受け，2017 年（平成 29 年）と 2020 年（令和 2 年）にも大きな改正がされていることからも，法制度の内容整理に加え，改正時のポイントも整理しておく必要がある。

1 × 社会福祉法において，**「地域福祉の推進」の条文が掲げられたのは，2000 年（平成 12 年）に社会事業法が社会福祉法に改正されたときである。**なお，2017 年（平成 29 年）の社会福祉法改正では，「我が事・丸ごと」の地域づくり・包括的な支援体制の整備に向け，地域福祉の推進の理念が規定されるとともに，市町村はその理念の実現に向けた包括的な支援体制の整備に努めなければならない旨が規定され，市町村地域福祉計画と都道府県地域福祉支援計画の策定が任意から努力義務となった。

2 × 社会福祉法には，市町村社会福祉協議会は，災害ボランティアセンターを整備しなければならないという記述はないため，適切ではない。災害ボランティアセンターは，災害対策基本法第 8 条第 2 項第 13 号に掲げられる**「ボランティアによる防災活動の環境の整備」の実施に努めなければならないという国及び地方公共団体（都道府県，市町村及び特別区等）に対する努力義務規定**が，その設置根拠となる。

3 × 社会福祉法第 4 条第 1 項において，**「地域福祉の推進は，地域住民が相互に人格と個性を尊重し合いながら，参加し，共生する地域社会の実現を目指して行われなければならない」**と規定されている。そのため，「市町村からの指導により」という記述は適切ではない。

4 × 重層的支援体制整備事業は，社会福祉法第 106 条の 4 第 2 項において，「（前略）地域生活課題を抱える地域住民及びその世帯に対する支援体制並びに地域住民等による地域福祉の推進のために必要な環境を一体的かつ重層的に整備する事業をいう」と規定されており，具体的には**①断らない相談支援，②参加支援，③地域づくりに向けた支援の三つで構成されている**ため，適切ではない。

5 ○ 社会福祉法第 6 条（福祉サービスの提供体制の確保等に関する国及び地方公共団体の責務）第 2 項において，国及び地方公共団体は，「地域生活課題の解決に資する支援が包括的に提供される体制の整備その他地域福祉の推進のために必要な各般の措置を講ずるよう努める」と規定されている。なお，同法第 6 条第 2 項は，2017 年（平成 29 年）の「地域包括ケアシステムの強化のための介護保険法等の一部を改正する法律」による社会福祉法の改正において新設された（2018 年（平成 30 年）4 月 1 日施行）。

解答 5

50 地域福祉と包括的支援体制
旧 地域福祉の理論と方法・問題38

社会福祉法に規定される共同募金に関する次の記述のうち，**最も適切なもの**を1つ選びなさい。

1 災害に備えるため準備金を積み立て，他の共同募金会に拠出することができる。
2 共同募金を行うには，あらかじめ都道府県の承認を得て，その目標額を定める。
3 共同募金を行う事業は第二種社会福祉事業である。
4 市町村を区域として行われる寄附金の募集である。
5 募金方法別実績で最も割合が高いのは街頭募金である。

> **Point** 共同募金は，戦後の民間社会福祉活動として発展し，今日まで地域の福祉課題解決に取り組む民間団体を助成を通じて支援していることから，両者は切り離せない関係にあるといえる。共同募金の成り立ちから最新の統計データまで，厚生労働省や中央共同募金会などの資料を参考にして学習することが必要である。

1 ○ 社会福祉法第118条では，共同募金会は，**災害等が発生した際に備えて寄附金の一部を準備金として積み立て**（同条第1項），**この全部又は一部を，他の共同募金会へ拠出することができる**（同条第2項）と定められている。本制度は，ボランティア活動を支援する公的な仕組みがなかった1990年代に，阪神・淡路大震災をきっかけとして考案されたものであり，2000年（平成12年）の社会福祉事業法の社会福祉法（以下，法）への改正に際して法律に明記された。2004年（平成16年）の新潟県中越沖地震発生時に初めての拠出が行われて以降，全国の被災地へ届けられている。

2 × 法第119条において，「共同募金会は，共同募金を行うには，あらかじめ，都道府県社会福祉協議会の意見を聴き，及び**配分委員会の承認を得て，共同募金の目標額，受配者の範囲及び配分の方法を定め**，これを公告しなければならない」と規定されている。共同募金の目標額は，その区域の住民の意向を反映する組織として設置された共同募金会が，募金による助成計画を立案し，この計画に基づく資金準備額及び運動に要する諸経費を算定して決定している。

3 × 共同募金を行う事業は**第一種社会福祉事業**である。第一種社会福祉事業には，利用者への影響が大きく経営安定を通じた利用者保護の必要性が高い事業（主に利用者の保護を行う入所施設サービス）が指定されているが（法第2条第2項），例外として法第113条第1項において，「共同募金を行う事業は，第2条の規定にかかわらず，第一種社会福祉事業とする」と定められている。

4 × 共同募金は，**都道府県を区域として行われる**寄附金の募集である。法第112条において，共同募金とは，都道府県の区域を単位として，その区域内における地域福祉の推進を図るために寄附金の募集を行い，その寄附金を社会福祉事業，更生保護事業その他の社会福祉を目的とする事業を経営する者（国及び地方公共団体を除く）に配分することを目的とするものと定められている。

5 × 募金方法別実績で最も割合が高いのは**戸別募金**である。中央共同募金会の「令和3年度 年次報告書」によると，2021年度（令和3年度）の募金実績額（総額169億5594万976円）に占める街頭募金の割合は0.7％（1億2004万9673円）にとどまっている（**右図参照**）。

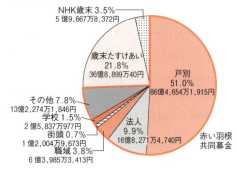

図 募金方法別割合

出典：社会福祉法人中央共同募金会「令和3年度 年次報告書」p.12, 2022年を一部改変

解答 **1**

51 地域福祉と包括的支援体制

[旧]福祉行財政と福祉計画・問題 42

次のうち，厚生労働省に設置されているものについて，**正しいものを 1 つ**選びなさい。

1 子ども・子育て会議*1
2 障害者政策委員会
3 中央防災会議
4 孤独・孤立対策推進会議
5 社会保障審議会

Point 本問は，国に設置されている各種の会議等の設置主体を問うものである。会議等の設置の根拠となる法令等を押さえておけばわかる問題となっている。また，各種会議等の設置根拠となる法令を理解していない場合でも，選択肢**5**の社会保障審議会について理解していれば，正答できたであろう。社会保障審議会に関する問題は過去にも他の科目で何度か出題されており，これに関する学習は不可欠である。

1 × **子ども・子育て会議は，内閣府に設置されている。**子ども・子育て支援法第 72 条において，「内閣府に，子ども・子育て会議を置く」と規定されている。

2 × **障害者政策委員会は，内閣府に設置されている。**障害者基本法第 32 条第 1 項において，「内閣府に，障害者政策委員会を置く」と規定されている。

3 × **中央防災会議は，内閣府に設置されている。**災害対策基本法第 11 条第 1 項において，「内閣府に，中央防災会議を置く」と規定されている。

4 × **孤独・孤立対策推進会議は，内閣府に設置されている。**2021 年（令和 3 年）3 月に設置された「孤独・孤立対策に関する連絡調整会議」を，2021 年（令和 3 年）12 月に「孤独・孤立対策推進会議」と名称変更して，内閣官房が開催している。本会議は，「社会的不安に寄り添い，深刻化する社会的な孤独・孤立の問題について，政府全体として総合的かつ効果的な対策を検討・推進するため」に開催することとされている*2。

5 ○ **社会保障審議会は，厚生労働省に設置されている。**厚生労働省設置法第 6 条第 1 項に「本省に，次の審議会等を置く」とあり，審議会の一つとして社会保障審議会があげられている。また，同法第 7 条第 1 項において「社会保障審議会は，次に掲げる事務をつかさどる」と規定されており，審議会の事務の内容として，①厚生労働大臣の諮問に応じて社会保障に関する重要事項を調査審議すること，②厚生労働大臣又は関係各大臣の諮問に応じて人口問題に関する重要事項を調査審議すること，③ ①・②に規定する重要事項に関し，厚生労働大臣又は関係行政機関に意見を述べること，④医療法，児童福祉法，社会福祉法，身体障害者福祉法，精神保健及び精神障害者福祉に関する法律，介護保険法，健康保険法，船員保険法，高齢者の医療の確保に関する法律，厚生年金保険法及び国民年金法等の規定によりその権限に属させられた事項を処理することとなっている。審議会には統計分科会，医療分科会，福祉文化分科会，介護給付費分科会，医療保険保険料率分科会，年金記録訂正分科会の六つの分科会が置かれ（社会保障審議会令第 5 条第 1 項），また，審議会及び分科会は部会を置くことができるとされている（同令第 6 条第 1 項）。審議会は，委員 30 人以内で組織され（同令第 1 条の 2 第 1 項），学識経験のある者のうちから，厚生労働大臣が任命する（同令第 2 条第 1 項）。

解答 5

＊1 こども家庭庁設置法の施行に伴う関係法律の整備に関する法律（令和 4 年法律第 76 号）により，子ども・子育て支援法に規定される子ども・子育て会議は廃止され，2023 年（令和 5 年）4 月からは，こども家庭庁に設置されるこども家庭審議会の分科会の一つ，子ども・子育て支援等分科会が，子ども・子育て会議の事務を引き継いでいる。

＊2 現在は，2023 年（令和 5 年）6 月に公布され，2024 年（令和 6 年）4 月 1 日から施行されている孤独・孤立対策推進法第 27 条の規定により制定された孤独・孤立対策推進本部令に基づき，孤独・孤立対策の推進及び関係行政機関相互の調整等に資することを目的として孤独・孤立対策推進会議が開催されている。

52 地域福祉と包括的支援体制

[旧]福祉行財政と福祉計画・問題 43

☑☑☑

次のうち，福祉行政における，法に規定された都道府県知事の役割として，**正しいものを1つ選びなさい。**

1　介護保険法に規定される居宅介護サービス費の請求に関し不正があったときの指定居宅サービス事業者の指定の取消し又は効力の停止
2　老人福祉法に規定される養護老人ホームの入所の措置
3　子ども・子育て支援法に規定される地域子ども・子育て支援事業に要する費用の支弁
4　社会福祉法に規定される共同募金事業の実施
5　「障害者総合支援法」に規定される自立支援給付の総合的かつ計画的な実施
（注）「障害者総合支援法」とは，「障害者の日常生活及び社会生活を総合的に支援するための法律」のことである。

Point 福祉行政における都道府県知事の役割を問う問題である。国や都道府県，市町村の役割は頻出のテーマとなっており，各種福祉サービスにおいて果たす役割や施設の設置，費用の支弁・負担の根拠などを理解しておく必要がある。介護保険における居宅サービス事業者の指定は都道府県知事の役割であることは，過去にも出題されており，ここを押さえておけば正答を導き出せる。

1　○　**居宅介護サービス費の請求に関し不正があったときの指定居宅サービス事業者の指定の取消し又は効力の停止は，都道府県知事の役割である。**介護保険法第77条第1項では，都道府県知事は，指定居宅サービス事業者について「居宅介護サービス費の請求に関し不正があったとき」（同項第6号）は「指定を取り消し，又は期間を定めてその指定の全部若しくは一部の効力を停止することができる」と規定している。

2　×　**老人福祉法に規定される養護老人ホームの入所の措置は，市町村の役割である。**老人福祉法第11条（老人ホームへの入所等）第1項では，「市町村は，必要に応じて，次の措置を採らなければならない」とされており，その具体的な措置の内容の一つとして，「環境上の理由及び経済的理由により居宅において養護を受けることが困難なもの」について，当該「市町村の設置する養護老人ホームに入所させ，又は当該市町村以外の者の設置する養護老人ホームに入所を委託すること」（同項第1号）が規定されている。

3　×　**地域子ども・子育て支援事業に要する費用の支弁は，市町村の役割である。**子ども・子育て支援法第65条（市町村の支弁）では，「次に掲げる費用は，市町村の支弁とする」とされており，その具体的な費用の一つとして，「地域子ども・子育て支援事業に要する費用」（同条第6号）が規定されている。

4　×　**共同募金事業の実施は，共同募金会の役割である。**社会福祉法第112条では，共同募金は「都道府県の区域を単位として，毎年1回，厚生労働大臣の定める期間内に限ってあまねく行う寄附金の募集」と規定され，同法第113条第3項では「共同募金会以外の者は，共同募金事業を行ってはならない」と規定されている。

5　×　**自立支援給付の総合的かつ計画的な実施は，市町村（特別区を含む）の役割である。**障害者総合支援法第2条第1項（市町村等の責務）では，「市町村（特別区を含む。）は，この法律の実施に関し，次に掲げる責務を有する」とされており，その具体的な責務の一つとして「（中略），障害者が自ら選択した場所に居住し，又は障害者若しくは障害児が自立した日常生活又は社会生活を営むことができるよう，必要な自立支援給付及び地域生活支援事業を総合的かつ計画的に行うこと」（同項第1号）と規定されている。

解答 1

53 地域福祉と包括的支援体制

[旧]福祉行財政と福祉計画・問題 45

☑☑☑

社会福祉に係る法定の機関・施設の設置に関する次の記述のうち，**正しいものを１つ**選びなさい。

1 都道府県は，地域包括支援センターを設置しなければならない。

2 指定都市（政令指定都市）は，児童相談所を設置しなければならない。

3 中核市は，精神保健福祉センターを設置しなければならない。

4 市は，知的障害者更生相談所を設置しなければならない。

5 町村は，福祉事務所を設置しなければならない。

Point 社会福祉に係る法定の機関・施設の設置主体，設置義務は頻出である。設置主体や設置義務は当該機関・施設の設置を規定する法律に記載されているため，条文を確認し，表にまとめると覚えやすい。設置主体，設置義務だけでなく，配置される職員を問う問題も出題されるため，あわせて学習しておきたい。

1 × **地域包括支援センターは，市町村が任意で設置することができる。**地域包括支援センターは，第１号介護予防支援事業（居宅要支援被保険者に係るものを除く），包括的支援事業，その他厚生労働省令で定める事業を実施し，地域住民の心身の健康の保持及び生活の安定のために必要な援助を行うことにより，その保健医療の向上及び福祉の増進を包括的に支援することを目的とする施設で（介護保険法第 115 条の 46 第 1 項），市町村が設置することができると規定されており（同条第 2 項），**都道府県に設置義務はない。**

2 ○ **指定都市（政令指定都市）は，児童相談所を設置しなければならない。**児童相談所は，都道府県，指定都市に設置義務がある（児童福祉法第 12 条，第 59 条の 4 及び地方自治法施行令第 174 条の 26 第 1 項）。2004 年（平成 16 年）の児童福祉法の改正により，2006 年（平成 18 年）4 月からは，中核市程度の人口規模（当時は人口 30 万人以上。現在の中核市の人口要件は人口 20 万人以上）を有する市を念頭に，政令で定める市（児童相談所設置市）も，児童相談所を設置することができることとされた（児童福祉法第 59 条の 4 第 1 項）。さらに，2016 年（平成 28 年）の児童福祉法の改正によって，特別区も児童相談所を設置できるようになり，政府は改正法の施行後 5 年を目途として中核市・特別区が児童相談所を設置することができるよう，その設置に係る支援等の必要な措置を講ずるものとされた。

3 × **精神保健福祉センターは，都道府県及び政令指定都市に設置義務がある**（精神保健福祉法第 6 条第 1 項，第 51 条の 12 第 1 項及び地方自治法施行令第 174 条の 36 第 1 項）。精神保健福祉センターは，精神保健の向上及び精神障害者の福祉の増進を図るための機関と規定されている（同法第 6 条第 1 項）。精神保健福祉センターの主な業務は，精神保健及び精神障害者の福祉に関する知識の普及を図り，調査研究を行うこと，精神保健及び精神障害者の福祉に関する相談及び指導のうち複雑困難なものを行うこと，精神医療審査会の事務を行うこと，精神障害者保健福祉手帳の申請に対する判定業務及び自立支援医療（精神通院医療）の支給認定に関する事務のうち専門的な知識及び技術を必要とするものを行うこと等である（同条第 2 項）。

4 × **知的障害者更生相談所は，都道府県に設置義務がある**（知的障害者福祉法第 12 条第 1 項）。また，指定都市は，知的障害者更生相談所を設けることができる（同法第 30 条，地方自治法施行令第 174 条の 30 の 3 第 2 項）。知的障害者更生相談所の主な業務は，知的障害者に関する専門的な知識及び技術を必要とする相談及び指導，療育手帳交付に係る判定など医学的，心理学的及び職能的判定業務等である。

5 × **町村は，福祉事務所を設置することができる**（社会福祉法第 14 条第 3 項）。都道府県及び市（特別区を含む）は，福祉事務所を設置しなければならない（同条第 1 項）。町村が福祉事務所を設置した場合，市（特別区を含む）と同様，生活保護法，児童福祉法，母子及び父子並びに寡婦福祉法，老人福祉法，身体障害者福祉法及び知的障害者福祉法に定める援護，育成又は更生の措置に関する事務のうち市町村が処理することとされているもの（政令で定めるものを除く）をつかさどる（同条第 6 項）。

解答 2

54 地域福祉と包括的支援体制

[旧]福祉行財政と福祉計画・問題44

「令和４年版地方財政白書」（総務省）に示された民生費に関する次の記述のうち，**正しいものを１つ選びなさい。**

1 民生費の歳出純計決算額の累計額を比べると，都道府県は市町村より多い。
2 民生費の目的別歳出の割合は，都道府県では生活保護費が最も高い。
3 民生費の目的別歳出の割合は，市町村では児童福祉費が最も高い。
4 民生費の性質別歳出の割合は，都道府県では人件費が最も高い。
5 民生費の性質別歳出の割合は，市町村では補助費等が最も高い。

Point 地方公共団体における民生費の歳出決算額の累計額，民生費の目的別歳出及び性質別歳出の構成割合を問う問題である。地方公共団体の目的別・性質別歳出決算額や，民生費の目的別・性質別内訳に関する問題は，本科目においては頻出である。そのため，必ず最新の「地方財政白書」（総務省）を確認することが求められる。

1 × 2020年度(令和２年度)における民生費の，都道府県と市町村を合わせた純計額は28兆6942億円で，**都道府県は９兆7297億円，市町村は22兆4856億円である**（なお，純計額は，都道府県の額と市町村の額の合計額に一致しないことがある）。市町村の決算額が都道府県の決算額を上回る理由は，児童福祉に関する事務，社会福祉施設の整備・運営事務及び生活保護に関する事務が市町村によって行われている等のためである（生活保護に関する事務については，福祉事務所を設置していない町村は除く）。10年前の2010年度（平成22年度）からの民生費の歳出決算額の推移を見ても，一貫して民生費の歳出決算額は市町村のほうが多いため，累計額も市町村のほうが多い。

2 × **都道府県の民生費の目的別歳出の割合で最も高いのは，老人福祉費である。**都道府県の民生費の目的別歳出は，割合の高い順に，老人福祉費（38.3％），社会福祉費（36.9％），児童福祉費（21.4％），生活保護費（2.4％），災害救助費（1.0％）と続いている。都道府県において老人福祉費の割合が高い理由は，都道府県には，後期高齢者医療事業会計，介護保険事業会計，国民健康保険事業会計への負担金があるためである。

3 ○ **市町村の民生費の目的別歳出の割合で最も高いのは，児童福祉費である。**市町村の民生費の目的別歳出は，割合の高い順に，児童福祉費（40.4％），社会福祉費（24.8％），老人福祉費（18.2％），生活保護費（16.3％）と続いている。市町村において児童福祉費の割合が高い理由は，児童福祉に関する事務や児童手当制度，幼児教育・保育の無償化に関する負担金等があるためである。

4 × **都道府県の民生費の性質別歳出の割合で最も高いのは，補助費等である。**補助費等は77.2％で最も高く，次いで扶助費が8.4％，繰出金が7.2％と続く。人件費は2.4％である。補助費等は，他の地方公共団体（市町村，一部事務組合等）や法人等に対する支出のほか，報償費（講師謝金等），役務費（保険料），負担金・補助金及び交付金（一般的な補助金）等が該当する。2020年度（令和２年度）の補助費等は都道府県と市町村を合わせて５兆531億円で，2019年度（令和元年度）の補助費等（３兆3570億円）と比較すると50.5％増となっている。これは，生活福祉資金貸付事業の増加等によるものである。

5 × **市町村の民生費の性質別歳出の割合で最も高いのは，扶助費である。**扶助費は60.3％で最も高く，次いで繰出金が20.4％，人件費が8.4％と続く。補助費等は4.4％である。扶助費は，社会保障制度の一環として地方公共団体が各種法令に基づいて実施する給付や，地方公共団体が単独で行っている各種扶助にかかる経費のことである。児童手当の支給，生活保護に要する経費等，各福祉法に基づく福祉サービスの主な実施主体である市町村の扶助費の額は13兆5505億円で，都道府県の扶助費の額8202億円の16.5倍となっている。

解答 3

55 地域福祉と包括的支援体制

[旧]福祉行財政と福祉計画・問題 47

次のうち，法律で市町村に策定が義務づけられている福祉に関連する計画として，**最も適切なものを1つ**選びなさい。

1　高齢者の居住の安定確保に関する法律に基づく高齢者居住安定確保計画

2　健康増進法に基づく市町村健康増進計画

3　自殺対策基本法に基づく市町村自殺対策計画

4　再犯の防止等の推進に関する法律に基づく地方再犯防止推進計画

5　成年後見制度の利用の促進に関する法律に基づく成年後見制度の利用の促進に関する施策についての基本的な計画

Point　各法律で定められている福祉に関連する計画に関する出題である。それぞれの計画の策定主体とともに,「定めるものとする」とする策定義務,「定めるよう努めなければならない」とする努力義務,「定めることができる」とする任意規定があり，計画によって異なることを確認したい。

1　×　高齢者の居住の安定確保に関する法律第4条の2第1項において「**市町村は**，基本方針（都道府県高齢者居住安定確保計画が定められている場合にあっては，都道府県高齢者居住安定確保計画）に基づき，当該市町村の区域内における高齢者の居住の安定の確保に関する計画（以下「市町村高齢者居住安定確保計画」という。）を**定めることができる**」とされており，法律で市町村に策定が義務づけられている計画ではない。なお，都道府県については，都道府県高齢者居住安定確保計画を定めることができるとされている（同法第4条第1項）。

2　×　健康増進法第8条第2項において「**市町村は**，基本方針及び都道府県健康増進計画を勘案して，当該市町村の住民の健康の増進の推進に関する施策についての計画（以下「市町村健康増進計画」という。）を**定めるよう努めるものとする**」とされており，法律で市町村に策定が義務づけられている計画ではない。なお，都道府県については，都道府県健康増進計画の策定が義務づけられている（同法第8条第1項）。

3　○　自殺対策基本法第13条第2項において「**市町村は**，自殺総合対策大綱及び都道府県自殺対策計画並びに地域の実情を勘案して，当該市町村の区域内における自殺対策についての計画（次条において「市町村自殺対策計画」という。）を**定めるものとする**」とされており，市町村による自殺対策計画の策定が法律で義務づけられている。なお，都道府県については，都道府県自殺対策計画の策定が義務づけられている（同条第1項）。

4　×　再犯の防止等の推進に関する法律第8条第1項において「都道府県及び**市町村は**，再犯防止推進計画を勘案して，当該都道府県又は市町村における再犯の防止等に関する施策の推進に関する計画（次項において「地方再犯防止推進計画」という。）を**定めるよう努めなければならない**」とされており，地方再犯防止推進計画の策定は都道府県及び市町村の努力義務とされている。

5　×　成年後見制度の利用の促進に関する法律第12条第1項において「**政府は**，成年後見制度の利用の促進に関する施策の総合的かつ計画的な推進を図るため，成年後見制度の利用の促進に関する基本的な計画（以下「成年後見制度利用促進基本計画」という。）を**定めなければならない**」とあるように，成年後見制度利用促進基本計画の策定が義務づけられているのは，市町村ではなく政府である。なお，同法第14条第1項において「市町村は，成年後見制度利用促進基本計画を勘案して，当該市町村の区域における成年後見制度の利用の促進に関する施策についての基本的な計画を定めるよう努めるとともに，成年後見等実施機関の設立等に係る支援その他の必要な措置を講ずるよう努めるものとする」とされている。

解答 3

56 地域福祉と包括的支援体制

🔟福祉行財政と福祉計画・問題48

次のうち，法律に基づき，福祉計画で定める事項として，**正しいもの**を1つ選びなさい。

1 都道府県介護保険事業支援計画における地域支援事業の見込み量

2 都道府県障害者計画における指定障害者支援施設の必要入所定員総数

3 市町村子ども・子育て支援事業計画における地域子ども・子育て支援事業に従事する者の確保及び資質の向上のために講ずる措置に関する事項

4 市町村障害福祉計画における障害福祉サービス，相談支援及び地域生活支援事業の提供体制の確保に関する事項

5 市町村老人福祉計画における老人福祉施設の整備及び老人福祉施設相互間の連携のために講ずる措置に関する事項

💡 **Point** 介護保険法，障害者総合支援法，子ども・子育て支援法，老人福祉法を根拠とする福祉計画に関する出題である。いずれの法律においても，市町村計画と都道府県計画が規定されているが，それぞれの計画において何を定めなければならないのか（義務），何を定めることができるのか（任意）を確認してほしい。

---

1 ✕ 都道府県介護保険事業支援計画ではなく，**市町村介護保険事業計画**において，「各年度における地域支援事業の量の見込み」を定める（介護保険法第117条第2項第2号）。なお，地域支援事業の実施主体は市町村である（同法第115条の45第1項）。

2 ✕ 都道府県障害者計画ではなく，**都道府県障害福祉計画**において，「各年度の指定障害者支援施設の必要入所定員総数」を定める（障害者総合支援法第89条第2項第3号）。なお，都道府県障害者計画は，障害者基本法第11条第2項に基づく計画である。

3 ✕ 市町村子ども・子育て支援事業計画ではなく，**都道府県子ども・子育て支援事業支援計画**において，「地域子ども・子育て支援事業に従事する者の確保及び資質の向上のために講ずる措置に関する事項」を定める（子ども・子育て支援法第62条第2項第4号）。

4 ⭘ 「障害福祉サービス，相談支援及び地域生活支援事業の提供体制の確保に係る目標に関する事項」は，**市町村障害福祉計画**において定めることとされている（障害者総合支援法第88条第2項第1号）。なお，「障害福祉サービス，相談支援及び地域生活支援事業の提供体制の確保に係る目標に関する事項」は，市町村障害福祉計画だけでなく，都道府県障害福祉計画においても定める事項とされている（同法第89条第2項第1号）。

5 ✕ 市町村老人福祉計画ではなく，**都道府県老人福祉計画**において，「老人福祉施設の整備及び老人福祉施設相互間の連携のために講ずる措置に関する事項」を定めることとされている（老人福祉法第20条の9第3項第1号）。

解答 4

57 地域福祉と包括的支援体制

[旧]地域福祉の理論と方法・問題 37

地域福祉の推進に向けた役割を担う，社会福祉法に規定される市町村地域福祉計画に関する次の記述のうち，**正しいものを１つ**選びなさい。

1 市町村地域福祉計画では，市町村社会福祉協議会が策定する地域福祉活動計画をもって，地域福祉計画とみなすことができる。

2 市町村地域福祉計画の内容は，市町村の総合計画に盛り込まれなければならないとされている。

3 市町村地域福祉計画では，市町村は策定した計画について，定期的に調査，分析及び評価を行うよう努めるとされている。

4 市町村地域福祉計画は，他の福祉計画と一体で策定できるように，計画期間が法文上定められている。

5 市町村地域福祉計画は，2000 年（平成 12 年）の社会福祉法への改正によって策定が義務化され，全ての市町村で策定されている。

Point 本問題は，市町村地域福祉計画に関する社会福祉法（以下，法）での規定についての理解を確かめるものである。旧科目「福祉行財政と福祉計画」の出題範囲と重複した内容を含んでおり，確実に得点を重ねていくためには，幅広い横断的な知識の学習が必要である。

1 × 地域福祉活動計画をもって，市町村地域福祉計画とみなすことはできない。市町村地域福祉計画は，市町村が策定するよう努めるものとして，法第 107 条第 1 項において定められた行政計画である。他方で地域福祉活動計画は，市町村社会福祉協議会が中心となり，住民や民間の福祉団体による地域福祉の推進を目的として策定される民間計画である。いずれも地域福祉の推進を目的としており，一体的な策定を進めることが地域福祉推進の観点から重要とされているが，**地域福祉活動計画を，行政の責任の下で市町村の地域福祉を推進するために策定される市町村地域福祉計画とすることは認められていない。**

2 × 市町村地域福祉計画と市町村総合計画は，いずれも自治体における地域課題を明らかにし，これを解決するための計画である。そのため，両者で調和を図りながら体系的に計画策定を進めることは重要である。ただし，**市町村地域福祉計画の内容を市町村の総合計画に盛り込むかは自治体の裁量に委ねられており**，ほかの上位計画や関連計画との一体的な策定について自治体がその必要性を検討し進めることとされている。

3 ○ 法第 107 条第 3 項において，市町村に対し，**市町村地域福祉計画について，定期的に調査，分析及び評価を行うよう努める**とともに，必要があると認めるときは，当該市町村地域福祉計画を変更するものと規定されている。これは 2017 年（平成 29 年）の法改正に伴い追加された規定であり（2018 年（平成 30 年）4 月 1 日施行），PDCA（Plan・Do・Check・Act）サイクルを踏まえた進行管理が必要であることが示された。

4 × **市町村地域福祉計画の計画期間に関する法文上の定めはない。**2002 年（平成 14 年）に社会保障審議会が公表した「市町村地域福祉計画及び都道府県地域福祉支援計画策定指針の在り方について（一人ひとりの地域住民への訴え）」では，「地域福祉計画の計画期間は，他の計画との調整が必要であることから概ね 5 年とし 3 年で見直すことが適当である」との見解が示されたが，**市町村地域福祉計画の計画期間を何年とするかは，市町村に委ねられている。**なお 2022 年（令和 4 年）4 月 1 日時点の「市町村地域福祉計画策定状況等の調査結果概要」によると，計画期間について「5 年」とする市町村が最も多く，全体の 7 割を超えている。

5 × **市町村地域福祉計画の策定は，努力義務である。**2000 年（平成 12 年）の社会福祉事業法の社会福祉法への改正で，市町村地域福祉計画及び都道府県地域福祉支援計画が法定化され（2003 年（平成 15 年）4 月 1 日施行），以来，地域福祉計画の策定は任意とされていたが，2017 年（平成 29 年）の法改正の際に，同法第 107 条が全面的に改正され，市町村地域福祉計画の策定は，市町村の努力義務とされた（同条第 1 項）。また，「地域における高齢者の福祉，障害者の福祉，児童の福祉その他の福祉に関し，共通して取り組むべき事項」（同項第 1 号）を盛り込んだ「上位計画」として，地域福祉計画が位置づけられた。

解答 3

58 地域福祉と包括的支援体制
⑬福祉行財政と福祉計画・問題46

次のうち，都道府県地域福祉支援計画に関して社会福祉法に明記されている事項として，**正しい**ものを**2つ**選びなさい。

1　社会福祉を目的とする事業に従事する者の確保又は資質の向上に関する事項
2　重層的支援体制整備事業の提供体制に関する事項
3　地域福祉に関する活動への住民の参加の促進に関する事項
4　福祉サービスの適切な利用の推進及び社会福祉を目的とする事業の健全な発達のための基盤整備に関する事項
5　厚生労働大臣が指定する福利厚生センターの業務に関する事項

Point 都道府県地域福祉支援計画は，市町村地域福祉計画の達成に資するために，各市町村を通ずる広域的な見地から，市町村の地域福祉の支援に関する事項を一体的に定める計画で，社会福祉法第108条に規定されている。近年，社会福祉法は地域共生社会の実現に向けて改正が重ねられているため，都道府県地域福祉支援計画や市町村地域福祉計画に関する事項を含め，参考書や問題集だけでなく，きちんと条文にあたって内容や文言を確認してほしい。

1　○　「社会福祉を目的とする事業に従事する者の確保又は資質の向上に関する事項」は，都道府県地域福祉支援計画に関して社会福祉法（以下，法）に明記されている事項である。法第108条第1項第3号に定められている。

2　×　「重層的支援体制整備事業の提供体制に関する事項」は，都道府県地域福祉支援計画に定められる事項ではない。重層的支援体制整備事業は，市町村において，地域住民の複雑化・複合化した支援ニーズに対応する包括的な支援体制を整備するため，①相談支援（属性を問わない相談支援，多機関協働による支援，アウトリーチ等を通じた継続的支援），②参加支援，③地域づくりに向けた支援を一体的に実施するものとして，2021年（令和3年）4月に施行された改正社会福祉法（地域共生社会の実現のための社会福祉法等の一部を改正する法律による改正）に規定された。

3　×　「地域福祉に関する活動への住民の参加の促進に関する事項」は，都道府県地域福祉支援計画ではなく，市町村地域福祉計画に定められる事項である（法第107条第1項第4号）。具体的な例として，地域住民，ボランティア団体，特定非営利活動法人等の社会福祉活動への支援（活動に必要な情報の入手，必要な知識・技術の習得，活動拠点に関する支援，地域住民の自主的な活動と公共的サービスの連携）などが想定されている。

4　○　「福祉サービスの適切な利用の推進及び社会福祉を目的とする事業の健全な発達のための基盤整備に関する事項」は，都道府県地域福祉支援計画に関して法に明記されている事項である（法第108条第1項第4号）。

5　×　「厚生労働大臣が指定する福利厚生センターの業務に関する事項」は，都道府県地域福祉支援計画に定められる事項ではない。福利厚生センターは，社会福祉事業等に関する連絡及び助成を行うこと等により社会福祉事業等従事者の福利厚生の増進を図ることを目的として設立された，厚生労働大臣に指定された全国で唯一の社会福祉法人である。愛称は「ソウェルクラブ」。福利厚生センターについては，法第9章第3節に定められており，その業務は法第103条に規定されている。主な業務は，社会福祉事業等を経営する者に対し，社会福祉事業等従事者の福利厚生に関する啓発活動を行うこと，社会福祉事業等従事者の福利厚生に関する調査研究を行うこと，福利厚生契約に基づき，社会福祉事業等従事者の福利厚生の増進を図るための事業を実施することなどである。

解答　**1** **4**

59 地域福祉と包括的支援体制
⑮地域福祉の理論と方法・問題35

事例を読んで，自立相談支援機関のB主任相談支援員（社会福祉士）がこの時点で検討する支援として，**適切なもの**を2つ選びなさい。

〔事 例〕

Cさん（30歳代，男性）は，60歳代の両親と同居している。終日，自室でオンラインゲームをして過ごしており，10年以上ひきこもりの状態にある。父親はいくつかの仕事を転々としてきたが，65歳で仕事を辞め，その後は主に基礎年金で生活をしているため，経済的にも困窮している様子である。また，母親は長年にわたるCさんとの関係に疲れており，それを心配した民生委員が，生活困窮者自立支援制度の相談機関を紹介したところ，母親は自立相談支援機関に来所し，B主任相談支援員にCさんのことを相談した。

1　ひきこもりの人に配慮された居場所が，地域のどこにあるかを調べ，Cさんにその場所と事業・活動を紹介する。

2　まずはCさんが抱える心理的な課題に絞ってアセスメントを行い，支援計画を作成する。

3　福祉専門職による支援だけでなく，当事者や経験者が行うピアサポートや，ひきこもりの家族会などの情報を母親に提供する。

4　手紙やメール等を用いた支援は不適切であるため行わず，直接，Cさんと対面して支援する。

5　地域の支援関係者間で早期に支援を行うため，Cさんの同意を取る前に，支援調整会議で詳細な情報を共有する。

Point ひきこもりの状態にある人やその家族に対する主任相談支援員（社会福祉士）のアプローチに関する問題である。自立相談支援機関は，生活に関する困りごとに幅広く対応する相談窓口であることから，当事者やその家族，関係者からの相談に応じてアセスメントを行い，個人の状態に合わせた自立支援計画を作成し，かつ，必要なサービスにつなげる役割が求められる。また，世帯全体を包括的に支援対象としてとらえる支援も必要となる。

1　○　ひきこもりの状態にある人は，地域や社会との関係性が希薄であるといった状況におかれており，対人関係への不安や自己表現の困難さなどを抱えている。そのため，そうした人たちに配慮された居場所とそこで展開されている事業・活動につなげられるように，本人の複雑な状況や心情等を理解し，丁寧に寄り添う対応が必要となる。

2　✕　ひきこもりの状態の背景には，**心理的な要因だけではなく，多様な事情が存在している**。事例では，Cさんの家庭は経済的にも困窮していることや，Cさんと家族との関係性も心配される。そのため，本人だけではなく，家族を含む世帯全体を支援対象とする包括的な視点が重要になる。

3　○　ひきこもりを経験した当事者やその家族などと出会い，悩みを吐露し共有することで，将来に対する不安などが和らぐこともある。そのため，福祉専門職による支援だけではなく，当事者や経験者が行うピアサポートや，ひきこもりの家族会との連携を図ることは検討に値する。

4　✕　ひきこもりの状態にある人は，地域や社会との関係性が希薄であり，対人関係への不安や自己表現の困難さを抱えていることも少なくない。関係性が構築されるまでは，直接的な対面は避け，**手紙やメール等を用いた間接的な支援を行うことも視野に入れる必要がある**。

5　✕　ひきこもり状態にある人やその家族が相談窓口につながるまでの間，それぞれが悩みながら生活をしてきたという事実があり，これまでの生活に最大の敬意を払う必要がある。**支援調整会議で詳細な情報を共有するにあたっては，Cさんの同意を得ることは必須となる**。

解答 1 3

60 地域福祉と包括的支援体制
⑬地域福祉の理論と方法・問題40

地域福祉におけるネットワーキングに関する次の記述のうち，**正しいもの**を1つ選びなさい。

1　地域介護予防活動支援事業は，市町村が介護保険の第二号被保険者に対して，介護予防の活動を行うために，地域住民とネットワークを構築して取り組むものである。

2　被災者見守り・相談支援事業では，復興公営住宅の居住者を対象として，生活支援コーディネーター（地域支え合い推進員）が見守りを中心としたネットワークを構築し，支援を行う。

3　社会福祉法人による「地域における公益的な取組」は，社会福祉充実残額が生じた場合に，社会福祉法人がネットワークを構築して取り組むものである。

4　介護保険の生活支援・介護予防サービスの体制整備に向けて，都道府県は，協議体を定期的な情報共有のネットワークの場として設置している。

5　ひきこもり地域支援センター事業では，地域の多様な関係機関で構成される連絡協議会を設置する等，ネットワークづくりに努めるとされている。

💡 **Point**　地域福祉におけるネットワーキングに関する理解を問う問題である。地域生活課題の複雑化・複合化に伴い，包括的な支援体制の構築が求められている。そのため，選択肢で取り上げられているさまざまな事業においては，関係機関及び多職種との連携が重視されるようになっている。事業の内容を理解しておくとともに，その事業にどのような機関，専門職あるいは地域住民が関係するのか，確認しておくことがポイントになる。

1　✕　地域介護予防活動支援事業は，**介護保険の第一号被保険者及びその支援のための活動にかかわる者**を対象に実施される。介護保険法第115条の45第1項第2号に規定する一般介護予防事業に含まれており，高齢者が要介護状態等となることの予防又は要介護状態等の軽減若しくは悪化の防止のために行われる。

2　✕　被災者見守り・相談支援事業では，**社会福祉協議会等に配置された相談員**が仮設住宅や災害公営住宅等を巡回し，支援が必要な被災者の把握，日常生活上の相談支援，関係機関へのつなぎ等を行う。生活支援コーディネーター（地域支え合い推進員）は，高齢者の生活支援・介護予防サービスの体制整備を行う。

3　✕　社会福祉法人の公益的性格に鑑み，**社会福祉充実残額の有無にかかわらず，すべての社会福祉法人に，「地域における公益的な取組」（社会福祉法第24条第2項）の実施が求められている。**「地域における公益的な取組」については，①社会福祉事業又は公益事業を行うに当たって提供される福祉サービスであること，②対象者が日常生活又は社会生活上の支援を必要とする者であること，③無料又は低額な料金で提供されることの三つの要件のすべてを満たすことが必要である。また，「地域における公益的な取組」は，法人が単独で行わなければならないものではなく，複数の法人で連携して行うことも差し支えないとされているが，**「ネットワークを構築して取り組むもの」には限定されない**（厚生労働省社会・援護局福祉基盤課長通知「社会福祉法人による『地域における公益的な取組』の推進について」（平成30年1月23日社援基発0123第1号））。

4　✕　協議体は，生活支援体制整備事業（介護保険法第115条の45第2項第5号）の一環として，**市町村が設置する。**関係職種や地域住民が，情報共有や福祉課題を解決すること等を目的に話し合う場として設けられており，市町村や日常生活圏域（中学校区等）等の単位で設置される。とりわけ日常生活圏域においては，できるだけ地区社協，町内会，地域協議会等地域で活動する地縁組織や地域住民が構成メンバーとして加わることが望ましいとされている。

5　〇　ひきこもり地域支援センターには，社会福祉士，精神保健福祉士，臨床心理士等の専門職が配置されており，ひきこもり支援コーディネーターとして本人及び家族に対する相談支援を行っている。また，関係機関と連絡協議会を設置する等，ネットワークの構築や居場所づくり，情報提供等を行う。

解答 5

61 地域福祉と包括的支援体制

⑮地域福祉の理論と方法・問題 39

災害時における支援体制に関する次の記述のうち，**正しいもの**を1つ選びなさい。

1 災害対策基本法は，国及び地方公共団体が，ボランティアによる防災活動を監督し，その指揮命令下で活動するよう指導しなければならないと規定している。

2 災害対策基本法は，市町村長が避難行動要支援者ごとに，避難支援等を実施するための個別避難計画を作成するよう努めなければならないと規定している。

3 災害対策基本法は，本人が同意している場合でも，市町村長が作成した避難行動要支援者の名簿情報を避難支援等関係者に提供してはならないと規定している。

4 「福祉避難所の確保・運営ガイドライン」（2021年（令和3年）改定（内閣府））は，福祉避難所は社会福祉施設でなければならないとしている。

5 「災害時の福祉支援体制の整備に向けたガイドライン」（厚生労働省）は，国が主に福祉避難所において，災害時要配慮者の福祉支援を行う災害派遣福祉チームを組成するとしている。

Point 災害時における支援体制に関する理解を問う問題である。自然災害時における避難の方法とともに，高齢者や障害者等の要配慮者への支援や，避難所における支援が検討されている。日頃からこうした報道に関心をもっておくとよいだろう。災害対策基本法については，基本的な知識として全体を確認しておくことが望ましい。なお，「福祉避難所の確保・運営ガイドライン」（内閣府）が2021年（令和3年）に改定されている。このガイドラインでは，要配慮者の支援を強化するため，指定福祉避難所の指定の促進，事前に受入対象者を調整するといった事項が盛り込まれている。また，避難生活が長期化した際に災害時要配慮者の生活機能の低下等を防ぐため，2018年（平成30年）には「災害時の福祉支援体制の整備に向けたガイドライン」（厚生労働省）が示されている。

---

1 ✕ 災害対策基本法には，国及び地方公共団体がボランティアによる防災活動を監督し，指導しなければならないとの規定はない。同法第5条の3では，国及び地方公共団体は，**ボランティアの自主性を尊重しつつ，ボランティアとの連携に努めなければならない**旨が規定されている。

2 〇 災害対策基本法第49条の14第1項では，市町村長は，避難行動要支援者ごとに，避難支援等を実施するための計画（個別避難計画）を作成するよう努めなければならないとされている。

3 ✕ 災害対策基本法第49条の11第3項において，市町村長は，災害が発生し，又は発生するおそれがある場合において，避難行動要支援者の生命又は身体を災害から保護するために特に必要があると認めるときは，避難支援等の実施に必要な限度で，避難支援等関係者その他の者に対し，名簿情報を提供することができ，この場合，**名簿情報を提供することについて本人の同意を得ることを要しない**とされている。

4 ✕ 「福祉避難所の確保・運営ガイドライン」（2021年（令和3年）改定（内閣府））では，指定福祉避難所の指定基準が示されている。このうち，指定福祉避難所として想定される施設を，**老人福祉施設，障害者支援施設等の施設，保健センター等**としている。このほか，**指定一般避難所など一般の避難所等の一部のスペースに，生活相談員等を配置するなど指定福祉避難所の基準に適合するもの**について，そのスペースを指定福祉避難所として運営することを想定している。

5 ✕ 「災害時の福祉支援体制の整備に向けたガイドライン」（厚生労働省）では，**都道府県が，一般避難所に避難している災害時要配慮者に対する福祉支援を行う災害派遣福祉チームを組織する**とともに，一般避難所にチームを派遣して，必要な支援体制を確保することを目的として，都道府県，社会福祉協議会や社会福祉施設等関係団体などの官民協働による災害福祉支援ネットワークを構築することが示されている。

解答 2

62 地域福祉と包括的支援体制

[旧]地域福祉の理論と方法・問題 33

地域福祉における多様な参加の形態に関する次の記述のうち，**正しいものを1つ**選びなさい。

1 特定非営利活動法人は，市民が行うボランティア活動を促進することを目的としており，収益を目的とする事業を行うことは禁止されている。

2 社会福祉法に規定された市町村地域福祉計画を策定又は変更する場合には，地域住民等の意見を反映させるように努めなければならないとされている。

3 重層的支援体制整備事業における参加支援事業は，ひきこもり状態にある人の就職を容易にするため，住居の確保に必要な給付金を支給する事業である。

4 共同募金の募金実績総額は，1990 年代に減少に転じたが，2000 年（平成 12 年）以降は一貫して増加している。

5 市民後見人の養成は，制度に対する理解の向上を目的としているため，家庭裁判所は養成された市民を成年後見人等として選任できないとされている。

Point 特定非営利活動法人（NPO 法人），市町村地域福祉計画，重層的支援体制整備事業，共同募金については，法令で基本方針や重要事項などが規定されている。それぞれの法令を確認しておくとよい。

1 ✕ 特定非営利活動法人（NPO 法人）は，**特定非営利活動に支障がない限り，収益を目的として，特定非営利活動に係る事業以外の事業（その他の事業）を行うことができる**。ただし，利益が生じたときは，これを特定非営利活動に必要な資金や運営費に充てなければならない（特定非営利活動促進法第 5 条第 1 項）。また，同法第 3 条第 1 項には，「特定非営利活動法人は，特定の個人又は法人その他の団体の利益を目的として，その事業を行ってはならない」と明記されている。

2 ○ 市町村地域福祉計画は，地域福祉推進の主体である地域住民等（地域住民，社会福祉を目的とする事業を経営する者及び社会福祉に関する活動を行う者）の参加を得て地域生活課題を明らかにし，必要なサービスを計画的に整備するものである。社会福祉法第 107 条第 2 項に「市町村は，市町村地域福祉計画を策定し，又は変更しようとするときは，あらかじめ，地域住民等の意見を反映させるよう努めるとともに，その内容を公表するよう努めるものとする」と規定されている。

3 ✕ 重層的支援体制整備事業における参加支援事業は，既存の制度では対応できないニーズに対応するため，本人・世帯の状態に合わせ，**地域資源を活用し，社会とのつながりづくりに向けた支援を行うものである**。社会福祉法第 106 条の 4 第 2 項第 2 号に「地域生活課題を抱える地域住民であって，社会生活を円滑に営む上での困難を有するものに対し，支援関係機関と民間団体との連携による支援体制の下，活動の機会の提供，訪問による必要な情報の提供及び助言その他の社会参加のために必要な便宜の提供として厚生労働省令で定めるものを行う事業」と明記されている。

4 ✕ 共同募金の募金実績総額は，**1990 年代に減少に転じ，その後も減少を続けている**。社会福祉法第 112 条では，共同募金を「都道府県の区域を単位として，毎年 1 回，厚生労働大臣の定める期間内に限ってあまねく行う寄附金の募集であって，その区域内における地域福祉の推進を図るため，その寄附金をその区域内において社会福祉事業，更生保護事業その他の社会福祉を目的とする事業を経営する者（国及び地方公共団体を除く。）に配分することを目的とするものをいう」と規定されている。

5 ✕ **市民後見人は，家庭裁判所から成年後見人等として選任を受けて活動を行う**。市民後見人の養成は，「市民後見人としての業務を適正に行うために必要な知識・技術・社会規範・倫理性が習得できるよう」行われる（厚生労働省「市民後見人の育成及び活用に向けた取組について」（平成 24 年 3 月 27 日事務連絡））。市町村が研修カリキュラムを策定し実施する。

解答 2

63 地域福祉と包括的支援体制

[旧]地域福祉の理論と方法・問題 41

事例を読んで，会議に向けたＤ社会福祉士の方針に関する次の記述のうち，**最も適切なものを１つ選びなさい。**

〔事　例〕

独立型社会福祉士事務所のＤ社会福祉士は，一人暮らしのＥさん（85 歳，女性，要介護 1，身寄りなし）の保佐人を務めている。Ｅさんが熱中症の症状で入院することになった際，担当介護支援専門員からＥさんの退院後の支援方針について会議を持ちたいと提案があった。担当介護支援専門員は，Ｅさんは認知機能の低下もあり，単身生活に不安を表明する近隣住民もおり，今後の本人の安全も考えるとサービス付き高齢者向け住宅への転居を検討すべきではないかと話している。また，長年見守りを続け，Ｅさんが信頼を寄せるＦ民生委員は，「本人の思いを尊重したい」と述べている。

1　Ｅさんの最善の利益を実現するため，Ｅさんにサービス付き高齢者向け住宅への転居を促す。
2　Ｅさんにとって危険な状況であるため，緊急的な措置入所の可能性を検討する。
3　Ｅさんの意思を尊重するため，専門職を中心に自宅で暮らし続ける方法を検討する。
4　Ｅさんが思いを表明しやすくするため，Ｅさんが信頼するＦ民生委員に会議に同席してもらう。
5　Ｅさんは認知機能の低下が見込まれるため，会議ではＥさんや関係者で判断せず，かかりつけ医の判断に委ねる。

Point　本事例では，単身生活が不安視されている一人暮らしの認知症高齢者に対する意思決定支援のあり方が問われた。厚生労働省「認知症の人の日常生活・社会生活における意思決定支援ガイドライン」(2018年）を確認し，本人の意思決定能力に基づいた支援のあり方を理解しておくことが大切である。

1　×　Ｅさんは現在一人暮らしをしており，要介護 1 の状態であることから，住み慣れた地域で**見守りや通いの場をはじめとするサービスを利用しながら自宅で生活を続ける**ことも視野に入れて検討することができる。また，本人が希望しているかどうかを確認せずに，「サービス付き高齢者向け住宅への転居を促す」ことは適切とはいえない。

2　×　Ｅさんは熱中症の症状で入院し，**退院後の生活を検討している場面であることから，「緊急的な措置入所の可能性を検討する」段階にあるとは考えにくい。**高齢者の熱中症は，水分の不足やエアコンの利用を控えること等が原因で発症することが少なくない。したがって，退院後にＥさんがこれまでのように自宅での生活を希望する際は，こまめな水分補給，エアコンの活用，衣服の調整をはじめとする対策により，熱中症を予防することができるかどうかを検討することが大切である。

3　×　**Ｅさんの意思を尊重するのであれば，自宅で暮らし続けることに関するＥさん本人の意思確認が必要**である。本事例からは，Ｅさんが今後の自身の生活をどのように考えているのか把握することはできない。また，仮に「本人の思い」の確認ができており，自宅での生活を希望していたとしても，「専門職を中心に」検討するのではなく，本人も交えて「自宅で暮らし続ける方法を検討する」ことが大切である。

4　○　Ｆ民生委員がＥさんの見守りを長年続けていること，そしてＥさんがＦ民生委員に対して信頼を寄せていることから，Ｆ民生委員に会議に同席してもらうことはＥさんが安心して自分の思いを表明することにつながり，Ｅさんの状況を把握する機会となるため，適切である。

5　×　認知機能の低下があったとしても，Ｅさんにわかりやすく説明しながら今後の生活に対する希望を聞いたり，Ｅさんの保佐人を務めるＤ社会福祉士や担当介護支援専門員等の専門職，Ｆ民生委員，Ｅさんのかかりつけ医等，**日頃からＥさんにかかわっている関係者とＥさん本人が情報を共有しながら，ともに検討することが大切**であり，「かかりつけ医の判断に委ねる」のは適切ではない。

解答　4

64 地域福祉と包括的支援体制
⑩地域福祉の理論と方法・問題34

地域共生社会の実現に向けた，厚生労働省の取組に関する次の記述のうち，**正しいものを１つ選**びなさい。

1 2015年（平成27年）の「福祉の提供ビジョン」において，重層的支援体制整備事業の整備の必要性が示された。

2 2016年（平成28年）の「地域力強化検討会」の中間とりまとめにおいて，初めて地域包括ケアシステムが具体的に明示された。

3 2017年（平成29年）の「地域力強化検討会」の最終とりまとめにおいて，縦割りの支援を当事者中心の「丸ごと」の支援とする等の包括的な支援体制の整備の必要性が示された。

4 2018年（平成30年）の「ソーシャルワーク専門職である社会福祉士に求められる役割等について」において，社会福祉士は特定の分野の専門性に特化して養成すべきであると提言された。

5 2019年（令和元年）の「地域共生社会推進検討会」の最終とりまとめにおいて，生活困窮者自立支援法の創設の必要性が示された。

（注）1 「福祉の提供ビジョン」とは，「誰もが支え合う地域の構築に向けた福祉サービスの実現―新たな時代に対応した福祉の提供ビジョン―」のことである。

2 「地域力強化検討会」とは，「地域における住民主体の課題解決力強化・相談支援体制の在り方に関する検討会」のことである。

3 「地域共生社会推進検討会」とは，「地域共生社会に向けた包括的支援と多様な参加・協働の推進に関する検討会」のことである。

Point 地域共生社会の実現に向けた，厚生労働省の取組に関する問題である。基本方針，報告書や白書は厚生労働省のホームページで内容を確認する必要がある。

1 ✕ 「福祉の提供ビジョン」では，重層的支援体制整備事業の整備の必要性は示されていない。複雑化する支援ニーズ，質の高いサービスを効率的に提供する必要性の高まり，地域の支援ニーズの変化への対応などの社会的背景の中で，**全世代・全対象型の新しい地域包括支援体制を構築する必要性が示された。**

2 ✕ 地域包括ケアシステムが具体的に示されたのは，「地域力強化検討会」の中間とりまとめではない。地域包括ケアシステムは，2003年（平成15年）に高齢者介護研究会がまとめた**「2015年の高齢者介護〜高齢者の尊厳を支えるケアの確立に向けて〜」の中で初めて具体的な概念が示された。**

3 ◯ 「地域力強化検討会」の最終とりまとめでは，包括的な支援体制の整備の必要性が示された。「縦割り」を超えた相談支援体制，「支え手」と「受け手」が固定しない社会や制度づくり，**「他人事」であったさまざまな課題を「我が事」としてとらえる**ことができる地域づくりの実現を目指し，市町村における包括的な支援体制の構築などの方向性が示された。

4 ✕ 「ソーシャルワーク専門職である社会福祉士に求められる役割等について」では，社会福祉士の養成において特定の分野の専門性に特化することを求めていない。社会福祉士が，**分野横断的・業種横断的な関係者との関係形成や協働体制を構築し，それぞれの強みを発見して活用していく**ため，コーディネーションや連携，ファシリテーション，プレゼンテーション，ネゴシエーション（交渉），社会資源開発・社会開発などを行うとともに，地域の中で中核的な役割を担える能力を習得できる教育内容を提言している。

5 ✕ 「地域共生社会推進検討会」の最終とりまとめでは，生活困窮者自立支援法の創設の必要性は示されておらず，地域住民の複雑化・複合化した支援ニーズに対応する市町村における包括的な支援体制の構築を推進するため，**「断らない相談支援」「参加支援」「地域づくりに向けた支援」の三つの支援を一体的に行う新たな事業の創設が求められた。**なお，新たな生活困窮者支援制度の構築について，その必要性が示されたのは，社会保障審議会の「生活困窮者の生活支援の在り方に関する特別部会報告書」においてである。

解答 ❸

65 障害者福祉

⑲障害者に対する支援と障害者自立支援制度・問題56

☑ ☑ ☑

障害者福祉制度の発展過程に関する次の記述のうち，**最も適切なもの**を1つ選びなさい。

1 1960年（昭和35年）に成立した精神薄弱者福祉法は，ソーシャルインクルージョンを法の目的とし，脱施設化を推進した。

2 1981年（昭和56年）の国際障害者年では，「Nothing about us without us（私たち抜きに私たちのことを決めるな）」というテーマが掲げられた。

3 2003年（平成15年）には，身体障害者等を対象に，従来の契約制度から措置制度に転換することを目的に支援費制度が開始された。

4 2005年（平成17年）に成立した障害者自立支援法では，障害の種別にかかわらず，サービスを利用するための仕組みを一元化し，事業体系を再編した。

5 2013年（平成25年）に成立した「障害者差別解消法」では，市町村障害者虐待防止センターが規定された。

（注）「障害者差別解消法」とは，「障害を理由とする差別の解消の推進に関する法律」のことである。

Point 選択肢**1**・**2**の解説にある障害者の権利に関する条約については，障害者に関する初めての国際条約であり，市民的・政治的権利，教育・保健・労働・雇用の権利，社会保障，余暇活動へのアクセスなど，さまざまな分野における取組みを締約国に対して求めている。

1 ✕ 1960年（昭和35年）に成立した精神薄弱者福祉法（現・知的障害者福祉法）では，その目的を，「精神薄弱者に対し，その更生を援助するとともに**必要な保護を行ない**，もって精神薄弱者の福祉を図ること」としており（同法第1条），ソーシャルインクルージョンを目的として**脱施設化を推進しているとはいえない**。ソーシャルインクルージョンの理念は，障害者の権利に関する条約（障害者権利条約）に位置づけられており，日本では，条約の締結に先立ち，障害者基本法の改正，障害者自立支援法から障害者の日常生活及び社会生活を総合的に支援するための法律（障害者総合支援法）への改正，障害者差別解消法の制定などの法制度整備が行われた。

2 ✕ 1981年（昭和56年）の国際障害者年では，**「完全参加と平等」**というテーマが掲げられた。「Nothing about us without us」は，1980年代から障害者の当事者団体の間で使われ始めた言葉で，2004年（平成16年）の国際障害者デーの標語に選ばれている。また，最近では2006年（平成18年）の国連総会での，障害者の権利に関する条約の採択前の会合で，締めくくりの言葉として用いられた。条約の制定の過程では，世界中の障害当事者が参加し，発言する機会が設けられた。

3 ✕ 身体障害者等を対象に，**従来の措置制度から支援費制度に転換**することを目的に2000年（平成12年）に法改正が行われ，2003年（平成15年）4月から，支援費制度が開始された。なお，支援費制度とは，サービスの利用者とサービスを提供する施設・事業者が対等の関係に立って，契約に基づきサービスを利用するという制度である。

4 ◯ 2005年（平成17年）に成立した障害者自立支援法では，**障害の種別にかかわらず，サービスを利用するための仕組みを一元化**し，事業体系を再編した。障害者自立支援法は，障害者の地域生活と就労を進め，自立を支援する観点から，障害者基本法の基本的理念に則り創設された。

5 ✕ 2011年（平成23年）に成立した**障害者虐待の防止，障害者の養護者に対する支援等に関する法律（障害者虐待防止法）**において，市町村障害者虐待防止センターが規定された（同法第32条）。2013年（平成25年）に成立した障害者差別解消法では，障害を理由とする差別の解消の推進に関する基本的な事項，行政機関等及び事業者における障害を理由とする差別を解消するための措置等を定めている。

解答 ④

66 障害者福祉

[旧]障害者に対する支援と障害者自立支援制度・問題 57

☑☑☑

「障害者総合支援法」における介護給付費等の支給決定に関する次の記述のうち，**適切なもの**を**2つ**選びなさい。

1　市町村は，介護給付費等の支給決定に際して実施する調査を，指定一般相談支援事業者等に委託することができる。

2　障害児に係る介護給付費等の支給決定においては，障害支援区分の認定を必要とする。

3　就労定着支援に係る介護給付費等の支給決定においては，障害支援区分の認定を必要とする。

4　市町村は，介護給付費等の支給決定を受けようとする障害者又は障害児の保護者に対し，支給決定後に，サービス等利用計画案の提出を求める。

5　障害支援区分は，障害の多様な特性その他の心身の状態に応じて必要とされる標準的な支援の度合を総合的に示すものである。

（注）「障害者総合支援法」とは，「障害者の日常生活及び社会生活を総合的に支援するための法律」のことである。

Point　障害者総合支援法（以下，法）における介護給付費等の支給を受けようとする障害者又は障害児の保護者は，市町村による支給決定を受けなければならない（法第 19 条第 1 項）。支給決定は，原則として申請者である障害者又は障害児の保護者の居住地の市町村（居住地を有しない又は不明の場合には現在地の市町村）が行う（同条第 2 項）。

1 ○　市町村は，介護給付費等の支給決定に際して実施する調査を，指定一般相談支援事業者等に委託することができる（法第 20 条第 2 項後段）。このほか，市町村は，介護給付費等の支給決定に際して実施する調査を，指定障害者支援施設又はのぞみの園（新規認定に係る調査の委託はできない），指定特定相談支援事業者，介護保険法に規定する指定市町村事務受託法人に委託することができる（障害者総合支援法施行規則第 9 条）。

2 ×　障害児に係る介護給付費等の支給決定においては，**障害支援区分の認定を必要としない**。障害児については，①発達途上にあり時間の経過とともに障害の状態が変化することや，②乳児期については通常必要となる育児上のケアとの区別が必要なこと等検討課題が多く，さらには，③現段階では直ちに使用可能な指標が存在しないとの理由から，障害支援区分を設けていない（厚生労働省「介護給付費等に係る支給決定事務等について（事務処理要領）」）。

3 ×　就労定着支援は**訓練等給付費**の支給対象サービスであり，訓練等給付（入浴，排せつ又は食事等の介護を伴う共同生活援助を除く）の支給決定においては，**障害支援区分の認定を必要としない**（障害者総合支援法施行令第 10 条第 1 項）。このほか，障害支援区分の認定を必要としないサービスとしては，地域相談支援（地域移行支援及び地域定着支援）がある。

4 ×　市町村は，介護給付費等の支給決定を受けようとする障害者又は障害児の保護者に対し，**支給決定前**に，サービス等利用計画案の提出を求める（法第 22 条第 4 項及び第 5 項）。市町村は，サービス等利用計画案の提出があった場合には，当該サービス等利用計画案等を勘案して支給要否決定を行う（同条第 6 項）。

5 ○　障害支援区分は，障害の多様な特性その他の心身の状態に応じて必要とされる標準的な支援の度合を総合的に示すものである（法第 4 条第 4 項）。なお，障害支援区分の認定調査項目（80 項目）は，移動や動作等に関連する項目（12 項目），身の回りの世話や日常生活等に関連する項目（16 項目），意思疎通等に関連する項目（6 項目），行動障害に関連する項目（34 項目），特別な医療に関連する項目（12 項目）から構成されている（厚生労働省社会・援護局障害保健福祉部長通知「障害支援区分認定の実施について」（平成 26 年 3 月 3 日障発 0303 第 1 号））。

解答　1　5

67 障害者福祉

[旧]障害者に対する支援と障害者自立支援制度・問題 58

事例を読んで，これからの生活においてLさんが利用可能な「障害者総合支援法」に基づく障害福祉サービスとして，**適切なもの**を**2つ**選びなさい。

〔事　例〕

Lさん（30歳）は，視覚障害により障害等級1級の身体障害者手帳の交付を受けている。慣れた場所では白杖（はくじょう）を利用し単独で歩行でき，日中は一般就労に従事している。これまで実家暮らしで家族から介護を受けてきたが，職場近くの賃貸住宅を借り，そこで一人暮らしをしようと準備している。これからは，趣味や外食のため，行ったことがない所にも積極的に外出したいと考えている。Lさんの障害支援区分は3で，調理，洗濯，掃除等の家事援助を必要としている。

1　居宅介護
2　重度訪問介護
3　同行援護
4　行動援護
5　重度障害者等包括支援

Point　障害福祉サービスを必要としている利用者と，利用可能なサービスとを結びつける基本的な問題である。本事例では，「視覚障害」が重要なポイントとなる。まずは，障害者総合支援法（以下，法）に規定されているすべての障害福祉サービスの内容を理解することが求められる。その上で，個別の障害種別に限定されている又は利用にあたって一定以上の障害支援区分に該当していることとの規定があるサービスを整理して覚えることが重要である。

1 ○　Lさんは，慣れた場所では白杖を利用し歩行でき，同居している家族から介護を受けている状況である。Lさんは，調理，洗濯，掃除等の家事援助を必要としているため，居宅介護（法第5条第2項）の利用は適切である。なお，居宅介護は，障害支援区分1以上の者が対象となるサービスである。

2 ×　重度訪問介護（法第5条第3項）のサービス内容は，重度の肢体不自由その他の障害者であって常時介護を要するものについて，居宅又はこれに相当する場所における入浴，排せつ又は食事の介護その他の便宜及び外出時における移動中の介護を総合的に供与することと規定されている。**障害支援区分4以上の者で，二肢以上に麻痺等があり，障害支援区分の認定調査項目のうち「歩行」「移乗」「排尿」「排便」のいずれも「支援が不要」以外に認定されているものが対象となるサービスのため，Lさんは利用することができない。**

3 ○　同行援護（法第5条第4項）のサービス内容は，視覚障害により，移動に著しい困難を有する障害者等につき，外出時において，当該障害者等に同行し，移動に必要な情報を提供するとともに，移動の援護その他の便宜を供与することと規定されており，**視覚障害のあるLさんが利用できるサービスである。**同行援護については，障害支援区分の認定を必要としないものとされている。

4 ×　行動援護（法第5条第5項）のサービス内容は，知的障害又は精神障害により行動上著しい困難を有する障害者等であって常時介護を要するものにつき，当該障害者等が行動する際に生じ得る危険を回避するために必要な援護，外出時における移動中の介護その他の便宜を供与することと規定されている。障害支援区分3以上の者が対象となるサービスではあるものの，**Lさんの障害は，知的障害又は精神障害による行動障害ではなく，視覚障害であるため，サービスを利用することはできない。**

5 ×　重度障害者等包括支援（法第5条第9項）のサービス内容は，常時介護を要する障害者等であって，意思疎通を図ることに著しい支障があるもののうち，四肢の麻痺及び寝たきりの状態にあるもの並びに知的障害又は精神障害により行動上著しい困難を有するもの（障害者総合支援法施行規則第6条の2）につき，居宅介護その他の障害福祉サービスを包括的に提供することと規定されており，**障害支援区分6の者が対象となるサービスのため，Lさんは利用することができない。**

解答 1 3

68 障害者福祉

⓱障害者に対する支援と障害者自立支援制度・問題61

身体障害者福祉法に関する次の記述のうち，**正しいもの**を１つ選びなさい。

1 身体障害者福祉法の目的は，「身体障害者の更生を援助し，その更生のために必要な保護を行い，もつて身体障害者の福祉の増進を図ること」と規定されている。

2 身体障害者の定義は，身体障害者手帳の交付を受けたかどうかにかかわらず，別表に掲げる身体上の障害がある18歳以上の者をいうと規定されている。

3 身体障害者手帳に記載される身体障害の級別は，障害等級１級から３級までである。

4 都道府県は，身体障害者更生相談所を設置しなければならない。

5 市町村は，その設置する福祉事務所に，身体障害者福祉司を置かなければならない。

Point 身体障害者福祉法に関する問題である。身体障害者福祉法，知的障害者福祉法などに関する出題は多くないものの，定期的に出題されている。法の目的，「身体障害者」の定義，実施機関（身体障害者更生相談所），手帳制度についての基本的な知識が求められている。手帳制度については，申請から交付までの手続きについても押さえておく必要がある。また，障害の定義は，ほかの法律と比較して理解することも重要である。

1 ✕ 選択肢の記述は，**1949年（昭和24年）の身体障害者福祉法**（以下，法）**制定時の旧目的規定**である。現行法第１条（法の目的）に「この法律は，障害者の日常生活及び社会生活を総合的に支援するための法律と相まって，身体障害者の自立と社会経済活動への参加を促進するため，身体障害者を援助し，及び必要に応じて保護し，もって身体障害者の福祉の増進を図ることを目的とする」と規定している。

2 ✕ 身体障害者手帳の交付が要件となっているため，誤りである。法第４条（身体障害者）において，身体障害者を「別表に掲げる身体上の障害がある18歳以上の者であって，**都道府県知事から身体障害者手帳の交付を受けたものをいう**」と定義している。

3 ✕ **身体障害者手帳に記載される身体障害の級別は，障害等級１級から６級までである。**身体障害者福祉法施行規則別表第５号「身体障害者障害程度等級表」には，１級から７級までの級別があるが，７級に該当する障害は単独では手帳は交付されず，７級に該当する障害が二つ以上重複する場合又は７級に該当する障害が６級以上の障害と重複する場合に，手帳が交付される。なお，手帳に記載される障害等級が１級から３級までであるのは，精神障害者保健福祉手帳である。

4 ◯ 法第11条第１項において「都道府県は，身体障害者の更生援護の利便のため，及び市町村の援護の適切な実施の支援のため，必要の地に身体障害者更生相談所を設けなければならない」と規定している。身体障害者更生相談所では，広域的な見地からの実情把握に努めるほか，身体障害者に関する相談及び指導のうち，専門的な知識や技術を必要とするものを行ったり，身体障害者の医学的，心理学的及び職能的判定，補装具の処方及び適合判定などを行う。

5 ✕ 市町村が設置する福祉事務所においては，**身体障害者福祉司の設置は任意**となっているため誤りである。身体障害者福祉司に関する規定は，法第11条の２にあり，都道府県は「その設置する身体障害者更生相談所に，身体障害者福祉司を置かなければならない」（同条第１項）としており，**市町村は「その設置する福祉事務所に，身体障害者福祉司を置くことができる」**（同条第２項）とそれぞれ規定している。なお，知的障害者福祉法における知的障害者福祉司についても同様であり，都道府県の知的障害者更生相談所については必置，市町村の福祉事務所については任意設置である（知的障害者福祉法第13条第１項及び第２項）。

解答 4

69 障害者福祉

⑮障害者に対する支援と障害者自立支援制度・問題 62

「精神保健福祉法」に規定されている入院に関する次の記述のうち，**最も適切なものを 1 つ選び**なさい。

1 任意入院では，入院者から退院の申出があった場合，精神保健指定医の診察により，24 時間以内に限り退院を制限することができる。

2 応急入院では，精神科病院の管理者は，精神保健指定医の診察がなくても，72 時間以内に限り入院させることができる。

3 医療保護入院では，精神保健指定医の診察の結果，必要と認められれば，本人の同意がなくても，家族等のうちいずれかの者の同意に基づき入院させることができる。

4 医療保護入院では，精神保健指定医の診察の結果，必要と認められれば，本人の同意がなくても，本人に家族等がいない場合は検察官の同意により入院させることができる。

5 措置入院では，本人に自傷他害のおそれがあると認めた場合，警察署長の権限に基づき入院させることができる。

(注) 「精神保健福祉法」とは，「精神保健及び精神障害者福祉に関する法律」のことである。

💡 **Point** 精神保健福祉法（以下，法）に規定する入院形態に関する問題である。自発的入院である任意入院とそれ以外の非自発的入院の入院や退院に関する手続きについて，整理しておく必要がある。

---

1 ✕ 「24 時間以内」ではなく「72 時間以内」である。任意入院では，本人から退院の申出があった場合は退院させなければならないが（法第 21 条第 2 項），精神保健指定医の診察により，医療及び保護のために入院を継続する必要があると認めたときは，72 時間（特定医師による診察の場合は 12 時間）に限り，退院を制限することができる（同条第 3 項及び第 4 項）。

2 ✕ 精神保健指定医の診察が必要である。応急入院は，入院を必要とする精神障害者で，自傷他害のおそれはないが，任意入院を行う状態にない者であり，かつ，急速を要し，家族等の同意が得られない者が対象である（法第 33 条の 7 第 1 項）。入院に際しては，精神保健指定医又は特定医師の診察が必要である。要件を満たすと本人の同意がなくても入院させることができるが，入院期間は，精神保健指定医による診察の場合であっても 72 時間（特定医師の場合は 12 時間）に制限されている。

3 〇 医療保護入院は，入院を必要とする精神障害者で，自傷他害のおそれはないが，任意入院を行う状態にない者が対象である。精神保健指定医又は特定医師の診察及び家族等のうちいずれかの者の同意が必要である。これらの要件を満たした場合，本人の同意がなくてもその者を入院させることができる（法第 33 条第 1 項）。なお，入院期間については，2022 年（令和 4 年）の法改正により，入院させるにあたっては，3 か月以内の入院期間（通算の入院期間が 6 か月以上の場合は 6 か月以内の入院期間）を定め，また，一定期間ごとに入院の要否の確認を行うこととなった（2024 年（令和 6 年）4 月 1 日施行）。

4 ✕ 「本人に家族等がいない場合」は，「検察官の同意」ではなく，**本人の居住地を管轄する「市町村長の同意」**により，入院させることができる（法第 33 条第 2 項）。なお，2022 年（令和 4 年）の法改正により，家族等が同意又は不同意の意思表示を行わない場合においても，市町村長の同意により入院させることができるようになった（2024 年（令和 6 年）4 月 1 日施行）。

5 ✕ 「警察署長」ではなく「都道府県知事」である。措置入院は，2 人以上の精神保健指定医が，精神障害のため自傷他害のおそれがあると認めた場合に，都道府県知事の権限により行われる入院形態である（法第 29 条第 1 項及び第 2 項）。急速を要し，上記の手続きを採ることができない場合は，「緊急措置入院」として，1 人の精神保健指定医の判定により入院させることができるが（法第 29 条の 2 第 1 項），この場合，入院期間は 72 時間に制限される（同条第 3 項）。

解答 3

70 障害者福祉
📕就労支援サービス・問題145

「障害者雇用促進法」が定める雇用義務に関する次の記述のうち，**正しいものを1つ選びなさい。**

1 精神障害者保健福祉手帳の交付を受けている精神障害者は，雇用義務の対象となる。

2 雇用率のカウントに際し，重度の知的障害者を1人雇用したときは，重度以外の知的障害者を3人雇用したものとして扱われる。

3 民間企業の法定雇用率は，国・地方公共団体の法定雇用率より高く設定されている。

4 厚生労働大臣は，法定雇用率未達成の民間事業主の企業名を公表しなければならない。

5 地方公共団体は，法定雇用率未達成の場合に，不足する障害者数に応じて納付金を納付しなければならない。

(注)　「障害者雇用促進法」とは，「障害者の雇用の促進等に関する法律」のことである。

💡 **Point** 障害者雇用促進法に定められる雇用義務に関連する問題は頻出である。障害者が一般労働者と同じ水準において常用労働者となり得る機会を確保することを目的に，民間企業や国・地方公共団体等に対して，その常用労働者数に応じて雇用すべき障害者の割合（法定雇用率）を設定し，達成義務を課している。類似問題が第33回試験にも出題されており，法制度の全般的な理解が必要である。

---

1 ⭕ 雇用義務の対象となる障害者の範囲は，障害者雇用促進法（以下，法）第37条に規定されており，**身体障害者，知的障害者又は精神障害者のうち精神障害者保健福祉手帳の交付を受けている者に限られている**。法第2条第1項第1号の障害者の定義とは異なる点に留意する必要がある。

2 ❌ 雇用率のカウントに際し，重度の身体障害者及び重度の知的障害者を，週の所定労働時間が30時間以上の常用労働者として雇用した場合については，**1人をもって重度以外の障害者を2人雇用したものとみなされる**。これを**ダブルカウント**という。

3 ❌ 2021年（令和3年）3月1日から，民間企業の法定雇用率は**2.3％**，国及び地方公共団体等は**2.6％**，都道府県等教育委員会は**2.5％**となっており，民間企業の法定雇用率は，国・地方公共団体よりも**低く**設定されている*。

4 ❌ 厚生労働大臣は，法第47条に基づき，対象障害者の雇入れに関する計画の作成や変更を命じること，適正な実施について勧告することができ，事業主が正当な理由がなく，それに従わない場合には**企業名等を公表することができるが，義務ではない**。

5 ❌ 法定雇用率未達成の場合に，不足する障害者数に応じて納付金を納付しなければならないのは，**民間企業**である。これを**障害者雇用納付金制度**という。障害者雇用納付金制度は，民間企業同士において，障害者雇用に伴う経済的負担を調整し助成・援助を行う共同拠出制度であり，**地方公共団体は対象とされていない**。

解答 **①**

---

*　障害者の雇用の促進等に関する法律施行令の改正に伴い，2023年度（令和5年度）から法定雇用率の段階的な引き上げが行われている。2026年（令和8年）7月以降は，民間企業は2.7％，国及び地方公共団体等は3.0％，都道府県等教育委員会は2.9％に引き上げられることとなっている。

71 障害者福祉

[旧]障害者に対する支援と障害者自立支援制度・問題 59

「障害者総合支援法」等に基づく専門職などに関する次の記述のうち，**最も適切なものを 1 つ**選びなさい。

1 居宅介護従業者は，指定障害福祉サービスの提供に係る管理を行う者として配置されている。
2 相談支援専門員は，指定特定相談支援事業所において指定計画相談支援を行う者として配置されている。
3 相談支援専門員は，モニタリングに当たっては，1 年に 1 回，利用者宅を訪問し面接を行わなければならない。
4 児童発達支援管理責任者は，指定障害児相談支援事業所において障害児支援利用計画の作成を行う者として配置されている。
5 居宅介護従業者は，病院又は障害福祉施設への紹介その他の便宜の提供を行う者として配置されている。

Point 障害者総合支援法等に基づく専門職とその業務内容を問う問題である。障害児・者に対するサービスには，障害者総合支援法に規定されるサービスと，児童福祉法に規定されるサービスがある。したがって，それぞれの法律に基づく専門職を整理しながら理解することが求められる。

1 × 選択肢の「指定障害福祉サービスの提供に係る管理を行う者」は，居宅介護従業者ではなく，**サービス管理責任者**である。サービス管理責任者は，指定療養介護事業所などの指定障害福祉サービス事業所に必須配置の専門職である。なお，指定居宅介護事業所など，一部の指定障害福祉サービス事業所には，サービス管理責任者ではなく，サービス提供責任者が配置される。

2 ○ 相談支援専門員は，障害のある人が自立した日常生活や社会生活を営むことができるよう，障害福祉サービスなどの利用計画の作成や地域生活への移行・定着に向けた支援，住宅入居等支援事業や成年後見制度利用事業に関する支援など，障害のある人とその家族の全般的な相談支援を行う専門職である。指定特定相談支援事業所には，相談支援専門員が配置され，サービス等利用計画（案）を作成するなどの指定計画相談支援を行う。

3 × 相談支援専門員が行うモニタリングには標準期間が定められており，**新たにサービスを利用する場合は 1 か月ごと（利用開始から 3 か月のみ）**とされているほか，利用者の心身の状況や置かれている環境，利用しているサービスの種類などによって，**1 か月に 1 回**の場合，**3 か月に 1 回**の場合，**6 か月に 1 回**の場合がある。

4 × 児童発達支援管理責任者は，児童福祉法に規定されている**児童発達支援センターや放課後等デイサービスなどの事業所に配置され**，障害児や保護者へのアセスメントに基づき**通所支援計画（児童発達支援計画や放課後等デイサービス計画など）を策定し**，支援の質の管理や支援に伴う連携や相談を行う専門職である（児童福祉法に基づく指定通所支援の事業等の人員，設備及び運営に関する基準第 3 条第 1 項，第 27 条第 1 項ほか）。なお，選択肢にある「障害児支援利用計画の作成を行う者」とは，**指定障害児相談支援事業所に配置される相談支援専門員**である。

5 × 居宅介護従業者は，障害者等の**居宅へ訪問し，入浴，排せつ又は食事などの介護を行う者**で，居宅介護従業者養成研修の課程を修了した旨の証明書の交付を都道府県知事から受けた者である。

解答 2

72 障害者福祉
⑬障害者に対する支援と障害者自立支援制度・問題60

事例を読んで，この段階においてU相談支援事業所のM相談支援専門員（社会福祉士）が行う支援の内容として，次のうち**最も適切なもの**を1つ選びなさい。

〔事 例〕

U相談支援事業所のM相談支援専門員は，V精神科病院の地域医療連携室に勤務するA精神保健福祉士から，精神障害者のBさん（50歳代）の今後の生活について，相談を受けた。Bさんは，V精神科病院において約10年にわたって入院生活を送ってきた。現在，症状は安定しているが，身寄りもなく，帰る場所もない状態であり，聞かれれば，「可能なら就労したい」と答える。そこで，M相談支援専門員は，A精神保健福祉士と連携しつつ，Bさんとの定期的な面接による相談を行い，これからの生活を一緒に考えることになった。

1 地域移行支援による退院支援
2 地域定着支援による退院支援
3 公共職業安定所（ハローワーク）を利用した求職活動の支援
4 障害者就業・生活支援センターによる職業準備訓練を受けるための支援
5 後見開始の審判申立て支援

> **Point** 事例では，利用者のニーズを明確にとらえ，必要とするサービスや支援者に結びつけることが求められる。本問では，相談支援事業所の相談支援専門員（社会福祉士）が，現在，症状が安定しているBさんに対して行う支援の内容が問われている。

1 **○** 地域移行支援は，障害者支援施設等又は精神科病院に入所・入院している障害者に対して，住居の確保に関する相談や障害者福祉サービスの体験利用，体験型宿泊のサポートなどを行うことで，地域における生活に移行できるようにするための支援である（障害者総合支援法第5条第20項）。Bさんは現在，症状が安定しているため，まずは地域で生活することを目標に，地域移行支援による退院支援を，A精神保健福祉士と連携しながら進めていくことが求められる。

2 **✕** 地域定着支援とは，居宅において単身等で生活する障害者に対して，常時の連絡体制を確保し，障害の特性に起因して生じた緊急の事態等の場合に相談等の支援を行うことである（同条第21項）。Bさんは，現在，精神科病院に入院しているため，地域定着支援の対象とはならない。

3 **✕** 約10年間精神科病院に入院しているBさんに，公共職業安定所（ハローワーク）を利用した求職活動の支援を開始することは時期尚早である。事例に「聞かれれば，『可能なら就労したい』と答える」とあるが，現在もなお入院中のBさんの一番のニーズが「求職活動の支援」であるとは判断し難い。

4 **✕** 障害者就業・生活支援センターは，障害者の職業生活の自立を目的として，雇用や保健，福祉，教育などの地域のさまざまな関係機関と連携し，障害者の住む地域で就業面と生活面の両方における一体的な支援を行う機関である（障害者の雇用の促進等に関する法律（障害者雇用促進法）第27条及び第28条）。Bさんは精神科病院に入院中であり，具体的にどのような職業に就きたいなどの意思を明確に示していない。そのため，この段階で「職業準備訓練を受けるための支援」を行うことは時期尚早である。

5 **✕** Bさんの症状は「安定して」おり，直ちに後見開始の審判申立てが必要であるとはいえない。「これからの生活」について，Bさん自身が検討できるよう，成年後見制度をはじめとする社会資源の情報提供が求められる。なお，報酬を得ることを目的として，社会福祉士が申立てにかかる書類作成等の具体的な手続きを行う行為（申立支援）を業として行うことは，非弁行為（弁護士法第72条）または非司行為（司法書士法第73条）に抵触する行為であり，できないとされている。支援の過程で，申立支援が必要な場合には弁護士，司法書士と連携を図る。

解答 **1**

73 刑事司法と福祉

[旧]更生保護制度・問題 149

☑☑☑

更生保護における就労支援に関わる機関・団体に関する次の記述のうち，**最も適切なものを１つ**選びなさい。

1　保護観察所は，保護観察対象者の補導援護として，必要に応じて職業のあっせんを行っている。

2　保護観察対象者は，公共職業安定所（ハローワーク）において，補導援護を受けることが義務化されている。

3　公共職業安定所（ハローワーク）は，協力雇用主に対し，保護観察対象者の雇用を命ずることができる。

4　保護観察所は，協力雇用主に対し，刑務所出所者のみを雇用することを命ずることができる。

5　公共職業安定所（ハローワーク）は，個々の保護観察対象者に対し，求人開拓から就職まで総合的な就労支援を行っている。

Point　刑務所出所者等に対する就労支援を行うにあたり，公共職業安定所（ハローワーク）との連携による支援の実施を問う問題である。刑務所出所者等に対する就労支援は，従来から協力雇用主の協力を得て行われてきたが，近年の雇用情勢の厳しさから，2006 年（平成 18 年）より，法務省と厚生労働省が連携して「刑務所出所者等総合的就労支援対策」を実施している。これは，矯正施設，保護観察所及び公共職業安定所等が連携する仕組みを構築した上で，矯正施設入所者に対して公共職業安定所職員による職業相談，職業紹介，職業講話等を行うものである。社会的に排除された刑務所出所者等が地域の中で立ち直る有効な方法は就労支援であるといわれていることからも，「刑務所出所者等総合的就労支援対策」の内容について理解しておきたい。

1 ×　保護観察所は，補導援護の一つとして保護観察者の職業を補導し，就職を助けることを行う（更生保護法第 58 条第 3 号）が，職業のあっせんは専門機関である**公共職業安定所（ハローワーク）**が行っている。ここでいう職業のあっせんとは，求人者と求職者との間をとりもって，雇用関係の成立が円滑に行われるように第三者として世話することを指す。

2 ×　保護観察対象者の就労支援を行うにあたって，公共職業安定所（ハローワーク）は有力な社会資源であるが，保護観察における補導援護は，援助的・福祉的な性格を有する取組みのことをいい，**保護観察所及び保護司**によって行われるものである。**公共職業安定所（ハローワーク）によって行われるものではない**ため，適切ではない。

3 ×　公共職業安定所（ハローワーク）が協力雇用主に対し，**就労支援の協力を求める**ことはあるが，**保護観察対象者等の雇用を命ずることはできない**。協力雇用主とは，犯罪や非行歴のために仕事に就くことが難しい人の事情を理解し，雇用することで立ち直りを支援する事業主をいう。

4 ×　保護観察所が協力雇用主に対し，刑務所出所者等の**就労支援の協力を求める**ことはあるが，**刑務所出所者等を雇用することを命ずることはできない**。

5 ○　「刑務所出所者等総合的就労支援対策」の一環として，公共職業安定所（ハローワーク）は，保護観察対象者や更生緊急保護の対象者に対して，職業相談・職業紹介，求人情報や職業に関する情報提供を行うほか，①予約制のマンツーマンによる求人開拓から就職までの一貫した支援，②セミナー・事業所見学会，③職場体験講習，④トライアル雇用，④身元保証制度等の支援を実施している。

解答 5

74 刑事司法と福祉

⑮更生保護制度・問題148

事例を読んで，X保護観察所が行うことができる措置に関する次の記述のうち，**正しいもの**を1つ選びなさい。

〔事 例〕

少年院に収容されているMさん（17歳）は，親元に帰住することが難しいため，親元以外への帰住を希望している。X保護観察所はどのような措置をとるか検討した。

1　Mさんの少年院入院中に，釈放後の住居を確保することを調整する。

2　Mさんの仮退院を許可する。

3　Mさんの仮退院時に特別遵守事項を定める。

4　Mさんの少年院入院中に，一般遵守事項から住居に関する事項を削除する。

5　Mさんの仮退院時に保護観察期間を定める。

Point 少年院在院少年の生活環境調整における保護観察所のかかわりについての事例問題である。生活環境調整は，矯正施設収容者や保護観察付執行猶予者に対して，その改善更生と社会復帰を円滑に行うために生活環境を整えることを指す。その具体的な内容・それにかかわる人・その手続き等について，参考書を通じた学習に加えて，更生保護法の該当条文を確認することで，より理解が深まるだろう。

1　○　更生保護法第82条第1項において，「保護観察所の長は，**刑の執行のため刑事施設に収容されている者又は刑若しくは保護処分の執行のため少年院に収容されている者**について，その社会復帰を円滑にするため必要があると認めるときは，その者の家族その他の関係人を訪問して協力を求めることその他の方法により，**釈放後の住居，就業先その他の生活環境の調整を行うものとする**」と規定されている。釈放後，適切な生活環境が準備されていないと，再び非行や犯罪に至る要因ともなり得るため，住居の確保などといったMさんの生活環境調整は，少年院入院中に行うことが求められる。

2　✕　少年院からの仮退院を許可するのは，保護観察所ではなく**地方更生保護委員会**である（更生保護法第41条）。

3　✕　更生保護法第52条第2項において，「地方委員会は，少年院仮退院者又は仮釈放者について，保護観察所の長の申出により，法務省令で定めるところにより，決定をもって，特別遵守事項を定めることができる」と規定されている。少年院からの仮退院時に特別遵守事項を定めるのは**地方更生保護委員会**であり，保護観察所の長はその申請を行うことになる。

4　✕　一般遵守事項は**保護観察対象者全員に共通して定められる遵守事項**であり，住居に関する事項を**削除することはできない**（更生保護法第50条）。一方，保護観察所の長の申出により，少年院仮退院者又は仮釈放者について定められた特別遵守事項が必要なくなったと認められるときは，法務省令で定めるところにより，地方更生保護委員会がそれを削除することができる（更生保護法第53条第2項）。

5　✕　少年院からの仮退院を決定するのは**地方更生保護委員会**であり，少年院仮退院者の保護観察は仮退院期間中に行われることになっている（更生保護法第41条及び第42条）。

解答 **1**

75 刑事司法と福祉

[旧]更生保護制度・問題 147

保護観察に関する次の記述のうち，**正しいものを 1 つ**選びなさい。

1 保護観察処分少年の保護観察の期間は，少年の希望を反映して決定される。

2 保護観察所の長は，保護観察処分少年について，保護観察を継続する必要がなくなったと認めるときは，保護観察を解除する。

3 保護観察所の長は，少年院仮退院者について，少年院に戻して収容する旨の決定をすることができる。

4 仮釈放を許された者は，仮釈放の期間満了後，保護観察に付される。

5 懲役刑の全部の執行を猶予された者は，被害者の請求により保護観察に付される。

Point 保護観察に関する設問は頻出である。保護観察の種類（保護観察処分少年（1号観察）・少年院仮退院者（2号観察）・仮釈放者（3号観察）・保護観察付執行猶予者（4号観察）・婦人補導院仮退院者[*1]（5号観察））・期間・具体的な内容・手続き等について，過去問や『受験ワークブック』といった参考書で学習を進めつつ，『犯罪白書』や更生保護法等の関連法の該当条文を確認すると知識が定着するだろう。

1 ✕ 保護観察処分少年の保護観察の期間は，**原則として少年が 20 歳に達するまで（その期間が 2 年に満たない場合には 2 年間）**であり（更生保護法第 66 条），少年の希望を反映して決定されるものではない。

2 ○ 更生保護法第 69 条において，「**保護観察所の長は，保護観察処分少年について，保護観察を継続する必要がなくなったと認めるときは，保護観察を解除する**ものとする」と規定されている。なお，保護観察処分少年の保護観察の一時解除も，保護観察所の長が行うことになっている（更生保護法第 70 条）。

3 ✕ 地方更生保護委員会は，保護観察所の長の申出により，少年院仮退院者が遵守事項を遵守しなかったと認めるときは，当該少年院仮退院者を少年院に送致した家庭裁判所に対して，その者を少年院に戻して収容する旨の決定の申請をすることができる（更生保護法第 71 条）。そして，その申請を受けた**家庭裁判所は，その申請にかかる当該少年院仮退院者について，相当と認めるときはその者を少年院に戻して収容する旨の決定をすることができる**（更生保護法第 72 条）。

4 ✕ 更生保護法第 40 条において，「仮釈放を許された者は，**仮釈放の期間中**，保護観察に付する」と規定されている。

5 ✕ 懲役刑[*2]の全部の執行を猶予された者は，**裁判所の裁量**によって保護観察に付されることがある（刑法第 25 条の 2）。

解答 2

＊1　2024 年（令和 6 年）4 月 1 日より，婦人補導院は廃止された。
＊2　2025 年（令和 7 年）6 月 1 日施行の改正刑法により，懲役と禁錮が一元化され，「拘禁刑」となる。

76 刑事司法と福祉

🅑更生保護制度・問題 150

「医療観察法」が定める医療観察制度に関する次の記述のうち，**最も適切なもの**を１つ選びなさい。

1　対象となる行為は，殺人，放火，強盗，強制わいせつ，強制性交等及び傷害等に当たる行為である。

2　社会復帰調整官は，各地方裁判所に配属されている。

3　入院決定を受けた者に対して医療を実施する指定入院医療機関は，都道府県知事が指定した病院である。

4　通院決定がなされた場合，指定通院医療機関による医療を受けることができる期間の上限は 10 年である。

5　地域社会における精神保健観察は，保護観察官と保護司が協働して実施すると規定されている。

(注)　「医療観察法」とは，「心神喪失等の状態で重大な他害行為を行った者の医療及び観察等に関する法律」のことである。

💡**Point**　医療観察制度の基本的な知識が問われている。医療観察制度の概要を理解していれば，正答できたであろう。医療観察制度の概要の学習は必須であり，医療観察法の目的や対象者，対象行為，処遇の流れを押さえておくとともに，保護観察所の役割と社会復帰調整官の業務内容について理解しておくことが求められる。

1　**◯**　医療観察制度は，心神喪失又は心神耗弱の状態で重大な他害行為を行った人の社会復帰を促進することを目的としている。「重大な他害行為」とは，他人に害を及ぼす行為のことであり，**殺人，放火，強盗，強制性交等，強制わいせつ*，傷害（軽微なものは除く）に当たる行為**をいう（医療観察法（以下，法）第１条及び第２条）。

2　**✕**　社会復帰調整官は，**保護観察所**に配属されている。精神障害者の保健及び福祉等に関する専門的知識に基づき，心神喪失等の状態で重大な他害行為を行った人の社会復帰を促進するため，生活環境の調査や調整，精神保健観察等の業務を行う（法第 19 条及び第 20 条）。

3　**✕**　入院決定を受けた者に対して医療を実施する指定入院医療機関は，**厚生労働大臣**が指定する（法第２条第４項）。指定入院医療機関の指定は，国，都道府県又は都道府県若しくは都道府県及び都道府県以外の地方公共団体が設立した特定地方独立行政法人が開設する病院であって厚生労働省令で定める基準に適合するものの全部又は一部について，その開設者の同意を得て，厚生労働大臣が行うとしている（法第 16 条第１項）。

4　**✕**　法に定める通院期間は，地方裁判所の通院決定から**原則３年**である。３年を経過してなお，医療観察法による通院が必要と認められた場合には，地方裁判所の決定により**２年を超えない範囲で，通院期間を延長することができる**（法第 44 条）。通院処遇は，通算して５年とされており，原則，それ以上の延長は認められない。

5　**✕**　精神保健観察は**社会復帰調整官**が行うものであり，保護観察官と保護司は関与しない。精神保健観察とは，地域において継続的な医療を確保することを目的として，社会復帰調整官が，本人の通院状況や生活状況を見守り，必要な指導その他の措置を講ずるものである（法第 106 条第２項）。

解答　**1**

---

*　2023 年（令和５年）の刑法改正により，「強制性交等」は「不同意性交等」に，「強制わいせつ」は「不同意わいせつ」にそれぞれ改められた。

77 ソーシャルワークの基盤と専門職

[旧]相談援助の基盤と専門職・問題 91

次の記述のうち，社会福祉士に関する説明として，**適切なもの**を **2 つ**選びなさい。

1 虐待に関わる相談は，社会福祉士が独占している業務である。
2 社会福祉士は，特定の職種の任用資格になっている。
3 社会福祉士の名称は，国家試験の合格をもって使用することができる。
4 社会福祉士でない者が社会福祉士の名称を使用した場合に罰則がある。
5 介護老人保健施設に社会福祉士を置かなければならない。

Point 社会福祉士は，社会福祉士及び介護福祉士法において定められている国家資格である。その資格の性質は，業務独占ではなく名称独占という位置づけにあるが，近年は社会福祉士の資格を有することを条件に職員を雇用する施設・機関も少なくない。本問は，国家資格としての社会福祉士の法規定を問いつつ，名称独占としての性質と現状についての理解を確認している問題である。

1 × 児童や高齢者など，虐待に対する支援に社会福祉士が関わることは多々あるが，**業務独占として法的に位置づけられているわけではない**。近年では，例えば児童福祉司の採用時に社会福祉士の資格を求めることもあるが，法的には，社会福祉士であることは任用の一つの要件であっても絶対的なものではない。虐待に対する支援において，社会福祉士でなければならないかどうかは，その支援施設や機関等の裁量次第という現状である。

2 ○ 選択肢のとおり。例えば，児童福祉法第 12 条の 3 第 2 項では，児童相談所の所長についての任用要件が規定されており，その一つに社会福祉士が位置づけられている（同項第 3 号）。ほかにも，身体障害者福祉法第 12 条第 1 項第 4 号や，知的障害者福祉法第 14 条第 1 項第 4 号において，それぞれ身体障害者福祉司と知的障害者福祉司の任用要件の一つに社会福祉士が規定されている。相談援助を担う職種において，社会福祉士が任用資格の一つとして規定されていることが多い。

3 × 社会福祉士の国家試験に合格すると，厚生労働大臣より合格証書が交付される。同時に，社会福祉士登録申請書も送付され，合格者は申請書に必要事項を記載，提出することになる。厚生労働大臣が申請書を審査し，社会福祉士となる資格を有すると認められれば，社会福祉士登録簿に登録，当該申請者に社会福祉士登録証が交付される。**登録簿に登録され，登録証が交付されて初めて社会福祉士の名称を使用することができる**。

4 ○ 社会福祉士及び介護福祉士法第 48 条において，**「社会福祉士でない者は，社会福祉士という名称を使用してはならない」**と規定されている。また，同法第 53 条において，**この規定に違反した者は，30 万円以下の罰金に処する**と規定されている。そのほか，例えば秘密保持義務違反などに対しては，懲役*や罰金などの罰則が規定されている一方で，信用失墜行為に関しての罰則規定は設けられていない。

5 × 介護老人保健施設も含め，**施設の人員配置基準において，社会福祉士を必置で規定しているものはない**。地域包括支援センターは，社会福祉士の設置を規定しているが，人員の確保が困難である場合には，社会福祉士に準ずる者（福祉事務所での現業員等の業務経験が 5 年以上又は介護支援専門員の業務経験が 3 年以上あり，かつ，高齢者の保健福祉に関する相談援助業務に 3 年以上従事した経験を有する者）の配置も可能とされている。

解答 2 4

＊ 2025 年（令和 7 年）6 月 1 日施行の改正刑法により，懲役と禁錮が一元化され，「拘禁刑」となる。

78 ソーシャルワークの基盤と専門職

⑯相談援助の基盤と専門職・問題 92

次のうち、「ソーシャルワーク専門職のグローバル定義」（2014 年）に関する記述として、**最も適切なもの**を 1 つ選びなさい。

1 本定義は、各国および世界の各地域を問わず、同一であることが奨励されている。

2 ソーシャルワーク専門職は、社会変革を任務とするとともに社会的安定の維持にも等しく関与する。

3 ソーシャルワークの原則において、マイノリティへの「多様性の尊重」と「危害を加えない」ことは、対立せずに実現可能である。

4 ソーシャルワークの研究と理論の独自性は、サービス利用者との対話的過程とは異なるところで作り上げられてきた。

5 ソーシャルワークの焦点は多様であるが、実践における優先順位は固定的である。

(注)「ソーシャルワーク専門職のグローバル定義」とは、2014 年 7 月の国際ソーシャルワーカー連盟（IFSW）と国際ソーシャルワーク学校連盟（IASSW）の総会・合同会議で採択されたものを指す。

Point 「ソーシャルワーク専門職のグローバル定義」（以下、グローバル定義）は、ソーシャルワーカーとしての社会福祉士がよって立つ基盤である。グローバル定義では、その注釈において、ソーシャルワーク専門職として中核となる任務や原則、また、ソーシャルワークの知や実践が説明されている。本問は、グローバル定義の基本的方向性や具体的な内容、さらには定義にあるそれぞれの説明に対して、矛盾する解釈を行わないための理解を促している問題である。

---

1 ✕ グローバル定義に**「この定義は、各国および世界の各地域で展開してもよい」**とあるように、グローバル定義に反しない範囲で、それぞれの国や地域は、その置かれた社会的・政治的・文化的状況に応じた独自の定義を作ることができるようになった。つまり、グローバル（世界）・リージョナル（地域）・ナショナル（国）という三つのレベルをもつ重層的な定義を想定している。

2 〇 **社会変革**は、グローバル定義で強く求められているソーシャルワークの中核的任務の一つである。同時に、本定義においては、特定の集団を周縁化したり、排除又は抑圧したりするなどの手段にソーシャルワークが利用されないという場合に限定して、**社会的安定の維持に等しく関与する**と説明されている。それゆえ、**社会変革と社会的安定の維持は、矛盾することなく成り立つ**と理解することができる。

3 ✕ ソーシャルワークの原則として示されている**「多様性の尊重」**と**「危害を加えない」**ことは、マイノリティの権利が文化の名において侵害される場合などに、**対立し、競合する価値観となる**ことがある。ソーシャルワーカーの教育においては、このような複雑な問題に対処するため、基本的人権アプローチに基づくべきであると考えられている。

4 ✕ グローバル定義のソーシャルワークの知の説明において、ソーシャルワークの研究と理論の独自性は、その応用性と解放志向性にあるとされている。そして、**多くのソーシャルワークの研究と理論は、サービス利用者との双方向性のある対話的過程を通して共同で作り上げられてきた**ものであり、それゆえに特定の実践環境に特徴づけられると示されている。

5 ✕ ソーシャルワークの焦点が多様であることは間違いなく、その実践は、カウンセリングやコミュニティワーク、政治的介入など多岐にわたる。ただし、ソーシャルワークの実践が何を優先するかに関しては、国や時代、さらには、歴史的・文化的・政治的・社会経済的条件によって多様であるため、**実践での優先順位は流動的である**と考えなければならない。

解答 2

79 ソーシャルワークの基盤と専門職

[旧]相談援助の基盤と専門職・問題 94

事例を読んで，Z障害者支援施設のF生活支援員（社会福祉士）がこの時点で行う支援方針の見直しに関する次の記述のうち，**最も適切なものを1つ**選びなさい。

〔事　例〕

知的障害のあるGさん（35歳）は，日頃から言語的コミュニケーションは難しいところがあるが，Z障害者支援施設から離れた場所にある生家に一時外泊を行った。Gさんが施設に戻った際に，Gさんの家族から，外泊中の様子を伝えられた。自分から気に入った場所に遊びに出掛けたり，簡単な食事は自分で用意したりしていたとのことであった。F生活支援員にとっては，施設ではこれまで見掛けたことのなかったGさんの様子であった。

1　Gさんの支援は，施設と自宅では環境が異なるため，施設の事情や制約に合わせた支援を行うことを再確認する。

2　Gさんの施設での生活では，職員が考えるGさんの最善の利益に関する事柄を優先的に取り入れる。

3　Gさんの興味が広がるよう，Gさんの理解力や意思決定の力を考慮して，思いや選好を確認するよう努める。

4　家族から聞いた話を基に，Gさんの支援に，自立に向けたプログラムとして施設内で実施している料理教室への参加を組み入れる。

5　Gさんの短期的な支援目標を，施設に近接する共同生活援助（グループホーム）への移行に改める。

Point　障害者の意思決定に関連する事例問題である。施設でのふだんの様子と，外泊時のGさんの行動の変容をソーシャルワーカーが適切にとらえ，可能な限り本人が自ら意思決定できるような支援を考える必要がある。

1 ×　自宅とは環境の異なる施設であっても，支援にあたっては，意思決定支援を通じた本人の自己決定に基づき行うことが原則である。施設の事情や制約に合わせた支援を行うことは望ましくない。

2 ×　障害者本人への支援は，意思決定が反映された自己決定に基づき行うことが原則である。意思決定支援によって確認又は推定された本人の意思，本人の最善の利益と判断された内容を反映したサービス等利用計画や個別支援計画（意思決定支援計画）を作成し，本人の自己決定に基づくサービスの提供を行うことが重要である。

3 ○　理解力や意思決定の力を考慮した支援方針の見直しとして，**Gさんの思いや選好を確認するよう努めることは重要である**。意思決定支援では，障害者への支援の原則は自己決定の尊重であることを前提として，本人の意思確認や選好推定，最善の利益を検討する必要がある。

4 ×　家族から聞いた話だけを基に，自立に向けた料理教室プログラムへの参加を組み入れるのは，支援方針の見直しとしてはふさわしくない。**意思決定支援によって確認又は推定された本人の意思決定に基づくサービスの提供を行うことが重要である**。ただし，意思決定支援を進めるためには，本人のこれまでの生活環境や生活史，家族関係，人間関係，嗜好等の情報を把握しておくことが必要であり，家族も含めた本人のこれまでの生活の全体像を理解することは，本人の意思を推定するための手がかりとなる。

5 ×　短期的な支援目標として，共同生活援助への移行に改めるのは，支援方針の見直しとしてはふさわしくない。まずはGさんの意向などを確認するべきである。Gさんの意向を確認せずに，短期的な支援目標を共同生活援助への移行に改めるのは適切ではない。

解答 3

80 ソーシャルワークの基盤と専門職

⑬相談援助の基盤と専門職・問題93

19世紀中期から20世紀中期にかけてのソーシャルワークの形成過程に関する次の記述のうち，**最も適切なもの**を1つ選びなさい。

1 エルバーフェルト制度では，全市を細分化し，名誉職である救済委員を配置し，家庭訪問や調査，相談を通して貧民を減少させることを目指した。

2 セツルメント運動は，要保護者の個別訪問活動を中心に展開され，貧困からの脱出に向けて，勤勉と節制を重視する道徳主義を理念とした。

3 ケースワークの発展の初期段階において，当事者を主体としたストレングスアプローチが提唱された。

4 ミルフォード会議では，それまで分散して活動していたソーシャルワーク関係の諸団体が統合された。

5 全米ソーシャルワーカー協会の発足時には，ケースワークの基本的な事柄を広範囲に検討した結果として，初めて「ジェネリック」概念が提起された。

Point ソーシャルワークの形成過程は，産業革命の諸問題を解決する活動から発展し，20世紀に体系化される。ソーシャルワークは，複数の学問分野をまたぎ，その境界を超えていくものであり，広範な科学的諸理論及び研究を利用する。ゆえに，ソーシャルワーカーが専門職であるために，ソーシャルワークの源流とともに形成過程を学ぶことは大切である。歴史学習は，単に変遷を学ぶのではなく，その変遷の意味と現代社会への必需性を探究することに意義がある。

---

1 **○** エルバーフェルト制度とは，1852年からドイツのエルバーフェルト市で実施された救貧制度である。全市を546区に分け，各地区にボランティアの救済委員を配置し，貧困家庭の訪問，調査，相談などの援助を行った。ドイツの多くの都市の救貧制度に大きな影響を与えたばかりでなく，欧米諸国からも注目された。日本における<u>民生委員制度</u>の原型もここに求められている。

2 **×** 選択肢は，<u>慈善組織協会（COS）</u>に関する記述である。セツルメント運動は，知識人や学生，宗教家たちが，スラム街などの貧しい地域へ移住し，社会的に弱い立場にある人たちやその家族と生活をともにしながら，生活実態を学び，その解決方策を探っていくものである。

3 **×** 当事者を主体としたストレングスアプローチは，<u>1980年代頃から広まった新しいモデル</u>である。20世紀に入り，客観的事実に依拠した専門的なアプローチの必要性が認識されるなか，クライエント個人や家族，地域に見出せる強さに焦点を当てて問題解決を行うストレングスアプローチや実践モデルが展開されてきた。

4 **×** 選択肢は，<u>全米ソーシャルワーカー協会の発足時</u>に関する説明である。全米ソーシャルワーカー協会は1955年に結成され，既存のソーシャルワーク関係7団体を吸収統合することにより，専門職の統一的組織となった。ソーシャルワーカーが専門職として成立していく過程において，その実践を全体的にとらえ，共通基盤を明確にすることは不可避の課題であったが，協会の結成を直接的な契機として，ソーシャルワークの統合化への動きに一気にはずみがついた。

5 **×** 選択肢は，<u>ミルフォード会議</u>に関する説明である。ミルフォード会議とは，1923年から1928年にかけて，アメリカのペンシルバニア州ミルフォード市でケースワークの六つの全国組織により開催されていた会議である。1929年のミルフォード会議の報告書において，初めて「ジェネリック」という概念が登場し，ソーシャルワークの統合化へのさきがけとなるものとして評価された。

解答 1

565

81 ソーシャルワークの基盤と専門職

旧相談援助の基盤と専門職・問題 95

リッチモンド（Richmond, M.）の人物と業績に関する次の記述のうち，**適切なものを2つ選び**なさい。

1 ケースワークの専門職としてニューヨーク慈善組織協会に採用された。

2 ケースワークの体系化に貢献したことから，後に「ケースワークの母」といわれた。

3 社会改良を意味する「卸売的方法」は，個別救済を意味する「小売的方法」の始点であり終点であると位置づけた。

4 『社会診断』において，ケースワークが社会的証拠の探索と収集を重視することに対して，異議を唱えた。

5 『ソーシャル・ケース・ワークとは何か』において，ケースワークを人間と社会環境との間を調整し，パーソナリティを発達させる諸過程と定義した。

Point 先駆者たちの言動にふれ，社会福祉の歴史や成り立ちの本質をつかむことは，社会福祉の「現在」と「これから」を考える上で大切な知見となる。本問は，19世紀後半に全米各地に普及した「慈善組織協会（COS）」を舞台にして活躍し，ケースワークの体系を築くとともにソーシャルワークの専門職化に先鞭をつけた，リッチモンドに関する設問である。

---

1 ✕ リッチモンドは，1889年に**アメリカのボルティモア慈善組織協会の会計補佐として採用され**，2年後には財政管理に卓抜した能力を発揮し，総主事（事務局長）になった。リッチモンドに任された仕事は会計だけにとどまらず，地区のケース会議に参加したり，直接友愛訪問をしたりと，幅広く活動した。リッチモンドは，友愛訪問による個人へのはたらきかけに始まり，慈善活動の全体的視野に立ち，新しい資源の開発や社会改良の運動にもかかわった。

2 ◯ リッチモンドは，慈善組織協会を舞台にして活躍し，ケースワーク理論の体系を築いた。1917年に『社会診断』，1922年に『ソーシャル・ケース・ワークとは何か』を出版し，その業績は語り継がれ，後に「**ケースワークの母**」と呼ばれるようになった。

3 ✕ リッチモンドは，「卸売的方法」だけが社会改良ではなく，個人に対するはたらきかけである「小売的方法」も社会環境を改革する一つの形態であると位置づけた。そして，二つの方法の展開を従えたソーシャルワークの機能を，人間と環境の双方に，バランスよく注視することの重要性を示唆した。

4 ✕ リッチモンドは，ケースワークにおいて**社会的証拠の探索と収集を重視した**。リッチモンドが『社会診断』で成し遂げようとしたことは，ケースワーカーが共通に所有できる知識・方法を確立し，ケースワークを専門的な水準に高め，次世代のソーシャルワーカーを養成するために知識と方法を伝えることであった。リッチモンドは，ケースワークを「社会的証拠」の収集から始め，「比較・推論」を経て「社会診断」を導き出す過程として規定している。

5 ◯ リッチモンドは，『ソーシャル・ケース・ワークとは何か』において，ケースワークを「**人間と社会環境との間を個別に，意識的に調整することを通してパーソナリティを発達させる諸過程から成り立っている**」と定義した。また，リッチモンドは，人を「社会的諸関係の総体」からなるものとしてとらえ，その「社会的諸関係」を調整することによってクライエントのパーソナリティの発達を図っていくところにケースワークの独自性を求めた。

解答 2 5

82 ソーシャルワークの理論と方法
旧相談援助の理論と方法・問題 98

事例を読んで，R市子ども福祉課の社会福祉士が行う，家族システムの視点に基づいた今後の対応として，**適切なもの**を **2つ**選びなさい。

〔事　例〕

Jさん（15歳）は，小学6年生の時に父親を交通事故で亡くした後，母親（37歳）と母方の祖母（58歳）の3人で暮らしている。母親は，朝から夜中まで働いているため，家事全般は祖母が担っている。Jさんは，中学生になった頃から，祖母へ暴言を吐くようになり，最近は家の中で暴れたり，家に帰ってこなかったりするようになった。祖母は途方に暮れ，友人でもある近所の民生委員・児童委員に相談すると，R市子ども福祉課の相談窓口を紹介され，来所につながった。

1　祖母に思春期の子への対応方法を学習する機会を提供する。
2　家族の凝集性の高さが問題であるため，母親に祖母との距離を置くよう求める。
3　家族関係を理解するため，3人の互いへの思いを尋ねていく。
4　家族システムを開放するため，Jさんの一時的別居を提案していく。
5　家族の規範を再確認するため，それぞれの役割について話し合う機会を設ける。

Point 家族をシステムとしてとらえる視点に基づいた対応に関する問題である。家族をシステムとしてとらえる上では，家族内での個人の変化はほかの家族員にも影響を及ぼすこと，家族全体の構造や機能の変化が個人の生活に影響を及ぼすことがあると理解する必要がある。Jさんの家族は，父親を亡くしたことで家族構造が変化している。また，母親がほとんど家事や養育にかかわれていない様子は，父親に代わり収入を得る役割が母親に求められているためと推測される。そのような家族の変化の中で，Jさんは思春期を迎え，自身の葛藤や不安定さを受け止めてもらえる存在が必要になっていると思われるが，そのための家族の機能が弱いことが考えられる。家族システムの視点に基づいた対応は，表出された問題（Jさんの行動）だけに焦点を当てるのではなく，その背景となる家族の構造や機能を理解し，家族がより機能的になることを目指して行われる。

1　✕　Jさんの行動を理解するために，祖母に思春期の子への対応方法を学習する機会を提供することには意味があるが，それだけでは現在のJさん**家族の機能を高め，互いのニーズに応えられる家族の変化が期待できるとはいえない**。

2　✕　事例中には，家族の凝集性（まとまり）の高さが読み取れるような記述はなく，母親に祖母と距離を置くように求めることは根拠に欠ける対応であるため，不適切である。

3　○　家族間のつながりには，それまでの生活のかかわりから，相互にさまざまな感情と，期待や願いなどの思いがあると考えられる。それらの思いを聴くことで**家族メンバー相互の関係の質を理解**することができ，その後の家族支援を考える上で重要なアセスメントとなる。加えて，それぞれの思いを話す経験は，一人ひとりが**家族関係を振り返り自覚する機会**としても意義がある。

4　✕　家族システムを開放することが必要と考えられる事例の記述はない。また，Jさんに別居の意思は確認できず，現実的にJさんが生活できる場所もない。したがって，一時的であっても別居を提案することは不適切である。

5　○　Jさん家族において，大切にすべき規範は何かを家族3人で話し合い，確認または見直すことは家族の機能を高めるために重要である。家族として大切にすることは何かを考え，それぞれの役割について話し合うことで，例えば，Jさんと母親がかかわる時間をつくる提案や，Jさんが家事に協力するなどの提案がなされる可能性もある。このような話し合いには，**家族機能を高めるはたらきがある**。

解答 **3** **5**

83 ソーシャルワークの理論と方法

[旧]相談援助の理論と方法・問題 99

ソーシャルワークのアプローチに関する次の記述のうち，**最も適切なもの**を**1つ**選びなさい。

1 行動変容アプローチでは，クライエントの主体的な意思決定や自己選択が重視され，自分の行動と決定によって生きる意味を見いだすことを促す。

2 問題解決アプローチでは，クライエントのニーズを機関の機能との関係で明確化し，援助過程の中で，社会的機能を高めるための力の解放を焦点とする。

3 実存主義アプローチでは，その接触段階で，クライエントの動機づけ・能力・機会についてのソーシャルワーカーからの探求がなされる。

4 ナラティヴアプローチでは，クライエントのドミナントストーリーを変容させることを目指し，オルタナティヴストーリーを作り上げ，人生を再構築するよう促す。

5 機能的アプローチでは，ターゲット問題を明確化し，クライエントが優先順位をつけ，短期処遇を目指す。

Point ソーシャルワークの各種アプローチの特徴を問う問題である。アプローチとは，クライエントとその環境を理解し，適切にはたらきかけるための理論と方法を体系的にまとめたものである。それぞれのアプローチは，基本となる理論や視点，展開プロセスなどに特徴があり，整理して学習する必要がある。

1 × 選択肢は，**実存主義アプローチ**の説明である。行動変容アプローチは，学習理論に基づく行動療法をソーシャルワークの支援方法として応用したものである。オペラント条件づけの応用では，望ましい行動を強化することや不適切な行動を消去することによる問題解決が目指される。レスポンデント条件づけの応用では，特定場面での不安や恐怖の解消を図ることで，場面に適応できるように支援が行われる。

2 × 選択肢は，**機能的アプローチ**の説明である。問題解決アプローチは，パールマン（Perlman, H.）によって体系化されたアプローチであり，クライエントが経験している問題を，クライエント自身が解決できるように，受容的な援助関係からクライエントの自我を支え促進する（側面的支援）こと，解決すべき問題を分割して整理することなどが支援の特徴である。また，クライエントの問題解決能力（ワーカビリティ）を評価するために，問題解決への動機・能力・機会といった側面から理解する。

3 × 選択肢は，**問題解決アプローチ**の説明である。実存主義アプローチの土台には，人はその人生において「生きる意味」があり，どのような状況にあっても人は選択できる自由をもつといった哲学的思想がある。支援においては，クライエントが経験する「苦悩」を避けるべきものとして排除するのではなく，その状況においてもクライエントが自己の存在の意味を見出すことを大切にする。また，クライエントが「今・ここ」で経験していることを肯定的に受け止めていく。

4 ○ ナラティヴアプローチは，クライエントのナラティヴ（語り）に耳を傾け，先入観を排除してクライエントの内的な世界を受け止め理解する姿勢が大切にされる。クライエントは，語りの体験から自らのストーリーを客観視でき，それまでクライエントを支配していたドミナントストーリーを相対化させ，別の生き方や考え方であるオルタナティヴストーリーを選択することが可能になっていく。

5 × 選択肢は，**課題中心アプローチ**の説明である。機能的アプローチにおける「機能」とは，ソーシャルワーカーの所属する機関のサービス提供機能や，クライエントのニーズの充足に必要な社会的機能などを意味する。機能的アプローチに基づく支援では，クライエントに対する傾聴，受容，共感的姿勢から援助関係を形成し，クライエントが自身の課題に向き合い，必要なサービスや制度を主体的に活用できるようになることを重視する。

解答 4

84 ソーシャルワークの理論と方法
⑮相談援助の理論と方法・問題100

エンパワメントアプローチに関する次の記述のうち，**適切なもの**を2つ選びなさい。

1 クライエントが持つ資源より，それ以外の資源を優先して活用する。

2 クライエントのパーソナリティに焦点を絞り，行動の変化を取り扱う。

3 クライエントのパワーレス状態を生み出す抑圧構造への批判的意識を醸成する。

4 個人，対人，組織，社会の四つの次元における力の獲得を目指す。

5 クライエントが，自らの置かれた社会状況を認識しないように注意する。

Point エンパワメントアプローチとは，クライエントが本来持っている能力や権利を回復できるように，クライエント本人と環境，社会にはたらきかける一連の過程である。人が無力な状態（パワーレス）になるのは，病気や障害といった個人の要因によるものだけではなく，社会一般の常識や価値観，社会参加を阻む障壁，法律や制度の不備など既存の社会構造による要因が大きく影響している。ソーシャルワーカーはクライエントとパートナーとしての関係を築き，クライエントの主体性を尊重しながら自己肯定感や他者と協働する力を回復させる。個人のアドボカシーからソーシャルアクションへの展開が期待される。

---

1 ✕ クライエントは，本人の能力や潜在的な可能性といった内在する資源と，身近に活用できるものや人とのつながりといった外在する資源など，さまざまな資源を持っている。エンパワメントアプローチでは，**クライエントが持つ資源に注目することによって，クライエントの自己肯定感を高め，何かを変えられると期待を感じられるようになることを大切にする**。選択肢の「それ以外の資源を優先して活用する」という記述は誤りである。

2 ✕ クライエントのパーソナリティは，個性として尊重すると同時に，**クライエントの強みや資源と理解**することができる。エンパワメントアプローチにおいて，そのような**パーソナリティに注目することはあっても，限定的に焦点を絞ることはない**。ソーシャルワーカーは，クライエントとの関係形成やさまざまな資源の活用，関係者との協働などにより，クライエントが自らの権利を主張でき，環境にはたらきかける力を高められるよう支援する。

3 ◯ 抑圧構造は，例えば，性の多様性に対して，社会的無理解があること，学校や組織で男女に分けられた制服の着用が求められること，異性間の婚姻を前提とした結婚制度が維持されていることなどのように，既存の価値観，文化，制度といった社会構造の固定化によって引き起こされる。**クライエントをエンパワメントすることにより，クライエント自身が抑圧構造に気づき，そのような構造を変革する意識を高めていく**。

4 ◯ エンパワメントアプローチは，主に**個人，対人，組織，社会という四つの次元を進みながら，広がりをもって展開される**。まず，個人では自尊心，自己肯定感を高める。対人では他者と対等にかかわり，必要な場面で協働する。組織では所属する学校や職場などで正当な権利の主張と獲得を目指す。そして，社会では抑圧的な制度や構造を変えるためのアクションを展開していく。

5 ✕ エンパワメントアプローチによる支援展開では，**クライエントが自らの置かれている社会的な抑圧構造を認識できるように支援する**。パワーレスな状態は，個人の要因だけでなく抑圧構造によっても引き起こされているため，クライエントがそのことを認識することで自身に対する否定的な感情を弱め，解放されていくと考えられる。

解答 3 4

85 ソーシャルワークの理論と方法

[旧]相談援助の理論と方法・問題 101

相談援助の過程におけるプランニングに関する次の記述のうち，**最も適切なもの**を**1つ**選びなさい。

1 アセスメントと相談援助の実施をつなぐ作業である。
2 短期目標は，将来的なビジョンを示すものとして設定する。
3 家族の要望に積極的に応えるような計画を立てる。
4 生活状況などについて情報収集し，サービス受給要件を満たしているかを確認することである。
5 クライエントの課題解決能力を超えた課題に挑戦するよう策定する。

Point プランニングに関する問題である。プランニングは，クライエントの援助計画の策定のために，具体的なサービスを検討する段階である。クライエントのもつ問題の性質とソーシャルワーカーが所属している機関の特徴によって，援助計画の内容が決定されていくが，相談援助の内容は，人間関係調整などの「ソーシャルワーク理論を用いる援助」と，「社会資源の活用を図る援助」に大きく分けることができる。ソーシャルワーク理論を用いる場合には，クライエントの心理的な問題や人間関係の調整，地域ネットワークの育成や集団の組織化，組織の運営・管理など，ミクロなものからマクロなものまでがある。

図 相談援助（ソーシャルワーク）の過程

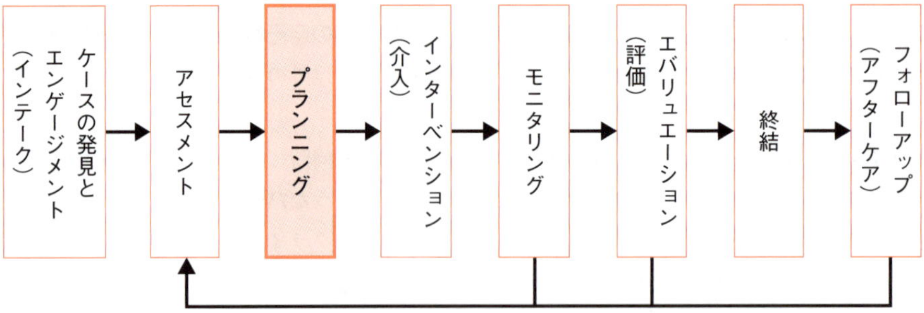

1 ○ 選択肢のとおり。アセスメントが終わり，具体的なターゲットが明確になると，援助目標に向かって援助計画が立てられる。

2 × 選択肢は，**長期目標**の記述である。短期目標は，長期目標に関連するもので，クライエントの状況改善につながるとクライエントが同意し，かつ実現可能なことを設定する。

3 × プランニングでは，**クライエントの意思や感情**が尊重され，クライエント自身も計画の策定に参加することが求められる。家族の要望に応えることが重視されているわけではない。

4 × 選択肢は，**アセスメント**の記述である。アセスメントとは，クライエントや家族の解決すべき課題やニーズを明らかにすることであり，そのために**情報収集**等を行う過程を指す。

5 × 援助計画における目標は，**現実的で達成可能**な課題であることを重視し，起こり得るリスクへの対応を踏まえて策定する。能力や資源を活用して，クライエント自身のウェルビーイングを増進させることが援助の目的である。

解答 1

86 ソーシャルワークの理論と方法
(旧)相談援助の理論と方法・問題 102

相談援助の過程におけるモニタリングに関する次の記述のうち，**最も適切なもの**を1つ選びなさい。

1 文書や電話ではなく，クライエントとの対面で行うものである。
2 モニタリングの内容を記録に残すよりも，情報収集に集中することを重視する。
3 モニタリングの対象には，クライエントやその家族とともに，サービス提供者等の支援者も含まれる。
4 クライエントの主観的変化よりも，生活状況等の客観的変化の把握を重視する。
5 モニタリングは，インテークの途中で実施される。

Point モニタリングに関する問題である。モニタリングは，援助の実施の間に，援助計画の見直しの必要性を確認したり，実施されているサービスの質を評価したりすることをいう。モニタリングを行い，クライエントやその家族に不都合があったり，サービス実施上の支障が確認された場合には，再アセスメント，再プランニングを行う。クライエント自身の課題への取組み状況を確認していくことも，ソーシャルワークにおけるモニタリングの重要な視点である。

図 相談援助（ソーシャルワーク）の過程

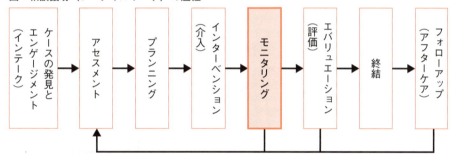

1 × モニタリングの方法としては，クライエントやその家族との面談や家庭訪問，必要があればサービス提供者等の支援者とのケア会議の開催があげられるが，**やむを得ない事情により対面でできない場合は文書や電話でもよい**とされることがある。
2 × クライエントやその家族，サービス提供者等の支援者から得られたモニタリングの結果については，今後の援助計画の立て直し作業に結びつけるために，**記録としてまとめておく必要がある。**
3 ○ 選択肢のとおりである。**クライエントやその家族，サービス提供者等**の双方から十分な聞き取りを行い，それまでの経過や実施状況を確認する。
4 × 援助の実施状況を客観的に把握することは重要であるが，クライエントやその家族の気持ちの変化も起こり得るので，客観的な変化だけでなく，主観的な言動も重視する必要がある。
5 × モニタリングは，**インターベンション（介入）**の途中で実施される。インターベンションは，援助計画に沿って実際に援助を行う段階であり，モニタリングはその経過を観察・評価する。対してインテークは，相談援助が開始される最も初期の段階である。

解答 **3**

87 ソーシャルワークの理論と方法
⑮相談援助の理論と方法・問題103

相談援助の過程における終結に関する次の記述のうち，**最も適切なもの**を1つ選びなさい。

1 ソーシャルワーカーが，アセスメントを行い判断する。
2 残された問題や今後起こり得る問題を整理し，解決方法を話し合う。
3 クライエントのアンビバレントな感情のうち，肯定的な感情に焦点を当てる。
4 クライエントは，そのサービスを再利用しないことを意味する。
5 問題解決の過程におけるソーシャルワーカーの努力を振り返る。

> **Point** 終結に関する問題である。支援の期間は，クライエントの状況などに応じてさまざまであるが，いずれにしても支援の必要性がなくなれば，終結の段階を迎える。クライエントの生活を支援するということを考えれば，ソーシャルワーカーは日々変化する状況に長い間対応し続けなければならず，支援は終結しないことになる。ソーシャルワークが目指しているのはクライエントの自立生活の支援であり，保護的・依存的関係の助長ではないため，一つひとつの問題ごとに，それが解決されたり，クライエント自身で対処していけることが確認された時点で終結とみなしたほうがよいであろう。

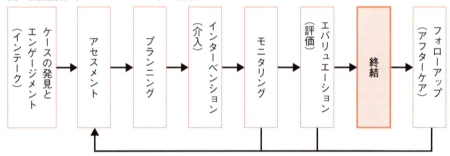

図 相談援助（ソーシャルワーク）の過程

1 ✕ **エバリュエーション（評価）**を行い，問題が解決できた場合や問題をクライエント自身で解決できると判断された場合は，支援の終結となる。クライエントと支援の終結時期を話し合いながら，それに向けて面接の間隔を徐々に空けていったり，クライエント自身が取り組むことを増やしたりするなどの準備を行う。アセスメントとは，**相談援助を始めるにあたっての事前評価**のことである。

2 ◯ 終結では，クライエントとともに支援の成果について話し合い，**今後の生活目標を設定する**。支援過程を振り返ることは，クライエントにとっては自らの取組みによって築いてきた力を確認する意味があり，ソーシャルワーカーにとってはアセスメントの的確性や支援の効果を評価する意味がある。

3 ✕ ソーシャルワーカーは，支援にあたり，クライエントのアンビバレントな感情について，**肯定的な感情と否定的な感情の双方に焦点を当てる必要がある**。クライエントは，肯定的な感情と否定的な感情の間を揺れ動き，そのときどきで矛盾する感情を抱えるものである。終結に限らず，相談援助の過程を通じて，ソーシャルワーカーはクライエントの相矛盾する感情に寄り添うことが大切になる。

4 ✕ クライエントやその家族に対しては，支援の終結後でもフォローアップ（追跡調査）を行い，生活状況の変化があった場合には，**いつでも支援を再開（アフターケア・事後ケア）**できることを確認しておく。

5 ✕ 終結では，クライエントとともに**支援の成果**について話し合い，今後の生活目標を設定する。振り返りや評価の対象となるのは，あくまでも**支援**であり，ソーシャルワーカーの努力ではない。

解答 2

88 ソーシャルワークの理論と方法
⑬相談援助の理論と方法・問題 114

ソーシャルワークの記録に関する次の記述のうち，**最も適切なもの**を１つ選びなさい。

1 フェイスシートには，全体の振り返りや目標達成の評価を記述する。

2 アセスメントシートには，目標を設定し具体的な解決策を記述する。

3 プロセスシートには，目標に対する援助過程を時系列に記述する。

4 プランニングシートには，クライエントの基本的属性を項目ごとにまとめて記述する。

5 クロージングシートには，クライエントの主訴，解決したいことを記述する。

Point ソーシャルワークの記録について問う問題である。ソーシャルワークに関する記録様式としては，アセスメントシート，プランニングシート，モニタリングシート，エバリュエーションシート，クロージングシートなどがある。これらの記録様式と，ソーシャルワークの展開過程（インテーク，アセスメント，プランニング，支援の実施，モニタリング，評価，終結）を併せて覚えておくとよい。

---

1 ✕ フェイスシートとは，**クライエントの基本情報を記載する**ものである。クライエントへの聞き取りを通して記録し，支援にかかわる専門職同士がクライエントに関する情報を共有するために用いられる。

2 ✕ アセスメントシートとは，支援のアセスメント段階で使用する記録様式のことである。具体的な支援計画を立てるために用いるものであり，**クライエントの生活課題や身体状況など，客観的かつ詳細な情報を収集し，記録する。**

3 〇 プロセスシートとは，支援目標に対して**実際の支援過程を時系列で記録する**ものである。インテークによる基本情報の収集から，アセスメントを通してどのように支援計画を立て，実際の支援を展開しているのかをまとめることで，支援全体を俯瞰的にみることができる。

4 ✕ プランニングシートとは，支援の計画段階で使用する記録様式のことである。アセスメント結果に基づいて，**クライエントの目標を達成するための援助目標・支援計画などを記録する。**

5 ✕ クロージングシートとは，支援の終結段階で使用する記録様式のことである。**支援の終結（ターミネーション）に至った過程をまとめ，残された課題，新たな課題の有無やその内容について記録する。**

解答 3

89 ソーシャルワークの理論と方法

🔵相談援助の理論と方法・問題 115

事例は，Y地域包括支援センターのE社会福祉士によるFさん（74歳，男性）への支援記録の一部である。次のうち，用いられている文体として，**最も適切なもの**を1つ選びなさい。

〔事　例〕

最近，Fさんからの電話連絡が頻回に続き，電話越しに混乱し，慌てている状況があるため，Fさん宅を訪問。財布をなくしたと探しているので一緒に探したが見付からない。また，部屋が片付けられないのでイライラしている様子。片付けの手伝いをボランティアに頼むことができることを伝えると了承した。

後日片付けの日程の件で訪問。Fさんは片付けのことは忘れており，混乱し，怒り出してしまった。Fさんの言動や生活状況から認知症の進行も考えられるため，関係機関の見守りと早急なケース会議の開催を提案。

1　要約体
2　逐語体
3　過程叙述体
4　圧縮叙述体
5　説明体

Point ソーシャルワークにおける記録の文体について問う問題である。記録の文体には説明体，要約体，逐語体，叙述体の四つがある。さらに叙述体には，過程叙述体と圧縮叙述体の二つがある。事例を読み，E社会福祉士の解釈（考察）に関する記載の有無を判断することで選択肢を絞ることができる。こうした記録の文体に加え，クライエントの問題を中心に，その解決を目指した問題志向型記録を併せて覚えておくとよい。

1 ✕　要約体とは，**事実やソーシャルワーカーの解釈（考察）・見解の要点を整理し，まとめて記録する**ものである。事例で用いられている文体にはソーシャルワーカーの解釈等は含まれていないため，適切ではない。

2 ✕　逐語体とは，ソーシャルワーカーとクライエントの**会話のやりとりをありのままに記録する**もので，**ソーシャルワーカーの解釈（考察）は加えない**。事例で用いられている文体は，会話の内容をそのまま記録したものではないため，適切ではない。

3 ✕　過程叙述体とは，**支援の経過を時系列順に詳しく記録する**もので，**ソーシャルワーカーの解釈（考察）は加えない**。事例として紹介されている支援記録の内容には，支援におけるやりとりの詳細が含まれていないため，適切ではない。

4 ◯　圧縮叙述体とは，**支援の経過を事実のみに焦点化して要点を整理し，情報を圧縮して記録する**もので，**ソーシャルワーカーの解釈（考察）は加えない**。

5 ✕　説明体とは，**事実に対し，ソーシャルワーカーの解釈（考察）を加えて支援を説明する**ものである。事例で用いられている文体にはソーシャルワーカーの解釈等は含まれていないため，適切ではない。

表　ソーシャルワークにおける記録の文体

文体	ポイント	ソーシャルワーカーの解釈（考察）
説　明　体	支援を説明する	◯
要　約　体	専門職の考えを含む支援に関する情報をまとめる	◯
逐　語　体	会話のやりとりをそのまま記録する	✕
過程叙述体	支援の経過を時系列順に記録する	✕
圧縮叙述体	支援に関する情報を簡潔にまとめる	✕

解答 4

90 ソーシャルワークの理論と方法

[旧]相談援助の理論と方法・問題 111

ソーシャルワークにおけるグループワークに関する次の記述のうち，**最も適切なもの**を**1つ**選びなさい。

1 グループワークとは，複数の人を対象に行う集団面接のことである。
2 グループの開始期において，ソーシャルワーカーはグループの外から見守る。
3 グループワークでは，「今，ここで」が大切なので，事前準備は控える。
4 グループワークにおけるプログラム活動の実施は，手段ではなく目的である。
5 グループワークは，個々のメンバーの社会的に機能する力を高めるために行う。

Point ソーシャルワークにおけるグループワークの概要について問う問題である。グループワークの定義，グループワークの展開過程の詳細，プログラム活動の目的と機能について深く理解する必要がある。グループワークの定義については，トレッカー（Trecker, H.），コノプカ（Konopka, G.），竹内愛二の定義，グループワークの展開過程については，シュワルツ（Schwartz, W.）の理論が重要である。

1 × グループワークとは，**グループを活用してメンバー個人やグループ全体が直面している問題解決のために，側面的な支援をするソーシャルワークの方法**である。

2 × グループの開始期は，メンバー同士の関係性が希薄であるため，ソーシャルワーカーは**グループの中でメンバー同士の関係性の構築やグループの組織化を図る**ことが望ましい。

3 × グループワークの展開過程の最初の段階は「準備期」であり，**事前準備はグループワークの重要なプロセスの一つ**である。準備期では，ニーズの確認やプログラム活動内容の決定，活動場所や人材の選定，グループメンバーに関する情報収集などを実施する。

4 × **プログラム活動の実施は，目的ではなく手段である。**プログラム活動は，グループ目標を達成するための手段としてメンバー同士の結束力を強化し，グループ内の相互作用を深める。

5 ○ グループワークは，グループメンバーや地域社会の成長を促し，グループの特徴を活かして問題解決を図り，個人の社会的に機能する力を高めるために実施する。

解答 5

91 ソーシャルワークの理論と方法

[旧]相談援助の理論と方法・問題 112

☑☑☑

事例を読んで，X基幹相談支援センターのD社会福祉士によるこの段階における対応として，**最も適切なもの**を1つ選びなさい。

〔事　例〕

X基幹相談支援センターのD社会福祉士は，買物依存のために家族関係の破綻や生活再建に苦労した人たちから，同じような課題で悩む人たちと経験を分かち合いたいとの相談を受け，自助グループの立ち上げを支援した。1年経ち，中心メンバーから，自助グループ運営の助言を求められた。特にルールを定めず開始したためか，グループでは，他のメンバーへの批判が繰り返され，一部のメンバーは，行政への請願を活動の中心とすることを求めるのだという。

1　経験を分かち合いたいとするグループと行政へ請願するグループへの編成を提案する。
2　批判を繰り返すメンバーに退会を勧めるための話合いの場を，中心メンバーと一緒に設ける。
3　メンバー同士でグループの目的やルールについて話し合うことを助言する。
4　グループの司会進行を引き受け，相互援助システムづくりを行う。
5　家族関係の再構築と生活再建に向け，全メンバーとの個別面接を遂行する。

Point　基幹相談支援センターの社会福祉士が行う自助グループに関する支援について問う問題である。自助グループとは，「その構成員が特定の体験を共有し，その体験に付随する諸困難に対処することを目的として自発的に展開している持続的な市民活動の形態」と定義される。自助グループの特性，役割，類似する概念との相違点について理解する必要がある。

1　×　本事例における自助グループは，グループ発足時にルールを定めなかったことが原因で，**メンバー同士のコミュニケーションが適切にとれていない**状況である。サブグループは，グループ全体のコミュニケーションが十分にとれた後に発生することもあるが，グループ全体のコミュニケーションがとれていない状況で，経験を分かち合いたいとするグループと，行政へ請願するグループというサブグループを意図的に編成することは適切でない。

2　×　異なる意見のメンバーを排除し，退会を勧めるのではなく，グループ内の**異なる意見も包み込みながら互いを認め合い，メンバー同士で解決していく**ことが重要である。そのためには，まず**批判を繰り返すようになってしまった背景について考え，解決する**必要がある。

3　○　自助グループの運営がうまくいっていない原因は，最初に**自助グループのルールについて定めずに開始したこと**に端を発する。そのため，まずは**メンバー同士でグループの目的やルールについて話し合うことが重要である**。

4　×　選択肢は，**グループワーク**に関する説明である。社会福祉士は，グループワークの「作業期」に相互援助システムづくりを行う。本事例では，自助グループの運営に関する助言の内容が問われているため，適切でない。

5　×　社会福祉士が全メンバーとの個別面接を遂行するということは，社会福祉士による**個別支援**になってしまい，自助グループ運営に関する助言として適切でない。また，「家族関係の再構築と生活再建に向け」とあるが，D社会福祉士に求められているのは，あくまでも**自助グループの運営に関する助言**であるため，本来の趣旨と異なる。

解答 3

92　ソーシャルワークの理論と方法
🄑相談援助の理論と方法・問題 113

　　　　ソーシャルワークにおけるスーパービジョンに関する次の記述のうち，**最も適切なものを１つ選**びなさい。

1　スーパービジョンの目的は，クライエントへの支援やサービスの質を向上させるための専門職育成である。

2　スーパービジョンの支持的機能は，スーパーバイジーが適切に業務を行うよう目配りすることである。

3　スーパービジョンの教育的機能は，ストレスに対応するようスーパーバイジーの精神面を支える機能である。

4　スーパービジョンの管理的機能は，スーパーバイジーが実践するために必要な知識や技術を高める機能である。

5　スーパービジョン関係は，クライエントとスーパーバイザーとの契約によって成り立つ。

💡 **Point**　ソーシャルワークにおけるスーパービジョンについて問う問題である。スーパービジョンは，指導するスーパーバイザー（指導者）と指導を受けるスーパーバイジー（専門職）の間の専門的な支援関係の中で行われるものである。その機能としては，教育的機能，支持的機能，管理的機能がある。また，スーパービジョンの形態として個別スーパービジョン，グループ・スーパービジョン，ライブ・スーパービジョン，ピア・スーパービジョン，セルフ・スーパービジョンがある。これらを併せて覚えておくとよい。

1　**○**　スーパービジョンの目的には，長期的なものとして**クライエントへの支援の質の向上**がある。また，この長期的な目的を達成するための短期的な目的として**スーパーバイジーの育成**がある。

2　**✕**　選択肢は，**管理的機能**の説明である。スーパービジョンの支持的機能とは，スーパーバイジーが**業務のストレスに対応する手助け**を行い，最善の業務遂行のための**態度や感情を支える**ことである。

3　**✕**　選択肢は，**支持的機能**の説明である。スーパービジョンの教育的機能とは，スーパービジョンを通して，**技術や専門的な判断能力，態度や倫理を身につけ，専門性を高められるように教育する**ことである。これは，実践と同時進行で行う専門職育成である。

4　**✕**　選択肢は，**教育的機能**の説明である。スーパービジョンの管理的機能とは，機関の管理上の目標を達成するために，機関の方針や手続きに従い，量的・質的といった面において**職場や機関の設備，人材を整える**ことである。スーパーバイジーがもち得る能力を発揮できるように環境を調整するなど，**適切な業務遂行を担保するための幅広い業務**を含む。

5　**✕**　スーパービジョン関係は，**スーパーバイザーとスーパーバイジーがスーパービジョンの意思を互いに確認する契約**によって成立するものである。契約が成立して初めてスーパービジョンが始まる。

解答　**1**

93 社会福祉調査の基礎

[旧]社会調査の基礎・問題 84

☑☑☑

社会調査に関する次の記述のうち，**最も適切なもの**を**1つ**選びなさい。

1 社会調査は，個人ではなく，組織や機関が実施するものである。

2 社会調査は，市場調査や世論調査を含まず，行政調査と学術調査を指している。

3 国勢調査の対象者は，日本に居住する日本国籍をもつ人に限定されている。

4 社会問題の解決のために実施する調査は，社会踏査（social survey）と呼ばれる。

5 社会調査の分析対象は，数量的データに限定されている。

Point 社会調査に関する基本的な内容を問う問題である。近年では，第23回試験の**問題84**に類似又は関連する問題が出題されており，今後も繰り返し出題されることが予想される。そのため，社会調査の定義や系譜，種類，対象などを正確に理解しておくことが求められる。

1 × **社会調査は，国，地方公共団体，大学，報道機関，一般企業などの組織や機関のほか，研究者やジャーナリストなどの個人が行う場合もある**。また，調査にあたっては，組織や機関又は個人が単独で実施することもあれば，共同で実施することもある。

2 × **社会調査には，行政調査や学術調査のほか，一般企業などが行う市場調査や報道機関などが行う世論調査も含まれる**。市場調査は，マーケティングリサーチとも呼ばれ，商業活動に関する意思決定を的確に行うことを目的に実施される。一方，世論調査は，世間一般の人々の意見や生活実態などについて，その社会意識を量的に把握することを目的として実施される。

3 × 国勢調査の目的は，国内の人及び世帯の実態を把握し，各種行政施策その他の基礎資料を得ることにある。**調査の対象は，「調査時において本邦にある者で，本邦にある期間が引き続き三月以上にわたることとなるもの」（国勢調査令第4条）と規定されており，国籍要件はない**。3か月以上日本に住んでいる，又は住むことになっている外国人も含め，日本に常住している者はすべて対象としている。ただし，外国政府の外交使節団・領事機関の構成員（随員を含む）及びその家族や，外国軍隊の軍人・軍属及びその家族は調査対象から除外されている。

4 ○ **社会問題の解決のために実施する調査は，社会踏査（social survey）と呼ばれ，社会調査の歴史的系譜の一つに位置づけられている**。代表的な社会踏査としては，貧困調査で知られるブース（Booth, C.）によるロンドン調査や，ラウントリー（Rowntree, B.）によるヨーク調査などがある。社会調査の系譜には，政治上・行政上の目的をもって行われるセンサス（census），営利やサービス，広報などを目的に実施される世論調査や市場調査，科学的な理論構成を目的として行われる科学的／学術調査（scientific research）の四つがある。

5 × **社会調査では，数量的データだけでなく質的データも分析対象としている**。定型化された調査票を用いて多数の調査対象者から数量的データを収集，分析し，対象となる社会事象の状態などを量的にとらえることを目的とした調査は，**量的調査**（統計調査・定量調査）と呼ばれている。一方，面接法や観察法などを用いて対象となる社会事象を質的にとらえることを目的とした調査は，**質的調査**（事例調査・定性調査）と呼ばれている。

解答 4

94 社会福祉調査の基礎
📖 社会調査の基礎・問題85

統計法に関する次の記述のうち，**最も適切なもの**を1つ選びなさい。

1 行政機関の長は，一定の要件を満たす学術研究に対して調査票情報を提供することができる。
2 行政機関の長は，基幹統計調査のデータを加工して，匿名データを自由に作成できる。
3 個人情報の秘密漏えいに関する罰則は定められていない。
4 厚生労働省が実施する社会福祉施設等調査は，基幹統計調査である。
5 一般統計調査には，基幹統計調査も含まれる。

💡**Point** 統計法に関する出題である。統計法は，1947年（昭和22年）に制定され，2007年（平成19年）に公的統計の体系的かつ効率的な整備及びその有用性の向上を図るため，公的統計の整備に関する基本的な計画を策定すること，統計データの二次利用を促進すること等を内容とする全部改正が行われた。2018年（平成30年）には，統計委員会の機能強化，調査票情報の提供対象の拡大等を目的とした改正が行われ，2019年（令和元年）5月より施行されている。

---

1 ⭕ 「統計法及び独立行政法人統計センター法の一部を改正する法律」の施行により，2019年（令和元年）5月1日から，学術研究の発展に資するなどの相当の公益性を有する統計の作成等を行う場合に，**情報を適正に管理するために必要な措置が講じられること等を条件として調査票情報を提供することが可能**となっている。

2 ❌ 匿名データの作成については，統計法第35条第1項において「行政機関の長又は指定独立行政法人等は，その行った統計調査に係る調査票情報を加工して，匿名データを作成することができる」と規定されている。しかし，同条第2項において「**行政機関の長は，前項の規定により基幹統計調査に係る匿名データを作成しようとするときは，あらかじめ，統計委員会の意見を聴かなければならない**」と規定されており，匿名データを自由に作成することはできない。

3 ❌ 統計法第57条第1項では，守秘義務等の規定に違反して，その業務に関して知り得た個人又は法人その他の団体の秘密を漏らした者には，**2年以下の懲役**[*1]**又は100万円以下の罰金に処すること**が定められている。さらに，同項第1号では，「国勢調査その他の基幹統計調査の報告の求めであると人を誤認させるような表示又は説明をすることにより，当該求めに対する報告として，個人又は法人その他の団体の情報を取得した者」についても同様の罰則を規定し，**「かたり調査」を禁止**している。

4 ❌ 厚生労働省が毎年実施している「社会福祉施設等調査」は，**統計法に基づく一般統計調査に位置づけられている**。基幹統計とは，国勢統計，国民経済計算その他国の行政機関が作成する統計のうち総務大臣が指定する特に重要な統計であり（2022年（令和4年）1月1日現在，53統計[*2]），基幹統計の作成を目的とする統計調査のことを基幹統計調査という。

5 ❌ 統計法では，行政機関等が統計の作成を目的として個人又は法人その他の団体に対し事実の報告を求めることにより行う調査を統計調査とし，**基幹統計の作成を目的とする統計調査を基幹統計調査，それ以外の統計調査を一般統計調査**に分類している。なお，統計調査には，意見・意識といった事実に該当しない項目を調査する世論調査などは含まれない。

解答 1

---

*1　2025年（令和7年）6月1日施行の改正刑法により，懲役と禁錮が一元化され，「拘禁刑」となる。
*2　2024年（令和6年）1月25日現在，54統計である。

95 社会福祉調査の基礎

[旧]社会調査の基礎・問題 86

標本調査に関する次の記述のうち，**最も適切なもの**を１つ選びなさい。

1　標本調査では，非標本誤差は生じない。

2　標本抽出には，性別や年齢といった母集団の特性を基準にする抽出法がある。

3　標準誤差は，質問の意味の取り違え，回答忘れなど，回答者に起因する。

4　系統抽出法では，抽出台帳に規則性がない場合，標本に偏りが生じる。

5　確率抽出法では，標本誤差は生じない。

Point　標本抽出と誤差の関係についての問題である。標本から母集団の性質を推計する場合，標本抽出の方法によって，推計に含まれる誤差の程度が左右される。母集団の性質を高い精度で推計するためにも，標本抽出により誤差が発生する仕組みを理解することが重要である。

1　×　**標本調査でも非標本誤差は生じる**。非標本誤差は，調査における標本誤差以外の誤差を意味する。例えば，質問文の不備，回答者の疲労，虚偽の回答，質問紙の未回収，調査員によるバイアスなどは，全数調査でも標本調査でも発生する非標本誤差である。また，標本が正しく母集団の縮図となっていなかったことに起因する誤差は，標本調査のみに発生し得る非標本誤差である。

2　○　母集団を性別や年齢別などの比率で分けて標本を得る無作為抽出の方法は，**層化抽出法**と呼ばれ，**各特性の構成比率を反映した標本抽出が可能になる**という特徴がある。母集団の特性を基準にしない単純無作為抽出では，抽出された標本数が少ないほど，標本における性別や年齢などの構成比率と，母集団の構成比率との間に差が生じやすくなる。この差に起因する誤差を抑える方法として，層化抽出法は有効である。なお，有意抽出法にも母集団の構成比率を反映して標本抽出を行う，割当法（クォータ・サンプリング）と呼ばれる方法がある。

3　×　標準誤差とは，**母集団から標本を取り出して標本平均を算出する過程を繰り返した場合の平均値のばらつき**を意味する記述統計量であり，標本平均の標準偏差と同義である。なお，標準誤差と標本誤差は，標本を母集団から抽出するという手法に起因する誤差という点において類似した概念であるが，標準誤差は統計量の用語として用いられやすい一方で，標本誤差は非標本誤差の対となる用語として用いられやすい。選択肢の「質問の意味の取り違え，回答忘れなど，回答者に起因する」誤差は，**非標本誤差の一部**である。

4　×　系統抽出法では，抽出台帳に規則性がない場合，**標本の偏りを避けることができる**。系統抽出法（等間隔抽出法）は無作為抽出法の一つであり，抽出台帳の中から起点となる対象者１人を無作為に決定し，そこから標本に必要な人数を等間隔に抽出する方法である。この規則性により抽出作業の煩雑さを解消できる一方で，抽出台帳のほうには規則性をもたせないことで標本抽出の無作為性を保つことも可能となり，標本の偏りを避けることができる。

5　×　**確率抽出法でも標本誤差は生じる**。確率抽出は無作為抽出とも呼ばれ，母集団から等しい確率で無作為に標本を抽出しようとする方法である。ただし，無作為抽出された標本と母集団そのものは完全には一致しないため，標本から母集団の性質を推計する際に誤差が生じてしまう。このような誤差は**標本誤差**と呼ばれ，確率抽出法であっても標本調査である以上，標本誤差の発生を避けることはできない。

解答　2

96 社会福祉調査の基礎

[旧]社会調査の基礎・問題 87

社会調査における測定と尺度に関する次の記述のうち，**適切なものを2つ**選びなさい。

1 信頼性とは，測定しようとする概念をどのくらい正確に把握できているかを意味する。
2 妥当性とは，同じ調査を再度行ったときに，どのくらい類似した結果を得ているかを意味する。
3 順序尺度では，大小や優劣を測定できる。
4 間隔尺度の例として，身長や体重がある。
5 比例尺度の方が，間隔尺度よりも情報量が多い。

Point 尺度が備えるべき要件と尺度水準に関する問題であり，どちらも尺度の開発において意識すべき要素である。信頼性と妥当性は，尺度が備えるべき2種類の要件とされ，どちらも測定しようとする概念に適した尺度であるか否かの判断に用いられる。また，尺度は含まれる情報量の少ない順に，名義尺度，順序尺度，間隔尺度，比例尺度の四つの尺度水準に分けることができる。それぞれにどのような情報が付け加わっていくかを知ることが，四つの尺度を理解するための第一歩となる。

1 × 信頼性とは，**同じ対象について繰り返し測定しても同じ結果が一貫して得られるという，尺度の精度や安定性を意味する概念**であり，信頼性が高いほど結果に含まれる誤差が少なくなる。選択肢は，妥当性の説明である。

2 × 妥当性とは，**測定しようとしている概念を正確に測定できていることを意味する概念**である。選択肢は，再検査法により検証された信頼性の説明である。

3 ○ 順序尺度は序数尺度とも呼ばれ，値に順序性が含まれており，**大小関係や優劣関係などの測定が可能な尺度**である。例として，アンケートでの「非常によい／ややよい／やや悪い／非常に悪い」のような選択肢があげられる。この選択肢にそれぞれ4，3，2，1の数値を割り当てることで，よさの程度の順番を数値で表すことができる。しかし，「非常によい」と「ややよい」の差や，「ややよい」と「やや悪い」の差が等しいことは保障されないという点で，間隔尺度とは異なる。

4 × 間隔尺度は，数値の間隔の等価性が保証されており，測定値の間隔を数量的に表現できるが，**0に大きさがないことを意味する原点の数値としての意味をもたせていない尺度**である。間隔尺度には，**摂氏温度**や**偏差値**などが該当する。例えば，摂氏10度と摂氏20度の温度差と，摂氏2度と摂氏7度の温度差はどちらも等しく5度差であると数量的な表現が可能であるが，摂氏0度は温度がないことを意味しているわけではない。選択肢で述べられている身長や体重は，その値が0のときに長さや重さがないことを示しており，0に原点としての意味をもたせていることから**比例尺度**に該当する。

5 ○ 比例尺度は比率尺度とも呼ばれ，間隔尺度の特徴である数値の間隔の等価性に加え，**大きさがないことを意味する原点の数値として0が用いられている**。そのため，**間隔尺度よりも情報量が多く**，掛け算や割り算などの値にも数量的な意味をもたせることができる。比例尺度には，身長や体重，金額，年齢などが該当する。

解答 3 5

97 社会福祉調査の基礎

[旧]社会調査の基礎・問題 88

☑☑☑

質問紙を作成する際の留意点に関する次の記述のうち，**最も適切なものを1つ**選びなさい。

1 回答者の理解を促進するため，ワーディングはできるだけ多くの専門用語を用いることが望ましい。

2 回答者の回答を容易にするため，一つの質問に複数の論点を含む質問文を作成することが望ましい。

3 配布した質問紙の回収後の集計作業を効率的に行うため，自由回答法を多く用いることが望ましい。

4 選択肢法を用いる場合は，想定される回答を網羅するため，選択肢の内容が相互に重複していることが望ましい。

5 作成した質問紙の構成や内容が適切かを検討するため，プリテストを実施することが望ましい。

Point 質問紙の作成においては，調査者の意図が対象者にきちんと理解されるように工夫するとともに，自由回答法と選択肢法の特徴を理解して適切な回答様式を設定する必要がある。そして，これらの配慮が有効に機能しているかをプリテストによって確認し，不備があれば修正を図ることも重要である。

1 × 回答者の理解を促進するためには，**ワーディングにはできるだけ専門用語を含めないことが望ましい**。ワーディングとは，質問紙中の言葉の選択（言い回し）を意味する。回答者は，調査者とは属する社会や文化背景が異なる場合も多く，専門用語に対して同じように理解しているとは限らない。回答時の用語の誤解を避けるためにも，誰でも理解できる平易な言葉を用いるよう工夫する必要がある。

2 × 一つの質問文では一つの事項を問うことが望ましく，**一つの質問文で複数の事項を問うこと（ダブルバーレル）は避けるべきとされる**。ほかにも，ステレオタイプの質問や，パーソナル／インパーソナルな質問などは，質問紙を作成する際に留意しなければならない。

3 × 自由回答法は，回答に対して何ら制約を設けずに自由に回答してもらう方法である。回答者の意見をそのまま引き出せるという一方で，数量的処理を行うには集計時に自由回答の内容をカテゴリーに分類し，数値を割り当てる**コーディング**と呼ばれる作業が必要となる。そのため，**自由回答法は選択肢法に比べ，集計作業の負担が大きくなり効率的とはいえない**。

4 × 選択肢の内容が相互に重複している場合，**選択肢の差異が不明瞭になり，回答時に混乱をもたらす原因となり得る**。例えば，「これまで，ホームヘルパーを利用したことは何回ありますか？」という質問に対し，「０回／１～２回／５回以下／６回以上」という選択肢が用意された場合，２回利用したことがある回答者は「１～２回」と「５回以下」のどちらに回答すべきか判断に迷ってしまう。選択肢の内容は，想定される回答を網羅しつつも，**相互に排他的であることが望ましい**。

5 ○ **本調査に先立ってプリテストが行われることが望ましい**。調査者が回答者の誤解や混乱を招かないように配慮して質問紙を作成しても，実際に回答を求めてみて初めて判明する構成や内容の不備も多い。そのため，本調査の対象となる母集団から抽出された少人数，あるいは母集団に比較的近しい特性をもつ人物に対して回答を求め，本調査の前に構成や内容の不備を発見し修正を図ることは重要である。また，自由回答をコーディングするためのカテゴリーを事前に準備していた場合には，想定どおりに分類可能かどうかチェックし，必要に応じて分類基準を見直すためにもプリテストは有効である。

解答 5

98 社会福祉調査の基礎
🔞社会調査の基礎・問題89

参与観察に関する次の記述のうち，**適切なもの**を2つ選びなさい。

1 調査中に対象者が意識しないように，調査終了後に観察していたことを伝える。

2 観察の記録は，現地で見聞きしたことについて，網羅的に記すことが原則である。

3 観察を通して現地で得た聞き取りの録音データの文字起こし作業に当たっては，録音データの中から調査者が気になった部分や必要だと思う部分を抽出し，要約する作業を最初に行う。

4 現地で記録したメモは，できるだけ早く観察ノートに記録する。

5 観察ノートを整理する際は，調査者の感想を記さないように留意する。

💡 観察法は，質的調査の基礎的手法の一つであり，データ収集における手順や留意点に関する出題が多
Point い。観察法には参与観察と非参与観察があり，調査者が関与するか否かで分類される。参与観察は，調査者が調査対象になる人々やその活動の場面に関与して，見聞きした事象を記録していく方法である。参与観察・非参与観察の特徴とその違いを理解しておく必要がある。

---

1 ✕ **調査者がいることは対象者に十分認識されている**。調査者が関与する程度に違いはあるが，少なくとも対象者にはあらかじめ，調査の趣旨を説明して調査者が参加することを伝える必要がある。参与観察では，調査者自身が対象集団の一員としてかかわり，活動に参加しながら長期的に観察を行うので，対象者には違和感をあまり与えずに調査を行うことができるというメリットがある。

2 ◯ 選択肢のとおり。観察の際は，調査者が対象者の様子を細かく観察しながら，**その表情，視線，状況などについてメモや簡単な記録を残しておくことが望ましい**。このように記録することは，インタビューの内容だけではなく，その対象者の生活や価値観，語りの文脈などの理解に役立つ。

3 ✕ 録音データの文字起こし作業に当たっては，**語られたすべての言葉を記録することが求められる**。この記録を**逐語記録**あるいは**逐語録**という。音声を文字にすること自体，単なる情報のコピーではなく，調査目的の影響を受ける分析過程であるとみなすため，方言，言い間違い，沈黙，非言語的表情なども解釈の際の重要な手がかりとなる。発言を一語一句そのまま文字で書き起こして記録することで，言葉のニュアンスや話し手の口調までわかり，対象者や集団を客観的に把握できる。

4 ◯ 選択肢のとおり。調査者はメモを取ることに夢中にならないよう，観察中は感じたことやキーワードなどを簡単にメモに残す程度に留めておくのがよい。その後，**なるべく早い段階でメモの内容を詳しく観察ノートに書き写しておく**と，忘れないうちに細かな出来事まで丁寧に描くことができる。

5 ✕ 観察ノートを整理する際は，**調査者が観察時に感じた内容も記録するようにする**。参与観察は質的調査の手法であるため，結果の考察には調査者の立場や価値観などが影響することがある。観察によって得られたデータだけでなく，考察の段階でなぜそのように考えるに至ったのかをわかりやすくするためにも，対象者の声の調子や表情，態度などもくみ取り，調査者の感想や気づいたこととして記録しておくとよい。

解答 **2** **4**

99 社会福祉調査の基礎

[旧]社会調査の基礎・問題 90

Q市社会福祉協議会では，地域の潜在的な福祉ニーズを探索するため，地域住民向けのワークショップを開催した。参加者が，KJ 法を参考に意見を整理することとした。

次の記述のうち，参加者が行う意見整理の進め方として，**適切なものを 2 つ**選びなさい。

1 参加者は，一つのカードに様々な自分の意見をできるだけ多く書き出す。
2 提出したカードを並べた後，全体を眺めながら内容が類似しているものをグループとしてまとめる。
3 グループ化する際は，カードが 1 枚だけで残ることがないように，いずれかのグループに割り当てる。
4 各々のグループに名前を付ける際には，福祉に関する専門用語を用いなければならない。
5 グループに名前を付けた後，グループ間の相互関係を検討し，図解する。

Point KJ 法（カード整理法）は，開発者である川喜田二郎のイニシャルに由来する。質的調査の中でもしばしば用いられ，理論を構築したり，新たなアイデアを創出したりすることに役立つため，社会調査のデータ分析以外にも企業経営やマーケティングなどに広く活用されている。オーソドックスな手法であるので，基本の手順を押さえておく必要がある。

1 × **参加者は一つのカードに一つの事柄を書く**。一つのカードに複数の事柄を書いてしまうと，次の段階で類似した概念や事柄をグルーピングする際に，迷うことになる。調査やブレインストーミング（思いついた事柄を自由に発案していくこと）などで出された情報やアイデアを，一つずつカードや付箋に次々に書いていくことが最初の手順である。

2 ○ 提出したカードを並べた後，**全体を眺めながら内容が類似しているラベル（名前が付いたカード）同士をグルーピングしていく**。二～三つほどのラベルで一つの小グループをつくった後，カード（付箋）を用いてそのグループに名前を付けていく。その後，互いに関連性の高いグループ同士をまとめてさらに大きなグループをつくり，新たに名前を付ける。

3 × **グループ化する際には，カードが 1 枚だけで残る場合がある**。どのグループにも属さないカードは，その事例が希少である可能性もあるが，貴重な概念や用語として独立したアイデアとして残しておく。この場合，無理に拡大解釈をしてほかのグループに入れてしまわないように気をつけるべきである。

4 × **グループに名前を付ける際は，福祉に関する専門用語を用いる必要はない**。本問では地域の潜在的な福祉ニーズを探索することが目的であるが，グルーピングされた概念が福祉ニーズに該当するか否かは最終的に判断すればよい。

5 ○ グループに名前を付けた後，**グループ同士の因果関係や類似，対立などの様々な関係性をわかりやすくするために，矢印・記号を用いて図解化していく**。最後に，図解からみえてきたグループ間の関係性を文章化していくことで，情報の整理やアイデアの可視化が可能となる。

解答 2 5

100 社会福祉調査の基礎
⑮精神保健福祉に関する制度とサービス・問題68

次の記述のうち，社会調査におけるオプトアウトの説明として，**正しいもの**を1つ選びなさい。

1 外部との経済的な利益関係等によって，研究が適正に行われないことを指す。
2 調査対象者に研究の目的やリスクなど十分に説明を行い，同意を得ることを指す。
3 調査対象者の既存の個人情報を調査で利用することについて，本人に拒否の機会を保障することを指す。
4 調査対象者の心的外傷に触れる質問をすることで，調査対象者の精神的負担が生じることを指す。
5 調査対象者の人格や尊厳を傷つけるような言動や行為になっていないか，常に意識することを指す。

Point 社会調査におけるオプトアウトに関する問題である。社会調査においては個人情報を扱うことにもなるため，調査における倫理についても理解を深めておきたい。

1 ✕ 調査においては，調査実施者やその団体と，経済的な利益の関係がある団体との関係によっては，内容や結果の解釈などにバイアスがかかり，研究自体が適正に行われないことがある。これは**利益相反**といわれるもので，オプトアウトの説明ではない。

2 ✕ 社会調査に限らず，調査や研究を実施する際には，調査対象者に研究の目的やリスクなどを十分に説明し，同意を得なくてはならない。これは**説明と同意（インフォームドコンセント）**といわれており，オプトアウトの説明ではない。

3 ◯ オプトアウトとは，**本人から直接情報を得ずに，既存のカルテや支援記録などから個人情報を得て調査を実施する場合に，本人に拒否の機会を保障すること**をいう。調査対象者から調査への同意を得るのは，本来は書面での同意書を取るのが望ましいが，オプトアウトの方法で同意を得るというやり方もあるため，所属機関などの規定から総合的に判断し，方法を決めることが必要である。

4 ✕ **調査対象者の心的外傷（災害，事故，虐待など）に触れる質問によって，調査対象者が回答する際に精神的負担が生じること**は，オプトアウトの説明ではない。ただし，調査の際，回答者が回答することに精神的負担が生じることは考えられる。調査実施者は調査を実施する上で質問を作成する際に，質問内容の十分な検討と配慮は必要である。

5 ✕ **調査実施者が調査対象者の人格や尊厳を傷つけるような言動や行為になっていないか，常に意識すること**は，オプトアウトの説明ではない。ただし，調査を実施する上で，調査対象者に不利益が生じる場合は，調査方法の見直しや調査自体を取りやめるということにつながってしまうこともあるため，調査対象者の人格や尊厳を傷つけるような言動や行為になっていないかどうかを常に意識することは調査実施者に求められる倫理的配慮である。

解答 **3**

101 社会福祉調査の基礎

[旧]精神保健福祉に関する制度とサービス・問題 69

精神科デイ・ケアの業務改善のために，H精神保健福祉士は大学の研究者と共に利用者に，「デイケアを利用して感じている効果や不満」についてフォーカスグループインタビューを複数回行った。その結果得られたテキストデータをH精神保健福祉士は，意味のある単位に区切ってラベルを付ける作業を行った。

次のうち，この作業を示す用語として，**正しいもの**を**1つ**選びなさい。

1　トライアンギュレーション
2　クラスター分析
3　サンプリング
4　コーディング
5　エディティング

Point 社会調査に関する設問である。社会調査については量的調査の方法と質的調査の方法があり，それぞれの調査方法や手順を整理し，その内容についても理解をしておきたい。この問題文の中にある「フォーカスグループインタビュー」とは，ある事柄やテーマについて，調査対象者の集団に質問し，その回答から質的データを収集する調査手法のことである。

1　× トライアンギュレーションとは，**インタビューやグループインタビュー，観察，量的調査というように，複数の方法を用いたり，調査者や調査対象者を多様にすることで，調査における妥当性を高めようとすること**である。トライアンギュレーションはこの問題文の作業を示す用語ではない。よって，誤りである。

2　× クラスター分析とは，**異なる性質のものが混ざり合っている集団から，互いに似た性質のデータを集め，クラスター（集団）を作る分析方法**である。大量のデータがある場合，複数の似たデータを集約して一つのクラスターとして扱えるため，各クラスターの特性を分析することでデータのおおまかな特性を把握することができる。クラスター分析はこの問題文の作業を示す用語ではない。よって，誤りである。

3　× サンプリングとは，標本抽出のことである。調査したい対象のデータ全体を母集団といい，**ある手続きを踏んでこの母集団からデータの一部（標本データ）を取り出すこと**を標本抽出（サンプリング）という。母集団から取り出された対象が標本（サンプル）となる。サンプリングはこの問題文の作業を示す用語ではない。よって，誤りである。

4　○ **質的調査において，調査対象者が回答した内容をデータとして，意味のある単位に区切ってコード（数値，記号，名前）を付ける作業**を「コーディング」という。この問題文の作業を示している用語である。

5　× エディティングとは，**調査後に回収した調査対象者の調査票の記入内容から，回答漏れや矛盾，回答の誤りを点検し，合理的に修正可能な回答であれば，回答を修正・補正する作業のこと**である。例えば回答者が記入しなかったところは，他の質問項目から正確に回答がわかる場合は補充し，そうでない場合は欠損値として扱うなどである。エディティングはこの問題文の作業を示す用語ではない。よって，誤りである。

解答 4

第27回 執筆者一覧

専門科目

精神医学と精神医療
大西次郎（おおにし じろう）大阪公立大学教授

現代の精神保健の課題と支援
鈴木 和（すずき わたる）北海道医療大学助教
飛田義幸（とびた よしゆき）静岡福祉大学講師

精神保健福祉の原理
板倉康広（いたくら やすひろ）
　　　　　　　　　　日本福祉教育専門学校専任教員
小沼聖治（おぬま せいじ）聖学院大学准教授

ソーシャルワークの理論と方法（専門）
坂入竜治（さかいり りゅうじ）昭和女子大学専任講師
中越章乃（なかごし あやの）東海大学専任講師

精神障害リハビリテーション論
飛田義幸（とびた よしゆき）静岡福祉大学講師
中谷幸子（なかたに さちこ）大阪保健福祉専門学校専任教員

精神保健福祉制度論
手塚英典（てづか ひでのり）首都医校専任教員

共通科目

医学概論
篠原亮次（しのはら りょうじ）山梨大学大学院特任教授
細田武伸（ほそだ たけのぶ）鳥取大学非常勤講師
渡邊祐紀（わたなべ ゆうき）東海大学専任講師

心理学と心理的支援
須田 誠（すだ まこと）東京未来大学教授
瀧口 綾（たきぐち あや）健康科学大学教授
望月正哉（もちづき まさや）日本大学教授

社会学と社会システム
武山梅乗（たけやま うめのり）田園調布学園大学准教授

社会福祉の原理と政策
大藪元康（おおやぶ もとやす）中部学院大学教授
岡部真智子（おかべ まちこ）名古屋市立大学准教授
矢野 亮（やの りょう）長野大学教授
吉田竜平（よしだ りゅうへい）北翔大学講師

社会保障
鎌谷勇宏（かまたに いさひろ）大谷大学准教授
野田博也（のだ ひろや）愛知県立大学教授
脇野幸太郎（わきの こうたろう）周南公立大学教授

権利擁護を支える法制度
手島 洋（てしま ひろし）県立広島大学専任講師
福田幸夫（ふくだ さちお）静岡福祉大学教授
鷲野林平（わしの りんぺい）日本福祉大学非常勤講師

地域福祉と包括的支援体制
勝又健太（かつまた けんた）北星学園大学助教
倉持香苗（くらもち かなえ）日本社会事業大学准教授
中野航綺（なかの こうき）日本大学助教
原田聖子（はらだ せいこ）
　　　　　　　江戸川学園おおたかの森専門学校専任教員
柳沢志津子（やなぎさわ しずこ）東京家政大学教授

障害者福祉
金子毅司（かねこ つよし）新潟医療福祉大学助教
島﨑将臣（しまざき たかとみ）宝塚医療大学専任教員
寺島正博（てらしま まさひろ）福岡県立大学准教授

刑事司法と福祉
相良 翔（さがら しょう）埼玉県立大学准教授
佐脇幸恵（さわき ゆきえ）鈴鹿医療科学大学助教

ソーシャルワークの基盤と専門職
佐藤大介（さとう だいすけ）日本福祉大学講師
直島克樹（なおしま かつき）川崎医療福祉大学講師
芳賀恭司（はが きょうじ）東北福祉大学准教授

ソーシャルワークの理論と方法
岡崎利治（おかざき としはる）関西福祉大学准教授
小口将典（おぐち まさのり）関西福祉科学大学教授
佐藤亜樹（さとう あき）東洋大学准教授
篠原直樹（しのはら なおき）東海大学助教
田中 清（たなか きよし）新潟青陵大学非常勤講師
藤原慶二（ふじわら けいじ）関西福祉科学大学教授
丸山正三（まるやま しょうぞう）
　　　　　　　日本医療大学総合福祉学部准教授

社会福祉調査の基礎
広瀬美千代（ひろせ みちよ）大阪公立大学大学院客員准教授
村山くみ（むらやま くみ）東北福祉大学准教授
安田 傑（やすだ まさる）大阪大谷大学教授

第26回 執筆者一覧 (肩書き・科目名は執筆当時)

専門科目

精神疾患とその治療
大西次郎 (おおにし じろう) 大阪公立大学教授

精神保健の課題と支援
鈴木 和 (すずき わたる) 北海道医療大学助教
橋本菊次郎 (はしもと きくじろう) 北海道医療大学教授

精神保健福祉相談援助の基盤
大山早紀子 (おおやま さきこ) 川崎医療福祉大学講師
鈴木 和 (すずき わたる) 北海道医療大学助教
飛田義幸 (とびた よしゆき) 静岡福祉大学講師
森田和美 (もりた かずみ) 東京福祉大学専任講師

精神保健福祉の理論と相談援助の展開
板倉康広 (いたくら　やすひろ)
　　　　　　　　　　　　日本福祉教育専門学校専任教員
小沼聖治 (おぬま せいじ) 聖学院大学准教授
坂入竜治 (さかいり りゅうじ) 昭和女子大学専任講師
飛田義幸 (とびた よしゆき) 静岡福祉大学講師
中越章乃 (なかごし あやの) 東海大学専任講師
森山拓也 (もりやま たくや) 城西国際大学准教授

精神保健福祉に関する制度とサービス
妹尾和美 (せのお かずみ) 明星大学教授
手塚英典 (てづか ひでのり) 首都医校専任教員
中谷幸子 (なかたに　さちこ)
　　　　　　　　　　　大阪保健福祉専門学校専任教員

精神障害者の生活支援システム
木村志保 (きむら　しほ) 関西福祉科学大学准教授

共通科目

人体の構造と機能及び疾病
篠原亮次 (しのはら りょうじ) 山梨大学大学院特任教授
細田武伸 (ほそだ たけのぶ) 鳥取大学非常勤講師
渡邊祐紀 (わたなべ ゆうき) 東海大学専任講師

心理学理論と心理的支援
須田 誠 (すだ まこと) 東京未来大学教授
瀧口 綾 (たきぐち あや) 健康科学大学教授
望月正哉 (もちづき まさや) 日本大学教授

社会理論と社会システム
武山梅乗 (たけやま うめのり) 田園調布学園大学准教授

現代社会と福祉
大藪元康 (おおやぶ もとやす) 中部学院大学教授
岡部真智子 (おかべ まちこ) 福山平成大学教授
矢野 亮 (やの りょう) 長野大学教授
吉田竜平 (よしだ りゅうへい) 北翔大学講師

地域福祉の理論と方法
勝又健太 (かつまた けんた) 北星学園大学助教
倉持香苗 (くらもち かなえ) 日本社会事業大学准教授
中野航綺 (なかの こうき) 日本大学助手
柳沢志津子 (やなぎさわ しづこ) 東京家政大学教授
渡邊 圭 (わたなべ けい) 東北学院大学講師

福祉行財政と福祉計画
種橋征子 (たねはし せいこ) 関西大学教授
原田聖子 (はらだ せいこ)
　　　　　　　江戸川学園おおたかの森専門学校専任教員
山本雅章 (やまもと まさあき) 静岡福祉大学特任教授

社会保障
鎌谷勇宏 (かまたに いさひろ) 大谷大学准教授
野田博也 (のだ ひろや) 愛知県立大学教授
脇野幸太郎 (わきの こうたろう) 周南公立大学教授

障害者に対する支援と障害者自立支援制度
金子毅司 (かねこ つよし) 新潟医療福祉大学助教
島﨑将臣 (しまざき たかとみ) 神戸女子大学助手
寺島正博 (てらしま まさひろ) 福岡県立大学准教授

低所得者に対する支援と生活保護制度
松岡是伸 (まつおか よしのぶ) 北星学園大学准教授
明星智美 (みょうじょう ともみ) 日本福祉大学准教授
吉中季子 (よしなか としこ) 神奈川県立保健福祉大学准教授

保健医療サービス
露木信介 (つゆき しんすけ) 東京学芸大学准教授
仲井達哉 (なかい たつや) 川崎医療福祉大学准教授
楢木博之 (ならき ひろゆき) 静岡福祉大学教授

権利擁護と成年後見制度
手島 洋 (てしま ひろし) 県立広島大学専任講師
福田幸夫 (ふくだ さちお) 静岡福祉大学教授
鷲野林平 (わしの りんぺい) 日本福祉大学非常勤講師

第25回 執筆者一覧 (肩書き・科目名は執筆当時)

専門科目

精神疾患とその治療
大西次郎（おおにし じろう）大阪公立大学教授

精神保健の課題と支援
鈴木　和（すずき わたる）北海道医療大学助教
橋本菊次郎（はしもと きくじろう）北海道医療大学准教授

精神保健福祉相談援助の基盤
大山早紀子（おおやま さきこ）川崎医療福祉大学講師
鈴木　和（すずき わたる）北海道医療大学助教
飛田義幸（とびた よしゆき）静岡福祉大学講師
森田和美（もりた かずみ）東京福祉大学専任講師

精神保健福祉の理論と相談援助の展開
小沼聖治（おぬま せいじ）聖学院大学准教授
坂入竜治（さかいり りゅうじ）昭和女子大学専任講師
飛田義幸（とびた よしゆき）静岡福祉大学講師
中越章乃（なかごし あやの）東海大学専任講師
三木良子（みき りょうこ）帝京科学大学准教授
森山拓也（もりやま たくや）城西国際大学准教授

精神保健福祉に関する制度とサービス
小沼聖治（おぬま せいじ）聖学院大学准教授
妹尾和美（せのお かずみ）明星大学教授
手塚英典（てづか ひでのり）首都医校専任教員

精神障害者の生活支援システム
若林　功（わかばやし いさお）常磐大学准教授

共通科目

人体の構造と機能及び疾病
篠原亮次（しのはら りょうじ）山梨大学大学院特任教授
細田武伸（ほそだ たけのぶ）鳥取大学非常勤講師
渡邊祐紀（わたなべ ゆうき）東海大学専任講師

心理学理論と心理的支援
須田　誠（すだ まこと）東京未来大学教授
瀧口　綾（たきぐち あや）健康科学大学教授
望月正哉（もちづき まさや）日本大学准教授

社会理論と社会システム
相良　翔（さがら しょう）埼玉県立大学准教授
武山梅乗（たけやま うめのり）東京福祉大学専任講師

現代社会と福祉
大藪元康（おおやぶ もとやす）中部学院大学教授
岡部真智子（おかべ まちこ）福山平成大学教授
矢野　亮（やの りょう）長野大学教授
吉田竜平（よしだ りゅうへい）北翔大学講師

地域福祉の理論と方法
倉持香苗（くらもち かなえ）日本社会事業大学准教授
中野航綺（なかの こうき）日本大学助手
柳沢志津子（やなぎさわ しずこ）徳島大学大学院講師
渡邊　圭（わたなべ けい）東北学院大学講師

福祉行財政と福祉計画
種橋征子（たねはし せいこ）関西大学教授
原田聖子（はらだ せいこ）
　　　　　　　　江戸川学園おおたかの森専門学校専任教員
山本雅章（やまもと まさあき）静岡福祉大学特任教授

社会保障
鎌谷勇宏（かまたに いさひろ）大谷大学准教授
野田博也（のだ ひろや）愛知県立大学教授
脇野幸太郎（わきの こうたろう）長崎国際大学教授

障害者に対する支援と障害者自立支援制度
金子毅司（かねこ つよし）日本福祉大学助教
島﨑将臣（しまざき たかとみ）神戸女子大学助手
寺島正博（てらしま まさひろ）福岡県立大学准教授

低所得者に対する支援と生活保護制度
松岡是伸（まつおか よしのぶ）北星学園大学准教授
明星智美（みょうじょう ともみ）日本福祉大学准教授
吉中季子（よしなか としこ）神奈川県立保健福祉大学准教授

保健医療サービス
露木信介（つゆき しんすけ）東京学芸大学准教授
仲井達哉（なかい たつや）川崎医療福祉大学准教授
楢木博之（ならき ひろゆき）静岡福祉大学教授

権利擁護と成年後見制度
手島　洋（てしま ひろし）県立広島大学専任講師
福田幸夫（ふくだ さちお）静岡福祉大学教授
鷲野林平（わしの りんぺい）日本福祉大学非常勤講師

■ **本書に関する訂正情報等について**
弊社ホームページ（下記 URL）にて随時お知らせいたします。
https://www.chuohoki.co.jp/site/pages/foruser-mental.aspx

■ **本書へのご質問について**
下記の URL から「お問い合わせフォーム」にご入力ください。
https://www.chuohoki.co.jp/site/pages/contact.aspx

■ **読者アンケートのお願い**
本書へのご感想やご意見，ご要望を
ぜひお聞かせください。
右の二次元コードより，ご回答いただけます。

精神保健福祉士国家試験 過去問解説集 2026
第25回－第27回全問完全解説

2025 年 5 月 1 日　発行

- ● 監　集　　　　　一般社団法人日本ソーシャルワーク教育学校連盟
- ● 発行者　　　　　荘村明彦
- ● 発行所　　　　　中央法規出版株式会社
　　　　　　　　　〒110-0016　東京都台東区台東 3-29-1　中央法規ビル
　　　　　　　　　Tel 03-6387-3196
　　　　　　　　　https://www.chuohoki.co.jp/
- ● 印刷・製本　　　株式会社太洋社
- ● 装幀・本文デザイン　木村祐一，濱野実紀（株式会社ゼロメガ）
- ● 装幀キャラクター　坂木浩子

定価はカバーに表示してあります。
ISBN978-4-8243-0216-8

本書のコピー，スキャン，デジタル化等の無断複製は，著作権法上での例外を除き禁じられています。
また，本書を代行業者等の第三者に依頼してコピー，スキャン，デジタル化することは，たとえ個人や家庭内での利用であっても著作権法違反です。
落丁本・乱丁本はお取り替えいたします。

A216

中央法規の受験対策書

精神保健福祉士国家試験過去問解説集2026
第25回－第27回全問完全解説
- 2025年5月刊行
- 一般社団法人日本ソーシャルワーク教育学校連盟＝監修
- 定価 本体4,000円（税別）／B5判／ISBN978-4-8243-0216-8

過去3年分の全問題を選択肢ごとに解説した問題集。充実した解説で合格力の基礎をつくる，過去問対策の決定版！出題傾向の把握と実力試しに最適。

精神保健福祉士国家試験
受験ワークブック2026　専門科目
- 2025年6月刊行　●公益社団法人日本精神保健福祉士協会＝編集
- 定価 本体3,200円（税別）／B5判／ISBN978-4-8243-0221-2

社会福祉士・精神保健福祉士国家試験
受験ワークブック2026　共通科目
- 2025年5月刊行　●中央法規社会福祉士・精神保健福祉士受験対策研究会＝編集
- 定価 本体3,200円（税別）／B5判／ISBN978-4-8243-0220-5

科目ごとに学習の要点をまとめた受験対策書の決定版！「重要項目」と「一問一答」で試験に必要な知識を徹底解説。信頼度No.1。

精神保健福祉士国家試験合格一問一答
＜専門科目＞新出題基準対応版
- 2024年6月刊行　●中央法規精神保健福祉士受験対策研究会＝編集
- 定価 本体2,200円（税別）／四六判／ISBN978-4-8243-0048-5

合格するための知識を一問一答で習得できるハンディな問題集。過去の国家試験で頻出した問題に新たなテーマを加えて新出題基準を網羅。問題が解きやすくなる用語一覧も収載した便利な一冊。

精神保健福祉士国家試験模擬問題集2026
- 2025年7月刊行　●一般社団法人日本ソーシャルワーク教育学校連盟＝監修
- 定価 本体3,600円（税別）／B5判／ISBN978-4-8243-0226-7

国家試験の出題傾向を徹底分析して作成した3回分・全396問の模擬問題を収載。専門科目の攻略に必須の長文事例問題は直近の出題実績を反映。取り外し可能な解答編の解説も充実！

見て覚える！精神保健福祉士国試ナビ［専門科目］2026
- 2025年8月刊行　●いとう総研資格取得支援センター＝編集
- 定価 本体2,800円（税別）／AB判／ISBN978-4-8243-0230-4

国家試験の全体像をつかめるよう，専門6科目を3つの領域に分類。試験に必要な知識を，図表やイラストを用いて解説。広範な出題範囲を体系的に理解でき，穴埋め問題で知識を深められる万全の一冊。